Helmut Fend

Schule gestalten

Für Willi

und für meine Mitarbeiterinnen und Mitarbeiter in 40 Berufsjahren

Helmut Fend

Schule gestalten

Systemsteuerung, Schulentwicklung und Unterrichtsqualität

VS VERLAG FÜR SOZIALWISSENSCHAFTEN

Bibliografische Information Der Deutschen Nationalbibliothek
Die Deutsche Nationalbibliothek verzeichnet diese Publikation in der
Deutschen Nationalbibliografie; detaillierte bibliografische Daten sind im Internet über
<http://dnb.d-nb.de> abrufbar.

1. Auflage 2008

Alle Rechte vorbehalten
© VS Verlag für Sozialwissenschaften | GWV Fachverlage GmbH, Wiesbaden 2008

Lektorat: Stefanie Laux

Der VS Verlag für Sozialwissenschaften ist ein Unternehmen von Springer Science+Business Media.
www.vs-verlag.de

Das Werk einschließlich aller seiner Teile ist urheberrechtlich geschützt. Jede Verwertung außerhalb der engen Grenzen des Urheberrechtsgesetzes ist ohne Zustimmung des Verlags unzulässig und strafbar. Das gilt insbesondere für Vervielfältigungen, Übersetzungen, Mikroverfilmungen und die Einspeicherung und Verarbeitung in elektronischen Systemen.

Die Wiedergabe von Gebrauchsnamen, Handelsnamen, Warenbezeichnungen usw. in diesem Werk berechtigt auch ohne besondere Kennzeichnung nicht zu der Annahme, dass solche Namen im Sinne der Warenzeichen- und Markenschutz-Gesetzgebung als frei zu betrachten wären und daher von jedermann benutzt werden dürften.

Umschlaggestaltung: KünkelLopka Medienentwicklung, Heidelberg
Satz: Absatz. Format. Zeichen, Niedernhausen
Druck und buchbinderische Verarbeitung: Krips b.v., Meppel
Gedruckt auf säurefreiem und chlorfrei gebleichtem Papier
Printed in the Netherlands

ISBN 978-3-531-15597-5

Inhalt

Vorwort		11
Einleitung: die Bildungsrealität verstehen und verbessern		12
1	**Das Bildungswesen als „Ganzes" – ein allgemeines Handlungsmodell**	**15**
1.1	*Das Bildungswesen als institutioneller Akteur der Menschenbildung*	17
1.2	*Akteure und die Regeln des Zusammenhandelns: das Verhältnis von Normvorgaben und Ausführung*	18
1.3	*Die Aufgabe: Gestaltung von Bildungssystemen im Ganzen*	21
1.4	*Mehrebenenstruktur des schulischen Lernangebotes*	24
1.5	*Das Konzept der Rekontextualisierung und die akteurtheoretische Verbindung von Handlungsebenen*	26
1.6	*Der „Masterplan" des schulischen Inhaltsprogramms und seine Rekontextualisierungen*	29
1.7	*Resümee*	34
2	**Educational Governance als institutionelle Ordnungspolitik – der Masterplan des Bildungsprogramms für die nachfolgende Generation**	**39**
2.1	*Bildungspläne: Steuerung durch inhaltliche Programmgestaltung – Partituren schulischen Lernens als kulturelles Wissensmanagement*	40
2.1.1	Bildungsziele: die „Emporbildung" und „Vervollkommnung" des Menschen	43
2.1.2	Inhaltliche Synthesen der Kultur als Ausgangspunkt der Programmsteuerung: Bildungspläne als kulturelles Gedächtnis und die Bildung des Kulturmenschen	48
2.1.3	Zukunft als Orientierungspunkt: Zukunftssicheres Wissen und die Bildung des Fachmenschen	54
2.1.4	Was sollte die junge Generation können? Schlüsselkompetenzen als Orientierungspunkte für die Entwicklung von Bildungsplänen	59
2.1.5	Bildungsstandards als Konstruktionsprinzipien von Lehrplänen und ihr Steuerungspotential	68
2.1.6	Anschlussfähigkeit von Lehrplänen an die Lernmöglichkeiten und Lebenswelten von Kindern und Jugendlichen	74
2.1.7	Qualitätssicherung über die Inhaltssteuerung	76
2.1.7.1	Konstruktionsprinzipien von Lehrplänen	77
2.1.7.2	Das Steuerungspotential von Lehrplänen unterschiedlicher Gestalt	81
2.1.7.3	Was ist ein guter Masterplan der schulischen Menschenbildung? Qualitätsmerkmale von Bildungsplänen und Qualitätssicherung über Lehrpläne	85
2.2	*Makroplanung durch institutionelle Rahmung des Bildungsplanes*	89
2.2.1	Institutionelle Absicherung der Inhalte: „Gefäße" des Lernens	89
2.2.1.1	Lernzeiten und Zugänge zu Wissen und Können in Bildungsgängen	90

2.2.1.2	Unterschiedliche Reaktionen auf die Heterogenität der Schülerschaft und Modelle der Lernorganisation – „Gefäße" des Lernens	92
2.2.2	Makrosteuerung durch Prüfungsregelungen und durch das Berechtigungswesen	95
2.2.2.1	Typologien von Prüfungssystemen	95
2.2.2.2	Handeln im Rahmen unterschiedlicher „Spielregeln" des Prüfens	96
2.2.2.3	Niveausicherung durch Prüfungssysteme	97
2.3	*Qualitätssicherung durch politische und administrative Makrosteuerung*	99
2.3.1	Regulierung durch Regeln des Zusammenhandelns: Gesetze und Verordnungen, Kompetenzregelungen und Machtverhältnisse	101
2.3.1.1	Verfassungsskripte der Makrosteuerung: deutsche Bildungssysteme	101
2.3.1.2	Verfassungsskripte (Spielregeln) und Handeln der Akteure im internationalen Vergleich	103
2.3.1.3	Die Stellung der Lehrkräfte im Rahmen unterschiedlicher Makrosteuerungen	107
2.3.2	Neue Visionen: Umgestaltung der Verfassungen	108
2.3.2.1	Qualitätsmanagement durch New Public Management	108
2.3.2.2	Neue politische Ordnungsmodelle: Vom Staat zum Markt	109
2.4	*Qualitätssicherung durch Wissen: Bildungsforschung und Bildungsinformation*	114
2.4.1	Bildungsmonitoring: Makrosteuerung durch verbesserte Information und deskriptives Wissen	116
2.4.2	Systematik moderner Evaluation und der Weg zum Veränderungswissen	121
2.5	*Steuerung durch Ressourcen: Hängt nicht letztlich alles am Geld?*	128
2.5.1	Investitionen in Bildung	128
2.5.2	The „missing resource link": Wie wichtig ist Geld für die Qualität des Bildungswesens?	129
2.6	*Educational Governance: Konfigurationen der Makrosteuerung – harmonische und erfolgreiche, dissonante und problematische*	132
2.6.1	Ostasiatische Konfigurationen	136
2.6.2	Skandinavische Konfigurationen	137
2.6.3	Angelsächsische Konfigurationen	137
2.6.4	Die deutsche Konfiguration	138
2.6.5	Intranationale Varianten deutschsprachiger Bildungssysteme	140
2.6.6	Die „beste" Konfiguration: Entwicklungsrichtungen des deutschen Bildungswesens	141
3	**Die Mesoebene: Schulen als korporative Akteure im lokalen Umfeld – Schulentwicklung als schulpädagogisches Programm**	145
3.1	*Die Perspektive guter und belasteter Schulen*	145
3.1.1	Schule als pädagogische Handlungseinheit	146
3.1.2	Qualitative Schulforschung: Fallstudien	148
3.2	*Die Aufgabenstruktur auf der Mesoebene: Schulgestaltung und Schulentwicklung*	154
3.2.1	Schulen als korporative Akteure: Handeln angesichts von Rahmenvorgaben und lokalen Arbeitsbedingungen	155
3.2.2	Akteure, Aufgaben und Verantwortungen: Die eigenständigen Handlungsaufgaben und Handlungsbedingungen auf Schulebene	156
3.2.3	Regeln des Zusammenhandelns auf Schulebene: Leitung, Kompetenzen, Verfahren	159

3.3	*Die Realität der Einzelschule als pädagogischer Handlungseinheit*	160
3.3.1	Die Realität schulischer Erfahrungsräume	162
3.3.1.1	Die Schulleitung als zentraler Akteur auf Schulebene	166
3.3.1.2	Die soziale und pädagogische Selbstorganisation des Kollegiums	170
3.3.1.3	Die Gestaltung des pädagogischen Auftrages auf Schulebene	174
3.3.1.3.2	Regulationskulturen in Schulen	175
3.3.1.3.3	Beziehungskulturen in Schulen	176
3.3.1.4	Das Leben in der Schule	178
3.3.1.5	Die Schule als Hort des rechtsgeschützten Raumes, der Übersichtlichkeit und Ordnung	180
3.3.1.6	Die Antworten der Schülerschaft auf die vom Kollegium gestaltete Schule	180
3.3.2	„Handlungsstarke" Schulen	182
3.3.3	Die Problemlösungskompetenz von Schulen: Studien in Frankfurt und Zürich	187
3.4	*Erklärungen: Warum sind Schulen so unterschiedlich?*	192
3.4.1	Vorgaben auf der Makroebene	192
3.4.2	Unterschiedliche lokale Kontexte: Die Macht und Übermacht der Verhältnisse	193
3.4.3	Merkmale der Akteure: Die Macht der Ideen und Werte	195
3.5	*Gestaltungsinstrumente auf Schulebene: Institutionelle Tools und die „Beseelung" von Schule*	201
3.5.1	Schulautonomie als Voraussetzung für optimale Schulgestaltung	202
3.5.2	Mikropolitik auf der Ebene der Einzelschule	204
3.5.3	Moderne Schulentwicklungskonzepte aus angloamerikanischer Sicht	208
3.5.4	Die Gestaltung einer Schulkultur: der deutsche Weg der Reformpädagogik und die moderne Schulkulturforschung	212
3.5.5	Erfindungen zur Gestaltung von schulischen Erfahrungsräumen – „Tools" der Schulqualitätssicherung	215
3.5.6	Qualitätsbewusstsein und Evaluation	217
3.6	*Die Bedeutung der Schulebene – ein Rückblick*	228
3.6.1	Von den Standards guter Schulen zu den Instrumenten der Schulgestaltung	229
3.6.2	Schulgestaltung als Entwicklungsweg	230
4	**Die Mikroebene der „Menschenbildung" im Bildungswesen – Lehrarbeit" als Rekontextualisierung des Bildungsprogramms an „lernende Subjekte"**	235
4.1	*Die Aufgabenstruktur der Lehrarbeit*	237
4.1.1	Primäre Rekontextualisierung: Die Systematik des Auftrags des operativen Akteurs „Lehrperson"	239
4.1.1.1	Die Bedeutung von „Subjektwissen" für Erziehung und Unterricht	241
4.1.1.2	Methoden des Unterrichtens als kulturelle Erfindungen – Erfahrungswissen im System der Schule	253
4.1.1.3	Primäre Rekontextualisierung als ko-konstruktivistische Didaktik: Wissenschaftliche Grundlagen des Lehrens	257
4.1.1.4	Pädagogik vom Kinde aus: die reformpädagogische Bewegung	259
4.1.2	Sekundäre Rekontextualisierungen: institutionelle und gesellschaftliche Überformungen des Lehrens	263

4.1.2.1	Institutionelle Vorgaben	263
4.1.2.2	„Multiple audiencies" des Lehrerhandelns: Erwartungen ans Lehrersein im gesellschaftlichen Umfeld	266
4.1.3	Was gibt der Lehrperson Sicherheit, Struktur und Professionalität in seiner alltäglichen Unterrichtsarbeit? Zur hilfreichen Rolle der sekundären Rekontextualisierung	271
4.1.4	Sozialgeschichte eines Berufs: historische Akteurkonstruktionen in den Lehrberufen und die Struktur des Lehrerseins heute	273
4.2	*Zur Empirie des Handelns von Lehrpersonen*	280
4.2.1	Das Kerngeschäft des Unterrichtens	280
4.2.2.1	Erscheinungsformen der Synchronisierung von Bildungsprogramm und lernenden Subjekten	282
4.2.2.2	Pädagogisch-didaktische Kulturen im deutschen Bildungswesen	292
4.2.2.3	Ursachen unterschiedlicher Rekontextualisierung	295
4.2.2.4	Woher kommen die pädagogischen Leitbilder?	306
4.2.2	Die Bewältigung der Arbeit des Lehrberufs	311
4.3	*Wann machen Lehrpersonen ihre Arbeit gut? Qualitätssicherung auf der Ebene der operativen Akteure*	318
4.3.1	Kriterien guten Unterrichts und idealer Lehrpersonen – Wissen im System	319
4.3.1.1	„Gute Lehrpersonen" in der Wahrnehmung von Schülern, Kolleginnen und Eltern	319
4.3.1.2	Lehrerarbeit als von ethischen Standards geleitete Arbeit	323
4.3.1.3	Standards der Beurteilung von Lehrkräften	324
4.3.1.4	Standards des guten Lehrerseins auf der Grundlage empirischer Studien	326
4.3.1.5	Was müssen Lehrpersonen können? Von den Standards und Kriterien zu den Kompetenzen	329
4.3.2	Ausbildung und Fortbildung als Schlüssel für die Qualitätsentwicklung im Bildungswesen	335
4.3.2.1	Ziele der Lehrerbildung: Fachausbildung und Persönlichkeitsbildung	
4.3.2.2	Empirische Ausbildungsforschung und Standards „guten Lehrerseins"	339
4.3.2.3	Berufsbiographien und die Psychohygiene des Lehrberufs	342
4.3.3	Qualitätssicherung durch Aufsicht und Evaluation der Lehrpersonen	343
4.3.3.1	Qualitätssicherung durch Aufsicht	344
4.3.3.2	Qualitätssicherung durch Anreize	345
4.3.3.3	Qualitätssicherung durch umfassende Lehrer-Evaluation	346
4.4	*Rückblick und Vorblick: Lehrerhandeln im „größeren Ganzen" – Die Grammatik des Bildungswesens und die „Logik des Lehrerhandelns"*	351
4.4.1	Die universale Grammatik moderner Bildungssysteme	353
4.4.2	Grammatiken von Bildungssystemen in verschiedenen Ländern	353
4.4.2.1	Grammatik der Inhaltssteuerung	354
4.4.2.2	Grammatiken von Prüfungssystemen	355
4.4.2.3	Die Symbiose von Inhaltssteuerung und Prüfungssystemen	357
4.4.2.4	Die Grammatik der Qualitätssicherung im Schnittfeld von Aufsicht, Verantwortung und beruflicher Autonomie	359
4.4.2.5	Pädagogische Gegenprogramme?	360

5	Ausblick: Entwicklungslinien im 21. Jahrhundert	363
5.1	*Entwicklungen auf Systemebene*	364
5.2	*Entwicklung von Einzelschulen*	365
5.3	*Unterrichtsentwicklung*	366
5.4	*Die Rekontextualisierung des schulischen Angebotes durch ihre Nutzer*	367

Literaturverzeichnis 372

Abbildungsverzeichnis 389

Tabellenverzeichnis 391

Personenregister 392

Vorwort

In dieser Arbeit ziehe ich nach der Theorie und Geschichte des Bildungswesens (Fend, 2006a, 2006b) die Summe meiner Bemühungen, das Ganze des Bildungswesens und seiner Gestaltungsmöglichkeiten in den Blick zu nehmen. Sie soll jenen Überblick vermitteln, der für eine professionelle Lehrerbildung erforderlich ist. Sie ist auch vom Stolz darüber inspiriert, welches hohe Niveau die Gestaltungskonzepte und zugrundeliegenden empirischen Studien in den Erziehungswissenschaften in den letzten Jahrzehnten, verglichen etwa mit meinen Studienjahren, erreicht haben.

Vieles, was hier in einem Überblick zusammengedacht wird, hat heute schon eine große fachliche Differenzierung erfahren. Ähnlich wie in den Wirtschaftswissenschaften hat sich auch in der Gestaltungslehre des Lehrens und Lernens eine Spezialisierung verschiedener Subdisziplinen eingebürgert. Hier sind solche zusammengebunden, die man in der Ökonomie Makrotheorie, Unternehmens- und Betriebswirtschaftslehre sowie Mikrotheorie wirtschaftlichen Handelns nennen würde. Die Analyse aller Gestaltungsprozesse im Bildungswesen legt eine ähnliche Gliederung nahe, etwa die in Systemsteuerung im Sinne von Bildungspolitik und Bildungsmanagement, Schulentwicklung sowie Unterrichtsgestaltung. Diese Handlungsbereiche könnten auch mit guten Gründen jeweils in getrennten Büchern oder getrennten Veranstaltungen behandelt werden. Die vorliegende Arbeit ist jedoch vom Bestreben geleitet, diese verschiedenen Gestaltungsebenen des Bildungswesen zusammenzudenken, da sie vielfältig miteinander verzahnt sind. Das Verstehen und Gestalten des „Ganzen" steht hier im Mittelpunkt und stellt damit das Anliegen der Vollständigkeit, wenn die verschiedenen Handlungsbereiche dargestellt werden, in den Hintergrund. „Schulpädagogik" wird dabei als Gestaltungslehre des Bildungswesens verstanden.

Der lange Weg vom Verstehen des Bildungswesens, der in der Neuen Theorie der Schule begonnen und in der Geschichte des Bildungswesens fortgesetzt wurde, soll hier einmünden in das, wozu menschliches Verstehen dienen soll: in Konzepte der Gestaltung der menschlichen Verhältnisse, hier jener des institutionalisierten Lehrens und Lernens. Das Wechselspiel von Gestaltungsintentionen, Realitäten im Bildungswesen und neuen Gestaltungskonzepten bildet deshalb die Grundfigur dieser Arbeit.

Da war ein Mann, und der Mann ging zu einem Uhrmacher, und der Mann legte dem Uhrmacher zwei Uhrzeiger auf den Tisch und sprach zu ihm: „Oh du Uhrenheiler, bei meiner Uhr gehen diese beiden Zeiger nie richtig. Bitte repariere sie, auf dass meine Uhr wieder die rechte Zeit zeige." Aber der Uhrmacher antwortete ihm: „Die Zeiger, oh Herr, kann ich nicht reparieren, du musst mir schon die ganze Uhr mitbringen". Der Mann aber verstand ihn nicht – die Uhr war doch völlig in Ordnung, nur die Zeiger gingen falsch.

Anonymus

Einleitung: die Bildungsrealität verstehen und verbessern

Von der Notwendigkeit des Verstehens

Von Einstein wird das Zitat überliefert, man müsse die Welt nicht verstehen, es reiche, sich in ihr zurecht zu finden. Auf das Bildungswesen angewendet hieße dies, man müsse nicht verstehen, nach welchen „Regeln" das Bildungswesen funktioniert, es genüge, als Lehrer, als Schüler, als Verwaltungsfachmann sich in ihm zurecht zu finden. Faktisch ist dies in der Tat häufig so. Wir finden im Schulwesen viele Personen, die sich sehr gut zurecht finden und ihre Aufgaben gut erfüllen. Reicht dieses „Zurechtfinden" aus?

Das obige Zitat gibt in der Metapher der Uhr und ihrer Zeiger eine Antwort: Wer das System nicht versteht, der neigt dazu, in den Oberflächenphänomenen die Probleme zu sehen und auch die Lösung in der Bearbeitung der Oberflächenphänomene zu suchen. Erst wenn man das System versteht, kann man eine Fehlfunktion beheben.

Grundlagen der Gestaltungslehre

Eine „Gestaltungslehre" des Bildungswesens auf der Grundlage des Verständnisses aufzubauen, wie das Bildungswesen funktioniert, ist das Ziel dieser Arbeit.[1] Es wird dabei versucht, die grundsätzlichen Möglichkeiten und Instrumente der Gestaltung schulischer Lernprozesse aufzuzeigen und ein ganzheitliches Konzept dazu zu entwickeln, wie man Bildungssysteme gestalten und die Qualität des Bildungswesens sichern kann. Dabei unterstelle ich die Möglichkeit, einen „Gesamtplan" zu entwickeln, in dem die vernetzten Verantwortlichkeiten von Akteuren sichtbar werden.

---

1 Siehe als mir sehr nahestehende Arbeit vor allem Brügelmann (2005)

Da das „Ganze" des Bildungswesens angesprochen wird, steht die „Steuerung" des Bildungswesens am Anfang, eine „Steuerung", die heute mit Educational Governance bezeichnet wird, um die netzwerkartigen Strukturen der Makrosteuerung des Bildungswesens sichtbar zu machen. Sie steht am Anfang, aber auch als Leitperspektive im Mittelpunkt. Dass ich hier „Steuerung" in Anführungszeichen setze, ist kein Zufall. Ich möchte ein Konzept vorstellen, das keine natürlichen Kausalitäten oder technische Verfügungsmöglichkeiten suggeriert, sondern die Gestaltungsverantwortungen auf verschiedenen Ebenen sichtbar macht. Wer auf einer höheren Ebene, z.B. auf der bildungspolitischen und verwaltungstechnischen „steuert", der muss im Auge behalten, wie die jeweiligen Aktivitäten und Maßnahmen auf „unteren" Ebenen umgesetzt werden. „Steuerung" ist in diesem gesellschaftlichen Wirklichkeitsbereich immer ein Einwirken auf Menschen – mit allen ethischen und psychologischen Implikationen.

Die Konzepte zur Gestaltung des Bildungswesens werden seit vielen Jahrzehnten in die Disziplin der „Schulpädagogik" eingegliedert. Häufig wurde damit aber die pädagogisch inspirierte Gestaltung der Erfahrungswelt einer Schule, die Gestaltung des „Schullebens" verstanden. Diese Verengung soll hier aufgebrochen werden, indem die Gesamtheit der Gestaltungsinstrumente des Bildungswesens ins Blickfeld gerückt wird, also Gestaltungsinstrumente auf der bildungspolitischen, der schulischen und der unterrichtlichen Ebene ausgearbeitet und miteinander verbunden werden. „Schulpädagogik" verweist damit auf ein großes Handlungsfeld: auf jenes der Gestaltung institutionalisierter Lehr- und Lernprozesse. Diese Disziplin wird damit von dieser *Aufgabe* her konstituiert und nicht von einem theoretischen oder disziplinären Paradigma.

Aufgaben der Schulpädagogik

In den letzten Jahren haben sich im Anschluss an die PISA-Studien in der Frage nach den *Ursachen* der Leistungsfähigkeit von Bildungssystemen mehrere kleine Revolutionen vollzogen. Sie bewegen sich alle im Umkreis der Frage, wie man die Qualität eines Bildungswesens sichern bzw. steigern könnte. Die Antwort wäre „ante PISA" darauf hinausgelaufen zu propagieren, dass sich vor allem die Qualität des *Lehrers* und des *Lehrverhaltens* verbessern müsste. Dabei wäre dafür Sorge zu tragen, dass die Verwaltung sich *nicht einmischt* und die Bildungspolitik sich zurückhält. Es kommt einer revolutionären Wende gleich, hier die Blickrichtung verändert zu haben: *Bildungspolitik und Verwaltung als integrale Teile einer Qualitätssicherung* und nicht als störende Elemente im „hehren pädagogischen Geschehen" zwischen Erzieher und Zögling zu sehen.

Die Entdeckung des „Ganzen" nach PISA

Diese Sichtweise wird dadurch herausgefordert, dass im Rahmen der PISA-Studien diejenigen Länder herausragende Leistungsprofile zeigten, die eine völlig andere Form des „educational governance" hatten und eine andere Gestalt der Schulverwaltung repräsentierten. Damit liegt die Vermutung nahe, die Qualität der „Produktionsergebnisse" des Unternehmens „Bildungswesen" könnte etwas mit dieser Educational Governance zu tun haben.

Der Beitrag von PISA

Doch wie kann man Instrumente der Qualitätssicherung entdecken und ihre Wirkungskraft rekonstruieren?

Dazu bedurfte es auch in der Erziehungswissenschaft, spezifisch in der Schulpädagogik, einer zweiten Revolution. Auch sie musste sich von verengten Betrachtungsweisen lösen und versuchen, die Steuerung des Bildungswesens und in der Folge deren Gestaltungsinstrumente in den größeren Rahmen der Op-

Die „klassische" Schulpädagogik muss erweitert werden

timierung schulischer Qualität zu stellen. Dazu ist auch eine neue theoretische Grundlage für die Betrachtungsweise des Bildungswesens nötig. Ich sehe sie in einer teils systematischen, teils historischen Analyse des Bildungswesens als institutionellem Akteur der Humangestaltung (s. Fend, 2006a; Fend, 2006b).

Auf der Grundlage einer verstehens- und handlungsorientierten Sichtweise von Bildungssystemen können wir die praktischen Fragen, die hier im Vordergrund stehen werden, bearbeiten: Wie „macht" man gute Bildungssysteme, gute Schulen und guten Unterricht? Welche Instrumente stehen zur Verfügung?

Von solchen Fragen ist dieses Buch geleitet. Es will nach einem vertieften systematischen und historischen Verständnis des Bildungswesens in akteur- und institutionstheoretischer Sicht eine Konzeption vorstellen, wie man das Bildungswesen gestalten und seine Qualität sichern kann. Es betrachtet das Bildungswesen gewissermaßen von oben nach unten, ohne zu übersehen, dass in der Geschichte häufig die obere Ebene geregelt hat, was auf der unteren schon gängige Praxis war. Es geht jedoch primär von der Makrosteuerung aus und untersucht, wie sich diese auf die Meso- und Mikroebenen auswirkt und wie auf den jeweiligen Ebenen die Akteure relativ autonom innere Kulturen des Bildungsgeschehens schaffen und damit selbstverantwortlich am Gesamtgeschehen des Lehrens und Lernens mitwirken.

Bildungssysteme als feingesponnene Regelwerke
Mehrkriterialität

Damit soll auch sichtbar werden, dass das Bildungswesen ein sehr fein gesponnenes Regelwerk ist, das nicht *folgenlos* an *einzelnen* Stellen verändert werden kann. Es braucht in sich *stimmige* Regelsysteme.

Dieses Regelsystem muss dabei *mehreren* Qualitätskriterien entsprechen: Es muss Gerechtigkeit und Leistungsfähigkeit ebenso verbinden wie Humanität und Fürsorge (caring). Es sollte allen gerecht werden, Bevorzugung und Partikularität verhindern und den unhintergehbaren Wert jedes Einzelnen im Auge haben.

Verbindung von Institution und Akteuren

Durch bloße Reglementierung wird dies aber ebenso wenig erreichbar sein wie es durch eine abstrakte „Liebe zum Kind" auf Dauer gestellt werden kann. Es ist eine *Verbindung* gefragt, also eine *institutionell* gestützte und verstetigte Optimierung von Lernprozessen und Erfahrungschancen für heranwachsende Menschenkinder und individuellen *Kompetenzen* und *Einstellung* der Akteure. *Institutionsentwicklung* ist somit ergänzungsbedürftig durch eine Arbeit an den *Kompetenzen* der Akteure, wie sie durch Lehrerbildung realisiert werden soll. Das Zusammenspiel von „Institution und Person" sollte die Orientierung am bestmöglichen Lernen und an der bestmöglichen Entwicklung von Kindern und Jugendlichen „belohnen". Dies ist in der Tat ein großes Kunstwerk, dem sich die vorliegende Arbeit nähern möchte.

Vom Qualitätsbewusstsein zu den Qualität sichernden „Instrumenten"

Die vorliegende Arbeit ist naturgemäß von der Geschichte der Schulentwicklung in den letzten dreißig Jahren geprägt. Ihr verdanken wir ein immer präziser gewordenes Qualitätsbewusstsein in allen schulischen Gestaltungsbereichen. Erst in den letzten Jahren ist die Systematik der Qualitätskriterien erweitert worden um eine Systematik der „Mechanismen", der „Strategien", der „Instrumente" zur Qualitätssicherung. Wir brauchen, dies ist unmittelbar einsichtig, nicht nur ein präzises Qualitätsbewusstsein, sondern auch das Wissen um jene „Instrumente", die in der Lage sind, alltäglich zu einem guten schulischen Angebot beizutragen.

1 Das Bildungswesen als „Ganzes" – ein allgemeines Handlungsmodell

Der Vergleich mag überraschen: Ein Bildungswesen in der Moderne kann als großes „Kunstwerk", z.B. als Musikstück gesehen werden, das Tag für Tag, vierzig Wochen im Jahr, aufgeführt wird. Die *Komposition* des Bildungswesens ist in heißen Kämpfen über Jahrhunderte entstanden und zu einem hoch differenzierten Werk geworden. Millionen von Menschen sind an der *Aufführung* beteiligt. Sie spielen alle nach einem *Regelwerk*, nach Vorlagen und Skripten. Für die Aufführung sind sie speziell ausgebildet. Die Komposition gibt den Aufführenden einen großen *Interpretationsspielraum*, den sie sehr unterschiedlich ausgestalten können. Dennoch ist die Aufführung nicht zu verstehen, wenn man die vielschichtige Komposition nicht kennt. Das Besondere dieses Kunstwerkes liegt darin, dass es bei der Aufführung keine Zuschauer gibt. Diejenigen, an die es sich richtet, spielen selber mit und Wohlklang oder Disharmonie des Ganzen wird durch deren Mitwirkung erzeugt. Sie sollen am Ende selber im Orchester mitspielen können.

Die Aufführung „Schule"

In dieser Arbeit geht es um die heutige „Komposition" und die „Aufführung" des Kunstwerkes „moderne Bildungssysteme", wie wir sie in verschiedenen Ländern beobachten können. Auch heute noch arbeiten unzählige Menschen an der Partitur, an der Komposition und unzählige Mitglieder des „Orchesters" bemühen sich, sie zum Klingen zu bringen. Die „Aufführung" ist uns schließlich aus langjährigem Miterleben und Mitgestalten wohl vertraut, wir haben alle zumindest eine Zeitlang mitgespielt, wir alle waren an der Aufführung des Theaterstückes „Schule" dabei.

Wenn wir die Metapher des Kunstwerkes verlassen – auch wenn man das Bildungswesen als einen Bereich der von Menschen geschaffenen Kultur auffassen kann -, dann stellt sich die Frage, wie wir diese „Aufführung", an der wir doch alle teilhatten, verstehen können. Mitgespielt zu haben bedeutet nicht, das Kunstwerk schon zu durchschauen.

Ähnlich wie ein musikalisches Werk ist auch das aktuelle schulische Geschehen nicht ohne den Rückgang auf die *Regulierungsvorgaben* – die „Partitur" des Kunstwerkes „Schule" – verständlich. Gleichermaßen sind die Besonderheiten der gegenwärtigen „Partitur", also die gegenwärtigen Verfasstheiten von Schule, nicht begreifbar, wenn ihre Entstehungsgeschichte, *ihre historischen Ursprünge* unbekannt sind. Schultheoretisch formuliert heißt dies: Die langen Umwege über die Theorie und die Geschichte des Bildungswesens sind nicht zu ersetzen,

Die „Partitur"

wenn es darum geht, die aktuelle Gestaltung und Nutzung von Bildungssystemen zu verstehen.

Auf diesem Hintergrund wird in dieser Arbeit das aufwändige Unternehmen einer Theorie der Schule fortgesetzt, indem das Bildungswesen als *aktuelles Geschehen* präsentiert wird, das von Akteuren *gestaltet* wird und in dem sie tagtäglich *handeln*. Dabei werden auch die *Verantwortlichkeiten* der Beteiligten sichtbar. So wird das Bildungswesen als Institutionalisierung von Lehren und Lernen wieder in seine gestaltenden Hände zurückgegeben.

Die „Aufführungspraxis"

Die „Partitur" der Schule als im Hintergrund wirksamer Instanz der Regulierung wird in ihrer feinen Gliederung – wie es technisch im Folgenden heißen wird – auf den verschiedenen Ebenen der Gestaltung des Bildungswesen entfaltet: auf der Makro-, Meso- und Mikroebene. Wie in einem musikalischen Kunstwerk finden wir Makrostrukturen (z.B. die Sätze einer Sinfonie), Mesostrukturen (z.B. innere Gliederung der Sätze) und Mikrostrukturen (z.B. Intervalle, Takte, Rhythmen).

Gestaltungsalternativen

Es gibt aber nicht nur viele Partituren, sondern auch viele Aufführungsformen. Die Künstler eines Orchesters sind nicht sklavisch an die Vorgaben gebunden. Sie müssen sie übersetzen, interpretieren und mit ihren Fähigkeiten in Übereinstimmung bringen. Analoges vollbringen Lehrpersonen. Erst dadurch entsteht ein Geschehen, das wir beobachten, wahrnehmen und auch genießen können.

Das Gegebene und das „Bessere"

Da es auf allen Ebenen Alternativen der Gestaltung gibt, haben wir es auch nicht mit statischen Verhältnissen zu tun. Welche Partituren besonders wertvoll und welches die aussagestärksten Aufführungen sind, ist in der Musik oft ebenso umstritten wie hier in der Analogie, dem Bildungswesen. Die gegenwärtigen Diskussionen um das schulische Geschehen führen uns dies unübersehbar vor Augen. Die pädagogische Realität ist immer eine von Menschen hergestellte und damit veränderbare. Sie ist also nie nur gegeben, sondern immer auch aufgegeben. Diese Übergänge vom Gegebenen zum möglicherweise Besseren unterfüttern die pädagogischen Diskurse und Reformen.

Von der Metapher zu theoretischen Konzepten

In nüchterner Umsetzung der *Metapher* des Kunstwerkes, die damit verlassen wird, kommt die Dynamik zwischen Realität und Gestaltung auf verschiedenen Handlungsebenen, wie in Abb. 1.1 dargestellt, zum Ausdruck. In ihr kommt auch die Differenz zwischen Regulierungsinstrumenten (Partituren) und dem faktischen Geschehen des „Schulegebens" (Aufführungen) zur Geltung.

Regulierungsinstrumente „Partitur"	Empirisches Erscheinungsbild: „Aufführung"
MAKROEBENE	
Verfassungsgesetze Schulgesetze Bildungspläne Bildungsgangregelungen Abschlussregelungen Zertifizierungen Schulverwaltung Instrumente der Qualitätssicherung	Kulturpolitik Bildungspolitik Lehrplanarbeit Bildungsverwaltung Personalmanagement: (Ausbildung, Fortbildung)
MESOEBENE	
Autonomieregelungen Leitungsgesetze	„Schul-policy" Faktische Schulführung Schulentwicklungsarbeit Kommunale Beteiligungen Schulkultur
MIKROEBENE LEHRER	
Regelungen zur Unterrichtsgestaltung Methodik und Didaktik Beratungsaufgaben Erziehungsaufgaben	Faktische Unterrichtsprozesse Unterrichtskultur Lehrerhandeln
MIKROEBENE SCHÜLER	
Leistungsstandards Prüfungsregelungen Zulassungsbedingungen Abschlussregelungen Teilnahmeregelungen Disziplinregelungen	Faktisches Nutzungsverhalten Schulleistungen Persönlichkeitsentwicklung

Abb. 1.1: Gestaltungsinstrumente und faktische Verhältnisse im Bildungswesen (Beispiele)

1.1 Das Bildungswesen als institutioneller Akteur der Menschenbildung

Auch wenn die Partitur des Kunstwerkes „Bildungswesen" intern feingliedrig differenziert ist, auch wenn viele Akteure an der Aufführung mitwirken, so ergeben sie in der Summe doch ein Ganzes. Die Akteure wirken nicht ungeregelt zusammen, sie sind vielmehr durch die Partitur miteinander verbunden. Eine solche Konfiguration von Inhalten, von Regeln und handelnden Akteuren im sozialen Bereich haben wir in der Arbeit „Neue Theorie der Schule – Einführung in das Verstehen von Bildungssystemen" (Fend, 2006b) einen „institutionellen Akteur" genannt. Das „regelgeleitete Zusammenhandeln" war der Kern dieser Vorstellung, die dann mehrebenentheoretisch, wie in Abb. 1.1 illustriert, differenziert wurde.

Neue Konzepte einer Soziologie des Bildungswesens

Ohne Geschichte kein Verständnis der Gegenwart

Die Arbeit „Geschichte des Bildungswesens" (Fend, 2006a) hat sich in der Folge der Frage gewidmet, wie die „Partitur" des Bildungswesens entstanden und welche Praxis der jeweiligen „Aufführung" historisch zu beobachten ist. Beide Arbeiten waren von der Überzeugung geleitet, dass wir Konzepte zur Analyse von „Institutionen" brauchen, die das Zusammenwirken von Institution und Akteur entfalten und dass diese jeweiligen institutionellen Konstellationen historisch-vergleichend rekonstruiert werden müssen, wenn ihre Funktionsweise erkannt werden soll.

Vom Verständnis zur Gestaltung

In dieser Arbeit steht die Frage im Vordergrund, wie man auf diesem Hintergrund die verschiedenen Aufführungsformen bestmöglich gestalten kann. Die theoretischen und historischen Vorarbeiten bilden dafür eine unentbehrliche Grundlage. Diese Vorarbeiten sollen im Folgenden deshalb in ihren Grundzügen in der größtmöglichen Kürze vorgestellt werden.

1.2 Akteure und die Regeln des Zusammenhandelns: das Verhältnis von Normvorgaben und Ausführung

Die doppelte Realität

Das Bildungswesen als institutionellen Akteur in seiner gegenwärtigen Gestalt, Funktionsweise und Gestaltungsmöglichkeiten darzustellen, verlangt nach den theoretischen und historischen Vorgaben sehr viel. Wir müssen von den geschichtlich entstandenen „*Vergesellschaftungsformen*", also von den Regeln des Zusammenhandelns (so soll im Folgenden die „Partitur" der Schule genannt werden) ausgehen und jene normativen Skripte (inhaltliche Programme und Regelungen) schildern, die dem Handeln der Akteure im Bildungswesen zugrunde liegen. Zu beschreiben, wie diese Skripte das Handeln der Akteure im Bildungswesen regulieren, konstituiert die zweite Aufgabe, da wie in anderen sozialen Bereichen auch im Schulsystem ein Verhältnis von Normvorgaben und Ausführung, von gesetzlich geregelter und faktisch vollzogener Praxis besteht.

Zwei Datenquellen

Damit brauchen wir für das Verständnis der sozialen Wirklichkeit, in diesem Falle des Geschehens in Schulen, auch zwei Datenquellen. Die eine besteht in Quellen zu Vorgaben, wie etwas sein soll, also in Gesetzestexten, Lehrbüchern und Lehrplänen; die andere besteht in empirischen Informationen zu den tatsächlichen Vorgängen, zu den unzähligen Ereignissen und Handlungen, die von den Vorgaben mitgeprägt, aber nicht völlig von diesen ableitbar sind. Die doppelte Realität des Bildungswesens spiegelt sich also auch in den Datenarten, die für ein Verständnis des Bildungswesens relevant sind. Die historisch entstandenen Spielregeln lassen nicht nahtlos auf die Wirklichkeit schließen, die sie regulieren und die Realität ist nicht aus sich heraus, aus den Beobachtungen allein, erklärbar.[2]

---

2 Dieser einfache Sachverhalt macht unmittelbar sichtbar, wie unsinnig es wäre, auf eine Datenquelle zu verzichten oder sie gar als unwissenschaftlich zu disqualifizieren. Pädagogische Forschung ist gleichermaßen auf Textdaten angewiesen wie auf „empirische" Indizierungen der bestehenden Praxis und ihrer Wirkungen.

Ich möchte dieses regelgeleitete, aber im Rahmen der Regelungen variierende Handeln mit einem fiktiven Forschungsbeispiel illustrieren: Ausgangspunkt sei eine Untersuchung über Determinanten der Geschwindigkeit von Autos auf Autobahnen. Durch sie sollen besondere Gefährdungslagen ausfindig gemacht werden. Für das Bildungswesen könnte die Untersuchung des Leistungsniveaus in verschiedenen Ländern analog als Erklärungsgegenstand gewählt werden.

Ein fiktives Beispiel für regelgeleitetes Handeln

Angenommen – so die im Folgenden vorgeführte Fiktion – die Studie zum Straßenverkehr war international angelegt. Es wurde die Geschwindigkeit von Autos in drei Ländern erfasst, in Deutschland, in der Schweiz und in Österreich. Um eventuelle Differenzen erklären zu können, wurden Fragebogen entwickelt und den Automobilisten vorgelegt, deren Geschwindigkeit gemessen wurde. Die Forscher gingen nämlich von drei Hypothesen aus:
- Die Fahrgeschwindigkeit ist eine Funktion der Persönlichkeit. Extravertierte Typen fahren schneller als ängstlich-introvertierte.
- Die Fahrgeschwindigkeit ist eine Funktion der Qualität der Autos und der Qualität der Straßen. Je besser beide sind, umso höher ist die Geschwindigkeit.
- Die Fahrgeschwindigkeit ist eine Funktion der Erziehung. Verantwortungsbewusst erzogene Bürger fahren langsamer als rücksichtslose.

Das Ergebnis war auf den ersten Blick überraschend. Die Durchschnittsgeschwindigkeit betrug in der Schweiz 123 Stundenkilometer, in Österreich 135 und in Deutschland 148. Wie sind diese Unterschiede zu erklären? Die Persönlichkeitsprofile der Autofahrer unterschieden sich in diesen Ländern nicht signifikant. Persönlichkeitstests ließen weder eine motorische noch eine emotionale Verlangsamung der Reaktionszeiten von Schweizer Autofahrern erkennen, die ihr langsameres Fahren hätten erklären können. Wohl unterschieden sich die Länder in der Lebenszufriedenheit, die in der Schweiz am höchsten war. Daraus wurde die Hypothese abgeleitet, dass hohe Lebenszufriedenheit dazu führt, dass das Risikoverhalten sich ändert. Dem widersprach das Ergebnis, dass die Scheidungsrate der männlichen Schweizer Autofahrer am höchsten war, sodass man von einer größeren emotionalen Belastung ausgehen sollte, die – da das Leben ohne Frau weniger erfreulich ist – zu einem eher höheren Risikoverhalten führen sollte. Dem wurde nun entgegengehalten, dass – so zeigte eine verfeinerte Datenanalyse – die geschiedenen Männer deshalb von ihren Frauen getrennt waren, weil sie zu 80% eine Freundin hatten. Diese neue Bindung sollte nun die Lebensfreude eher positiv beeinflussen und damit auch zu einem vorsichtigeren Fahren führen.

Diese subjektiven Deutungen wurden im Verlauf der Diskussion schließlich als wenig solide angegriffen. Eher objektive Faktoren wurden vorgezogen. So sei wohl davon auszugehen, dass man mit schlechten Autos und auf schlechten Straßen „automatisch" langsamer fahre. Autoqualität und Straßenqualität waren in der Schweiz am höchsten, die Geschwindigkeit aber am niedrigsten. Dies war nun völlig erwartungswidrig. Warum war die Durchschnittsgeschwindigkeit auf den Autobahnen in der Schweiz so niedrig, obwohl die Umstände höhere Geschwindigkeiten nahe legten?

Die nächsten Erklärungen wurden dann in nationalen Besonderheiten gesucht. Österreicher wurden als besonders höflich eingestuft, Deutsche als aggressiv und Schweizer als besonders verantwortungsbewusst. So wähnte man sich auf dem richtigen Pfad. Weitere Datenanalysen zeigten aber, dass es sich beim Verantwortungsbewusstsein und bei den vermuteten nationalen Besonderheiten nicht so sehr um Länderunterschiede handelte, sondern um Geschlechtsunterschiede. Frauen erwiesen sich in allen Ländern als besonders verantwortungsbewusst und vorsichtig.

Warum dann aber trotzdem diese deutlichen Länderunterschiede? Für den Kenner der Straßenverkehrsordnungen in verschiedenen Ländern war dies kein Geheimnis: In der Schweiz liegt die erlaubte Höchstgeschwindigkeit auf Autobahnen bei 120, in Österreich bei 130 Stundenkilometern, während es in Deutschland keine generellen Geschwindigkeitsbegrenzungen auf Autobahnen gibt. Gleichzeitig wird in diesen Ländern die Einhaltung der Geschwindigkeitsbegrenzungen unterschiedlich genau überprüft und unterschiedlich schwer gebüßt.

Handeln in Regelkontexten

Was besagt dieses fiktive Beispiel? Es illustriert, dass Handeln in einem hoch normierten Kontext, wie z.B. im Straßenverkehr, nur verständlich ist, wenn man es als Regelanwendung interpretiert. Gleichzeitig offenbart es auch, dass die *Regeln* allein das konkrete Verhalten nicht determinieren und erklären. Überall wird etwas schneller gefahren als erlaubt. Der Grad der Abweichung ist durch eine Vielzahl von Realfaktoren bestimmt, unter denen auch individuelle Merkmale der Fahrer sind.

Analog würde man bei der Erklärung von unterschiedlichen Leistungsprofilen verschiedener Länder nach den Regeln suchen müssen, die das Lehrverhalten und das Lernverhalten regulieren. Sie könnten z.B. in den Prüfungsregeln bestehen, die z.B. unterschiedliche Anforderungsniveaus und Standards für sozialen Aufstieg im Bildungswesen vorgeben. Dieses Regelsystem wird jedoch auch hier das konkrete Lehr- und Lernverhalten nicht völlig determinieren. Auch im Bildungswesen spielen mehrere Faktoren zusammen und beeinflussen das Handeln der Akteure. Wenn wir dieses erklären wollen, dann müssen wir die Skripte, die Regelsysteme des Handelns, rekonstruieren, nach denen Lehrer agieren und die ihren Auftrag, die Veranstaltung von Lehr-Lernprozessen, regulieren.

Beispiel für Skripte

Dieses Skript kann z.B. darin bestehen, wie in einem Bildungswesen der Leistungsstand der Schüler gemessen und zur Grundlage für schulischen Aufstieg oder Abstieg gemacht wird. Wenn nach diesem Skript die Lehrkräfte beispielsweise aufgrund der Prüfungsergebnisse, die sie Schülerinnen und Schülern nach den von ihnen selber veranstalteten Prüfungen attestieren, über Abschlüsse und Berechtigung für den Besuch weiterführender Schulen entscheiden können, dann haben sie eine gewichtige autoritative Position, die den gesamten faktischen Unterrichtsprozess und den korrespondierenden Lernprozess bei den Schülerinnen und Schülern bestimmt. Der Unterricht und das Verhältnis zur Schülerschaft würden anders aussehen, wenn die Lehrperson über diese weiteren Lebenswege nicht selber entscheiden müsste oder könnte. Dies wäre dann der Fall, wenn nach den „institutionellen Spielregeln" die Prüfungen außerhalb der Schule stattfänden und nicht vom Lehrenden selber veranstaltet und reguliert würden. Hier wäre die Lehrperson vom regulativen Skript her eher nicht in der Doppelrolle des Trainers und Richters, sondern nur in der des Coach für den Erwerb von Fähigkeiten, damit die Schüler die extern gestellten Aufgaben bewältigen. In verschiedenen Ländern sehen die Regulierungen des schulischen Aufstiegs sehr unterschiedlich aus. So sind es in den einen *aufnehmende* Instanzen, z.B. Hochschulen, die über Zulassungsprüfungen bestimmen, wer studieren darf, in den anderen werden Berechtigungen von *abgebenden* Schulen verliehen. Wir werden sehen, dass diese Regelungen das Handeln der Akteure sehr stark mitbestimmen.

1.3 Die Aufgabe: Gestaltung von Bildungssystemen im Ganzen

Die schulische Realität ist nach den obigen Konzepten eine von einem differenzierten Regelwerk geleitete Wirklichkeit, metaphorisch gesprochen, eine von einer ausgefeilten „Partitur" geleitete „Aufführung" des Lehrens und Lernens.

Die Metapher von Partitur, Aufführung und Wirkung für die Funktionsweise des Bildungswesens findet sich weniger „poetisch" in vielen Modellen, die das „Ganze" des Bildungswesens abbilden wollen.
- Die klassische Soziologie spricht von institutionellem Auftrag, von Rollen und deren Ausführung im Rollenhandeln.
- Die Wirtschaftswissenschaft ist gewohnt, von strategischer Führung und operativer Ausführung zu sprechen.
- Die Rechtswissenschaft hat Verhältnisse von Rechtsprechung und Vollzug im Auge.
- Die Evaluationsforschung spricht von der Divergenz von Plan und Praxis.

Die Komplexität des Verhältnisses von Partitur, Aufführung und Wirkung in Schulsystemen haben auch verschiedene bildungswissenschaftliche Modelle immer wieder einzufangen versucht. So geht die OECD bei ihrer vergleichenden Darstellung der *Praxis* verschiedener Bildungssysteme von einem einfachen Grundmodell aus, das zwischen dem *Input* ins Bildungswesen, dem *Prozess* der Beschulung und dem *Output* unterscheidet. Input-Prozess-Output-Konstellationen stehen schließlich im Rahmen gesellschaftlicher *Kontextmerkmale*, die Opportunitäten und Ressourcen vorgeben. Qualität im Bildungswesen dokumentiert sich dann in einem hohen Input finanzieller, personeller und ideeller Art, in einem hoch professionalisierten Prozess des Schulehaltens und in einem entsprechenden Output an fachlichen und erzieherischen Wirkungen. {Input-Prozess-Output-Kontext}

Dieses Modell ermöglicht zwar eine übersichtliche Deskription von Bildungssystemen, ist jedoch wenig handlungsgeleitet. Wie die jeweiligen „Ergebnisse" zustande kommen, wer dafür verantwortlich ist, kommt nicht zum Vorschein, wenngleich dies immer implizit mitgedacht wird. Wie kann ein Modell konzipiert werden, das schon von seiner Anlage her Gestaltungsakteure, Verantwortungen und Prozesse sichtbar macht? Ein erster Versuch, sich diesem Anliegen zu stellen, führt zur Formulierung eines *Angebot-Nutzungs-Modells* (s. Abb. 1.2). {Angebot-Nutzungs-Modell}

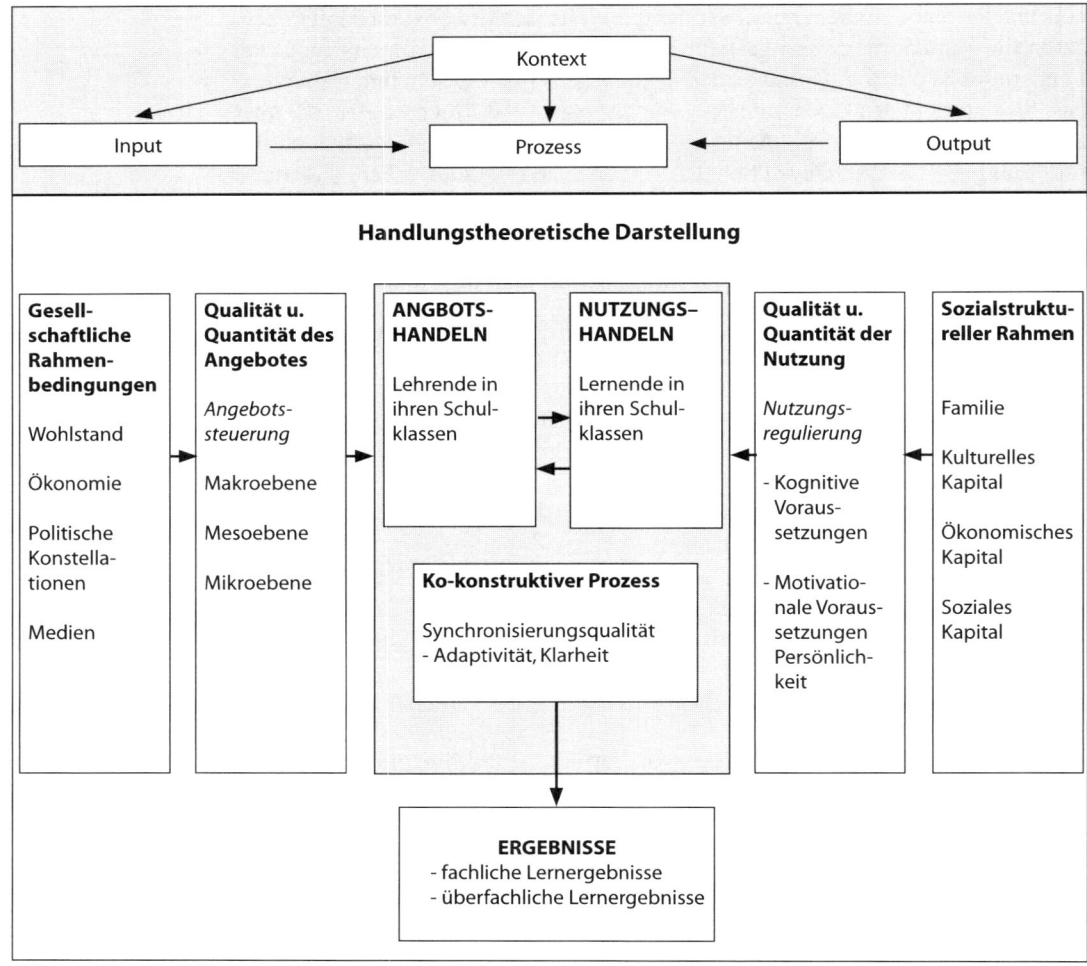

Abb. 1.2: Mehrebenentheoretisch erweitertes Angebot-Nutzungs-Modell

Die Aufgabe des institutionellen Akteurs „Bildungswesen" als „Menschenbildung", als Arbeit am Können und Handeln der heranwachsenden Generation, führt nach diesem Modelldenken zur institutionellen Gestaltung eines *Angebots* an Lern- und Erfahrungsmöglichkeiten. Was Schule tatsächlich Tag für Tag organisiert und anbietet, sind *Lerngelegenheiten,* sind Opportunitäten. Sie variieren nach Quantitäten und Qualitäten von Lernchancen (s. Abb. 1.2).

Von der Angebotsseite ist eine *Nutzungsseite* zu unterscheiden. Schülerinnen und Schüler gehen mit den Lernangeboten sehr unterschiedlich um. Die wichtigsten Nutzungsbedingungen auf der Seite der Schülerschaft bestehen in kognitiven und motivationalen Lernvoraussetzungen (s. Abb. 1.2). Hoch intelligente und motivierte Schülerinnen und Schüler werden das gleiche Angebot anders nutzen als solche, bei denen diese Voraussetzungen weniger ausgeprägt sind. Lehrer, die z.B. dreißig Schüler in einer Klasse unterrichten und allen in Prüfungen die gleichen Aufgaben stellen, werden mit einer großen Varianz von Leistungen konfrontiert, auch wenn alle die gleichen Lerngelegenheiten hatten. Die Ergebnisse eines Lehrprozesses *allein* vom Angebot her zu bewerten, würde offensichtlich zu kurz greifen, wenngleich das Angebot für das Gesamtniveau der Lernqualität ein entscheidender Faktor ist. Das Nutzungsverhalten gilt es zusätzlich zu berücksichtigen. Optimales oder suboptimales Nutzungsverhalten liegt aber nicht *allein* in der Verantwortung der Angebotsgestaltung, wenngleich eine hohe Qualität des Unterrichtes die Schaffung optimaler *Rezeptionsbedingungen* als Kernelement enthält. So entsteht die Frage, die uns hier noch beschäftigen wird: Auf wen sind gute oder schwache Schulleistungen zurückzuführen, auf ein schlechtes Angebot oder auf eine schlechte Nutzung?

In der Geschichte des deutschen Bildungswesens war das schulische Lehr- und Lernangebot seit dem 19. Jahrhundert ein Kernbereich des wohlfahrtsstaatlichen Handelns. Ungenügende Leistungen in der Schule waren dabei Ausdruck des Ungenügens der Schüler, also der Adressaten des schulischen Handelns. Staatliches Handeln in der Gestalt schulischen Handelns, sei es in der Form bildungspolitischer und administrativer Maßnahmen oder in der Form des Lehrerhandelns stand dabei nicht auf dem Prüfstand. Die international vergleichende Bildungsforschung hat diese Sichtweise verändert. Sie hat bei problematischen Schülerleistungen die *Qualität des schulischen Angebotes* zur Disposition gestellt. Diese problematischen Leistungen wurden jetzt zum Indiz, dass auch die *Schule* und nicht nur der einzelne *Schüler* versagt hat. Damit entstand eine neue Perspektive für die optimale Gestaltung des Bildungsangebotes. Dem Bildungswesen wurde nun *Ergebnisverantwortung* zugemutet, ja häufig wurde ihr die alleinige Verantwortung für die Ergebnisse des schulischen Angebotes zugeschrieben. Die Karikatur in Abb. 1.3 spielt mit der Absurdität einer völligen Umkehrung der Wirkungsverantwortung von Schulleistungen.

Ferner ist zu bedenken, dass die Angebotsseite nur ein begrenztes *Zugriffsrecht* auf die Nutzungsseite hat. Eine uneingeschränkte Verfügung über die Nut-

Abb. 1.3: Angebotsqualität oder Nutzungsqualität?

zer ist verfassungsrechtlich untersagt. Die Schule darf nicht ohne Rücksicht auf die Selbstbestimmungsrechte ihrer Adressaten auf diese „zugreifen" – etwa über physischen Zwang. Die Angebotsseite darf nicht alles aus Schülern machen, was sie gerne möchte, sie darf deren Eigenverantwortung nicht außer Kraft setzen. Dennoch wird sich die Nutzungsverantwortung der Schule und der Lehrpersonen als zentrales Qualitätskriterium eines Bildungswesens herausstellen. Ein Angebot-Nutzungs-Modell kann solche Fragen präzisieren, da es Regelungen, Handlungen und Verantwortungen sichtbar macht.

1.4 Mehrebenenstruktur des schulischen Lernangebotes

Die Gestaltung des Bildungswesens, so hat auch die Metapher des musikalischen Kunstwerkes und seiner Aufführung gezeigt, erfolgt auf mehreren Ebenen. Diese mehrebenentheoretische Ordnung der Instrumente der Gestaltung eines institutionalisierten Angebotes leitet die hier vorgestellte moderne Schulpädagogik.

Das Konzept der Verantwortung

Um die innere Konfiguration des schulischen Angebotes und Anforderungsprofils zu verstehen, muss deshalb dessen *Handlungszusammenhang mehrebenentheoretisch* dargestellt werden. Die bestmögliche Gestaltung des schulischen Angebotes und der Leistungsanforderungen gliedert sich in Aktivitäten auf der Makro-, Meso- und Mikroebene des Bildungswesens.

Dabei ist nicht von Zwangsbeziehungen zwischen verschiedenen Ebenen oder von mechanischen Kausalverhältnissen auszugehen, sondern auf die Freiheiten und Verantwortungen ermöglichende Handlungskoordination zwischen den Ebenen zu achten. So wird sichtbar, dass wir es im Bildungswesen mit Akteuren zu tun haben, die teils konkret definierte, teils in die Erziehungskultur eingewobene *Verantwortung* tragen.

Wenn das Input-Output-Prozess-Kontext-Modell und das Angebot-Nutzungs-Modell kombiniert werden, dann ergeben sich erste Möglichkeiten, die Effektivität eines Bildungswesens formal darzustellen. Ohne Umschweife läßt sich sagen, welches die zentralen Bestimmungsgrößen sind, um möglichst gute Ergebnisse eines Bildungswesens zu erzielen. Wie diese Bestimmungsgrößen aber handlungstheoretisch zustande kommen, wird in einem zweiten Schritt zu klären sein.

Hier die formalen Bestimmungsgrößen für eine möglichst hohe „Lernsumme" in einem Bildungssystem:

Der Lernertrag (LE) eines Bildungssystems soll insgesamt als eine Funktion von Angebot (A) und Nutzung (N) betrachtet werden.

(1) $LE = f(A,N)$

Beim schulischen Angebot wird eine quantitative und eine qualitative Komponente eingeführt.

(2) $A = f(QuanA, QualA)$

In quantitativer Sicht (QuanA) könnte man präzisieren, dass den verschiedenen Gestaltungsebenen des Bildungswesens auch jeweils unterschiedliche Lernmengen entsprechen:

Lernmenge 1 wäre die auf der Makroebene geplante und offiziell zugewiesene Lernzeit in einem bestimmten Fach, z.B. 160 Lektionen pro Schuljahr in Französisch über 6 Schuljahre, also insgesamt 960 Lektionen.

Lernmenge 2 bezöge sich auf die faktisch angebotene Lernzeit auf Schul- und Klassenebene, unter Abzug der Unterrichtsausfälle und Verspätungen, unter Abzug der „toten" Lernzeiten im Französisch-Unterricht, die durch Disziplinprobleme und Organisationsprobleme entstehen.

Lernmenge 3 wäre die Gesamtmenge der in der Schule und außerhalb der Schule persönlich investierten Lernzeit. Daraus ergäbe sich analog auch die Gesamtmenge der zeitlichen Investitionen, z.B. im Fach Französisch.

(3) $QuanA = f(LM1, LM2, LM3)$

Eine zweite Komponente des schulischen Angebotes ist qualitativer Natur (QualA). Sie umfasst einmal die Programmqualität (QP), konkretisiert in den Sachstrukturen des Lernens auf möglichst hohem Niveau. Begleitend geht es darum, die Qualitätsstandards des Angebotes abzusichern. In jedem Bildungssystem gibt es Vorkehrungen, ein qualitativ hochwertiges Angebot zu kontrollieren, zu evaluieren, zu korrigieren und vor allem zu unterstützen (QS, Standardsicherungsqualität). Sie sind sowohl auf bildungspolitischer, auf schulischer als auch auf unterrichtlicher Ebene präsent. Im Kontext dieser institutionellen Rahmenbedingungen findet der Unterricht statt, dessen Qualität zwar mit den Rahmenbedingungen zusammenhängt, aber wesentlich durch das Know-how der Lehrer bedingt ist. Die sich daraus ergebende Qualität der Instruktion (QI) ist Teil der Angebotsqualität des Bildungswesens. Die Qualität des Angebotes ergibt sich somit aus folgenden Faktoren:

(4) $QualA = f(QP, QS, QI)$

Die Nutzung (N) setzt sich ebenfalls aus mehreren Parametern zusammen. Im Vordergrund stehen die kognitiven Fähigkeiten zur Nutzung der Lernangebote (K). Sie sind qualitativ bestimmbar als Aufnahmefähigkeit von Informationen und Verarbeitungsfähigkeit von Lernangeboten in einer bestimmten Zeiteinheit. Je mehr von einem Schüler in einer bestimmten Zeiteinheit aufgenommen und verarbeitet werden kann, um so höher ist die Nutzungsfähigkeit. Die Aufnahmefähigkeit ist selber wiederum von mehreren Faktoren abhängig, etwa vom genetischen Potential und der Förderung der Aufnahmefähigkeit für schulische Lerninhalte durch frühe außerschulische und schulische Anregung (Spielmaterial, Lernkontakte und interpersonale Kontakte). Der zweite Parameter, der die Nutzungsqualität sichert, ist motivationaler Natur (M).

(5) $N = f(K, M)$

Motivation und kognitive Fähigkeiten münden in eine hohe oder niedrige Nutzungsqualität (NQ). Sie konkretisiert sich als Grad der Aufmerksamkeit für schulische Lernangebote, als Zeiteinheiten, die in die Verarbeitung schulischer Lernangebote investiert werden, und als Genauigkeit sowie Eigenaktivität bei der Verarbeitung schulischer Lernangebote. Aufmerksamkeitsintensität, Zeitinvestitionen und Eigenaktivität beim Lernen werden hier zu zentralen Komponenten der Nutzungsqualität.

(6) $NQ = f(AU, Z, E)$

Diese Nutzungsqualität ist ihrerseits sozial definiert und sozial gestützt, neben der Qualität des Unterrichtes (QI) insbesondere durch die Erwartungen und Stützsysteme des Elternhauses (SE) und der Altersgruppe (SP).

(7) $NQ = f(QI, SE, SP)$

Hinter diesen formalen Beziehungen stehen keine Naturgesetze, sondern über Menschen, ihre Handlungen, Verantwortungen und Institutionen hergestellte soziale Ereignisse. Das formale Modell erfordert eine handlungstheoretisch inspirierte Umsetzung in humane Bemühungen auf verschiedenen Ebenen der Gestaltung des Bildungswesens.

1.5 Das Konzept der Rekontextualisierung und die akteurtheoretische Verbindung von Handlungsebenen

Theorie der Rekontextualisierung

Ein Input-Prozess-Output-Modell ist wegen seiner Einfachheit zwar hilfreich, aber auch verführerisch, da es kausale Abhängigkeiten zwischen Input, Prozessen und Output unterstellt. Wie es zu Beziehungen zwischen diesen Größen kommt, ist dabei nicht spezifiziert. Um eine theoretische Vorstellung, die solche Beziehungen spezifiziert und dabei Akteure und institutionelle Vorgaben einbezieht, geht es im Folgenden. Mit dem Konzept der *Rekontextualisierung* im Bildungswesen soll der *aktive Gestaltungsanteil von Akteuren auf der jeweiligen Ebene* betont werden. Dabei werden gleichzeitig die Rahmenvorgaben einer übergeordneten Ebene und die spezifischen Handlungsbedingungen auf einer untergeordneten berücksichtigt. Dies führt zu einer Theorie der Verschränkung von Handlungsebenen, die für das Verständnis von Gestaltungsmöglichkeiten einen zentralen Stellenwert bekommen wird.

Die Aufgaben des Bildungswesens

Die Zielrichtung des institutionellen Akteurs „Bildungswesen" im Umfeld anderer gesellschaftlicher Akteure ist mit der Ausrichtung auf Lehren und Lernen, auf Erziehung und Bildung heranwachsender Menschen auf individueller Ebene klar umrissen. Auf sozialer Ebene ist das Bildungswesen ein Instrument der gesellschaftlichen Reproduktion und Innovation. Diese gesellschaftlichen Aufgaben der kulturellen und sozialen Reproduktion gliedern sich – so wurde in der „Neuen Theorie der Schule" (Fend, 2006b) gezeigt – in die Aufgabe der Wiederherstellung bzw. Entwicklung grundlegender Qualifikationsstrukturen, in die Vermittlung des kollektiven Gedächtnisses als Integrationsfaktor des Gemeinwesens und in die Rangierung der jungen Generation nach Leistungsfähigkeit. Das Bildungswesen verschränkt dabei soziale Reproduktionsaufgaben und individuelle Entwicklungsaufgaben. Der innere Aufbau des Bildungswesens als kollektivem Akteur ist von der Erfüllung dieser Aufgaben bestimmt.

„Empfangen und verwandeln" – Transformationen

Der Weg von einer gesellschaftlichen Aufgabenbestimmung zum operativen Handeln von Lehrern und Schülern ist lang. Wir können nicht davon ausgehen, dass alles, was vom Gemeinwesen auf bildungspolitischer Ebene gewollt ist, auf unverfälschte Weise bei Lehrern und Schülern ankommt. Viele Menschen sind an der Umsetzung beteiligt und sie alle interpretieren die Vorgaben wieder auf ihre Weise. Um diese Thematik systematisch zu bearbeiten, wird im Folgenden das Konzept der Rekontextualisierung eingeführt. Dabei geht es um eine handlungstheoretisch adäquate Abbildung des Gesamtzusammenhanges der inneren Struktur des institutionellen Akteurs „Bildungswesen" und um die adäquate Beschreibung der Form des „Zusammenhandelns" innerhalb des Bildungssystems. Dies dient dann als Grundlage für die Beschreibung der Gestaltungsmöglichkeiten.

Auftrags-Ausführungs-Verhältnis

Am einfachsten scheint es zu sein, davon auszugehen, dass das Bildungswesen in seinem Innern nach einem Auftrags-Ausführungs-Verhältnis organisiert ist. Auf oberster strategischer Ebene werden Aufträge formuliert und dann auf operativer Ebene umgesetzt. Wäre dies der Fall, dann könnte man aus der Kenntnis der Gesetze das faktische Geschehen im Bildungswesen vollständig ableiten und voraussagen. Im Modell des Rollenhandelns ist dieses Denken in der Soziologie gelegentlich formuliert worden.

Gewiss, internes Handeln im Bildungswesen ist Auftragshandeln. Ohne Kenntnis der institutionellen Regelungen, die dieses „programmieren", wäre das Handeln von Akteuren im Bildungswesen unverständlich. Im Modell der hierarchischen bürokratischen Struktur des Bildungswesens ist dies auch systematisch angedacht. Neuere Ansätze betonen aber, dass die Akteure unzureichend beschrieben sind, wenn sie als Rollenmarionetten aufgefasst werden[3]. Ihr Handeln in Institutionen erfordert subjektive Beteiligung, ein adäquates Verständnis der Aufgaben, Verantwortungsbereitschaft und Kompetenzen der Aufgabenerfüllung. Dadurch kommt es zu bedeutsamen empirischen Variationen des faktischen operativen Handelns. Dabei darf man wiederum nicht vergessen, dass die institutionellen Regelungen zu den wichtigsten „Umwelten" der Aufgabenerfüllung gehören.

Auftragshandeln

Hier wird, so das erste Definitionsmerkmal, von Rekontextualisierung gesprochen, um diese Wirksamkeit des „offiziellen Programms" präsent zu halten (1). Es leitet das Auftragshandeln auch bei einer individuellen Ausgestaltung. Rekontextualisierung bedeutet ferner, dass Rahmenvorgaben auf unterschiedliche Handlungsbedingungen im Sinne von Umwelten adaptiert werden müssen (2). Diese Adaption ist neben den institutionellen Vorgaben von reflexiven Prozessen der Selbst- und Fremdwahrnehmung, von Kompetenzen der Aufgabenerfüllung und von situativen Konstellationen beeinflusst (3). Das Konzept der Rekontextualisierung möchte damit darauf aufmerksam machen, dass auf verschiedenen Ebenen des Bildungswesens jeweils eigene Handlungsaufgaben entstehen, die eigene Handlungsinstrumente, Kompetenzen und Verantwortungen erfordern (4). Schließlich wird damit impliziert, dass es auch einen Druck von „unten" geben kann, wenn institutionelle Vorgaben eine optimale Aufgabenbewältigung erschweren oder problematische Ergebnisse provozieren. Institutionelle Vorgaben sind damit keine Einbahnstraße. Sie selber sind durch Erfahrungen auf der operativen Ebene veränderbar (5). Noch klarer wird diese Rückwirkung dort, wo auf der Grundlage von Informationen über Wirkungen des Bildungswesens eine neue Gestaltungswelle der institutionellen Vorgaben in Gang kommt. Die Ergebnisse der PISA-Studien (s. u.a. Baumert, 2001; Baumert et al., 2002) haben für den deutschen Sprachraum zu diesem Prozess geführt.

Definitionsmerkmale von Rekontextualisierung

Schließlich müssen auf unterer Ebene auch immer jene Vorgaben „ausgebadet" werden, die mit den Realitäten kollidieren. Dies kann in zweifacher Hinsicht der Fall sein. Einmal können sich die realen Verhältnisse schon viel weiter entwickelt haben als die „veralteten" Vorgaben insinuieren. Die Veränderung der

Der Vorsprung der Realität

---

3   Im Neuen Institutionalismus (Kuper, 2001) wird von lose gekoppelten Systemen gesprochen (Weick, 1976). Damit wird auf die häufig zutreffende Wahrnehmung hingewiesen, dass man im Bildungswesen eher Mühe hat, strenge Regelungszusammenhänge zu sehen und dass stattdessen zu beobachten ist, wie einzelne Personen relativ unabhängig und nur lose vernetzt agieren. Dies dürfte in besonderem Maße für das Bildungswesen der USA zutreffen, jenes in Frankreich oder in Deutschland wäre damit nur unzureichend beschrieben. Somit gibt es deutliche empirische Variationen der Vernetzung von im Schulwesen verantwortlich Handelnden.

Makrostrukturen bedeutet dann lediglich, dass eine Anpassung der Gesetzgebung an die realen Verhältnisse erfolgt.

Die zweite Rückwirkung ist komplexerer Natur. Den schulischen Masterplan zu verwirklichen bedeutet immer auch, ihn mit den Realverhältnissen der Moderne und vor allem dem Aufwachsen und Lernen in der Moderne zu „versöhnen". Ist nun diese Moderne antinomisch bestimmt (s. dazu vor allem Helsper in Keuffer, 1998), dann muss sich die Verwirklichung des Schulauftrages an diesen Antinomien abarbeiten, z.B. an jener der gleichzeitigen Orientierung an universalen Leistungsnormen, wie sie z.B. Dreeben herausgearbeitet hat (1968), und an den in der Moderne akzentuierten Ansprüchen jedes einmaligen Individuums, als solches geliebt und behandelt zu werden.

Handlungsebenen im Bildungswesen

Auf jeder Handlungs- bzw. Gestaltungsebene richtet sich der Blick der Akteure einmal nach „oben", einmal nach „unten". Der Blick nach „oben" bedeutet, dass die Vorgaben der übergeordneten Ebene rekontextualisiert werden. Der Blick nach „unten" bedeutet, dass die Folgewirkungen und Konsequenzen des Handelns berücksichtigt werden müssen. Der Blick in die *Horizontale* wiederum bedeutet, dass die genuinen Handlungserfordernisse auf der jeweiligen Handlungsebene berücksichtigt werden.

Prinzipal-Agent

Von den oberen Hierarchieebenen aus gesehen wird dies zu einer Frage der optimalen Steuerung. Wie kann sichergestellt werden, dass die „Ausführenden" im Sinne der Auftraggeber handeln? Diese Thematik stellt sich in allen hierarchisch organisierten Institutionen. Die Ökonomie definiert sie als Prinzipal-Agenten-Problem. Zwei grundsätzliche Chancen werden dabei gesehen. Der Prinzipal (in der Ökonomie meist der Besitzer von Betrieben) kann durch Regularien und Kontrollen oder durch Anreize (meist fiskalischer Art) erreichen, dass die Unterstellten (meist die Angestellten und Arbeiter) in seinem Sinne handeln. Analog gilt dieses Steuerungsproblem auch in staatlichen Organisationen wie jenem des Bildungswesens.

Die klassische Form, nach der das Verhältnis von Prinzipal und Agenten im Bildungswesen organisiert ist, geht von einem Auftraggeber-Auftragnehmer-Verhältnis aus. Bildungspolitik und Bildungsverwaltung entscheiden über Direktiven, die von den Akteuren, den Lehrpersonen, ausgeführt werden. Im Rahmen ihres Auftrages, der im Beamtenverhältnis gesetzlich abgestützt ist, müssen sie gesetzeskonform handeln. Damit tritt die Steuerung durch Überzeugungsbildung und Konsensbildung in den Hintergrund. Haben die „Agenten" aber Verhaltensspielräume, dann entstehen komplizierte Regulierungsaufgaben, bei denen „Incentives" wichtig werden.

Rational choice

Aus der Ökonomie stammt das Theorem, dass auf jeder Handlungsebene in einer Organisation damit gerechnet werden muss, dass die Agenten nicht allein im Sinne des Organisationszieles handeln, sondern sich auf der Basis rationaler Abschätzungen von Kosten und Nutzen bewegen und ihre eigenen Interessen optimieren (s. für die Theorien des „rational choice" Esser, 1999a). Eine Bildungspolitik wäre demnach dann zu gutgläubig, wenn sie davon ausginge, dass die Akteure der ausführenden, also der operativen Ebene, die Lehrer und auch die Schüler, immer intentionskonform handeln, dass sie also die (gut gemeinten) Absichten der Bildungspolitik ungebrochen umsetzen (s. die organisationstheoretischen Konzepte von Mintzberg, 1991). Die Bildungspolitik wäre auch schlecht beraten, wenn sie Auftragshandeln ausschließlich erzwingen wollte, um ihre Ziele zu realisieren. Das anzustrebende „Kunstwerk" der Steuerung bezieht die rationale und selbstverantwortliche Rekontextualisierung ihrer Absichten durch die ausführenden und rezipierenden Akteure ein. Sie verbindet die institutionellen Aufträge auch mit Anreizen, die eine intentionskonforme Umsetzung *auch bei rational kalkulierten Eigeninteressen* sinnvoll macht. Eine kluge Bildungspolitik bezieht somit die Gestaltung der Bedingungen, die eine intentionskonforme Rekontextualisierung fördern, in ihr Kalkül ein.

Somit wird klar, und dies ist für den Steuerungsbegrriff zentral: Steuerung und Gestaltung im Bildungswesen impliziert immer, *dass Menschen auf Menschen einwirken*, dass Menschen andere Menschen zu einem bestimmten Handeln bringen wollen, sollen und müssen. Steuerung darf deshalb im Humanbereich nicht analog zum technischen Handeln verstanden werden. „Einwirkung auf andere" bedeutet immer nur, dass jemand für den anderen *eine Umwelt herstellt*, die dieser nach seiner eigenen Wahrnehmung, seiner Fähigkeiten, etwas zu begreifen sowie seinen Motivationen und Kompetenzen im eigenen Handeln berücksichtigt. In der zurückhaltenden Einschätzung der Wirkungsmöglichkeiten, die uns die Systemtheorie von Luhmann nahegelegt hat, können wir nur jeweils eine Umwelt für den anderen sein. Was der andere daraus macht, ergibt sich aus dessen inneren Möglichkeiten.

<small>Einwirken von Menschen auf Menschen</small>

Dennoch können Umwelten, bei entsprechendem Arrangement von Konsequenzen des Handelns für den zu beeinflussenden Akteur, sehr stark sein und die gewünschte Rezeption des Handelns sehr wahrscheinlich machen. Die institutionelle Absicherung als sanktioniertes Auftragshandeln ist sicher der klarste Weg, die intentionskonforme Übernahme von einer Ebene zur anderen „steuerungstechnisch" abzusichern. Sie reicht aber nicht aus, so dass die Perspektive, ob Steuerungsabsichten auch erfolgreich sind und wie sie „wirken", uns immer begleiten muss und von der Illusion bewahren kann, dass Absichten identisch sind mit Wirkungen.

<small>Sanktionsarrangements</small>

1.6 Der „Masterplan" des schulischen Inhaltsprogramms und seine Rekontextualisierungen

Sich den Gesamtzusammenhang der Gestaltung von Bildungsprozessen in seinen inneren Differenzierungen zu vergegenwärtigen, ist hier deshalb von entscheidender Bedeutung, weil damit die Verkürzung pädagogischer Gestaltung auf das Handeln der Akteure auf eine Ebene, etwa auf die Ebene der Schule oder auf die der einzelnen Lehrpersonen vermieden werden kann. Gerade die „operativen Akteure" im Bildungswesen, die Lehrerinnen und Lehrer, sind auf ein Verständnis dieses Gesamtzusammenhanges angewiesen, um ihre eigenen Chancen und Verantwortungen, aber auch um die Grenzen der eigenen Möglichkeiten realistisch zu sehen.

<small>Das Bildungswesen als Ganzes</small>

1. Ebene: Die Konstruktion kultureller Traditionen und von Zukunftsszenarien – Kulturkämpfe

Die Systematik des pädagogischen Diskurses

Bildungssysteme sollen die Kultur eines Gemeinwesens übertragen, sie folgen also einem Inhaltsprogramm. Sie können dies nur im Anschluss an die Entstehung einer Kultur tun, also sind sie gegenüber dem Primat des Kulturschaffens sekundäre Institutionen. Es bedarf der „Weimarer Hochklassik", bevor in der Schule Goethe „durchgenommen" werden kann. Eine genauere Betrachtung enthüllt aber, dass hinter der Definition von „Kultur" Konstruktionsleistungen stehen. Wenn in der Schule die „wertvolle Kultur" an die nachwachsende Generation weitergegeben werden soll, dann stellt sich die Notwendigkeit zu definieren, was die „wertvolle Kultur" ist. Sie ergibt sich nicht „von selbst". Die Geschichte des Wissens, der Weltbilder und des „Könnens" zeigt, dass die Definitionen von „Wertvollem" nicht erst seit dem „clash of civilization" immer eingebettet ist in eine politische Kampfgeschichte.

Kampf der Kulturen?

Die Auseinandersetzung um das Monopol der „Weltbilddefinitionen", um die „richtige Lehre", durchzieht in oft erbittert geführten Kämpfen die Geschichte des Abendlandes. Bei diesen Kämpfen spielten die Bildungseinrichtungen immer eine wichtige Rolle, da sie zum Kerninstrumentarium einer Gesellschaft bei der Monopolisierung von Wissen, von Weltbildern und von statusrelevanten Kompetenzen gehören. Über das Bildungswesen kann das Wissen und Denken der gesamten jungen Generation gestaltet werden. Macht über die Gestaltung des Bildungswesens zu haben bedeutet damit, über Tausende von Unterrichtsstunden eine symbolische Kontrolle über Heranwachsende und damit die im kindlich-jugendlichen Stadium leicht beeinflussbaren zukünftigen Träger der Gesellschaft ausüben zu können. Der Vergleich von Bildungssystemen in unterschiedlichen Gesellschaftsformationen, in demokratischen, in theokratischen oder in totalitären politischen Systemen macht diesen Stellenwert sichtbar.

Wie die symbolische Kontrolle (s. dazu auch Bourdieu, 1983; Foucault, 1976) organisiert ist, wird in dieser Perspektive zu einer Schlüsselfrage der legitimen Ausübung von Macht durch das Bildungswesen. Dieser Ansatz schärft somit unsere Aufmerksamkeit für den immer naheliegenden Missbrauch des Bildungswesens für Indoktrination und für Machtinteressen. Er zeigt aber auch, wie bedeutsam dieses gesellschaftliche Instrument der „Erzeugung" und die Vergesellschaftung von Bewusstsein ist.[4]

Auch heute finden wir einen extensiven gesellschaftlichen Diskurs um die wichtigen kulturellen Bereiche, die die Schule vermitteln soll. Als Beispiele seien die Diskussionen um die Bedeutung verschiedener Sprachen in der Schule, um die altsprachlichen Fächer wie Latein und Griechisch sowie um Englisch oder Französisch als ersten modernen Fremdsprachen in der Grundschule genannt. Auch die Diskussion um die wirtschaftlichen Auswirkungen des Rückstandes der europäischen Schüler im Vergleich zu den ostasiatischen in den naturwissenschaftlichen Fächern verweist auf diesen ersten Teil des pädagogischen Diskurses.

---

4 An dieser Stelle könnten kritische historische Rekonstruktionen der Sozialdisziplinierung durch das Bildungswesen interessante Einblicke liefern, wie sie im Anschluss an Foucault durchgeführt wurden (Gonon, 2006; Kost, 1985)

2. Ebene: Selektion und Organisation von Inhalten für die schulische Übermittlung

Fragen der Traditionsbildung und der Auszeichnung von wichtigen kulturellen Inhalten und Kompetenzen entzünden sich notwendigerweise an der Frage der Auswahl von Bildungsinhalten für deren Weitergabe in Schulen. Da sich heute niemand mehr die gesamte Kultur aneignen kann, stellt sich die Frage der Selektion und der Organisation dieses Wissens für einen langjährigen Lernprozess. „Kulturwissen" muss zu „Schulwissen" transformiert werden.

Der Diskurs zur Frage, „Was sollen unsere Kinder lernen?", hat in den letzten Jahrzehnten an Intensität zugenommen und zu *„Master-Plänen"* der Inhaltsauswahl und der durch die Schule zu erwerbenden Kompetenzen geführt. Sie wurden zur Grundlage für die Arbeiten von Kommissionen, die Lehrpläne erstellen sollten.

Konstrukteure von „Schulwissen"

Studien zur Arbeit von Akteuren auf dieser Gestaltungsebene, zu Lehrplankommissionen, haben die entsprechenden Entscheidungsprozesse dokumentiert (s. die Zusammenfassung in Kuratle, 1998). Sie machen Rekontextualisierungen sichtbar, die von schulinternen Erfahrungen zu „Machbarem" inspiriert sind. Machbar sind Anforderungen dann, wenn sie von Schülerinnen und Schülern bewältigt werden können und wenn sie auch entsprechend prüfbar sind. In diesen Kommissionen müssen somit zwei Rahmenbedingungen wirksam werden: die politischen und administrativen Rahmenvorgaben mit den in ihnen enthaltenen weltanschaulichen Kernentscheidungen sowie die Erfahrungen zur schulischen Umsetzbarkeit. Die Kommissionen haben also die inhaltlichen Erwartungen, die von „oben" vorgegeben sind, auf die Lernfähigkeiten von Kindern hin zu rekontextualisieren. Im optimalen Falle ist dies zumindest so geschehen.

Welche Veränderungen kulturelles Wissen auf dieser Rekontextualisierungsebene erfahren kann, ist wenig systematisch erforscht. Beobachter erwähnen verschiedene Formen der Trivialisierung, aber auch unterschiedliche Grade der Dogmatisierung.[5]

Dogmatisches „Schulwissen"

---

5   Auf letztere hat insbesondere Bernstein (1996) aufmerksam gemacht und auf die meist unbemerkten Prozesse hingewiesen, die dies befördern können. Es geht nach ihm nicht nur um die Selektion des Wissens, sondern auch um die Art und Weise, wie es für die Schule organisiert und zusammengestellt wird. Wissen kann so kombiniert und arrangiert werden, dass die Selbständigkeit des Denkens unterbunden wird und sichergestellt ist, dass Wissen von den Schülern nicht zur Schulung im Selbstdenken genutzt wird.
Letzteres sieht Bernstein dann als Gefahr, wenn Wissen in hohem Maße kanonisiert, verfestigt (framed) und klassifiziert wird, also in einzelne Pakete von Fächern geschnürt wird, die es erschweren, Weltwissen selbständig und beziehungsreich zu reorganisieren. Eine solche fraktionierte Organisation des Wissens ist nach Bernstein mit einem Prototyp eines Bildungswesens gekoppelt, in dem strenge Wissensgrenzen verbunden sind mit strengen sozialen Grenzen im Sinne von hierarchischen Autoritätsbeziehungen, also einer klaren Trennung zwischen Lehrenden und Lernenden.
Der kontrastierende Prototyp eines demokratischen, auf die Mündigkeit des Lernenden ausgerichteten Bildungswesens bestünde darin, dass die Lerninhalte in einem sinnvollen Gesamtverbund beziehungsreich verknüpft sind, dass die Grenzen zwischen Lehrenden und Lernenden offen sind und die Unterrichtssituation eine interaktive Gemeinschaft von Lehrenden und Lernenden ist (s. als Illustration den Film „Dead Poets Society").
Dies sind idealtypische Konstellationen. Eine Forschungsperspektive hätte sich die Frage zu stellen, nach welchen Regeln (codes) und von welchen Akteuren „Wissen in der Gesellschaft" zu „Wissen für die Schule" transformiert wird.

Der Prozess der Selektion und Organisation von Lerninhalten ist heute hochgradig ausdifferenziert und selbst noch in mehrere Ebenen gegliedert: in die Ebene der politisch-administrativen Entscheidungen, die Ebene der Lehrplankommission, der Lehrmittelproduktion und im Rahmen neuer Lehrpläne sogar in die Ebene des Schulcurriculum. Mit der Ebene des Schulcurriculum wird in einzelnen Ländern Deutschlands erstmals auch die Mesoebene des Bildungswesens zu einer relevanten Ebene der Rekontextualisierung inhaltlicher Lehrplanung.

3. Ebene: Rekontextualisierung auf der Unterrichtsebene – die Umsetzung durch professionelle Akteure

Auf Unterrichtsebene müssen die „operativen Akteure" des Bildungswesens die inhaltlichen und rechtlichen Vorgaben auf einen neuen situativen Kontext von Unterrichten und Lernen adaptieren. Lehrpersonen müssen, in der Alltagssprache formuliert, die Prüfungsanforderungen, die Lehrpläne und Lehrziele „umsetzen". Ihr Handlungshorizont ist dabei ein anderer als jener der Vorplanung und Vorentscheidungen auf bildungspolitischer Ebene. Institutionelle Vorgaben bilden die eine Umwelt ihres Handelns, die situativen Bedingungen der Schulklasse und die Merkmale der vor ihnen sitzenden Schüler die andere. Die Rekontextualisierung wird dann von der Professionalität, also von erworbenen Kompetenzen und pädagogischen Konzepten des Lehrens, gesteuert.

Wie transformieren sie dabei die inhaltlichen Vorgaben?

Der wichtigste Bezugspunkt der Rekontextualisierung besteht in der Feinanalyse der zu vermittelnden Inhalte, also in der Aufgabenanalyse, die über *Jahrespläne, Wochenpläne, Tagespläne und Stundenpläne* schließlich so detailliert erfolgt, dass daraus Erarbeitungsschritte von komplexen Inhalten in Lektionen resultieren.

Ein zweiter Rekontextualisierungsschritt wird durch die *Lernbedingungen und Lernmöglichkeiten* der vor den Lehrpersonen sitzenden Schülerinnen und Schüler vorgegeben.

Lehrbarkeit und Lernbarkeit

Die operativen Akteure müssen dabei die vorgegebenen Lerninhalte auf die Bedingungen ihrer *Lernbarkeit* in einem *begrenzten Zeitraum* abstimmen. Diese Lernbarkeit wird durch die kognitiven und motivationalen Voraussetzungen der Schüler mitbestimmt. In jahrzehntelangen Abstimmungsprozessen hat sich im Bildungswesen so etwas wie ein „Wissen im System" darüber herausgebildet, was Schüler in welchem Alter lernen können.

Prüfbarkeit

Die dritte Rekontextualisierung ergibt sich aus der Selektionsaufgabe des Bildungswesens. „Durchgenommenes" Wissen muss prüfbar sein und die Prüfungen müssen rechtlichen Objektivitäts- und Gleichbehandlungsgeboten entsprechen. Lehrer dürfen also nicht subjektiv und willkürlich beurteilen und sie müssen gleiche Leistungen gleich behandeln, ganz gleich von welchem Schüler sie kommen.

Um diese anspruchsvollen Rekontextualisierungen vornehmen zu können, werden die operativen Akteure, also die Lehrpersonen, heute in mehreren Ausbildungsjahren trainiert. Sie können dabei die historischen Erfindungen zur Unterrichtsmethodik kennen lernen und sich in ihren Gebrauch einüben.

4. Ebene: Schülerschaft und Eltern als Nutzungsakteure – die Rezeption schulischer Angebote

Die optimistische Annahme zur Rekontextualisierung des schulischen Lernangebotes auf Schülerebene unterstellt eine inhaltskonvergente und motivierte Rezeption des Gelehrten. Was angeboten wird, wird gelernt, was gefordert wird, wird übernommen. Schüler können nach dem Unterricht das, was gelehrt wurde. Die Lernergebnisse entsprechen den Lernzielen.

Diese Konvergenzannahme ähnelt jener der Übereinstimmung von Programmen auf der Lehrplanebene und Realisierungen auf der Unterrichtsebene und ist gleichermaßen unrealistisch. Die „Abbildannahme" von einer Ebene auf die anderen muss hier wieder durch Rekontextualisierungsannahmen ersetzt werden.

Die Schülerschaft als Nutzungsakteur übernimmt das schulische Angebot nicht spiegelbildlich. Schülerinnen und Schüler legen eigene Maßstäbe an, sie wählen aus, was ihnen wichtig und unwichtig ist. Vieles, was die Schule für zentral hält, bleibt ihnen fremd. Im Extremfall können sie sogar Gegencurricula entwickeln, die in Opposition zur offiziellen Kulturvermittlung stehen. Mit den hier entwickelten Begriffen heißt dies: Sie „rekontextualisieren" das schulische Angebot nach neuen Bedingungen und Gesichtspunkten. Das Lehrangebot der Schule, vermittelt über die Anforderungen der Lehrperson, ist für sie die eine Umweltgröße. Die Erwartungen der Eltern und Mitschüler bilden die andere. Alle diese Erwartungen und Handlungsbedingungen werden durch die Nutzungsakteure mit der „Innenseite", mit ihren Bedürfnissen, Wünschen und Motivationen sowie mit den Lernkapazitäten „abgeglichen". Zu dieser Innenseite gehören also die realen und wahrgenommenen Leistungsressourcen und die realen und wahrgenommenen Motivationen. Sie führen zu einer erneuten Rekontextualisierung des schulischen Angebotes durch die Nutzungsakteure (Schülerinnen und Schüler).

Umwelten der Nutzungsakteure

In welcher Weise dies tatsächlich geschieht, läßt sich wiederum nicht theoretisch ableiten. Es muss empirisch untersucht werden, wie Schüler in unterschiedlichen Phasen ihrer psychischen Entwicklung mit den schulischen Anforderungen und Angeboten „umgehen" (Fend, 1997). Das Konzept der „Rekontextualisierung" soll darauf verweisen, dass die Adressaten schulischen Lernens sich nicht mit einer unstrukturierten Umwelt auseinandersetzen, sondern mit einer hochgradig gestalteten schulischen Lehre. Dieser Kontext wird aber neu interpretiert, wird von der Schülerschaft in einer eigenständigen Leistung zu „ihrer Welt" angeeignet. Ihre Reaktionen, ihre Ziele und „beliefs", ihre Freuden und Ängste sind danach jeweils der Niederschlag davon, wie sie Schule rekontextualisiert haben. Bei dieser Rekontextualisierung sind sie aber nicht einsame und autonome „Nutzer". Sie stehen vielmehr in einem kommunikativen Austausch mit Mitschülern und – vor allem – mit Eltern. Gerade letztere versuchen aktiv, eine günstige Rekontextualisierung zu fördern, da sie die über schulischen Erfolg führenden Wegweiser zu einem produktiven Erwachsenenleben in der Moderne nur zu gut kennen. Aber auch Mitschüler definieren die schulische Situation mit: ob es prestigehaltig ist, schulisch gut zu sein, sich den Anforderungen der Lehrer möglichst zu entziehen, oder sich ihnen sogar entgegenzustellen. Peers sanktionieren oder unterstützen „fleißiges" Verhalten, also eine institutionskonvergente Rekontextualisierung. Damit werden sie zu potentiell sehr

Der Umgang mit Schule

mächtigen Instanzen der Situationsdefinition (Fend & Schneider, 1984; Fend & Specht, 1976; Specht, 1978; Specht, 1979).

1.7 Resümee

Der handlungstheoretische Ausgangspunkt, konkretisiert in der Theorie der Rekontextualisierung, bedeutet verallgemeinert ausgedrückt Folgendes: Auf jeder Handlungsebene, auf jener der Politik, der Verwaltung, der Schulführung, der Lehrpersonen und der Schülerschaft sind die Vorgaben auf der jeweils übergeordneten Ebene Umwelten des Handelns, die eine Umsetzung an die jeweils neuen, ebenenspezifischen Besonderheiten der Umwelten des Handelns erfordern (s. Abb. 1.4, S. 36).

Der Bezug zum Gesamtzusammenhang schulpädagogischer Gestaltungsaufgaben steht konsequenterweise am Ende der Entfaltung der theoretischen Grundlagen für ein adäquates Verständnis des komplexen Wirklichkeitsbereichs, den wir im Alltagsverständnis schlicht als „Schule" erfahren. Im Folgenden soll der Gesamtzusammenhang von „Schule" als Gestaltungs- und Rekontextualisierungsaufgabe auf verschiedenen Ebenen konzeptualisiert werden.

Auf jeder Ebene finden wir dabei Kontexte, denen gegenüber Akteure handeln. Der erste Kontext wird immer durch übergeordnete Rahmenbedingungen vorgegeben, die es zu interpretieren und umzusetzen gilt (Handlungskontext 1). Die Akteure handeln aber auch im jeweiligen Feld und unter ebenenspezifischen Handlungsbedingungen (Handlungskontext 2). Politische Akteure etwa im Rahmen politischer Machtverhältnisse und institutioneller Verfahren der Entscheidungsfindung.

Auf jeder Gestaltungsebene arbeiten am Bildungswesen Akteure, indem sie ihre je ebenenspezifischen Aufgaben erfüllen und Handlungsergebnisse erzeugen, die für die jeweils „darunter" liegende Handlungsebene wieder einen Kontext des Handelns repräsentieren. Für die einzelne Schule sind die politischen und administrativen Regelungen solche Kontexte. Die Schule agiert aber wiederum auch einem zweiten Kontext gegenüber, der sich auf der Schulebene etwa aus den Merkmalen der lokalen und schulspezifischen Schülerschaft bzw. aus Merkmalen des Kollegiums ergibt. So blickt jede Ebene nach „oben" und nach „unten", bzw. auf die ebenenspezifischen Aufgaben.

Handlungsmodelle

Die jeweilige Reaktion dem Handlungskontext 1 und dem Handlungskontext 2 gegenüber erfolgt nicht „automatisch", sie ist vielmehr geleitet von den Wahrnehmungen, Interpretationen und Kompetenzen der jeweiligen Akteure. Es bedarf somit auch handlungstheoretischer Modelle der Bewältigung von Schule auf der jeweiligen Ebene.

Ebenenspezifische Optimierungsmodelle

Auch wenn ein gemeinsames Ziel vorgegeben ist – die „Menschenbildung" im Sinne der „Gestaltung" der heranwachsenden Generation –, so optimiert jede Ebene ihre eigenen Handlungsmöglichkeiten und folgt damit einer ebenenspezifischen „Belohnungslogik":

- Die Bildungspolitik optimiert z.B. die rechtlichen Rahmenbedingungen, den Ressourceneinsatz und die Durchsetzbarkeit ihrer Richtlinien auf dem Hintergrund der politischen Akzeptanz ihrer Politik in der Bevölkerung.

- Auf Schulebene optimiert z.B. ein Kollegium die Sicherung der Arbeitsbedingungen, etwa die Solidarität der Kollegen und die Autonomie des Handelns im Klassenzimmer.
- Auf der konkreten Unterrichtsebene optimieren Lehrpersonen z.b. die Bedingungen, unter denen Klassenunterricht möglichst ungestört und effektiv durchgeführt werden kann und möglichst unangreifbare Leistungsbeurteilungen vergeben werden können.
- Auch die Schülerinnen und Schüler optimieren ihre Situation: Sie investieren so in Lernanstrengungen, dass optimale Lernergebnisse resultieren und negative Sanktionen von verschiedenen Seiten, von der Seite der Eltern, der Lehrer und der Mitschüler minimiert und positive maximiert werden.

Diese Optimierungsprozesse sind Ausdruck rationaler Aufgabenbewältigung und Ausdruck der Interessen, die auf der jeweiligen Handlungsebene im Mittelpunkt stehen. Bei diesen Optimierungen werden aber jeweils die institutionellen Regeln ausbuchstabiert bzw. bei der Aufgabenerfüllung angewendet. Auch wenn auf der jeweiligen Ebene individuelle Interessen wirksam sind, so werden die jeweiligen Optimierungsbemühungen durch die Präsenz der institutionellen Vorgaben auch zu regelgesteuertem Zusammenwirken. *Interessen und institutionelle Regeln*

Die regelgesteuerte und interessengesteuerte Optimierung der bestmöglichen Schulgestaltung auf verschiedenen Handlungsebenen und durch verschiedene Akteure konstituiert *unterschiedliche Wahrnehmungen der Wirklichkeit*. *Referenzrahmen*

Die Makroebene ist besonders aufmerksam für politische Konsequenzen etwa im Sinne eines Mehrheitsverlustes oder einer bildungspolitischen Randposition. Durchsetzbarkeitsüberlegungen, Kosten, gesellschaftspolitische Relevanz, Auswirkungen auf Mehrheitsverhältnisse konstituieren den kognitiven Referenzrahmen auf der Makroebene. Auf dieser Ebene werden auch die „rules of the game", die institutionellen Regeln, nach denen die operativen Ebenen handeln sollen, entwickelt. Um diese Regeln (Gesetze, Verordnungen) durchzusetzen, sind andere „Tools" erforderlich als etwa jene, die Lehrer für optimales Lehren einsetzen müssen. *Referenzrahmen der Makroebene*

Der kognitive Referenzrahmen auf der Schulebene ist wieder ein anderer. Das regelgeleitete Handeln in Schulen erzeugt eigene Aufmerksamkeiten dafür, was eventuell an Problemen auftauchen könnte und welche Tools erforderlich sind, um die Aufgaben zu erfüllen und Gefährdungen zu vermeiden. Die Führung eines Kollegiums, die Einbettung in lokale Umstände enthält jeweils eigene Gefahren und Anforderungen bei der Erfüllung des Schulauftrages. *Referenzrahmen der Schule*

Die Handlungsbedingungen in der Schulklasse erzeugen für die Lehrenden wieder einen eigenen und charakteristischen Erwartungshorizont. Sie sehen die Schule anders als Politiker, brauchen andere Informationen und Kompetenzen. Ihr Handeln ist von anderen Umständen her gefährdet: von der Ablehnung durch Schüler, von Einsprüchen und Kritiken durch Eltern. *Referenzrahmen der Lehrpersonen*

Die Eigenständigkeit des jeweiligen Referenzrahmens wird auf der Ebene der Nutzungsakteure, bei der Schüler- und Elternschaft, noch einmal plastisch sichtbar. Sie sehen die Schule wieder anders als Lehrpersonen oder Bildungspolitiker. Zwar ist auch das Nutzungshandeln der Schülerschaft von den „rules of the game" abhängig, die Dreeben (1968) eindrucksvoll präzisiert hat. Schüler *Referenzrahmen auf der Schülerebene*

HANDLUNGSEBENE BILDUNGSPOLITIK

Handlungskontext 1
- gesellschaftliche Kontexte und kulturelle Traditionen

Handlungskontext 2
- Politische Kräfteverhältnisse
- Grundlagen der Entscheidungsfindung

Handlungsformen
- Diskurse der Zielfindung und Mitteladäquatheit
- Politische Entscheidungsprozesse

Handlungsergebnisse
- politische Entscheidungen
- Gesetze und Verordnungen
- Personal- und Sachversorgung
- Ausbildungsverordnungen zum Personal

HANDLUNGSEBENE BILDUNGSVERWALTUNG

Handlungskontext 1
- Gesetzliche Vorgaben

Handlungskontext 2
- Erfordernisse der Schulversorgung
- Entscheidungsbefugnisse
- Administrative Philosophien: Verwalten oder Gestalten

Handlungsformen

Umsetzung von bildungspolitischen Entscheidungen
- Lehrerzuweisung
- Ressourcenzuweisung
- Aufsicht und Kontrolle
- Ausführungsregelungen
- Programmentwicklung

Handlungsergebnisse
- Gesetze und Verordnungen
- Lehrerversorgung
- Ressourcen der Schulträger
- Organisationsmodelle

HANDLUNGSEBENE EINZELSCHULE

Handlungskontext 1

Regelungs- und Ressourcenvorgaben der Verwaltung

Handlungskontext 2

Schulischer Handlungskontext
- Kontext Schülerschaft
- Kontext Lehrerschaft

Handlungsformen
- Führungsformen der Leitung
- Makroorganisation von Unterricht in Raum und Zeit
- Kollegiale Gestaltungsformen von Schule
- Qualitätssicherung

Handlungsergebnisse
- Stundenpläne
- Deputatsverteilungen
- Schulinterne Regelungen
- Gremien und Gefäße der Problembearbeitung
- Schulkultur

HANDLUNGSEBENE LEHREN UND UNTERRICHTEN

Handlungskontext 1
- Rechtliche Vorgaben
- Lehrpläne
- Prüfungsanforderungen
- Schulische Vereinbarungen

Handlungskontext 2
- Merkmale der Schulklasse
- Elternerwartungen
- Eigene Belastbarkeit

Handlungsformen
- Unterrichtsvorbereitung
- Unterrichten
- Klassenführung
- Erziehung
- Konfliktlösen
- Bewerten und Beurteilen

Handlungsergebnisse
- Durchgeführte Lektionen
- Bewertete Arbeiten von Schülern
- Grad der Disziplin in der Klasse

HANDLUNGSEBENE SCHÜLER

Handlungskontext 1
- Schulische Erwartungen
- Lehrerverhalten
- Angebotene Inhalte
- Prüfungen
- Mitschüler und Erwartungen in der Schulklasse
- Erwartungen der Eltern

Handlungskontext 2
- Innere Umwelt
- Fähigkeiten
- Interessen und Motivationen

Handlungsformen
- Lernen und arbeiten
- Soziales Verhalten in der Schule (z.B. Gewalt und Aggressionsbereitschaft, prosoziales Handeln)

Handlungsergebnisse
- Leistungen und Kompetenzen
- Persönlichkeitsmerkmale (Sozialkompetenz, Selbstkompetenz, Methodenkompetenz)
- Einstellungen gegenüber der Schule (Wohlbefinden)

Abb. 1.4: Rekontextualisierung und Handlungsebenen

müssen eigenständig Leistungen erbringen, für die sie leistungsbezogen und nach universalistischen Kriterien der Qualität beurteilt werden. Diese Urteile bilden die Basis für die Gestaltung und Gewährung von Schullaufbahnen, die wiederum die Chancen im Beschäftigungssystem vorstrukturieren.

Diese Vorgaben konstituieren den Erwartungshorizont von Eltern und Schülern. Ihnen geht es dann vornehmlich darum, diese Ziele zu erreichen und alle Investitionen danach auszurichten. Die Bedrohungen liegen hier auch auf der Hand: die gefährdeten „Aufstiegsprozesse", das „Schulversagen" der Kinder.

Rekontextualisierung als roter Faden

Im Folgenden wird dieses Verständnis, wie Schule funktioniert und von den verantwortlichen Akteuren gestaltet wird, umgesetzt in eine Detailbeschreibung der Instrumente der Schulgestaltung. Das Konzept der Rekontextualisierung auf verschiedenen Handlungsebenen erzeugt dabei den roten Faden. Es umfasst die komplexe Dynamik der „Spielregeln" im Sinne institutioneller Vorgaben, Aufgaben und Handlungsbedingungen, Verfahren und Kompetenzen, die bei ihrer Umsetzung und Realisierung auf der jeweiligen Gestaltungsebene der Akteure auf Interessen, Referenzrahmungen und Aufmerksamkeiten für ebenenspezifische Gefährdungen führen. Daraus ergibt sich dann das beobachtbare Muster von Interaktionen auf der jeweiligen Handlungsebene.

So unterschiedlich die jeweiligen Interessen und Wahrnehmungen bei verschiedenen Akteuren sein mögen, so sind sie doch bei ihrer Aufgabenerfüllung auf Kriterien der „guten Aufgabengestaltung" ausgerichtet. Dies bedeutet, dass es auf allen Ebenen Verfahren gibt, die eine gute „Qualität" befördern. Ebenso lassen sich Qualitätskriterien formulieren, die das Zusammenwirken der verschiedenen Handlungsebenen insgesamt leiten könnten, etwa die Folgenden:

- Verfahren müssen eine gerechte Interessensicherung ermöglichen. Die Politik muss nachvollziehbar die Interessen der Allgemeinheit befördern. Aber auch den Interessen der Akteure im Bildungswesen muss man gerecht werden können. *Fairness, Pflichterfüllung* und *Interessenausgleich* sind wichtige Kriterien für eine gelungene Schulgestaltung.

Sachlichkeit

- Die verschiedenen Referenzrahmungen und die damit verbundenen Interpretationen der „Wirklichkeit" müssen auf *Objektivität*, Veridikalität und *Sachlichkeit* ausgerichtet sein. Unterschiedliche Wahrnehmungen müssen möglichst objektiv abgesichert und verhandelt werden. Nur im Dissens zu verharren führt zu pathologischen sozialen Zuständen in Schulen.

Effektivität

- Die Aufgabenerfüllung muss an Effektivität orientiert sein, d.h. sie muss sich auf *gute Tools* und *Kompetenzen* stützen können. Es muss also Verfahren geben, die geeignet sind, die Qualität der fachlichen und pädagogischen Arbeit bestmöglich zu gewährleisten.

Vertrauen und Verständigung

- Die jeweiligen Wahrnehmungen und Sichtweisen auf verschiedenen Ebenen müssen sich partiell überschneiden, d.h. der jeweils andere Referenzrahmen muss partiell in anderen enthalten sein, wenn eine Verständigung möglich sein soll. Dies sind dann auch Zonen der gemeinsamen „Wahrheitsfindung", der Aushandlung von Interessen. Wenn dies gut gelingt, entsteht das, was wir „Vertrauen" nennen, und das die vieles erleichternde Grundlage des sozialen Zusammenwirkens im Bildungswesen bildet. Es bedeutet in unserer Terminologie, dass koordinierte und akzeptierte Formen der Rekontextualisierung von Aufgabenerfüllungen durch die jeweiligen Akteurgruppen entstanden sind.

2 Educational Governance als institutionelle Ordnungspolitik – der Masterplan des Bildungsprogramms für die nachfolgende Generation

Die Kernbotschaft zur Steuerung des Bildungswesens auf der Makroebene sei an den Anfang gestellt. Sie betrifft einen historischen Wandel in der Einschätzung, welchen Stellenwert die Makroebene des Bildungswesens für die Qualität der Schule hat. Stand in der zweiten Hälfte des 20. Jahrhunderts die Ebene des Unterrichts und der Lehrpersonen im Mittelpunkt, so ist insbesondere durch die vergleichende Perspektive von Bildungssystemen verschiedener Länder in den letzten Jahren deutlich geworden, dass die Makroebene in einem systemischen Zusammenhang mit der Qualitätssicherung im Bildungswesen gesehen werden muss.

Notwendigkeit systemischen Denkens

Wer Lehrer wird und in der Schule unterrichten möchte, für den sind Fragen der Bildungspolitik, des Bildungsrechtes und der Schulverwaltung meist lästige äußere Sachverhalte, die mit dem konkreten Unterricht wenig zu tun haben. Sie sollten für die Gestaltung des konkreten Unterrichts im besten Falle nicht störend wirken und die pädagogische und didaktische Arbeit mit dem Kind oder Jugendlichen nicht beeinträchtigen. Der Unterschied zu der hier eingenommenen Position könnte größer nicht sein: Die genannten Aktivitäten, also Bildungspolitik und Rechtssprechung, Bildungsverwaltung und Bildungsplanung als Verwaltung von sächlichen und personellen Ressourcen, Personalrecht, Bildungsrecht als Gestaltung von Studiengängen, Lehrplanentwicklung und Ausbildungsplanung werden als integrale Bestandteile der Sicherung einer hohen Qualität des Bildungswesens angesehen. Sie werden hier zu Maßnahmen der Qualitätssicherung auf Makroebene. In wirtschaftswissenschaftlichen Begriffen würde man von der „strategischen Planung bei der Produktion von Qualifikationen" sprechen. Die Schule und die Lehrerschaft würden dabei der operativen Ebene zugeordnet (Mintzberg, 1991).

Politik, Recht, Verwaltung als „Qualitätssicherung?"

Die Instrumente der Makrosteuerung sind sehr vielfältig. Hier sollen sie in folgender Reihenfolge vorgestellt werden, wenngleich bald sichtbar werden wird, dass sie eng zusammenhängen und die jeweils länderspezifische Educational Governance des Bildungswesens ausmachen:

Instrumente der Makrosteuerung

- Instrumente der Entwicklung des inhaltlichen Masterplanes über die Auswahl und das Arrangement von Inhalten sowie die Formulierung von Zielen und wünschenswerten Kompetenzen;
- Instrumente der inhaltlichen Langzeitplanung in der Gestalt von Bildungsgängen und Zeitbudgets sowie der Organisation von Prüfungen;
- Instrumente der Führung und Aufsicht, der Kontrolle und Evaluation als „Tools", als „Werkzeuge" der Qualitätssicherung;
- Instrumente der Bildungsplanung im Sinne der Verwaltung von Ressourcen;
- Instrumente des Personalmanagements im Sinne von Rekrutierung, Ausbildung und Fortbildung.

Für Millionen von Schülern jeden Tag Unterricht anzubieten und dies für eine Laufbahn von 10.000 bis 15.000 Stunden zu planen, ist ein formidables Unternehmen. Es ist auch politisch hoch brisant, da damit das „Bewusstsein" der nachwachsenden Generation geprägt und vergesellschaftet werden kann. Von der „technischen Seite" her, also von der Bewältigung der damit gegebenen Aufgaben und Probleme her, lässt sich eine hierarchische Komposition beschreiben, die intern aber fein abgestimmt ist.

Sie reicht von der Gestaltung von Lerninhalten (Fächern), zur Entscheidung über Lernzeiten und Lernwege als „Gefäßen" des Lernens. Auf die inhaltlichen Vorgaben sind in der Regel Lehrwerke und Lehrbücher abgestimmt. Auf der Unterrichtsebene wird das Jahr mit Lektionenzahlen strukturiert, mit Stundenplanungen, die intern selber wieder differenziert gegliedert sein können. In der Summe soll diese feingliedrige Planungsvorgabe zu detailliert geprüften und attestierten Kenntnissen, Kompetenzen und Wertorientierungen beitragen, die unabhängig vom geographischen Ort der Ausbildung zu gleichen Berechtigungen führen.

Wie die Angebotsplanung gestaltet ist oder sein könnte, soll im Folgenden geschildert werden. Um die Metapher der Komposition zu verwenden: Es geht um die Grundlinien der Partitur, um die Gesamtstruktur, um die Zäsuren, die Abschlüsse und den angestrebten Zusammenklang – soweit er sich auf dem Papier festhalten läßt.

2.1 Bildungspläne: Steuerung durch inhaltliche Programmgestaltung – Partituren schulischen Lernens als kulturelles Wissensmanagement

Rekontextualisierung der Kultur

Die inhaltliche Gestaltung des Lehrens und Lernens, der Entwurf einer Partitur, eines inhaltlichen Masterplanes – wie immer man die Programmgestaltung nennen möchte – bildet unmissverständlich den Kern der Makroplanung im Bildungswesen. Dabei wird eine zentrale Rekontextualisierung vorgenommen, nämlich die der Umwandlung der „wertvollen" Kultur einer Gesellschaft in ein schulisches Bildungsprogramm.

Der Blick in die Geschichte des abendländischen Lehrplans (Dolch, 1982; Fuhrmann, 2001) macht sichtbar, wie eng der Zusammenhang zwischen der Kultur einer Gesellschaft und den Inhalten ist, die in Bildungseinrichtungen vermittelt werden sollen. Die Lehrpläne verkörpern das Bemühen, auf einen Nenner zu bringen, was eine Hochkultur für ihren Kernbestand hält.

Im Lichte dieses engen Zusammenhanges verwundert es nicht, dass an der Auswahl und Organisation von Lehrinhalten für schulische Zwecke das Verhältnis von *Wissen und Macht*, von *Kultur und Herrschaft* studiert werden kann. In kulturhistorischer Sicht kommt in ihnen ein Kernausschnitt des kulturellen Gedächtnisses einer Gesellschaft zum Ausdruck (Assmann, 2003, 2006), da Lehrpläne als Niederschlag der *gesellschaftlichen Traditionskonstruktion*, als Konstruktion eines gemeinsamen kulturellen Erbes angesehen werden können. *[Wissenssoziologische und kulturhistorische Perspektiven]*

Historisch hat sich das inhaltliche Drehbuch der Kulturvermittlung in Schulen erst allmählich zu einer durchkomponierten Programmsteuerung entwickelt (s. für eine schöne kurze Übersicht Müller, 2002, S. 97 ff.). Im Mittelalter wurden die Lernwege eingebunden in einen Kosmos der Welt und des Lebensganges, der eindrucksvoll ikonographisch dargestellt wurde (Fend, 2006a, S. 82 f.). *[Inhalt und „Architektur"]*

Der Architektur des Lehrplans entsprach hier die *Architektur des Lebenslaufs*, der als Heilweg verstanden wurde. Der Erwerb von Wissen war Teil des irdischen Pfades zu einem heilsgeschichtlichen Ende, das die Theologie erläuterte. Der Weg des Menschen führte deshalb in einer spiralförmigen Aufwärtsbewegung zur höchsten Form des Wissens, zur Theologie. Der Eintritt in diesen Pfad erfolgte durch einen Gnadenakt zum Beginn des Tores, das den Zugang zum Heilsweg markierte. Auf diesem Wege begleiteten ihn Weihen und Gnadenbezeugungen und die Autoritäten der Kirchengeschichte bzw. der adoptierten Symbolfiguren antiken Wissens. *[Bildung als Abfolge im Lebenslauf]*

Eine zweite ikonographische Darstellung des menschlichen Lern- und Wissensweges bestand in der *kreisförmigen* Präsentation der Gesamtheit des Wissens (Fend, 2006a, S. 57). Hier stand also nicht die biographische Sukzession im Mittelpunkt, sondern der Umkreis des Kosmos, der alles Wichtige enthält. Die Schalen des Kreises repräsentierten hier die Wertigkeiten über die Nähe zum Zentrum. Das Weltwissen war durch die Septem Artes präsent und in der Form von Frauengestalten ikonographisch dargestellt. In den innersten Kreis führte die Philosophie mit der dreiteiligen Krone Ethik, Logik und Physik. Platon und Sokrates standen für die den Weltkreis erkundenden Philosophen (s. Dolch, 1982, 125 f.). *[Bildung als Umkreis des Wissens]*

Josef Dolch, dem wir eine materialreiche Geschichte des Lehrplanes im Abendland verdanken, unterscheidet drei grosse Stadien der Lehrplankonstruktionen. Über mehr als tausend Jahre finden wir eine einfache Architektur: Über das Lehrwerk des Donat bzw. des Priscius wird die Grundlage für die Beherrschung der Fremdsprache Latein gelegt. Die zweite Phase wird durch die Septem Artes bestimmt. Das Trivium (Artes Sermoniales mit Grammatik, Dialektik und Rhetorik) ist auf die sprachlichen Repräsentationsformen der Welt ausgerichtet, das Quadrivium (Artes Reales mit Arithmetik, Geometrie, Astronomie und Harmonik) enthält den mathematisch gedachten Zugang zur realen Welt. Den Gipfel bilden die Wissenschaften Theologie, Medizin und Jurisprudenz. *[Phasen der Lehrplankonstruktion]*

Die Architektur der Lehrpläne verändert sich dann nach Dolch im Barock grundlegend. Hier finden wir erstmals ganzheitliche Lehrpläne, ausgearbeitet in Curricula und einem Methodus (siehe als berühmtestes Beispiel den Gothaer Schulmethodus für die Volksschule von 1642). Lehrgänge werden jetzt systematisch zu einem *Spiralcurriculum* geordnet, Lehr- und Lernbereiche ausführlich beschrieben. Grundlegende Inhalte werden dadurch auf immer differenzierteren *[Zweite Phase der Lehrplankonstruktion]*

Stufen gelehrt. Mehrere Fächer werden gleichzeitig angeboten. Es wird also nicht ein einzelnes Fach nach dem andern angeordnet. Die Schulklassen werden – so wird es zumindest gefordert – nicht nach Stand, Alter und Größe, sondern nach Vorkenntnis und Fähigkeiten gebildet. Im großen Lehrplan von Hähn aus dem Jahre 1754 heißt es: „Lehrer, die sich an einen solchen Cursus scholasticum halten, werden erleben, was sie an Zeit, Mühe und Kräften ersparen und an Weitläufigkeiten und Verdrießlichkeit vermeiden. Sie können ihre Arbeit auf Jahre genau einteilen, die aufeinanderfolgenden Lehrstunden besser übersehen, verteilen, ordnen und sich bei Gelegenheit dafür wohl vorbereiten ..." (zit. nach Dolch, 1982, S. 312).

Die Ordnung des Wissens

Im Anschluss an die Bemühungen um eine ausgefeilte Lehrplanarchitektur im Barock haben die Anstrengungen zugenommen, über die Lehrplankonstruktionen *eine Gesamtordnung des Wissens* zu erreichen. Im Umfeld der Enzyclopädie-Bewegungen vor der Französischen Revolution erreichten sie ihren Höhepunkt. Sie sind das Kernbeispiel für Versuche, das zu vermittelnde Wissen und die übrigen Fähigkeiten inhaltlich begründet zu ordnen und in Kategorien einzuteilen. Im Ergebnis entsteht dadurch ein *Fächerkanon,* und der Lehrplan erhält erstmals die uns heute selbstverständliche *Fächerstruktur.*

Lehrplan für die Volksschulen

Auf der Ebene der Volksschulen ist zu dieser Zeit das Raffinement in der Lehrplanarchitektur noch sehr gering. Zwar wird versucht, einen standardisierten „Normallehrplan" zu entwickeln. Er besteht im Kern darin, dass an jedem Tag der gleiche Ablauf von Unterricht stattfinden soll und das Gleiche zu lehren ist. Mit Gebet und Religionsunterricht wird begonnen, dann gelesen und gelegentlich auch gerechnet und dann wieder mit Gebet und Gesang geschlossen. Dennoch finden wir im Verlauf des 18. Jahrhunderts und schliesslich im Verlauf des 19. Jahrhunderts Prinzipien der Lehrplankonstruktion, die bis heute eine gewisse Gültigkeit haben.

So führt der Lehrplan
- vom Einfachen zum Schwierigen,
- vom Nahen zum Fernen, sowohl zeitlich als auch räumlich,
- vom Ganzen zum Detail,
- vom Besonderen zum Allgemeinen,
- vom Vordergründigen zum Hintergründigen,
- von der Anschauung zur Abstraktion.

Dritte Phase der Lehrplankonstruktion

Für die Konstruktion des gelehrten Unterrichtes in den Gymnasien des 19. Jahrhunderts sieht Dolch ein neues Anforderungsprofil. Die Gymnasien tragen hier das antike Erbe der Septem Artes und des auf sie vorbereitenden Lateinunterrichtes weiter. Im Neuhumanismus wird die Antike als Trägerin des idealen humanen Daseins rezipiert, konstruiert und zu einem stark sprachlich geprägten Bildungskanon umgesetzt. Gleichzeitig erlebt das 19. Jahrhundert einen ungeheuren Aufstieg der Wissenschaften, die zunehmend für die ökonomische Existenzsicherung relevant werden. Naturwissenschaften, Mathematik und moderne Fremdsprachen werden zu Konkurrenten der altsprachlichen Fächer. Das Schicksal hat uns den Glücksfall der beiden Brüder Wilhelm und Alexander von Humboldt beschert, die in ihrer Person diese beiden Richtungen in nuce bereits verkörpern: Wilhelm als philologischer Gelehrter und Alexander als weitgereister Naturwissenschaftler. In der Lehrplankonstruktion des Gymnasiums haben sich diese Richtungen in jahrzehntelangen Kämpfen um die Stundentafeln und die Anerkennung sprachlicher und naturwissenschaftlich-mathematischer Fächer als Grundlagen für den allgemeinen Hochschulzugang niedergeschlagen.

In der Summe zeigt die Lehrplangeschichte, was die Anliegen waren, die sie geleitet haben. Es ging immer um eine Ordnung des Wissens (Stammen & J., 2004) und der gewünschten Fähigkeiten, die in langfristig angelegten Lehrprozessen eine optimale Stufenfolge erhalten sollten.

Es geht im Bildungswesen aber nicht nur um Inhalte, um den in Lehrplänen geforderten Stoff. Hinter diesen Konstruktionen stehen *Leitideen*, auf welche kulturelle Gestalt sich die Menschen zubewegen sollten, die mit den kulturellen Inhalten in Berührung kommen. Ohne diese Leitbilder bleiben Lerninhalte zusammenhanglos, sie verlieren ihren Stellenwert in einem Prozess, den die Pädagogik seit zweihundert Jahren als „*Bildungsprozess*" bezeichnet. Ziele und Leitbilder als Generierungscodes von Lehrplänen

Damit werden wir auf ein schwieriges Gelände der Gestaltung des Bildungswesens geführt, auf jenes der *Bildungsideen*. Es kann hier nur in groben Zügen vermessen werden.

Als erstes eine kurze Antwort auf eine große Frage: Was soll man unter Bildungsideen verstehen? Die kurze Antwort ist die: Damit sind *Vorstellungen vom „idealen Menschen"* gemeint, also Vorstellungen vom Ziel langjähriger Aneignungsprozesse von Kultur. Diese Kultur wird zum Medium, über das der Mensch zu seiner kulturspezifisch gewünschten Gestalt findet. In der spezifisch deutschen Tradition wird vom „gebildeten Menschen" gesprochen (s. zu ihrer Geschichte Horlacher, 2002). Wege der Emporbildung zum idealen Menschen sind natürlich auch im Kulturraum des Islam oder des Buddhismus konzipiert.

Jede Kulturvermittlung ist von Leitbildern gelungenen Menschseins inspiriert, die Zielvorstellungen zu wünschenswerten geistigen, seelischen und körperlichen Verfasstheiten sind. Ziele werden aber über Inhalte vermittelt, an denen sich Heranwachsende „abarbeiten" und dabei ihre kulturelle Gestalt gewinnen. Ziele und Inhalte

2.1.1 Bildungsziele: die „Emporbildung" und „Vervollkommnung" des Menschen

Wer die moderne Programmsteuerung des Bildungswesens verstehen möchte, der steht rasch vor der Notwendigkeit, sich der Geschichte der Ideen zu vergewissern, die die Etablierung von Bildungseinrichtungen bewegt haben. Wenn Bildungssysteme den Menschen zu einem „idealen Sein" emporbilden wollen, dann sind die Bilder von diesem idealeren Sein die Wegweiser und Orientierungspunkte, um zu verstehen, was Bildungseinrichtungen erreichen sollten (s. dazu bs. Tenorth, 1988; Tenorth, 1986). Letztlich reguliert ein mehr oder weniger explizites Ideal des „geformten" im Gegensatz zum „ungeformten" Menschen die systematischen Bemühungen um eine geleitete Menschwerdung. Die okzidentalen Bildungsideen

Über Jahrhunderte war dieses Ideal in unserem Kulturkreis in vielen Varianten christlich bestimmt. *Glauben* als intellektuelle Grundhaltung und *Tugendhaftigkeit* der Lebensführung als irdischer Weg der Nachfolge Christi mit jensei- Leitbilder gelungenen Menschseins: Christentum

43

tigem Ankommen umrahmten auch die intellektuellen Anstrengungen in Schulen.

Leitbilder der Renaissance

Die Renaissance hat in erneutem Rückgriff auf die Antike ein *weltliches ideales Menschentum* konstruiert, ein Gelehrtentum, das wesentlich durch Sprachkompetenz und literarisch-künstlerische Kompetenz geprägt war (Burke, 1996; Casale, 2004).

Leitbild der Aufklärung

Im Umkreis der Aufklärung wurde dieses Idealbild künstlerischer Vervollkommnung und sprachlicher Brillanz aus dem engen Kreis einer literarisch-künstlerischen-philosophischen Bildung herausgeführt und zu einer Anthropologie der menschlichen Existenz erweitert, die jedem Menschen die Fähigkeit zu Autonomie und Selbstverantwortung im Denken und bei moralischen Entscheidungen zuschreibt. Im Umkreis politischer Philosophien war diese Anthropologie durch die Definition der *Bürger- und Freiheitsrechte* konkretisiert und in eine nicht mehr aufhebbare Spannung zur ständischen Gesellschaft gebracht worden.

Ideales Menschentum wurde so in die Verfügung und Verantwortung des Menschen selber gelegt. Bei Kant waren zwei Ideale untrennbar verbunden: jenes des selbst denkenden, *vernunftgeleiteten* Menschen und jenes des Staatsbürgers in einem *republikanisch* gedachten Gemeinwesen. Deshalb gehören seine Schriften „Was ist Aufklärung" und „Zum ewigen Frieden" eng zusammen.

Allgemeines Menschentum und nationale Identität

Die nationale Umformung der universalistischen Bildungsidee

Diese Kernideen, durch die Philosophie von Kant und seiner Bestimmung von Aufklärung als „Ausgang von der selbstverschuldeten Unmündigkeit" gültig formuliert, haben im Verlauf des 19. Jahrhunderts sehr unterschiedliche Entwicklungen erfahren. Sie trafen im weiteren Verlauf der Geschichte auf politische Konstellationen, in denen die *nationale Festigung* und *nationale Identitätsbildung* in den Mittelpunkt traten. Das 19. Jahrhundert war für Deutschland ein schwieriger Weg zu einer nationalen Einigung und der Suche nach einer akzeptierten politischen und sozialen Struktur. So wurde wahres Menschentum umgedeutet in die Suche nach einem *wahren Deutschtum*. Im Kielwasser dieser Suche gewann die deutsche Sprache einen hohen Stellenwert, ebenso die sprachliche und historische Rekonstruktion einer deutschen Geschichte. Bildung wurde hier allmählich aus der Konzentration auf Latein und Griechisch herausgeführt und mit künstlerischen Selbstdarstellungen der deutschen Klassik, der deutschen Geschichte, insbesondere jener des Mittelalters und eines lange zurückliegenden, sehr rasch mythologisierten Germanentums aufgeschichtet. Diese nationale Identitätssuche, die in den künstlerischen Ausdrucksformen der Romantik ihre Höhepunkte fand, drängte die universalen Humanitätsideale, die am Medium der klassischen Antike konstruiert worden waren, in den Hintergrund. Sie löste damit auch das aufklärerische Spannungsverhältnis von persönlichen Freiheitsrechten und politischen Rahmenbedingungen, die diese stützen müssen und suchte die *Identität* und Einheit des „Volkes" in den historisch gewachsenen politischen Strukturen der Fürsten und Könige, von Kaiser und Volk, also von hierarchischen Verhältnissen der Über- und Unterordnung im Rahmen eines *nationalen Ordo-Denkens*. Die Einübung in Führung und Gefolgschaft, in Dienstbereitschaft und Opferbereitschaft überformte das klassische Ideal „gültigen Menschentums" (vgl. für eine prägnante Zusammenfassung Wiater, 2002). Dass diese Einübung in Gehorsam und Aufopferung für Missbrauch sehr anfällig war, zeigte deren Nutzung im Nationalsozialismus (s. auch Fend, 2006a).

Das humanistische Bildungsideal als literarisch-philosophischer Weg nach Innen

Doch das Ideal humanistischen Menschentums, wie es in der Antike als realisiert gesehen wurde, war nicht tot. Es war in Gymnasien lebendig, dessen Kern die alten Sprachen bildeten. Die soziale Gruppe, in der und durch die dieses Ideal lebendig blieb, bestand in der Schule aus Philologen und in der Gesellschaft aus dem Bildungsbürgertum. Es befand sich jedoch in einer schwierigen politischen Lage. Von den über die Antikerezeption gestützten republikanischen Ideen her gesehen wäre die erste Pflicht der Kampf für demokratische politische Strukturen gewesen, um in ihnen als aktiver Bürger an der Gestaltung der Gesellschaft teilzuhaben. Dieser Weg war dem Bildungsbürgertum durch das Fortbestehen der alten ständischen Strukturen verwehrt. *Allgemeines Menschentum im ständisch partikularisierten Staat*

Die Idee des aufgeklärten und durch Kultur veredelten Menschentums suchte sich in dieser Situation einen Weg nach Innen, in das ästhetisch-literarische Erleben und die philosophische Reflexion der ewigen Wahrheiten – abseits der politischen Wirklichkeit. So entstand eine spezifisch deutsche Tradition des „idealen Menschentums" in der Gestalt des „Gebildeten", die neben der Betonung der Innerlichkeit, des ewig Wahren, Guten und Schönen auch die Idee einer Idealgestalt neben aller weltlichen Brauchbarkeit und Nützlichkeit transportierte.[6] *Der Weg in die Innerlichkeit*

Die Idee des Humanismus, den Wert des Menschen aus seiner anthropologischen Verfasstheit abzuleiten, bleibt auch heute noch, angesichts des dominanten Denkens der Verwertbarkeit des Menschen, bedeutsam. Wenn man Bildung von den sozialgeschichtlichen Bindungen an ein ambivalentes Bildungsbürgertum und von den diskurstheoretischen Einschränkungen auf eine literarisch und sprachlich verengte Antikekonstruktion befreit, dann ist die Idee der Bildung des Menschen als Menschen immer noch leitbildmächtig (Assmann, 1993; Hentig, 1980; Klafki, 1995; Tenorth, 1986).

Dabei bleibt auch eine formale Komponente von Bildung wichtig. Die „Kultiviertheit" gewinnt an Kontur und Qualität, wenn sich der junge Mensch an anspruchsvollen Kulturwerken abarbeitet, seien dies mathematische Erfindungen, philosophische Weltbilder, künstlerische Werke oder politisch-historische Konzeptionen. Mit dieser Arbeit am Anspruchsvollen ist auch eine Klärung der Begriffe, eine Klärung des Denkens verbunden, die nur in diesem anspruchsvollen intellektuellen Kontext möglich ist. *Bildung als geistiges „Training"*

Eine zentrale Korrektur des deutschen Weges: Dewey

In der Pädagogik von Dewey begegnen wir einem Gegenbild zum deutschen Bildungsweg, das entscheidende Korrekturen zu letzterem nahelegt. Der Ausgangspunkt ist der, dass Dewey den Prozess der geistigen Menschwerdung eher *Handlungs- und Diskursgemeinschaft gegen unangreifbare ewige Wahrheiten: Dewey*

---

6 Siehe für eine kurze Analyse der völkisch-nationalen, als auch der idealistisch-humanistischen Entwicklungslinien meine Arbeit zu Sozialisation durch Literatur (1979) und zur Geschichte des Bildungswesens (Fend, 2006a).

diskursorientiert, erfahrungsorientiert und handlungsorientiert konzipiert. Wissen und Überzeugungen gilt es sozial zu spiegeln und zu diskutieren. Das Argumentieren, die Herstellung einer „Community von Meinungen", ist entscheidend. Wissen ist ferner erfahrungsorientiert zu verankern und auf die pragmatische Lösung von Problemen auszurichten.

Das Gegenbild besteht in Konzepten von ewigen Wahrheiten, die personunabhängig und für alle Zeiten gelten. Dies ist eine Besonderheit, und in den Augen Deweys auch eine Gefahr des deutschen Bildungsdiskurses, die er schon 1915 in seinen Vorträgen an der Universität von Chapel Hill zum Thema „German Philosophy and Politics" formuliert hat. Oelkers berichtet diesen Anlass so: „Dewey attackierte vor dem Hintergrund der Kriegspropaganda deutscher Philosophen von Natorp bis Scheler[7] die „*a priori* philosophy", die von der Doktrin der „innate ideas" getragen sei. Diese Doktrin habe bereits Locke beunruhigt, und dies, so Dewey, nicht einfach in Kritik der platonischen Seelenlehre, sondern aus einem politischen Verdacht heraus. Was die liberale Philosophie beunruhigen musste, „was the readiness with which such *ideas become strongholds behind which authority shelters itself from questioning*" (Dewey 1985, S. 159/160). Die kritische Philosophie wäre so nicht wirklich kritisch, ihre rigide Pflichtenethik, einhergehend mit dem Innerlichkeitsideal (ebd., S. 163), habe sie autoritär und staatsgläubig gemacht, wie Dewey vor allem an Fichte, weniger an Kant,[8] zu zeigen versucht (ebd., S. 172ff.). Er markiere den Beginn der Transformation der kritischen in eine autoritäre und nationalistische Philosophie (ebd., S. 172), die verhindert habe, dass je ein demokratisches Konzept deutscher Philosophie entstanden sei" (Oelkers, 1999, S. 1).

Die Gegenüberstellung von Dewey mit der deutschen Tradition ist sehr aufschlussreich. War deutsches Denken in erster Linie platonisch an ewigen Wahrheiten orientiert, so zielt Dewey auf *diskursive Lebensbewältigung*, auf *Eigenaktivität* und *Selbständigkeit*. Sie verzichtet auf inhaltliche Vorfestlegungen und den Rückzug auf sakrosankte Traditionen. Wo in der deutschen Bildungsgeschichte „Erweckungserlebnisse" im Nachvollzug kultureller Traditionen standen, steht bei Dewey der demokratische Diskurs, der nichts ausschließt und nicht auf unangreifbare Tiefenstrukturen rekurriert.

Diese handlungs- und diskursorientierte Konzeption des Bildungsprozesses leitet heute moderne deutsche Pädagogen, wenn sie Bildung nicht mehr inhaltlich definieren, sondern als Universalisierung der Teilhabefähigkeit an gesellschaftlichen Diskursen sehen (Tenorth, 1986). Dewey in diesem Sinne wiederbelebt und die deutsche Bildungstradition aus der Aura der Mystifizierung befreit zu haben, ist nicht zuletzt das große Verdienst von Jürgen Oelkers und seiner MitarbeiterInnen (Horlacher, 2006; Oelkers, 1989, 1990, 1999; Tröhler, 2005).[9]

---

7 MAX SCHELERS „Der Genius des Krieges und der deutsche Krieg" erschien 1915, ebenfalls in diesem Jahr erschien Paul Natorps „Der Tag des Deutschen", eine Aufsatzsammlung mit Texten des Jahres 1914. DEWEYS Quelle ist FRIEDRICH VON BERNHARDI (1914).

8 „Kant was enough of a child of the eighteenth century to be cosmopolitan, not nationalistic, in his feeling. Since humanity as a whole, in its universality, alone truly corresponds to the universality of reason, he upheld the ideal of an ultimate republican federation of states" (DEWEY 1985, S. 171).

9 Siehe auch den schönen Aufsatz von Daniel Tröhler (1998)

Bildung als kulturelle „Erschließungsaufgabe"

Ballauff hat die Bildungsidee in Abgrenzung zu wirtschaftlichen und politischen Instrumentalisierungen präzise in mehreren Facetten formuliert, die es verdienen, ins Gedächtnis zurückgerufen zu werden. Ihm lag daran zu zeigen, dass das Bildungswesen die Chance bietet, den Horizont menschlicher Möglichkeiten erfahrbar zu machen, dem heranwachsenden Menschen Hochformen der Erkenntnis, der Selbstbildung, der Moralbildung und des Zusammenlebens vor Augen zu führen. In seinen Worten:

„Notwendig ... ist die Schule als selbständige Instanz ...: Sie muss Schule bleiben, nämlich *der Weg in die Erschlossenheit eines sachlichen und mitmenschlichen Ganzen* und zwar so, dass die möglichen Gebiete in ihren Kategorien und Konditionen *erfahrbar* werden. Daher hat die Schule in den letzten Jahrhunderten zunehmend die Wissenschaften als maßgeblich angesehen, die Rückbindung an das Erkannte und Begründete, das auch für Staat und Gesellschaft verbindlich ist. (Ballauff, 1982, S. 38)." [Erschließung zum Denken]

Die Rückbindung an die Inhalte der okzidentalen Tradition hat aber auch „menschenformendes" Potential:

„Die Schule ... eröffnet die Möglichkeiten zur Selbständigkeit des Denkens, erweitert die Enge und Kleinheit primärer Lebensverhältnisse und übt die Anerkennung einer disziplinierten Ordnung ein. Sie hat also theoretische und asketische Aufgaben und bietet Lern- und Erfahrungschancen in beiden Bereichen. Kernpunkt dieser Konzeption ist dabei die, dass dies alles nicht vorgemacht und vorgegeben wird, sondern kulturelle und soziale Erfahrungsräume entstehen, in denen junge Menschen Erkenntnisse selbst finden und sich selber Ziele setzen, Ausdauer und Frustrationstoleranz einüben (Ballauff, 1982, S. 39)." [Bildung gegen Instrumentalisierung]

In der Summe heißt dies: Die Schule stattet „...*nicht mehr mit Verwertungswissen und -können aus, sie bereitet auch nicht auf dieses oder jenes Leben vor, sondern sie erschließt sachliche und menschliche Bereiche*, sie führt in sie ein oder geleitet durch sie hindurch. Sie ‚erschließt' diese Bereiche nicht so sehr als Weg und Mittel, Instrument und Medium zur Erreichung vorweggenommener Ziele, sondern *stellt Aufgaben* in diesen Bereichen oder veranlaßt, diese selbst zu finden, so dass der einzelne gemäß seiner erreichten Einsicht *sich selbst eines Tages Ziele stecken kann*.

Schule tradiert nicht im Sinne der Übermittlung von erlangtem Stand und Vermögen, sondern *weist an den geschichtlichen Ort und seine Erfordernisse ein*, an denen wir uns alle und damit die Schüler befinden ... sie begründet Schule, ohne welche niemand in den *verbindlichen Zusammenhang unserer Geschichte* gelangen würde" (Ballauff, 1982, S. 431). [Formale Bildung und kulturelle Inhalte]

Diese Perspektive von Ballauff gibt uns heute noch eine Vision von der kulturellen Aufgabe der Schule, die den Kosmos humaner Grunderfahrungen präsentieren kann. Diese Erschließungs- und Erfahrungsaufgabe ist hier noch formal bestimmt und enthält mit den obigen Zitaten keine Hinweise, an welchen *Inhalten* diese Erschließung zur Sachlichkeit und Mitmenschlichkeit erfolgen kann und soll. Dies wird aber zum Thema, wenn das inhaltliche Programm des Bildungswesens entwickelt werden soll.

2.1.2 Inhaltliche Synthesen der Kultur als Ausgangspunkt der Programmsteuerung: Bildungspläne als kulturelles Gedächtnis und die Bildung des Kulturmenschen

Die Konstruktion des kulturellen Kanons

Ausgangspunkt der Institutionalisierung von Lehren und Lernen ist die von den geschilderten Zielbildern und Idealbildern geleitete *Transformation der Kultur* einer Gesellschaft in „gültige" und „wertvolle" Wissensbereiche und kulturelle Schöpfungen, die an die jeweils nachfolgende Generation weitergegeben werden sollen und an deren „Abarbeitung" sie ihre eigene humane Gestalt gewinnt. Dies ist die erste Stufe der Rekontextualisierung, die „wertvolle Kultur" in ein Bildungsprogramm verwandelt. Der jeweilige historische Diskurs darüber, was als „Wissen" und als wertvolle Kultur *gelten* soll, wie Wissen *geordnet* werden kann und wie es schließlich in einen Ablaufplan für dessen Erwerb umzuformen ist, gehört zum Kernbereich der Vergesellschaftung von Lehren und Lernen, den wir heute Lehrplan, Bildungsplan oder Curriculum nennen. Damit werden Lehrpläne nicht nur Dokumente für das Verständnis der geistigen Kämpfe, die zu Auswahlprozessen schulisch zu vermittelnder Kultur führen (Weniger, 1965), sondern auch zur Quelle für die Rekonstruktion des jeweiligen historischen Verständnisses von wertvoller Kultur.

Wir wissen heute, dass sich die „wertvolle Kultur" nicht historisch von selbst herauskristallisiert, sondern eine Konstruktionsleistung ist. Dennoch ist gerade in den letzten Jahren die Frage wieder wichtig geworden, ob es nicht eine kulturelle Gesamtorientierung geben kann, die unseren Ort in den Kulturgemeinschaften dieser Welt zu klären hilft. Dagegen wird eingewendet, eine solche Synthetisierung der Kultur zu einem Kanon des Wissens, des Wertens und des Könnens sei heute ein undurchführbares Unterfangen. Zu umfangreich, zu vielfältig und zu kontrovers erscheinen schon für den Okzident die kulturellen Errungenschaften, die hinter unseren modernen Existenz- und Lebensformen stehen.

Allgemeinbildung

Dennoch bleibt das Bedürfnis zu erfahren, was wohl der Kern unserer kulturellen Tradition sein könnte. In der Pädagogik kommt es in der Suche nach Konturen der „Allgemeinbildung" zum Ausdruck. Was damit gemeint sein kann, soll hier am Beispiel des vielleicht letzten großen Kanons der Allgemeinbildung illustriert werden, den Wilhelm Flitner für den gymnasialen Lehrplan konstruiert hat (Flitner, 1954, 1959, 1961; Flitner, 1965). Flitners Bemühungen haben ihre Wurzeln im Zweiten Weltkrieg, in dem ihn die Frage existenziell bewegte, welche kulturellen Traditionen des Okzidents die Tragödie hätten verringern können und welche Traditionen einzuüben wären, um nie wieder der Barbarei eine Chance zu geben. Die germanische, biologistisch durchsetzte Weltanschauung des Nationalsozialismus war eine so verhängnisvolle Verengung und Perversion des geistigen Habitus der vielfältigen kulturellen Traditionen des Volkes der „Dichter" und der „Denker", dass die „kulturelle Nahrung" für die Zeit nach der Diktatur neu erarbeitet werden musste (Flitner, 1990).

Das personale Prinzip – Kern der abendländischen Entwicklung

Den Kern der abendländischen Kultur sah Wilhelm Flitner in der *Entfaltung des personalen Prinzips*, also in den verschiedenen Denkrichtungen, die den Menschen zum Mittelpunkt des Denkens und der Verantwortung gemacht und seine universalen Rechte und Pflichten formuliert haben. Genau diese Traditionen hatte der Nationalsozialismus in seinem Mythos eines exklusiven germanisch gefassten Gemeinwesens, dem sich ein Individuum bedingungslos unterzuordnen hat, am schärfsten missachtet.

Was Flitner im Auge hatte, lässt sich nahtlos in die Bemühungen um die Formulierung der Menschenrechte im Anschluss an den Zweiten Weltkrieg einordnen.

Erstmals verwirklicht und entfaltet sah Flitner das personale Prinzip in der *griechischen Philosophie,* in der Entwicklung vom Mythos zum Logos, nach dem der Mensch nicht mehr nur zuschauend Leidender und eine Marionette der Eigenwilligkeiten von Göttern, sondern selbsttätig ist und deshalb schuldhaft verantwortlich sein kann. Im *römischen Denken* wird die Person durch ein Rechtssystem vor Willkür geschützt und die Sphäre des Privaten als Schutzraum vor staatlichen Eingriffen etabliert. Der „Zugriff" auf die Person ist in transparenten Verfahren geregelt. Die dritte Quelle des personalen Denkens ist schließlich das *Christentum,* in dem dem Menschen in der Gestalt des Gewissens eine persönliche Verantwortung für sein ewiges Heil und das Handeln in dieser Welt zugeschrieben wird. „Was die Antike erworben und an Europa weitergegeben hat, ist die Möglichkeit einer selbstverantwortlichen Lebensführung und eines aufgeklärt geordneten und regierten, ‚freien' Gemeinwesens. Die Öffnung des Gemüts und Herzens, die Kontaktfähigkeit, das Leben mit dem Du, das die gleiche, alle irdischen Zwecke übersteigende Wertigkeit hat wie unser liebendes Ich, das Leben aus der Vergebung, in der Liebe und in Hoffnung. Diese Seinsverfassung ist durch den christlichen Glauben und seine alttestamentliche Vorstufe ermöglicht. Sie läßt die Freiheit des Christenmenschen entstehen. Aus diesen Impulsen, die ein personales Sein zum Vorschein bringen, sind alle wesentlichen Ereignisse der abendländischen Gesittung mit Inhalt versehen worden" (Flitner, 1990, S. 33 ff.).

Die weiteren Entwicklungswege der okzidentalen Tradition, die das personale Prinzip fortschreiben, sind uns aus der historischen Rekonstruktion von Bildungssystemen vertraut. In Flitners Aufzählung: „...die lutherisch-calvinische Reformation, die ‚Renaissance' der antiken Bildung und die rechtsstaatlichen, auf Selbstverwaltung und politische Mündigkeit zielenden Tendenzen der politischen Revolutionen. In allen diesen Bewegungen liegen Rückgriffe auf die fundamentalen Gehalte vor, welche in der abendländischen Stiftung enthalten waren" (Flitner, 1990, S. 63 f.).

Diese Entwicklungen haben im *wissenschaftlichen Denken* als auf Erfahrung gründender „Wahrheit" und in *republikanischen Staatsformen* als auf Recht beruhenden Gemeinwesen ihren Höhepunkt erfahren. Für beide Entwicklungen steht als geistiges Programm Immanuel Kant und seine Konzeption der Aufklärung.

Diese hier nur angedeutete Kultursynthese ist in der Nachkriegsgeschichte des deutschen Bildungswesens sehr wichtig geworden. Auf ihrer Grundlage hat Flitner den Kanon des Gymnasiums formuliert. In der Zusammenfassung von Scheuerl wird dies sichtbar:

Kultureller Kanon für das Gymnasium

„Um universitäre Studien beginnen zu können, bedarf es:
1. eines elementaren Verstehens der christlichen Glaubenswelt und ihrer wesentlichen irdischen Schicksale;
2. eines philosophisch-wissenschaftlich-literarischen Problembewußtseins;

49

3. eines Verständnisses für das Verfahren und die Grenzen der exakt-naturwissenschaftlichen Forschung und ihrer Bedeutung für die Technik;
4. eines Begreifens der Probleme, die in der politischen Ordnung insbesondere durch die Französische Revolution, durch den Gedanken der Bürgermitverantwortung, der Rechtssicherheit und persönlichen Freiheit, der Völkerrechtsidee entstanden sind, und wie die politische Aufgabe und die gesellschaftliche Zuständigkeit einander beeinflussen" (Scheuerl, 1962, S. 36 f.).

Literarischer Kanon

Diesen Kanon hat Flitner noch um vier Gruppen literarischer Traditionen erweitert:
„Die vier Gruppen, die sich unterscheiden lassen sind
1. Die Bibel und das Schrifttum, das sie auslegt oder sich ihr anschließt.
2. Die Literatur, welche die Lebensweisheit des hohen Ethos unserer Vorfahren aus dem Altertum zum Inhalt hat, soweit sie gültig geblieben ist oder soweit sie als Gegenbild des Heutigen unserem Verständnis nahegebracht werden kann.
3. Die modernen Realisten aller Völker, welche die Welt beschreiben ‚wie sie ist', die eigentliche Weltliteratur der Gegenwart.
4. Die humanistisch philosophisch bestimmte Literatur der klassischen Zeiten und Völker" (Flitner, 1965, S. 110).

Auf diesem Hintergrund ist in den 50er und 60er Jahren ein Kanon des Gymnasiums entfaltet worden, der bis heute fortwirkt. Die großen Aufgabenfelder der gymnasialen Oberstufe, das sprachlich-literarische, das geschichtlich-gesellschaftliche, das naturwissenschaftlich-technische und das ästhetisch-künstlerische haben hier ihre Wurzeln.

In Korrespondenz zu der stark literarisch-philosophischen Ausrichtung des alten Gymnasiums haben sich auch die Kanonbildungen vor allem auf die literarischen Traditionen konzentriert, also auf Empfehlungen und Verpflichtungen, was Schüler gelesen haben sollten (Fend, 1979; Flitner, 1954; Fuhrmann, 1993; Herrlitz, 1964).

Lehrplan im 20. Jahrhundert

Diese Architektur der Lehrpläne nach dem Zweiten Weltkrieg, insbesondere jener in den 50er und 60er Jahren, hatte die Reichhaltigkeit und Erlebnisqualität der Teilhabe an Kultur und der Ausübung kultureller Aktivitäten im Auge. Sie pflegte die Idee der Bildung des Menschen im Denken, der Öffnung seines Interesses für die Welt, um den inneren Reichtum des Menschen durch die vielseitige Begegnung mit vergangenen und gegenwärtigen kulturellen Schöpfungen erfahrbar zu machen. Öffnung für reale, vergangene und imaginäre Welten, Entfaltung der eigenen Kräfte durch kulturelle Tätigkeiten, Schulung der geistigen und körperlichen Ausdrucksformen – dies waren die Leitziele des wiedererstandenen Gymnasiums nach dem Zweiten Weltkrieg.

Was die gymnasiale Jugend „beherrschen" und „wissen" sollte, ist in den Standards festgehalten, die der Tutzinger Maturitätskatalog enthält. Dieser bildet den Höhepunkt einer langen Diskussion um den Kanon gymnasialer Bildung, der in Lehrpläne umgesetzt werden sollte. Der von Flitner maßgeblich beeinflusste Maturitätskatalog umfasste die folgenden Qualifikationen im Sinne von „Standards der Reife":

Standards der Hochschulreife

1. „Einwandfreies Deutsch - die Fähigkeit, einen eigenen Gedanken zu formulieren und einen fremden richtig wiederzugeben, sowohl mündlich wie schriftlich, und mit einem Wortschatz, der auch feinere Unterscheidungen ermöglicht.
2. Das Verständnis einiger Meisterwerke der deutschen Literatur, vor allem auch solcher aus dem Umkreis der klassischen Literaturepoche, sowie bedeutender Schriften sowohl philosophischer wie auch literarisch wertvoller Prosa; dazu das Verständnis grundlegend wichtiger Werke der Weltliteratur, vor allem auch der antiken.
3. Fremdsprachenkenntnis - wobei das Minimum darin bestünde, dass in einer Fremdsprache die Fähigkeit erworben wird, gehaltvolle mittelschwere Prosa ohne Hilfsmittel flüssig zu lesen, über das Gelesene in deutscher Sprache zu referieren und in der Fremdsprache ein einfaches Gespräch zu führen; sowie, dass in eine zweite Fremdsprache eine erste Einführung aufzuweisen wäre - wenn es in eine moderne ist, müsste Sicherheit in der Aussprache erreicht sein, bei einer antiken Sicherheit in der Elementargrammatik; eine der beiden Fremdsprachen sollte Latein oder Französisch sein.
4. Kenntnis der Elementarmathematik, quadratische Gleichungen, analytische Geometrie; Weiterentwicklung der mathematischen Denkfähigkeit, insbesondere der Fähigkeit, Beweise zu führen; Anwendung der aus den gewählten Stoffen gewonnenen Erkenntnis auf Geometrie und Naturwissenschaften.
5. In der Physik Einführung in die Hauptphänomene, Vorverständnis für den Energiebegriff, wie er in allen Erscheinungsformen der Natur zu ermitteln ist, Kenntnis der historischen Anfänge physikalischen Denkens. Verständnis für das Wesen der exakten naturwissenschaftlichen Methode, für die Beschränkung der Aussagemöglichkeiten auf das Quantitative und damit für die Grenzen der naturwissenschaftlichen Methode; ferner für die wissenschaftliche Ermöglichung der maschinellen Technik; Ansatz zum Verständnis chemischer Erscheinungen und ihres Bezuges auf das Energieproblem.
6. Liebhabermäßiges Betrachten der anschaulichen Natur und Zugang zur biologischen Betrachtungsweise.
7. In der Geschichte: Kenntnis und Verständnis für die geschichtliche Situation der Gegenwart, wie sie sich seit der englischen und französischen Revolution ergeben hat.
8. Einführung in die philosophischen Einleitungsfragen, besonders die anthropologischen, ausgehend von Platon oder Descartes oder Kant.
9. Orientierung über die Christenlehre, die kirchengeschichtlichen Hauptereignisse und Einführung in die ethischen, besonders auch die politischen und sonstigen sozialethischen Grundfragen" (Schmidt, 1991, S. 417 f.).

Zusammen konstituieren diese Standards der Hochschulreife die Umsetzung eines Konzepts der Allgemeinbildung im Sinne der subjektiven Repräsentation der kulturellen Traditionen.[10] Sie sollten zu einer mündigen und „selbstdenkenden" Welthaltung und einem Orientierungswissen für die Positionierung in der Welt der Moderne führen und schließlich befähigen, an den kulturellen und politischen Diskursen der Gegenwart teilzuhaben.

Erweiterung gymnasialer Profile

Im Rückblick zeigt sich aber auch unübersehbar der selektive Charakter des gymnasialen Kanons. Das Schwergewicht literarisch-ästhetischer Inhalte ist unübersehbar. Die Naturwissenschaften werden zwar einbezogen, aber häufig mit Einschränkungen verbunden (Erkenntnis der Grenzen naturwissenschaftlichen Denkens!), die bei den geisteswissenschaftlichen Inhalten fehlen. Seit der Zeit, in der Flitner diese Konzepte formulierte, hat sich gerade hier viel geändert. Das Gymnasium hat eine Vielfalt von Profilen entwickelt, unter denen auch solche mit naturwissenschaftlichen und technischen Schwerpunkten, mit sozialwissenschaftlicher Ausrichtung, mit einer Konzentration auf Sprachen, mit musischen oder sportlichen Ausrichtungen sind.

Verlebendigung des Kanonisierten

Eine Kanonisierung enthält zwar die Gefahr, die schon Dewey formuliert hatte: die Verdinglichung von ewig gültigen Inhalten mit der sie begleitenden Tendenz zur *Musealisierung* und *Weltfremde*. Doch auch dieser Gefahr lässt sich begegnen, wenn sie didaktisch gezielt bearbeitet wird. Was wir „Wissen" nennen und was in der Regel in Enzyklopädien und Lehrbüchern niedergelegt ist, erweckt häufig den Eindruck des *Fertigen* und Selbstverständlichen. Die Wissenserarbeitung („kaltes Wissen") selber war dagegen in der Regel ein *krisenhafter Prozess* („heißes Wissen"), in dem Lösungen für Probleme gesucht wurden. Will man dieses Wissen „verlebendigen", dann muss auf Unterrichtsebene der Ablösungsprozess des Wissens von seinen Problemen und Produzenten ein Stück rückgängig gemacht werden. Die „Krisensituation", die Unbestimmtheit der ursprünglichen Lösungsversuche muss wieder nachvollziehbar werden. Geschieht dies, dann wird Wissen wieder stärker in das Bemühen von Menschen zurückgebunden, die leidenschaftlich und oft vergebens an der Lösung von Problemen gearbeitet haben.

Der kulturelle Gesamtzusammenhang und das kollektive Gedächtnis

Auch wenn ein Kanon der okzidentalen Kultur, wie ihn Flitner konstruiert hat, immer diskursiv bearbeitet werden muss und revisionsbedürftig ist, gehört in meinen Augen ein Bemühen um die Rekonstruktion des kulturellen Herkommens und die Gestaltung des Lehrplans auf dieser Folie auch heute noch zu den großen Chancen, über einen Bildungsplan *den kulturellen Gesamtzusammenhang* zu wahren.[11] Gerade die Auseinandersetzungen zwischen den Zivilisationen (s. den „clash of civilizations" Huntington, 1998), die Diskussion um die Bedeutung der Weltreligionen, die berechtigte Angst vor einem islamischen Fundamentalismus machen sichtbar, wie bedeutsam die Orientierung in der eigenen kulturellen Tradition sein kann.

---

10 Inhaltsbereiche, Niveaubestimmungen und zu erwerbende Kompetenzen sind hier bereits enthalten. Wir werden dies im Rahmen der offensichtlich gar nicht so neuen Strategien der Qualitätssicherung und Steuerung des Bildungswesens über Standards noch erläutern und fortschreiben.

11 Dieses Anliegen steht auch im Hintergrund meiner Arbeit zur Geschichte des Bildungswesens (Fend, 2006a).

Aber auch für die *individuelle Teilhabe* an kulturellen Schöpfungen und damit für die individuelle Bereicherung des Lebens ist der schulisch getragene Zugang zu den großen Kulturtraditionen insbesondere für jene lebensgeschichtlich entscheidend, denen dieser Zugang nicht durch das kulturelle Milieu der eigenen Herkunftsfamilie offen steht. Selbstredend darf dabei nicht unterschlagen werden, welche Verhängnisse mit der okzidentalen Kulturgeschichte verbunden waren, um damit neuen Gefahren, etwa der eines hegemonialen Anspruchs westlicher Zivilisation, die anderen kulturellen Traditionen ihren Eigenwert abspricht, vorzubeugen.

Lebensbereicherung: Bildung des Kulturmenschen

Kulturelle Traditionen repräsentieren dabei nicht nur Inhalte *(Muttersprache, Mathematik, Fremdsprachen, Technik)*, sondern auch Zugangsweisen zur Welt und ihrer Aneignung (s. Abb. 2.1) im Sinne der *intellektuellen Erschließung* der Welt, der *ästhetisch-expressiven Selbstverwirklichung,* der *normativ-ethischen Gestaltung* und der *Sinngebung* (s. den Bezug auf Baumert bei Tenorth, 2003, S. 163).

Weisen des Zugangs zur Welt

Modi der Weltbegegnung (Kanonisches Orientierungswissen)	Basale Sprach- und Selbstregulationskompetenzen (Kulturwerkzeuge)				
	Beherrschung der Verkehrssprache	Mathematisierungskompetenz	Fremdsprachl. Kompetenz	IT-Kompetenz	Selbstregulation des Wissenserwerbs
Kognitiv-instrumentelle Modellierung der Welt Mathematik Naturwissenschaften					
Ästhetisch-expressive Begegnung und Gestaltung Sprache/Literatur Musik/Malerei/Bildende Kunst Physische Expression					
Normativ-evaluative Auseinandersetzung mit Wirtschaft und Gesellschaft Geschichte Ökonomie Politik/Gesellschaft Recht					
Probleme konstitutiver Rationalität Religion Philosophie					

Abb. 2.1: Kanon von Inhalten und Formen der Weltzuwendung

Zu dieser Konzeption gibt es aber gewichtige Alternativen, die zu neuen Architekturen der Bildungspläne führen. Zwei werden im Folgenden besonders wichtig werden, wenn sie Antworten auf folgende Fragen suchen:

1. Muss man es vermeiden, Lehrpläne an der Tradition auszurichten? Geht es nicht vielmehr darum, sie auf die Interessen und Bedürfnisse der heranwachsenden Generation abzustimmen und zu erforschen, welchen zukünftigen Ansprüchen diese ausgesetzt sein wird, um auf dieser Grundlage zu einer Spezifikation der notwendigen Kompetenzen und Qualifikationen zu kommen?
2. Kann man Lehrpläne heute noch sinnvoll von den Inhalten her konstruieren? Geht es nicht vielmehr darum, Lernziele und Kompetenzen zu formulieren, für die eine *Vielzahl* möglicher Inhalte eingesetzt werden kann?

Diese beiden Fragen zusammen werden die folgende Diskussion leiten und ihre Brisanz aus einem alten deutschen Gegensatz gewinnen, dem zwischen der Bildung des Kulturmenschen oder der Bildung von Fachmenschen, wie es Max Weber formulieren würde.

2.1.3 Zukunft als Orientierungspunkt: Zukunftssicheres Wissen und die Bildung des Fachmenschen

Herkunft und Zukunft

War das Konzept des „gebildeten Menschen" an den geistigen *Traditionen* und kulturellen Schöpfungen der Vergangenheit orientiert, so sind die qualifikationsorientierten Zielbestimmungen auf die *Anforderungen einer zukünftigen Gesellschaft,* in der sich Schüler einmal bewähren müssen, ausgerichtet. Die „Bibliothek", die Bildungstheoretiker konsultieren mussten, bestand in historischen Werken und philosophisch-literarischen Dokumenten. Die „Bibliotheken" der qualifikationsorientierten Zielbestimmungen sind Diskurse und Dokumente zu Szenarien der zukünftigen gesellschaftlichen Entwicklung. Dabei kommen die Lebensbedingungen, die ein Gemeinwesen und ihre Mitglieder bewältigen müssen, auch klarer ins Blickfeld als in einer überzeitlichen Konzeption des gebildeten Menschen.

Diese Thematik kam erstmals in der zweiten Hälfte der 60er Jahre des 20. Jahrhunderts systematisch zum Durchbruch. In dieser Zeit können wir eine Revolution der Lehrplanentwicklung beobachten. Sie bestand in der Ausrichtung der Lehrpläne auf die *Zukunftsaufgaben* und auf die für die Lebensbewältigung notwendigen *Qualifikationen* (Robinsohn & Thomas, 1968). Diese Entwicklungsphase nahm damit vorweg, was heute im Mittelpunkt steht: die Zukunftsorientierung in der Konstruktion von Bildungsplänen. Die Frage, was braucht wer zur Lebensbewältigung, wird zu einem neuen Konstruktionsprinzip der jetzt „Curricula" genannten schulischen Drehbücher (Frey, 1975; Jackson, 1991; Robinsohn, 1975, 1972).

Qualifikationsorientierung

Die Inhaltsplanung sollte ferner auf den Erwerb *überprüfbarer* und für die Lebensbewältigung nützlicher Qualifikationen ausgerichtet werden. Was brauchen Personen im realen Leben? Welche Inhalte nützen der Lebensbewältigung unter modernen Existenzbedingungen? Diese auf die Individuen ausgerichteten utilitaristischen Fragestellungen wurden in den 60er und 70er Jahren ergänzt durch solche, die die gemeinschaftliche Lebensbewältigung im Auge haben. Was sind die qualifikatorischen Voraussetzungen, um im internationalen wirtschaftlichen Wettbewerb, der zunehmend vom Humankapital einer Gesellschaft bestimmt ist, zu bestehen?

Zusammen leiteten diese Fragen eine neue Phase der Inhalts- und Programmplanung in der Schule ein. Sie ging nicht mehr von kulturellen Traditionen aus, die in der Schule repräsentiert sein sollten, sondern von den Anforderungen, denen die junge Generation in ihrer Zukunft gegenüberstehen wird. Diese unterschiedlichen Ausgangspunkte trennten die bildungstheoretischen und die qualifikationstheoretischen Ansätze. Waren die einen an der Traditionskonstruktion und den Idealbildern menschlichen Seins ausgerichtet, so orientierten sich die anderen an der Zukunft und der Pragmatik der Lebensbewältigung.

In den 80er und in den 90er Jahren trat diese Konzeption wieder in den Hintergrund, um heute mit neuer Macht den Diskurs zu bestimmen. Wie die junge Generation durch Bildung und Ausbildung für die Zukunft bereit gemacht werden kann, bestimmt jetzt den Diskurs zur Gestaltung von schulischen Lernopportunitäten, zu dem hochrangige Expertisen erstellt werden (s. z.B. Becker, 1990; Bund-Länder-Kommission für Bildungsplanung und Forschungsförderung, 1989, 1996; Fend, 1989; Skilbeck, 1990).

Solche Expertisen werden von den bildungspolitisch Verantwortlichen benötigt und genutzt, wenn sie die Inhaltsplanung des kostspieligen schulischen Lernens der jungen Generation im öffentlichen Auftrag gestalten sollen. Im Lichte der Rekontextualisierungstheorie formuliert heißt dies, dass sie die gesellschaftlichen Problemlagen und deren Entwicklung analysieren, um diese in Lernprogramme umzusetzen. Die „Umwelten" für bildungspolitische Akteure, die im Bildungswesen rekontextualisiert werden, sind einmal die gesellschaftlichen Veränderungen und zum anderen die Leistungen der bestehenden Bildungssysteme. Die Kernfrage lautet konsequenterweise: *Wie verändern sich die gesellschaftlichen Existenzbedingungen in der Zukunft und leistet das bestehende Bildungssystem den nötigen Beitrag zur zukünftigen Existenzbewältigung auf gesellschaftlicher und individueller Ebene?* Wenn bei einer solchen Gegenüberstellung Diskrepanzen wahrgenommen werden, dann ist dies der Ausgangspunkt für Veränderungsbestrebungen im Bildungswesen.

Anforderungen an die Qualifikationsprofile in der modernen Industriegesellschaft

Um dies gestalterisch umzusetzen, ist eine möglichst zuverlässige Beobachtung der gesellschaftlichen Entwicklungen und des Bildungswesens erforderlich. Diese hat sich in den letzten Jahren auch hochgradig entwickelt, was sich nicht zuletzt in einem systematischen Monitoring niederschlägt, das relativ genaue Zustandsbeschreibungen des Bildungswesens und gesellschaftlicher Entwicklungstrends erlaubt (s. Konsortium Bildungsberichterstattung, 2006).

Viele Institute beschäftigen sich speziell mit Gegenwartsdiagnosen und Zukunftsprognosen (s. z.B. Delphi-Befragung 1996/1998, 1998) und entwerfen Zukunftsszenarien. Dabei hat sich in den letzten Jahren ein beachtlicher Konsens herausgebildet, dass ein tiefgreifender Strukturwandel zu beobachten ist, der die Frage aufwirft, ob die bestehenden gesellschaftlichen Instrumente der Problembewältigung, die sich im Laufe des 19. und 20. Jahrhunderts herausgebildet haben, geeignet sind, die Probleme im 21. Jahrhundert zu lösen. Diese Frage richtet sich auch an das Bildungswesen. Der gegenwärtige Strukturwandel wird erstaunlich übereinstimmend immer wieder mit den folgenden Stichworten angedeutet:

Zukunftsszenarien

- Globalisierung und die Grenzen der nationalstaatlichen Vergesellschaftungsformen,
- Wissensgesellschaft und Orientierungsprobleme,
- Mediengesellschaft und der Verlust der Gewissheiten der Alltagserfahrungen,
- Individualisierung und zerfallende Gemeinschaften,
- Technisierung und steigende Gefahren der Verselbständigung lebensbedrohender Technologien,
- Spezialisierung, Differenzierung und steigender Ganzheitsverlust,
- Verunsicherung der Familie und stabiler Intimräume.

Rekontextualisierung für das Bildungswesen

Wird die Frage der Bedeutung gesellschaftlicher Veränderungen für das Bildungswesen erörtert, dann stellen sich begreiflicherweise Fragen zur Rolle von Bildung für die gemeinsame Existenzbewältigung. Welche Kompetenzen, psychosozialen Ressourcen und Werthaltungen sind in welcher Qualität erforderlich, um die gemeinschaftlichen Lebensbedingungen, Frieden im Inneren und Konkurrenzfähigkeit nach außen, zu sichern?

Welche Qualifikationsprofile sind bei welchen und bei wie vielen Schülern notwendig, um das Beschäftigungssystem optimal anschlussfähig an technologische Entwicklungen zu machen?

Für die junge Generation konkretisieren sich die Fragen zu solchen der individuellen Lebensbewältigung: Zu welchen Wissensinhalten und Übungsmöglichkeiten für Kompetenzen sollten *alle* Mitglieder einer Gesellschaft Zugang haben? Wie kann sichergestellt werden, dass jedes Mitglied der Gesellschaft *sein* bestmögliches Qualifikationsprofil erreicht?

Der normative Diskurs

So zu fragen berührt den Kern der Gestaltung von modernen Bildungsplänen. Viele haben sich dazu geäußert und dabei auch im Auge gehabt, wie die junge Generation in Zukunft leben können soll und wie sie ihre Leben bewältigen kann.[12]

Was es braucht: Lesen, Fremdsprachen Mathematik Naturwissenschaften

Die nötigen Qualifikationen zur Lebensbewältigung durch die junge Generation, um als Gemeinwesen und als Individuum den Anforderungen sich rasch wandelnder Lebensbedingungen gewachsen zu sein, stehen hier zur Disposition. Als besonders dynamisch in Bezug auf Wissenszuwachs und Innovationspotential werden die Wissensgebiete Informationstechnik, Neue Technologien, Medien, Umwelt, Wirtschaft und Arbeitswelt eingeschätzt.

Dabei rücken *Lesefähigkeiten (literacy), Fremdsprachenkenntnisse, Naturwissenschaften (scientific literacy) und Mathematik (mathematical literacy) sowie Technik- und Informatikkenntnisse* in den Vordergrund, ergänzt durch fachübergreifende Kompetenzen wie Selbständigkeit, Lernbereitschaft, Kommunikationsfähigkeit und kritische Urteilsfähigkeit. Letztere werden häufig unter den Stichworten der „Selbstkompetenz" und der „Sozialkompetenz" zusammengefasst, neuerlich ergänzt um „Methodenkompetenz".

---

12 S. z.B. Ballauff, 1965; Bildungskommission, 1995; Dahrendorf & et al., 1995; Der Bundesminister für Bildung und Wissenschaft, 1984; Kommission „Zukunftsperspektiven", 1983; Landesinstitut für Schule und Weiterbildung, 1989; Schweizerische Konferenz der Kantonalen Erziehungsdirektoren, 1990; The Carnegie Forum on Education & Econ, 1986; The Holmes Group, 1990a, 1990b

Solche Diskurse um die Gestaltung des Bildungswesens angesichts sich rasch verändernder Lebensbedingungen in der Moderne sind heute fester Bestandteil der Wissenschaften, die die Reflexivität der Gesellschaft erhöhen wollen (s. bei Münch, 2002).

Reflexivität der Gesellschaft

Zukunftssichere Wissensgebiete

Zukunftsszenarien sind für die Schule so lange fruchtlos, so lange sie nicht in inhaltliche Programme übersetzt werden, die beschreiben, welches Wissen es in Zukunft braucht, welche Wissensgebieten in der zukunftssicheren Schule der Vorzug gegeben werden soll.

Wir können heute auf sozialwissenschaftliche Verfahren zurückgreifen, um den Diskurs über die für die zukünftige Existenzbewältigung notwendigen Wissensinhalte, die an die heranwachsende Generation vermittelt werden sollen, zu verobjektivieren. Zu diesen zählen u.a. Delphi-Studien, die auf anfangs offenen und dann zunehmend standardisierten Verfahren der Befragung von Experten beruhen. Charakteristisch ist die Mehrstufigkeit. Anfangs werden Experten in Diskussionen oder in Interviews nach ihren Einschätzungen befragt, z.B. nach der Bedeutsamkeit bestimmter Wissensbereiche für die Zukunft. Inhaltsanalysen der Aussagen von Expertisen dienen dann als Vorbereitung für die Formulierung von Fragen mit festen Antwortalternativen. Diese werden dann einem größeren Expertenkreis vorgelegt. So gelangt man zu einer Standardisierung der Einschätzungen und Wertungen. Mit diesem Verfahren verbindet sich die Erwartung, zu einem repräsentativen Überblick von Experteneinschätzungen zu gelangen, also zu einer Summa des Urteils der „Weisen". Dieses Verfahren hat schon in den 70er Jahren die Forschungsgruppe um Flechsig am Bildungsforschungszentrum der Universität Konstanz praktiziert (Flechsig & Haller, 1973, Garlichs, 1972; Haller, 1973; Harring, 1972). Beispielhaft wurde dies dort in Bezug auf die Elementarerziehung der Vier- bis Achtjährigen und für den Französischunterricht durchgespielt. Die Kernidee ist also alt, hat aber aus dem Rückblick gesehen, nicht reüssiert.

Delphi-Studien: der Rat der Experten

Die Delphi-Befragung von Prognos (Delphi-Befragung 1996/1998, 1998) geht methodisch ähnlich vor, legt die Fragestellung aber grundsätzlicher an, wenn sie die hochrangig zu bewertenden Wissensinhalte zu eruieren sucht. Sie geht von der These aus, dass die moderne Gesellschaft eine Wissensgesellschaft ist und ihr Funktionieren und ihre Weiterentwicklung vor allem vom kulturellen Kapital abhängen wird.

Strategisch bedeutsame Wissensfelder

Die Grundstruktur für das Spektrum der Wissensgebiete sieht dabei wie in Abb. 2.2 dargestellt aus.

Großfelder des Wissens	Zugehörige Disziplinen
Leben: Mensch, Tier, Pflanze, Lebensräume	Medizin, Biologie, Ökologie, Geographie, Agrarwissenschaft
Naturwissenschaftliche Voraussetzungen und Technik	Chemie, Physik, Geowissenschaften, Mathematik, Informatik, Technik
Sinnfindung, Weltdeutung, Geschichte und Kultur	Sprach- und Kulturwissenschaften, Philosophie, Theologie, Kunst
Mensch und soziales Zusammenleben	Psychologie, Pädagogik, Mikro-Soziologie, Kommunikationswissenschaft
Organisation der Gesellschaft: Politik-Recht-Wirtschaft	Makro-Soziologie, Politik, Wirtschaft, Recht

Abb. 2.2: Ordnungen des Wissens

In den „Großfeldern des Wissens" hat die Prognos-Studie nach künftigen Entwicklungen des Wissens gefragt, nach der Funktion von Wissen, nach interdisziplinären Verknüpfungen und nach der Bedeutung von Wissen für die Bildung des Menschen, für seine persönliche Lebensbewältigung, für die sozialen Verortungen und für die geistig-kulturelle Orientierung.

Dynamische Wissensentwicklungen

Die Prognos-Studie will jedoch noch mehr. Sie möchte eine Orientierung geben, in welchen Wissensbereichen mit einer beschleunigten Dynamik zu rechnen ist, so dass sich auch bevorzugte Felder für Forschungsinvestitionen ergeben. Arzneimittelforschung, Gentechnik, Umweltschutztechnik, Solartechnik, Molekularbiologie und Chemie, Informationstechnologie, biotechnische Anwendungen, Werkstofftechnologien, Logistik und Qualitätsmanagement sowie wirtschaftswissenschaftliche Forschung im Rahmen der Globalisierung, Management im privaten und öffentlichen Sektor rangieren dabei besonders hoch. Sie sind sechs Themenbereichen zuzuordnen:
- Informationstechnik und Medien,
- Neue Technologien,
- Medizin, menschlicher Körper,
- Umwelt, Umweltschutztechnik,
- Internationale Wirtschaft und Arbeitswelt,
- Gesellschaftlicher Wandel und Wissensmanagement.

Die ersten drei behandeln technisch-naturwissenschaftliche Fragen, die zweite Gruppe beschäftigte sich mit den gesellschaftlichen Rahmenbedingungen und Konsequenzen des wissenschaftlichen Fortschritts.

Allgemeinwissen

Die Delphi Studien fragen jedoch dankenswerterweise nicht nur nach der Bedeutung von Wissen für die Steigerung der technisch-wirtschaftlichen Leistungsfähigkeit, sondern auch nach der Relevanz des Wissens für die individuelle Bedürfnisbefriedigung im Sinne der persönlichen Lebensbewältigung, die soziale, kulturelle und ethische Orientierung und Verständigung, die politische Steuerung und die Anpassung von Normen und Standards sowie für das Erkennen elementarer Zusammenhänge im Sinne der Grundlagenforschung.

Wenn nach zukunftsträchtigem Wissen gefragt wird, dann stehen vor allem wirtschaftlich und technisch relevante Entwicklungen im Vordergrund. Sie sind für Investitionsplanungen in der Forschung sehr bedeutsam. Der Aspekt der Nützlichkeit überragt verständlicherweise andere Funktionen. Das Fachmenschentum überragt den Kulturmenschen.

Forschungsplanung

Für die schulische Lehrplanung ist ein weiterer Horizont als der der ökonomischen Nützlichkeit erforderlich, ohne die Bedeutung von Kompetenzen für die individuelle und gemeinschaftliche Existenzbewältigung gering zu achten. Die Bedeutung des schulisch vermittelten Wissens für die praktische Bewältigung des Alltags, für die Pflege sozialer Kontakte und die Positionierung in der Gesellschaft sowie für die geistig-kulturelle Orientierung ist nicht gering zu schätzen. Geschieht dies, dann kommen neue Kompetenzformulierungen zur Sprache, die im Folgenden näher betrachtet werden sollen.

Über den ökonomischen Nutzen hinaus

2.1.4 Was sollte die junge Generation können? Schlüsselkompetenzen als Orientierungspunkte für die Entwicklung von Bildungsplänen

Wenn man sich daran orientiert, welche Aufgaben der individuellen Lebensbewältigung und der gemeinsamen Existenzsicherung eines Gemeinwesens in der Zukunft zu erwarten sind, dann hat dies für die Inhaltsplanung schulischen Lernens heute viel diskutierte Konsequenzen. Dieses Denken führt zur professionellen Suche nach *Kompetenzen* im Sinne von Wissen und Können, das die junge Generation erwerben muss, um für die Zukunft gerüstet zu sein. Die Formulierung solcher Kompetenzen wurde in den letzten Jahren zu einem zentralen Gestaltungsprinzip der Lehrplanung und der Lernplanung.

Aufgabenanalyse und psychische Komponentenanalyse

Kompetenzdefinitionen beruhen auf einer Formulierung von Aufgaben und Anforderungen und den für ihre Bewältigung erforderlichen kognitiven und motivationalen Voraussetzungen. Beides ist also erforderlich: die *Aufgabenformulierung* und die Zuordnung von *mentalen* und *psychischen Komponenten ihrer Bewältigung*. Die Aufgabenformulierungen resultieren aus der Inhaltsanalyse eines Anforderunsprofils. Die Kompetenzen bezeichnen die psychischen Abbildungen dieser inhaltlichen Anforderungen, die nicht nur der „Inhaltslogik" folgen, sondern auch den Gesetzmäßigkeiten des Aufbaus der psychischen Komponenten und ihrer psychischen Aneignungsprozesse. Soll jemand z.B. ein Violinkonzert spielen, dann wird die Anforderung durch die Partitur vorgegeben. Sie zu kennen bedeutet aber noch nicht, die komplexen motorischen und kognitiven Kompetenzen zu haben, sie auf einer Violine zum Klingen zu bringen. Wie dieser „innere psychische Aufbau" aussieht und wie hohe Kompetenzen zu erwerben sind, ist traditionell eine Frage von langen historischen Erfahrungen, wie etwas geübt und trainiert werden kann. Wie Kompetenzen psychisch aufgebaut sind und erworben werden, könnte aber auch durch systematische wissenschaftliche Studien zum Kompetenzerwerb erforscht werden. Die Analyse von Kompetenzen ist somit ein komplexes wissenschaftliches Programm.

Was sind „Kompetenzen"?

Was hier am Beispiel des Violinspiels ausgeführt wurde, könnte auch auf die Gesamtheit der Anforderungen zur Lebensbewältigung ausgeweitet werden. Allerdings wäre dies mit einem hohen Aufwand verbunden.

Kompetenzen der Lebensbewältigung

Wenn bei einer solchen Ausweitung *Kompetenzen der Lebensbewältigung* vor Augen stehen, dann werden in der Regel die Kernanforderungen an produktives Überleben von Personen und Gesellschaften ins Auge gefasst. Um diese Reduktion auf breit einsetzbare Kompetenzen zu betonen, werden die Kernanforderungen als *Schlüsselkompetenzen* bezeichnet. Schlüsselkompetenzen haben dann drei Merkmale. Sie sind

- zentral für eine erfolgreiche Lebensbewältigung und das gute Funktionieren einer Gesellschaft,
- für ein großes Spektrum von Handlungskontexten und Wissensdomänen bedeutsam und
- sie sind für alle Personen potentiell wichtig.

Welche Kompetenzen erfüllen diese Kriterien? Ein Blick in die Literatur dazu macht schnell sichtbar, dass sie auf hohen Abstraktionsebenen beschrieben werden.

Kompetenzdarstellung auf der Ebene der Leitideen

Fachkompetenz
Sozialkompetenz
Selbstkompetenz

Seit mehreren Jahren hat sich eingebürgert, auf allgemeinster Ebene zu formulieren, dass die von der Schule zu vermittelnden Kompetenzen über die konkreten Fachkenntnisse und *Fachkompetenzen* hinaus ausgeweitet werden müssen auf die Förderung von *Selbstkompetenz* und *Sozialkompetenz*.[13] Die alte Aufgabe der Schule, zur *Persönlichkeitsentwicklung* beizutragen, wird damit auf eine moderne Weise formuliert.

Kernkompetenzen in Lehrplänen

Damit wird eine Entwicklung in der Formulierung von Aufgaben der Schule aufgenommen, die in vielen Lehrplänen bereits ihren Niederschlag gefunden hat, wie eine systematische Inhaltsanalyse der allgemeinen Leitziele zeigt (s. Grob & Maag Merki, 2001). In 21 Kantonen der Schweiz werden in den Lehrplänen folgende Leitziele für die Schule im Sinne des „Kompetenzaufbaus" genannt (Anzahl Nennungen in den Kantonen):

21 Eigenständigkeit
20 Handlungsfähigkeit
20 Toleranz, Wertschätzung
20 Gemeinschaftsfähigkeit
19 Lernkompetenz, Lernstrategien
19 Kooperation
19 Lernbereitschaft

---

13 Die Verwendung dieser Begriffe der Sozialkompetenz und der Selbstkompetenz ist nicht so neu, wie die derzeitige Diskussion nahelegt. Wir haben schon in den 70-er Jahren eine grosse Longitudinalstudie durchgeführt, die den Titel trug: „Die Entwicklung von Selbstkompetenz und Sozialkompetenz im Jugendalter". Die Verwendung des Kompetenzbegriffes war dabei nicht zufällig. Sie entsprang einer Auseinandersetzung mit der herkömmlichen Sozialisationsforschung, die sich vor allem mit der Internalisierung von Werten und Normen beschäftigt hat. In einem Aufsatz zur „kompetenztheoretischen Wende" (Fend, 1980) habe ich den Vorschlag gemacht, stärker auf die Kompetenzen einzugehen, die im Proß der Sozialisation erworben werden. Dies hat dann Bemühungen in Gang gesetzt, solche Kompetenzen zu messen, was zu Beginn der 70er Jahre des letzten Jahrhunderts ein innovatives und schwieriges Unterfangen war.

18 Selbstakzeptanz
18 Denken in Zusammenhängen
18 Dialogfähigkeit
18 Konfliktbewältigung
17 Religiöse und wertbezogene Grundhaltungen
18 Umweltkompetenz (Verantwortung gg. Umwelt)
17 Selbstreflexion
13 positiver Lebensbezug
12 respektvoller Umgang mit Vergangenheit
11 Gesundheitsverhalten
8 Regeln des Zusammenlebens in der Gesellschaft, politische Bildung
8 Leistung
4 Klassische Arbeitstugenden
3 Ambiguitätstoleranz, Spannung aushalten

Diese Reihenfolge ist durchaus erstaunlich. So werden klassische Arbeitstugenden (Fleiß, Zuverlässigkeit, Ordnung) nicht mehr hochrangig erwähnt. Der soziale und kulturelle Wandel, der im Hintergrund steht, käme wahrscheinlich zum Vorschein, wenn man vergleichen würde, wie sich allgemeine Leitziele vom Ende des 19. bis zum Ende des 20. Jahrhunderts entwickelt haben.[14]

Meine Hypothese wäre die, dass wir einen Wandel von Tugendkatalogen zu Kompetenzkatalogen feststellen könnten. Die Tugend-Vorläufer von fachübergreifenden-arbeitsbezogenen Kompetenzen wären wohl Fleiß, Ordnung, Zuverlässigkeit, Genauigkeit. Die Vorgänger von sozialen Kompetenzen könnten sein: Höflichkeit, Freundlichkeit, Gehorsam, Pflichtgefühl, Dienstbereitschaft, Anstand. Auch für die Selbstkompetenzen könnten solche ausgemacht werden, etwa: Bescheidenheit, Aufopferungsbereitschaft.

Von Tugendkatalogen zu Kompetenzkatalogen

Viele dieser Tugenden enthalten bis heute positive Botschaften, wenngleich nicht übersehen werden kann, dass auch die klassischen Tugenden ihre Missbrauchspotentiale hatten. Fleiß wurde nicht selten ausgenutzt in unmenschlichen Arbeitsanforderungen, Gehorsam zu Dienstbereitschaft auch problematischen Ansprüchen gegenüber umgeformt und Bescheidenheit als Grundlage für die Reduktion von Lebenschancen eingesetzt.

Der kulturelle Wandel, der sich im Übergang von Tugenden zu Kompetenzen spiegelt, betont besonders die Bedeutung des Individuums, seine je individuellen Fähigkeiten und Potentiale der Lebensbewältigung. Er macht Personen auch stärker für ein gelingendes Leben verantwortlich. Diesem positiven Grundmuster wollen wir uns auch hier nicht entziehen und der Spur nachgehen, wie heute versucht wird, die Kompetenzen der Lebensbewältigung zu beschreiben. Der obige Katalog war ein Anfang dazu. Läßt er sich verbessern? Kataloge eröffnen

---

14 Einen analogen Versuch gibt es zu Tugenden, die in Heiratsanzeigen im Verlauf des 20. Jahrhunderts genannt werden. Wie sich Personen im Zürcher „Tagesanzeiger" in diesem Jahrhundert als „heiratsfähig" vorgestellt haben, kommt darin eindrucksvoll zum Vorschein. Dabei ist auch ein Wandel von klassischen Tugenden wie Arbeitsamkeit, Verträglichkeit, Treue hin zu individuellen Vorzügen wie Empfindsamkeit, Erlebnisfähigkeit, Lebenspräferenzen (ein schönes Glas Rotwein bei romantischer Musik in einem südlichen Lokal trinken und dabei von Partnerschaft träumen), Freizeitinteressen, Musischem, Sport zum Vorschein (Buchmann & Eisner, 1997).

immer das Bedürfnis, ihre Kernkonzepte zu reflektieren und noch eine grundlegendere Ordnung zu suchen.

Sortierung nach Handlungsfeldern

Kann man dies auch im oben beschriebenen Beispiel der Leitziele in Lehrplänen tun? Es gibt dazu viele Versuche. Hilfreich ist jener, der davon ausgeht, Kompetenzen nach den Aufgaben und Handlungsfeldern zu sortieren, in denen sich Menschen bewähren müssen. Sie müssen sich in unserer Gesellschaft in *Leistungssituationen* behaupten, in *sozialen Anforderungen* bestehen und *sich selber gegenüber* ein vernünftiges Verhältnis entwickeln. Somit kommen wieder die verschiedenen Kompetenzbereiche ins Spiel: Sachkompetenz, Sozialkompetenz und Selbstkompetenz.

Kompetenzen in den Delphi-Studien

An diese Gliederung nach Handlungsfeldern schließt sich auch die Delphi-Studie an (Delphi-Befragung 1996/1998, 1998), wenn sie – die originär pädagogischen Diskussionen nutzend – die folgenden Kompetenzfelder zusammenstellt:

- Instrumentelle/methodische Kompetenz im Sinne allgemeiner Grundlagen und Kulturtechniken (Fremdsprachen, Lesen) und im Umgang mit Informationstechniken;
- Personale Kompetenz im Sinne persönlichen Erfahrungswissens (Selbstbewußtsein, Handlungskompetenz, Umgang mit Gefühlen, soziale Zugehörigkeit, Umgang mit dem Tod) und persönlicher Fähigkeiten im Umgang mit Wissen (Neugier, Offenheit, kritische Auseinandersetzung, Reflexionsfähigkeit);
- Soziale Kompetenz im Sinne kommunikativer Kompetenzen (sprachliche Ausdrucksfähigkeit, Teamfähigkeit, Partnerschaft, soziale Beziehungen) und sozialer Orientierungsfähigkeit (Toleranz, Verantwortungsbereitschaft, Solidarität, prosoziales Verhalten);
- Inhaltliches Basiswissen im Sinne von Wissen über die aktuellen Probleme (Ökologie, europäische Integration, weltweite Abhängigkeiten) und inhaltliche Grundlagen der Alltagsbewältigung (Alltagswissen über Geld, Wirtschaft, Erziehung, Grundlagen aus Pädagogik, Geschichte, Literatur, Philosophie, Technik, Biologie...).

OECD-Definitionen von Schlüsselkompetenzen

Welche Bedeutung können diese Kompetenzbeschreibungen für die inhaltliche Programmplanung und die Programmsteuerung des Bildungswesens haben? Bevor auf diese Frage eingegangen wird, sei auf die zur Zeit sorgfältigste Arbeit zur Konzeption von Kompetenzen der Lebensbewältigung hingewiesen: auf die Vorschläge der Arbeitsgruppe „Definition and Selection of Competencies" (Rychen & Salganik, 2001, 2003; Weinert, 2001), die zur Grundlage für die OECD werden sollen, um Bildungssysteme an fachübergreifenden Wirkungen zu messen.

Cross-curricular competencies

Die Arbeitsgruppe hat sich intensiv damit beschäftigt, was man unter „Kompetenzen" verstehen könnte. Sie lehnte sich dabei an die Definition von Weinert (2001) an, der mehrere Wissensquellen für notwendig hält, um sie beschreibbar zu machen. Am Beispiel der Schlüsselkompetenz zum lebenslangen Lernen wird dies deutlich.

1. Kompetenzen unterstellen implizit unterschiedlich gute Bewältigungsformen von Aufgaben und folglich ein *normatives Konzept* des „Besseren" bzw. des

„Defizitären". Was besser und was schlechter ist, kann in verschiedenen Kulturen sehr unterschiedlich gesehen werden. Damit ist auch eingeschlossen, dass es darüber Kontroversen geben kann, die in den in Demokratien vorgesehenen Kontexten diskursiv ausgetragen werden müssen. Die normative Wertung von „lebenslangem Lernen" erscheint einfach und konsensfähig. Eine Gesellschaft ist mit einer hoch mobilen und lernwilligen Bevölkerung besser für unvorhergesehene Anforderungen gerüstet als mit einer am Herkömmlichen hängenden „workforce". Dennoch wäre auch hier zu diskutieren, welches Maß an permanenter Entwertung von Qualifikationen wünschenswert und tolerabel ist und welche Kontinuitäten und Identitäten für die psychische Stabilisierung einer Bevölkerung unerlässlich sind.

2. Kompetenzdefinitionen setzen Analysen der *Anforderungen* voraus, die bewältigt werden sollen. Die *Aufgabenanalyse* macht die Details der Bewältigung sichtbar. Dazu können z.B. Informatikkenntnisse und Fremdsprachenkompetenzen zählen. Der technologische Wandel führt dazu, dass sich die konkreten Anforderungen immer wieder verändern, und der Welthandel trägt seinerseits dazu bei, die Bedeutung von Sprachen zu erweitern (s. z.B. die Bedeutung des Chinesischen oder des Arabischen).

3. Der entscheidende Schritt ist nun der zur Beschreibung von *Kompetenzen*. Die einfachste Lösung ist die, der Anforderung sprachlich eine „Kompetenz" zuzuordnen, bei unserem Beispiel der Notwendigkeit zu lebenslangem Lernen die Weiterbildungskompetenz oder allgemeiner die Beschäftigungsfähigkeit („employability"). Es liegt auf der Hand, dass damit die Aufgaben erst anfangen. Einer so allgemeinen Anforderung liegt nämlich keine in sich undifferenzierte Kompetenz zugrunde, sondern eine *komplexe Struktur von mentalen* und *motivationalen Prozessen,* die in ihrem optimalen Zusammenwirken eine mehr oder weniger ausgeprägte Bereitschaft und Fähigkeit zu selbständiger Organisation von Lernprozessen nach abgeschlossenen Phasen der Ausbildung zur Folge haben. Welche dies sind, kann nicht normativ abgeleitet werden, sondern bedarf der empirischen psychologischen Forschung. Dazu könnten z.B. analytische Fähigkeiten zur selbständigen Bearbeitung von Problemfeldern gehören, emotional gestützte Bereitschaften zum Lernen und ein Zutrauen in die eigenen Fähigkeiten, etwas zu schaffen. Teil dieser Weiterbildungsbereitschaft könnte auch eine Fähigkeit sein, Lernprozesse gezielt zu organisieren, also die metakognitiven Fähigkeiten, über die eigenen Lernprozesse Bescheid zu wissen und über die eigenen Mittel strategisch verfügen zu können. Schließlich würde die Lernbereitschaft motivationale Prozesse einschließen, in denen Lernen eine positive Valenz besitzt und damit frei von stabilen Aversionen ist. Neben diesen motivationalen Prozessen wäre zu fragen, welche kognitiven Strukturen und Techniken in einem Fachgebiet erforderlich sind, um einen *Transfer auf verwandte Gebiete* erfolgreich zu organisieren, welche Bedeutung also grundlegende berufliche Fähigkeiten haben. Auch die Rolle kognitiver Komplexität und geistiger Flexibilität, um Wandel und Ambiguität der sozialen Wirklichkeit zu erfassen und auf sie produktiv zu reagieren, gilt es zu prüfen, wenn die *in sich hochgradig differenzierte* Kompetenz der *zukunftsfesten Beschäftigungsfähigkeit* konkretisiert werden soll.

Orientierung an Anforderungen und am „guten Leben"

Dieses Beispiel macht die Komplexität der Definition von Kompetenzen sichtbar. Die Forderung nach einer Beschäftigungsfähigkeit oder einer Weiterbildungskompetenz verweist lediglich auf einen Zielbereich der Ausbildung durch das Bildungswesen. Sie unterscheidet sich von herkömmlichen Bildungszielen durch die *Anbindung des Zieles an die Analyse einer gesellschaftlichen Entwicklung*. Daraus werden dann Anforderungen an die heranwachsende Generation abgeleitet. Das Bildungswesen wird dann zum „Mittel", um diese Ziele zu erreichen.

Produktive Lebensbewältigung

Was braucht es nun, um das Leben in der Moderne gut zu meistern? Die DeSeCo[15]-Gruppe hat sich im Bewusstsein der normativen Implikationen dieser Frage gestellt und ein diskussionswürdiges Konzept erstellt. Zu einem produktiven individuellen Leben gehören danach

- Leistungen, auf die jemand stolz sein kann (*accomplishments*),
- ein produktives Verhältnis zu sich selbst im Sinne von *Selbstreflexivität* und *Selbstakzeptanz*,
- *Lebensfreude*,
- eigene *Ziele* und
- sichere *soziale Bindungen*.

Reflexivität

Über Lebensbereiche hinweg erweist sich nach den Experten der DeSeCo (Rychen & Salganik, 2001) *Reflexivität* im Sinne kognitiver Kompetenzen als wichtigste Voraussetzung für die produktive Lebensbewältigung. Die zunehmende Komplexität der Lebensverhältnisse erfordert Analysefähigkeit und Sensitivität. Auf dieser Grundlage erhöht sich die Chance, dass Menschen die *konkreten* Fähigkeiten aufbauen, um mit Problemen zurecht zu kommen. Kegan akzentuiert diese Reflexivität durch ihre Verankerung im Selbst, wenn er die zentrale Voraussetzung für gutes Bestehen in der Moderne mit dem Konzept des *„self-authoring mind"* charakterisiert (s. in Kegan, 1994; Rychen & Salganik, 2001). Darunter versteht er die im kognitiven Entwicklungsprozeß auf einer späten Stufe mögliche Fähigkeit, sich von der bloßen Orientierung an den von außen gestellten Anforderungen frei zu machen und sich selbst als „Autor" des Lebensganges und der Lebensführung zu verstehen, sich als *Ursprung und Ort des Lebensskriptes* zu empfinden. Sie eröffnet auch die Bereitschaft und Fähigkeit, *Verantwortung zu übernehmen* und gestaltend in die Welt einzugreifen.

Umgang mit der inneren Umwelt

Wenn in diesem Zusammenhang von Selbstkompetenz gesprochen wird, dann wird mehr oder weniger explizit mitgedacht, dass jede Orientierung in der Welt abhängig ist von der inneren Organisation der Denk- und Wahrnehmungsfähigkeit und auch vom Umgang mit eigenen Emotionen. Selbstkompetenz impliziert also auch einen kompetenten Umgang mit der inneren Umwelt des Menschen, mit seinen Bedürfnissen, Ängsten und Freuden.

Bewährungsfelder

Diese Haltung muss sich angesichts einer komplexen sozialen Welt bewähren, in der viele Felder von Erwartungen und Handlungsalternativen koordiniert, in der die vielfältigen sozialen Felder navigiert und Divergenzen und Ambivalenzen flexibel verhandelt sein wollen.

Die zentralen Schlüsselqualifikationen

In diesem *handlungsorientierten* Ansatz, der immer den Blick auf die *Anforderungen* richtet und der im optimalen Fall von hoch komplexen mentalen und

---

15 Abkürzung für: Definition and Selection of Competencies

emotionalen Strukturen gespeist wird, geht es nicht nur darum, zu handeln, Instrumente klug einzusetzen und mit anderen zu interagieren. Die Standards dieser Schlüsselkompetenzen verlangen zusätzlich, dass Individuen autonom handeln, dass sie Instrumente interaktiv einsetzen und sich in heterogenen sozialen Kontexten bewegen können. Auf diesem Hintergrund ergeben sich die für die OECD vorgeschlagenen drei Bereiche von Schlüsselqualifikationen:

1. Kompetenzen, autonom bzw. selbstständig handeln zu können im Sinne der Fähigkeit *(Acting autonomously)*
   - die eigenen Rechte und Interessen, Verantwortlichkeiten, Grenzen und Bedürfnisse zu verteidigen und zu behaupten,
   - Lebenspläne zu formen und als eigene Projekte auszuführen,
   - das eigene Handeln in größere Zusammenhänge einzuordnen, es zu verstehen und im Rahmen von alternativen Möglichkeiten zu beurteilen.
2. Kompetenzen, Instrumente im Sinne von Werkzeugen (tools) interaktiv einsetzen zu können. Diese Fähigkeiten umfassen wiederum mehrere Teilkomponenten, unter anderem die *(Using tools interactively)*
   - Fähigkeit, Sprache, Symbole und Texte interaktiv einzusetzen, etwa im Sinne von Lesefähigkeiten und Fremdsprachenkenntnissen,
   - Fähigkeit, Wissen interaktiv zu nutzen, wobei Wissensbereiche wie „scientific literacy" zentral sind, aber instrumentell auf soziale Kontexte bezogen werden,
   - Fähigkeiten, Informations- und Kommunikationstechnologien in Zusammenarbeit mit anderen effektiv zu nutzen.
3. Der dritte Kompetenzbereich bezieht sich auf die Interaktion mit anderen und die Fähigkeiten, sich Gruppen zuzugesellen und in sozial heterogenen Gruppen zu funktionieren. *(Joining and functioning in socially heterogeneous groups)*

Diese Kompetenzen ermöglichen es, soziale Bindungen einzugehen und stabil zu halten und so die soziale Kohäsion zu stärken. Sie beinhalten soziale Netzwerke, Partnerschaften aber auch Solidaritäten und Kooperationen. Fairness und Verantwortungsübernahme sind die Voraussetzungen, um in Gruppen leben zu können. Impliziert sind hier also angesprochen
- Fähigkeiten, sich auf andere gut zu beziehen,
- Fähigkeiten der Kooperation,
- Fähigkeiten Konflikte zu managen und auszuhandeln.

Alle Teilkomponenten gipfeln in einer bereichsübergreifenden Kompetenz, die alle zukünftigen und noch nicht vorhersehbaren Situationen meistern helfen soll: die *Fähigkeit zu lebenslangem Lernen* (UNESCO, 1996). *(Endziel: Lebenslanges Lernen)*

Die Bedeutung von Kompetenzbeschreibungen für die Lehrplankonstruktion

Es ist noch ein langer Weg zurückzulegen, bis die obigen abstrakten Kompetenzziele für die schulischen Bildungsgänge „klein gearbeitet" sind. Ist ein solches Unterfangen überhaupt aussichtsreich? Ein Beispiel, jenes aus dem Lehrplan des Kanton Glarus, stimmt optimistisch, dass dies gelingen könnte. Er präzisiert *Selbstkompetenz* im Sinne von personaler Kompetenzentwicklung im Raum der Volksschule z.B. so:

Komponenten der Selbstkompetenz	**Eigenverantwortung**[16] - **Konzentriert arbeiten, sich nicht ablenken lassen** - **Nachfragen und bei Bedarf Hilfe holen** - **Dem Material in der Schule Sorge tragen** - Selbständig korrigieren - Verbesserungen sorgfältig ausführen **Selbständigkeit** - **Arbeiten selbständig durchführen** - **Passende Lern-/Arbeitstechniken anwenden** - **Ordnung halten** - Das eigene Material geschickt organisieren - Informationen beschaffen/nachschlagen können - Verschiedene Lern- und Arbeitstechniken kennen - Zeit geschickt einteilen **Selbstbewußtsein** - **Eigene Stärken/Schwächen/Interessen kennen lernen** - **Lernprozesse und das eigene Handeln reflektieren** - Entscheidungen treffen, angehen und durchziehen können - Offen und ehrlich zur eigenen Meinung stehen - Eigene Belastbarkeit kennen lernen
Komponenten der Sozialkompetenz	Sozialkompetenz (Gemeinschaftsbildung) wird kreativ in folgende Teilkompetenzen gestuft: **Solidarität** - **Rücksicht nehmen** - Andersartigkeit akzeptieren und integrieren - Andere bestärken - Wirksam helfen, sich gegenseitig unterstützen - Mehrheitsentscheide akzeptieren/zurückstehen können **Kommunikationsfähigkeit** - **Gesprächsregeln einhalten** - Zuhören können - Meinungen anderer akzeptieren und stehen lassen können - Andere wahrnehmen und auf sie eingehen können **Konfliktbewältigung** - **Kritik konstruktiv vortragen können** - **Sich für faire Lösungen einsetzen** - Kritik anderer entgegennehmen und reflektieren - Um Verzeihung bitten und verzeihen können - Bedrohung erkennen und darauf reagieren können

---

16 Fettdruck = Kernziele, sonst Basisziele

Zusammenarbeit
- **Sich in die Gemeinschaft einbringen**
- **Regeln und Absprachen einhalten**
- Sich aktiv für ein gemeinsames Ziel einsetzen
- Entscheidungen und Absprachen einhalten

Das Attraktive an diesen Formulierungen ist, dass globale Ziele in einfache, nachvollziehbare Fähigkeiten gegliedert werden. Dies wäre auch bei „civic competencies" im Sinne der politischen Teilhabe und Verantwortungsübernahme möglich, wie auch bei der Fähigkeit, sich in sozial heterogenen Gruppen zu bewegen.

Unübersehbar ermöglichen diese Konzepte, die genauer beschreiben möchten, auf welche Fähigkeiten und Kenntnisse der Bildungsprozess ausgerichtet sein soll, eine neue Ordnung des Wissens und eine neue Übersichtlichkeit. Kompetenzen verbinden zudem Anforderungen und Bewältigungsformen in anschaulicher Weise. Sind auf diesem Hintergrund die alten Lehrpläne hinfällig? Sind sie hoffnungslos an der Vergangenheit orientiert und an Werten, die aus dieser Vergangenheit stammen? Liegt auch die Zukunft der Lehrpläne in der Ausrichtung auf die Zukunft?

Keine Zukunft ohne Herkunft

Diese Frage wird uns hier noch beschäftigen. Vorab ist es mir wichtig, ein paar Bedenken anzumelden.

Auch in den kompetenztheoretischen Lehrplänen sind Inhalte des Lehrens wichtig. Diese Inhalte sind jedoch nur insofern bedeutsam, als sie helfen, die angestrebten Kompetenzen zu fördern. Wenn dem so ist, dann stellt sich die Frage, ob Inhalte nur über ihren Nutzen in Lehrplänen legitimierbar sind. Die „alten Lehrpläne" waren noch von der Vorstellung inspiriert, dass es kulturelle Erfahrungsformen gibt, die schlicht für ein erfülltes Leben eine *Bereicherung* darstellen. So sind künstlerische Betätigungen, Erlebnisse mit Literatur, Begegnungen mit der eigenen oder mit einer fremden Kultur für die pragmatische Existenzbewältigung möglicherweise nutzlos. Kulturelle Inhalte können aber einen *inneren* Wert haben, so dass eine utilitaristische Begründung im Sinne der Zukunftsrelevanz die Existenz des Menschen auf die äußere Lebensbewältigung reduziert.

Utilitaristische Einstellung zu Inhalten

Eine intrinsische Begründung von Inhalten ist auch deshalb wichtig, weil wir nicht zuverlässig wissen können, welche Kompetenzen wir zukünftig brauchen werden. Die Konstruktion von Lehrplänen kann zwar von Hypothesen und Wertentscheidungen zu zukunftsrelevanten Kompetenzen profitieren, aber nicht allein davon geleitet sein (s. auch Bildungskommission der Heinrich-Böll-Stiftung, 2003).

Intrinsische Bedeutung von Inhalten

So wird es wieder wichtig, die Verbindung zu den klassischen Formen der Inhaltssteuerung zu suchen. Die stärker an den geistesgeschichtlichen Traditionen orientierten Bildungszielformulierungen wollten *Grunderfahrungen* vermitteln, die als Gestaltungsprinzipien für die Zukunft im Sinne der Bewahrung der besten kulturellen Ressourcen eine große Bedeutung haben können. Woher sollen die „Problemlösungen" kommen, wenn nicht aus dem Schatz der kulturellen Traditionen?

Zurück zu Inhalten und Werten?

Die Begegnung mit Inhalten sollte die *Kernideen* der *okzidentalen Traditionen erfahrbar* machen und *Wertverpflichtungen* aufbauen helfen. Sie gehen

Bildungsziele und Kompetenzen

67

über nützliche Kompetenzen der Lebensbewältigung hinaus und umfassen *grundlegende Modalitäten des Menschseins*. Einige Stichworte können die Selbstverständlichkeiten unserer kulturellen Herkünfte sichtbar machen:
- Der okzidentalen Tradition entspricht ein *rationaler Zugang zur natürlichen Welt*, der das Geschehen in dieser Welt auf Gesetze und nicht auf magische Interventionen zurückführt. Damit wird die Einübung in die Wissenschaft zur Kernkompetenz.
- Die Rationalität der Regulierung zwischenmenschlicher Verhältnisse ist die der *Vernunft* und *Argumentation*, wie sie Habermas (1981) in der Theorie des kommunikativen Handelns eindrucksvoll entfaltet hat. In ihrem Gefolge wird Vernunft eine Kernorientierung der Gestaltung auch des zukünftigen Lebens.
- Auf der *zwischenmenschlichen* Ebene erhält sie die Gestalt der Solidarität und Hilfsbereitschaft, auf der *institutionellen* die der Rechtmäßigkeit des Handelns, der Orientierung an Recht und Gerechtigkeit. Einübung in Haltungen der Solidarität und der Universalität gültiger Rechtsgrundlagen wird hier zur Kernkompetenz.
- Die Rationalität der Orientierung gegenüber sich selbst ist die der disziplinierten, methodischen Lebensführung, der *kontrollierten und verantwortlichen Handlungsregulierung*. Sie beinhaltet das Recht und die Pflicht zur Selbstverantwortung in moralischer und intellektueller Hinsicht. Selbstverantwortung und Mündigkeit treten hier als „Kernkompetenzen" in den Mittelpunkt.

Erst in einem solchen Werterahmen (s. die Formulierung des Rationalitätsprinzips, des Sozialprinzips und des personalen Prinzips in Fend, 1988) machen die konkreten Orientierungen an Kompetenzen Sinn. Fordert die Einteilung in Selbst-, Sozial- und Sachkompetenz lediglich, dass man in den implizierten Handlungsbereichen kompetent im Sinne von effektiv handlungsfähig sein soll, so verweisen die obigen Wertverpflichtungen auf die Lösungen, die uns wichtig sind und die in der Begegnung mit der Herkunft unserer Kultur erfahrbar werden.

2.1.5 Bildungsstandards als Konstruktionsprinzipien von Lehrplänen und ihr Steuerungspotential

Ein neuer Hoffnungsträger: Bildungsstandards

Wir erleben in den letzten Jahren eine intensive Debatte dazu, wie man über eine neue Gestaltung von inhaltlichen Vorplanungen die Qualität im Bildungswesen steuern könnte. An ihr werden auch die zukünftigen Lehrergenerationen nicht vorbei kommen. Das Zauberwort, um das sich alles dreht, heißt „Bildungsstandards". Die Hoffnungen, die damit verbunden werden, sind ebenso groß wie die finanziellen Investitionen. So läuft in der Schweiz das große Projekt der Harmonisierung von Bildungsstandards der Kantone (HarmoS – http://www.edk.ch/d/EDK/Geschaefte/framesets/mainHarmoS_d.html). In Deutschland ist ein eigenes Institut in Berlin gegründet worden, das dem Anliegen gewidmet ist, Bildungsstandards und Tests zu entwickeln (Institut zur Qualitätsentwicklung im Bildungswesen IQB – http://www.iqb.hu-berlin.de/).

Was ist der Hintergrund?

Im Anschluss an die TIMSS-Studien (Baumert, Bos, & Lehmann, 2000a, 2000b; Baumert, Bos, & Watermann, 1998; Baumert & Lehmann, 1997) und an die PISA-Studien (Baumert, 2002), die dem deutschen Bildungswesen einen schlechten Leistungsausweis präsentierten, artikulierte sich der Verdacht, dieses Bildungswesen „dümple" vor sich hin, ohne genau zu wissen, wie gut es ist und welche Standards es in welchen Fächern bei welchen Schülern zu welchen Zeiten erreichen soll. Es „lehrt" nur, ohne sich der Frage zu stellen, welcher „Output" damit verbunden ist, was also tatsächlich erreicht wird. Wenn man dies ändern will, dann liegt es nahe, in einem ersten Schritt zu präzisieren, was die Leistungsziele in welchen Fächern und Schuljahren sein müßten. *(Leistungsdefizite im deutschen Bildungswesen)*

So hat sich als Kernstrategie, um das Leistungsniveau zu steigern, die Entwicklung von Bildungsstandards herauskristallisiert. In der programmatischen Schrift dazu heißt es: „Nationale Bildungsstandards formulieren verbindliche Anforderungen an das Lehren und Lernen in der Schule. Sie stellen damit innerhalb der Gesamtheit der Anstrengungen zur Sicherung und Steigerung der Qualität schulischer Arbeit ein zentrales Gelenkstück dar. Bildungsstandards benennen präzise, verständlich und fokussiert die wesentlichen Ziele der pädagogischen Arbeit, ausgedrückt als erwünschte Lernergebnisse der Schülerinnen und Schüler. Damit konkretisieren sie den Bildungsauftrag, den Schulen zu erfüllen habe ... Bildungsstandards greifen allgemeine Bildungsziele auf. Die Bildungsstandards legen fest, welche Kompetenzen die Kinder oder Jugendlichen bis zu einer bestimmten Jahrgangsstufe mindestens erworben haben sollen. Die Kompetenzen werden so konkret beschrieben, dass sie in Aufgabenstellungen umgesetzt und prinzipiell mit Hilfe von Testverfahren erfasst werden können. Der Darstellung von Kompetenzen, die innerhalb eines Lernbereiches oder Faches aufgebaut werden, ihrer Teildimensionen und Niveaustufen, kommt in diesem Konzept ein entscheidender Platz zu. Kompetenzmodelle konkretisieren Inhalte und Stufen der allgemeinen Bildung. Sie formulieren damit eine pragmatische Antwort auf die Konstruktions- und Legitimationsprobleme traditioneller Bildungs- und Lehrplandebatten. (Bulmahn, Wolff, & Klieme, 2003, S. 1)." *(Präzisierung der Ziele als Bildungsstandards)*

Trotz dieser klaren Aussagen bestehen bis heute Unsicherheiten darüber, was mit „Bildungsstandards" eigentlich gemeint ist. Wir kennen, wenn wir die Programmplanung für das Bildungswesen im Detail betrachten, bisher Bemühungen um einen Inhaltskanon, Konzepte, um die angestrebten Qualifikationen zu beschreiben; wir haben Vergangenheits- und Zukunftsdiskurse angetroffen, um diese Ziele zu präzisieren. Insbesondere die Zielorientierung, die Beschreibung von Lernzielen könnte man als Annäherung an das verstehen, was mit Bildungsstandards gemeint sein könnte. *(Was sind „Standards"?)*

Um hier Sicherheit zu erlangen und konkret zu sehen, ob Lehrpläne, die an Lernzielen orientiert sind, sich von solchen unterscheiden, die sich an Bildungsstandards ausrichten, sind in der Abb. 2.3 vier Lehrpläne (bzw. ein Referenzrahmen für Bildungsstandards) einander gegenüber gestellt. Die ersten beiden beanspruchen, Bildungsstandards festzulegen, die zwei folgenden geben vor, lernzielorientierte Curricula zu sein. Immer geht es dabei um das Fach Englisch. Die Lernzielorientierungen stammen aus den Schweizer Kantonen Zürich und Glarus. Als Beispiele für standardorientierte Beschreibungen von Kompetenzen werden die Lehrpläne von Baden-Württemberg bzw. Beschreibungen aus dem *(Bildungsstandards gleich Lernziele?)*

Referenzrahmen Fremdsprachen des Europarates herangezogen. Zielformulierungen zu „interkultureller" und „methodischer Kompetenz" werden in Abb. 2.3 nicht erwähnt.

Was die Schüler können	Lernziele und Bildungsstandards: Beispiel Englisch – mittlerer Abschluss			
	BILDUNGS-STANDARDS Bildungsplan 2004 Baden-Württemberg	**BILDUNGS-STANDARDS BRD (4.7.2003)** (Referenzrahmen des Europarates) Wie Baden-Württemberg (Ausnahmen aufgeführt)	**LERNZIEL-ORIENTIERTER Lehrplan Zürich**	**LERNZIEL-ORIENTIERTER Lehrplan Glarus**
1. Kommunikative Fertigkeiten				
– Hör- und Hör-/Sehverstehen	Anweisungen, Mitteilungen und Erklärungen verstehen, die deutlich und in Standardsprache geäußert werden	Sich in der Fremdsprache verständigen sowie sich in Alltagssituationen über lebenspraktische Angelegenheiten verständigen Hauptpunkten von längeren Gesprächen folgen Vorträge verstehen, wenn die Thematik vertraut ist	Englisch Sprechende im Rahmen des bekannten Wort- und Formenschatzes in vertrauten Situationen verstehen	Englisch Sprechende (Standard-Englisch) in vertrauten Situationen verstehen Entsprechende Texte in verschiedenen Medien verstehen
– Sprechen	Informationen austauschen, prüfen und bestätigen Eine vorbereitete Präsentation zu einem vertrauten Thema vortragen	An Gesprächen teilnehmen Zusammenhängendes Sprechen	Sich in fiktiven und authentischen Grundsituationen verständigen Einfache Gespräche führen, Fragen stellen und beantworten	Eigene Meinung, Absichten und Erlebnisse ausdrücken Aussprache und Intonation richtig anwenden können Fragen stellen und beantworten oder Nichtverstehen signalisieren können
– Leseverstehen	In komplexeren Texten wichtige Einzelinformationen auffinden	Sachtexte lesen		Verständnislücken mit verschiedenen Mitteln schliessen können Einfache und unbekannte Texte verständlich vorlesen können
– Schreiben	Persönliche und einfache formelle Briefe adressatengerecht verfassen	Sprachmittelung Die Schüler können sich auf eine angebotene Stelle bewerben	Grundwortschatz annähernd fehlerfrei abschreiben oder schreiben Einen Handlungsablauf festhalten	Texte mit geeigneten Hilfsmitteln orthographisch richtig verfassen und überarbeiten können

2. Beherrschung sprachlicher Mittel				
– Phonologische Kompetenz	Normengerechte Aussprache		Auf gute Aussprache, Sprachmelodie, Intonation und Rhythmus achten	
– Lexikalische Kompetenz	Angemessener Wortschatz und idiomatische Wendungen		Grundwortschatz mit häufigst gebrauchten Strukturen erwerben	
– Grammatische Kompetenz	Dauer/Wiederholung von Sachverhalten und Handlungen ausdrücken	Für die Verständigung wichtige Regeln der Schriftsprache umsetzen	Sprachbetrachtung Grammatische Formen, Begriffe und Strukturen erkennen, benennen und bilden	

Abb. 2.3: Lernziele und Bildungsstandards

Wie die vergleichende Analyse von klassischen Lernzielformulierungen und Beschreibungen von Bildungsstandards im Sinne zu erwerbender Kompetenzen zeigt (s. Abb. 2.3), bestehen zwischen ihnen keine qualitativen Unterschiede. Die Orientierung auf die zu erreichenden Ergebnisse ist beiden gemeinsam, ob man sie nun Ziele oder Standards nennt. Die neuen Standardbeschreibungen sind je nach Lehrplan genauer und die Zielkompetenzen nach einem Ausbildungsgang werden graduell präziser beschrieben.

Ein erster Vergleich von Lernziel-Lehrplänen mit Bildungsstandard-Lehrplänen ist somit eher enttäuschend: Bildungsstandards scheinen nichts anders zu sein als geringfügige Modifikationen von alten Lernzielkatalogen.

Ziele unverzichtbar

Vorab sei in Verteidigung der Lernziele und Bildungsstandards schon betont, dass Zielperspektiven für ganze Lehrgänge bis zu einzelnen Unterrichtsstunden wichtige Komponenten der Planung von Lernprozessen sind. Wissen darüber, wohin man möchte, was schließlich das Ergebnis des Lernens sein soll, ist für eine rationale Lehrplanung unverzichtbar.

Ist damit die Vorstellung, man könnte durch Bildungsstandards eine neue Stufe der Lehrplanung und der Qualitätssicherung erreichen, eine Schimäre?

Von Zielen zu Standards

Wenn man bei den geschilderten Kompetenzbeschreibungen stehen bleiben würde, müsste man dies bejahen. Für die Steuerungskraft der neuen Lehrpläne sind Folgeschritte entscheidend.

1. Bildungsstandards sind dann eine produktive Weiterentwicklung von Lernzielformulierungen, wenn sie konzeptionell begründet sind, also die zu erreichenden Ziele in ein theoretisches Konzept der Kompetenz einbinden, das diesen Zielen zugrunde liegt. Dazu gehört eine genaue Analyse der Kernideen eines Faches und der Überführung dieser Ideen in ein verzweigtes aber konsistentes System von Teilkompetenzen. Die OECD hat dies im Rahmen der PISA-Studien durch die Entwicklung von „conceptual schemes" getan. Damit ist ein großes Forschungsprogramm angesprochen, in dem „Domains", also fachliche Strukturen, auf ihren inneren Aufbau hin untersucht und in sukzessive Schwierigkeitsgrade transformiert werden.

Theorien der Kompetenzstufen

Zuordnung von Tests

2. Der nächste Schritt besteht in der *Zuordnung von Tests und Aufgaben* zu den so definierten Teilkomponenten und Stufen der Kompetenz. Er kann mit Hilfe der modernen Testtheorien (Item-Response-Theorien) vorgenommen werden. Sie erlauben es, das Fähigkeitsniveau eines Kindes bzw. das Leistungsniveau einer Schule präzise zu lokalisieren. Die Zielperspektive ist hier die, nach einer theoretisch begründeten Hierarchie von Teilkompetenzen Richtwerte (Benchmarks) zu bestimmen, welche Schülergruppen nach welcher Lernzeit wie weit hätten kommen müssen, wenn sie fachgerecht unterrichtet worden wären.

Eine Zuordnung von Testaufgaben zu Niveaubeschreibungen in der Gestalt von Bildungsstandards ist für viele Fächer (z.B. für Mathematik, Naturwissenschaften, Deutsch, Fremdsprachen) technisch heute kein grundsätzliches Problem. Auch der Aufwand, der allerdings groß ist, kann heute gut kalkuliert werden. In vielen Ländern der Welt existieren große Institute (s. z.B. OFSTED in England, ACER in Australien und CITO in Holland), die auf die Produktion von Testaufgaben im Anschluss an Unterrichtsinhalte und Unterrichtssequenzen spezialisiert sind und diese den Schulen zu Prüfungs- und Vergleichszwecken zur Verfügung stellen. In Amerika sind aus diesen Testanliegen heraus riesige kommerzielle Einrichtungen entstanden, die ihre Produkte gewinnbringend vermarkten und dies bei entsprechenden Handelsregelungen auch auf dem europäischen Markt tun könnten.

Orientierungspotential

Wofür können Bildungsstandards verwendet werden?

Bildungsstandards theoretisch zu formulieren und durch mit Richtwerten (Benchmarks) versehen Tests überprüfbar zu machen ist nur die eine Seite der Medaille. Die andere wird durch die Frage sichtbar, wozu sie eingesetzt werden können und wofür sie hilfreich wären.

Sie können in mehrerer Hinsicht segensreich sein. So wären sie eine gute Grundlage, um über Länder hinweg Bildungsziele zu harmonisieren und vergleichbar zu machen. Der Lehrerschaft könnten sie helfen, die Genauigkeit der Wahrnehmung, was sie erreichen sollten und unter normalen Bedingungen auch erreichen können, zu schärfen. Eltern wiederum könnten sich genauer und lehrerunabhängiger orientieren, was in bestimmten Bildungsgängen verlangt wird und verlangt werden kann (s. für eine umfassende Diskussion die Hefte 5/2004 der Zeitschrift für Pädagogik und Beiheft 8/2004 von „Die Deutsche Schule").

Output-Festlegungen

Die Bildungspolitik hätte ihrerseits neue Instrumente in der Hand, um eine Steuerung des Bildungswesens über Output-Festlegungen vorzunehmen. Die Festlegung, welche Standards erreicht werden sollen, wäre allerdings eine Frage der politischen Entscheidung, die sich nicht notwendig aus empirischen Daten ableiten lässt. In der Diskussion ist dabei die Frage, ob man sich auf *Mindeststandards* festlegen soll oder ob es möglich ist, eine sinnvolle qualitative Festlegung von Niveaus empirisch zu stützen.

Die Alternative wären *Regelstandards,* die auf ein erreichbares Durchschnittsniveau mit definierter Abweichungstoleranz zielen.

Output-Steuerung

Schließlich können Bildungsstandards und korrespondierende Tests zu Instrumenten der Erfolgskontrolle werden. Dabei sind die Folgen zu diskutieren und zu erforschen, die bildungspolitisch und pädagogisch mit den Testergebnissen verbunden werden. Erfolge können auf der Ebene des einzelnen Schülers, auf der Ebene des Lehrers einer Klasse, einer ganzen Schule und des Bildungssystems insgesamt präzise festgestellt werden.

Was soll mit den daraus resultierenden Informationen bewirkt werden? Wer hat Zugang zu diesen Informationen und wie sollen sie verbreitet werden? Welche Maßnahmen können und sollen auf ihnen aufbauen?

Woran man die Informationsgewinnung ausrichten soll, ist unschwer auf allgemeiner Ebene formulierbar: Sie sollen dem Gemeinwesen ebenso dienen wie dem Wohl der Schülerinnen und Schüler. Wann dies der Fall ist, ist weit weniger klar bestimmbar.

Mehrere Vorsichtsklauseln sind diskussionswürdig. Eine erste ist dort angebracht, wo Verantwortliche, die eine hohe Qualität des Bildungswesens wünschen, davon ausgehen, man könne diese Qualität analog zur Qualität von technischen Produkten einfach herstellen. Diese Einstellung der Herstellbarkeit und dieses „Verfügungsdenken" verfehlen zentrale Besonderheiten, wenn sogenannte „Bildungsergebnisse" „hergestellt" werden. Lehren ist „Arbeit am Menschen" und es ist Arbeit von zumindest zwei Akteuren: von Lehrenden *und* Lernenden. Dies schließt aus ethischen Gründen eine Verfügung über das „Objekt Kind" aus, wie sie über Stahl oder Kunststoff möglich ist. Ein direkter Zugriff auf die Ergebnisse würde eine verfassungsrechtlich bedenkliche Verfügung über Menschen bedeuten.

Falsches Verfügungsdenken

Dies schließt jedoch nicht aus, dass es inhaltliche Steuerungsinstrumente schulischen Lernens gibt und geben kann, die an den zu erzielenden Ergebnissen orientiert sind. Der rationale Umgang mit den Ergebnissen schließt aber eine entsprechende Ursachenanalyse für diese Ergebnisse ein. Wenn z.B. das kognitive Lernpotential einer Schülerschaft entscheidend ist, dann würde ein Versuch der Optimierung von Lernergebnissen eine schlichte Strategie nahe legen, nämlich die, möglichst viele gute Schüler in der Klasse zu haben und eher mühevoll lernende Schüler auszuschließen. Diese Strategie liegt nicht nur für Schulklassen, sondern auch für ganze Schulen nahe.

Bedeutung der Interpretation der Ergebnisse

Sollte eine Lehrperson suboptimal unterrichten oder sollte gar die Lehrkultur einer Schule daniederliegen, dann wären Informationen, die dies belegen, von hohem Wert für Maßnahmen, die zur Besserung beitragen. Hier beginnt dann die Diskussion, welche Unterstützungsleistungen erforderlich bzw. wo auch negative Sanktionen sinnvoll wären.

Somit zeigt sich, dass die *Interpretation von Leistungsergebnissen* ebenso politisch und pädagogisch brisant und regelungsbedürftig ist wie die Bestimmung von *legitimen Adressaten der Information* und daraus folgender *Maßnahmen*.

Schließlich gilt es zu überlegen, welche Form der von Standards geleiteten Evaluation vom *Aufwand* her machbar und in der schulischen Praxis „lebbar" ist, bzw. welche Kosten das Gemeinwesen zu tragen bereit ist. Dabei wird es pragmatische Lösungen geben müssen. So können die Bildungsstandards unterschiedlich präzise und theoretisch begründet definiert werden. Die Harmonisierung über Länder hinweg wäre in Bezug auf den Grad der Detailliertheit zu diskutieren. Allgemeine Übereinkünfte könnten hier schon sehr viel weiterhelfen.

Die Pragmatik der Testung und Standardbildung

Auch die Umsetzung in theoretisch begründete und testtheoretisch abgesicherte Aufgaben könnte auf bestimmte Lernbereiche und Niveaus eingegrenzt werden. Schließlich könnte die Überprüfung unterschiedlich häufig und fächerbezogen erfolgen und so pragmatisch eingegrenzt werden, um einem totalen „Teaching to the Test" vorzubeugen.

Trotz dieser Einschränkungen und Vorsichtsklauseln ist m.E. unübersehbar, dass wir es hier mit einem in der Zukunft wichtigen Instrument der Qualitätssicherung zu tun haben. Es wird, wenn die neuen Instrumente der Evaluation beschrieben werden, nochmals zur Sprache kommen (s. S. 121ff.).

2.1.6 Anschlussfähigkeit von Lehrplänen an die Lernmöglichkeiten und Lebenswelten von Kindern und Jugendlichen

Bildungsstandards in Lehrplänen

Unübersehbar haben die bisherigen Konstruktionsprinzipien von Lehrplänen vor allem die *Inhaltsseite* und die von ihr abgeleitete *erwünschte Ergebnisseite* (Ziele, Kompetenzen, Standards) im Blick gehabt. Doch was wäre, wenn diese Planvorgaben völlig an den Lernfähigkeiten und Lerninteressen der „Betroffenen" vorbeigingen? Wenn die Angebotsplanung faktisch folgenreich und erfolgreich sein will, muss sich die Lehrplanung in der Gestalt erfolgreicher Lernprozesse realisieren. Wie kann man in der Lehrplanung sicherstellen, dass nicht über die Köpfe der Kinder und Jugendlichen hinweg geplant wird?

Ein kleines Beispiel soll diese Problematik illustrieren. Im fortschrittlichen Lehrplan von Baden-Württemberg werden z.B. folgende zu erreichende Kompetenzen formuliert:
„Die Schülerinnen und Schüler können
- sich selbst, ihre Gefühle, ihre Körperlichkeit, ihre körperlichen Signale und Bedürfnisse wahrnehmen;
- partnerschaftliches Verhalten in der Familie und im Freundeskreis entwickeln, erkennen, dass eigene Fähigkeiten und Fertigkeiten in der Gruppe wirksam werden.
- Sie lernen Elemente aus anderen Kulturen und anderen Ländern kennen und beziehen sie in die eigene Gestaltung ein.
- Sie finden einen sprachlichen, körperlichen, musikalischen, darstellenden Ausdruck für ihr Heimatgefühl.
- Sie entdecken und erkennen die eigene Sprache, Körpersprache, Bildsprache und Musik als Mittel des Selbstausdrucks.
- Sie erkennen eine rhythmische Gliederung in der Musik, können sie handelnd mitvollziehen und unterscheiden."

Diese Kompetenzen haben die Schüler nach dem **zweiten** Grundschuljahr erworben.
Zum Sport heisst es:
„Die Schülerinnen und Schüler können
- kurz und schnell, lang und ausdauernd, allein und gemeinsam, über Hindernisse und mit Zusatzaufgaben, in der Halle und im Freigelände laufen.

Erst mit **vier** Schuljahren können sie
- ihre Kräfte beim kontrollierten Raufen und Kämpfen messen.

- Sie können ihren Körper in kontrastreichen Situationen als Imitations- und Ausdrucksorgan erleben."

Diese wenigen Beispiele zeigen, wie schwer es ist, in Lehrplänen angemessen altersspezifische Bildungsstandards zu formulieren.

Wie kommt es zu Wissen, was möglich ist, was angemessen ist? Diese Frage ist nicht so trivial, wie sie auf den ersten Blick zu sein scheint. Die Anforderungen an Kinder waren früher oft völlig unangemessen, sie sowohl unterschätzend als auch maßlos überschätzend. Die Synchronisierung eines kulturorientierten Masterplanes mit den Fähigkeiten von Kindern und Jugendlichen ist eine große kulturgeschichtliche Errungenschaft. Sie ist bis heute nicht abgeschlossen, wie schon die obigen Beispiele der Bildungsstandards zeigten.

Kognitive Lernfähigkeiten als Ausgangspunkte

Wie kann die Synchronisierung des Masterplanes mit den Lernpotentialen von Kindern gelingen?

Die wichtigste Quelle, die eine solche Rekontextualisierung des Masterplanes auf die Subjektebene von Schülern ermöglicht, sind zweifellos die tagtäglichen und sich über Jahrzehnte erstreckenden Erfahrungen, die Lehrpersonen mit Schülerinnen und Schülern machen. Als zweite Quelle ist seit Beginn des 20. Jahrhunderts die psychologische Forschung hinzugekommen, die systematisch getestet hat, was Kinder in bestimmten Zeiträumen überhaupt quantitativ und qualitativ aufnehmen können (s. für frühe Arbeiten dazu Meumann, 1920, 1922a, 1922b). Die empirische Erforschung der Lernkapazitäten von Kindern ist bis heute eine Aufgabe geblieben, die sich bei Lehrplanänderungen immer wieder stellt. Der „Abkürzungsweg" zu solchen Erkenntnissen bildet der Einbezug von praktischen Erfahrungen der Lehrpersonen.

Zu wissen, was Kinder und Jugendliche überhaupt in definierten Zeiträumen aufnehmen können, ist für die Lehrplankonstruktion so wichtig, dass nachvollziehbar ist, warum in den letzten Jahrzehnten Lehrpläne vor allem von Praktikern gemacht wurden. Es ist aber nicht auszuschließen, dass die Praxiserfahrungen die Lernmöglichkeiten der Kinder unterschätzen oder überschätzen. Die Entwicklungspsychologie und die Pädagogische Psychologie weisen uns darauf hin, dass die Praktiker in vielen Fällen von einem überholten Bild des Kindes ausgehen. Dabei werden, weil veraltete Methoden die Kinder nicht genügend fordern, die Möglichkeiten der Kinder unterschätzt (Stern, 1993, 2001). Eine Arbeit zum Weltwissen von Siebenjährigen von Donata Elschenbroich (2002) hat uns wieder einmal vor Augen geführt, dass wir bei der Planung von Bildungsprozessen immer von einem Bild des Kindes oder des Jugendlichen ausgehen. Kinder können und wissen bei Schuleintritt viel mehr, als es das alte Bild vom „Kind im pädagogischen Schonraum" wahrhaben wollte. Das Panorama von Weltwissen umfasst nach Elschenbroich (2002, S. 30 ff.) z.B. folgende Erfahrungen, die Kinder vor Schuleintritt gemacht haben sollten:

Praxiserfahrungen

- einem Erwachsenen eine ungerechte Strafe verziehen haben,
- in einer anderen Familie übernachten. Mit anderen Familienkulturen, Codes in Berührung kommen. Einen Familienbrauch kennen, der nur in der eigenen Familie gilt.

- spenden. Dem Bettler in den Hut, in den Geigenkasten.
- die Erfahrung, dass ein eigener Verbesserungsvorschlag in die Tat umgesetzt wurde. Eine Erinnerung: Ich als die Weltverbesserin, der Weltverbesserer.
- Ich, ein Ankunftswesen: die Monate und Wochen vor der Geburt – phantasiert, „erinnert ...".
- den eigenen Pulsschlag gefühlt haben, auch den von Freunden und Tieren ...

So will auch Elschenbroich einen Kanon der kindlichen Erfahrungen und des Wissens konstruieren, an den dann die Bildungspläne der Schule anschlussfähig werden sollen.

Wie kann nun sichergestellt werden, dass die schulische Angebotsplanung sowohl *anschlussfähig* an Lernbesonderheiten der heranwachsenden Generation als auch *erfahrungserweiternd* wird?

Anschlussfähigkeit durch alltägliche Erprobung

Im Kern führt kein Weg daran vorbei, dies zu *erproben*. Jeder Lehrplan müsste den empirischen Test dazu bestehen. Faktisch würde dies aber zu umfangreichen Erprobungsnotwendigkeiten führen, so dass in der Lehrplankonstruktion in der Regel Abkürzungswege gesucht und eingeschlagen werden. Der wichtigste ist der, dass vom vorhandenen Lehrplan ausgegangen wird, der über Jahre bereits praktiziert wurde und so eine gewisse Gewähr für die Praktikabilität des neuen bietet. Die einzigen, die diese Erfahrungen professionell gemacht haben, sind die Lehrer selber. Damit ergibt sich, dass die Lehrer als die Experten *im* System die *Erfahrungen der „Machbarkeit"* verkörpern und ihre Beteiligung zentral ist, um das Konstruktionsprinzip der Lehrplanung, die Anschlussfähigkeit an die Lernmöglichkeiten von Kindern, zur Geltung kommen zu lassen. Mit einer wichtigen Einschränkung: Der Erfahrungshorizont dieser internen Experten ist auf bereits realisierte Lernangebote beschränkt. Bei noch nicht erprobten Angeboten fehlt auch Lehrern die Erfahrung der *Realisierbarkeit*, etwa bei der Einführung von Englisch als Fremdsprache in der Grundschule. Da sich die Entwicklung neuer Lehrpläne nicht auf die Wiederholung oder Neuselektion – per „copy and paste" – von bereits Vorhandenem beschränken sollte, wird die Perspektive verständlich, dass ein professionell sich entwickelndes Bildungswesen experimentelle Schulen oder Unterrichtsformen haben sollte, in denen, gestützt auf wissenschaftliche Begleitung, neue Lernmöglichkeiten überprüft werden können. Ansonsten ist der Stillstand systematisch eingebaut bzw. der „papierenen" Illusionsbildung zu den Möglichkeiten des Lernens mit neuen Lehrplänen Tür und Tor geöffnet.

2.1.7 Qualitätssicherung über die Inhaltssteuerung

Was sind gute Lehrpläne?

Bildungspläne sind anspruchsvolle Kompositionen. Wer sich auf ihre Konstruktion einlässt, der unternimmt nicht weniger, als die inhaltlichen Lernprozesse und das angestrebte Niveau, also das Was und das Wieviel des inhaltlichen Lernens der nachwachsenden Generation über Stunden, Wochen und Jahre zu planen und zu strukturieren. Eine so komplexe konstruktive Arbeit lebt in ihrer Qualität von der Berücksichtigung der bedeutsamsten Konstruktionsprinzipien, damit das „Kunstwerk" der schulischen Lehr-Lernpartitur nicht schon handwerklich problematisch wird.

2.1.7.1 Konstruktionsprinzipien von Lehrplänen

Rückblickend wird sichtbar, und dies soll hier resümierend festgehalten werden, dass es typische Konfigurationen der Inhaltssteuerung über Lehrpläne gibt.

1. Ein primär *inhaltsorientierter*, kanonisierender Lehrplan geht von der Verteilung von Bildungsinhalten auf verschiedene Fächer, Schulstufen und Schulformen aus. Die Inhalte füllen dabei die gesamten „Lerngefäße", also die Stunden pro Jahr, die Fächer und die Jahrgangsstufen. Freiheitsgrade sind in der Form von Wahlpflichtbereichen enthalten. Die zweite Gliederung ergibt sich durch die Bildungsziele. Im Kern bestehen hier nur zwei Planungsebenen für die inhaltliche Programmsteuerung: die Inhaltsplanungen und die konkreten, lehrbuchbezogenen Planungen der Lehrpersonen. *(Inhaltliche Kanonisierung)*

2. Ein konsequent *lernzielorientierter* Lehrplan verzichtet auf die konkrete Ausfüllung der Inhaltsvorgaben. Er nennt für die einzelnen Fächerbereiche und Fächer nur Lernziele und differenziert hier danach, in welchem Schuljahr und welcher Schulform mit Lernaufgaben begonnen werden soll. Viele Aufgaben werden dabei neu begonnen, andere fortgeführt und gefestigt. Bestimmte Lernziele erstrecken sich dabei über mehrere Jahre. *(Zielorientierung)*

   Inhalts- und lernzielorientierte Lehrpläne können natürlich kombiniert werden. Die T-Form von Lehrplänen ist die beste Illustration: Die Spalten enthalten die Lernziele. In den Zeilen stehen die Inhalte, über die die Ziele realisiert werden sollen. *(T-Lehrpläne)*

3. Anspruchsvoll sind Lehrpläne, die konsequent von *Kompetenzformulierungen* ausgehen, und diese Kompetenzen aus der Struktur kultureller Domains ableiten (z.B. aus Fremdsprachen, aus der Mathematik). Sie müssen dann beschreiben, wie aus diesen Sachstrukturen heraus verschiedene Kompetenzstufen entwickelt werden können. Diese Kompetenzstufen können dann als Standards formuliert und in entsprechenden *Test- und Aufgabensammlungen* operationalisiert werden. Solche Lehrpläne sind zur Zeit aber noch in einem experimentellen Stadium.

Bildungspläne haben, so wird in der Summe sichtbar, mehrere Gestaltungsprinzipien zu integrieren. Sie sind in Abb. 2.4 graphisch veranschaulicht.

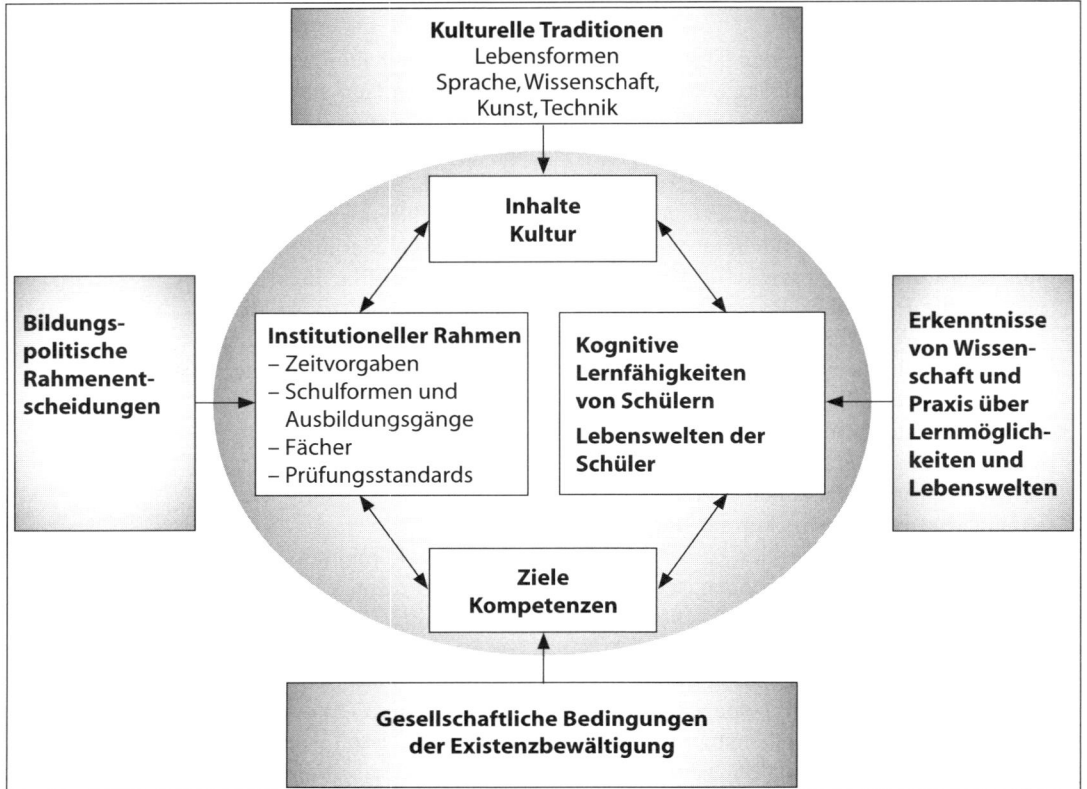

Abb. 2.4: Orientierungen der Lehrplanarchitektur

1. Das überragende Gestaltungsprinzip ergibt sich aus der Rekontextualisierung von Kultur in „Schulwissen". Die *kulturellen „Erfindungen"*, die historisch beobachtbar sind, umfassen Symbolsysteme, insbesondere Sprachen, und sie transportieren Orientierungswissen, Weltdeutungen und Menschenbilder, die in Bildungsvorstellungen und den inhaltlichen Lehrkanon münden. Zu den kulturellen Erfindungen zählen auch die Tools, die Kunstfertigkeiten, die Technologien und Instrumente, die zur Lebensbewältigung entwickelt wurden.
2. Die *gesellschaftlichen Realitäts- und Zukunftsanalysen* helfen, die Qualifikationen zu spezifizieren, für deren Training die kulturellen Angebote genutzt und eingesetzt werden sollen, und sie formen die Herkunft in Zukunft, die kulturellen Errungenschaften in zu erwerbende Kompetenzen um.
3. Die *Erfahrungen der Lehrerschaft zu den Lernmöglichkeiten von Schülern* und die wissenschaftliche Erforschung der Lernkapazitäten verschiedener Schülergruppen ermöglicht die Adaption der Inhalte und Ziele an die real möglichen Lehr- und Lernprozesse.

Das Ergebnis, das aus der Kombination dieser Gestaltungsprinzipien resultiert, kann dann ein sehr unterschiedlich genaues Drehbuch für den schulischen Alltag sein. Wenn man die verschiedenen Konstruktionsprinzipien zusammen sieht, dann werden auch die Einseitigkeiten von Lehrplanungen der letzten Jahrzehnte sichtbar:

Risiken

Orientiert sich der Lehrplan vor allem an den kulturellen Vorgaben, dann sehen wir zwar eine Lehrpartitur, die an einer Systematik der Kulturvermittlung orientiert ist. Die Bemühungen um Synthesen von Wissensentwicklungen und einen Kanon stehen im Vordergrund. Die alleinige Konzentration auf die Inhalte enthält die Gefahr des Enzyklopädismus und einer musealen und archivarischen Ausrichtung, die angesichts der Vielfalt kultureller Traditionen und der Wissensexplosion nicht mehr tragfähig ist. Risiko Enzyklopädismus

Auch das Bemühen, allein von allgemeinen Bildungsideen her die Inhalte abzuleiten, hat sich als problematisch erwiesen. Dies enthält das Risiko einer Instrumentalisierung der Inhalte und damit einer Beliebigkeit ihrer Auswahl. Risiko Instrumentalisierung

Orientiert sich die Lehrplanung vor allem an den zu erwerbenden Kompetenzen, dann stehen die Systematisierungen dessen im Mittelpunkt, was durch die Schule erreicht werden soll, was Schüler können sollen, um im Leben bestmöglich zu bestehen. Diese Konzentration auf die zukünftig notwendigen Kompetenzen auf individueller Ebene führt in die Problematik, dass die zukünftigen Lebenssituationen schwer antizipierbar sind und die Funktionalität von in der Schule „trainierten" Kompetenzen erst in Zukunft belegt werden kann. Risiko falsche Zukunftsprognosen

Stehen die zu erreichenden Anforderungsniveaus im Zentrum, die über Tests und Prüfungen operationalisierten Standards, dann richten sich Inhalte und Ziele an diesen Niveauvorgaben aus. Die ausschließliche Orientierung an den testtheoretisch erfassten Standards enthält auch die Gefahr der Verengung auf die „vermessene Bildung", auf die jeweils testbaren Kompetenzen. Lehrerschaften und Schulen pauken auf die extern geprüften Leistungen hin, um nach außen hin ein positives Bild zu präsentieren. Die primäre Orientierung an Standards kann zu einer Verkrustung und langweiligen Vereinheitlichung des Unterrichts führen. Risiko Teaching to the test und „vermessene" Bildung

Werden primär die individuellen Interessen und Lernmöglichkeiten der Schüler beachtet, ihre Lerngeschwindigkeit, ihre Lernformen und ihre lebensweltlichen Interessen, dann sehen wir eine hochgradig individualisierte Lehrplanung, die vor allem die Unterschiedlichkeit der Schülerschaft und ihre Lebenswelten beachtet. In der amerikanischen Diskussion ist früh von kindorientierten Lehrplänen (child-centered) gesprochen worden. Daraus kann aber eine Beliebigkeit von Inhalten und Qualitätsstandards resultieren. Schülerinnen und Schüler können alles mit guten Gründen von sich abweisen, was sie für mit ihren Interessen inkompatibel halten. Die Formung des Denkens bedarf auch der Übung am „Geformten", am Anspruchsvollen, das nicht selbstverständlich in der Lebenswelt des Heranwachsens gegeben ist. Risiken Beliebigkeit durch Kindorientierung

Werden Lehrpläne nur über die Erfahrungen der Schulpraktiker konzipiert, dann besteht die Gefahr, dass dadurch die alten Kindbilder und Schülerbilder transportiert werden, die zu einer Tradierung des immer schon Praktizierten beitragen. Damit könnte verbunden sein, dass innovative Entwicklungen im Ver- Risiko Orientierung an überholten Kindbildern gleich zu anderen Ländern ausbleiben. Hoch bedeutsam ist an dieser Orientierung aber das Bemühen, die Umsetzbarkeit von inhaltlichen Programmsteuerungen mitzubedenken und damit aus einer realitätsfernen und wunschgesteuerten Planung am grünen Tisch herauszuführen.

Chancen

Jenseits der Risiken müssen auch die Chancen betont werden, die in einer sinnvollen Architektur von Lehrplänen liegen. Alle oben enthaltenen Orientierungspunkte müssen in einem Lehrplan in eine sinnvolle Konvergenz gebracht werden, um die Partitur des „schulischen Konzertes" hörbar, wohlklingend oder zumindest erträglich zu machen.

Orientierungsleistung als Kernqualität

Die Kernqualität eines gelungenen Lehrplanes liegt in seiner *Orientierungsleistung*. Er macht für die operative Gestaltung des Lehrprozesses und für die schulexternen Bezugsgruppen nachvollziehbar sichtbar, welches die Lerninhalte und die zu erwerbenden Kompetenzen für verschiedene Schulstufen, Lernbereiche und Lernniveaus sind. Der damit verbundene Verbindlichkeitsgrad sichert das *sinnvolle Zusammenspiel verschiedener Lehrkräfte* in verschiedenen Lernbereichen und Schulstufen. Dadurch können die Arbeiten von Lehrpersonen in verschiedenen Fächern (horizontale Synchronisierung) und von Lehrpersonen in verschiedenen Schulstufen (vertikale Synchronisierung) miteinander abgestimmt werden. Er trägt zur q*ualitativ gleichwertigen Versorgung der Schülerschaft in verschiedenen Schulen* bei und ermöglicht bzw. erleichtert die Mobilität der Schüler zwischen Schulen.

Inhalte und ein Kanon im Kerncurriculum

Die Bildungs- und Kulturorientierung der Lehrpläne wahrt den Kulturzusammenhang im Gemeinwesen. Sie ermöglicht die exemplarische Erfahrung von kulturellen Traditionen in den religiös-philosophischen, den wissenschaftlich-rationalen, den ökonomisch-wirtschaftlichen und den rechtlich-politischen sowie den ästhetisch-literarischen Feldern. Eine *optimale Ordnung des Wissens* und eine *Ausrichtung auf Schlüsselprobleme* kann für die einzelnen Fächer und fachübergreifend helfen, der heranwachsenden Generation die historischen gesellschaftlich-kulturellen Tiefendimensionen unserer Existenz zu erschließen. Was hier im Zentrum zu stehen hätte, wäre nicht zuletzt an den Erfahrungen zu messen, die heranwachsende Menschen in unserer *Medienkultur* ohnedies, aber nur in unkritischer und oberflächlicher Weise, machen.

„Domains" und Fächergliederung

Im Rahmen der Inhaltsdiskussion und der Kanondiskussion ist sichtbar geworden, dass unsere gewohnte Fächergliederung der schulischen Inhalte ein historisches Produkt ist. Sie in jeweils begründbarer Form zurückzunehmen und größere Fächergruppen im Sinne von kulturellen Domänen zu gliedern, führt zurück zu den Kernideen der kulturellen Tradition und kann damit die Problemorientierung der Inhalte sinnvoll verstärken.

Lernziel- bzw. Kompetenzorientierung

Die Zuspitzung der Lehrpläne auf zu erreichende Lernziele war ein wichtiger Fortschritt in der Lehrplanentwicklung der 70er Jahre. Die ausufernde Feinzielgliederung wurde in der Zwischenzeit überwunden und die Ebene der Feinziele als Konkretisierungsebene wieder den Lehrpersonen überantwortet. Ein moderner Lehrplan unterscheidet Zielebenen und konzentriert sich auf die verpflichtenden Ziele und Inhalte, die dem Verfassungspostulat qualitativ gleichwertiger und guter Lehrangebote in Schulen, unabhängig von Ort und Zeit, entspricht.

In den letzten Jahren ist ein neuer Meilenstein der inhaltlichen Lehrplanung zu beobachten: die Präzisierung der Lehrplanung auf zu erreichende Kompetenzniveaus. Die moderne Testentwicklung hat dies möglich gemacht und damit eine neue Phase der Beobachtung der Leistungsfähigkeit von Schulen und ganzen Bildungssystemen eingeleitet. Aber auch hier ist ein sparsamer Gebrauch dieses neuen Instruments empfehlenswert, um den Unterricht nicht einem pädagogisch nachteiligen Korsett von eng definierten und häufig trivialen Lernzielen zu unterwerfen.

Bildungsstandards und Kompetenzmessung

2.1.7.2 Das Steuerungspotential von Lehrplänen unterschiedlicher Gestalt

Wenn die oben erwähnten Gestaltungsaspekte kombiniert werden, dann entstehen komplexe Bildungsprogramme. Entsprechend hat sich auch der Umfang von Lehrplänen erweitert, die in den letzten Jahrzehnten entwickelt wurden und die mehrere Konstruktionsprinzipien berücksichtigen wollten: in den Schweizer Lehrplänen von ca. 30 bis 50 Seiten in der ersten Hälfte des 20. Jahrhunderts auf 100 bis 300 Seiten in Lehrplänen der zweiten Hälfte des 20. Jahrhunderts (Künzli & Hopmann, 1998, 242 ff.). Die Lehrpläne in Deutschland dokumentieren eine solche Entwicklung beinahe noch eindrucksvoller. Sie stecken heute den Horizont einer anspruchsvollen Architektonik von Lehrplänen ab. Gleichzeitig verweist die Geschichte der Lehrplanentwicklung auch auf Grenzen in der Möglichkeit, alltägliche Lehre am grünen Tische vorweg zu planen.

Erfahrungen aus der Lehrplanforschung der 70er Jahre

Eine kluge und pragmatische Organisation von inhaltlichen Lernangeboten verlangt die Einsicht in die Grenzen der über Lehrpläne steuerbaren unterrichtlichen Organisation von Kompetenzerwerb (s. für Versuche Bund-Länder-Kommission für Bildungsplanung und Forschungsförderung, 1996; Flechsig & Haller, 1973; Garlichs, 1972; Harring, 1972; Robinsohn, 1975).

Grenzen von Lehrplänen?

Die beschriebenen Architekturen von Lehrplänen machen auch sichtbar, dass es keine *notwendige* Systematik der inhaltlichen Lehrplanung über Curricula gibt. Die Gestaltung folgt Überlegungen der Zweckmäßigkeit und der sinnvollen Organisation. Welche pragmatischen Erfahrungen dazu in den letzten fünfzig Jahren gemacht wurden, soll im Folgenden berichtet werden (Bund-Länder-Kommission für Bildungsplanung und Forschungsförderung, 1983; Menck, 1987; Skilbeck, 1990).

Pragmatik moderner Lehrpläne

Moderne Bildungs- bzw. Lehrpläne sind kunstvolle Gebilde der Vorstrukturierung von tagtäglichen Unterrichtsprozessen und sie sollen helfen, *langfristige* Lernprozesse zu organisieren. Wenn sie gut sind, dann nützen sie sowohl bei der täglichen Unterrichtsgestaltung als auch beim Bemühen, die detaillierte tägliche Arbeit in den größeren Zusammenhang langfristig anzustrebender Ziele zu stellen. Geschieht dies, dann könnte man ihnen ein großes Steuerungspotential zuschreiben. Wenn man Lehrpersonen befragt, so sind nicht alle davon überzeugt, dass Lehrpläne so wichtig sind. Viele berichten, sie nie gelesen zu haben oder selten zu Rate zu ziehen.

Diesen aus dem schulischen Alltag stammenden Beobachtungen steht heute eine diametral andere Einschätzung von Bildungsplänen gegenüber. Lehrpläne

Lehrpläne als Instrumente der Qualitätssicherung

werden in den letzten Jahren als zentrale *Instrumente der Qualitätssicherung* angesehen. Dies bedeutet, dass die Architektur der Lehrpläne verschärft unter dem Gesichtspunkt geprüft wird, wie wirksam sie den Unterricht steuern können.

Diese Frage nach der Wirksamkeit von Lehrplänen ruft uns ins Bewusstsein, dass Lehrpläne ja nur Pläne und Absichtserklärungen sind. Dennoch geht jede große Anstrengung der Lehrplanentwicklung davon aus, dass damit der Unterricht nachhaltig verbessert wird. Das Wunschdenken geht nicht selten von einer direkten Wirkungskette der Pläne zu ihrer Realisation aus. Genauer müsste man zwischen intendiertem Curriculum, realisiertem Curriculum und gelerntem Curriculum unterscheiden, wie dies in Abb. 2.5 skizziert ist.

Man muss sich also darüber klar sein, dass Lehrpläne *Absichtserklärungen* und Planungskonzepte sind, die als solche bloßes Papier bleiben können. Der erste Schritt zur „Wirksamkeit" im Sinne von Lernergebnissen ist bescheidener. Er besteht darin, dass Lehrpläne im Unterricht realisiert werden. Unterricht ist aber noch nicht identisch mit dem, was Schüler tatsächlich lernen. Auf allen Ebenen erfolgen Rekontextualisierungen und damit auch Verwandlungen der schulischen „Partitur".[17]

Das Beispiel des Literaturkanons

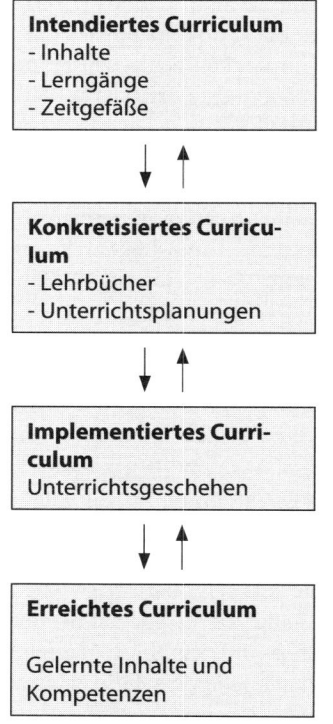

Abb. 2.5: Vom intendierten zum praktizierten zum gelernten Curriculum

Dies ist am Beispiel des Literaturkanons dokumentierbar. Zumindest bis in die 70er Jahre gab es eine lang zurückreichende Tradition, einen Kanon jener Werke zu vereinbaren, die in der Schule behandelt werden sollten. Dieser *Plan* lässt sich vergleichen mit den tatsächlich im Unterricht *behandelten* literarischen Texten. Dieser faktische Kanon kann wiederum damit verglichen werden, was die Schülerinnen und Schüler tatsächlich lesen und was sie gerne lesen. Eine solche Studie ist in den 70er Jahren durchgeführt worden. Sie hat gezeigt, dass es bei Schülern so etwas wie einen „Gegenkanon" an Werken gegeben hat, die weder vorgeschrieben noch häufig „durchgenommen" wurden. Der „offizielle Kanon" gruppierte sich fast ausschließlich um Werke aus der kurzen historischen Periode der „Weimarer Hochklassik". Zur Moderne hin war der Kanon über Wahlmöglichkeiten offen. Unterrepräsentiert waren von den Epochen die Aufklärung und der Realismus des 19. Jahrhunderts, von den Gattungen der Roman. Der Gegenkanon der Schülerschaft gruppierte sich u.a. auf moderne Autoren wie Brecht, Dürrenmatt, Böll (Blitz, 1977; Fend, 1979).

---

17 Als ob es die Lehrplanentwickler insgeheim wüßten, dass „Wünsche" schnell formuliert sind, beschreiben sie die Lernziele im Indikativ. Schüler sollten nicht etwas wissen und können, nein in den Formulierungen heißt es: „Schüler wissen...", „Schüler können..."

Angesichts der Gefahr, dass Lehrpläne bloße Absichtserklärungen und bloßes Wunschdenken bleiben könnten, ist es verständlich, dass (s. z.B. Haenisch, 1994; Künzli et al., 1999; Künzli & Hopmann, 1998) Forschungsprojekte der Frage der „Lehrplanwirkungen" nachgegangen sind.

Forschungen zur Wirksamkeit von Lehrplänen

Wie werden welche Lehrpläne genutzt und wie werden sie auf der Unterrichtsebene rekontextualisiert? Im Idealfall adaptieren die Lehrkräfte die Vorgaben auf der Schul- und Unterrichtsebene, indem sie sie zur Grundlage ihrer Jahres- und Wochenplanungen machen und in Kombination mit Lehrmitteln, mit Lehrbüchern und Arbeitsblättern, die teils die Verlage zur Verfügung stellen und die teils selber entwickelt werden, ihren Unterricht vorbereiten und gestalten. Sie passen die Vorgaben dabei flexibel an die Lernkapazitäten und Lerninteressen ihrer Schülerinnen und Schüler an. Wenn fachübergreifende oder themenorientierte Lehrplanvorgaben gemacht werden, dann arbeiten sie mit den Kolleginnen zusammen und entwickeln gemeinsam vor Ort Lehrpläne für Wochen und Monate, die zur Koordination des Unterrichts zu übergreifenden Themen führen.

Nutzung von Lehrplänen durch Lehrpersonen

Werden auf administrativer Ebene – in der geschilderten Zusammenarbeit mit Lehrerexperten und Expertinnen – neue Inhalte und neue Lerngänge konzipiert, dann führt ein solches Entwicklungsverfahren auch zu neuen Inhalten vor Ort; es hat damit ein großes Innovationspotential. Greift die Lehrplanentwicklung schon da und dort etablierte Praktiken auf, geht sie also auf eine Praxis ein, die schon fortschrittlicher ist als die in den Verwaltungsvorgaben gewünschten, dann kommt der Lehrplanentwicklung vor allem die Wirkung zu, dass sie die gute Lehrarbeit sanktioniert und bestätigt. „Lehrplanwirkung" bewegt sich so im Spektrum von Bestätigung und Innovation (Künzli et al., 1999).

Trifft dieses Idealbild zu?

Lehrplanwirkung ist selbstverständlich kein „Selbstlauf". Die Nutzung ist einmal abhängig von der Art, wie der Lehrplan konstruiert ist und wie man die Umsetzung organisiert. Sind bei der Lehrplankonstruktion viele Lehrer – in der Schweiz gelegentlich alle – beteiligt, dann ist die intentionskonforme Nutzungswahrscheinlichkeit sehr hoch.

Zur Optimierung der Nutzungswahrscheinlichkeit

Welche Umsetzungsverfahren sind besonders erfolgreich? Nach den Schweizer Untersuchungen gibt es zwei Modelle (Bähr, Fries, Ghisla, Rosenmund, & Seliner-Müller, 1999, S. 15). Das eine setzt auf den Pflichtcharakter des Lehrerhandelns und besteht auf obligatorischer Fortbildung. Das andere scheint „pädagogischer" zu sein. Es vertraut auf die Motivation der Lehrerschaft und setzt auf freiwillige Teilnahme und auf Überzeugungsarbeit. Ein drittes Verfahren bietet sich an: die Kollegien an Schulen an der Umsetzung zu involvieren, Rahmenlehrpläne vorzugeben, die vor Ort umgesetzt und konkretisiert werden sollen. Hier wird auf die Gruppenkräfte in einem Kollegium vertraut sowie die Kompetenz der Lehrerschaft produktiv eingebunden.

Generell muss bei der Rekontextualisierung von Lehrplänen einkalkuliert werden, dass Lehrer die Vorgaben „rational" umsetzen, indem sie ein bestmögliches Verhältnis von Kosten und Nutzen herzustellen versuchen. Die wichtigsten Parameter dafür sind die Arbeitskosten der Umsetzungen und die Umsetzungschancen, gemessen an den tagtäglich erfahrenen Lernpotentialen und Lerninteressen der Schüler. Je weiter entfernt davon am grünen Tisch entwickelte Vorgaben sind, desto geringer sind deren „Wirkungschancen".

Die „Rationalität" des Lehrerhandelns

Faktische Regulierungskräfte des Unterrichts

Bei der Frage nach dem Steuerungspotential von Lehrplänen ist somit zu fragen, was das faktische schulische Angebot reguliert. Jede Lehrperson kann dies aus dem Stand beantworten: Es sind die *Lehrbücher*, die ihre Unterrichtsplanung leiten. Ja, sie kennen die Lehrpläne häufig nur über ihre Umsetzung in Lehrwerke. Sie geben die Tag für Tag zu planenden Schritte der Einführung in die Kultur und den Erwerb von Qualifikationen vor.

Der Primat der Lehrbücher

Dabei läuft der Weg häufig nicht von Lehrplänen zu Lehrmitteln, sondern umgekehrt. Manche Lehrmittel waren früher „da" als Lehrpläne, welche oft erst nachträglich um das vorhandene Unterrichtsmaterial gebaut wurden. Das klassische Beispiel dafür ist der „Donat", die lateinische Grammatik, die über fast tausend Jahre vorgegeben hat, in welchen Schritten Latein gelernt wurde. Aber auch Wörterbücher waren eine entscheidende Voraussetzung für den Erwerb einer Fremdsprache, sowie Mustersammlungen von Texten und Redewendungen. Für den „Wiedererwerb" der Kompetenz im Griechischen in der Renaissance war z.B. die Grammatik von Chrysoloras (byzanthinischer Gelehrter, gelebt 1353-1415, zehn Jahre Griechisch-Lehrer in Florenz) das unterrichtsleitende Lehrwerk, das erst wieder eine hohe Kompetenz im Griechischen ermöglicht hat.[18]

Lehrbücher und der Einblick in das Unterrichtsgeschehen

Wenn man somit einen Einblick in die Inhaltsstrukturen des Schulunterrichtes bekommen möchte, ist der Einblick in die Lehrwerke ein Königsweg. Dies bedeutet auch, dass die Qualität der Schule als einer Bildungsinstitution über Lehrwerke gesichert werden könnte. Natürlich: Ihre Konvergenz mit den Lehrplänen ist die eine verbleibende Lücke, die meist durch Genehmigungsverfahren geschlossen wird. Die andere bezieht sich auf die Umsetzungsqualität im konkreten Unterricht, die ohne professionelle Kompetenz nicht gesichert werden kann.

Lehrmittel als attraktiver Markt

Es darf auch nicht übersehen werden, dass es gerade bei Lehrmitteln um sehr ausgeprägte finanzielle Interessen geht. Wenn Lehrmittelautoren über an den Verbreitungsgrad gebundene Honorare entschädigt werden und Verlage die Hauptverdiener an Lehrbüchern sind, dann ist angesichts der Größe des schulischen Marktes leicht einzusehen, dass hier auch wirtschaftliche Interessen am Werke sind – was bei entsprechender Konkurrenz nicht zu Lasten der Qualität der Lehrmittel gehen muss.

Steuerung durch Aufgaben

Die zweite Steuerungsquelle, die den Bildungsplan für die Unterrichtsplanung relevant macht, besteht in *Aufgaben*, die in Lehrwerken versammelt sind und Prüfungszwecken dienen. Sie werden immer wieder eingesetzt um zu kontrollieren, was Schüler verstanden haben und können. Mathematik-Lehrbücher sind um sie gruppiert. Auch Aufgabensammlungen im Umkreis des Zentralabiturs eines Landes führen dazu, dass Unterricht an ihnen ausgerichtet wird.

Lehrplanreformen wären konsequenterweise nur dann wirksam, wenn sie in der Gestalt von Lehrwerken und Prüfungsaufgaben den alltäglichen Unterricht erreichen würden.

---

18 Nach ihr hat z.B. Erasmus von Rotterdam griechisch gelernt und die Urfassung der Bibel zu rekonstruieren versucht, die die Grundlage für die Bibelübersetzung von Luther wurde.

2.1.7.3 Was ist ein guter Masterplan der schulischen Menschenbildung? Qualitätsmerkmale von Bildungsplänen und Qualitätssicherung über Lehrpläne

Nachdem der Möglichkeitsraum der inhaltlichen Programmsteuerung des Bildungswesens abgeschritten ist, drängt sich die Frage auf, was heute eine optimale Konfiguration von Inhalten, Zielen und Standards sein könnte.

Kombiniert man alle Ansprüche an die Architektur von Lehrplänen, dann entsteht eine sehr komplexe Partitur (s. für das umfassendste Forschungsprogramm Künzli et al., 1999; Künzli & Hopmann, 1998). Lehrpläne können danach umfassen:
- Leitziele,
- Pädagogische Konzepte der Schule,
- Lernzielvorgaben für Fächer,
- Inhalte für Fächer und Fächergruppen,
- fachübergreifende Ziele und Inhalte,
- allgemeindidaktische und fachdidaktische Verfahren,
- Planungsvorgaben für die Schuljahre,
- zugeordnete Lehrmittel,
- Prüfungsformen,
- Niveauvorgaben,
- Standards,
- Testaufgaben.

Wie kann man wissen, was Schüler können sollten? Das „Gesamtkunstwerk" Lehrplan

Wie ein an solchen miteinander harmonisierten Komponenten orientierter Lehrplan aussehen könnte, sei im Folgenden skizziert.

1. Leitziele des öffentlichen Bildungswesens

Die Leitziele sollten möglichst auf höchster Legitimationsebene angesiedelt sein. Diese sind in der Regel in Verfassungen eines Landes niedergelegt und bringen den gesamtgesellschaftlichen Konsens zum Ausdruck. Noch allgemeiner sind jene Wertorientierungen, die an die Menschenrechte oder analoge weltweite Wertorientierungen angebunden sind.

In diesen Leitzielen sollten zwei Orientierungen zum Ausdruck kommen. Die erste richtet sich auf die Rechte der Person, auf das Ziel, durch das Bildungswesen die junge Person zu stärken, damit diese die bestmöglichen Grundlagen für die Lebensbewältigung erhält. Auf diese Aufgabe muss das Bildungswesen ausgerichtet sein. Es muss für alle Kinder zu einem optimalen Entwicklungskontext werden, ohne sich die Allzuständigkeit anzumaßen und so die Zusammenarbeit mit den Eltern, die prioritär mit der Erziehung ihrer Kinder beauftragt sind, und den außerschulischen Erziehungskräften zu vernachlässigen.

Individualrechte und Gemeinschaftsrechte

Der zweite Orientierungspunkt wird durch die Aufgabe vorgegeben, in einem Gemeinwesen die Rahmenbedingungen zu sichern, damit die Chancen für die Einzelnen optimal werden. Die Sicherung dieser gesellschaftlichen Grundlagen verweist darauf, dass die optimale Selbstentfaltung im Bildungswesen gemeinschaftsfähig sein muss.

Fachspezifische und fachübergreifende Leitziele

Eine Differenzierung der allgemeinen Leitziele in Konzepte des Erwerbs fachlicher und fachübergreifender Kompetenzen gehört zu einem modernen Lehrplan. Dabei können unterschiedliche Gliederungen von Zielen der Persönlichkeitsbildung und Gemeinschaftsbildung zum Tragen kommen, etwa solche nach Fachkompetenz, Selbstkompetenz und Sozialkompetenz oder nach den fachübergreifenden Tools der Arbeitsgruppe „cross-curricular-competencies" (Rychen & Salganik, 2001, 2003).

Das Wesentliche nicht aus den Augen verlieren

In den Leitzielen muss auch zum Ausdruck kommen, dass langfristig angestrebte erzieherische Wirkungen eine ganzheitliche Gestaltung des schulischen Erfahrungs- und Lernfeldes erfordern. Selbständigkeit und Selbstregulierung, Reflexivität und soziale Kompetenzen, Anstrengungsbereitschaft und Disziplin, „civic competencies" im Sinne sozialer Toleranz und gemeinschaftlicher Verantwortungsübernahme erfordern mehr als nur kluge Lehrpläne. Sie sind auch Begleitaspekte des sozialen Umgangs von Lehrern und Schülern, von Schülern untereinander und der institutionellen Prozeduren, die Universalität von Leistungsnormen und Rechtsverhältnissen garantieren.

2. Das Kerncurriculum: Inhalte des Gemeinsamen

Ein Kerncurriculum enthält die als essentiell definierten inhaltlichen Vorgaben des Bildungsplans. Es legt den Umkreis des Verpflichtenden fest und sichert so die Gleichheit der Bildungsverhältnisse. Seine Qualität besteht vor allem darin, Ordnung in kulturelle Traditionen zu bringen und somit zur Orientierung und Teilhabe an Sinnangeboten beizutragen.

Die Abbildung der Wissenschaften spielt dabei nur eine sekundäre Rolle. Die Inhalte sind primär aufgabenorientiert und bezeichnen die Orientierungsformen der Menschen an ihrer Umwelt, z. B. in der Fassung von Hentig (1993, S. 220):
- Umgang von Menschen mit Menschen,
- Umgang mit Sachen: messend, zählend, beobachtend, experimentierend,
- Umgang mit Sachen: erfindend, gestaltend, spielend,
- Umgang mit dem eigenen Körper,
- Umgang mit Gesprochenem, Geschriebenen, Gedachten.

Oder in der Fassung von PISA:
- Kognitiv-instrumentelle Modellierung der Welt (Mathematik, Naturwissenschaften),
- Ästhetisch-expressive Begegnung und Gestaltung (Sprache, Literatur, Musik, Malerei, physische Expression),
- Normativ-evaluative Auseinandersetzung mit Wirtschaft und Gesellschaft (Geschichte, Ökonomie, Politik, Gesellschaft, Recht).

In allen diese Gliederungen in „Domains" und Fächergruppen kommen die alten Traditionen der Synthese des gymnasialen Kanons in verwandelter Form zum Ausdruck. Besonders zu Beginn der Schulzeit sind die üblichen Fächer noch nicht ausdifferenziert.

Mit zunehmenden Schuljahren wird sich eine Ausdifferenzierung in Fächer als sinnvoll erweisen, die aber immer wieder themenbezogen miteinander verbunden werden sollten.

Ein gutes Kerncurriculum enthält das Bemühen, die Kernideen von Fächern und Weltzugängen herauszuarbeiten, Begriffe zu ordnen und die Inhalte auf die Probleme zurück zu beziehen, aus denen heraus sie entwickelt worden sind (s. auch in Skilbeck, 1990, S. 67). Diese Bündelung kann auch durch den Bezug auf die wichtigsten Lebensfragen der Gegenwart und Zukunft erfolgen (Klafki, 1995).

Kernideen

Formal ist das Kerncurriculum gegliedert in
- Verpflichtungen für alle Schüler,
- in Profile für Schulformen bzw. besondere Schülergruppen,
- in Profile für Schulstufen, für Fächer und Themen.

Dabei bleibt das Bemühen um einen Kanon erhalten, der den Umkreis einer ganzheitlichen Orientierung repräsentiert. Dieser Kanon kann auch in exemplarischen Erfahrungen, die alle Schülerinnen und Schüler gemacht haben sollten, bestehen. Bei aller Differenziertheit und Komplexität von Lehrplänen heute muss Beliebigkeit und Additivität vermieden werden. Lehrpläne sollten die Grundlagen vorstrukturieren, um eine spannende und kritische Auseinandersetzung mit kulturellen Traditionen zu ermöglichen. Sie sollten das Geformte in einer Kultur repräsentieren, an dem sich die Heranwachsenden abarbeiten können und so ihre eigene Gestalt gewinnen.

Kanon von kulturellen Angeboten

Angesichts der Beliebigkeit, Vielfalt und Zufälligkeit der Massenkultur hat ein begründetes Konzept der Kernbestände unserer Kultur einen hohen Stellenwert als Qualitätsmerkmal des Bildungswesens. Erfahrungen mit den „educational malls" in den USA oder High School Angeboten in Neuseeland in der Gestalt unzusammenhängender Kursangebote machen sichtbar, welchen Stellenwert das Bemühen hat, inhaltliche Gesamtkonzepte zu erstellen, in denen Leitideen verwirklicht werden.

Die Inhalts- und Kompetenzformulierungen sollten für die gesamte Schulzeit für die einzelnen Schulstufen und Anforderungsniveaus (Schulformen bzw. Kursniveaus) dargestellt werden.

Die Forderung nach einem „Kerncurriculum" besagt, dass nicht alle in der Schule zu vermittelnden Inhalte im Detail festgelegt werden. Diese wünschenswerte Offenheit wird unterschiedlich ausgestaltet. Forderungen nach einem Zweidrittelcurriculum bis hin zu einem individuellen Curriculum im Rahmen einer 50%-Festlegung (s. Bildungskommission der Heinrich-Böll-Stiftung, 2003) wollen diesem Anliegen entsprechen. Andere fordern für Schulen, da sich das Zweidrittelcurriculum nicht bewährt habe, „local curriculum hours" – in Deutschland Pool-Stunden genannt –, um vor Ort Schwerpunkte erarbeiten zu können (Bähr et al., 1999, S. 34).

Kerncurriculum und Freiräume

Das Ausmaß des wünschenswerten Freiraumes für die Schule und für den einzelnen Lehrer ist umstritten. Unbestritten ist dagegen das Prinzip, dass Lehrpläne keine Vorgaben sein dürfen, die den Unterricht in ein strenges Korsett zwingen, so dass keine produktive Eigenbeteiligung der Lehrer, Schüler und anderer Bezugsgruppen vor Ort mehr möglich ist.

Ich würde eine Konstruktionsform präferieren, die nicht streng zwischen einem zeitlich festgelegten Kerncurriculum und Schulcurriculum unterscheidet. Die Schule, bzw. der Lehrer kann schlecht „Erfüllungskriterien" identifizieren,

Kerncurriculum und Schulcurriculum

die ihm sagen, er hätte nun das Kerncurriculum abgearbeitet. Er wird immer sehen, dass seine Schüler den „Stoff" bzw. die angestrebten Fähigkeiten unterschiedlich perfekt beherrschen, so dass er, um alle auf ein bestimmtes Niveau zu bringen, beliebig im Kerncurriculum fortfahren oder es abbrechen kann. Wird sein Unterricht an bestimmten eng umgrenzten Erfolgen im Sinne von Schülerleistungen gemessen, dann wird er natürlich, wenn er „schulrational" handelt, die verbleibende Zeit außerhalb des Kerncurriculums nutzen, um auf dem Gebiet, das „vermessen" wird, möglichst viel zu üben.

Auf diesem Hintergrund sind die Bemühungen zu verstehen, von einem Kerncurriculum aus Wahlpflichtbereiche und wählbare Optionen auszuweisen. Teile des jährlichen Lehrplanes sollten Schüler – besonders wenn die Bestimmung darüber demokratisch organisiert wird – selber gestalten können (jährliche Woche: Schüler machen Schule). Dadurch könnten neue Inhalte und lebensweltrelevante Inhalte verstärkt Einzug in die Schule halten.

3. Die Verbindung von Inhalten, Zielen und Standards

Die Verbindung von Inhalten und Kompetenzen

Inhaltsvorgaben erübrigen sich nicht, wenn der Lehrplan nach Zielen und Standards strukturiert wird. Zielvorgaben und Inhaltsangaben müssen zusammengedacht werden. Aber auch Zielvorgaben und Bildungsstandards gehören zusammen. Sie unterscheiden sich nicht grundsätzlich, sondern nur graduell. Die Formulierungen, worauf Unterricht hinauslaufen soll (Zielformulierung), und die Formulierung, was Schüler zu einem bestimmten Zeitpunkt erreicht haben sollen, konvergieren. Die Beschreibung von angestrebten Wissensbereichen und von angestrebten Kompetenzen ist ein Kernbestand eines guten Lehrplanes. Ob in der Zielsprache formuliert wird „...die Kinder sollen..." oder in der Kompetenzsprache „... die Kinder können ..." ist sachlich gleichwertig. Pläne und Programme können nur intentionale Konzepte sein. Dabei ist es aber wichtig, zu präzisieren, was das Ergebnis des Lernprozesses sein soll.

Die Bildungsstandards im Sinne von Zielvorgaben sind dann in einem Lehrplan gut aufgehoben, wenn sie auf Aufgabenanalysen beruhen, die die Kernkonzepte eines Wissens- und Kompetenzbereiches enthalten und wenn diese entwicklungsangemessen präzisiert sind. Die systematischen und die genetischen Komponenten müssen zusammenkommen. Letztlich ist der Qualitätsgrad dieses Vorhabens von entsprechender fachdidaktischer und entwicklungspsychologischer Forschung abhängig. Ihr Präzisierungsgrad kann aber nicht in einem Lehrplan abgebildet werden. Der richtige Ort dafür sind Lehrbücher und Schulbücher.

Das Verhältnis von Lehrplan und Lehrmitteln

Im Idealfall repräsentieren Lehrpläne Kernübersichten und Basisziele dessen, was in Schulbüchern präzisiert wird. Die Aufgabe der Lehrpläne ist dann wiederum, die Gleichwertigkeit der Angebote zu sichern. Sie bereiten auch die Langzeitperspektiven des Lernens auf und sichern die Verzahnung von unterschiedlichen Bildungsgängen.

Testinstrumente als Teil von Bildungsplänen?

Die Zuordnung von Testinstrumenten (beispielhaft oder als ganze Testbatterien) zu Ziel-, Inhalts- und Kompetenzformulierungen von Lehrplänen kann heute zu einer neuen Gestalt der Lehrpläne führen. Wie eine optimal abgestimmte „Gestalt" pragmatisch am besten umgesetzt werden kann, ist noch in der Diskussion. Ich neige dazu, Testaufgaben nicht in Lehrpläne aufzunehmen, sondern sie höchstens – wenn sie überhaupt in die Programmplanung aufgenommen werden sollen – den Lehrbüchern anzugliedern.

2.2 Makroplanung durch institutionelle Rahmung des Bildungsplanes

Das Bildungswesen begegnet uns in der Moderne in der Gestalt verschiedener Schulformen, von Grundschulen, Hauptschulen, Realschulen, Gymnasien oder Gesamtschulen – wie immer man die Schultypen bezeichnen mag – und in der Gestalt von Übergängen von einer Schulform in die andere, die durch Prüfungen gelenkt werden. Die Schulzeit schreitet von Jahrgang zu Jahrgang fort, der jeweils ausgestaltet ist mit Fächern und Stundentafeln. So wissen Schüler, Eltern und Lehrpersonen, wo sie gerade stehen: Sie geben und erleben Unterricht in der 5. Klasse eines Gymnasiums im Fach Latein. Alle wissen, was sie zu tun haben. Der Masterplan der Bildung steht vergleichsweise als anonyme Größe im Hintergrund.

Mit welcher Steuerungsform des schulischen Bildungsprozesses haben wir es hier zu tun? Es ist ein institutionelles Regelwerk, das hier wirksam ist und dem Bildungsplan eine institutionelle, Sicherheit verschaffende Rahmung gibt. Was sein Kern und sein Gestaltungspotential ist, gilt es als Ergänzung zum Bildungsprogramm zu erläutern.

2.2.1 Institutionelle Absicherung der Inhalte: „Gefäße" des Lernens

Aus der Perspektive der oben beschriebenen *Programmplanung* scheinen durch die *Rahmenplanungen* der Inhalte nur Äußerlichkeiten des Bildungsprozesses berührt zu werden. Was im Bildungswesen geschieht, wird jedoch durch die Makrostrukturen der Planung von Lernzeiten, Lernwegen und Prüfungen wesentlich mitbestimmt. Erst sie verleihen der inhaltlichen Programmplanung Stabilität und für die Lehrerschaft Sicherheit und Orientierung. Sie bestimmen die „Gefäße" des Lernens, wer also was wie lange und mit welchem Abschluss lernen darf. Damit wird der Zugang zu Wissen und Können reguliert. Diese Entscheidungen schlagen sich nieder in

- Lernwegen z.B. in Schulformen, die Niveaus und globale Lernzeiten festlegen,
- Fächern und Stundentafeln,
- Jahrgangsklassen als Gliederung von Lernfähigkeiten von Schülern und
- Prüfungsformen, die Eingangsbedingungen und Abschlüsse von Bildungsgängen regulieren.

Fächer, Stundentafeln, Schulorganisation, Prüfungen

Erst durch sie entsteht das, was uns als Schule vertraut ist.

Diese Makrostrukturen der Programmsteuerung sind im deutschsprachigen Raum im 19. Jahrhundert „erfunden" und im 20. Jahrhundert perfektioniert worden. Sie geben den Verwaltungsrahmen für die inhaltliche Programmsteuerung vor (s. Hopmann, 1988a; Hopmann, 1988b; Hopmann & Haft, 1990).

Die Hauptinvestitionen im Bildungswesen sind auf diese Rahmendaten der Organisation von Bildungsgängen ausgerichtet: wer wie lange was lernen darf und welches Leistungsniveau dabei erzielt werden soll. Zusammen leisten sie die Langzeitplanung von schulischen Lernprozessen, die sich über viele Jahre erstrecken.

2.2.1.1 Lernzeiten und Zugänge zu Wissen und Können in Bildungsgängen

Die Dauer des Schulbesuchs und der Schulpflicht, die Dauer des gemeinsamen Lernens in einer Schule, etwa der Grundschulzeit und die Verzweigungen der Lernwege in verschiedene Schulniveaus, wie etwa Hauptschule, Realschule und Gymnasium geben die zentralen Makrostrukturen schulischer Lernwege vor.

Schuldauer

Lernzeiten
Die Festlegung von Lernzeiten für ausgewählte Inhalte, ausgedrückt in Schuljahren und Unterrichtsstunden pro Woche, ist nicht nur der kostenintensivste Teil der Makroplanung, sondern auch Ausdruck der wichtigsten kulturpolitischen Präferenzen. Aus diesem Grunde ist die Geschichte der Stundentafeln so aufschlussreich. Für das humanistische Gymnasium des 19. Jahrhunderts berichtet Fuhrmann einen von Bonitz stammenden Unterrichtsplan (s. Abb. 2.6). In ihm kommt die mit 117 Wochenstunden über neun Schuljahre überragende Bedeutung der Alten Sprachen zum Vorschein.

	VI	V	IV	U.III	O.III	U.II	O.II	U.I	O.I	Summe
Religion	3	2	2	2	2	2	2	2	2	19
Deutsch	3	2	2	2	2	2	2	3	3	21
Latein	9	9	9	9	9	8	8	8	8	77
Griechisch	–	–	–	7	7	7	7	6	6	40
Französisch	–	4	5	2	2	2	2	2	2	21
Geschichte/Geographie	3	3	4	3	3	3	3	3	3	28
Mathematik	4	4	4	3	3	4	4	4	4	34
Naturkunde/Physik	2	2	2	2	2	2	2	2	2	18
Schreiben	2	2	–	–	–	–	–	–	–	4
Zeichnen	2	2	2	–	–	–	–	6	6	6
Summe	28	30	30	30	30	30	30	30	30	268

Abb. 2.6: Stundentafeln des humanistischen Gymnasiums im 19. Jahrhundert (Fuhrmann, 2001, S. 173)

Am fundamentalsten legt die Dauer der Schulzeit die Lernchancen fest. Sie hat sich im Verlauf des 19. Jahrhunderts bis heute für den Pflichtschulbereich von sechs auf zehn Jahre erhöht. Die Gymnasialzeit wurde im 19. Jahrhundert auf neun Jahre standardisiert. Erstmals im Dritten Reich und dann in jüngster Zeit wurde sie auf acht Jahre verkürzt.

Entscheidend sind jedoch die Lektionen, die für einen Lerngang in einem Fach zur Verfügung stehen. Meist wird in Wochenstunden gezählt, aufschlussreicher und präziser sind aber Jahreslektionen. Für die obigen 117 Wochenstunden Alte Sprachen ergeben sich bei 40 Wochen im Jahr in der Summe über neun Jahre 4680 Unterrichtsstunden.

Typischerweise machten die alten Sprachen im 19. Jahrhundert 50 % des Unterrichtsangebotes aus (Fuhrmann, 2001, S. 174). Abgeschlossen wurde das Gymnasium mit dem Abitur, das zum Instrument wurde, um ein einheitliches Niveau beim Zugang zur Hochschule zu schaffen. Der gefürchtete Kern des Abiturs war der lateinische Aufsatz. Damit waren die Eckpfeiler der Inhaltsplanung in Gymnasien vorgegeben.

In der Volksschule hatte im 19. Jahrhundert der Religionsunterricht eine überragende Stellung eingenommen und er nahm um 1865 – wie für Württemberg berichtet (Friederich, 1978, S. 145 ff.) – etwa ein Drittel der Unterrichtszeit in Anspruch. Bedenkt man, dass auch der Deutschunterricht, der Geographieunterricht (Geographie des Heiligen Landes) und der Geschichtsunterricht im Dienste der Vertiefung der Religion standen, dann wird das Übergewicht dieses Inhaltes noch deutlicher.

Bei der Lehrgangsplanung stellen sich vor allem zwei Fragen:
- Wann soll mit einem Fach begonnen werden?
- Wie viele Lektionen sind bei welchen Schülergruppen erforderlich, um eine akzeptable Kompetenz zu erreichen?

Diese Fragen stellen sich heute vor allem bei Fremdsprachen und beim mathematischen sowie naturwissenschaftlichen Unterricht. Beim Erlernen einer Fremdsprache kann ein später Einstieg bedeuten, sensible Lernphasen zu verpassen. Beim naturwissenschaftlichen Unterricht stellt sich besonders die Frage eines kontinuierlichen Aufbaus, ohne zeitliche Unterbrechungen und zeitverschwendende Wiedereinstiege in einen Lerngang nach langer Unterbrechung.

Dass die *Lernzeit* für Fremdsprachen zu den wichtigsten Faktoren für den Unterrichtserfolg gehört, haben schon früh die internationalen Leistungsstudien belegt. Für Französisch hat Carroll eine Kalkulation der benötigten Lernzeit für ein akzeptables Kompetenzniveau versucht und gut sechs Jahre als Richtwert vorgegeben (J.B. Carroll, 1975, S. 266). Bei einer Wochenstundenzahl von vier Stunden und 40 Wochen Schulzeit pro Jahre wären dies 960 Lektionen, natürlich ohne Hausaufgaben und Zusatzangebote.

Für das Fach Englisch stellt sich heute die Frage, wie effektiv ein Beginn bereits ab dem ersten Schuljahr ist. Die Studie von Lewis und Massad belegt in der Regel einen positiven Zusammenhang mit einem früheren Beginn, der aber auch mit mehr Unterrichtszeit gekoppelt ist (Lewis & Massad, 1975), sodass hier der Beginn und die Lernzeit vermischt sind.

Zeitbudgets zur Verfügung zu stellen erweist sich nach der zusammenfassenden Analyse von Walker als der wichtigste Faktor für Lernergebnisse (1976. S. 231 f.). Er berichtet auf dem Hintergrund zusammenfassender Reanalysen zum Fremdsprachenlernen, dass zu einem späteren Zeitpunkt zu beginnen auch bedeuten kann, die Zeit effektiver zu nutzen, wenn dann noch genügend Lernzeit zur Verfügung (um die sieben Jahre) gestellt wird.

Lernzeit als knappes Gut

Da Lernzeiten für die gesamte heranwachsende Jugend einer Nation sehr teuer sind, kann die Frage nach den „großen Zeitbudgets" für Fremdsprachen, Muttersprache, Mathematik oder Naturwissenschaften zu einem Politikum ersten Ranges werden. Die Sprachenpolitik steht verständlicherweise in ethnischen Konflikten häufig im Mittelpunkt. Mehrsprachige Nationen, z.B. die Schweiz, sind von Entscheidungen über die Sprachenfolge, ob z.B. zuerst Englisch oder Französisch unterrichtet werden soll, besonders betroffen. Die Wahrung des nationalen Zusammenhalts gerät hier in Konflikt mit der Bedeutung, die Englisch als Weltsprache heute hat.

2.2.1.2 Unterschiedliche Reaktionen auf die Heterogenität der Schülerschaft und Modelle der Lernorganisation – „Gefäße" des Lernens

Um eine praktikable Architektur von Lehrplänen zu konzipieren, hat es sich als notwendig erwiesen, das „Wünschbare" in Bezug auf Lerninhalte an das „Machbare", was Kinder in welchem Alter mit welchem Aufwand tatsächlich lernen können, anzupassen. Kinder und Jugendliche unterscheiden sich dabei aber stark, insbesondere nach Alter und Begabung. Darauf wurde im Verlauf der Geschichte der Bildungssysteme auch *institutionell* reagiert. Anfangs war diese Reaktion noch sehr bescheiden und undifferenziert. In der „Württembergischen Schulordnung" von 1559 geschieht dies wie folgt:

> *„So dann der Schulmeister die Schulkinder mit Nutz lehren will, so soll er die in drei Häuflein einteilen.*
> *Das eine, darinnen diejenigen gesetzet, so erst anfangen zu buchstabieren.*
> *Das andere die, so anfangen, die Syllaben zusammenschlagen.*
> *Das dritte, welche anfangen zu lesen und zu schreiben.*
> *Desgleichen (soll er) in jedem Häuflein besondere Rotten machen, damit diejenigen, so einander in jedem Häuflein am gleichsten (sind), zusammensitzen; dadurch werden die Kinder zum Fleiß angereizt und dem Schulmeister die Arbeit geringert (= erleichtert). Die Schulmeister sollen auch die Kinder nicht übereilen oder mit ihnen fortfahren, ehe sie dasjenige, was ihnen der Ordnung nach aufgegeben, wohl und eigentlich gelernt (haben)."*
> *Aus der „Württembergischen Schulordnung" 1559. In: Dietrich und Klink, 1964 (S. 19).*

Alter als Homogenisierungskriterium

Der Versuch, unterschiedlichen Lernvoraussetzungen Rechnung zu tragen, führt hier zur Zusammenstellung von Lerngruppen. Die kulturelle Erfahrung, dass Kinder unterschiedlichen Alters unterschiedlich lernfähig sind, macht verständlich, warum das Alter als Kriterium der Zusammensetzung von Lerngruppen gewählt wurde. Das Alter als grobes Kriterium der Charakterisierung unterschiedlicher Lernfähigkeit ist bis heute noch in Kraft. Sein institutioneller Niederschlag ist die Bildung von *Jahrgangsklassen*, einer Erfindung des 19. Jahrhunderts. Faktisch überall wurde sie aber erst in den 70er Jahren des 20. Jahrhunderts realisiert. Noch in den 60er Jahren waren z.B. in Rheinland-Pfalz mehr als 50% aller Volksschulen mehrklassig, d.h. mehrere Schuljahrgänge wurden simultan in einer Klasse unterrichtet (Köhler, 2004).

Die zweite institutionelle Reaktion auf unterschiedliche Begabungen von Kindern besteht in der Bildung von Lerngruppen nach Leistungsfähigkeit. In der Geschichte des deutschen Bildungswesens hat sich dabei die Gabelung in Schulformen (Hauptschule, Realschule, Gymnasium) nach der vierten Klasse Grundschule als Grundmuster durchgesetzt. Diese Form besteht aber erst seit 1920 mit der Errichtung der gemeinsamen, vierjährigen Grundschule.

Lerngruppen als Reaktion auf Begabungsunterschiede

Hinter den Reaktionen auf die Heterogenität der Lernmöglichkeiten verbergen sich aber nicht nur – unzweifelhaft wichtige – technische Probleme des Lehrens. Ähnlich wie bei der Diskussion um die in der Schule zu verankernden Fächer und die ihnen zuzuweisenden Lernbudgets kommen in Entscheidungen über die Makroplanung von Lernwegen zentrale gesellschaftspolitische Prämissen und politische Machtverhältnisse zum Vorschein.

Reaktion auf Heterogenität und gesellschaftspolitische Prämissen

Bei internationalen Vergleichen wird sichtbar, dass es sehr unterschiedliche Konzepte gibt, wie man auf die Heterogenität der Leistungsfähigkeiten institutionell reagieren kann.

Ein erstes spiegelt sich in den deutschsprachigen Modellen, die eine Dreigliedrigkeit in der Reaktion auf die Heterogenität suchen. Die Leistungsfähigkeiten werden dann innerhalb dieser Dreigliedrigkeit von Hauptschule, Realschule und Gymnasium homogenisiert. Das gemeinsame Fundament ist auf wenige Schuljahre am Beginn der Schulzeit eingeschränkt. Die Feindifferenzierung auf die beruflich erforderlichen Qualifikationsprofile hin erfolgt in der Sekundarstufe II bzw. im beruflichen Schulwesen.

Eine zweite Reaktion auf die Heterogenität möchte differenzierter und zeitlich flexibler auf unterschiedliche Begabungsprofile reagieren. Die klassische Variante der deutschen Gesamtschule wollte länger als nur vier Schuljahre ein gemeinsames Fundament in einer gemeinsamen Schule bis zum 9./10. Schuljahr realisieren und vor allem den *intra*individuellen Unterschieden in den Begabungsprofilen, insbesondere jenen zwischen den sprachlichen und mathematisch-naturwissenschaftlichen, gerecht werden. In einem schulinternen Differenzierungsmodell sollte flexibel auf die Leistungs*entwicklung* im Sinne von Auf- und Abstufungen sowie auf die *Begabungsschwerpunkte* in den Sprachen und Naturwissenschaften reagiert werden. Von ca. 50 % der Kinder wurde die intraindividuelle Differenzierung (also in sprachlichen Fächern in einem anderen Kursniveau zu sein als in einem mathematisch-naturwissenschaftlichen) genutzt und auch die zeitliche Flexibilität im Sinne von Aufstiegen und Abstiegen zwischen Anforderungsniveaus wurden von ca. 30 % der Schülerschaft in Anspruch genommen (Fend, 1982).

Leistungsdifferenzierung in Kurssystemen

Eine dritte Reaktion, die mehrere in PISA sehr erfolgreiche Länder praktizieren, besteht in Schulmodellen, in denen Schüler bis zum Ende der Pflichtschulzeit in einer Schule gemeinsam versammelt sind. Innerhalb der Schulen wird dann durch ein komplexes System von Förder- und Unterstützungsleistungen flexibel auf die Heterogenität der Leistungsfähigkeiten von Kindern und Jugendlichen reagiert. Die Schulen selber verleihen dabei keine „starken" Berechtigungen, etwa zum Besuch von Universitäten, wie dies z.B. in der Schweiz, in Deutschland oder in Österreich der Fall ist. Bei bestimmten Leistungen können sich z.B. finnische Schüler lediglich für die Aufnahme in Studiengänge bewer-

Schule für alle und Binnendifferenzierung

ben. Die Ablehnungsquoten können dann nach Aufnahmeprüfungen der Universitäten sehr hoch sein.

Diese verschiedenen institutionellen Reaktionsmuster auf die Begabungsheterogenität der Schülerschaft machen mehreres deutlich: Es geht bei der Gestaltung von langen Lernwegen nicht nur darum, das Anforderungsprofil des Beschäftigungssystems mit einer optimalen Reaktion auf Heterogenität zu verbinden, es geht also nicht nur um ein *technisches* Problem. Damit sind vielmehr auch grundlegende *gesellschaftspolitische Präferenzen* verbunden, die das gesellschaftlich gewünschte Maß an Gemeinsamkeit, an Integration der Bevölkerung betreffen. Die Stärkung der gemeinsamen Basis scheint in vielen bei den PISA-Studien beteiligten Ländern besser entwickelt zu sein als in den deutschsprachigen Bildungssystemen. Der Abstand zwischen den Leistungen der guten und der eher schwachen Schüler ist in kaum einem anderen Land so groß wie in Deutschland (Baumert, 2001; Baumert et al., 2002).

Neue Modelle

Begreiflicherweise ist deshalb dieses deutsche Modell der Einteilung der Schülerschaft in verschiedene Schulformen nach der 4. Klasse Grundschule sehr umstritten. Es kristallisieren sich neue Modelle heraus, die die gemeinsame Lernzeit verlängern, aber Rücksicht auf die Traditionen der Schulformen nehmen wollen. So zeichnet sich für die Schweiz ein Modell ab, das *acht Jahre gemeinsamen Lernen* ermöglicht, in dem die Kindergartenzeit ab dem 4. Lebensjahr als Vorschuljahre in die Grundschule integriert wird, die ihrerseits bis zur 6. Klasse geführt wird. Im Anschluss daran wird eine äußere Differenzierung praktiziert, die insbesondere die Gymnasien als eigene Schulform führt. Neben dem Gymnasium werden unterschiedliche Differenzierungsmodelle praktiziert. Nach dem 9./10. Schuljahr ist eine zweite „Drehscheibe" vorgesehen, die neue Chancen für gute Schüler schafft, die bisher nicht im Gymnasium waren, jetzt aber in Schulzweige eintreten können, die zur Hochschulreife führen. Auch der Weg über den Beruf in weiterführende Fachhochschulen ist institutionalisiert.

Für Deutschland wären ähnliche Modelle denkbar. Vielfach reagieren Bildungssysteme schon auf die Problematik der frühen Entscheidung nach dem 4. Schuljahr. Insbesondere die berufsbildenden Gymnasien, etwa jene in Baden-Württemberg, können als intelligente Reaktion auf neue Aufstiegswünsche nach dem 10. Schuljahr verstanden werden.

Ein neues deutsches Grundmodell?

Als neues Grundmodell wäre jenes denkbar, das die Schuljahre vom 4. bis zum 10. Lebensjahr als gemeinsame Lernzeit zusammenfasst. Varianten bis zur 6. Klasse könnten dies ergänzen. Nach dem 4. bzw. dem 6. Schuljahr wäre eine Zweiergabelung denkbar. Die eine würde über das Gymnasium direkt zur Hochschulreife führen. Die zweite könnte bisherige Hauptschulen und Realschulen zusammenfassen. Flexibilität je nach lokalen und regionalen Umständen wäre dabei aber durchaus angebracht. Auch die interne Ausgestaltung nach Differenzierungsniveaus könnte flexibel gehandhabt werden. Diese zweite Gabel müsste aber Möglichkeiten enthalten, auf geregelten Wegen auch in Fachhochschulen und Hochschulen zu gelangen. Die Sekundarstufe in Sachsen ist im Kern nach diesen Grundsätzen organisiert.

2.2.2 Makrosteuerung durch Prüfungsregelungen und durch das Berechtigungswesen

Prüfungssysteme als Instrumente der Gestaltung des Bildungswesens zu betrachten ist nicht unmittelbar einsichtig. Pädagogen neigen dazu, sie als fatale „Notwendigkeit" zu sehen, die sich wie Mehltau auf die inhaltlichen Lernprozesse legen. Haben sie eine interessante Unterrichtseinheit durchgenommen und die Schülerinnen und Schüler begeistert, so müssen sie am Ende dafür Noten geben und damit große Gruppen enttäuschen. Doch die Prüfungen scheinen auch unvermeidbar zu sein. Lehrpersonen können ihnen nicht ausweichen, wenn sie in der Schule bleiben wollen. Sie sind beinahe das, was Max Weber (1920. S. 203) als das „stahlharte Gehäuse" bezeichnet hat, in das der moderne „Fachmensch" eingebunden ist. Wer sich in einem objektivierbaren und rechtssicheren System der Belohnung von Leistung bewegen will, der scheint ihm nicht entkommen zu können.

Doch Prüfungen sind historisch entstandene Gebilde, dazu noch aus sehr einfachen Anfängen heraus, wie dieses Beispiel zeigt: Georg Michael Käfer berichtet aus seiner Volksschulzeit um 1840, „Man habe den größten Teil der Unterrichtszeit mit Memorieren und Biblischer Geschichte zugebracht; Hauptarbeit im Biblischen Geschichtsunterricht sei gewesen ‚…Bibelstellen von den Schülern aufschlagen zu lassen…', wobei der Lehrer ‚…jedesmal dem Schüler, welcher die Stelle zuerst fand, als Lob einen Kreidestrich auf dem Schultische machte…' Die Kreidestriche auf dem Lehrer- oder Schülerpult werden in bestimmten Zeitabständen zu einem Rangplatz verrechnet" (zit. nach Friederich, 1978, S. 173).

2.2.2.1 Typologien von Prüfungssystemen

Aus einfachen Anfängen heraus haben sich heute sehr komplexe Regelsysteme entwickelt, die festlegen, wer prüft, wie geprüft wird und welche Folgen die Prüfungen haben. Neben der institutionellen Gestaltung des Bildungsplanes durch Lernzeiten und Bildungsgänge gelten deshalb Prüfungsordnungen eines Bildungswesens als zweite institutionelle Rahmenbedingung, die Bildungsprozesse im Raum der Schule reguliert. Prüfungssysteme geben die Regeln vor, nach denen in der Schule „gespielt" wird, nach denen jemand gewinnen und verlieren kann. Diese Regelsysteme können, so zeigen wieder Vergleiche von Bildungssystemen, sehr unterschiedlich sein. Damit stellt sich die „Gestaltungsfrage", ob unterschiedliche *Prüfungsregelungen auf der Ebene der Institution* zu einer unterschiedlichen Qualität des Bildungswesens führen können.

Doch worin können sich solche Prüfungssysteme unterscheiden?

Die Grunderfahrung im deutschen Bildungswesen ist die: Lehrpersonen stellen in engem Anschluss an den durchgenommenen „Stoff" der ganzen Klasse dieselben Prüfungsaufgaben und beurteilen die einzelnen Schülerinnen und Schüler im Vergleich mit den Mitschülern. Aus vielen *klasseninternen* Vergleichen entwickeln sie nach einem durchschaubaren Verfahren ein Gesamturteil.

Abgebende und aufnehmende Prüfungssysteme

Es ist aber auch möglich – und in vielen Bildungssystemen wird dies praktiziert – dass *schulübergreifend* entwickelte Aufgaben eingesetzt werden, um einen objektiven Leistungsstand festzustellen, der von klassenspezifischen Schwankungen unabhängig ist.

Eine zweite Trennlinie, die Prüfungsreglemente unterscheidet, ergibt sich daraus, welche Folgen mit den Leistungsergebnissen verbunden werden. In berechtigungsorientierten Prüfungssystemen vermittelt die abgebende Schule das Recht, in nachfolgende Bildungsgänge einzutreten. Die Schweizer Matur berechtigt zu jedem Studiengang an Schweizer Hochschulen. Ähnlich steht es mit dem deutschen Abitur. Solche Prüfungsreglemente werden „terminale Systeme" genannt. Sie lassen sich von solchen abgrenzen, die lediglich das Recht vergeben, sich bei nachfolgenden Bildungsgängen zu bewerben, die dann ihrerseits über Aufnahmeprüfungen letztlich entscheiden, wer „weitermachen" darf. Sie werden deshalb hier auswählende (elektive) Systeme genannt.

Wenn diese Alternativen kombiniert werden, ergeben sich die in Abb. 2.7 beschriebenen Typen der Makrosteuerung über Prüfungsregelungen. Es handelt sich dabei um Idealtypen. Realiter finden wir vielfache Mischformen von Prüfungstypen.

Interne-externe Aufgabenstellungen	Ort der Verleihung von Berechtigungen	
	Abgebende Schulen (terminale)	*Aufnehmende Schulen* (elektive)
Lehrerbasiert und curriculumnah	Klasseninterne Prüfungen mit Berechtigungsfolgen	Klasseninterne Prüfungen Berechtigungen von individuell aufnehmenden Schulen definiert
Extern und curriculumfern	Schulübergreifende Prüfungen mit Berechtigungsfolgen	Standardisierte externe Prüfungen als Grundlage für Zulassungsentscheide

Abb. 2.7: Typologie der Makrosteuerung durch Prüfungsregelungen

2.2.2.2 Handeln im Rahmen unterschiedlicher „Spielregeln" des Prüfens

Wird je nach Prüfungsreglement in den Schulen ganz unterschiedlich „gespielt"? Sind damit Prüfungssysteme sogar gestaltungsrelevant? Dass dies der Fall ist, gehört für mich zu den späten Einsichten in die Funktionsweise des Bildungswesens. Einfache Überlegungen machen dies plausibel, zur Absicherung wären aber vergleichende Studien zum Lehrerhandeln und Schülerhandeln in unterschiedlichen Bildungssystemen notwendig.

Curriculare Folgen terminaler Prüfungssysteme

Baut ein Bildungswesen auf terminalen Prüfungsreglementen auf, dann muss eine inhaltliche Planung realisiert werden, die streng darauf achtet, dass den gleichen Berechtigungen (etwa für den Besuch des Gymnasiums nach der Grundschule oder der Hochschule nach dem Abitur) auch gleiche inhaltliche Anforderungen und Leistungen entsprechen. Willkürliche oder individuelle Anspruchniveaus in der Schulklasse und Schule geraten in eine problematische Zone, da sie dem Gerechtigkeitsprinzip widersprechen. An allen Schulen, auf dem Land oder in der Stadt, müssen etwa dem Abitur oder der Matura äquivalente Anforderungen zugrunde liegen. Dies ist alles andere als leicht zu realisieren. Es erfordert einen detaillierten Bildungsplan, darauf abgestimmte Lehrwerke und glaubwürdige Verfahren, dass in Prüfungen an verschiedenen Standorten etwa gleich viel verlangt wird. Die Komplexität der Inhaltsplanung von Bildungssystemen im deutschsprachigen Raum hat hier – im Prüfungs- und Berechtigungswesen – ihren Ursprung. Die Inhaltsplanung ist daran gebunden, gleichwertige Abschlüsse zu garantieren. Spielräume vor Ort sind nur begrenzt möglich. Die Äquivalenznotwendigkeiten bei terminalen Prüfungen erfordern eine strenge Inhaltsplanung. Die gegenwärtige Entwicklung, dass Standards präzisiert und durch schulübergreifende Tests gesichert werden sollen, kommt diesem Anliegen sehr entgegen. Gleichermaßen tun dies die in vielen Ländern praktizierten zentral mitgesteuerten Abschlussprüfungen (siehe das Zentralabitur).

Wenn die aufnehmende Schule die Anforderungen definiert, dann ist das gesamte Curriculum weniger darauf angewiesen, präzise strukturiert zu sein. Es kann deshalb kurz gehalten werden, da die Anforderungen von außen, durch die zu erwartenden Aufnahmeprüfungen definiert werden. Die Lehrpersonen versuchen, die Schülerinnen und Schüler optimal für die bevorstehenden außerschulischen Prüfungen vorzubereiten. Hinter den gleichen Schulabschlüssen der einzelnen Schulen können unterschiedliche Leistungen stehen, ohne dass Legitimationsprobleme entstehen. Entscheidend ist ja der Erfolg in der Aufnahmeprüfung. Die Qualität einer Schule zeigt sich dann darin, dass sie möglichst viele Schüler hat, die bei angesehenen weiterführenden Schulen aufgenommen werden. In amerikanischen High Schools kommt dies sehr markant zum Ausdruck.
Curriculare Folgen aufnehmender Systeme

Das Examenssystem als Teil der Makrosteuerung übt auch einen großen Einfluss auf das Handeln der operativen Akteure aus. Es gibt Incentives, Opportunitäten und Restriktionen vor und es reguliert das operative Handeln auf allen Ebenen. Für das deutsche Bildungswesen sind Mischformen zu bedenken, die die Vorzüge beider idealtypischen Prüfungssysteme optimieren. Welche Kombination von internen und externen Prüfungen besonders segensreich ist, muss einerseits empirisch untersucht werden, ihre Umsetzung in Reformen ist andererseits abhängig von der Anschlussfähigkeit an nationale Traditionen der Gestaltung des Bildungswesens.

2.2.2.3 Niveausicherung durch Prüfungssysteme

Die Frage, die sich im Rahmen der qualitätssichernden Makrosteuerung stellt, ist die, ob die obigen Alternativen „etwas ausmachen", insbesondere ob sie zu unterschiedlichen Leistungsprofilen führen. Um diese Frage zu beantworten, sind naturgemäß Vergleiche zwischen Ländern nötig, in denen unterschiedliche Prüfungssysteme praktiziert werden.
Folgen für das Leistungsniveau eines Bildungswesens

Zwei Fragen stünden dabei im Vordergrund:
- Haben *terminale* Systeme bessere Leistungen zur Folge als *auswählende*?
- Haben standardisierte *zentrale* Prüfungen einen positiven Effekt auf Schulleistungen?

Zugespitzt wäre zu fragen, ob jene Länder Leistungsprobleme haben, die sich ausschließlich auf lehrerbasierte Schülerbeurteilungen verlassen und auf ihrer Grundlage terminale Abschlüsse vergeben, die dazu berechtigen, weiterführende Bildungswege einzuschlagen, etwa den Besuch des Gymnasiums nach der
Implikationen terminaler Systeme

Grundschule und auf der Grundlage des Abiturs bzw. der Matura den uneingeschränkten Hochschulbesuch.

Warum sollten sich daraus Leistungsprobleme ergeben? Mehrere Prozesse sind denkbar. So beurteilen Lehrpersonen, die klasseninterne Maßstäbe anlegen, ihre Schülerinnen und Schüler zwar in der internen Rangfolge konsistent, haben aber keine klassenübergreifenden Vergleichsmöglichkeiten. An der Oberfläche zeigt sich dies darin, dass für die gleichen Leistungen in verschiedenen Klassen und Schulen sehr unterschiedliche Noten vergeben werden (Baumert et al., 2003).

Zentrale Prüfungen sind bedeutsam

Erste empirische Belege dafür, dass Prüfungssysteme auch unterschiedliche Leistungen nach sich ziehen, verdanken wir Analysen, die nach der Bedeutung zentraler Prüfungen fragen. Die großen internationalen Leistungsstudien erlauben sie. Sie hat Wößmann (2002a; 2002b) genutzt, indem er die Daten aus TIMSS (266.545 Schüler der 7./8. Klasse) und TIMSS-REPEAT (180.544 Schüler der 9. Klasse) verwendet hat. Dabei sind einmal 39 und einmal 38 Länder mit unterschiedlichen Examenssystemen verglichen worden. Die Grundlage bildeten die Leistungen in Mathematik und in den Naturwissenschaften. Die Einteilung der Länder auf der Grundlage der Prüfungssysteme erfolgte nach dem Ausmaß, in dem jeweils *zentrale Abschlussprüfungen* für die Sekundarstufe II vorgesehen waren.

Bei allen Schwierigkeiten, die eine solche Analyse begleiten, ist der Sachverhalt bemerkenswert, dass in zwei Datensätzen klar positive Wirkungen zentraler Prüfungen zum Vorschein kamen.[19] Das Vorhandensein oder Fehlen zentraler Prüfungen erklärt insgesamt ca. 7% der internationalen Variation von Leistungsergebnissen und ist damit einer der stärksten Erklärungsfaktoren. Ebenso wichtig ist aber das Ergebnis, dass die positiven Wirkungen zentraler Prüfungen mit positiven Wirkungen der Schulautonomie interagieren. Wenn zentrale Abschlussprüfungen vorgesehen sind, dann hat letztere positive Wirkungen auf das Leistungsniveau. Die positiven Effekte der zentralen Prüfungen betreffen alle Leistungsgruppen gleichermaßen. Kinder aus niedrigere sozialen Schichten profitieren davon sogar stärker (Wößmann, 2002a, S. 28 ff.).

Vergleich von Bundesländern

Die Bundesländer Deutschlands ermöglichen interessante Vergleiche von Bildungssystemen, die bei gleicher terminaler Struktur in unterschiedlichem Ausmaß zentrale, also extern gesteuerte Prüfungen einsetzen. Auf der TIMSS-Datenbasis ergibt sich ein ähnliche Tendenz wie in der internationalen Studie (Baumert et al., 1998). Bei PISA 2000 ragen insbesondere die Länder Bayern und Baden-Württemberg – beide mit zentralen Abiturprüfungen – in ihren Leistungen heraus (Baumert et al., 2002). Die Ergebnisse weisen aber auch darauf hin, dass es funktionale Äquivalente für zentrale Prüfungen gibt (z.B. Prüfverfahren für von den Schulen eingereichte Aufgaben), die ähnliche Wirkungen haben können, wenngleich sie sehr aufwendig sind.

Externe Prüfungen als Teilelemente des gesamten Examenssystems

So ergibt sich in der Summe, dass Teile der Abschlussprüfungen zentral gestaltet sein sollten, um ein hohes Niveau zu sichern. Sie hätten die internen Prüfungsformen zu ergänzen. Letztere wären weiterhin bedeutsam, um dem täglichen Lernen in der Schule weiterhin Bedeutung beizumessen.

---

19 Die Effektstärke liegt zwischen 35% und 47% der internationalen Standardabweichung in den Testwerten – und zwar zugunsten von Ländern mit zentralen, schulübergreifenden Prüfungen.

Schulübergreifende Prüfungen führen dazu, dass Administration, Lehrpersonen und Eltern bessere Informationen über die Leistungen und die Ergebnisse ihrer Anstrengungen haben. Sie bekommen mehr Sicherheit in dem, was verlangt werden kann und sie können sich im Unterricht mehr als Coach und Lernhelfer bewegen denn als Richter. Von Schülerseite, von Elternseite und in Kollegien steigen die Erwartungen, dass alle Lehrpersonen „gut unterrichten". Welches „gute Lehrpersonen" sind, wird dabei von den Leistungsergebnissen her zumindest partiell objektivierbar. Da mit guten Ergebnissen auch ein Prestige der Schule nach außen verbunden sein kann, werden gute Lehrpersonen eher belohnt, schwächere kommen unter Druck.

2.3 Qualitätssicherung durch politische und administrative Makrosteuerung

Wenn man die politisch-administrativen *Verfassungsskripte* in der Steuerung des Bildungswesens in den Vordergrund rückt, dann liegt der Vorwurf nahe, man überschätze Gesetze, Verordnungen und Regeln und somit alles, „was auf dem Papier steht". Schließlich handeln im Bildungswesen Personen, die ihre je eigenen Auffassungen und Fähigkeiten mitbringen und die ihr Handeln möglicherweise sehr viel stärker leiten als Gesetze.

Die Konzeption einer akteurbasierten und institutionsbezogenen Schultheorie (Fend, 2006b) geht jedoch davon aus, dass die jeweilige Verfassung vorgibt, welche Akteure welche Aufgaben und Handlungsmöglichkeiten haben. Dies impliziert z.B., dass verschiedene Akteure unterschiedlich stark und mächtig sind, um ihre „Weltinterpretation", ihre Kompetenzen und ihre „Interessen" zur Geltung zu bringen.

Politische und administrative Formen der Steuerung des Bildungswesens, also den „Wust" an Gesetzen und Verordnungen, wird die pädagogisch engagierte Lehrperson zudem wohl kaum zu den bevorzugten Instrumenten zählen, um „gute Schule" zu „machen". In meiner eigenen Forschungsgeschichte ging es mir nicht anders. Recht und Administration waren irgendwie notwendig, sie waren einfach „da", unveränderbar und selbstverständlich, häufig lästig und störend. Dies hat sich gründlich gewandelt, wie die folgenden Ausführungen zu zeigen versuchen.

Der neue Blick auf Recht und Verwaltung

Das Fenster zur Wahrnehmung der Wirklichkeit des Bildungswesens als eines rechtlich-administrativ regulierten Systems haben insbesondere die internationalen Schulleistungsvergleiche aufgestoßen (Baumert, 2001; Baumert et al., 2003; PISA-Konsortium Deutschland, 2004, 2005). Da andere Länder deutlich besser als die deutschen abgeschnitten haben, stieg das Bedürfnis, zu erklären, warum dies so ist. Die Inhalte, die getestet wurden, variierten von Land zu Land nicht sehr, ebenso wenig das bei Besuchen immer wieder beobachtete Verhalten der Lehrpersonen im Unterricht. Dieses erschien „normal" und „bekannt". Eben Schule. Was waren denn die großen Unterschiede zwischen den guten und den eher schwachen Ländern? Beim Versuch, dies zu beantworten, kamen die rechtlich-administrativen Steuerungsformen des Bildungswesens ins Spiel. Ein überraschend spannender Einblick in diese Regulierungsformen des Bildungswesens begann. Das Ergebnis meines Versuches, sie zu beschreiben, ist im Folgenden enthalten.

Die Befruchtung durch die vergleichende Erziehungswissenschaft

Normativ geleitetes Zusammenhandeln

Der Ausgangspunkt ist einfach. Er besteht darin, dass die rechtlich-administrative Steuerung vernachlässigbar wäre, wenn Schule ein „Ein-Mann-Unternehmen" wäre. Die Organisation von Lehrprozessen über viele Jahre, in vielen Fächern und für Millionen von Kindern erfordert aber ein feingesponnenes Netz des Zusammenhandelns, erfordert Tausende von abgestimmten Regelungen und unzählige Koordinationsarbeiten. Vergesellschaftung als normativ – durch Regeln und Gesetze – geleitetes Zusammenhandeln war daher auch das Stichwort, um den Prozess der Entstehung moderner Bildungssysteme zu beschreiben.

Die Partitur des Bildungswesens, deren inhaltliche Gestalt oben beschrieben wurde, muss umgesetzt werden in ein Geschehen in Raum und Zeit, in Handlungsmuster von Akteuren, die untereinander detailliert vernetzt sind. Man beachte nur, was es braucht, damit Schüler ein Jahreszeugnis erhalten. Sie werden dazu in verschiedenen Fächern über ein Schuljahr hinweg unterrichtet und in einem differenziert geregelten Prozess oft hundertmal und häufiger bewertet. Was sie zu lernen hatten, war als „Jahresstoff" verpflichtend festgelegt und in einem größeren Planungsrahmen eines Landes abgestimmt und in Lehrwerke umgesetzt. Die Umsetzung in ein Jahreszeugnis, an dem oft zehn oder mehr Lehrpersonen beteiligt sind, folgt einem rechtlich geregelten Verfahren der Koordination und Abstimmung in Zeugniskonferenzen. Die Ergebnisse in verschiedenen Fächern werden dort zu einem Zeugnis kombiniert, um in der Summe festzustellen, ob jemand in die nächste Klassenstufe aufsteigen kann. Die ausführenden Akteure des Bildungswesens sind damit in einen arbeitsteiligen Prozess eingebunden, der unzählige Koordinationsleistungen erfordert.

Gleichheit der „Schulverhältnisse"

Im deutschen Bildungswesen besteht der große Anspruch, allen Bevölkerungsgruppen, unabhängig von Wohnort und Einkommen, ein qualitativ gleichwertiges Bildungsangebot zu machen, das den Begabungen und Neigungen der jungen Generation entspricht. Eine solche qualitative Einheitlichkeit herzustellen ist angesichts der Vielzahl beteiligter Personen ein großer Anspruch. In verpflichtenden Lehrplanvorgaben, zugelassenen Schulbüchern und Prüfungsanforderungen haben wir den ersten Schlüssel gesehen, dies zu erreichen. Eine gleichwertige Ressourcenverteilung wird der zweite sein.

Freiheit Vielfalt Autonomie

Einheitlichkeit kann aber auch schnell zu unproduktivem Zwang und zu wenig inspirierter Exekutiv-Mentalität führen. Vielfalt, Autonomie, Freiräume – dies sind Konzepte der Unternehmensführung, die heute weit verbreitet sind und als Schlüssel zur Motivationssteigerung der Mitarbeiter gelten. Auf dieser Folie ist es verständlich, dass wir in den letzten Jahrzehnten immer wieder Bemühungen finden, die Qualität des Bildungswesens durch Veränderungen in den Regeln dieses Zusammenhandelns zu verbessern – zuletzt in der intensiv geführten Debatte über die relative Autonomie von Schulen.

Schulen als Unternehmen

Ein Begründungsmuster bezieht sich dabei auf Analogien zur Autonomie von Betrieben. In dem diese in einer Marktwirtschaft „frei" entscheiden können, müssen sie keiner anderer Logik folgen als jener der Optimierung ihrer eigenen Produktionsabläufe, um einen bestmöglichen Markterfolg zu erzielen. Wenn auch Schulen freigestellt würde, ihre Arbeit autonom zu gestalten, dann wäre zu erwarten, dass sie alles daran setzen, um bestmögliches Lehren und Lernen zu organisieren. Es ist unschwer erkennbar, dass die Analogie zu Unternehmen nur dann zuträfe, wenn auch Schulen einem Markterfolg ausgesetzt wären. Ist dies nicht der Fall, dann kommen möglicherweise andere Optimierungsprozesse in Gang, etwa die, sich das Leben in der Schule möglichst angenehm zu machen. Es kommt hier also darauf an zu überlegen, welche Regelungszusammenhänge eine optimale operative Arbeit vor Ort sicherstellen.

Rechtliche Rahmenregelungen sind aber nicht nur an Wirksamkeitsfragen zu messen. Sie haben intrinsische Qualitäten, wenn sie z.B. zu Rechtssicherheit beitragen – ein unschätzbarer Wert in der Regulierung sozialen Zusammenlebens. Auch die Schule muss ein Raum sein, der Schutz bietet, Schutz vor Übergriffen von Lehrern und Mitschülern, Schutz vor willkürlicher Behandlung. Dieser Schutz richtet sich im Bildungswesen vor allem auf die faire Behandlung im Umfeld lebenswichtiger Entscheidungen, die auf der Grundlage von Leistungsbeurteilungen gefällt werden. Hier Korruption, Benachteiligung und intransparente Behandlung zu unterbinden, muss in einem demokratischen und rechtsstaatlichen Bildungswesen gesichert werden. Es trägt dann in hohem Maße zur Stabilität eines Gemeinwesens bei.

Rechtssicherheit

Messen wir diesen Regelungen eine zu große Bedeutung bei? Kann über Gesetzgebung auch Lehren und Lernen verbessert werden? Möglicherweise ist dies ein Irrtum. Diesen Fragen soll im Folgenden nachgegangen werden.

Qualitätssteigerung durch Gesetzgebung?

2.3.1 Regulierung durch Regeln des Zusammenhandelns: Gesetze und Verordnungen, Kompetenzregelungen und Machtverhältnisse

Vor allem die neueren großen Schulleistungsvergleiche in Ländern mit unterschiedlicher politischer und administrativer Steuerung des Bildungswesens sowie unterschiedlichen organisatorischen Rahmenbedingungen haben die Perspektive in den Vordergrund gerückt, dass die politisch-administrativen Steuerungsformen dafür verantwortlich sein könnten, dass Bildungssysteme unterschiedlich leistungsfähig sind. Damit wird eine Beziehung zwischen der Systemsteuerung und den „Erträgen" des Bildungswesens im Sinne der Leistungsergebnisse postuliert. Das Bildungswesen erscheint dabei als „Produktionsstätte" von Leistungen, als verantwortlicher institutioneller Akteur. Es gibt danach insofern einen „Akteur Bildungswesen", als durch die normativ-gesetzliche Verfasstheit des Bildungswesens ein Zusammenhandeln entsteht, das auf die Gestaltung eines optimalen Angebotes für Lernprozesse ausgerichtet ist.

Systemsteuerung und Qualitätssicherung

2.3.1.1 Verfassungsskripte der Makrosteuerung: deutsche Bildungssysteme

Die Geschichte der deutschsprachigen Bildungssysteme hat auf der Makroebene eine Konfiguration der rechtlich-administrativen Steuerung hervorgebracht, die – kommende Erläuterungen vorwegnehmend – so charakterisiert werden kann:
1. Überwiegend staatliche Trägerschaft,
    - Rechtsgrundlagen für alle Verfahren und Operationen,
    - Einbau des Bildungswesens in die staatliche Administration und Hierarchie,
    - Lehrpersonen als operative Akteure der staatlich-administrativen Auftragserfüllung.
2. Programmsteuerung durch kanonisierte Inhaltsvorgaben, Zielvorgaben und Prüfungsanforderungen.

Vorblick

101

3. Terminale Systeme: Interne Leistungskontrolle als Grundlage für Berechtigungen zum Besuch weiterführender Schulen mit partieller schulübergreifender Unterstützung.
4. Entwicklung eines flächendeckenden, gleichwertigen Bildungsangebotes, über Ressourcensteuerung (Lehrerzuweisung, Sachausstattung) und Prüfungsanforderungen.
5. Interne Regulierung von Aufsicht und Qualitätskontrolle.

Staatliche Bürokratie

Das Kernmerkmal der deutschsprachigen Konfigurationen ist damit zweifellos, dass das Bildungswesen in staatlicher Verantwortung steht und ihre Träger in eine hierarchisch gestaltete Beamtenstruktur eingebunden sind. Das deutsche Bildungswesen enthält eine Bürokratie im Sinne der klassischen Formulierung von Max Weber. Danach stehen Hierarchiestufen und Aufstiegskanäle, die intern selbst verwaltet werden, im Mittelpunkt. Alle Vorgänge gilt es rechtlich abzusichern, sie schriftlich zu dokumentieren, aktenkundig und damit justiziabel zu machen.

Dieses Bürokratiemodell mit einer genauen Definition von Verdienst und Leistung, von Aufstieg und Abstieg setzt sich gewissermaßen bis in die Schulklasse fort. Schüler werden also wie Mitglieder einer Bürokratie behandelt. Ihr Handeln hat Folgen, die denen von Verwaltungsbeamten entsprechen: sie werden systematisch beurteilt, befördert oder degradiert.

Auf einer höheren Ebene wird diese Bürokratie nicht mehr von pädagogisch geschultem Fachpersonal allein, sondern von juristisch ausgebildetem und zusätzlich politisch engagiertem Personal reguliert. Im deutschen Bildungswesen beginnt dies auf der *Schulleitungsebene*, auf *ministerieller Ebene* steht dies dann im Vordergrund, wenngleich natürlich auch hier von der Laufbahn her Pädagogen vertreten sind.

Schutz durch Verrechtlichung

Dieses Bildungswesen ist vor allem verfahrensorientiert; das richtige Vorgehen steht im Vordergrund. Kennzeichnend ist dabei die hochgradige *Verrechtlichung* aller Vorgänge. Um die Akteure gegen Ansprüche und Rekurse durch die Nutzer abzusichern, ist selbst das Unterrichtsgeschehen hochgradig reguliert – wie z.B. Hausaufgaben zu geben sind, wie Prüfungen zu gestalten sind, wie zu benoten ist, wie Jahreszeugnisse zustande kommen.

Steuerung durch Lehrpläne und Prüfungsordnungen

Dennoch ist ein Bildungswesen, wie im vorangegangen Kapitel sichtbar wurde, vor allem durch inhaltliche Vorgaben gesteuert, die in Lehrplänen, Lehrbüchern und Abschlussnormen festgehalten sind. Diese Programmsteuerung hat lange historische Wurzeln. Im Verbund mit den Inhalten steuern Prüfungssysteme die Lerngänge, Unterrichtsformen und Lernformen.

Terminale Struktur

Im Mittelpunkt der Verrechtlichung steht die Steuerung des Bildungswesens über Prüfungen, deren terminale Struktur oben beschrieben wurde. Dies hat gewichtige Folgen für die Absicherung von Äquivalenzen der Leistungen von Schülern aus verschiedenen Schulen. Die Abschlüsse werden dadurch im Sinne der Rechtsgleichheit und Gleichbehandlungsgrundsätze hochgradig legitimationsbedürftig.

Ressourcensteuerung

Die Allokation von Sach- und Personalressourcen erfolgt im deutschen Bildungswesen mehrheitlich außerhalb und *oberhalb der Verfügungsgewalt einzelner Schulen* und hier nach dem Prinzip der *Gleichverteilung*. Die ressourcenbezogene Qualitätssicherung erfolgt somit inputgesteuert und nicht in Abhängigkeit von den erbrachten Leistungen einzelner Lehrpersonen oder Schulen. Damit wird eine zentrale Norm der Chancengleichheit zu realisieren versucht, nämlich die der Gleichheit des Angebotes. Jeder Schüler und alle Eltern dürfen erwarten, dass sie in den Schulen eines Ortes ein mit anderen Orten vergleichbares Angebot erhalten, was in der Tat ein hohes Gut ist.

Diese flächendeckende Versorgung hat zu einer möglichst einheitlichen Verteilung von Lehrern – ohne Ansehung der Qualität – und einer einheitlichen Festlegung von Deputaten, Entlastungen und Sachausstattungen geführt.

Die Autonomie der Schulen ist dadurch eingeschränkt und ihre Möglichkeiten, sich zu profilieren, halten sich in engen Grenzen. Verlagerungen von Entscheidungskompetenzen, z.B. über Lehrereinstellungen, sollen helfen, die Schulen als Orte der „Unternehmensführung" attraktiv zu machen. Diese Debatte wird uns weiter unten noch beschäftigen.

Als ein weiteres Kernmerkmal des bürokratischen Charakters des Bildungswesens gilt der interne Regelkreis der Qualitätskontrolle. Das deutsche Bildungswesen weist eine sehr *punktuelle Fachaufsicht* aus, Regelbesuche erfolgen oft nur alle vier Jahre, meist gibt es nur eine anlassbezogene Dienstaufsicht (und Dienstbeurteilung), also Besuche durch Fachaufsichtsbeamte bei Problemen und Beförderungen. Die Aufsicht ist zudem intern kontrolliert und die Ergebnisse sind in der Regel besoldungsneutral. Auffallend für Deutschland ist damit die geschlossene interne Steuerung des Bildungswesens durch den Staat und ihre Vertreter. Sie regulieren die Makrostrukturen und sie stellen intern Qualität und Erfolg fest. Die betroffenen Bezugsgruppen sind daran nur indirekt, über die Wahl der regierenden Parteien und Anhörungs- bzw. Mitwirkungsrechte von Eltern, Lehrerverbänden und Schülerorganisationen, beteiligt. Eltern sind dabei noch die wichtigste Instanz der Außenkontrolle des Bildungswesens. Wir finden also relativ geschlossene Regelkreise von Politik, Administration, Fachaufsicht und Durchführung von Unterricht durch Lehrende. Die Verantwortlichen des Bildungswesens, die Behörden und die Lehrer, kontrollieren sich gewissermaßen jeweils selber, da sie Teil des gleichen Systems sind. Es gibt keine externen Rückmeldungen über die Qualität der Arbeit in der Schule. Die Fachaufsicht ist aus dem Lehrerstand hervorgegangen und kontrolliert die Kollegen, die eigentlich Peers sind. Nur in Extremfällen ist ein Einschreiten der Behörden gegen einzelne Lehrer (z.B. bei Sexualdelikten) möglich.

Geschlossene Regelkreise, keine Öffentlichkeit

2.3.1.2 Verfassungsskripte (Spielregeln) und Handeln der Akteure im internationalen Vergleich

Die nationalen Besonderheiten der politisch-administrativen Steuerung des Bildungswesens werden nur im Spiegel anderer Weisen, sie zu praktizieren, sichtbar. Auf diesen komplizierten komparativen Weg haben sich in den letzten Jahren immer mehr vergleichende Erziehungswissenschaftler gemacht.

Ohne Zweifel: Eine konkrete Analyse der Entscheidungsprozesse und der Entscheidungsstrukturen in verschiedenen Ländern ist ein aufwendiges politologisch-soziologisches Unterfangen. Nur wenige haben sich ihm gewidmet, u.a. Heidenheimer (1997) und vor allem die OECD in einer Studie zu bildungspoli-

Detailvergleich zwischen verschiedenen Bildungssystemen

tischen Entscheidungsstrukturen und zum Entscheidungsverhalten in 14 Ländern (Center for Educational Research and Innovation, 1995). Dabei stand die Aufmerksamkeit dafür im Vordergrund, *auf welchen Ebenen* welche Entscheidungen getroffen werden. Als Basisebene galt die einzelne Schule. Auf ihr bauen lokale Akteure, Akteure auf Länder- bzw. Kantonsebene und zentrale Akteure auf. Die häufigsten Muster, die bei Vergleichen ins Auge springen, sind eher zentralistische oder eher föderalistische Systeme.

Entscheidungsebenen

Der OECD-Vergleich ergibt einige interessante Beobachtungen (Center for Educational Research and Innovation, 1995). So lassen sich die Länder vor allem danach unterscheiden, wo die Personalentscheidungen gefällt werden. Wenn solche auf lokaler Ebene fallen, dann ist dies ein „volksnahes" Bildungswesen. Die damit einhergehende Unterscheidung zwischen einem *zentralistischen* Bildungswesen, bei dem die wichtigsten Entscheidungen auf nationaler Ebene gefällt werden und einem eher *föderativ-lokalen*, in dem die wichtigen Entscheidungen in intermediären und lokalen Umwelten getroffen werden, erwies sich immer noch als sinnvoll.

Wie anders kann Schule regiert werden? Eine internationale Perspektive

Auf dem Weg zu nationalen Besonderheiten

Zentralismus und Föderalismus, Autonomie und rechtliche Bindungen beschreiben ein Bildungssystem in seinen Entscheidungs- und Machtstrukturen nur in beschränkter Weise. Jedes Land zeigt ein charakteristisches *Gefüge*, eine charakteristische Konfiguration. Der Vergleich Deutschland-Schweiz macht dies z.B. sichtbar.[20]

Ein oberflächlicher Blick zeigt mehr Ähnlichkeiten als Unterschiede. Beides sind föderale Bildungssysteme. Im einen sind die Kantone die entscheidenden Akteure, im anderen die Bundesländer. Der Föderalismus artikuliert sich am Bildungswesen sogar in ausgeprägtester Form. Um die Freizügigkeit zwischen den Ländern und den Kantonen zu gewährleisten, gibt es in beiden Staaten eine koordinierende Behörde, in Deutschland die Kultusministerkonferenz, in der Schweiz die Erziehungsdirektorenkonferenz (seit 1897). Allerdings gehen die Anerkennungsregelungen in Deutschland weiter als in der Schweiz, wo sie sich vor allem auf die Gymnasial- und Hochschulebene konzentrieren.

Föderalismus

Die zentralen bildungspolitischen Akteure sind also in beiden Staaten die Länder bzw. die Kantone. Die politischen Mehrheitsverhältnisse bestimmen hier wie dort den Kurs. Allerdings – und dies ist ein gravierender Unterschied – sind die politischen Parteien als Träger der jeweiligen Regierungsgewalt von unterschiedlichem Gewicht. In Deutschland haben die politischen Parteien über das Zusammenspiel von Regierung und Verwaltung innerhalb einer Wahlperiode beinahe unumschränkte Macht, die nur durch den Rahmen der Verfassung eingegrenzt wird. Die Lehrerschaft und die Elternschaft haben zwar Anhörungsrechte und die Möglichkeit, über die Medien die öffentliche Meinung zu beeinflussen, aber sie haben keine effektiven Mitwirkungschancen.

Rolle des Volkes

In der Schweiz ist das System von „checks and balances" ausgeprägter. Wichtige Änderungen der Verfasstheit der Schulen müssen vom *Volk* entschieden werden. Dies bedingt eine starke Mäßigung in den Vorschlägen und verstärkt den

---

20 Für die Schweiz liegen dazu Arbeiten von Egger, Kloss, Luksch und Plotke vor (Egger, 1992; Kloss, 1964; Luksch, 1986, 1988; Plotke, 1994).

Druck zur *Konsensbildung*. Eine ungebrochene Gestaltungslinie von parteipolitischen Positionen zu Regierungsvorlagen und zu Verwaltungsvorschriften ist dadurch nicht möglich. Ferner entfällt die Notwendigkeit, die Position der einen Partei durch die Destruktion der Position der anderen zu stärken. Folglich wird der Meinungsbildung in der Regel die in Deutschland immer wieder aufflammende ideologische Schärfe eher entzogen.

Aber nicht nur der Zwang zur Volksentscheidung beeinflusst die politische Macht der Akteure, die sich bemühen müssen, eine für das Volk akzeptable Position zu entwickeln. Auch die beteiligten Gruppen sind über so genannte Vernehmlassungen stärker einbezogen.

<small>Demokratische Kontrolle und Beteiligungskultur</small>

Die *Lehrerschaft* hat auf diesem Hintergrund ausgebauter Beteiligung eine relativ starke Position. In ihren Vertretungen sind sie als Lehrerschaft und nicht als parteipolitisch gefärbte Interessenvertretung (die es daneben ebenfalls gibt) präsent.

<small>Stellung der Lehrerschaft</small>

Die zentrale *operative Exekutive* bildet ein Gremium, das bis ins Jahr 1798, also bis in die Helvetik zurück reicht: der *Erziehungsrat*, heute im Kanton Zürich Bildungsrat genannt. Hier sind sowohl Lehrer, bekannte Persönlichkeiten aus Kultur und Wirtschaft sowie Mitglieder der Exekutive und der Legislative vertreten. Dadurch wird die parteiübergreifende Orientierung gestärkt. Seine Kompetenzen sind jedoch in verschiedenen Kantonen sehr unterschiedlich und zur Zeit im Fluss.

<small>Erziehungsrat</small>

Die Eltern selber spielen in diesem Kräftefeld eine geringe Rolle. Ihre Mitwirkung verläuft auf informeller Basis, durch die Zusammenarbeit mit der Schule in Erziehungsfragen und über die Vertretung in den Laienaufsichtsorganen, wobei sie hier nicht als Eltern, sondern als Vertreter der öffentlichen Gewalt fungieren.

<small>Elternschaft</small>

Die deutsche Konfiguration sieht anders aus. Vor allem die parteipolitisch gelenkte Regierungsgewalt ist stärker ausgeprägt. Die Lehrerschaft als *Professionsorganisation* ist weniger stark, sie äußert sich in drei großen *Interessenverbänden*, die zudem primär schulformgebunden agieren: die Gewerkschaft Erziehung und Wissenschaft ist auf die Grundschule und die Hauptschule ausgerichtet, der Verband Erziehung und Bildung auf die Realschule und der Philologenverband auf die Gymnasien. Dadurch ist der Einfluss des Lehrerstandes als eines „Berufsstandes" zersplittert und geschwächt. Zudem ist zu berücksichtigen, dass die obigen Verbände eine unterschiedliche politische Grundausrichtung haben. Die Elternschaft ist auf Schulebene stärker organisiert als in der Schweiz, hier auch mächtiger und einflussreicher. Als schulübergreifende Akteure sind sie wiederum lediglich im Status der (meist folgenlosen) Anhörungsrechte und der Rechte zu Stellungnahmen in den politischen Meinungsbildungs- und Entscheidungsprozess einbezogen.

<small>Deutsche „Machtverhältnisse"</small>

Beim Vergleich der Verfasstheit der Bildungssysteme in Deutschland und der Schweiz wird in der Summe sichtbar, dass letztere demokratischer organisiert und der implizite Zwang zur Konsensbildung größer ist. Gleichzeitig ist die Gefahr der Ideologisierung von bildungspolitischen Themen geringer. Die Kehrseite dieser Organisationsform ist ein Zwang zur Mitte und eine Verlangsamung nötiger Anpassungen an veränderte Umfelder des Bildungswesens.

<small>Schweiz: demokratischer und konsensorientiert</small>

Die Besonderheit des schwachen Aufsichtssystems in Deutschland wird sichtbar, wenn es mit jenem in der Schweiz verglichen wird. Die demokratische Kontrolle auf Gemeindeebene und Bezirksebene, die im Volksschulwesen etabliert ist, schließt das Bildungswesen dichter an Außenkontrollen an. Hier werden Lehrer von einer Laienaufsicht mindestens zweimal im Jahr besucht und evaluiert. Bei den Gymnasien übernehmen schulbezogene Aufsichtskommissionen, die nicht rein schulintern besetzt sind, diese Aufgaben. Damit ist das Schweizer Bildungswesen stärker *öffentlich* eingebunden und nicht ausschließlich staatlich-administrativ. Der ausschließlich verwaltungsintern verlaufende Kreislauf von Erfolgs- und Problemrückmeldungen ist hier durchbrochen durch eine stärke Verantwortlichkeit der Lehrerschaft gegenüber den „Kunden" im Sinne der Öffentlichkeit.

Vergleiche mit anderen Ländern lassen die Besonderheiten der deutschen Verfassungsskripte noch plastischer hervortreten. So sind die Niederlande und die USA interessante „Spiegel".

Niederlande

In den Niederlanden sticht die starke lokale, laienbasierte und konfessionsgebundene Kontrolle des Volksschulwesens vor Ort ins Auge. Dadurch entsteht ein großes Problem in Bezug auf die Vergleichbarkeit von Leistungsergebnissen in einzelnen Schulen. Konsequenterweise ist hier bei großer Schulautonomie eine verstärkte externe Evaluation über Tests und Schulevaluationskommissionen eingerichtet worden, um Vergleichbarkeit der Standards zu sichern.[21]

Die USA fallen durch die große Heterogenität der Organisationsformen von Schulaufsicht und Schulorganisation auf. Die einzelnen Schulen sind eng an die regionalen und lokalen Einzugsgebiete gebunden, die in den USA eine ausgeprägte soziale und ethnische Homogenität zeigen. Zudem werden die Lehrerinnen und Lehrer sehr unterschiedlich bezahlt. Da die Gehälter und die Schulfinanzen teilweise über die Grundsteuer finanziert werden, die je nach Wohnqualität sehr unterschiedlich hohe Beträge erbringt, verstärkt sich die Unterschiedlichkeit der einzelnen Schulen je nach sozialer Zusammensetzung einer Gemeinde. Die lokale Schulkontrolle hat es daher mit sehr unterschiedlich leistungsfähigen Schülerschaften zu tun. Darüber hinaus gibt es in den USA eine lange Tradition von privaten Schulen und Hochschulen. Dadurch haben bildungsbewusste Schichten die Möglichkeit, das öffentliche Schulwesen zu meiden und über private Investitionen eine gute Bildung für ihre Kinder zu sichern. Die Größe des Landes und die Heterogenität der Leistungen in verschiedenen Schulen macht verständlich, warum früh ein schulübergreifendes Testwesen eine große Bedeutung hatte, um vergleichbare Leistungsstandards zu sichern.

---

21 Vor 15 Jahren wurde im Bildungswesen der Niederlande eine große Krise konstatiert. Fölling-Albers (2005) hat die Maßnahmen, die dann ergriffen wurden, konzise zusammengefasst „... Einführung einer Vorschule für Vierjährige, eine daran anschließende sechsjährige Gesamtschule; Verzicht auf Noten, Ziffernzeugnisse, Nicht-Versetzung und Überweisung in Sonderschulen; freie Schulwahl und ein sehr hoher Anteil an nicht-exklusiven Privatschulen – wie z.B. Montessori-, Jena-Plan- und Waldorfschulen; die Einführung von landeseinheitlichen vergleichbaren Leistungstests, deren Ergebnisse öffentlich gemacht wurden" (S. 211). Hinzu kamen noch Maßnahmen der Sonderförderung von Migrantenkindern über migrantenzahlenabhängige Lehrerzuweisungen und die Einführung externer Schulevaluationen. Im Hintergrund standen zudem intensive fachdidaktische Entwicklungen, die den Unterricht, insbesondere in Mathematik, unterstützen sollten.

2.3.1.3 Die Stellung der Lehrkräfte im Rahmen unterschiedlicher Makrosteuerungen

Für die Lehrerschaft ist es aufschlussreich, im Vergleich verschiedener Länder zu sehen, ob sie „strukturell" eher in einer schwachen oder in einer starken Position ist, um gestaltend mitwirken zu können. Wieder kann ein Ländervergleich sichtbar machen, was die Position der Lehrperson in Deutschland bestimmt und ob sie in einer rechtlich starken oder schwachen Position ist.

Die Stellung des Lehrers

Die für die Schweiz typische Kombination von Kündbarkeit, starker Laienaufsicht, größerer Abhängigkeit von permanenter Beurteilung und geringer Professionalisierung durch vorwiegend praktisch orientierte Ausbildung ließe erwarten, dass die Stellung der Lehrperson eher schwach ist. Sie ist von wenig qualifizierten, dafür demokratisch legitimierten Instanzen abhängig. Sie ist den lokalen Behörden gegenüber stärker *rechenschaftspflichtig* und in ihrem professionellen Handeln demokratisch kontrolliert. Ihre Abhängigkeit von lokalen Machtspielen und Ranküne müsste eher groß sein. Andererseits steht den Lehrpersonen im Rahmen dieser Verfasstheit des Bildungswesens ihre öffentliche Verantwortung immer deutlich vor Augen.

Schwache Position in der Schweiz

Demgegenüber ist die deutsche Lehrkraft in einer weit „komfortableren" Position. Sie ist *autoritatives Vollzugsorgan des Staates*, durch ihren Beamtenstatus unkündbar und nur der Fachaufsicht der eigenen Zunft ausgesetzt, die zudem in der Regel nur anlassbezogen – etwa bei Beförderungen, Bewerbungen und in sehr seltenen Fällen bei Beschwerden – in Aktion tritt. Ihre Position ist durch eine Hochschulausbildung gestützt und sie amtet in einer fachdifferenzierten Schule mit ausgebauter Leitungsstruktur. Der Amtsstärke der einzelnen Lehrperson entspricht aber ein schwächeres Ansehen der Lehrerschaft insgesamt, da deren Kompetenz in der Öffentlichkeit weniger sichtbar ist, ja weniger sichtbar gemacht werden muss. Da die Lehrperson weitgehend unangreifbar ist, kann sich Kritik nicht positiv wenden, sondern muss im folgenlosen Räsonieren verharren.

Starke Position in Deutschland

Der Stärke der Lehrperson im deutschen Bildungswesen entspricht aber auch eine geringere Flexibilität, wenngleich unter der Ebene formeller Regelungen immer noch große persönlich nutzbare Spielräume verbleiben.

Flexibilität in unterschiedlichen Systemen

In der Schweiz sind die Lehrer zwar lokal einer sehr dichten Beobachtung und Bewertung ausgesetzt. Sie können aber von sich aus die Stellen sehr viel leichter wechseln und sich damit unerträglichem lokalem Druck entziehen, da die Einstellung jeweils von einer anderen lokalen Schulpflegschaft erfolgt. Sie können auch leichter aus dem Dienst ausscheiden, den Dienst reduzieren und flexibel gestalten.

Diese Beschreibungen der Stellung von Lehrpersonen in unterschiedlichen Schulverfassungen greifen schon weit voraus. Sie bedeuten, dass das Handeln des operativen Akteurs „Lehrperson" nur verstanden werden kann, wenn es im Gesamtzusammenhang eines nationenspezifischen Bildungswesens gesehen wird. Für die Rekontextualisierung dieser Rahmenbedingungen durch Lehrerinnen und Lehrer wird dies von großer Bedeutung sein.

Qualität und Selbstverantwortung

Dabei steht immer auch die Frage im Hintergrund, ob diese unterschiedlichen Schulverfassungen für die Qualitätssicherung im Bildungswesen relevant sind.

Es geht jedoch nicht nur um die potentiellen Wirkungen von Schulverfassungen. In ihnen ist auch angelegt, welches Verständnis von Selbstverantwortung und Eigenaktivität der Akteure, die auf verschiedenen Ebenen der Gestaltung des Bildungswesens tätig sind, eine Verfassung unterstellt. Ein sich *demokratisch* verstehendes Schulsystem darf nicht so konzipiert sein, dass Abhängigkeiten und Zwangsanweisungen die Gestaltungskette von Oben nach Unten charakterisieren. Es muss auf jeder Ebene auf die *Selbstverantwortung* von Kollegien und von Lehrerinnen und Lehrer setzen und dabei auch Risiken eingehen. Damit zeigt sich, dass weder totale Kontrolle noch totale Autonomie adäquate Konzeptionen der Steuerung des Bildungswesens sind. Es bedarf einer jeweils auszugestaltenden Balance von regulierenden Vorgaben und autonomen Handlungsspielräumen.

2.3.2 Neue Visionen: Umgestaltung der Verfassungen

Je klarer in den letzten Jahren gesehen wurde, dass die politisch-administrative Steuerung des Bildungswesens für dessen Qualität bedeutsam ist, umso intensiver wurde diskutiert, was auf dieser Ebene gestaltet und geändert werden sollte. Implizit oder explizit gehen dabei alle Bemühungen, die Verfassung des Bildungswesens zu ändern, von dem Wunsch aus, den Schulen einen *unternehmerischen Spielraum* zu geben, der sie von den als starr wahrgenommenen Fesseln einer staatlichen Einrichtung zumindest ein Stück weit befreit. Weitergehend wurde sogar gefordert, die ordnungspolitischen Modelle der staatlich getragenen Bildungssysteme insgesamt zu ändern.

2.3.2.1 Qualitätsmanagement durch New Public Management

Operative Ebene „Schulbetrieb": neue Autonomie

Konzepte im Umkreis des New Public Managements (NPM) stehen für dieses Anliegen. Es behält einerseits die staatliche Verantwortung bei, sieht aber neue Verantwortungsdefinitionen und neue Steuerungsformen vor. In Analogie zu wirtschaftlichen Unternehmen wird davon ausgegangen, dass Schulen möglichst viel (unternehmerische) Freiheit haben müssten, um bestmögliche Ergebnisse – hier in der Form von Schulleistungen – zu erzielen. Eine gute Konfiguration der politischen Steuerung würde dann bedeuten, dass die Politik die Rahmenbedingungen setzen sollte, um dann den Schulen *Autonomie* zu geben, bestmöglich unternehmerisch tätig zu werden. Die Verlagerung der Verantwortung auf die Schulebene gehört zum Konzept des New Public Management.

Outputsteuerung

Im Kern geht es darum, von einer Inputsteuerung zu einer Outputsteuerung überzugehen und die Schule als verantwortungstragenden „Betrieb" der „Produktion von Schulleistungen" zu stärken. Outputsteuerung meint, dass Zielvorgaben gemacht und *Leistungsvereinbarungen* getroffen werden, für die Politik und Verwaltung entsprechende *Globalbudgets* vorgeben. Die adäquate Verwendung der Mittel steht den Schulen im Rahmen der Vorgaben frei. Die politische und administrative Verantwortung besteht dann darin, die Erfüllung der Leistungsvereinbarungen detailliert zu *überprüfen*. Es wird also nicht in erster Linie geschaut, ob die Schulen den *Verfahrensvorschriften* entsprochen, sondern ob sie die vereinbarten *Leistungen erreicht haben*.

Damit wird eine Doppelstrategie sichtbar: Einmal geht es um eine Vergröße- *Doppelstrategie*
rung der *Autonomie* der einzelnen Schule, die gewissermaßen als „Betrieb" konzipiert wird, und zum andern um eine *neue Form von Controlling*, von Rechenschaftslegung und der Dokumentation der erbrachten Leistungen.

NPM will also die Verantwortung auf der Ebene der Aufgabenerfüllung stärken und so die ausführenden Instanzen stützen (enpowerment). Da der Erfolg
über Evaluationsverfahren an der *Zufriedenheit der „Kunden"* festgemacht wird,
entstehen Anreize für eine bestmögliche *Kundenorientierung*. NPM markiert damit auch den Übergang von einem staatsbürokratischen Schulbetrieb zu einem
Bildungswesen, das sich als *Dienstleistungsorganisation* versteht, also für die
Kunden *Dienste* anbietet. Demgemäß wird die *Kundenzufriedenheit* zu einem
Kernkriterium der Qualitätskontrolle.

Von diesem Steuerungsmodell zu einem Marktsystem ist es nur ein kleiner *Nachfrage-*
Schritt. Wenn Kundenzufriedenheit so wichtig ist, dann liegt es nahe, ihnen auch *orientierung*
die Auswahl der schulischen Angebote zu überlassen, also die *Nachfrage* nach
guter Qualität auf einem Markt von Anbietern zum Kern der Qualitätssicherung
zu machen.

2.3.2.2 Neue politische Ordnungsmodelle: Vom Staat zum Markt

Waren die bisherigen Bemühungen zur Reorganisation der Makrosteuerung des
Bildungswesens immer *im Rahmen einer staatlichen Gesamtverantwortung*
verblieben und unter Berücksichtigung der historisch gewachsenen Strukturen
erfolgt, so führen die Konzepte, das Bildungswesen marktwirtschaftlich zu reorganisieren, zu einem Paradigmenwechsel.

Grundsätze des Paradigmenwechsels

Was bedeutet ein solcher Paradigmenwechsel? *Der Staat*
In den Augen der Marktprotagonisten repräsentiert das derzeitige Bildungssystem eine Organisationsform, die über staatliche Detailplanung und Inputfinan-
zierung ein Monopol des Bildungsangebotes hat.

Ein marktorientiertes Bildungswesen hingegen funktioniert über einen of- *Der Markt*
fenen Markt für private und staatliche Bildungsanbieter, über die Wahlfreiheit
der Bildungsnachfrage sowie über (primär) nutzungsseitige Outputfinanzierung,
d.h. die Kunden bezahlen für das Bildungsangebot, das sie gewählt haben. Ein
marktorientiertes Bildungswesen nimmt für sich in Anspruch, an einem gesellschaftspolitischen Ordnungsmodell orientiert zu sein, das vor allem die Freiheit
des Individuums betont. Im Vertrauen auf das wohlverstandene Selbstinteresse,
dass jeder für sich selber den größtmöglichen Nutzen sucht, wird auch der allgemeine Nutzen dann garantiert gesehen, wenn möglichst viele individuelle Entscheidungsmöglichkeiten bestehen. In der freien Marktwirtschaft habe sich dies
weltweit bewährt und durchgesetzt. Überall, wo Fortschritt zu beobachten sei,
werde diese Freiheit möglichst wenig eingeschränkt. Deshalb sei dieses Modell
auch auf andere gesellschaftliche Bereiche, z.B. auf die Schule, zu erweitern.
Die Staatsaufgaben sollten dabei möglichst zurückgedrängt werden.

In kritischer Sicht wird der Staat gewissermaßen als Gesamtunternehmer ge- *Die Staatskonzeption*
sehen, der Leistungen als Monopolist anbietet und deshalb mangels Konkurrenz

nicht effizient sein kann. Deshalb sollten die Grundlagen geschaffen werden, dass es freie Anbieter von Bildungsleistungen gibt und dass diese Angebote frei gewählt werden können. Als Beispiel dafür, wo dies gut funktioniert, werden meist die *amerikanischen Privatschulen* und einige amerikanische Universitäten angeführt. Diese Modelle sollten generalisiert werden, um die Effizenz zu erhöhen und die Angebote zu verbessern. Würde der Marktmechanismus spielen, dann würden schlechte Schulen verschwinden, da sie nicht nachgefragt würden. Die Nachfragenden würden Bildung stärker als Investition verstehen und so nach bestmöglicher Qualität bzw. nach einem bestmöglichen Kosten-Nutzen-Verhältnis suchen. All dies ist in einem staatsmonopolistischen Bildungswesen nicht möglich, so dass sich hier schlechte Qualität aus Systemgründen etabliert.

Diese Logik erscheint auf den ersten Blick sehr überzeugend. Eltern könnten im neuen Paradigma jene Schule wählen, die ein gutes Programm bietet und die für ihre Kinder optimal ist, und in die sie eben ihren finanziellen Möglichkeiten entsprechend investieren. Die Schulen selber wären in ihren Angeboten frei und würden in unternehmerischem Geist auch entsprechend investieren, um möglichst viele Schüler ihrer Wahl zu erhalten. Sowohl auf der Seite des Angebotes als auch der Nachfrage wäre dann ein Marktmechanismus etabliert, der über den Preis reguliert wäre.

In der konkreten Ausgestaltung finden sich in der entsprechenden Literatur immer mehrere Varianten. Von großer Bedeutung ist besonders die dabei ins Auge gefasste Rolle des Staates.

Neoliberale und ordoliberale Modelle In einem *neoliberalen* Modell hätte der Staat eine möglichst minimale Funktion. In einem *ordoliberalen* Modell hingegen würden durch den Staat Rahmenbedingungen vorgegeben, um dem Markt ein möglichst gutes Funktionieren zu ermöglichen.

Das Staatsverständnis

Kritik am neoliberalen Bild des Staates Was ist der „Staat" im Rahmen dieser ökonomischen Argumentation? Er wird als monopolistischer Betrieb verstanden, der dem Marktmechanismus entzogen ist. Ist diese Konzeption des Staates adäquat? Der zentrale Einwand wäre der: Die ordnungspolitische Konzeption des Staates als *institutionelle und prozesshafte Organisation des Willens der Bürger zur Regelung gemeinschaftlicher Lebensverhältnisse* wird nicht systematisch eingeführt. Der Staat als Ausdruck des gemeinsamen Willens, die eigenen Lebensverhältnisse zu regeln, sowie die Organisation der permanenten Kontrolle und Revision dieses Willens wird unterschlagen. Im Ordnungsrahmen eines modernen Staates gibt es selbstverständlich festgeschriebene Wahlmöglichkeiten und Freiheiten. In ihm sind auch vielfältige Formen der Qualitätskontrolle eingebaut, nicht zuletzt jene der Abwahl von Personen und Parteien, der Entlassung, der Aufsicht, der Zurückstellung von Beförderung, der Elternkontrolle usw.

Schließlich ist die Staatslogik der Optimierung im Bildungswesen eine andere. Seine Geschichte zeigt, dass das primäre Ziel darin liegt, allen Bevölkerungskreisen ein qualitativ gleich gutes und hochwertiges Bildungsangebot zur Verfügung zu stellen. Staatliche Aktivitäten sind deshalb in der Regel auf flächendeckende Versorgung (s. die Konzeption des Service Public) ausgerichtet und nicht auf die Optimierung der Möglichkeiten einzelner Gruppen. Was im

Bildungswesen gewollt ist und wie viel wo investiert wird, ist somit im staatlichen Bildungswesen Gegenstand des demokratischen Aushandelns und nicht des Markterfolges.

Um zu einer adäquaten Konzeption des Staates zu gelangen, wären somit politologische Theorien als Argumentationsgrundlage ebenso unerlässlich wie historische Analysen. Letztere könnten den Blick dafür schärfen, welche geistigen, sozialen und politischen Quellen die Institutionalisierung von Lehren hervorgebracht haben. Es sind – so hat sich klar gezeigt – über viele Jahrhunderte keine ökonomischen Interessen gewesen, sondern religiöse, humanistische und machtpolitische. Wichtig wäre zudem zu untersuchen, warum der Staat die Initiative bei der Gestaltung von Bildungsprozessen übernommen hat und private Angebote im Laufe des 18. und 19. Jahrhunderts eher in den Hintergrund getreten sind.

Die Logik privater Angebote

Da es bisher keine Länder gibt, die ihr Bildungswesen ausschließlich über den Marktmechanismus organisiert haben, kann über die Folgen nur spekuliert werden. Dabei muss konsequent versucht werden, die Logik der Marktgesetze auf Anbieter und auf Abnehmerseite durchzuspielen. Auf beiden Ebenen gilt dabei in der Ökonomie die Annahme der Funktionsweise des „Homo oeconomicus" (Kirchgässner, 1991), dass nämlich Akteure Kosten und Nutzen optimieren. Waibel (2003) hat diese Logik in allen Details durchgespielt und dabei als liberal denkender Ökonom erwartungsgemäß Vorteile für ein marktförmig organisiertes Bildungswesen ausgemacht. Ungenügende Angebote, die von den Abnehmern nicht gewünscht werden, würden danach mangels Nachfrage vom Markt verschwinden. Wenn Anbieter auf einem Markt agieren, dann suchen sie möglichst erfolgreich zu sein, indem sie ihr Angebot kostengünstig auf Bedürfnisse von Marktteilnehmern zuschneiden. Umgekehrt wählen Nachfragende als Marktteilnehmer das aus, was angesichts der Kosten ihren Zielen und Bedürfnissen optimal entspricht. Schulen suchen dann möglicherweise intellektuell und motivational besonders gute Schüler aus zahlungskräftigen Elternhäuser aus. Damit setzt ein Wettbewerb um die „guten Schüler" ein, nicht unbedingt ein Wettbewerb um die besten Angebote.

<small>Gedankenexperimente zur Bedeutung des Marktes im Bildungswesen</small>

In verschiedenen Regionen der Welt existiert eine solche Konstellation, z.B. bei den Independent Schools in den USA und bei den dortigen privaten Universitäten. Dabei ist unübersehbar, dass Schulen, die im Rahmen eines marktförmig organisierten Angebotes alle ihre Ressourcen optimieren und ein möglichst interessiertes Publikum in Bezug auf Begabung der Kinder und Finanzen der Eltern anziehen, hervorragende Kontexte des Lehrens und Lernens sein können. Diese Schulen sind sehr daran interessiert, möglichst viele gute Schüler und Studenten zu erhalten, gleichzeitig aber finanzstarke Bevölkerungskreise anzuziehen. Da die Begabung von Kindern nur lose mit Einkommensverhältnissen verknüpft ist, entstehen insofern Friktionen, als begüterte Kreise auch Kinder haben können, die keine Spitzenbegabungen repräsentieren. Um die Vorteile von Begabungsrekrutierung und Finanzakkumulation zu kombinieren, ist deshalb in Privatschulen häufig ein ausgebautes Stipendienwesen in Kraft.

<small>Vorteile des Marktes</small>

Eine wichtige Voraussetzung eines Bildungswesens mit vielen privaten Angeboten wird gerade am amerikanischen Beispiel sichtbar. Sie besteht darin, dass das Prüfungssystem aufnehmend und auswählend ist, d.h. die aufnehmenden Instanzen der Colleges und Universitäten wählen ihre Studentinnen und Studenten selbst aus. In Deutschland müssen sich die Privatschulen an den Prüfungsvorgaben ausrichten, die eine Äquivalenz mit den Abschlüssen im staatlichen Bildungswesen herzustellen vermögen.

Mögliche Folgen einer völligen Privatisierung des Bildungswesens

Nachteile des Marktes: Abnehmerseite

Grundsätzliche Probleme mit einem auf den Markt umgestellten Bildungswesen entstehen dort, wo Privatschulen zum einzigen Ordnungsmodell werden. In einem reinen Marktmodell könnten nur jene in den Genuss anspruchsvoller Bildungsprozesse kommen, die in der Lage sind, diese zu bezahlen. Von der Kundenseite her ergäben sich deshalb in den Bildungschancen getreue Reproduktionen der wirtschaftlichen Potenz. Die Leitidee eines universalen öffentlichen Angebotes an Bildungschancen im Sinne eines öffentlichen Gutes, das Schüler nur bei mangelnden Leistungen von weiterführenden Bildungswegen ausschließt, wäre damit konterkariert. Über verschiedene Maßnahmen versuchen deshalb Vertreter des Marktes, diesen unschwer prognostizierbaren Folgen einer Marktumstellung des Bildungswesens durch verschiedene kompensierende Vorschläge gegen zu steuern: etwa durch Bildungsgutscheine, Steuernachlässe oder Stipendien für Begabte.

Nachteile von der Angebotsseite her

Auch die Qualität des Bildungsangebotes würde sich in einem reinen Marktmodell dramatisch verändern. Würde der Markt in einer Weise spielen, dass schlechte Angebote nicht nachgefragt werden, dann stellt sich die Frage, welche Angebote entstehen und welche Maßnahmen ergriffen werden, damit diese profitabel sind. Die angebotenen Inhalte müssten auf dem Markt verkaufbar sein und einen attraktiven Preis haben. Viele heute für wichtig gehaltene Inhalte im Umkreis der okzidentalen Bildungsidee, etwa kulturelle Kompetenzen, Geschichte, Philosophie, Religion usw. wären dies sicher nicht. Das demokratisch Vereinbarte würde also durch das ökonomisch sich Rechnende ersetzt.

Staat als Akkreditierungsinstanz

Um solchen Wirkungen eines „reinen" Marktgeschehens entgegenzuarbeiten, das natürlich auf möglichst billige Angebote ausgerichtet wäre, vertreten deshalb Ökonomen die Position, dass *starke staatliche Rahmenregelungen* das Niveau des Angebotes sichern müssten, um zu garantieren, dass Schulen vom Gemeinwesen gewollte Inhalte anbieten, die die für das Funktionieren dieses Gemeinwesens wichtigen Lernprozesse organisieren. Der Staat wäre damit eine *Akkreditierungsinstanz* und eine Evaluationsinstanz, die analog zur Lebensmittelkontrolle schädliche ökonomische Optimierungsprozesse verhindern müsste.

Privatisierung von Reichtum und Verstaatlichung von Armut?

Überall, wo ausgebaute private Angebote existieren und wo Schulen ihre Handlungsbedingungen in Bezug auf die Rekrutierung von Kollegen und Schülern eigenständig gestalten können, entsteht eine Tendenz, dass die Bevölkerungskreise mit hohen kulturellen und finanziellen Ressourcen unter sich bleiben und über ihr Kapital Schulen suchen, die ein exklusives Angebot machen. Daneben entsteht in solchen Ländern ein öffentlicher Sektor, der gewissermaßen kompensatorisch die Problembereiche in der Gesellschaft bearbeitet. Da die meinungsbildenden Schichten in diesen staatlichen Schulen nicht mehr vertreten sind, fehlt der Druck zur Reform des öffentlichen Bildungssystems, da ja die handlungsstarken Bevölkerungskreise ihre Probleme durch Selektion, durch Optieren für den privaten Sektor lösen können.

Reformfähigkeit staatlicher Angebote

Wenn sehr viele Argumente gegen eine Umstellung des Bildungswesens auf ein Marktsystem sprechen, die Schwerfälligkeiten und die Nachteile einer ausschließlich staatlichen und bürokratischen Detailplanung aber auch unübersehbar sind, dann stellt sich die Frage nach der Reform und der Reformfähigkeit der staatlichen Angebote sowie nach der Bedeutung und Gestalt von Mischsystemen.

Die Diskussion über die Bedeutung von Marktstrukturen im Bildungswesen hat sichtbar gemacht, was die besonderen Leistungen, aber auch die Schwachstellen eines staatlich organisierten Bildungswesens sind. Zu ersteren zählt das unschätzbare Gut, inneren Ausgleich, innere Sicherheit, soziale Gerechtigkeit und Rechtssicherheit in einem Gemeinwesen zu befördern, indem es gemeinsamen Unterricht für alle Bevölkerungsteile organisiert und so zumindest günstige Voraussetzungen schafft, die Basis der Gemeinsamkeit und der sozialen Integration zu stärken.

Schwachstellen sind zwar unübersehbar, aber auch im Rahmen der bestehenden Ordnungssysteme bearbeitbar. Dies geschieht heute schon an vielen Stellen:

Ziele eines Umbaus des staatlichen Bildungswesens

- Moderne Bildungssysteme haben in der Zwischenzeit schon ein großes Wahlangebot geschaffen. In vielen Orten sind Realschulen und Gymnasien einem lokalen Wettbewerb ausgesetzt, der sie zu unternehmerischem Handeln, ein optimales Angebot zu präsentieren, führt.
- Die Autonomiezonen der Schulen haben sich zudem in den letzten Jahren erweitert. Auch dies schafft Anreize für unternehmerische Initiativen.
- Insgesamt hat sich die Konzeption des Bildungswesens als einer Dienstleistung im Dienste des Gemeinwesens und der bestmöglichen Förderung aller Kinder gestärkt. Um dabei die Leistungsfähigkeit hoch zu halten, ist es aber immer mehr auf Unterstützung und externe Informationen, wie gut es funktioniert, angewiesen. Partielle Unterstützung durch schulübergreifende Prüfungen und internationale Leistungsvergleich helfen dabei. Die Entwicklung von einem obrigkeitsstaatlichen Bildungswesen mit primär sozialdisziplinatorischen Aufgaben zu einem modernen, „kundenorientierten" Dienstleistungsunternehmen ist seit einigen Jahren beschleunigt in Gang gekommen.
- Schulen bewegen sich damit immer mehr aus ausschließlich internen Qualitätskontrollen heraus. Der kurze Zirkel zwischen Ausführung, Kontrolle und Verantwortung einer staatlichen Schulaufsicht wird zunehmend ergänzt durch mehr Bereitschaft, die professionelle Qualität beobachten und beurteilen zu lassen und sich professionellen Standards zu stellen.

Schulen bleiben aber Ort des Service Public, sie sind Teil der öffentlichen Wohlfahrt, die gleiche Angebotschancen bieten und Ort der Rechtssicherheit sind. Faire Behandlung, objektive Leistungsbeurteilung und die Formulierung eines klaren Bildungs- und Leistungsauftrages – ohne den gesamten Erziehungsanspruch der Erwachsenen zu okkupieren – bezeichnen seine Stärken und spezifischen Aufgaben.

Diese Entwicklungen werden uns im Weiteren noch intensiv beschäftigen.

2.4 Qualitätssicherung durch Wissen: Bildungsforschung und Bildungsinformation

Was weiß das Bildungswesen über sich selber?

Ein so umfassender und teurer gesellschaftlicher Bereich wie das Bildungswesen wird selbstverständlich immer genau beobachtet, wie gut er funktioniert und wo Schwachstellen sind. Das tun die Eltern, das tut die Öffentlichkeit, das tun die Lehrkräfte selber und natürlich die Verwaltung sowie die Bildungspolitik. Auch wissenschaftliche Studien widmen sich dieser Frage.

Eine rationale Gestaltung des Bildungswesens verlangt auf allen Ebenen eine solide Informationsbasis. Je mehr wir über die Realitäten im Bildungswesen wissen, je besser wir die Wirkungszusammenhänge verstehen, umso rationaler und gezielter können wir diese Wirklichkeit auch verbessern. Auf diesem Hintergrund wird einsichtig, dass eine umfassende Bildungsforschung eine der wichtigsten Ressourcen ist, das Bildungswesen informiert zu gestalten (s. die Konzeption der evidenzbasierten Bildungspolitik Weiß, 2006). Angesichts der Größe des Bildungswesens und angesichts seiner Bedeutung für die Zukunftssicherung sind die Forschungsausgaben zum Bildungswesen in den OECD-Ländern immer notorisch niedrig gewesen.[22] Für eine einzige etwas größere Schule geben Länder oft mehr aus als für Bildungsforschung an Hochschulen.

Wieder waren es die PISA-Ergebnisse, die den Anstoß gegeben haben, die Beobachtung des Bildungswesens zu intensivieren und die Evaluation der Qualität des Bildungswesens voranzutreiben. Wenn die Verantwortlichen im Bildungswesen von den Leistungsergebnissen in Deutschland überrascht waren, dann hat es offensichtlich an Wissen darüber gemangelt, was im Bildungswesen tatsächlich „los ist". „Es" wusste offensichtlich zu wenig über sich selber. So wurde die Makrosteuerung des Bildungswesens systematisch danach durchforstet, wie es zu Informationen über Qualität kommt und kommen müsste.

Die Erfahrungen mit PISA verweisen darauf, dass die bisherigen Informationsflüsse unzureichend waren. Um Verfahren, wie man zuverlässige und rechtzeitige Informationen über die Qualität im Bildungswesen erhalten kann, geht es in diesem Kapitel. Die Konzepte des Bildungsmonitoring und der „Evaluation" beziehen sich auf solche Bewertungsinformationen. Sie sind eine unentbehrliche Grundlage, will man das Bildungswesen wissensbasiert gestalten und steuern.

Deskriptives Wissen

Die einfachste Form dieses Wissens ist deskriptiver Natur, wenn es die Zustände im Bildungswesen beschreibt. Wenn dazu Indikatoren herangezogen werden, die als Schlüsselinformationen betrachtet werden, dann wird auch die Deskription anspruchsvoll. Ihr geht dann nämlich eine Theorie über die Bedeutung eines Merkmals für die Qualitätsgestaltung im Bildungswesen voraus.

Kausales Wissen und Veränderungswissen

Eine zweite Klasse von Wissen über das Bildungswesen ist kausaler Natur. Dabei wird nach Ursachen für bestehende Verhältnisse gesucht. Es führt über Interventionen und ihre Erforschung dazu, dass auch Veränderungswissen entsteht, an dem eine „evidence-based policy" vor allem interessiert ist.

Die Bildungsforschung der letzten Jahrzehnte hat jedoch nicht nur *Wissen über das Bildungswesen* produziert. Sie ist auch nicht mehr davon ausgegangen, dass dies das beste und einzige Wissen ist, das nur möglichst unverzerrt an die verantwortlichen Akteure weitergegeben werden muss, um eine bestmögliche

---

22 Zwischen 0,4% und 1,4% der Bildungsausgaben – persönlicher Hinweis von Prof. Tunjiman

Gestaltung des Bildungswesens sicher zu stellen. Längst vor der wissenschaftlichen Beobachtung des Bildungswesens gab es ein *Wissen im Bildungssystem* (s. zu dieser Unterscheidung Luhmann, 2002), das den verantwortlichen Akteuren geholfen hat, ihre Arbeit bestmöglich zu gestalten. Die Bildungspolitik macht ihre Beobachtungen ebenso wie eine Schule, einzelne Lehrpersonen oder Schüler. Sie alle setzen sich auch bewertend mit dem realen Geschehen auseinander und versuchen, auf dieser Grundlage Lehren und Lernen in der Schule zu verbessern. „Alltägliche" Qualitätssicherung ist so immer Teil der Funktionsweise von Bildungssystemen. Sie kann aber offensichtlich – die Einschätzungen des deutschen Bildungswesens vor PISA weisen darauf hin – so organisiert sein, dass sie „blind" ist, die realen Verhältnisse nicht richtig diagnostiziert.

Welche Informationen und Informationsquellen dazu, was im Bildungswesen gut läuft und was problematisch ist, gab es somit bisher (s. dazu Arnold & Maritzen, 1998)? Wie sieht der Status quo aus?

Das offizielle Verfahren der Qualitätsfeststellung im deutschen Schulsystem ist bekannt: Es besteht in den Informationen, die die Schulaufsicht bereitstellt. Damit sind Vorzüge und Nachteile verbunden. Eine gut organisierte Fachaufsicht kann ein Schlüssel sein, um die fachliche Qualität des in der Schule Vermittelten und die fachdidaktischen Vorzüge zu beurteilen und zu sichern. Die Grenzen der bisherigen Aufsicht wurden teilweise bereits beschrieben.

„Schulen wissen zu wenig über ihre Stärken, weil sie zu wenig über ihre Schwächen wissen wollen" (Mitteilung Oelkers)

1. Die Schulaufsicht kann angesichts ihrer personellen Ausstattung nur sehr sporadisch überprüfen, wie es in der Schule bei einzelnen Lehrpersonen läuft.
2. Die Rückmeldungen über Qualität und Mängel sind selten vergleichend angelegt. Die Informationen sind im Kern auf die einzelne Lehrperson bzw. auf die Schulklasse bezogen. Vergleichende Bewertungen von Schulen oder Bildungssystemen fehlen. Der Referenzrahmen für die Qualitätsfeststellung ist also sehr begrenzt, wenngleich die Schulaufsicht noch am häufigsten Unterricht in verschiedenen Klassen sieht. Die Informationen werden aber nur zur Bewertung einzelner Lehrpersonen genutzt. Wie das alltägliche Niveau des Unterrichts tatsächlich aussieht und welche Wirkungen erzielt werden, lässt sich dadurch nur schwer zuverlässig feststellen. Lediglich zentrale Prüfungen, etwa beim Abitur oder bei der Mittleren Reife, haben vergleichendes Potential, das aber ebenfalls selten verwendet wird, um einen Überblick zur erreichten Bildungsqualität in vergleichender Perspektive zu gewinnen.
3. Der größte Mangel ist der: Die deutsche Schulaufsicht ist selber Teil des Bildungswesens, sie repräsentiert die Verantwortungsebene und die Bewertungsebene in „Tateinheit". Auch wenn professionelle Arbeit nur durch solche Personen beurteilt werden kann, die selber professionell geschult sind, so stellt sich doch die Frage, wie die Unabhängigkeit der Beurteilung sicher gestellt werden kann. Dabei käme es darauf an, solche Instrumente einzusetzen, die es erlauben, die Befangenheit und verständliche Defensivität in der Beurteilung von Qualität – wenn man selber dafür verantwortlich war – sicher zu stellen. Zu solchen Instrumenten würden auch Beurteilungen durch unabhängige Dritte und *objektive* Rückmeldungen auf der Grundlage von standardisierten Bewertungsinstrumenten gehören.

Folgen der Tateinheit von Verantwortung und Evaluation

Das Monopol der Schule, als politisch-administrative Steuerungsinstanz gleichzeitig für Qualität und ihre Evaluation verantwortlich zu sein, bestand bis in die 90er Jahre des letzten Jahrhunderts. Wie die „Tateinheit" von Verantwortung und Evaluation funktioniert, konnte am Beispiel der Gesamtschulevaluation studiert werden. Die Konstanzer Studien hatten erstmals objektive Vergleichsdaten zwischen dem herkömmlichen und dem experimentellen Bildungswesen erzeugt, die nicht alle die Qualität des Gesamtschulsystems belegen konnten (Fend, 1982). Parallel zur schulsystemvergleichenden Evaluation hat die Schulaufsicht einen Bericht verfasst. Sie hat den Schulversuch durchweg als Erfolg mit minimalen Korrekturnotwendigkeiten beschrieben, wenngleich ihr Mängel nicht unbekannt waren – z.B. Leistungsrückstände in Englisch von zwei Jahren, gemessen an den Abschnitten des Schulbuches, die gerade im Lehrwerk durchgenommen wurden.

Innensicht und Außensicht

Diese Erfahrungen, die sich im Kern auch in den internationalen Leistungsstudien bestätigten, sprechen dafür, dass ein so teures und wirkungsmächtiges System wie das Bildungswesen nicht *ausschließlich* von innen evaluiert werden darf. Wenn jemand eine Arbeit leistet und sie gleichzeitig folgenreich bewerten muss, dann ist aus begreiflichen Gründen die Objektivität der Urteile beeinträchtigt.

2.4.1 Bildungsmonitoring: Makrosteuerung durch verbesserte Information und deskriptives Wissen

Über spezifische Evaluationsverfahren hinaus gab und gibt es seit dem 19. Jahrhundert eine Systematik der Beschreibung des Bildungswesens. Sie schlägt sich vornehmlich in Bildungsstatistiken nieder. Neuere Entwicklungen laufen auf ein systematisches Bildungsmonitoring hinaus, das die Realität des Bildungswesens möglichst genau abbilden soll, um Steuerungsmaßnahmen fokussiert planen zu können. Dieses Monitoring dokumentiert nicht so sehr die Ergebnisse des schulischen Lernens, sondern die Qualität und den Umfang des „Inputs" in schulische Lernprozesse.

Bildungsberichte

Dabei werden die nationalen Bildungsstatistiken, die auf den verschiedenen Verantwortungsebenen geschaffen werden, koordiniert und systematisiert. Auch hier hat die OECD Pionierarbeit geleistet und über internationale Vergleiche zu einer professionellen Beschreibung des Bildungssystems beigetragen (s. z.B. Center for Educational Research, 2001; Center for Educational Research and Innovation, 1993). In der Zwischenzeit ist die Aufgabe der Bildungsberichterstattung institutionalisiert und zu einer Dauereinrichtung geworden (Ständige Konferenz der Kultusminister der Länder in der Bundesrepublik Deutschland, 2004). Sie hat zu einer Genauigkeit und Qualität der Berichterstattung geführt, die historisch unvergleichlich ist und den bestehenden Zustand des Bildungswesens differenziert abbildet (s. insbesondere Konsortium Bildungsberichterstattung, 2006).

Grundmodell

Die Ordnungshilfe liefert ein einfaches Modell des Bildungswesens, das, wie in Abb. 2.8 dargestellt, Inputfaktoren und Wirkungen unterscheidet und dazwischen Prozessfaktoren am Werke sieht. Eine Kernerweiterung besteht schließlich darin, auch jene Kontextfaktoren zu berücksichtigen, die für die konkrete Gestalt des Beschulungsprozesses einer Gesellschaft bedeutsam sind.

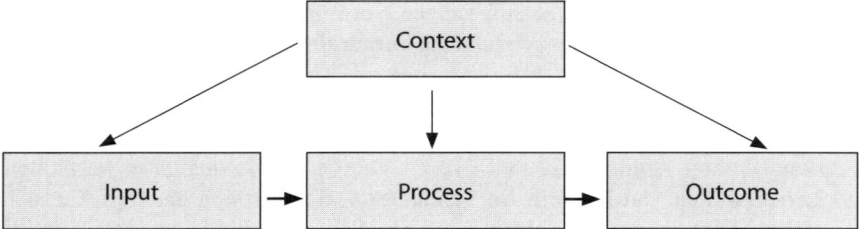

Abb. 2.8: OECD-Modell der Beschreibung von Bildungssystemen

Im Rahmen eines akteurorientierten Angebots-Nutzungsmodells wären Input und Prozesse jeweils Angebotsmerkmale, und Wirkungen wären Nutzungsindikatoren. Die Kontextindikatoren würden die Aufgaben und Rahmenbedingungen beschreiben. Das Handlungsmodell, das im Hintergrund steht, kann so auf einfache Weise formuliert werden: Im Bildungswesen werden über Prozesse des Unterrichtens Ergebnisse erzielt. Diese sind in ihrer Wirkung abhängig vom Input an Ressourcen und von den gesellschaftlichen Kontexten schulischen Handelns.

Trotz dieser schönen Ordnung werden die modernen Dokumentationen, wie sie die OECD in den Berichten „Bildung auf einen Blick" (Zentrum für Forschung und Innovation im Bildungswesen, 1997, 1998) vorstellt, sehr umfangreich.

Kontextindikatoren

Dass das Bildungswesen eng mit gesellschaftlichen Rahmenbedingungen verflochten ist, wird an vielen Stellen sichtbar. So stehen Beschreibungen von Kontextmerkmalen am Anfang einer systematischen Bildungsberichterstattung.

Demographische, wirtschaftliche Entwicklungsprozesse (Globalisierung), technologische Entwicklungen und politische Veränderungen gilt es zu beobachten, um den Handlungsbedarf im Bildungswesen abzuschätzen.

Gesellschaftliche Entwicklungen

- Die Bedeutung wissenschaftlich-technischer Entwicklungen wird am rasanten Aufstieg der Informationstechnologie sichtbar.
- Dass politische Entwicklungen bedeutsam sind, zeigt am klarsten der Prozess der deutschen Wiedervereinigung im Jahre 1989, der zu einer ungeheuren Aufgabe für das deutsche Bildungswesen wurde.
- Demographische Entwicklungen beeinflussen die Makrosteuerung im Bildungswesen in offensichtlicher Weise. Durch den anhaltenden Geburtenrückgang und die Alterung der Bevölkerung entstehen massive Verwerfungen im Bildungswesen.
- Vorgänge im ökonomischen Sektor einer Gesellschaft gehen nicht spurlos am Bildungswesen vorbei. Das wird beim Wirtschaftswachstum ersichtlich, das in den letzten Jahren deutlich zurückgegangen ist und das – damit zusammenhängend – die öffentlichen Haushalte unter großen Spardruck gebracht hat (Konsortium Bildungsberichterstattung, 2006, S. 5 ff.).

Familiäre
Entwicklungen

- Auch familiäre Entwicklungen können für das Bildungswesen einen Handlungsbedarf erzeugen. Wenn die Betreuung von Kindern in Familien durch die Zunahme der Berufstätigkeit von Frauen immer weniger gewährleistet ist, dann drängt sich die Frage auf, welche Notwendigkeiten für schulische Betreuung bestehen, um ein produktives Lernumfeld für den ganzen Tag zu organisieren. In Westdeutschland arbeiten ca. 30% aller Frauen mit Kindern unter 3 Jahren, in Ostdeutschland aber 44%. Die Beschäftigung der Mütter mit Kindern im Pflichtschulalter steigt dann auf etwa 70% (Konsortium Bildungsberichterstattung, 2006, S. 16 f.). Die Frage von qualitativ wertvollen Lebenswelten von Kindern im Schulalter verschärft sich dadurch. Ca. 4% aller Kinder unter sechs Jahren leben mit einem geschiedenen Elternteil, im Alter von 15 bis 18 sind dies 12,1%, in den Neuen Bundesländern 14,8%.
- Durch den hohen Anteil der Frauen an höherer Bildung verschärft sich zudem das Problem der Vereinbarkeit von Beruf und Familien bei hochqualifizierter Ausbildung. Die Zahlen dazu sind dramatisch: Bis zum 35. Lebensjahr haben Frauen mit Abitur noch zu 40% keine Kinder (Fend, 2005a).

Migrations-
entwicklung

- Die Situation von Migranten bedarf ebenfalls besonderer Beobachtung. Die neuesten PISA-Studien (Baumert et al., 2002) haben gezeigt, dass sie in bedenklicherweise vernachlässigt werden und zu einem problematischen Potential zu werden drohen. Dabei sind die Migrantenanteile in der Bevölkerung und der Schule höher als bisher vermutet. So hat fast ein Fünftel der Bevölkerung Deutschlands Migrationserfahrungen. Diese Zahl ist doppelt so hoch, als dies nach dem Kriterium der Staatszugehörigkeit vermutet würde (Konsortium Bildungsberichterstattung, 2006, S. 201). In der jungen Bevölkerung (unter 25 Jahren) haben sogar 27% Migrationserfahrungen. Analysiert man die Bildungsbeteiligung dieser Gruppe, die mehr als ein Viertel der Kinder und Jugendlichen ausmacht, dann wird sichtbar, dass sich Migrantenkinder nicht gleichmäßig auf alle Bildungsgänge und alle Schulen verteilen. Sie sind in den Hauptschulen übervertreten, ebenso in städtischen Problemzonen. Etwa ein Fünftel aller Hauptschulen arbeiten in sehr problematischen Lernkontexten. Die ethnische Segregation wird deutlich, wenn man sich vor Augen hält, dass etwa jeder vierte „ausländische" Jugendliche eine Schule besucht, in der die Schüler mit Migrationshintergrund die Mehrheit bilden. Dies tut nur jeder zwanzigste deutsche Schüler ohne Migrationshintergrund. Die Situation verkompliziert sich schließlich noch dadurch, dass nicht jede Ethnie ein gleiches Verhalten an den Tag legt. Türkische Jugendliche sind eine andere Population als Aussiedlerkinder.

  Diese Zahlen verweisen auf dringenden Handlungsbedarf, um über Sprachkenntnisse, positive Schulerfahrungen und Berufsaussichten Kinder mit Migrationshintergrund in die Gesellschaft zu integrieren.[23]

Da das Bildungswesen eng mit solchen gesellschaftlichen Rahmenbedingungen verflochten ist, stehen Beschreibungen von Kontextmerkmalen häufig am Anfang einer systematischen Bildungsberichterstattung.

---

23 Entsprechend dem Motto von Paul Lazarsfeld, dass es die Aufgaben der Statistik sei, die Zahlen zum Sprechen und die Menschen zum Handeln zu bringen (Lazarsfeld, 1931).

Inputindikatoren

Wenn in der Öffentlichkeit bildungspolitisches Handeln diskutiert wird, dann stehen Fragen der Ressourcen im Vordergrund. Die OECD verbucht dies unter Input-Indikatoren, wie z.B. den folgenden:

- Bildungsausgaben im Verhältnis zum Bruttoinlandsprodukt
- Öffentliche Ausgaben für Bildungsleistungen
- Öffentliche Subventionen an Privathaushalte
- Bildungsausgaben je Schüler/Studierenden
- Bildungsausgaben nach Ausgabenarten
- Öffentliche Finanzierung nach Gebietskörperschaften
- Im Bildungswesen beschäftigtes Personal
- Zahlenmäßiges Schüler/Lehrer-Verhältnis
- Lehrergehälter

Im Jahre 2004 besuchten in Deutschland 17 Millionen Menschen Bildungseinrichtungen. Sie wurden von ca. 672.000 Lehrkräften – im allgemeinbildenden Schulwesen – betreut, vorschulisch zu 95%, in der Grundschule durch 86%, in Realschulen zu 62% und in Gymnasien zu 51% durch Frauen. *(Investitionen)*

Hier wird sichtbar, wie groß der Ressourcenaufwand der öffentlichen Hand ist, um die Kinder einer Nation zu „beschulen". Im Jahre 2003 standen dafür 135,2 Milliarden Euro – 6,2% des BIP – zur Verfügung, ein leichter Anstieg pro Bildungsteilnehmer von 1995 bis 2003. Etwas unter 50% der Ausgaben brachten die Länder auf, 12% der Bund, 15% die Gemeinden und den Rest Private.

Die Kosten pro Schüler in der Volksschule betragen in der Schweiz ca. 5.000 Franken, in Mittelschulen (Gymnasien) ca. 21.000 und an der Universität ca. 25.000 Franken. In Deutschland sehen die Bildungsausgaben ähnlich aus. Über alle Schulen hinweg liegen die Ausgaben pro Schüler und pro Jahr bei ca. 4.300 Euro (s. Abb. 2.12).

Prozessindikatoren

Prozessindikatoren beschreiben den Verlauf der Beschulung, den Zeitaufwand für bestimmte Tätigkeiten und Fächer, Merkmale der Lehrerschaft und des Unterrichts. Wöchentlich werden durch Lehrpersonen im allgemeinbildenden Schulsystem beinahe 15 Millionen Unterrichtsstunden erteilt. *(„Beschulung")*

Auch hier bringt die Bildungsberichterstattung bedeutsame Sachverhalte ans Tageslicht, insbesondere solche zu den Durchlaufprozessen.

So hat sich in der Betreuung von Kindern im Kindergartenalter in den letzten Jahren viel getan. Ca. 90% aller Kinder nutzen die Möglichkeiten für Bildungsprozesse im Kindergarten. Im Krippenalter ist dies in den Alten Bundesländern nur zu 3% der Fall.

Während die Einschulungen in die Grundschule in den letzten Jahren immer später erfolgten, hat sich dieser Trend jüngst verändert. Erstmals seit 2002/2003 gibt es mehr vorzeitige als verspätete Einschulungen.

Die entscheidende Gelenkstelle für die Bildungsprozesse ist der Übergang nach vier Jahren Grundschule in weiterführende Bildungswege. Hier hat sich die *(Bildungswege, Übergänge)*

Tendenz fortgesetzt, höhere Bildungsabschlüsse anzustreben. Die Übergänge in das Gymnasium schwanken zwischen 35% (Bayern) und 45% (Sachsen-Anhalt). Dass dabei Kinder aus unteren sozialen Gruppen und Migrantenkinder benachteiligt sind, ist vielfach dokumentiert.

Schulartwechsel in der Sekundarstufe sind eher selten (2,9% in den Jahrgangsstufe 7 bis 9). Wenn sie vorkommen, dann überwiegen die Abstiege (Konsortium Bildungsberichterstattung, 2006, S. 51 ff.).[24]

Als schwirig hat sich in den letzten Jahren immer wieder der Übergang ins berufsbildende Schulsystem herausgeschält. 40% der Jugendlichen wollen jährlich neu in die Berufsausbildung einsteigen. Das Angebot von Ausbildungsplätzen ist und war aber prekär. Nur noch ein Drittel aller Arbeitsagenturen weisen in Deutschland ein ausgewogenes Verhältnis von Angebot und Nachfrage aus. Im Jahre 2004 waren deshalb 44% (fast eine halbe Million) aller Schulabgänger in einem Übergangssystem (Berufsvorbereitungs- und Berufsgrundbildungsjahr, Berufsfachschulen, die berufliche Grundkenntnisse vermitteln).

Bei Übergängen ins Hochschulsystem hat sich die Expansion fortgesetzt, nicht zuletzt durch die Beteiligung von Frauen, die stabil 50% aller Studierenden ausmachen (Fachhochschulen 40%).

Die Studiennachfrage ist von 1998 bis 2004 deutlich gestiegen: von 272.000 auf 359.000 Studentinnen und Studenten, das sind etwa 37% eines Altersjahrganges. Seit 1980 hat sich die Studienanfängerquote verdoppelt.

Im Vergleich zu anderen Ländern sind die Studienzeiten in Deutschland ungewöhnlich lang. Auch die Quoten der Studienabbrecher sind hoch: 24% an Universitäten, 17% an Fachhochschulen (Konsortium Bildungsberichterstattung, 2006, S. 105 ff).

Outcome-Indikatoren

Internationale Leistungsvergleiche

Von herausragendem Interesse sind selbstredend die Indikatoren, die die Ergebnisse der schulischen Anstrengungen abbilden. Sie werden häufig auf Zahlen für Schulabschlüsse konzentriert, auf Nutzung der Schule durch verschiedene soziale Gruppen und durch Mädchen und Jungen. Interessant werden besonders Indikatoren, die die Leistungsergebnisse und die erzieherischen Wirkungen betreffen. An dieser Stelle verbinden sich die Ergebnisse der internationalen Leistungsmessung mit dem Monitoring des Bildungswesens.

Die in den 60er und 70er Jahren (s. die IEA-Studien- International Evaluation of Academic Achievement) durchgeführten Studien zur Wirksamkeit von Bildungssystemen[25] und deren Fortsetzung in den TIMSS-Untersuchungen (Third International Mathematics and Science Study)[26] haben im Rahmen der PISA-Studien (Programme for International Student Assessment) eine weltweite Ausdehnung erfahren (Organisation für wirtschaftliche Zusammenarbeit und Entwicklung, 2001). An den Vergleichsstudien im Jahre 2000 haben sich 250.000

---

24 Für einen Vergleich von herkömmlichen Schulen und den Gesamtschulen s. Fend, 1982
25 J.B. Carroll, 1975; Comber & Keeves, 1973; Husén, 1967; Lewis & Massad, 1975; Robitaille & Garden, 1989; Schultze, 1974, 1975; Schultze & Riemenschneider, 1967; Walker, 1974
26 Baumert et al., 2000a, 2000b; Baumert et al., 1998; Baumert & Lehmann, 1997; Roeder, 2003; van Ackeren, 2002

Schüler aus 32 Ländern beteiligt (Baumert, 2001; Baumert et al., 2002, 2003), bei der Untersuchung im Jahre 2003 waren es 42 Länder mit insgesamt ebenfalls 250.000 Schülern. In einer erweiterten Studie in Deutschland wurden 45.000 Schülerinnen und Schüler getestet. In der ersten PISA-Studie stand das Lesen im Vordergrund, Mathematik und Naturwissenschaften waren die Nebenschwerpunkte. 2003 stand die Mathematik im Mittelpunkt (PISA-Konsortium Deutschland, 2004, 2005), 2006 die Naturwissenschaften.

Nachdem schon in den 60er und 70er Jahren deutsche Schüler höchstens durchschnittlich waren, alarmierten die Ergebnisse von TIMSS ein erstes Mal. Sie wurden durch die schlechten Ergebnisse des Jahres 2000 bestätigt.
- Lesen: Rangplatz 21
- Mathematik: Rangplatz 20
- Naturwissenschaften: Rangplatz 20, jeweils unter 31 Staaten.

Die Erhebung im Jahre 2003 erbrachte eine kleine Verbesserung der relativen Position Deutschlands im internationalen Vergleich.
- Lesen: Rangplatz 18 unter 30 OECD-Ländern
- Mathematik: Rangplatz 16
- Naturwissenschaften: Rangplatz 15

Die Unterschiede zwischen den Bundesländern innerhalb von Deutschland machen zwar nur 2% der gesamten Leistungsvarianz aus, sind aber in der politischen Diskussion sehr bedeutsam. Es lässt sich immerhin für 11 Bundesländer ein signifikanter Anstieg der naturwissenschaftlichen Kompetenzen beobachten, aber nur in fünf Ländern ein Anstieg der Lesefertigkeiten. 2003 deutlich besser als 2000 waren vier Neue Bundesländer und Bremen (Konsortium Bildungsberichterstattung, 2006, S. 68).

Eine solide Bildungsberichterstattung ist eine unerlässliche Grundlage für alle bildungsplanerischen und bildungspolitischen Maßnahmen. Wird sie, wie in der OECD üblich, vergleichend vorgenommen, dann kann sie Besonderheiten in einem Land aufdecken. Es werden Schwachpunkte sichtbar, Unterversorgung und Überforderung treten vergleichend ins Blickfeld und die Bereitschaft zu Investitionen in anderen Ländern kann dem eigenen Land als Spiegel der eigenen Präferenzen dienen. Bildungsmonitoring wird so als innenpolitisch wirkender Faktor bedeutsam.

Dies gilt auch generell für ein besseres Wissen darüber, was im Bildungswesen „los ist", das durch die modernen Medien der Information via Internet und Datenbanken (s. „Deutscher Bildungsserver" oder „Fachportal Bildung") in den letzten Jahren sprunghaft angestiegen ist. Wer sich für bestimmte Themen zum Bildungswesen interessiert, kann in kurzer Zeit einen guten Einblick gewinnen.

2.4.2 Systematik moderner Evaluation und der Weg zum Veränderungswissen

Bildungsstatistiken hatten im 19. und weit ins 20. Jahrhundert vornehmlich die Funktion, die Verwaltung und Ressorcenausstattung im Bildungswesen zu regeln. Das moderne Bildungsmonitoring geht darüber hinaus, indem es auch

Systematik nötiger Informationen

Informationen über Qualität und mögliche Problembereiche in verschiedenen Sektoren des Bildungssystems organisiert.

Die Suche nach der besten Form der Rückmeldung zur Leistungsfähigkeit des Bildungssystems ist in den letzten Jahren zu einer Kernfrage der Qualitätssicherung im Bildungswesen geworden (Stockmann, 2006). Welche Informationen braucht ein Bildungswesen, um sich seiner Vorzüge und Schwächen bewusst zu werden, wie kann es sich selber evaluieren?

Im Rahmen von Evaluationen steht die *Informationsbeschaffung* im Vordergrund. Dabei geht es noch nicht um Maßnahmen der Qualitätssicherung, wenngleich schon objektive Informationen von sich aus dazu beitragen können.

Wie bei den Gestaltungsinstrumenten können wir auch die Informationsbeschaffung zur Qualität im Bildungswesen auf den drei wichtigsten Ebenen ansiedeln:
- Die international vergleichenden Leistungsmessungen repräsentieren Rechenschaftspflichten auf der Ebene ganzer Bildungssysteme.
- Auf Schulebene können über Verfahren interner und externer Evaluation Aussagen gemacht werden, wie die Schule als Handlungseinheit funktioniert.
- Auf Lehrerebene können Verfahren entwickelt werden, um die Qualität des Unterrichts einer Lehrperson bzw. ihres Einsatzes im Beruf insgesamt zu eruieren.

Damit ergibt sich eine Systematik der Evaluation, die konsequent mehrebenenbezogen denkt und interne und externe Verfahren kombiniert. In Abb. 2.9 ist diese Systematik illustriert.

EBENEN DER EVALUATION	INFORMATIONSQUELLEN	
	Intern (Selbstbeurteilung)	**Extern** (Fremdbeurteilung)
Gesamtes Schulsystem Bildungspolitik Verwaltung	Interne Statistiken und Wahrnehmungen durch die verschiedenen Träger des Bildungswesens	Unabhängige Systemevaluation im Sinne der Leistungsmessung
Einzelne Schule Lehrpersonen, Schulleitung, weiteres Personal Umfeld	Selbstbeurteilungsberichte der einzelnen Schule	Externe Begehung einer Schule durch eine professionelle Fachstelle
Lehrpersonen	Individuelle Selbstbeurteilung in der Form von internen Rückmeldungen	Individuelle Fremdbeurteilung: Lohnwirksame Mitarbeiterbeurteilung

Abb. 2.9: Neue Architektur der Rechenschaftspflicht

Die Kerndimensionen dieses Konzeptes sind einmal die verschiedenen *Ebenen* der Evaluation, zum anderen die *Quellen* der Informationen, die Selbst- und die Fremdbeurteilung. Eine dritte kommt in der Unterscheidung von *Prozessevaluation* und *Ergebnisevaluation* zum Ausdruck (Abb. 2.10).

	QUALITÄTSDIMENSIONEN	
VERANTWORTLICHE AKTEURE	Prozessqualität	Ergebnisqualität
System Steuernde Akteure	Wie effizient ist die Verwaltung?	Welche Gesetzesvorhaben wurden realisiert?
Schule Koordinierende Akteure	Wie gut ist das Betriebsklima?	Welche Qualität hat das Schulleitbild? Wie oft wurde kooperiert?
Lehrer Vollziehende Akteure	Wie gut ist der Unterricht?	Was haben die Schüler gelernt?

Abb. 2.10: Prozessevaluation und Ergebnisevaluation

Werden Lehrer in ihren Klassen besucht und bewertet, dann kann nur die Prozessqualität des Unterrichts eingeschätzt werden. Dasselbe gilt auch für die Attraktivität einer ganzen Schule und ihrer Art, das Leben und Lernen der ihr anvertrauten Schülerinnen und Schüler zu gestalten.

Auf der Systemebene steht in der Regel die Ergebnisqualität im Sinne der Schulleistungen im Vordergrund.

Auf Lehrerebene eine Ergebnisevaluation durchzuführen ist sehr schwierig. Schülerleistungen können nicht wie Stückzahlen in der Produktion gemessen werden. Zudem hängt es in hohem Maße von Schülern selbst ab, wie gut die „Produktion" von Leistungen ist. „Erfolg" ist schließlich immer auch an den Ausgangsvoraussetzungen zu messen (Intelligenz, Motivation, soziale Herkunft), die nicht so präzise einschätzbar sind, dass sich daraus klare Fortschrittskriterien ableiten ließen. Die Prozessevaluation richtet sich demgegenüber auf Qualitätsstandards guten Unterrichts, über die ein Einverständnis erzielt und damit ein Maßstab entwickelt werden kann. Ein solches Verfahren ist z.B. im Kanton Zürich durchgeführt worden (s. Wehner et al., 2003). Im Rahmen der Mitarbeiterbeurteilung (MAB) stellten Lehrpersonen ein Dossier ihrer *Konzeption von Schule und Unterricht*, ihre *Gestaltung eines Jahresplanes* und *exemplarischer Unterrichtsstunden* zur Verfügung. Diese Dokumente bildeten die Grundlage für Evaluationsteams (in der Regel Mitglieder der von der Gemeinde gestellten Schulpflege), die die Lehrperson daraufhin mindestens *sechsmal* im Unterricht besuchten. Auf der Grundlage der teils standardisiert also auch frei formuliert dokumentierten Beobachtungen, und auf der Grundlage des Dossiers sowie der Rückmeldegespräche entstand ein Evaluationsbericht für jeden Lehrer, der zu einer Einstufung der Qualität der Lehrperson führte. Diese sollte mittelfristig lohnwirksam werden.[27] Auf den ersten Blick wird sichtbar, dass dieses Verfahren der Lehrerevaluation ungleich detaillierter und dichter ist als jenes der herkömmlichen Schulaufsicht.

Evaluation der Lehrerarbeit

---

27 Wurde es aber aufgrund von Sparzwängen dann doch nicht.

Schulevaluation

Auf der Schulebene treffen Möglichkeiten der Prozess- und der Ergebnisevaluation zusammen. Hier bewährt sich auch, dass das Wissen im System, die Sichtweisen und Kenntnisse verschiedener Gruppen einbezogen und in einem Verfahren der Triangulation, also des Abgleichs von Sichtweisen mehrerer Beteiligter, validiert werden. So kann man zu einem ausgewogenen Bild der Qualität einer Schule kommen.

Systemevaluation

Auf der Ebene des Bildungssystems kennen wir heute in der Gestalt der PISA-Untersuchungen ein international anerkanntes Verfahren der Leistungsevaluation. Es hilft, ganze Länder zu evaluieren bzw. dies auf jene politischen Einheiten zuzuspitzen, die für das Schulwesen politisch verantwortlich sind. In Deutschland sind dies die Länder, nicht der Bund. Von der Verantwortungsebene her gibt es kein „Bildungssystem Deutschland". Ohne Zweifel ist es zum wichtigsten Instrument der Rückmeldung von Systemqualität geworden.[28] Zentrale Prüfungen und Vergleichsarbeiten sind verwandte Instrumente, haben aber den Vorzug, eine kontinuierliche Beobachtung der Leistungsentwicklung eines Landes zu ermöglichen, wenn sie denn ökonomisch und fachlich solide durchgeführt werden. Angesichts des damit verbundenen Aufwandes ist dies nicht selbstverständlich.

Ziele der Evaluation

Schließlich können die Verfahren der Evaluation nach den *Interessen* gegliedert werden, die damit verbunden werden. Auch wenn Qualitätssteigerung das übergeordnete Ziel ist, kann das jeweilige Verfahren stärker auf Kontrolle und externe Rechenschaftslegung oder auf die Schaffung von Grundlagen dafür ausgerichtet sein, das Bildungssystem zu entwickeln und zu verbessern (s. Abb. 2.11).

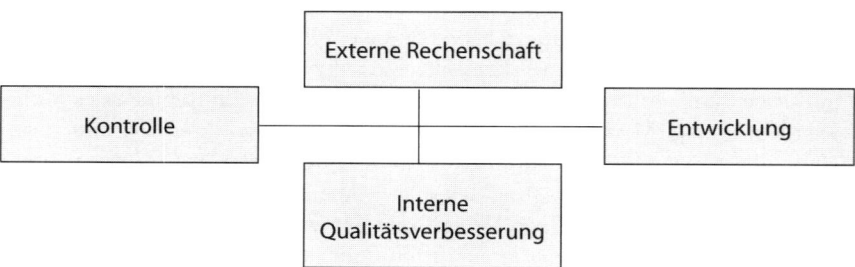

Abb. 2.11: Evaluation zwischen Kontrolle und Entwicklung

Eine verantwortliche Kultur der Qualitätsrückmeldung

Gemessen an dieser Systematik der Evaluation ist unübersehbar, dass große Bereiche des öffentlichen Bildungswesens herkömmlicherweise eine *unzureichenden Kultur der Qualitätsrückmeldung* pflegen. In welche Richtung soll dies ge-

---

28 Die Schweiz hat in der Gestalt der Rekrutenprüfungen, die von 1875 bis zum Beginn des Ersten Weltkrieges durchgeführt wurden, sehr früh eine ungewöhnliche Informationsbasis für die Evaluation der kantonalen Bildungssysteme geschaffen. Die Kantonsranglisten haben damals ähnlich heftige Reaktionen hervorgerufen, wie dies die heutigen Ländervergleich im Rahmen des „Programs of International Student Assessments" (PISA) tun (Lustenberger, 1996). So waren einige Kantone immer sehr gut (die Stadtkantone Basel, Genf, Zürich, auch einige Landkantone wie der Thurgau und Schaffhausen), andere aber konstant schwach (Obwalden, Nidwalden, Schwyz, Wallis, Appenzell-Innerrhoden).

ändert werden? Welche Chancen und Gefahren sind mit unterschiedlichen Instrumenten verbunden?

Diese Fragen werden heute nicht nur in der Schulpraxis, sondern auch in der Entwicklungsforschung zu Evaluationsverfahren gestellt. Sie sind durchaus nicht trivial. So könnte ein solcher Aufwand *permanenter Berichtlegung* entstehen, der die Verantwortlichen von ihren Kernaufgaben abhält. Nicht trivial ist auch die Frage, wer etwas wissen „darf", wie also verantwortlich mit Informationen umgegangen werden soll.

Einige Prinzipien schälen sich immer klarer heraus. Einmal erscheint es wichtig zu sehen, dass mehrere Verfahren der Qualitätssicherung und der Schulentwicklung zusammengehören.

Eine *Orientierung an durch Tests abgesicherten Bildungsstandards* kann ein höheres Maß an Objektivität und Transparenz ins Bildungswesen bringen. Sie könnte einerseits die Verantwortung der Lehrenden stärken und gleichzeitig verobjektivieren, was die faktischen Leistungen sind, die sie mit ihren Schülern und Schülerinnen erreicht haben. Die Fokussierung auf die Ergebnisse, und damit auf die *Ergebnisverantwortung,* könnte als Folge dieser Rückmeldungen steigen. Da die Erfolge extern festgestellt werden und dabei die Bedingungen ihrer Entstehung spezifiziert werden, sind sie gegenüber Eltern entlastet, sollte ihre fachliche oder fachdidaktische Kompetenz angezweifelt werden. Lehrpersonen müssen dann Standards nicht durch eigenen Druck und in alleiniger Verantwortung durchsetzen. Durch den Verweis auf die Evaluationsanforderungen werden sie stärker vorobjektivierbar und als Zielpunkte der Lehrarbeit sichtbar.

Rückmeldungen zu den Lehrleistungen

Die externen Erfolgskriterien enthalten aber auch eine bekannte Gefahr: die der ausschließlichen Konzentration auf die geprüften Leistungen, das bekannte „teaching to the test". Die alleinige Konzentration auf „Ergebnisse" muss gegengewichtet werden durch die Beobachtung von Prozessmerkmalen guten Unterrichts. Dabei ist die Qualitätsfeststellung darauf angewiesen, den „Konsens im System" über „gutes Lehrerhandeln" zu kennen. Die Prozessqualität könnte nur vernachlässigt werden, wenn es deterministische Zusammenhänge zwischen dem Lehrhandeln, dem pädagogischen Handeln und entsprechenden Wirkungen bei Schülern gäbe – was ja bekanntlich aus fundamentalen anthropologischen Einsichten her nicht der Fall ist. Letzteres wäre weder ethisch begründbar noch empirisch realisierbar. Wenn dies nicht der Fall ist, dann sind Rückgriffe auf die Prozessqualität unumgänglich.

Teaching to the test

Ergebnis- und Prozessevaluationen sind auch auf der Schulebene möglich, ja in den letzten Jahren ein zentraler Fokus dafür geworden, die Qualität im Bildungswesen zu prüfen. Dabei kommt ein weit größeres Spektrum von Qualitätsmerkmalen zum Tragen als isolierte Leistungen in Mathematik, in Naturwissenschaften oder im Lesen. Pädagogische Prozessqualitäten hat die bis heute aktive Reformpädagogik am klarsten formuliert. Sie wird im Kapitel zur Schulqualität zur Sprache kommen. Dort wird auch sichtbar werden, dass sich die Bildungsadministration geradezu darauf spezialisiert hat, die Schulebene in Augenschein zu nehmen und die Verantwortung für Bildungsqualität auf diese Ebene zu verschieben.

Rückmeldungen zur Qualität von Schulen

In der Summe wird sichtbar, dass „Evaluation" einer Kombination von intern selbstverantworteter Evaluation, externer Evaluation und Ergebnisverantwor-

Balance von Informationen

125

tung sowie einer Balance von Prozess- und Ergebnisevaluation bedarf. Ihr Ziel ist es, über eine zuverlässige Kultur der Informationsbeschaffung zu einer Qualitätssicherung beizutragen. Etwas zu kennen ist jedoch nur die Voraussetzung dafür, etwas zu tun. Qualitätssicherung verlangt dann Maßnahmen, seien es zeitliche, sachliche und personelle Ressourcen, um der Not zu wehren. Die Bildung nur zu vermessen reicht nicht aus, wenngleich schon dem Wissen über die realen Verhältnisse eine steuernde Wirkung zukommen kann.[29] Messen allein wäre ohne solche Stützen tatsächlich ein Verfahren, das eine Verbesserung allein durch das „Anziehen der Daumenschrauben" bewirken möchte. Auf das ausgewogene Verhältnis von Standardsicherung und pädagogischer Entwicklungsarbeit wird noch einzugehen sein.

Resümee: Evaluation als Rückmeldekultur

In den letzten Jahren, so wird im Rückblick sichtbar, hat sich eine sprunghafte Entwicklung im Bereich der Evaluation vollzogen, deren Dimensionen heute recht klar sind.

So ist sichtbar, dass es sich bei der Evaluation vor allem um eine Steuerung über Informationen handelt, die an Qualitätsstandards orientiert sind.

Zweckbestimmung
- Die erste Frage bei dieser Informationsbeschaffung zur Bewertung des schulischen Wirklichkeitsbereichs liegt auf der Hand: Welchem Zwecke soll sie dienen und wer legt diesen Zweck fest? Unbestritten dürfte die Zielsetzung sein, dass sie der Verbesserung und Qualitätssicherung dienen soll. Damit verbunden ist die Zielsetzung der Rechenschaftslegung. Da Schulen unterschiedlich gut gestaltet werden können, stellt sich die Frage der Verantwortung. Mit diesen Verantwortungszuschreibungen sind Rechenschaftspflichten verbunden, die eben in Teilen nur über informierte Bewertungsprozesse eingelöst werden können. Die evaluative Informationsbeschaffung ist aber nur der eine Teil. Der zweite ist komplizierter und folgenreicher, wenn aus diesen Evaluationen Konsequenzen gezogen werden, die auch Sanktionen und Belohnungen enthalten. Wenn dies der Fall ist, dann haben auch alle beteiligten Akteure Interessen, die sie geschützt sehen wollen und die sie im positiven Fallen optimieren wollen.

Informationsqualitäten
- Eine zweite Kernfrage ist die, wie die *validesten Informationen* gewonnen werden können. Wer kann bestimmte Sachverhalte am besten beurteilen, welches sind die besten *Informanten* und welches sind dafür die geeigneten *Verfahren*, diese Sachverhalte festzustellen? Auf Systemebene haben wir die Testverfahren als valide angesehen, auf Schulebene ist dies schon weit schwieriger. Wer kann am besten beurteilen, ob eine Schule gut ist? Auf Lehrerebene wiederum ist dies noch einmal komplizierter: Mit welchen Verfahren lässt sich von wem die Qualität der Lehrpersonen am besten beurteilen?

Verantwortliche Akteure
- Neben dem *Verfahren* der Informationsbeschaffung gilt es zu regeln, wer dies tun soll und darf. Die *Akteure* müssen ebenso bestimmt werden wie die Prozeduren.

Vereinbarung von Standards
- Diese Informationen werden an einem *Maßstab* der Qualität gemessen. Die *Vereinbarung von Qualitätsstandards* geht somit jeder Evaluation voraus. In

---

29 Insofern stimmt nicht einmal der Spruch „Vom Wiegen allein wird die Sau nicht fetter".

welchem Maße diese erfüllt sind, gilt es zu eruieren. Auch die Festlegungen von Qualitätsstandards, die gelten sollen, bedürfen eines Verfahrens und bedürfen der Vereinbarungen.
- Was geschieht schließlich mit den so gewonnen Informationen und Bewertungen? Die Antwort auf diese Frage kann sehr konsequenzenreich sein, insbesondere wenn Evaluationen zu negativen Einschätzungen führen. Dann können im Kern *Entwicklungsmaßnahmen* eingeleitet oder *Sanktionen* ergriffen werden. Wenn Personen davon betroffen sind, wird es noch eine Stufe heikler, da dann die Qualitätsfeststellung valide abgesichert sein muss und die Lehrperson tatsächlich für die gefundenen Mängel *verantwortlich gemacht werden kann*.

Umgang mit Ergebnissen

Dieser letzte Fall macht sichtbar, dass Evaluationen personale und auch schützenswürdige Interessen tangieren können. Da Personen intelligente Wesen sind, werden sie in diesem Umfeld versuchen, sich zu schützen. Wenn sie dies durch gute Qualität ihrer Arbeit tun, dann hat die Evaluation einen positiven Effekt gehabt, ohne dass dies im Nachhinein sichtbar werden muss. Es gilt nämlich nicht nur das Wirkungsmuster: *Qualitätsfeststellung, Sanktionierung und Verbesserung.* Es kann auch gelten: *Antizipation der Evaluation, Verbesserung des Verhaltens, gute Ergebnisse der Evaluation.*

Vom Umgang mit Evaluationen durch die Evaluierten

Ein viel diskutiertes Ergebnis der Evaluation von Evaluationen ist dies, dass *Absicht* und tatsächliche *Wirkungen* stark auseinanderfallen können (Kotthoff, 2003). Dies verweist darauf, dass Evaluationen im Rahmen eines handlungstheoretischen Modells, das institutionelle Rahmenbedingungen berücksichtigt, gesehen werden müssen. Dabei ist sowohl von den institutionellen Regelungen, den jeweiligen Kompetenzen und Ressourcen, als auch von den Interessen der Betroffenen auszugehen. Stehen letztere zur Debatte, dann darf nicht außer Acht gelassen werden, dass die Akteure intelligente Wesen sind, die versuchen, ihre Arbeitssituation zu optimieren. „Rational choice" (Esser, 1999b) als individuelles Handlungsmuster, also die Optimierung von Präferenzen und Kosten der Zielerreichung, gilt auch für Akteure, die im Bildungswesen tätig sind, insbesondere auch für die Lehrpersonen. Die Rahmenbedingungen können dabei durch Evaluationen so gesetzt werden, dass eine Verschlechterung der Unterrichtsqualität resultiert. So wäre es denkbar, wenn vor allem verwaltungs- und gremienintensives Verhalten auf Schulebene belohnt wird, dass wenig Arbeitszeit in die Vorbereitung eines guten Unterrichts gesteckt wird. Längerfristig könnte sich dies negativ auswirken. Oder ein anderes Beispiel: Wenn ganze Schulen anhand von Tests öffentlich bewertet und entsprechend lohnwirksam belohnt werden, dann könnte dies zu einem Wettbewerb um die besten Schüler führen und nicht zu einem Wettbewerb um die bestmöglichen Angebote. Gleichzeitig könnte sich dadurch die Chancengleichheit massiv verschlechtern, da gute Schulen ihre Umstände sukzessive optimieren können, Schulen mit problematischen Schülern aber sukzessive mehr bestraft werden, da sie durch den Verlust guter Schüler in einen Teufelskreis geraten.

Rational choice und die Evaluation der Evaluation

Es gilt also, die Evaluation selbst zu evaluieren, um ihr segensreiches Potential zu stärken und unbeabsichtigte Nebenwirkungen zu minimieren.

2.5 Steuerung durch Ressourcen: Hängt nicht letztlich alles am Geld?

Zuletzt geht es um Geld. Für wie wichtig einem Gemeinwesen das Bildungssystem ist, kommt nicht zuletzt darin zum Ausdruck, wie viel es in der Lage und bereit ist, an Mitteln zu investieren.

2.5.1 Investitionen in Bildung

Dank den in den letzten Jahren verfeinerten Formen der Bildungsberichterstattung wissen wir heute über finanzielle Investitionen in das Bildungswesens sehr gut Bescheid. Im Konsortiumsbericht aus dem Jahre 2006 geht hervor, wie hoch in Deutschland die Bildungsausgaben pro Schüler auf unterschiedlichen Bildungsstufen sind (Konsortium Bildungsberichterstattung, 2006). Abb. 2.12 zeigt wie teuer Schüler für jeweils ein Jahr sind. Grundschüler sind am „billigsten" (3.900 Euro pro Jahr), Hauptschüler und Gymnasiasten etwa gleich teuer (5.300 bzw. 5.400 Euro). Erstaunlich hoch sind die Kosten für die duale Ausbildung. Im Durchschnitt gaben die öffentlichen Haushalte 4.600 Euro pro Schüler und Schülerin an öffentlichen Schulen aus. Studierende an Universitäten, Kunst- und Fachhochschulen „kosten" im Durchschnitt 6.300 Euro. Dabei bestehen aber große Unterschiede nach Studiengängen, wobei die medizinischen und die naturwissenschaftlich-technischen Ausbildungen sehr viel teurer als geisteswissenschaftliche sind. Den größten Kostenanteil im Bildungswesens insgesamt haben die Personalausgaben. Er ist in Deutschland mit 85% besonders hoch (OECD-Mittel: 81%).

Ob dies nun viel oder wenig ist, lässt sich im nationalen Bezugsrahmen schwer beurteilen. Hilfreich dafür sind internationale Vergleiche, etwa die zu Bildungsausgaben in den Ländern der OECD. Dieses in der Zwischenzeit sehr gut dokumentierte Gebiet zeigt, dass Deutschland mit 5,3% des Bruttoinlandprodukts (BIP) knapp unter dem OECD-Mittel (5.6%) liegt. Wenn man dagegen die Ausgaben pro Bildungsteilnehmer berechnet, dann liegt Deutschland knapp über dem OECD-Durchschnitt (s. Abb. 2.12). Andere Länder geben vergleichsweise sehr viel mehr aus, insbesondere die Schweiz, USA, Norwegen, Dänemark, Österreich und Schweden.

Die bildungspolitische Kernfrage ist dabei die, ob mit höheren Bildungsausgaben auch positive wirtschaftliche, sozialpolitische und individuelle Effekte verbunden sind. Nach intensiven Bemühungen, diese Frage zu klären, hat sich in der Zwischenzeit ein Konsens herausgebildet, dass dies in allen Dimensionen der Fall ist. Ein Teil des Wirtschaftswachstums wird durch höhere Bildungsausgaben ebenso erklärbar wie die sozialpolitische Stabilität eines Landes. Individuelle und langfristig auch gesellschaftsrelevante „Bildungsfolgen" ergeben sich im Bereich der Gesundheit, der politischen Teilhabe und der individuellen Arbeitsbiographien.

Neben der Diskussion des Gesamtbudgets stellt sich die steuerungsrelevante Frage, wofür das Geld ausgegeben werden soll, welche Ausgaben besonders gut investiert sind, wo man also ansetzen muss, um über finanzielle Ressourcen die Bildungsqualität zu fördern.

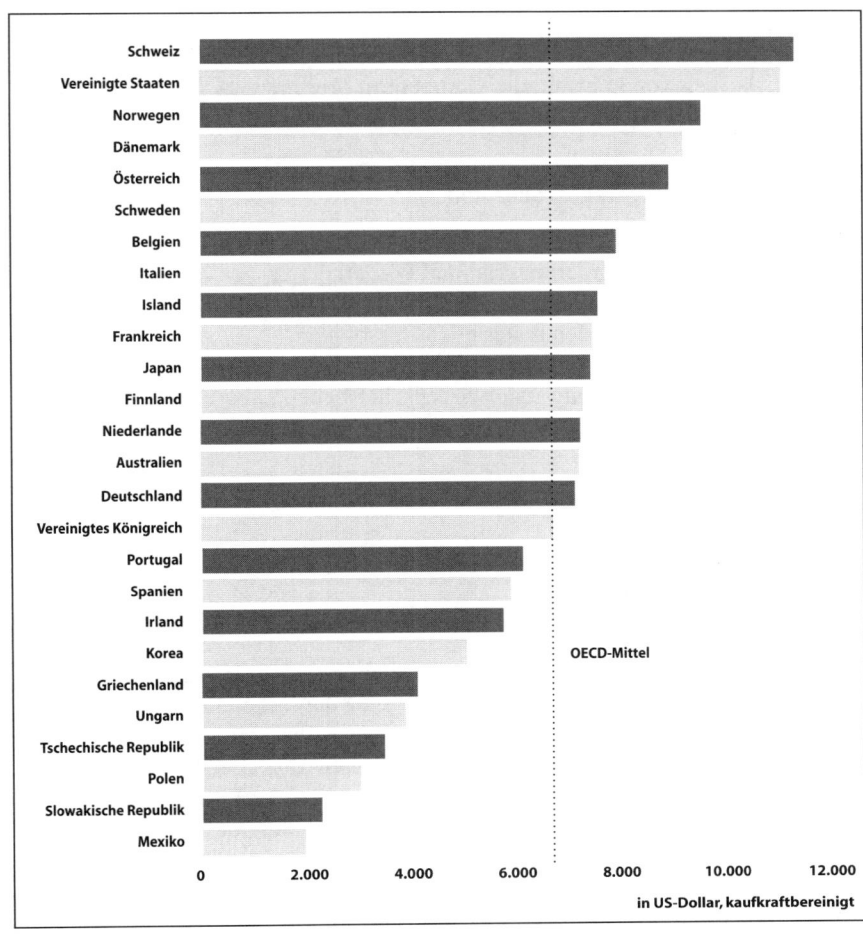

Abb. 2.12: Jährliche Ausgaben für Bildungseinrichtungen pro Schüler und Studierenden vom Primär- bis zum Tertiärbereich 2002 (in US-Dollar, kaufkraftbereinigt) (Quelle: s. Konsortium Bildungsberichterstattung, 2006, S. 24)

2.5.2 The „missing resource link": Wie wichtig ist Geld für die Qualität des Bildungswesens?

Die Frage nach den *wirksamen* Investitionen ist in der Tat sehr komplex. Der Bildungsökonom Wößmann hat sich auf der Basis internationaler Untersuchungen intensiv damit beschäftigt und u.a. Investitionen in folgende Bereiche untersucht:

Humanressourcen, Personalkosten:
- Lehrer-/Schüler-Relationen,
- Klassengröße,
- Lehrerqualifizierung und Lehrerfortbildung,
- Aufhebung des Lehrermangels;

The missing resource link

Sachkosten:
- Qualität der Gebäude, Ausstattung der Schulen und Schulklassen,
- Verfügbarkeit von Lehrmitteln, Computern, Multimedia-Ausstattung, Labor, Schülerbibliothek usw. etc.;

Zeitressourcen:
- Unterrichtszeit pro Tag, Woche und Jahr;

Stützressourcen:
- Verfügbarkeit von Fördermaterial und Förderkursen;

Gebrauchsindikatoren zu den materiellen Ressourcen:
- Computernutzung,
- Internetnutzung, Nutzung naturwissenschaftlicher Labore, Nutzung der Bibliothek;

Zeitnutzung:
- Wochenstunden pro Fach,
- Schülerabsentismus;

Nutzung der remedialen Stützen :
- Anteil von Schülern in Förderkursen.

Das Kernergebnis der Analyse, welche Ressourcen die Leistungsergebnisse positiv beeinflussen, ist auf den ersten Blick eher deprimierend: Es gibt auf der Grundlage der internationalen Leistungsstudien keine klar nachweisbaren Zusammenhänge zwischen spezifischen Ressourcen und Leistungsergebnissen. Wößmann spricht sogar vom "missing ressource link" zwischen Investitionen und Schulleistungen (Wößmann, 2002b). Allerdings vergleicht er, wenn es um OECD-Länder geht, vornehmlich solche, die ohnedies einen hohen Ressourceneinsatz zeigen, also eine eingeschränkte Varianz des Kostenniveaus repräsentieren.

Gezielte Investitionen

Wie ein Überblick zu den Hauptthemen der Bildungsökonomie in den 90er Jahren zeigt (Konsortium Bildungsberichterstattung, 2006; Weiß, 2001), bewegt die Frage, welche Investitionen besonders wirksam sind, die Forschung bis heute. Auf bildungspolitischer Ebene wird dabei von der breit akzeptierten Annahme ausgegangen, dass Investitionen ins Bildungswesen ertragreiche Investitionen in die Zukunft seien (Humankapitalthese). Auf fachlicher Ebene stellt sich die Frage, in *welchen Bereichen* und in *welche Ausstattungsmerkmale* des Bildungswesens investiert werden soll. Globale Investitionen nach dem Gießkannenprinzip sind offensichtlich nicht in allen Fällen sinnvoll. So ist zu differenzieren, auf welcher Stufe des Bildungswesens investiert werden soll. Die PISA-Ergebnisse legen nahe, dem *Eingangsbereich des Bildungswesens*, dem Kindergarten und der Grundschule mehr Beachtung zu schenken, als dies bisher der Fall war. Dieselben Studien enthalten die Aufforderung, bestimmte Schülersektoren besser zu fördern, insbesondere *Migrantenkinder in Großstädten*.

Klassengröße und Arbeitszeiten

Bei Investitionen in die schulischen Lernbedingungen steht vor allem die Frage zur Disposition, wie viel in die Größe der Schulklassen bzw. in die Arbeitsbedingungen der Lehrerschaft (Arbeitszeit) investiert werden soll. Zu diesem Thema gibt es eine umfassende Literatur (s. z.B. Educational Evaluation and Policy Analysis, 1999). Die größte Untersuchung zu diesem Thema hat unter spezifischen Bedingungen einen nachweisbaren Effekt kleiner Klassen (12-17 Schülerinnen und Schüler) in der Primarschule gezeigt. Kleine Klassen erfordern außerordentliche Investitionen in Personal und Räumlichkeiten. Dennoch sind *deutliche* Reduktionen der Klassengröße eine Kernvoraussetzung, will man eine Unterricht realisieren, der auf das Spektrum individueller Lernfähigkeiten eingeht.

In Konkurrenz dazu stehen Investitionen in Gehälter und Arbeitszeiten. Deren Auswirkungen auf die Qualität der Schülerleistungen sind umstritten. Investitionen in gute Arbeitsbedingungen können indirekt wirken, etwa über die Attraktivität des Berufes, die dadurch mögliche gezielte Auswahl von Personal und die damit verbundene Qualitätsverbesserung von Unterricht.

Investitionen in *Lehr/Lernmittel bzw. Unterrichtsentwicklung und Unterrichtsforschung* haben sich als kostengünstig aber als hoch effizient erwiesen. Sie sollten deshalb besonders beachtet werden.

Die Frage nach den strategischen Investitionsbereichen hat sich in den letzten Jahren auch darum gedreht, ob nicht so sehr die Schule Investitionsziel sollte, sondern die Schülerschaft bzw. die Eltern. Die Qualität des Bildungswesens hängt in hohem Maße von der Qualität der Nutzungsbedingungen durch Schüler und deren Eltern ab. So könnten die Verbesserung der Lebensbedingungen im Elternhaus, insbesondere die Verbesserung von Betreuungsverhältnissen in der Form von Ganztagsschulen, die Eliminierung von Armutskonstellationen und die Elternbildung strategische Ansatzpunkte sein, um die Bildungsqualität zu steigern. Am radikalsten wäre die Umsteuerung der Bildungsfinanzierung dann, wenn Eltern die finanziellen Mittel gegeben würden, mit denen sie nach ihren Interessen und Qualitätswahrnehmungen Bildung „kaufen" könnten. Diese Thematik wurde bei der Frage nach Staatssteuerung oder Marktsteuerung bereits behandelt und dort eher skeptisch gesehen.

<small>Investitionen in die Nutzer</small>

In der Summe präsentiert sich die Frage der Steuerung durch Ressourcen schwieriger als es die Wahrnehmung in der Öffentlichkeit oft vermuten lässt. Zweifellos ist aber eine hohe „Opferbereitschaft" der Öffentlichkeit für eine bestmögliche Ausstattung des Bildungswesens ein wichtiger Motivationsfaktor für einen hohen Einsatz der Akteure im Bildungswesen. Finanzielle Investitionen sind nicht nur Voraussetzungen für Unterricht, sondern auch Indikatoren für das nationale Bildungsengagement. Eine „Pflege" des Personalbestandes ist eine unerlässliche Qualitätsbedingung und Ausdruck der Wertschätzung für Bildung. Sie wirkt sich auch über diesen indirekten Pfad auf die Qualität des Bildungswesens aus. Zu den wichtigsten Investitionen, um die Qualität eines Bildungswesens zu stärken, zählen damit jene in Personen, in deren Professionalität und in deren Motivation. Ausbildung und Fortbildung sind die Instrumente, um dies zu realisieren. Sie sind so wichtig, dass auf sie noch näher eingegangen werden muss, wenn es um die Steuerung des Bildungswesens auf der Mikroebene geht.

<small>Investitionen als Indikator für die Wertschätzung von Bildung</small>

2.6 Educational Governance: Konfigurationen der Makrosteuerung – harmonische und erfolgreiche, dissonante und problematische

Es ist offensichtlich: In „Wirklichkeit" finden wir in einem Bildungswesen immer alle Formen der Makrosteuerung, die hier beschrieben wurden: Wir finden jeweils Bildungspläne, Prüfungsregelungen, „Verfassungen" und administrative Verfahren, Monitoring und Aufsicht und Ressourcenzuweisungen. Sie alle tragen ihren Teil zur Qualitätssicherung bei.

Die Gretchenfrage, die dabei auftaucht, ist gleichermaßen unvermeidlich wie schwierig zu beantworten: In welcher Kombination tauchen unterschiedliche Ausgestaltungen der obigen „tools" auf? Der fokussierte Leser wird sofort weiterfragen:
- Welche Kombinationen verschiedener Gestaltungsformen auf Makroebene gibt es?
- Gibt es ideale Kombinationen von Makrosteuerungen?

Der etwas Vorsichtigere mag weiterbohren:
- Sind alle Kombinationen gleichermaßen möglich oder schließen sich welche aus?

Diese Fragen zielen auf das, was heute „educational governance" genannt wird, also eine mehr oder weniger optimale Konfiguration von Gestaltungsinstrumenten auf politisch-administrativer Ebene.

Unterschiedliche und unterschiedlich „gute" Formen der Makrosteuerung können nur durch den Vergleich identifiziert werden. Die Gegenüberstellung der Schweiz mit Deutschland hat diesem Anliegen gedient, das Eigene im Spiegel des Anderen zu erkennen. Der Anreiz, die deutschsprachigen Systeme international zu vergleichen und dies mit großer Sorgfalt zu tun, ist besonders groß, da man sich davon die Entdeckung von Ursachen für die Leistungsprobleme erhoffen darf (s. z.B. Baumert et al., 2002; Bundesamt für Statistik, 2002; Organisation für wirtschaftliche Zusammenarbeit und Entwicklung, 2001). Die international vergleichende Bildungsforschung hat auf diesem Hintergrund eine neue Aktualität erlangt.

Erkennen von Makrosteuerungen durch Anschauung

Warum es so wichtig ist, darauf zu schauen, wie in einem Land Strategien der Makrosteuerung kombiniert sind, haben die Schulbesuche in anderen Ländern gezeigt. Es ist sowohl verständlich als auch vernünftig gewesen, jene Länder zu besuchen, die in den Leistungsvergleichen viel besser als Deutschland abgeschnitten haben. Dennoch lag darin auch eine Gefahr. Die Besucher haben manches gesehen, das ihnen gut gefallen hat und das sie gern auf Deutschland übertragen gesehen hätten: z.B. keine Noten zu geben, kurze Lehrpläne zu haben, die Schüler bis zum neunten Schuljahr gemeinsam zu unterrichten. Finnland schien in jeder Hinsicht das Paradies zu sein. Zwei Probleme sind mit solchen Wünschen verbunden: Sie werden aus einem Bündel von Steuerungsinstrumenten herausgelöst und als einzelne attraktive Lösungen gesehen. Übersehen wird dabei, wie sie mit anderen Instrumenten kombiniert sind, um in einer Konfiguration segensreiche Wirkungen zu entfalten.

Expertenbefragungen

Die bessere Strategie scheint die zu sein, Experten aus erfolgreichen Ländern einzuladen, um von ihnen zu erfahren, warum es bei ihnen so gut läuft. Dies ist auch geschehen (Larcher & Oelkers, 2003). Das Ergebnis war überraschend.

Einmal haben die jeweiligen Länderexperten bei ihnen viel mehr Probleme gesehen, als dies international dokumentiert war. Zum andern ergab sich der Eindruck, dass ihnen die eigenen Strukturen so selbstverständlich waren, dass sie deren Besonderheiten weder erkannten noch auf den Begriff bringen konnten.

Quantitative internationale Vergleiche

Eine systematische Komparatistik von Bildungssystemen sollte die Begrenzungen durch unmittelbare Erfahrungen sprengen. Die Hoffnung besteht darin, in verschiedenen Ländern zu studieren, wie einzelne, als wichtig vermutete Faktoren sich auf das Leistungsniveau auswirken. Die OECD ist diesen Weg gegangen (Organisation für wirtschaftliche Zusammenarbeit und Entwicklung, 2001, Anhang B 1). Wissenschaftliche Analysen

Als Beispiel kann hier der Versuch dienen, herauszufinden, ob eine Kernstrategie der Schulverbesserung, die *Stärkung der Autonomie der Einzelschule*, hoch mit dem Leistungsniveau zusammenhängt. Sie sollte ja nach den Debatten der Bildungsreform die Qualität im Bildungswesen bedeutsam erhöhen. Als Erfolgskriterium dient hier die Lesekompetenz der Schülerschaft. In der Tab. 2.1 sind die Punktezuwächse in der Lesekompetenz pro Schule aufgeführt, die erzielt werden, wenn sich die Standardabweichung der „Ursache" um eine Einheit verändert. Als Ursachen gelten dabei die Autonomiemerkmale einer Schule. Die Informationsgrundlage ist einfach: Schulleiter wurden nach den Entscheidungsbefugnisse der Schule und der Lehrer gefragt. Ihre Angaben wurden summiert, um so einen Indikator für die Autonomie der Einzelschule zu erhalten. Der Vergleich der sehr erfolgreichen Länder Kanada, Australien, Finnland und England mit Deutschland und der Schweiz interessiert hier natürlich besonders. Wie bedeutsam ist in diesen Ländern die Autonomie der Schulen? Autonomie als Makrosteuerung im internationalen Vergleich

Tab. 2.1: Schulische Faktoren und ihr Einfluss auf die Lesekompetenz in verschiedenen Ländern. Zuwachs an Kompetenzpunkten (gerundet) bei der Veränderung der Prädiktoren um eine Standardabweichung

Länder	Lehrerautonomie[1]	Schulautonomie[1]
Australien	-6	14
Kanada	2	8
Finnland	6	-4
UK	-2	1
Deutschland	-11	-8
Schweiz	-2	9

1) Schulleitung: Einschätzung der „Lehrerautonomie" und „Schulautonomie", jeweils Summierung von Entscheidungsmöglichkeiten

Das Ergebnis ist überraschend. Schulautonomie oder Lehrerautonomie „wirken" einmal positiv, manchmal sogar negativ. In Finnland steigert Lehrerautonomie die Leseleistungen einer Schule, Schulautonomie senkt sie. In der Summe sehen wir nur ein Chaos inkonsistenter Beziehungen. Ähnliche Beispiele ließen sich viele finden. Dahinter stehen gewiss auch Messprobleme, Analyseprobleme und viele andere Unwägbarkeiten. Auf diesem Gebiet sind noch viele Fortschritte denkbar. Möglicherweise deuten die Ergebnisse aber auch auf ein grundsätzliches Problem: auf die Bedeutung von Konfigurationen der Makrosteuerung, die erste als solche konsistente (positive) Wirkungen haben können. Dazu brauchen wir in einem ersten Schritt genaue Beschreibungen der Steuerungskonfigurationen in einem Land.

Qualitative internationale Vergleiche

Eine deutsche Arbeitsgruppe hat eine qualitativ dichte und gleichzeitig quantitative Beschreibung jener Länder vorgenommen, die in den PISA-Tests gut abgeschnitten haben (Arbeitsgruppe Internationale Vergleichsstudie, 2003). Einbezogen wurden Kanada, England, Finnland, Frankreich, Niederlande und Schweden. Hier liegt damit ein Musterbeispiel für professionelle vergleichende Bildungsforschung vor, die quantitative Daten mit qualitativen Länderbeschreibungen verknüpft.

Was war das Ergebnis dieses Vergleichs?

Folgende Punkte sind aufschlussreich:

Diese Merkmale zeigen „erfolgreiche" Länder

- In allen erfolgreichen Ländern fanden in den 80er und 90er Jahren intensive Diskussionen zur Reform des Bildungswesens statt, die auch zu gewichtigen Veränderungen geführt haben.
- In diesen Ländern ließ sich jeweils eine Stärkung der Akteure in den Schulen, in den Kommunen und damit auf dezentraler Ebene beobachten. Die erhöhte Eigenverantwortung der Schulen war begleitet von einem gezielten Ressourceneinsatz zur Stärkung der Schulebene und der Lehrerprofessionalität. In einigen Ländern wurde die kommunale Ebene der Schulunterstützung gestärkt.
- Gleichzeitig wurde das Monitoring über schulübergreifende Tests verstärkt. Die Vorgabe von Bildungsstandards wurde präzisiert und die Bildungsergebnisse wurden überprüft. In allen erfolgreichen Ländern fand sich ein ausgebautes Systemmonitoring. In unterschiedlichem Maße dienten diese externen Überprüfungen der Orientierung und Information der Lehrpersonen bzw. der Evaluation und Kontrolle durch die Behörden.
- Das gezielte Monitoring erfolgte auf dem Hintergrund eines nationalen Curriculums, das die Leistungserwartungen benannte (als Mindesterwartung, als Regelerwartung bzw. als „Benchmark").
- Die Ressourcen wurden in den erfolgreichen Ländern gezielt in die frühzeitige Förderung von Kindern aus belasteten Lernumgebungen bzw. mit belasteten Lernmöglichkeiten investiert.
- Unterschiedlich waren die Vorgaben in Bezug auf Schulwahlfreiheit, so dass sich hier keine klaren Hinweise auf ihre qualitätsförderliche Bedeutung ergeben.
- In mehreren Ländern blieben die Kinder bis zum 8. bzw. 9. Schuljahr in derselben Schule, deren zahlenmäßige Größe meist überschaubar gehalten wurde (max. 500 bis 600 Schüler).
- Uneinheitlich zeigten sich in den Vergleichen die Wirkungen des Ressourceneinsatzes. Erkenntnisse über den erfolgreichsten Weg blieben auch bei diesem Vergleich aus.

- In allen Ländern fanden sich ausgebaute Unterstützungssysteme der schulischen Entwicklungsarbeit. Bei der Lehrerfortbildung zeigte sich die Tendenz, diese auf Schulebene zu organisieren und nicht als individuelle Aufgabe allein zu behandeln. Einer der Kernpunkte war dabei die Schulung in der Fähigkeit der Individualisierung im Unterricht, also des Umgangs mit Heterogenität. Auffallend waren ferner die großen Investitionen in die Professionalisierung des schulischen Leitungspersonals.
- Die Schulebene erwies sich in erfolgreichen Ländern als wichtige Gestaltungsebene, die auf Lebensraumkonzepte und – meist im Kontext von Ganztagsschulen – auf soziale Integration und remediales Lernen mit gezielten Programmen ausgerichtet war.
- Die frühzeitige Kompensation von Lerndefiziten, insbesondere bei Migrantenkindern, hatte in allen Referenzländern eine hohe Priorität. Verschiedene Strategien (Sprachunterricht, kulturelle Integration, Verbindung von Elternhaus und Schule) wurden dabei angewendet, ohne dass klare Vorzüge der einen oder der anderen Detailstrategie erkennbar waren.
- Die Gestaltung der Bildungsgänge auf den verschiedenen Stufen folgte einem in den letzten Jahrzehnten entwickelten Muster der *kompensatorischen* Frühförderung auf der Grundstufe, der *individualisierten* Förderung in integrierten Systemen auf der Sekundarstufe I und den *hierarchisierten*, über Aufnahmeprüfungen zugänglichen selektiven Angeboten auf der Sekundarstufe II. Diese selektiven Zugänge waren auf der Tertiärstufe noch verstärkt sichtbar.
- In den erfolgreichen Ländern ließ sich ein lernförderlicher außerschulischer Kontext beobachten, der insgesamt eine schulische Leistungskultur stützte.

Diese Ergebnisse des vertiefenden Vergleichs der Schulsysteme in erfolgreichen Ländern repräsentieren heute den differenziertesten Erkenntnisstand. Sie werfen aber auch noch mal die Frage in die Arena, ob es eine Möglichkeit gibt, einen Schlüssel für das Verständnis von Bildungssystemen zu finden.

Wie Instrumente der Makrosteuerung zusammenspielen

Nach unserer Konzeption institutioneller Akteure sind Bildungssysteme als Formen institutionellen Zusammenhandelns bei der „Menschenbildung" zu verstehen. Als solche repräsentieren sie ein in sich sinnvoll zusammenhängendes Ganzes, eine Konfiguration von Regelungen, Akteurkonstellationen und Handlungspraktiken.

Damit liegt es nahe, nach spezifischen Konfigurationen in der Funktionsweise von Bildungssystemen zu suchen, also nach Kombinationen von Steuerungsinstrumenten. Solche Konfigurationen sind hier immer wieder angesprochen worden. Sie sollen hier noch einmal in der Form von Hypothesen über typische Makrosteuerungen in verschiedenen Ländern zusammengefasst werden.

Was gilt es, jeweils in Kombinationen zu sehen? Nach unserer Gliederung von Steuerungsinstrumenten wären es:
- institutionelle Regelungen zur Bildungsganggestaltung im Sinne integrierter oder hierarchisierter Bildungsgänge,
- Prüfungssysteme in terminaler oder aufnehmender Gestalt,

- inhaltliche Planungsmerkmale wie ziel- und standardorientierte Lehrpläne oder kanonisierte Lehrplanung im Sinne lehrmittelgesteuerter Lehrplanung,
- bürokratisierte oder öffentlichkeitsorientierte Verantwortungsstrukturen,
- in sich geschlossene Handlungseinheiten oder extern mitgestaltete Evaluationsformen,
- offene, auf Wahlfreiheit ausgerichtete Angebote oder streng zugewiesene Bildungsangebote,
- in den staatlichen Budgets mit Priorität versehene Ressourcenzuweisung oder finanzielle Vernachlässigung.

Diese institutionellen Regelungen dürften ihrerseits ihre Bedeutung auf der Folie kultureller Besonderheiten und national vorhandener Ressourcen erlangen. Damit würde sich die komparatistische Perspektive ausweiten auf die simultane Analyse von
- institutionellen,
- kulturellen und
- ressourcenbasierten Merkmalen einzelner Länder.

Die methodische Bearbeitung dieser Frage erfordert verständlicherweise eine komplexe Datenbasis. Dokumente zur Erschließung der institutionellen Regelungen und der kulturellen Deutungssysteme wären ebenso unerlässlich wie solide quantitative Beschreibungen und Analysen der einzelnen Länder.

In welche Richtung eine solche Analyse gehen könnte, sei hier exemplarisch durch den Vergleich von erfolgreichen Konfigurationen angedeutet.

2.6.1 Ostasiatische Konfigurationen

Im internationalen Vergleich repräsentieren die asiatischen Länder Korea und Japan eine hocheffiziente Konfiguration (Organisation für wirtschaftliche Zusammenarbeit und Entwicklung, 2001). In früheren Studien erwiesen sich Singapur, Taiwan und teilweise auch China als sehr ähnlich (Stevenson, Chen, & Lee, 1993). Vergleiche zwischen Nordvietnam und Bayern (Helmke & Tuyet, 1999) belegen ebenfalls eine deutliche Überlegenheit Südostasiens.

Für den Vergleich mit Deutschland fällt als erstes die gesamtschulähnliche Organisation der Sekundarstufe I ins Auge. Daneben gibt es ein strenges, schul*extern durchgeführtes Prüfungssystem* (jedenfalls in Japan und Südkorea), das die Besten in meist gleichzeitig abgehaltenen Aufnahmeprüfungen eruiert. Auf Schülerseite ist damit ein hoher Leistungsdruck und ein hoher außerschulischer Lernaufwand, häufig in speziellen *Zusatzschulen*, verbunden, gekoppelt mit einem emotional sehr belastenden Hinarbeiten auf die lebensentscheidenden Aufnahmeprüfungen (Son, 2003). Diese Konfiguration besteht zudem, was die Schulkultur angeht, aus streng regulierter Instruktion, wobei die Unterrichtsstunden häufig kollektiv von Lehrerkollegen vorbereitet werden (s. besonders Roeder, 2001; Schümer, 1998). Die Unterrichtsführung ist autoritativ, das Schülerverhalten diszipliniert[30] und gemeinschaftlich zu erreichende Lernziele stehen im

---

30 Von Kennern des japanischen Bildungswesens, die längere Zeit in Japan verbracht haben, hört man allerdings, dass es im Unterricht unerwartet viel Unruhe und Lärm gibt, jedenfalls mehr

Mittelpunkt. Die intensive, gesellschaftlich getragene familiäre Unterstützung durch Unterricht außerhalb des Bildungswesens ist ein wesentlicher Bestandteil dieser Konfiguration. Bildung hat in diesen Gesellschaften und Kulturen insgesamt einen herausragenden Stellenwert.

2.6.2   Skandinavische Konfigurationen

Eine zweite Konfiguration repräsentieren die skandinavischen Länder, insbesondere Finnland und Schweden. Diese Länder haben zwar ähnlich wie die asiatischen eine gesamtschulähnliche Organisation bis zum 8. oder 9. Schuljahr, sie unterscheiden sich jedoch von der pädagogischen Kultur und von der Leistungsüberprüfung her grundlegend von der asiatischen Kultur. Die Kinder werden relativ spät in eine genau fixierte Leistungsrangfolge gebracht und das Erreichen von Grundkompetenzen steht bei allen Schülern über viele Jahre im Vordergrund. Die äußere Aufgliederung von Bildungswegen erfolgt spät, meist erst ab der Sekundarstufe II. Schulen sind in hohen Maße förderungsorientiert und stark kommunal verankert. Durch die enge Zusammenarbeit zwischen Elternhaus und Schule, die häufig in Zusammenarbeitsverträgen festgehalten wird, tritt das Anliegen in den Vordergrund, möglichst viele Schüler möglichst lange gemeinsam zu unterrichten und insbesondere am Anfang ihrer Schulkarriere motivational zu unterstützen und niemanden zurückzulassen. Der Lehrer ist weniger leistungsorientierter Belehrer als Helfer für die bestmögliche Entwicklung des Kindes. Dafür wird er auf Universitäten in langen Studiengängen ausgebildet. Die Standardsicherung erfolgt auch in diesen Ländern zu einem großen Teil extern mittels schulübergreifender Prüfungen und standardisierter Tests. Die Zulassung zur Hochschule ist vom Ergebnis der Aufnahmeprüfungen abhängig. Hochschulen sind je nach Nachfrage unterschiedlich selektiv. Einzelne Hochschulen nehmen nur 50% der Bewerberinnen und Bewerber auf, pädagogische Ausbildungsgänge gar nur 20%.

2.6.3   Angelsächsische Konfigurationen

Unübersehbare Fortschritte in der Sicherung eines hohen Leistungsniveaus haben einige englischsprachige Länder, vor allem Kanada, Australien, Neuseeland und nicht zuletzt England selber vorzuweisen. Hier gibt es vor allem Entwicklungen, die eine neue Kombination von externem Monitoring durch schulübergreifende Tests und intensiven Förderprogrammen nahe legen, insbesondere im Bereich der Frühförderung und der Grundstufe des Bildungswesens. Die Tests dienen dabei als Qualitätssicherungsinstrumente und intern der Standardbildung in Bezug auf das Niveau, das innerhalb einzelner Schulen erreicht werden soll. Diese "Policies" werden ergänzt durch große Investitionen in die Betreuung von Kindern auf ihren ersten Schritten im Bildungswesen. Dazu werden die Gruppen klein gehalten, die Lehrkräfte speziell geschult und die Lernprogramme zeitlich ausgedehnt. Gerade in diesen frühen Lernphasen wird zudem die Elternarbeit in den Mittelpunkt gestellt.

   als Lehrer in Deutschland vertragen würden. Ob diese persönlichen und punktuellen Eindrücke
   repräsentativ sind, müsste untersucht werden.

Der Vergleich der in den PISA-Studien besonders erfolgreichen Länder mit den deutschen Bildungssysteme wirft die Frage auf, ob letztere nicht fundamentale Konstruktionsprobleme haben, die sie nicht mehr konkurrenzfähig machen. Brauchen wir nicht eine grundlegende Umgestaltung der Art und Weise, wie unsere Bildungssysteme funktionieren, ohne die alle Detailreformen vergeblich bleiben? Welches sind die nötigen Strukturreformen und inneren Entwicklungsprozesse im Bildungswesen, die das deutsche Bildungssystem auf einen produktiven Zukunftsweg führen könnten? Wie kann man in diesem Suchprozess verhindern, in die falsche Richtung zu gehen und mehr zu zerstören als produktiv zu entwickeln? Was bewahrt uns vor Irrtümern und was bietet uns eine vernünftige Chance, richtig zu empfehlen und zu handeln?

Bevor auf diese zukunftsentscheidenden Fragen Antworten angeboten werden können, sollen die Besonderheiten der deutschen Konfiguration nochmals resümiert werden. Sie wurden in den einzelnen Dimensionen bereits beschrieben. Hier seien sie in ihrem konfigurativen Auftreten zusammengefasst, wobei die Auswirkungen auf die Rekontextualisierungen durch die schulinternen Akteure schon mitbedacht sind.

2.6.4 Die deutsche Konfiguration

Kurz resümiert stellen sich die Besonderheiten der deutschsprachigen Konfigurationen so dar:

(1) Als Ergebnis seiner historischen Entwicklung ist das deutsche Bildungswesen in hohem Masse durch inhaltliche Vorgaben, die sich in Lehrplänen, Lehrbüchern und Abschlussnormen niederschlagen, gesteuert. Der Kampf um die Schule war immer auch ein Kampf um neue Inhalte. Die Vielfalt der Inhaltsbereiche und der Ansprüche sowie die Steuerung der Lehrgänge über Inhalte enthält die Versuchung, immer mehr Stoff auf kurze Zeiträume zu verteilen. Dies führt zu einem atemlosen Lernen von Prüfungen zu Prüfungen, ohne dass sich grundlegende Strukturen langfristig stabilisieren lassen. Das viel Zeit erfordernde, eigenständige und nachhaltige Lernen kommt in einem solchen Inhaltskontext ebenfalls zu kurz.

(2) Die Transparenz hinsichtlich der erreichten Standards und Lernziele ist gering. Repräsentative Studien über die Veränderungen des Leistungsniveaus fehlen. Die Prüfungssysteme sind curricular auf den jeweils durchgenommenen Lehrstoff bezogen und weitgehend auf den schulklasseninternen Vergleich beschränkt. Die Verobjektivierung durch klassen- und schulübergreifende externe Evaluationen durch zentrale Prüfungen ist teilweise gegeben, sie wird jedoch nicht genutzt, um die Entwicklung des Leistungsniveaus zu beobachten.

(3) Das deutsche Bildungswesen ist auf der Sekundarstufe I kein integriertes, sondern ein selektives Bildungssystem, das bereits auf dieser Stufe für die Lebensplanung sehr bedeutsam ist – dies sowohl in eröffnender als auch in verschließender Hinsicht.

Damit sind auch spezifische Incentives verbunden:
- Einmal führt die Strukturierung nach mehr oder weniger anspruchsvollen Bildungsgängen dazu, die Homogenisierung der Lerngruppen nach Leistungsfähigkeiten zu betonen und die Anforderungen der anspruchsvollen Bildungsgänge zu sichern, indem Schülerinnen und Schüler, die Mühe haben mitzukommen, in andere Schulformen empfohlen bzw. ausgegliedert werden.
- Da die Bildungsgänge sehr früh (in Deutschland im Verlauf des 4. Schuljahres) vorgespurt werden, steigt der Druck auf die Eltern, diese Bildungsentscheidung möglichst optimal vorzubereiten. Dies führt zu einer Tendenz, die Kinder relativ spät einzuschulen, um durch den Gewinn eines zusätzlichen Lebensjahres auch einen Leistungsvorsprung zu erzielen. Diese Neigung ist bei Eltern aus höheren Schichten beobachtbar. Sie ist begleitet von den Bemühungen der Schule, den Grad der Eignung von Kindern möglichst früh zu erfassen und möglichst hoch anzusetzen. Dadurch werden auch Kinder häufiger zurückgestellt.

(4) Die deutsche Konfiguration ist vom Anspruch geleitet, allen Bevölkerungskreisen unabhängig von Ort und Herkunft ein möglichst gleichwertiges Bildungsangebot zur Verfügung zu stellen. Die Versorgung und Qualitätssicherung in flächendeckender Weise hat zu einer genauen Festlegung von Deputaten, Entlastungen, Lehrerzuteilungen und Sachausstattung geführt. Die Rahmenbedingungen sind also alle auf eine Ebene, die der der einzelnen Schulen übergeordnet ist, verlagert.
Als unerwünschte Folge könnte man hier eine Versuchung ausmachen, alle Probleme der Qualitätssicherung vor Ort auf die übergeordnete Ebene zu verschieben. Diese Versuchung hat ja von den Regularien her eine sachliche Grundlage, reduziert aber das mögliche Maß an Eigeninitiative und Eigenanstrengung zum Ausgleich von Versorgungsproblemen.

(5) Die Träger des deutschen Bildungswesens sind in eine hierarchisch gestaltete Beamtenstruktur eingebunden. Das deutsche Bildungswesen ist eine Bürokratie im klassischen, von Max Weber beschriebenen Sinn. Danach stehen Hierarchiestufen und Aufstiegskanäle, die intern selbstverwaltet werden, im Mittelpunkt. Alle Vorgänge gilt es rechtlich abzusichern, sie schriftlich zu dokumentieren und damit justiziabel zu machen. Ab einer bestimmten Ebene wird diese Bürokratie nicht mehr von Fachpersonal, sondern von zusätzlich politisch gebundenem Personal reguliert. Im deutschen Bildungswesen ist dies auf der Schulleiterebene ein wichtiger Faktor, allerdings mehr noch auf ministerieller Ebene. Ein solches Bildungswesen ist primär *verfahrensorientiert*; das regelkonforme Vorgehen steht im Vordergrund. Dies schafft einerseits Rechtssicherheit, andererseits kommen die Dienstleistungs- und die Ergebnisorientierung zu kurz.

(6) Der geringe Grad öffentlicher Beteiligung an der Qualitätskontrolle des deutschen Bildungswesens ist offenkundig. Das deutsche Bildungswesen weist nur eine sehr dünne Fachaufsicht aus, Regelbesuche erfolgen oft nur alle

vier Jahre, meist gibt es aber nur anlassbezogene Dienstaufsichtsurteile und -besuche (und Dienstbeurteilung). Die Aufsicht ist zudem intern reguliert, das System überprüft sich gewissermaßen immer selber, und die Ergebnisse werden nicht im Sinne von lernprozessförderlichen Rückmeldungen an die operativen Akteure behandelt. Ein solches Bildungswesen hat die Tendenz zur Schließung, zum Ausschluss aller nicht im System arbeitenden Akteure. Außenevaluationen im Sinne klassen- bzw. schulübergreifend vergleichenden Evaluationen sind schwach ausgeprägt. Diese politische Organisation von Aufsicht und Evaluation ist gleichermaßen bedeutsam und politisch schwer veränderbar.

(7) Als weniger systemcharakteristisches Merkmal sei hier die Tendenz des deutschen Bildungswesens angeführt, die Arbeitszeiten auf Vormittage und kurze Schulwochen mit langen Ferienzeiten zu „kompaktieren". Es fehlen damit in der Schule häufig Muße und Zeit, sich außerhalb der engen Unterrichtsplanung mit Schülern, Eltern und Kollegen zu treffen. Die in den letzten Jahren forcierte Einrichtung von Ganztagsschulen ist u. a. von diesen Wahrnehmungen her inspiriert.

Aus dieser institutionellen Konfiguration – neben anderen Quellen – resultiert eine *innere Kultur* des Schulehaltens und der Selbstreflexivität. Spezifische Selbstverständnisse von Schule, Riten und Symbolisierungen sind ihre Äußerungsformen. Das Lehrer-Schüler-Verhältnis steht in Gefahr, als Feindbeziehung definiert zu werden, da Lehrer Richter und Lehrende zugleich sind. Auf der Schülerseite ist die Abwertung von Leistung in der kompetitiven Schulklasse eine sinnvolle Strategie der Solidarisierung. Eine ausgeprägte Leistungskultur hat es dadurch schwer, da sie zum Schaden des Mitschülers werden kann. Diese symbolischen Ordnungen, diese Schulkulturen werden zwar von den institutionellen Regelungen nicht determiniert, wohl aber mehr oder weniger nahe gelegt.

2.6.5 Intranationale Varianten deutschsprachiger Bildungssysteme

Bevor voreilige Schlüsse aus den Folgen der obigen Konfigurationsmerkmale für die Effektivität des Bildungswesens gezogen werden, sollte die Chance genutzt werden, innerstaatliche Unterschiede in der Funktionsweise von Bildungssystemen, jene zwischen den deutschen Bundesländern, genau zu studieren. Die PISA-Studie ermöglicht dies erstmals auf repräsentativer Datenbasis (Baumert et al., 2003). In Deutschland gibt es, wie bereits erwähnt, keinen institutionellen Akteur „deutsches Bildungswesen", sondern infolge der Länderhoheit sind die Bundesländer die verantwortlichen institutionellen Akteure. Sind sie auch unterschiedlich „erfolgreich"?

Dies ist unübersehbar der Fall. Die Bildungssysteme von Baden-Württemberg und Bayern sind in vielen Leistungsbereichen besser als die anderer Länder. Somit scheint der Weg vorgezeichnet: Man suche nach Merkmalen jener Bildungssysteme, die diese von den weniger erfolgreichen abheben.

Kontext oder Bildungspolitik?

Doch auch dieser Weg ist nicht einfach. Einmal zeigt sich sehr schnell, dass es eine auffällige Parallelität zwischen dem ökonomischen Wohlstand eines Bundeslandes und den Leistungsergebnissen der Schüler des jeweiligen Landes gibt (Baumert et al., 2002). Dem Nord-Süd-Gefälle entspricht auch eine Wanderungsbewegung hoch qualifizierter Arbeitskräfte, das möglicherweise die Ursache für die höheren Intelligenzwerte der südlichen Länder sind, die bei den Rekrutenstudien beobachtet wurden (Ebenrett, Hansen, & Puzicha, 2003). Immer wieder hat sich gezeigt, dass Kontextfaktoren wie Wohlstand eines Landes, Kennziffern wie Arbeitslosigkeit, Sozialhilfeempfänger, Anteil von Migranten für das Bildungsniveau eine große Rolle spielen (Arbeitsgruppe Internationale Vergleichsstudie, 2003; Baumert et al., 2003).

Sind also nur Kontextfaktoren bedeutsam und besagt die interne Organisation des jeweiligen Bildungswesens wenig bis nichts? Sind also unterschiedliche politische Ansätze zur Gestaltung des Schulsystems in verschiedenen Ländern bedeutungslos?

Es wäre doch überraschend, wenn dies der Fall wäre, da es in der letzten Konsequenz bedeuten würde, dass bildungspolitische Maßnahmen folgenlos blieben. Damit würden sich aber auch bildungspolitische Maßnahmen zur Verbesserung des derzeitigen Zustandes als nutzlos erweisen, eine optimale Makrosteuerung wäre wirkungslos. Diese Selbstlähmung infolge unzureichender Analysen muss vermieden werden.

Ich halte den Weg, nach Hinweisen zu suchen, worin sich die eher erfolgreichen und die eher belasteten Bildungssysteme der verschiedenen Bundesländer unterscheiden, für unabweisbar. Neben den wirtschaftlichen, sozialen und kulturellen Lebensverhältnissen, so zeigen die Reanalysen von Baumert, spielt auch die Bildungspolitik eine bedeutsame Rolle (Baumert, Carstensen, & Siegle, 2004, S. 351 ff.). Nur etwa 25% der Unterschiede in den Leistungen der einzelnen Bundesländer in Deutschland können darauf zurückgeführt werden, dass sie mit mehr oder weniger günstigen ökonomischen und sozialen Rahmenbedingungen arbeiten. Es verbleiben somit noch 75% zu erklärender Unterschiede, bei denen die Policies der einzelnen Länder und kulturelle Rahmenbedingungen wie Wertschätzung von Bildung mitbeteiligt sein dürften.

2.6.6 Die „beste" Konfiguration: Entwicklungsrichtungen des deutschen Bildungswesens

Nach dem Vergleich verschiedener Länder liegt die Frage nahe, welches denn die beste Konfiguration wäre. Die internationalen Leistungsvergleiche haben gezeigt, dass sehr *unterschiedliche* Konfigurationen zu *sehr guten* Ergebnissen führen können, etwa jene in Asien oder in skandinavischen Ländern. „Die" beste Konfiguration ist somit schwer auszumachen. Erfolgreicher dürfte schon die Suche nach spezifischen Fehlkonfigurationen und nach strategischen Schwachstellen sein, wie dies oben für das deutsche Bildungswesen versucht wurde.

Wenn man Gestaltungsoptionen für die Zukunft ins Auge fasst, dann gilt es eben zu berücksichtigen, dass ganz unterschiedliche Maßnahmen gleiche Wirkungen haben können (funktionale Äquivalenz), gute Länder sich in zentralen Steuerungselementen unterscheiden,[31] einzelne Maßnahmen immer in ihrer Ein-

---

31 So haben die besten Länder in IEA-Tests oft ganz verschiedene Aufsichts- und Regulierungssysteme (s. OECD, S. 81).

bettung in ein Gesamtpaket gesehen werden müssen und die Kultur eines Landes bestimmte Steuerungsmaßnahmen nochmals verändert, sie kompensiert oder erst zur Geltung kommen läßt.

Historische Anschlussfähigkeit

Eine vernünftige Strategie besteht in meinen Augen darin, aufbauend auf einer genauen, historisch-vergleichend inspirierten Kenntnis der Funktionsweise des je länderspezifischen Bildungssystems nach Entwicklungsmöglichkeiten zu suchen, die an die historisch entstandenen Traditionen anschlussfähig sind. Dabei ist die Kenntnis von Alternativen zur historisch überlieferten Konfiguration eine wichtige Orientierungshilfe, die im Folgenden auch genutzt werden soll.

Bei der vergleichenden Analyse von Bildungssystemen verschiedener Länder ist nämlich unübersehbar geworden, dass die deutschsprachigen Bildungssysteme, wie sie sich im 19. und 20. Jahrhundert herauskristallisiert haben, reformbedürftig sind. In verschiedenen Bundesländern Deutschlands wird an einer neuen Architektur des Bildungswesens gearbeitet. Abb. 2.13 versucht, die Bestimmungsmerkmale des alten und des renovierten modernen Bildungswesens idealtypisch zusammenzustellen. Die Beschreibung der „alten Makrosteuerung" ist dabei am heute in Deutschland bestehenden Regelwerk orientiert, das eine flächendeckende Versorgung garantiert, als Monopolarbeitgeber fungiert, eine Programmsteuerung durch Inhalte und Prüfungsordnungen vorsieht und vor allem auf die rechtsförmige Exekution der staatlichen Vorgaben ausgerichtet ist.

Bestehende Makrokonfiguration	**Erweiterungen und Modifikationen**
Programmatische, inhaltsbezogene Steuerung	Erweiterung durch Standards, Tests, Prüfungsaufgaben
Lehrwerkgesteuerte Detailplanung	Verbesserung der vertikalen Koordination von Bildungsstufen und erweiterte horizontale Fächerkombination
Primäre Elternverantwortung für die Qualität außerschulischer Lernangebote	Stärkung der vorschulischen Bildungsprozesse Stärkung der Grundschule Intensivierung der Angebote für Migranten
Flächendeckende Gleichversorgung aller Schulangebote	Stärkung der Chancen lokaler Initiativen und Investitionen
Eingeschränkte Wahlmöglichkeiten von Schulen vor Ort	Erweiterung der Wahlmöglichkeiten von Schulen
Schulinterne Fach- und Dienstaufsicht	Ergänzung durch verobjektivierende Evaluationen auf allen Steuerungsebenen
Schulinterne Standardsicherung und curricular valide Prüfungen	Ergänzung durch schulübergreifende Tests und Prüfungen
Leistungsunabhängige Investition in Lernzeiten und Lehrpersonal unter Sparzwängen	Stärkung der personellen Ressourcen und leistungsabhängige Investitionen
„Halbtagsschulen"	Ergänzung durch bedürfnisbezogene Ganztagsangebote mit pädagogischen Programmen

Abb. 2.13: Die Architektur des alten und neuen Bildungswesens

In der Spalte zum modernen, erweiterten Bildungswesen (s. Abb. 2.13) sind jene Vorschläge zusammengefasst, die in dieser Arbeit bisher diskutiert wurden.

Eine neue Konfiguration des Bildungswesens muss dann aber auf Konsistenz in der Gestaltung des schulischen Angebotes achten. Jedes Glied in der Kette ist wichtig; wird nur eines ausgelassen oder falsch konstruiert, können unvorhergesehene negative Effekte entstehen.

Konsistenz als Kernpunkt gelungener Qualitätssicherung

Auf dem Weg zu einer neuen Architektur des Bildungswesens gilt es sorgfältig zu prüfen, welche Qualitätsmerkmale der alten Steuerung man nicht ohne Not aufgeben darf. Im Rückblick sehen wir nämlich unübersehbar auch Vorzüge der deutschen Konfigurationen. In Stichworten ausgedrückt:
- Sie nehmen die Thematik eines Bildungsplanes ernst, indem sie ein sinnvolles Ganzes von Inhalten und Kompetenzen zu formulieren versuchen. In kaum einem europäischen Land finden sich so umfassende Bildungspläne wie in deutschen Ländern (s. z.B. den Bildungsplan 2004 von Baden-Württemberg).
- Sie streben nach einem gleich guten Bildungsangebot, einem „Service Public", unabhängig von der geographischen und sozialen Lage der Bevölkerung.
- Sie stärken den Ernst des *alltäglichen* Lernens in Klassen, da alle Stunden und Prüfungen zählen und ein umfassendes System curriculumnaher Prüfungen permanente Rückmeldungen erlaubt.
- Sie sichern durch eine lange Ausbildung ein hohes *fachliches* Niveau der Lehrerschaft, insbesondere jener in Gymnasien.

Neben dieser Bewahrung von Vorzügen sind aber neue Instrumente der Steuerung des Bildungswesens auf ihr Potential zu prüfen, die Qualität des schulischen Lernangebotes zu verbessern.

Bei einer Weiterentwicklung des Bildungswesens ist zu beachten, dass diese nicht nur in Richtung *Standardsicherung* laufen darf. Im extremen Fall würde dies bedeuten, schlicht durch mehr Kontrolle die Lage besseren zu wollen. Eine kluge Politik erfordert, die Standardsicherung mit *Unterstützungsmaßnahmen* zu begleiten, die helfen, den Standards mehr Chancen, dass sie erreicht werden, zu verleihen.

Standardsicherung und Unterstützung

In Abb. 2.14 ist eine Typologie von Reformkonzepten festgehalten, die sich an den obigen Strategien von Standardsicherung und Unterstützung orientiert. Zu empfehlen ist jene von Entwicklung und Evaluation, die sowohl auf Unterstützung als auch auf Standardsicherung setzt. Messen und Kontrollieren allein sind ebenso wenig aussichtsreich wie Investitionen, die gutgläubig auf Vertrauen hin getätigt werden.

Standardsicherung	Ressourcen und Investitionen	
	umfangreich	spärlich
stark	Entwicklung und Evaluation	Qualität durch Intensivierung der Kontrolle
schwach	Investitionen auf Vertrauen hin	Vernachlässigung

Abb. 2.14: Typologie von Reformmaßnahmen

Optimale Modelle der Makrosteuerung geraten in unserer gegenwärtigen Gesellschaft schnell ins Zentrum parteipolitischer Auseinandersetzungen. Dabei streben die einen die Sicherung eines für alle frei zugänglichen und qualitativ hochwertigen öffentlichen Bildungswesens an. Liberale Kräfte möchten die staatliche Organisation möglichst zurückdrängen und die Freiheit der Nutzer stärken. Die Richtung, die hier eingeschlagen wurde, betont eine vernünftige Verbindung dieser Gestaltungsrichtungen: die interne Liberalisierung eines optimalen, weiterhin staatlich verantworteten Angebotes und eine Öffnung des Bildungswesens nach außen, zur Mitbeteiligung des Bürgers. Auf diesem Weg zu einer *bürgernahen* Schule hat das Bildungswesen schon bisher eine weite Strecke zurückgelegt.

3 Die Mesoebene: Schulen als korporative Akteure im lokalen Umfeld – Schulentwicklung als schulpädagogisches Programm

Schule auf der Makroebene ist weitgehend „Schule auf dem Papier" oder Schule in der Ferne von Behörden und Politik. Sie ist keine anschauliche Realität, die man besichtigen und be*greifen* kann. Mit konkreten Schulen ist dies anders. Sie stehen vor einem, Menschen bewegen sich in ihnen. Sieht man viele Schulen, dann bleibt als Erinnerung vor allem, wie unterschiedlich sie sein können: wie schön oder hässlich die Gebäude und wie gut sie ausgestattet sind, wie freundlich die Atmosphäre ist, wie gern sich Schüler und Lehrpersonen hier aufhalten. Der an Gestaltung Interessierte wird also immer schauen, welche „gut" sind und welche Mühe haben. Mit dieser Qualitätsfrage auf der Ebene der einzelnen Schule soll hier die Analyse begonnen werden, wie man auf der Mesoebene Schule gestalten kann.

3.1 Die Perspektive guter und belasteter Schulen

Nach unserem Konzept der Rekontextualisierungsebenen bedeutet die obige Perspektive zu studieren, wie der „Masterplan" institutionalisierter Bildung auf die lokalen Verhältnisse und Aufgaben vor Ort umgesetzt wird.

Das Konzept der Schulgestaltung hatte bis vor wenigen Jahren noch eine klare und einfache Form. Politik und Verwaltung sollten danach die staatlichen Rahmenbedingungen vorgeben und die Lehrpersonen diese pädagogisch im Unterricht umsetzen. Abb. 3.1 illustriert dies schematisch.

Vom Zwei-Ebenen-Modell zum Drei-Ebenen-Modell

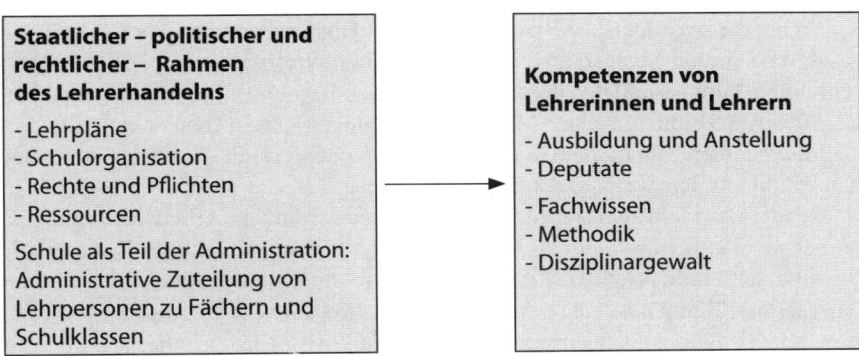

Abb. 3.1: Klassisches Modell der Schulgestaltung

Dieses Modell wurde in den letzten Jahren durch ein solches ersetzt, das die Schule als eigenständige Handlungsebene einführte.

3.1.1 Schule als pädagogische Handlungseinheit

Das neue Modelldenken lässt sich wie in Abb.3.2 dargestellt systematisieren. Danach strukturiert die Makroebene die internen Aufgaben, Ressourcen und mehr oder weniger autonomen Entscheidungsräume einer Schule vor.

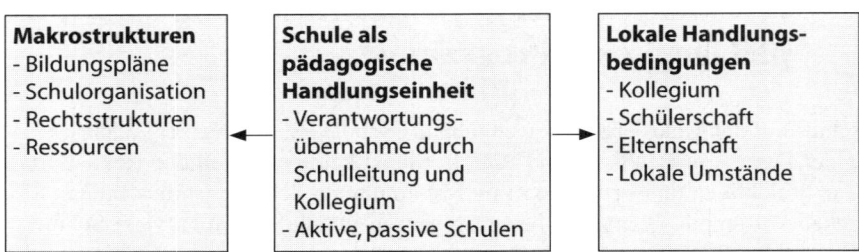

Abb. 3.2: Handlungsumfelder von Schulen als Verantwortungseinheiten

Der zentrale Akteur auf Schulebene ist von den Regularien her die Schulleitung. Sie „dirigiert" ein Kollegium, das aus natürlichen Einzelakteuren bestehend dennoch eingebunden ist in einen Regelzusammenhang, der es zum „Kollektiv" macht. Lehrpersonen sind nicht als isolierte Einzelne tätig, sondern sie agieren in beschreibbaren und häufig ambivalenten Beziehungen untereinander. Sie bilden zusammen mit der Schulleitung und ihren „Unterstützungskräften" den korporativen Akteur, der eine definierte Aufgabe gegenüber einer Schülerschaft und Elternschaft hat. Vereinfacht gesprochen haben wir es also auf der Mesoebene mit korporativen Akteuren zu tun, die hinter sich die Rahmenvorgaben der Makroebene haben und vor sich die Handlungsbedingungen im „Objektbereich", also die Merkmale der Schülerschaften und Elternschaften.

Eine Schule muss den Masterplan der Makroebene primär auf die ihnen anvertraute Schülerschaft hin, hinter der auch eine sehr unterschiedliche Elternschaft stehen kann, rekontextualisieren. Damit können verschiedene Schulen in der Tat mit sehr unterschiedlichen Arbeitsbedingungen konfrontiert sein.

Stadtsoziologie

So hat die soziologische Stadtforschung (s. Häußermann & Siebel, 2004) gezeigt, dass in den Innenstädten der europäischen Großstädte nicht selten abgeschottete Migrantenghettos bestehen. Deren Schüler- und Elternschaft, etwa bei ca. 70% Anteil muslimischer Mädchen und Jungen, unterscheidet sich z.B. im „Bildungswillen" fundamental von kleinstädtischen Gymnasien mit einem hohen Anteil von Kindern aus Akademikerfamilien.

Schule als Verantwortungsgemeinschaft

Schulen handeln also angesichts von Umwelten, die ihre Arbeitsbedingungen vorgeben. Wie sie dies dann als korporative Akteure tun, ist hochgradig variabel. Sie sind auch hier verantwortliche Akteure, die ihr Zusammenhandeln und ihre Aufgabenerfüllung optimal oder defizitär gestalten können. Um dies zu betonen, habe ich vor Jahren das Konzept der Einzelschule als pädagogischer Handlungseinheit eingeführt (Fend, 1986). Es erhält mit der Formulierung der Schule als

Verantwortungsgemeinschaft noch einen zusätzlichen inhaltlichen Akzent, der die Aufforderung zur Gestaltung verstärkt.

Wenn die staatlichen Rahmenvorgaben vorsehen, dass die einzelnen Schulen mehr in Eigenregie gestalten sollen, dann bedeutet dies auch, dass die Gesamtverantwortung für das Bildungswesen neu verteilt wird. Ein großer Teil wird auf die Ebene der einzelnen Schule angesiedelt, insbesondere auf der Ebene der Leitung der Schule. Welche Verantwortung hier tatsächlich lokalisierbar ist und auch sein sollte, welche Chancen und Risiken damit verbunden sind, wird hier noch beschrieben werden. Der Aufbau neuer Führungsstrukturen steht dabei im Mittelpunkt. *— Neue Führungsstrukturen*

Auch für die Lehrkräfte haben neue Konzepte dazu, welche Verantwortung die einzelne Schule haben soll, bedeutsame Konsequenzen. Wer als Lehrerin oder Lehrer seine Aufgaben optimal erfüllen will, kann dies dann nicht mehr allein und in ausschließlicher Verantwortung den Behörden gegenüber tun. Lehrpersonen sind nun eingebunden in ein „Kollektiv", in ein Kollegium, das eine gemeinsame Verantwortung trägt. Lehrersein bedeutet jetzt auch, sich in einem Kollegium kooperativ zu bewegen und sich als Teil einer gemeinsamen Arbeit zu empfinden. Hier kann sich eine Lehrperson „falsch" verhalten und zwar so „falsch", dass sie nicht an mangelnden unterrichtlichen Fähigkeiten scheitert, sondern an der problematischen Einfügung in die Aufgaben eines ganzen Kollegiums. Für die Ausbildung von Lehrkräften hat dies zur Folge, dass die Kenntnis institutioneller Bedingungen des Lehrerhandelns einen großen Stellenwert bekommt. *— Neue Ansprüche eines Kollegiums*

Die Schulebene wird im Folgenden als Ort der ersten Begegnung mit einer Schülerschaft konzipiert. Schulgestaltung auf der Makroebene ist möglich, ohne je einen Schüler gesehen zu haben. In Schulen werden Schülerinnen und Schüler unübersehbar, sie prägen mit ihrem so typischen altersspezifischen Verhalten das alltägliche Bild. Diese Begegnung prägt das Handeln von Lehrpersonen. Auf Schulebene trifft die „Gemeinschaft" der Lehrenden auf die „Gemeinschaft" der Lernenden. Da Erziehungs- und Bildungsaufgaben heute in vielen Fällen nur mehr schwer individuell durch den einzelnen Lehrer bewältigt werden können, gilt es, auch auf dieser Ebene der gemeinsamen Begegnungen Formen der kooperativen Bewältigung von „Schulgestaltung" und Erziehung der jungen Generation unter modernen Lebensbedingungen zu entwickeln. *— Schule als Gemeinschaftsaufgabe*

Mit dieser Gestaltungsaufgabe auf Schulebene ist eine moderne Entwicklung des Bildungswesens in Gang gesetzt, die nicht mehr umkehrbar ist. Lehrpersonen werden aus ihrer früher leichter möglichen Beschränkung auf Unterricht herausgeführt und immer stärker in schulweite Verpflichtungen und Qualitätsentwicklungsprozesse an einer Schule eingebunden. *— Schulgestaltung als neue Professionalität*

Viele pädagogische Aufgaben sind heute nur mehr im Team einer Schule zu bewältigen. Die Autorität des einzelnen und damit häufig des vereinzelten Lehrers ist im Zuge des gesellschaftlichen Werte- und Autoritätswandels zu brüchig geworden, um Leistungserwartungen und soziale Verhaltenserwartungen gewissermaßen im Alleingang und in sozial ungestützter Weise aufrecht zu halten. In besonderem Maße gilt dies für Schulen in sozialen Brennpunkten, aber auch in Schulen, in denen Eltern hohe, gelegentlich überhöhte Erwartungen an die *— Das Team als Autoritätsbasis*

Schullaufbahnen ihrer Kinder haben. Damit wird die einzelne Schule als Verantwortungsgemeinschaft bedeutsamer.

Insgesamt ist unübersehbar, dass die „autonome" Schule zu einem zentralen Gestaltungsort von Schulqualität wird. Es gehört heute zum Lehrersein mehr dazu, als gut vorbereitet in eine Schulklasse zu gehen und dort guten Unterricht zu geben. Was dieses „mehr" ist, ist noch nicht so präzise geklärt wie „guter Unterricht". Diese Klärung ist aber notwendig, um die Lehrerinnen und Lehrer auf ihre vielfältigen Verantwortungen in einem Lehrberuf vorzubereiten und die erforderlichen Kompetenzen zu entwickeln, Schule mitzugestalten. Um dies tun zu können, ist Wissen zu pädagogischen *Qualitätsstandards auf Schulebene* und zu *Gestaltungsinstrumenten* erforderlich. Dazu soll dieses Kapitel über die Mesoebene des Bildungswesens hinführen. Es wird mit dem Versuch begonnen, ein qualitatives Bild unterschiedlich guter Schulen zu zeichnen, um anschaulich zu machen, wie gute und belastete Schulen aussehen können. Dadurch kann das Qualitätsbewusstsein geschärft werden.

Wir spannen somit in einem ersten Schritt den normativen Horizont gelingender und belasteter Schulen auf, um in einem zweiten diese Beschreibungen guter und schlechter Schulen zu systematisieren und in einem dritten nach den Hintergründen, nach den Instrumenten der Gestaltung von Schule zu fragen.

3.1.2 Qualitative Schulforschung: Fallstudien

Wer etwas über das Wohlbefinden von heranwachsenden Kindern und Jugendlichen erfahren möchte, der fragt nicht selten: „In welche Schule gehst du? Wie gefällt es dir dort? Wie gut geht es dir dort?" Erwachsene, Eltern und Kinder sehen in Schulen jenen Lebensraum, in dem sie sich über viele Jahre und Stunden aufhalten und der die Qualität ihres Lebens mitbestimmt. Auch wenn wir in andere Länder gehen und deren organisierte Sorge für den Nachwuchs kennen lernen möchten, gehen wir in Schulen. Als Finnland und Schweden in den internationalen Leistungstests so gut abgeschnitten haben, sind Schulbesuche in diesen Ländern gewünscht und organisiert worden. Hingehen und sich die Schulen ansehen, dies schien vielen der Königsweg, um die Qualität des Bildungswesens kennen zu lernen.

Dass Schulen im Alltagsverständnis eine große Bedeutung zugeschrieben wird, diese Beobachtung hat mich auch geleitet, als ich – nach eigenen Lehrerfahrungen als Volksschullehrer – nach vielen Jahren im Rahmen von großen Vergleichsstudien zur Gesamtschule wieder in viele Schulen gekommen bin und dabei gesehen habe, wie unterschiedlich Schulen bei gleichen Rahmenbedingungen aussehen können. Die Erfahrungen, die ich dabei machen konnte, erschienen mir so wichtig, dass ich einige schriftlich festgehalten habe (Fend, 2001b). Dies haben natürlich auch viele Kolleginnen und Kollegen getan (s. insbesondere Helsper & Böhme, 2004; Lightfoot, 1985; Specht, 1994). Aus den vielen Berichten seien hier nur drei herausgegriffen: zwei positive und ein negative Erfahrung. Ich möchte sie jeweils unter ein Leitthema stellen.

Die Einübung von Selbstverantwortung

Eine der eindrucksvollsten Schulen, die ich während vieler Schulbesuche gesehen habe, war eine kombinierte Haupt-Realschule in einer Großstadt. Dem auch nur oberflächlich beobachtenden Besucher musste hier einiges ins Auge fallen. Überraschend bereits der Eintritt ins Schulgebäude: In allen Fensternischen und auf allen Fensterbänken stehen Aquarien, in denen sich bunte Fische auf malerischem Hintergrund tummeln. In den Pausen sieht man Schüler den Wasserumlauf in den einzelnen Aquarien kontrollieren und Nahrung hineinschütten. In einem Glashaus, das an einen Gang anschließt, sind sehr viele tropische Pflanzen zu sehen. Obwohl der Bau architektonisch eine einfache Form hat – es handelt sich um einen einfachen Bungalowbau in Backsteinbauweise -, macht er einen wohnlichen Eindruck. Auch die Klassenzimmer empfangen den Besucher in einer freundlichen Atmosphäre. An der Wand hängen Posters, Schemata über die Organisationsformen der Mitbestimmung in der Schule und Schülerzeichnungen. Auffallend an der Wand ist ferner ein Hinweis auf sehenswerte Fernsehsendungen der kommenden Woche. Offensichtlich ist hier ein Schüler damit beauftragt, Sendungen auszuwählen und unter bestimmten Gesichtspunkten den Schülern zu empfehlen.

Auf dem Lehrerpult liegen hektographierte Einladungen an die Eltern, die die Schüler mitnehmen sollen. Darin werden die Eltern zu einem Beat-Abend mit den Schülern eingeladen, wobei ein Theaterstück aufgeführt werden soll.

Ein kurzer, pausenbedingter Aufenthalt im Zimmer des Direktors ist sehr aufschlussreich. Zwei Mädchen bitten den Schulleiter, die Karten für den Theaterbesuch in der nächsten Woche abholen zu dürfen. Der Schulleiter gibt ihnen ohne schriftliche Kontrolle DM 200 aus eigener Tasche mit auf den Weg. Zwei andere Schüler treten unmittelbar darauf ebenfalls an den Schulleiter mit einer Bitte heran. Sie werden an einen Klassenlehrer verwiesen, der vom Schulleiter als „ausgezeichneter Mann" bezeichnet wird, an den sie sich ruhig in dieser Angelegenheit wenden können. Inzwischen ruft eine Mutter an; sie beklagt sich, dass ihr Sohn Läuse aus der Schule mitgebracht habe. Uns gegenüber erläutert der Schulleiter, dass dies zu einem Problem in vielen Schulen geworden sei, das vor allem auch durch die neuen Vorlieben, die Haare lang zu tragen, schwer zu bekämpfen sei.

Auf dem Schulhof fällt mir auf, dass Schülerinnen selber die Papierschnitzel auflesen und zusammentragen. Auf meine Frage hin bekomme ich die Auskunft, dass die Schülerinnen und Schüler diese Tätigkeiten selber organisieren, um den Hauswart zu entlasten, der dafür mit den älteren Schülern Fußballveranstaltungen durchführe. Dabei berichten sie auch von ihrer Ponyzucht, die die älteren Schüler für die jüngeren in Betrieb halten.

Was mich hier beeindruckt hat, dürfte kaum zu verbergen sein: das reichhaltige soziale Leben und der ästhetische Eindruck der schulischen Umgebung. Was ansonsten vielfach die Regel war, dass Klassenräume kahle Zimmer sind, in denen sich niemand gern aufhalten kann, war hier eindrucksvoll vermieden. In den meisten Schulen, die wir gesehen hatten, machten Klassenzimmer den Eindruck rein lernbestimmter Zweckräume, für deren ästhetische Gestaltung niemand verantwortlich schien. Der zweite beeindruckende Punkt war die Reichhaltigkeit von Tätigkeiten außerunterrichtlicher Art. Hier wurde ein Rahmen

Fallbeschreibungen

geschaffen, der den Aufbau von ästhetischem Empfinden, von sozialen Tugenden und von bewusster Gestaltung der Umwelt fördert. Hier hatte eine Kultur des Schulhauses „überlebt", die zum Kern der deutschen Reformpädagogik gehörte.

„Academic excellence", „community", und „respect" in einer Quäker-Schule in Amerika

Die Schule, die meine Tochter ein Jahr lang besuchen durfte, war eine Quäker-Gründung. Diese religiöse Gemeinschaft ist ursprünglich in England entstanden und dort verfolgt worden. In den Vereinigten Staaten haben Quäker ein Land gesucht und gefunden, in dem sie nach ihren Überzeugungen leben konnten. Im Bundesstaat Pennsylvania sind sie besonders verbreitet. Sie nennen sich „Society of Friends", sind Pazifisten und halten Bildung und Erziehung für besonders wichtig.

So schien mir eine solche Schule ein wichtiger Ort, um zu studieren, wie sich Weltbilder und Menschenbilder auf die Gestaltung eines schulischen Lebensraumes für heranwachsende junge Menschen auswirken. Aus Dokumenten und Gesprächen hat sich dies Stück für Stück erschlossen und zu diesem Bild geformt: Nach Ansicht der Quäker steckt in jedem Menschen etwas Göttliches, jeder Mensch ist Teil von Gottes Schöpfung. Manchmal spricht der Geist, spricht das Göttliche durch ihn, dann äußert er sich. Der Mensch braucht keine Vermittler, er ist Teil Gottes und der Schöpfung. Ein zweites: Der Mensch lebt in der Gemeinschaft, und nur in der Gemeinschaft kann er sein Gutes in sich leben.

Dies hat mir geholfen, die beiden Grundsätze des Lebens im Internat zu verstehen: „community" and „respect". Diese Begriffe haben im Englischen einen eigenwilligen Klang und Bedeutungshof, den man nicht schlicht mit „Gemeinschaft" und „Achtung" übersetzen kann.

Wenn im Menschen etwas Göttliches ist, dann hat er eine Würde, die nicht durch respektloses Verhalten verletzt werden darf; man verletzt dann ja das Göttliche im Menschen. Respektvoller Umgang miteinander wird hier zu einem zentralen Regulativ, das alles Missachtende und Erniedrigende im zwischenmenschlichen Umgang ächtet. Harten Erziehungsmaßnahmen sind dadurch auch klare Grenzen gesetzt. Es geht um die Entwicklung des Besten im Menschen; Fehlverhalten und Fehlentwicklungen sind ein Problem des im Kern würdevollen jungen Menschen, der dabei Anspruch auf jede Hilfe hat.

Das Prinzip „community" reguliert Zusammenleben nach Respekt, Gerechtigkeit, Achtung, Freiheit und Würde. Es verlangt vor allem auch Dienst an der Gemeinschaft: Dienst an gemeinsamen Zielen, Dienst für die Schwächeren. Begabung ist eine Gabe für das Wohl der Gemeinschaft. Zur Gemeinschaft etwas beizutragen – dies ist ein hoher Wert und hoher Anspruch.

So wird auch „academic excellence" definiert. Hohe Begabung ist eine Gabe Gottes, die es zu entwickeln gilt und die dann ihre Rechtfertigung durch den Dienst an der Gemeinschaft erhält. Es geht nicht darum, sich durch gute Leistungen stolz von anderen abzuheben, sondern sie der Gemeinschaft zugute kommen zu lassen.

Der Skeptiker wird hier einwenden, dass hehre Philosophien selten eine Entsprechung in der Realität finden. Danach habe ich deshalb besonders gesucht und vielfach Kongruenzen zwischen Ideen und ihrer Umsetzung gefunden. Leicht identifizierbar waren „Ereignisse", „Veranstaltungen", „Unternehmungen". Dass „community services" hier eine große Rolle spielten, dass aktive Mitarbeit und soziale Dienste eingerichtet waren (Putzen der Gemeinschaftsräume, Schneeräumdienste, Pflege Hilfsbedürftiger in der Umgebung, Projekte in Entwicklungsländern usw.), bestätigt die Philosophie von „community".

Schwerer zu erkennen ist Respekt, Respekt im Verhältnis von Schülern und Lehrern und von Schülern untereinander. Auch dafür gab es viele Zeichen: in den umfangreichen, immer positiv gefärbten verbalen Beurteilungen, die die Schüler zuerst zu Gesicht bekamen, im höflichen Umgangston, in der Haltung zu den Eltern (Briefschluss: „Thank you for sharing your child and her wonderful gifts with us...").

Aus all dem resultierte eine Perspektive, die mich sehr bewegt hat: Die Haltung der Lehrer, aber auch die der Schüler, dass alle *auf einem Weg* sind, dass sich Schüler entwickeln, sich selber erfahren und kennenlernen, mehr sie selber werden, mehr Selbstverantwortung übernehmen, unabhängiger werden. Lehrer als Begleiter der Schüler auf einem Entwicklungsweg – diese Haltung durchzog fühlbar das Schulleben, das Leben als Schule, die Schule als Leben. Zum Ausdruck kam dies auch in einem für europäische Ohren ungewohnt offenen Ausdruck von Zuneigung, ja von Dankbarkeit der Jugendlichen Lehrern und Eltern gegenüber.

Dies alles kristallisierte in einem unvergesslichen Erlebnis: der Abschlussfeier der High-School-Absolventen. Von Erinnerungen an Abiturfeiern in Europa geprägt, von oft ätzenden Urteilen über Lehrer und Mitschüler in Abiturzeitungen, wurde hier im Gegensatz dazu eine würdevolle Feier gestaltet. Der Headmaster gab mir anschließend seine Rede – im Anschluss an ein Gespräch über „Schulqualität", ob diese nur in intensiven Einzelfällen qualitativ oder nur über große Testserien quantitativ zu erfassen sei.

Hier Ausschnitte aus der Rede:

"Members of this class of 1994, as you prepare to walk out of the Greenwood today, I would ask that we take a moment to reflect again on the meaning of this ceremony. This is your commencement. For each one of you, your life beyond the constraints and the protections of high school commences today. When, in just a moment, you take that last step at the top of the aisle, you are stepping out of the place where your school, your family and your friends have fashioned a caring community for your nurture and your growth. Although you will feel strong ties to Westtown, you will no longer be a student here. Your collection room seat will be assigned to someone else.

Before today, you have had a place here: a room, a desk, a playing field, a favorite bench in the meeting house, a friend, a teacher, a coach, a team... a community. Soon you will begin to forge new connections in new places in the world. As you do that, you may be surprised to discover that you will make a valiant effort to transform those places so that they feel and function more like Westtown. Knowing that this place is not perfect, you will nevertheless attempt to discover and develop the trust, the warmth, the respect, the closeness, the intensity, the sincerity and the openness that you once knew right here. Your memory of community at Westtown is a gift -- it is also a toolbox, which you can use to help repair a world that needs your hope and your honesty. It is a toolbox that may be heavy to carry, and you may find it a burden. At times it may feel like a limitation, for this gift you take away from here today makes you noticeably different in a society that fears human differences...

And now it is time for you to leave. Your senior year lies behind you. What lies ahead is a wide funnel of possibilities too numerous to imagine, accessible to you by means of your own devotion mixed with circumstances beyond your awareness or control. On behalf of the General Committee and the faculty and staff of Westtown School, I wish for you the realization of those possibilities that will best match your extraordinary gifts with the needs of our complex world. God bless you."

Abschlussfeiern dieser Art von High Schools und von Hochschulen gehören zum festen Bestandteile der amerikanischen Bildungslandschaft, insbesondere in privaten Schulen und in Eliteuniversitäten. In den traditionsreichen Riten und Reden kommen die Kernstrukturen der Wertorientierungen zum Ausdruck, die auf die Gestaltungsverantwortung für eine bessere Welt fokussiert sind. „Weltverbesserung" ist hier eine ungebrochen positiv konnotierte Vision und Naserümpfen über „Gutmenschentum" unvorstellbar. Eltern und Lehrer werden in diese Feiern einbezogen, sie sind dankbar erinnerter Teil der Förderung der jungen Generation.

Philantropisches Ethos, Mut, Offenheit und Erfolg werden in der Gestalt von bedeutenden Absolventen der Schule veranschaulicht. Sie werden zu Festreden eingeladen, um als Vorbild sichtbar zu werden. Sie verkörpern nicht nur Erfolg, sondern auch die Werte der Gemeinschaft. In der Summe wird hier plastisch, was man als Kultur einer Institution bezeichnet.

Schulen an ihren Grenzen

Schule kann auch anders sein. Im Umfeld der Schuluntersuchungen im Jahre 1973 (H. Fend, 1977; Fend, Knörzer, Nagl, Specht, & Väth-Szusdziara, 1976) habe ich eine schmerzliche Kontrasterfahrung gemacht.

Die Schule lag in einem Außenbezirk in Berlin, in einem Umfeld mit typischen Merkmalen einer Trabantenstadt: große Neubaugebiete, viele Hochhäuser, insgesamt eine bedrückende Betonkulisse. Die Architektur der Schule wirkte aus der Distanz recht ansprechend: ein moderner Betonbau, aufgelockert durch interessante geometrische Formen. Bei näherem Zusehen wurden alle Mängel des schnellen und kostensparenden Bauens von Schulgebäuden sichtbar: abblätternde Farbe von den Fensterrahmen, verwüstete Toiletten und Waschbecken, halb zerstört an wenigen Befestigungen hängend; die Wände nur billig angemalt, die Fensterscheiben teilweise sehr schmutzig, teilweise schon fehlend. Erste Zweifel tauchten auf. Waren dies nur Folgen einer kostensparenden Bauweise, oder sind dies Spuren von Vandalismus?

Der Beginn der Untersuchung und damit der erste Kontakt mit den Schülern war aufreibend. Nur langsam trafen zum vereinbarten Zeitpunkt alle Schüler ein. Es dauerte ziemlich lange, bis zumindest ein Großteil der Schüler anwesend war. Die ersten Versuche meinerseits, Ruhe herzustellen, scheiterten kläglich. Einige Schüler rauchten, andere unterhielten sich über ein Fußballspiel, über das Sechstagerennen oder machten sonst einfach Krach. Wiederum andere Schülergruppen versuchten jedoch, ihre Mitschüler durch Zwischenrufe zur Ruhe zu bringen, allerdings ohne Erfolg. Schließlich half nur lautes Schreien meinerseits, mich allen zumindest als anwesend zu signalisieren und ihnen meine Absichten deutlich zu machen. Nicht weniger aufreibend waren die Bemühungen, die Schülerinnen und Schüler während mehrerer Unterrichtsstunden bei der Stange zu halten, um ein Forschungsinstrument auszufüllen. Bei einigen Schülern, die bereits bei Beginn relativ laut waren, zeigten sich schnell Unlustreaktionen, die schließlich in Widerstand zur Weiterarbeit mündete. Andere Schüler hingegen füllten mit Leichtigkeit und Interesse den gesamten Fragebogen aus.

Während der ganzen Zeit baute sich bei mir eine große Anspannung auf, mit unübersehbaren Anteilen von Stress und Ärger, den zu unterdrücken wieder sehr anstrengend war. Offensichtlich war ich damit nicht allein. So meinte ein Schüler, dass sie in Englisch bereits seit einiger Zeit keinen regulären Unterricht mehr hätten, da es dem Lehrer nicht mehr gelänge, alle Schüler zu bändigen. In Mathematik hätten sie, so berichtete ein anderer, bereits innerhalb von einem Jahr den sechsten Lehrer, und der sei bereits nervlich sehr angeschlagen. Auch meine Mitarbeiterinnen und Mitarbeiter waren mittags sehr erschöpft, auch sie hatte der Kontakt mit den Schülerinnen und Schülern sehr ermüdet.

Die Kernerfahrung war hier die, dass alles zu einer großen *Anstrengung* wird: alle Schüler in einer Klasse beisammen zu haben, zu erreichen, dass niemand weggeht, sich bei allen Schülern Gehör zu verschaffen, die Teilnahme aller Schüler zu sichern. Die Erfahrung war nicht zu leugnen: Lustlosigkeit, Disziplinlosigkeit und Aggressivität von Schülern sind als alltägliches Handlungsfeld und als Handlungserfahrung sehr belastend. Dabei wird es schon zu einer großen Leistung, die *Voraussetzungen* für Lernen zu sichern, geschweige denn große Lernerfolge zu erzielen oder gar pädagogische Ziele zu realisieren. Noch wichtiger war hier aber die Erkenntnis, dass *einzelne* Lehrpersonen eine solche Situation nicht bewältigen können. Es bedarf gerade in solchen Schulen einer *gemeinsamen* Konzeption und der Anstrengung eines *ganzen Kollegiums*, um eine Erfahrungswelt zu schaffen, die produktives Lernen und Persönlichkeitsentwicklung erst ermöglicht.

Was zeigen diese Berichte? Vordergründig fällt auf, wie unterschiedlich das Leben in einer Schule sein kann, es fällt vor allem die „Varianz" ins Auge. Es muss also etwas geben, was erst auf der Ebene der Schule entsteht und erst hier gestaltet werden kann.

Die Bedeutung der einzelnen Schule als „pädagogischer Handlungseinheit" (Fend, 1986) ist mir im Kontext der zitierten Schulerfahrungen erstmals klar vor Augen getreten. Die vielen Schulbesuche haben die Einschätzung aufgedrängt, dass selbst *im Rahmen gleicher organisationeller, administrativer und curricularer Strukturen* sehr unterschiedliche Gestalten des Schullebens und des Unterrichtens entstehen können. Diese Vielfalt zu erfassen und zu erklären stand in der Folge für lange Zeit im Mittelpunkt meiner schulpädagogischen Untersuchungen (H. Fend, 1977; Fend, 1996; Fend, 2001b).

Schule als pädagogische Handlungseinheit

Wenn man die Qualität und Funktionsweise einzelner Schulen sowie ihre Wirkungen erforschen will, liegt es also auf der Hand, in diese Schulen zu gehen

Qualitative Prozessanalysen

und in differenziert recherchierten Fallanalysen die Sichtweisen, Prozeduren, Riten und Gestaltungsprozesse der Schulumwelt zu studieren. Solche qualitativen Analysen sind in den letzten Jahren mit großem Erfolg vorangetrieben worden (Altrichter, Radnitzky, & Specht, 1994; Helsper, 2001; Helsper & Böhme, 2004; Lightfoot, 1985; Roeder, 2001; Specht, 1994). Wie oben dargestellt, habe ich mich daran in intuitiver Weise auch beteiligt (Fend & Schröer, 1987; Steffens & Bargel, 1993). Diese qualitativen Studien haben zu einer hohen Professionalität ethnographischer Berichte geführt, die das Konzept der Schulkultur in den Mittelpunkt stellen (Combe, Helsper, & Stelmaszyk, 1999; Helsper, 2001; Helsper & Böhme, 2004). Wenn man verstehen will, was in Schulen vor sich geht, dann ist dieser Blick in die Schulen hinein unerlässlich.

Doch Anschauung allein reicht nicht aus. Wer nichts weiß, der sieht auch nichts. Sie bedarf des Erwartungshorizontes. Oder wie Kant schon bemerkte: Anschauung ohne Begriffe ist blind, Begriffe ohne Anschauung sind leer. Diese Begriffe gilt es im Folgenden in Erinnerung zu rufen, bevor wir uns auf ihrer Grundlage erneut der Empirie von Schulen zuwenden.

3.2 Die Aufgabenstruktur auf der Mesoebene: Schulgestaltung und Schulentwicklung

Allgemeiner theoretischer Rahmen – Rekontextualisierung

Die theoretischen Konzepte, die zum Verstehen des oben geschilderten Geschehens auf Schulebene führen sollen, sind in dieser Arbeit bereits eingeführt worden. Was die Akteure auf Schulebene tun, ist eine Rekontextualisierung der Regelungsvorgaben der Makroebene, des „Masterplans der Bildungsplanung" auf eine neue Handlungsebene, auf die der einzelnen Schule und die lokalen Umstände. Gleichzeitig regelt die Makroebene, was auf der Ebene der Schule entschieden werden kann und geleistet werden muss. Nur wenn man diese Regelungen kennt, kann man das Handeln der Akteure verstehen, es als „regelgeleitetes Handeln", als „Regelanwendung" rekonstruieren. Akteure auf der Schulebene beachten Verfahrens- und Handlungsvorschriften, nutzen bereitgestellte Ressourcen oder suchen nach Ersatz. Das schulische Geschehen ist *von diesen Makroregeln her gesehen* teils gezielt, teils faktisch *unterdeterminiert*. Gezielt unterdeterminiert ist es bei einer expliziten Formulierung von Autonomieräumen, faktisch wegen der vielfachen Aufgaben, die vor Ort bewältigt werden müssen und nicht vollkommen vorhersagbar sind. Das Handeln vor Ort folgt nämlich – wie sich zeigen wird – einer eigenen „Logik", die für das Verständnis des schulischen Geschehens erforscht werden muss.

Systematik der Aufgaben auf Schulebene

In einem zweiten Schritt wird deshalb näher untersucht, welche *Handlungsaufgaben* und *Handlungsprobleme* sich vor Ort ergeben, die typisch für die Mesoebene der Schulgestaltung sind.

In einem dritten Schritt sollen Konzepte diskutiert werden, die helfen, die *differentiellen Umsetzungen* der institutionellen Aufgaben und ihre *Bestimmungsgrößen* zu verstehen. Aus einem Verständnis dieser Prozesse ergeben sich in einem vierten Schritt *Hinweise der optimalen Gestaltung des Geschehens vor Ort,* also auf der Ebene der einzelnen Schule.

3.2.1 Schulen als korporative Akteure: Handeln angesichts von Rahmenvorgaben und lokalen Arbeitsbedingungen

Was können Schulen entscheiden, wofür sind sie verantwortlich, wie „autonom" sind sie? Dies sind die ersten Fragen, die beantwortet sein wollen, wenn man die Aufgaben herausarbeiten möchte, die auf Schulebene zu bewältigen sind. Die Gewährung von Autonomie wurde als Teil der Makrosteuerung bereits geschildert, so dass hier lediglich akzentuiert deren Folgen für die Vielfalt der Einzelschulen erwähnt werden sollen.

Wer vom klassischen deutschen Steuerungsmodell ausgeht, der würde auf die Frage nach den Entscheidungsspielräumen der Schule möglicherweise antworten: Sie hat nicht viel zu sagen und wenn, dann vor allem Administratives. Diese Einschätzung hat die Vorstellung vom einleitend erwähnten Zwei-Ebenen-Modell der Schulsteuerung gefördert: Die Bildungspolitik und die Bildungsverwaltung geben Programme, rechtliche Rahmenbedingungen und Ressourcen vor und die einzelnen Lehrpersonen handeln in diesem Rahmen als ausführende Organe im konkreten Unterricht. Die Schulleitung ist die Verlängerung der administrativen Makrosteuerung auf die Ebene der einzelnen Schule. Vor Ort wird dabei die Feinarbeit der administrativen Angebotsplanung gemacht. [Zwei-Ebenen-Modell]

Die Schulleitung hat dafür zu sorgen, *dass Lernen in Zeit und Raum stattfinden kann*. Ihre Aufgabe ist also formaler Art: Klassen zusammenstellen, ihnen Lehrer zuordnen, Deputatspläne erstellen. Dies ist allerdings schon eine ungeheuer komplexe Aufgabe, wenn die Zuordnung von Inhalten (Fächer mit ihren Stunden), Personen (Lehrkräften mit Fachausbildung und Deputaten) und Schülern (Schulklassen und Lerngruppen) reibungslos funktionieren soll. [Lernen in Raum und Zeit organisieren]

In den Schulen soll dabei der Verwaltungsaufwand möglichst klein gehalten werden, um die einzelnen Lehrer zu entlasten, so dass sie viel Zeit dem Kerngeschäft widmen können: dem Unterricht, seiner Vorbereitung und Durchführung, den Prüfungen und Korrekturen. In der Schweiz gibt und gab es in einzelnen Kantonen nicht einmal die Position des Schulleiters, sie wurde administrativ von einem als „Hausvorstand" gewählten Lehrer wahrgenommen.

Wenn Schulen wenig in Eigenregie entscheiden können, wenn es einen direkten „Durchgriff" von Rechtsvorschriften und inhaltlichen Lehrplanvorgaben zum einzelnen Lehrer gibt, dann ist auf der Ebene der Schule im Rahmen des klassischen Bürokratiemodells lediglich eine formale Koordinationsarbeit nötig. Schulleiter und Schulleiterinnen sind gewissermaßen Exekutivorgane der Verwaltung und Bildungspolitik. Diese Einfachstruktur der Administration einer Schule vor Ort, die sich architektonisch in der *Gang-Klassenzimmer-Konzeption* spiegelt, ist sozialhistorische Vergangenheit, auch wenn sie hie und da noch fortwirken mag.

Auf der Folie dieses Modells, das natürlich nicht die vielfältigen Verwaltungs- und Mitbestimmungsreformen der letzten Jahre widerspiegelt, sondern hier nur als vergangener Idealtypus dient, haben sich in letzten Jahren im Umkreis der Autonomiedebatte neue Konzepte der Schulführung herausgebildet. Die Schulen sollen vor Ort *curriculare*, *personelle*, *organisatorische* und *fiskalische* Entscheidungsspielräume bekommen, um handlungsfähige pädagogische Einheiten zu werden. [Autonome Schulen]

Schulen als innovative Unternehmen

Die Erwartungen an die Autonomiegewährung sind klar: Dadurch soll die Schule unternehmerisch tätig werden, Interesse an Innovationen entwickeln und eine motivierte Lehrerschaft fördern. Wenn sie viel, so die Annahme, selber entscheiden kann und für ihre Aufgabenerfüllung auch verantwortlich ist, dann steigt die Chance, dass sich ein Lehrkörper mit den Leistungen einer Schule identifiziert. Dies sollte in der Folge den Schülerinnen und Schülern zugute kommen und bessere Leistungen und eine höhere Leistungsbereitschaft in der Schülerschaft bewirken. Bevor zuverlässig über den Realitätsgehalt dieser Hoffnungen etwas gesagt werden kann, soll versucht werden, die Aufgaben der Gestaltung von Schule vor Ort zu spezifizieren.

3.2.2 Akteure, Aufgaben und Verantwortungen: Die eigenständigen Handlungsaufgaben und Handlungsbedingungen auf Schulebene

Schulleitung als Hauptverantwortliche?

Die Kernaufgabe der Einzelschule ist – bei aller Kritik am Bürokratiemodell – klar. Es geht um die Organisation von Unterricht in Raum und Zeit, in Schulklassen und Unterrichtsstunden. Eine Schule funktioniert, wenn zu vereinbarten Zeiten und zu vereinbarten Orten Lehrer in der Schule vor Klassen stehen und die vorgeschriebene Zahl von Stunden in den vereinbarten Fächern Unterricht geben. Sie funktioniert, wenn das Handeln der Lehrer so abgestimmt ist, dass am Ende jeden Schuljahres Schüler Zeugnisse bekommen, die von einem Lehrkörper zusammen nach vereinbarten Regeln erstellt und von den Schülern bzw. deren Eltern in der großen Mehrheit akzeptiert werden. Um diese vermeintlich schlichten Aufgaben zu bewältigen, ist sehr viel Arbeit, ist sehr viel Koordinationsarbeit erforderlich. Um nur einige Arbeitsfelder zu nennen:

Aufgabenfelder

1. Sorge für materielle Ressourcen und Ausstattung
Hier geht es um den Zustand der Gebäude, die Sorge um Räumlichkeiten, die eine moderne Pädagogik mit musischen, sportlichen und kulturellen Aktivitäten ermöglichen. Räumlichkeiten sind eine zentrale Voraussetzung, wenn es um die Gestaltung des Schullebens, um Aufenthalt und Begegnung geht.

2. Sorge für einen reibungslosen Ablauf der Entscheidungsprozesse
Eine gute Informationspolitik, transparente Entscheidungsprozesse und Beteiligungsmöglichkeiten, faire Konfliktlösungen und eine effektive Verwaltung mit klaren Verantwortlichkeiten zu etablieren sind keine trivialen Aufgaben der Gestaltung von Schule vor Ort.

3. „Innenpolitik": Sorge für einen sachgerechten und fairen Lehrereinsatz
Die reibungslose Zuordnung von Lehrern zu Stunden und Klassen ist nicht nur im Normalfall aufwendig. Ausfälle durch Krankheiten und Unfälle, Verschiebungen durch Lehrerabwesenheit wegen Fortbildung und Mutterschaft und viele andere Ereignisse erfordern eine hoch professionelle Organisation. Passende, zeitlich und fachlich gut gestaffelte Lehrdeputate machen viel für die Arbeitsplatzqualität einer Lehrperson aus, so dass eine faire Verteilung von Aufgaben für den Schulfrieden von entscheidender Bedeutung ist.

4. Gestaltung des Kontakts zu Eltern

Jede Schule muss zu ihren „Kunden" gute Kontakte pflegen. Nur durch eine vertrauensvolle Zusammenarbeit von Elternhaus und Schule lassen sich pädagogische Probleme bewältigen. Eltern brauchen aber auch Informationen, sie müssen Planungssicherheit und deshalb auch Planungsmitsprache haben. Sie müssen aber auch ihrerseits ihre Verantwortung sehen und diese nicht völlig auf die Schule abschieben. Die Arbeit an einer Balance von Erwartungen ist eine Daueraufgabe der Schule vor Ort.

5. Arbeit an der Selbstdarstellung und Außenpolitik der Schule

Wie ein Staat muss auch die Schule eine kluge Außenpolitik betreiben. Sie besteht in vielen Weisen der Selbstdarstellung, in Pressearbeit, in politischer Lobbyarbeit, in Anerkennungsgeschenken, Reden und Dankesworten bei öffentlichen Aufführungen, aber auch in der schriftlichen Präsentation, in Jahresberichten bis hin zu Feiern und Verhandlungen mit dem lokalen politischen Umfeld.

6. Vernetzung der Schule zu Betreuungsinstanzen im lokalen Umfeld

Schulen sind eng eingebunden bzw. eng vernetzt mit dem lokalen kulturellen und sozialen Umfeld. Sie können und sollen Kontakte mit Sportvereinen, mit Theater und Volkshochschule, mit schulpsychologischen und sozialpädagogischen Diensten, mit Wirtschaft und Politik pflegen.

In den letzten Jahren verfeinerten sich die Modelle, die Schule als Ort der Gestaltung und Entwicklung konzipieren. Ein Beispiel dafür ist das St. Gallner Modell (s. Abb. 3.3), das ebenfalls von einem Handeln der Schule nach außen und nach innen ausgeht.

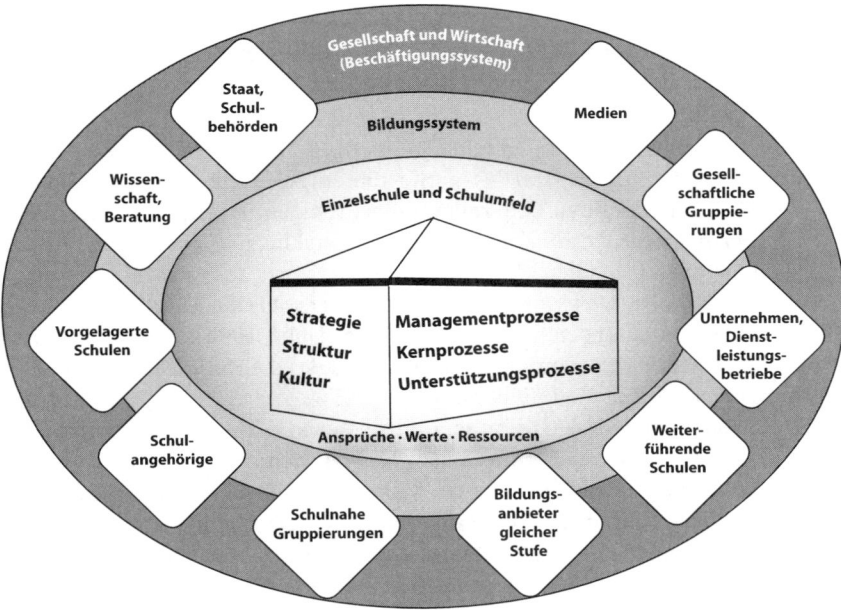

Abb. 3.3: St. Gallner Schulmodell (Seitz & Capaul, 2005, S. 19)

Außengruppen Die Außengruppen sind vielfältig. Sie erscheinen im obigen Modell als Staat und Behörden, als Wissenschaft und Beratung, als Medien, als gesellschaftliche Gruppierungen, als Unternehmen und Dienstleistungsbetriebe.

Dabei unterscheiden die Autoren eine *äußeren Kreis*, im einzelnen bestehend aus
- dem Staat und dessen Organen,
- gesellschaftlichen Gruppierungen wie politischen Parteien und Verbände,
- Medien,
- einzelnen Unternehmungen oder Dienstleistungsbetrieben,
- Wissenschaft und Beratung.

Im *mittleren Kreis* werden angesiedelt:
- Bildungsbehörden und Verwaltung,
- Erziehungs- und Bildungswissenschaften,
- Schulen gleicher Art,
- Vorläuferschulen und Nachfolgeschulen.

Zum *nahen Kreis* der externen Umwelt schulischen Handelns zählen die Autoren
- lokale Schulbehörden,
- schulnahe Gruppierungen (Eltern).

Innere Umwelt Von diesen Außengruppen wird die *innere Umwelt* schulischen Handelns abgehoben, bestehend aus
- der Schulleitung,
- den Lehrpersonen,
- den Lehrenden,
- den Mitarbeitern der Schulverwaltung und Spezialisten.

Was dann innerhalb der Schule geschieht und worauf dies ausgerichtet ist, wird in Abb. 3.3 veranschaulicht.

Schulen zielen auf *Innovation* und *Optimierung*. Dafür dienen *Managementprozesse* und *Unterstützungsprozesse*. Sie führen zu Strategiebildungen, etwa zu *Leitbildern* und damit zu kulturellen Sinnstiftungen. Begleitet werden diese durch Prozesse der *Strukturbildung*, also der Entwicklung von Verfahren, um die Aufgaben optimal zu erfüllen.

Schulentwicklung als Führungslehre und „corporate governance" Hier wird Schulentwicklung offensichtlich einerseits eine *Führungslehre*, die vor allem die Schulleitungen betrifft (s. vor allem Dubs, 1994), und in modernen Entwicklungstheorien zu „corporate governance", das die Kollegien als Entwicklungsmotoren stärker in die Pflicht nimmt.

Diese Modellvorstellungen sind sehr hilfreich und in der erwähnten Literatur im Detail ausgeführt. Im hier entwickelten Mehrebenenmodell geht es insbesondere um ein Verständnis dessen, wie die Makrovorgaben schulisches Geschehen leiten und welche „Kräfte" zu einer differentiellen Ausgestaltung von Schule vor Ort führen. Administration und Bildungspolitik sind also weniger Umwelten des Handelns als institutionelle Opportunitätsstrukturen, d.h. Vorgaben von Handlungsgelegenheiten. Sie engen also nicht in erster Linie ein, wenn sie etwas „regeln", sie schaffen vielmehr gezielt Handlungschancen. Schulen handeln der

Makrostruktur gegenüber nicht auf die gleiche Art und Weise, wie in ihrem primären „Objektbereich", dem Handeln gegenüber Schülerinnen und Schülern. Einen anderen Status hat wiederum das Kollegium. Es ist gewissermaßen der Mitstreiter der Schulführung und deshalb weniger Teil der Umwelt einer Schule. Das St. Gallner Modell wird hier also stärker handlungstheoretisch und von der pädagogischen Programmgestaltung und Aufgabenstruktur her akzentuiert.

3.2.3 Regeln des Zusammenhandelns auf Schulebene: Leitung, Kompetenzen, Verfahren

Die obigen Modelle zeigen, wie vielfältig die Gestaltungsaufgaben und Entscheidungsnotwendigkeiten auf der Ebene der einzelnen Schule sind. Zu ihrer Bewältigung gibt es ein fein differenziertes rechtliches System, gibt es Schulgesetze und Schulordnungen, die die *Organe* der Leitung, der Kollegien und Eltern regeln. Es gibt Verfahren zum Zustandekommen der Organe, zur Bestimmung von *Entscheidungsberechtigten* (Wählbarkeiten, Wahlverfahren, Kooptationsverfahren), Verfahren der Bestimmung von *Entscheidungsbefugnissen* (Geschäftsverteilungen) und Regelungen zur *Entscheidungsfindung* (Mehrheiten, Minderheiten, Abstimmungsverfahren).

Die Rechtsstruktur der Einzelschule

Welche Personen was tun und entscheiden dürfen und müssen, ist im Detail geregelt. *Organigramme* dokumentieren diese Verbindung von *Entscheidungsinstanzen*, *Entscheidungsthemen* und *Entscheidungsverfahren*.

Organigramme

Schulen als korporative Akteure sind danach die Kerneinheiten des Bildungswesens. Sie sind „Kunstwerke" der rationalen Organisation von Lernprozessen, die Bürokratien in der okzidentalen Entwicklung insgesamt kennzeichnen. Sie machen das staatliche Handeln rational und führen es aus *Willkür, Unzuverlässigkeit* und *Flüchtigkeit* heraus. Dazu dienen nicht zuletzt die folgenden Merkmale, die wir im schulischen Handeln finden:

1. Ein schriftlich festgelegtes Regelwerk, das Verfahren und Kompetenzen der Akteure genau festlegt.
2. Eine schriftliche Festlegung der Abläufe, die die Transparenz des Verfahrens sicherstellt.
3. Einspruchsrechte der Betroffenen, um die Einhaltung des Regelwerkes sicher zu stellen.
4. Gesicherte Unabhängigkeit der Beamten.
5. Hierarchische Organisation der Amtsbefugnisse mit der Zuspitzung auf die Generalverantwortung eines Schulleiters. Im letzteren vereinigen sich dann ein natürlicher und korporativer Akteur.
6. Die Tätigkeit des Beamten ist an die Voraussetzung einer Fachausbildung gebunden. Rekrutierung und Beförderung erfolgen dann aufgrund der sachlich festgestellten Qualifikationen, die eine bestmögliche Aufgabenerfüllung sicherstellen.

Kennzeichen korporativer rationaler Akteure

Die fachlich hoch stehende, unparteiische und loyale Ausübung eines Amtes ist das höchste Gut, das mit einer Beamtenschaft verbunden sein kann. Sie garantiert dann *Regelkonformität* und *Korruptionsfreiheit*. Wie bedeutsam dies für die

Beamtenstatus und rationale Bürokratie

Stärke eines Staates und den inneren Frieden sein kann, zeigen Tag für Tag die Bericht über Probleme von Staaten in der Dritten Welt.

Auf dieser Grundlage ist eine Beamtenstruktur entstanden, die M. Weber konzise in ihrer Wirksamkeit beschreibt:

> *„Ein voll entwickelter bürokratischer Mechanismus verhält sich ... genau wie eine Maschine zu den nicht mechanischen Arten der Güterzeugung. Präzision, Schnelligkeit, Eindeutigkeit, Aktenkundigkeit, Kontinuierlichkeit, Diskretion, Einheitlichkeit, straffe Unterordnung, Ersparnisse an Reibungen, sachlichen und persönlichen Kosten sind bei streng bürokratischer, speziell: monokratischer Verwaltung durch geschulte Einzelbeamte gegenüber allen kollegialen oder ehren- und nebenamtlichen Formen auf das Optimum gesteigert"* (Weber, 1947S. 661).

Dies ist nicht ohne Bedingungen zu haben: „Daher bieten erfahrungsgemäß ein gesicherter Geldgehalt, verbunden mit der Chance einer nicht rein von Zufall und Willkür abhängigen Karriere, einer straffen, aber das Ehrgefühl schonenden Disziplin und Kontrolle, ferner der Entwicklung des Standesehrgefühls und die Möglichkeit der öffentlichen Kritik, das relative Optimum für das Gelingen und den Bestand einer straffen Mechanisierung des bürokratischen Apparats, und er funktioniert in dieser Hinsicht sicherer als alle rechtliche Versklavung" (Weber, 1947, 657).

Einzelne Schulen sind auf diesem Hintergrund als komplexe Regelsysteme des Zusammenhandelns erkennbar, gestützt durch personale Haltungen und sachliche Ressourcen. Die Regelsysteme sind dabei die primären Bestimmungsgrößen für das Handeln.

Ihre faktische Umsetzung kann aber zu unterschiedlichen Kulturen einzelner Schulen führen. In anderen Einrichtungen des Staates, etwa beim Finanzamt, steht die gewissenhafte Erfüllung der Regelvorgaben im Mittelpunkt, wobei selbst hier unterschiedliche Kulturen der Begegnung mit dem Bürger möglich sind. Der Umgang mit jungen Menschen ist vergleichsweise weit weniger exakt normierbar wie jener mit Zahlen über Einkommensverhältnisse. Deshalb stellt sich in Schulen die Frage, wie der institutionelle Rahmen in faktisches Handeln umgesetzt wird, wie also der Regelungszusammenhang zu einer Kultur von Bildung und Erziehung führt. Diese Frage fordert dazu heraus, die *Wirklichkeit* von Schule zu untersuchen und danach zu fragen, wodurch diese zustande kommt.

3.3 *Die Realität der Einzelschule als pädagogischer Handlungseinheit*

Die Akteure der Schule organisieren sich auf dem Hintergrund der beschriebenen Makrovorgaben und Regelungen, um ihre Aufgaben zu erfüllen. Angenommen es sollen 700 Kinder in einer Gemeinde „beschult" werden. Dazu werden 60 Lehrpersonen bestellt. Diese 700 Kinder gut zu versorgen, ist eine formidable Aufgabe. Alltagseindrücke und die erwähnten Fallstudien legen nahe, dass diese sehr unterschiedlich bewältigt werden kann. Wie man diese Unterschiede systematisieren und so messen kann, dass sie Hinweise darauf geben, wie man die Schulgestaltung optimieren könnte, soll uns im Folgenden beschäftigen.

Wie für andere soziale Wirklichkeitsbereiche stehen auch hier alle Methoden zur Verfügung, die konkrete Gestalt von Schule zu erfassen, etwa:
- vergleichende Fallstudien,
- systematisch strukturierte Beobachtung des schulischen Geschehens,
- Interviews mit den Akteuren,
- schriftliche Befragung der Beteiligten danach, wie ihrer Wahrnehmung nach die Schule funktioniert und gestaltet wird.

Methoden der Schulforschung

Wenn man einen repräsentativen Einblick in die Funktionsweise einer Schule bekommen und gleichzeitig verschiedene Schulen vergleichen möchte, dann empfiehlt es sich, alle Akteure zu befragen. Lehrpersonen, Schüler und Eltern sind wichtige Informanten. Ihre Einschätzungen haben zudem eine zweite Bedeutung. Was sie sagen und sehen ist gleichzeitig ein wichtiger Teil der schulischen Realität. Wie ein Kollegium sich sieht, hat Wirkungen jenseits der objektiven Gültigkeit dieser Aussagen.

Lehrpersonen als Informanten

In jeder Schule vollziehen sich jeden Tag unzählige Interaktionen, ein Ereignis jagt das andere. Lehrerinnen und Lehrer kommen und gehen, begrüßen sich herzlich oder meiden sich, schotten sich von Schülerinnen oder Schüler möglichst ab oder begegnen ihnen mit Freude und Offenheit, unterstellen der Schulleitung irgendwelche Missetaten oder sprechen ihr untereinander das Vertrauen aus. Ein einziger Tag kann zu abendfüllenden Gesprächen führen, eine falsch verstandene Geste eine Lawine von Verdächtigungen lostreten.

Doch Menschen sind auch „fehlerfreundliche Systeme". Sie können Einzelereignisse in einen größeren Rahmen stellen und „verzeihen", sie sind in der Lage, sich aus vielen Einzelheiten ein vernünftiges Urteil zu bilden.

Aus diesen unzähligen Alltagsereignissen schälen sich unterschiedlich verfestigte Urteile und Wahrnehmungen heraus, wie eine Schule „ist". Aus den Wetterereignissen wird so eine Klima-Wahrnehmung.

Der psychologische Vorgang, der dabei am Werk ist, besteht in Aggregationsverfahren, also in Hochrechnungen, in Summierungen von Einzelereignissen. „Hier geht alles drunter und drüber", „Die Kollegen versuchen, die Schule nach dem Unterricht so schnell wie möglich zu verlassen" – so könnten im schlimmsten Falle die Lehrpersonen wahrnehmen, auf welche Weise der Bildungsauftrag an ihrer Schule ausgeführt wird. Die Wahrnehmungen können aber auch sehr positiv sein: „Man kümmert sich an unserer Schule um jeden einzelnen Schüler", „Viele Kolleginnen und Kollegen engagieren sich über den Unterricht hinaus für die Schule".

Dies sind nur Beispiele, um zu verdeutlichen, wie im Folgenden versucht wird, die Erfüllung des Schulauftrages auf der Ebene der einzelnen Schule zu erfassen. Die Veranschaulichung, wie vielfältig vor Ort der Bildungsauftrag rekontextualisiert wird, stützt sich damit auf die zentralen „Experten" für dessen Beurteilung: auf die Lehrpersonen, aber auch auf Schüler und Eltern.

3.3.1 Die Realität schulischer Erfahrungsräume

Schule als ganzheitlicher Erfahrungsraum

Um über Beispiele hinauszukommen und die ganze Spannbreite der guten und schlechten Weisen der Schulgestaltung zu erfassen, ist eine Systematik, mit der Schule beschrieben werden kann, erforderlich. Sie muss helfen, den Möglichkeitsraum, den Schulauftrag zu realisieren, auszuloten. Dies umzusetzen wurde in der Konstanzer Schulforschung für den deutschen Sprachraum erstmals versucht (Fend, 1977; Fend, 2001b).

Als Ausgangspunkt dafür diente eine sozialisationstheoretische Konzeption der Schule. Sie lenkt die Aufmerksamkeit auf Schule als *ganzheitlichem Erfahrungsraum*, dessen Kern die Art und Weise bildet, wie Lehrpersonen als operative Akteure ihren schulischen Auftrag des Lehrens und Erziehens verstehen und umsetzen. Schulklima bzw. Schulkultur wurde entsprechend definiert als „... die Art und Weise, wie Sozialisationsprozesse in veranstalteter Form durchgeführt werden, die 'Verlebendigung' institutioneller Verhältnisse durch die Individualität der Lehrer und Schüler und die dabei entstehenden Lebensformen" (Fend, 1977, S. 64).

Instrumente der Evaluierung von Schule aus der Sicht der Lehrerschaft

Das Instrumentarium, um diese „Verlebendigung institutioneller Verhältnisse" zu erfassen, wird sehr umfangreich (Specht & Fend, 1987), wenn nicht nur die Einschätzungen des *Kollegiums*, wie sich die Schule organisiert und ihren Auftrag erfüllt, erfasst werden, sondern auch die Wahrnehmungen der *Schülerschaft*, wie ein Kollegium („Unsere Lehrer...") ihr gegenüber auftritt.[32]

Im Folgenden stehen die Wahrnehmungen des Kollegiums, wie Schule „vollzogen" wird, im Vordergrund. Diese Wahrnehmungen werden auf die einzelnen Schulen hochgerechnet, um so gute und belastete Schulen identifizieren zu können. Die soziale Wirklichkeit der Schule als einer Institution mit Bildungsauftrag, die Art und Weise der Umsetzung des Masterplanes der Bildung, die Gestaltung von Schule vor Ort, wird damit umfassend beschrieben. Die Unterrichtsebene wird dabei erweitert und die ganze Schule als Handlungseinheit in den Blick genommen. Dies ist auch ein erster Weg, um zu eruieren, welches Kernpunkte unterschiedlicher Gestaltungsbemühungen auf der pädagogischen Handlungsebene „Einzelschule" sind und wo diese besonders gut gelingen oder sehr mühsam bleiben.

---

32 Die verschiedenen Wahrnehmungen können sich auf verschiedene Objektbereiche der Schule beziehen und von unterschiedlichen Personen ausgehen. Eine kleine Systematik enthält das folgende Schema:

	Objekt der Wahrnehmung		
Quelle der Wahrnehmung	Schule als Ganze	Klasse	Einzelner Lehrer
Was **ich** sehe... (Leitung, Lehrpersonen, Schüler, Eltern)	In unserer Schule...	In unserer Klasse ...	Der Mathematiklehrer ...
Was **andere** sehen... (Leitung, Lehrpersonen, Schüler, Eltern)	In unserer Schule glauben alle...	In unserer Klasse glauben alle...	Mathematiklehrer sind in den Augen der Mädchen...

Auf welcher Datenbasis bauen die Konstanzer Schuluntersuchungen auf? Nach Vorstudien in den Jahren 1969 und 1972 wurden erstmals im Jahre 1973, dann in den Jahren 1977-1979 umfassend Wahrnehmungsmuster von Kollegien, Schülerschaften und Eltern erhoben.

Konstanzer Schulforschung

- 1973 waren 31 Schulen mit insgesamt 3.750 Schülern und ca. 400 Lehrern beteiligt,
- 1977 waren es 59 Schulen mit ca. 11.200 Schülern und ca. 1.100 Lehrern und
- 1978/79 58 Schulen mit ca. 6.500 Schülern und ca. 850 Lehrern.

Insgesamt sind in der Konstanzer Schulforschung 183 Schulen untersucht worden. Schüler, Lehrer und Eltern (jeweils zwischen 500 und 1.000) waren jeweils einbezogen, in einigen Studien auch die Schulleiter (s. ausführlich Fend, 2001c, S. 47-157). Diese Datenbasis ist bis heute eine der umfassendsten im deutschen Sprachraum geblieben.

Wie kann man einen pädagogischen Kontext systematisch darstellen?

Wenn ein Kollegium berichtet, wie vor Ort der Erziehungs- und Unterrichtsauftrag erfüllt wird und wie es sich dabei selber organisiert, dann urteilt es über einen pädagogischen Kontext und nicht über einen technischen Objektbereich. Was sind nun die Besonderheiten pädagogischer Wirklichkeitsbereiche, die hier beurteilt werden?

Pädagogische Lebensräume sind immer *wertorientierte* Erfahrungskontexte. Damit ist gemeint, dass „Erziehung" und „Bildung" implizieren, dass sich Kinder entwickeln, auf Ziele hin beeinflusst werden. Sie werden immer im Horizont des „Wünschenswerten", im Horizont von „Werten" gesehen.

In pädagogischen Lebensräumen sind immer *Regelungen* erforderlich, die das reale Handeln auf das wünschenswerte hin spiegeln. Nicht alles ist erlaubt, vieles ist geboten. Diese Regelungen werden auf sehr unterschiedliche Weise ausgehandelt und durchgesetzt. Überall, wo „erzogen" wird, gibt es solche Prozesse.

Schließlich sind pädagogische Handlungsräume keine emotional neutralen *Beziehungskontexte*. Da dabei immer Menschen mit Menschen in Kontakt treten, entwickeln sich emotionale Beziehungen, entwickeln sich Zuneigung oder Abneigung, Vertrauen oder Misstrauen.

Wenn Lehrpersonen bewerten, wie die Schulgestaltung in ihrer Schule aussieht, dann entwickeln sie somit sachnotwendig Wahrnehmungen von

Merkmale pädagogischer Kontexte

- Werten, also von *Zielen*, die man gemeinsam oder auch im Konflikt verfolgt,
- Wahrnehmungen zu Dimensionen der *Regelaushandlung* und Regulierung,
- Wahrnehmungen der *emotionalen Beziehungen*,
- Wahrnehmungen in Bezug auf *vorherrschende Probleme* und Konflikte,
- Wahrnehmungen von *Aktivitäten* und Ereignissen,
- Wahrnehmungen der Beziehungen innerhalb des Kollegiums und von Beziehungen zu den Bezugsgruppen der Schülerschaft und Elternschaft.

Helsper spricht in Bezug auf den schulischen Kontext von der Leistungsdimension, der Dimension der pädagogischen Orientierung, der Dimension des Unterrichts bzw. der Fachinhalte und von der Dimension der schulischen Partizipation (Helsper & Böhme, 2004).

Diese typischen *Merkmale pädagogischer Handlungsfelder* fügen sich zu Konfigurationen, die das institutionelle Bild der Akteure ausmachen. Es richtet sich von Lehrpersonen aus gesehen auf alle Beziehungskonstellationen, in die sie einbezogen sind, also auf
- Beziehungen zwischen der *Schulleitung und dem Kollegium*,
- Beziehungen *zwischen* den *Lehrpersonen,* also auf Kollegen und Kolleginnen, und
- auf Beziehungen der Lehrpersonen *zu den Schülern*.

Ein Fragebogen als Gesprächsentwurf

Diese eigentlich selbstverständlichen Differenzierungen lassen ahnen, wie umfangreich ein Instrumentarium zur Erfassung des sozialen Wirklichkeitsbereichs „Schule" werden kann. Es soll im Folgenden exemplarisch vorgestellt werden (s. ausführlicher in Fend, 2001b).

Die Kernidee dieses Instrumentariums besteht darin, dass den Lehrpersonen gewissermaßen ausführliche Beschreibungen von Schulen vorgelegt werden, bei denen sie jeweils sagen können, ob sie auf ihre Schule zutrifft. Dazu wurden die Beschreibungen in kurze Sätze (Items) umgesetzt. Implizit wird damit ein „Gespräch" mit Lehrpersonen geführt, bei dem aus den Zustimmungs- und Ablehnungsreaktionen[33] jeweils auf das „Bild" geschlossen wird, das sie von der Schule entwerfen. Indem diese Bilder summiert (aggregiert) werden, ergibt sich eine Vorstellung, wie Schule vor Ort „gemacht" wird, welche Atmosphäre an der Schule herrscht, die teils „Schulklima", teils „Schulkultur" genannt wird. Das Konzept des „Schulklimas" betont das Verhältnis von Alltagsereignissen („Wetter") zur Hochrechnung als Klima. Von „Schulkultur" wird im Rahmen theoretischer Konzepte gesprochen, die die Bedeutungsebene, die interpretativen Strukturen für soziales Handeln betonen. Im Folgenden wird diese letztere Fassung bevorzugt, wenngleich sie der Metapher des „Klimas" sehr ähnlich ist.

Die interpretative Ebene ist nicht zuletzt deshalb so bedeutsam, weil das Thomas-Theorem am Werke sein dürfte: Die wahrgenommene Wirklichkeit ist – unabhängig wie getreu sie die „tatsächlichen" Verhältnisse abbildet – als solche ein bedeutsamer Faktor dafür, was die Akteure in der Schule tun und was sie empfinden. Ein Kollegium handelt nicht auf der Grundlage von „nackten" und objektiven Tatsachen. Zwischen den objektiven Verhältnissen und den Handlungen stehen die Bedeutungen, die den „Verhältnissen" und den notwendigen Handlungen zugeschrieben werden.

Die Vielfalt von Schulkulturen und ihre Zuspitzung zu „guten" und „belasteten" Schulen

Wie sieht nun die pädagogische Wirklichkeit in Deutschlands Schulen aus? Welche Schulkulturen lassen sich auf der Grundlage der interpretativen Strukturen bei Kollegien beobachten?

Die den Kollegien vorgelegten Beschreibungsmuster ihrer Schule führten in den Augen der Lehrpersonen und der Schülerschaft erwartungsgemäß zu sehr un-

---

33 Konkret wurden jeweils fünf Antwortstufen vorgegeben: richtig / eher richtig / unentschieden / eher falsch / falsch. Zur Vereinfachung werden im Folgenden die beiden zustimmenden bzw. ablehnenden Reaktionen zusammengefasst.

terschiedlichen interpretativen Konstruktionen von Schule. Die Varianz „guter" und „schlechter" kollektiver Sichtweisen ist beträchtlich (s. Fend, 2001b, S. 117 ff.).

- So gibt es in den Augen der Kollegien Schulen mit einem reichhaltigen schulischen Leben vs. solchen, die langweilig und inaktiv sind.
- Kooperierende Schulen mit integrierten und pädagogisch hoch motivierten Kollegien stehen Schulen gegenüber, die nur aus der Addition von Einzelkämpfern bestehen.
- Schulen mit einem hohen Konsens in pädagogischen Kernanliegen kontrastieren mit zerstrittenen Kollegien, Cliquen bildenden Lehrkörpern ohne Fähigkeit des Umgangs mit Konflikten.
- Kollegien beschreiben Schulen mit dichten persönlichen Kontakten, aber auch anonyme Lebensräume, in denen viele im sozialen Geschehen untergehen.
- Schulen mit ausgebauten Netzwerken zur Elternschaft und zur Gemeinde sind ebenso Realität wie Schulen, in denen Elternmitarbeit als „Hausfriedensbruch" und Einbindung einer Schule in das Leben einer Gemeinde als pädagogische Fehlnutzung der Schule angesehen werden.

Diese Vielfalt von Schulkulturen ist andernorts im Detail beschrieben (Fend, 2001b). Hier seien diese Schulkulturen noch einmal gebündelt und auf eine einzige Dimension zugespitzt, nämlich auf die, ob sie auf gelungene oder belastete pädagogische Konfigurationen verweist. Die Frage, worin sich gute und belastete Schulen unterscheiden, zielt auf Idealgestalten von Schule, an denen man die Schulentwicklung ausrichten könnte. Solche guten und belasteten Schulen sollen hier aus einer Vielzahl von Merkmalen heraus identifiziert werden, um sie dann im Detail beschreiben zu können. Da uns hier vor allem an einer solchen *Deskription* liegt, sollen die summativen Beschreibungen der Schule aus der Sicht der Lehrerschaft und aus der Sicht der Schülerschaft zugespitzt werden zu solchen Aussagen, die für gute und belastete Schulen besonders charakteristisch sind. Damit sollen die Kernpunkte herausgearbeitet werden, die zu positiven oder bedrückenden symbolischen Schulinterpretationen des Lebens in der Schule führen.

Gelungene Schulkulturen

Für diese deskriptive Auswertung wählen wir ein einfaches Verfahren, das folgende Schritte umfasst.

1. Suche nach „reinen Fällen" guter Schulen aus der Sicht des Kollegiums:
   Wie in vielen anderen sozialen Beziehungskonstellationen ist auch in Schulen nicht alles gut oder schlecht. Positiven Aspekten stehen negative gegenüber, die soziale Wirklichkeit ist in der Regel „durchwachsen".
   Als „gute Schulen" aus der Sicht des Kollegiums werden jene definiert, die in den entscheidenden Dimensionen der *Arbeitszufriedenheit* des Kollegiums, des *Schullebens*, der sozialen *Integration* der Lehrerschaft, des pädagogischen *Konsens*, in der *Verantwortungsbereitschaft* und *Schülerzuwendung* jeweils im *oberen Drittel* einer Rangreihe von 35 Schulen liegen. Sie werden

Neun gute und acht belastete Schulen

mit solchen kontrastiert, die in der Regel im unteren Drittel liegen. Dadurch entstehen gewissermaßen idealtypische Fälle (s. Fend, 2001b, S. 117) von neun guten und acht belasteten Schulen.[34]

2. In einem zweiten Schritt werden die herausragend positiven und negativen Schulkulturen genauer inspiziert. Dazu wird untersucht, welche Einzelaussagen des jeweiligen Kollegiums gute und schlechte Schulen besonders unterscheiden. So entsteht eine Rangreihe von Aussagen, die überhaupt nicht bis sehr stark zwischen den genannten Schulkulturen differenzieren. Dadurch zeigen sich die Punkte, die für die Qualität des Schulklimas eine hohe Aussagekraft haben.

3.3.1.1 Die Schulleitung als zentraler Akteur auf Schulebene

Wenn man Schulen als korporative Akteure sieht, die nach rechtlichen Regeln zusammenhandeln und Aufgaben bewältigen, dann liegt es nahe, von den vom Gesetz her wichtigsten Akteuren auszugehen, von den *Schulleitungen*. Ihnen wird die Hauptverantwortung zugewiesen, sie sollen – noch verstärkt im Rahmen der Autonomieregelungen – die administrative und pädagogische Gestalt der Schule formen.

Die Rekontextualisierungsaufgabe, die Umsetzung der institutionellen Rahmenbedingungen und Vorgaben in die konkreten Arbeitsverhältnisse vor Ort, obliegt somit primär der *Schulleitung*. Sie hat damit eine Aufgabe von hoher Komplexität zu bewältigen, die kompetente Führung verlangt, aber auch die Fähigkeit herausfordert, eine Atmosphäre aktiver Kooperation und Mitwirkung zu erzeugen. „Begnadete" Schulleiterinnen oder Schulleiter können Engagement, Verantwortungsbewusstsein, ja pädagogische Begeisterung erzeugen, sie können ein Kollegium aber auch „ablöschen", demotivieren, zu Dienst nach Vorschrift verleiten und Resignation verbreiten. Dabei ist entscheidend, was von der Leitung bei den Kollegien „ankommt". Schulleiterinnen oder Schulleiter können Tag für Tag unzählige Fehler machen. Sie können wichtige Dinge „vergessen", ungeschickt planen, Terminkollisionen provozieren, Kollegen und Kolleginnen kränken, Eltern vor den Kopf stoßen, Schüleranliegen missachten usw. Sie können aber auch segensreich wirken, mit feinem Gespür Konflikte entschärfen, alles im Auge haben, Begeisterung fördern.

Wie die Qualitäten des jeweiligen Schulleiters oder der Schulleiterin in der Sicht der Kollegien in guten und schlechten Schulkulturen aussehen, könnte Auskunft darüber geben, worauf eine Leitung besonders achten muss, um segensreich zu wirken.

Führungskompetenz

Die Hauptaufgabe der Schulleitung ist regulativer Art, sie liegt in der Führung der Schule. Die Wahrnehmung von *Führungskompetenz* steht damit an erster Stelle. Sie kann in den Augen des Kollegiums Souveränität ausstrahlen oder Überforderung und Resignation signalisieren, was z.B. in folgenden Wahrnehmungen zum Ausdruck kommen kann:

---

34 Ein solches Verfahren ist natürlich auch zur Definition guter und schlechter Schulen aus der Sicht der Schülerschaft durchführbar. Es wird weiter unten genauer beschrieben.

Der Schulleiter
- versteht es, kritische Situationen und Probleme vorausschauend zu antizipieren und dadurch sachgerechte Entscheidungen zu fällen;
- tendiert dazu, wichtige Entscheidungen so lange wie möglich hinauszuzögern;
- erweckt manchmal den Eindruck, dass ihm die Probleme ein wenig über den Kopf wachsen;
- läuft Gefahr, in kritischen Situationen den Überblick zu verlieren.

Führung spielt sich in der Schule im „Zwiegespräch" von Schulleitung und Kolleginnen und Kollegen ab. Ob diese Teil des Geschehens sind, ob deren Meinungen und deren Engagement gehört und wahrgenommen werden, ist die zweite Dimension der Führungskultur. In formellen Entscheidungsprozessen kommt dies in der Praktizierung von *Mitbestimmung* zum Ausdruck, informell in der Resonanz, die Lehrer für ihre Positionen bei der Schulleitung wahrnehmen. In den Köpfen kann sich dies so festsetzen: *Beteiligung*

Der Schulleiter   *Pädagogisches Ethos*
- vermittelt in Sitzungen und Konferenzen das Gefühl, alle Diskussionsbeiträge ernst zu nehmen.
- Er erwartet von den Lehrern, dass sie sich seinen Entscheidungen fraglos unterordnen.
- Der Schulleiter entscheidet gerne über die Köpfe des Kollegiums hinweg.

Die Schulleitung kann die Regulierungsaufgabe aber auch pädagogisch engherzig wahrnehmen und die formale Erfüllung von Regeln in den Mittelpunkt stellen. Jede Schulleitung hat eine schwierige Balance zwischen der notwendigen Einhaltung formeller Normierungen und der pädagogisch oft erforderlichen Gewährung von Entwicklungs- und Handlungsspielräumen zu halten. Ob sie zum einen oder anderen Pol neigt, sollte hier durch Aussagen zur „*Offenheit für Schulentwicklung*" erfasst werden. Sie wurde in folgenden Beschreibungsmustern vorgegeben.

Der Schulleiter
- ist neuen Ideen und Entwicklungen der pädagogischen Diskussion und Forschung gegenüber stets aufgeschlossen,   *Ideal*
- fördert Ideen und Anregungen, das Leben in der Schule bunter und vielseitiger zu gestalten, auch wenn ihre Verwaltung dadurch komplizierter wird,
- sucht den Erfahrungsaustausch mit anderen Schulen und Institutionen, um Anregungen für die Verbesserung der eigenen pädagogischen Praxis zu erhalten.

In allen menschlichen Beziehungskonstellationen werden Emotionen aktiviert, so auch in jenen zwischen der Leitung und dem Kollegium. Sind sie von negativen Emotionen begleitet, dann können alltägliche Problemlösungen sehr mühsam werden. Die sachgerechte Bearbeitung einer Aufgabe oder eines Problems   *Emotionen* kann fast unmöglich werden. Diese große Bedeutung emotionaler Fundamente zeigt sich naturgemäß auch in pädagogischen Kontexten. Sie entstehen und verändern sich in Schulen in unzähligen Interaktionssequenzen. Wir kennen ihre Kristallisationen als Zuneigung oder Abneigung, als Vertrauen oder Misstrauen, als Näheempfinden oder Distanz. Sie sind in allen Beziehungskonstellationen am Werk, in Beziehungen der Schulleitung zum Kollegium, unter Lehrerinnen und Lehrern und natürlich in den Beziehungen zwischen Lehrpersonen und der Schülerschaft. Dabei können sich Pathologien von Misstrauen und Abneigung aufschaukeln, es kann aber auch ein hohes Maß an geteilter Sympathie entstehen. Um eine Metapher zu bemühen: Positive Emotionen sind das Öl im Getriebe des täglichen Umgangs miteinander. Sie erleichtern und beschleunigen Vorgänge, ihr Fehlen macht den Alltag mühsam und schmerzhaft.

Positive Emotionen sind jedoch keine Schicksale, für die nichts getan werden kann. Sie müssen gepflegt werden. Das gilt wieder für alle Beziehungskonstellationen, die hier beschrieben werden.

Fairness und Vertrauen

Beziehungsmerkmale des Vertrauens und der positiven Emotionen sind auch bei Beziehungen der Schulleitung zum Kollegium am Werk. Da es sich bei der Leitung um eine institutionalisierte Führung handelt, dürfen sie aber nicht an erster Stelle stehen. Fundamental kommt es auf *Rechtssicherheit*, *Korrektheit*, *Fairness* und *Achtung* an. Auf dieser Grundlage kann dann ein Gefühl des *Angenommenseins* und der *Kooperation* entstehen. In welchem Ausmaß dies der Schulleitung an einer Schule gelingt, kann in Zustimmung oder Ablehnung zu folgenden Aussagen zum Ausdruck kommen:

- Der Schulleiter ist sehr darum bemüht, dass sich die Kollegen auch wohl fühlen.
- Er hat immer ein offenes Ohr für die Sorgen und Probleme der Lehrer.
- Er ist sehr bemüht, das soziale Klima im Kollegium zu verbessern.

Wie werden nun Schulleiter bzw. Schulleiterinnen in guten und schlechten Schulen gesehen? Welche obigen Aussagen differenzieren besonders stark?

Die stark differenzierenden kollegialen Bewertungen der Schulleitung in „guten" und „schlechten" Schulen sind in Abb. 3.4 zur Illustration festgehalten.

Prozentwerte Zustimmung (stimmt genau und eher richtig als falsch, N = ca. 170)	Gute Schulen	Schlechte Schulen
wenig differenzierend:		
Der Schulleiter		
- versucht, sich immer streng im Rahmen administrativ vorgegebener Regelungen und Erlasse zu halten	51	55
- versteht es, seine Erwartungen an die Lehrer klar und deutlich zu machen	65	66
- ist für den „normalen" Lehrer nur in Konferenzen und Dienstbesprechungen erreichbar	8	9
stark differenzierend (1% – Signifikanz):		
Der Schulleiter		
- besitzt aufgrund seiner Kompetenz einen hohen Vertrauenskredit bei Schülern und Lehrern	45	19
- besitzt viel Humor im Umgang mit den täglichen Problemen und Konflikten	42	18
- ermutigt die Lehrer zu originellen Ideen und Problemlösungsvorschlägen	46	22
- versteht es, die Lehrer für ihre Arbeit an dieser Schule zu begeistern	31	11
- ist sehr darum bemüht, das soziale Klima im Kollegium zu verbessern	70	39
- kümmert sich nur um dienstliche Angelegenheiten	22	46
- legt großen Wert auf Kooperation und Koordination von Aktivitäten zwischen Lehrern	66	37
- hat immer ein offenes Ohr für die Sorgen und Probleme der Lehrer	73	44
- macht in Problemsituationen fast immer konstruktive Problemlösungsvorschläge	62	35
- sieht es ungern, wenn Lehrer sich zu Fortbildungsveranstaltungen anmelden, weil er darin im Grunde eine Zeitverschwendung sieht	3	25
- ist neuen Ideen und Entwicklungen der pädagogischen Diskussion und Forschung gegenüber stets aufgeschlossen	62	35
- tendiert dazu, Neuerungsvorschläge unter Hinweis auf eigene Praxiserfahrungen zurückzuweisen	7	25
- erweckt manchmal den Eindruck, dass ihm die Probleme ein wenig über den Kopf wachsen	33	57
- bevorzugt lieber das Alte und Bewährte, als dass er das Risiko von Experimenten auf sich nimmt	18	53
- besitzt immer einen genauen Überblick darüber, was an der Schule vorgeht	61	23
- sucht den Erfahrungsaustausch mit anderen Schulen und Institutionen, um Anregungen für die Verbesserung der eigenen pädagogischen Praxis zu erhalten	67	24
- wirkt manchmal ein wenig resignativ angesichts der Probleme dieser Schule	15	52

Abb. 3.4: Wahrnehmungen der Schulleitung in guten und schlechten Schulen (s. für eine vollständige Dokumentation Fend, 2001b, S. 131 und 133)

Gute Schulleitungen

Aus ihr geht unübersehbar hervor, dass in guten Schulen auch die Schulleitung sehr positiv beurteilt wird. Sie wird als kompetent eingeschätzt, gilt als lernfähig, offen und entwicklungsorientiert. Gleichzeitig ist sie um den Einbezug des Kollegiums in Entscheidungs- und Planungsprozesse bemüht und strebt ein gutes soziales Einverständnis und eine gute soziale Infrastruktur an. In belasteten Schulen finden sich solche positiven Einschätzungen deutlich seltener. Die Schulleiter gelten eher als defensiv, um die Wahrung der Äußerlichkeiten besorgt. Sie scheuen eher zu viele soziale Kontakte und zeigen im Führungsverhalten wenig Übersicht und Souveränität. Gelegentlich macht ihr Verhalten einen chaotischen und richtungslosen Eindruck.

Welches sind innerhalb dieser allgemeinen Ergebnisse die strategischen Aspekte „guten Schulleitungsverhaltens"? Die Rangreihe der Aussagen kann uns dazu Auskunft geben.

Am wenigsten differenzieren Wahrnehmungen, dass die Schulleitung korrekt handelt und die Regelvorgaben der Makroebene umsetzt. „Qualität" beginnt erst danach, wenn diese Grundvoraussetzung erfüllt ist.

Die am stärksten differenzierenden Einschätzungen beziehen sich dann klar darauf, dass Schulleiter ihre *Führungsaufgaben* gerne wahrnehmen, die Schule überblicken, sie aktiv führen und sich nicht resignativ zurückziehen. Pointiert kommen auch Offenheit, Lernbereitschaft und Entwicklungsfähigkeit als entscheidende Bewertungskriterien zum Vorschein. Das Empfinden von Resignation angesichts der Probleme einer Schule unterscheidet am stärksten Schulleiter in guten und schlechten Schulen.

Daneben gibt es viele Aussagen, die auf den Erfahrungsaustausch und auf die eigene Lernbereitschaft des Schulleiters Bezug nehmen. Große Bedeutung kommt auch dem vom Schulleiter vermittelten Eindruck zu, einen genauen Überblick zu haben. Zurückhaltung bei neuen Ideen, Abblocken von Neuerungsvorschlägen mit dem Hinweis auf eigene Praxiserfahrungen usw. differenzieren die Wahrnehmung der Schulleitung in guten und schlechten Schulen sehr stark. Insgesamt sind dies alles Aussagen zur *Leitungskompetenz* und zur *pädagogischen Entwicklungsorientierung*. Es sind also mehr die Merkmale wie Souveränitätsausstrahlung, Autorität, soziale Kompetenz, die gute Schulleitungen charakterisieren. Sie halten sich zwar an administrativ vorgegebene Regelungen und Erlasse (keine Differenzierung bei solchen Wahrnehmungen), diese administrativen Gegebenheiten sind aber eher Mittel zum Zweck und im Zweifelsfall auch diskutierbar. Von guten Schulleitungen geht die Ausstrahlung aus, dass „Schulegeben" attraktiv und bewältigbar ist, und sie vermitteln Entwicklungsperspektiven.

Auch Tugenden wie Bemühen um Aufrichtigkeit und Verlässlichkeit, Fairness und Gerechtigkeit, Integrität und Redlichkeit sowie Augenmaß, Initiative und Weitsicht haben in den Augen der Kollegien einen hohen Stellenwert.

3.3.1.2 Die soziale und pädagogische Selbstorganisation des Kollegiums

Kollegiales Verhalten in Schulen vor Ort erfordert, pädagogisches und administratives Handeln aufeinander abzustimmen und Entscheidungen zu koordinieren. Rechtliche Bestimmungen regeln die Kompetenzen, die Pflichten und Rechte in einem Kollegium. Zusammen machen sie den korporativen Akteur der einzelnen

Schule aus. Sie stehen bei der Handlungskoordination immer im Hintergrund. Tagtäglich entstehen aber Gelegenheiten, aufeinander zuzugehen, Probleme im Geiste der Zusammenarbeit zu lösen oder sie jeweils zum Anlass für Konfrontation und Behinderung werden zu lassen. Gemeinsames Arbeiten kann eine schier endlose Quelle von Konflikten, aber auch von Befriedigung, von Effektivität und Zugehörigkeitsbewusstsein sein. In welche Richtung in guten oder schlechten Schulen das Pendel ausschwingt, sollte über mehrere „Gesprächsmuster zur Schule" erfasst werden. Die wichtigsten betreffen die Koordination der Arbeit.

Fachliche Kooperation im Kollegium   Kooperation
- Die Anschaffung der Lehrbücher wird zwischen den Fachkollegen eingehend diskutiert.
- Manchmal legen Kollegen freiwillig Klassen zusammen und unterrichten gemeinsam.

Kooperation ist aber ein zweischneidiges Schwert. Sie kann Arbeit erleichtern und sie befriedigend machen, sie kann aber auch permanenter Anlass für Konflikte sein, die in unterschiedlichem Geiste bewältigt werden können.

Hier wurde die Art und Weise, wie Konflikte in Lehrerkonferenzen bearbeitet werden, so beschrieben:[35]

Formen der Konfliktbewältigung: Konfliktbewältigung
Wenn sich in einer Konferenz unterschiedliche Meinungen bei wichtigen Fragen ergeben, dann:
- bauen sich immer dieselben Fronten auf,
- wird versucht, durch eingehende sachliche Diskussion Einigkeit zu erzielen,
- kommen in der Sachdiskussion viele persönliche Animositäten zum Vorschein.

Der soziale Umgang im Kollegium kristallisiert sich in emotionalen Nähe- bzw. Distanzempfindungen. Markanter Ausdruck dafür ist ein gegenseitiges Zuwendungs- oder Meidungsverhalten. Soziale Beziehungen werden auf das Nötigste, beruflich Unumgängliche reduziert oder es entfaltet sich rund um die Berufsaufgaben ein reiches soziales Leben, das auch in den privaten Bereich ausstrahlt. Folgendes Beschreibungsmuster sollte dies abbilden: „Emotionale Temperatur"

Beziehungsqualität im Kollegium
- Hier ist es üblich, dass die Lehrer sofort nach dem Unterricht nach Hause gehen.
- Neue Kollegen haben es hier schwer, von anderen akzeptiert zu werden.
- Viele Lehrer treffen sich auch außerhalb des Unterrichts und in der Freizeit.

Das Zusammenwirken von Lehrpersonen hat vom Schulauftrag her eine Zielperspektive: es soll der bestmöglichen „Menschenbildung" dienen. Damit ist auch eine Erziehungs- und Regulierungsaufgabe verbunden, die unterschiedlich gut und konsequent wahrgenommen werden kann. In den letzten Jahrzehnten ist   Verantwortungsbewusstsein

---

35   An dieser und an allen folgenden Stellen werden jeweils Beispielitems angeführt.

immer wieder kritisiert worden, dass sich Lehrpersonen heute eher „zurücknehmen" und vor Regulierungen zurückschrecken. Die Scheu, Autorität zu verkörpern und zu nutzen, kann sich bis in den Verzicht auf Führung und Verantwortung steigern. Ob eine solche fatale Entwicklung vermieden ist, kommt im pädagogischen Verantwortungsbewusstsein eines Kollegiums zu Ausdruck.

Wie ernst nehmen Kollegien den Erziehungsauftrag, und mit welcher Haltung begegnen sie den Schülern? Dies ist eine Kernthematik in der Beschreibung der Schulkultur. In der dezidierten Ablehnung der folgenden Beschreibungen von Gleichgültigkeit käme dies markant zum Vorschein.

Verantwortungsverlust auf Schulebene
- Die meisten Lehrer beschränken sich hier auf den eigenen Unterricht, die Schule insgesamt kümmert sie wenig.
- Man hat hier oft das Gefühl, an dieser Schule fühlt sich niemand für etwas verantwortlich.
- An unserer Schule geht häufig alles drunter und drüber.
- Vielen Lehrern scheint es egal zu sein, wie sich die Schüler in der Schule verhalten.

Welche dieser Aussagen der Lehrerschaft sind nun in guten und belasteten Schulen besonders aussagekräftig? Beispielhaft soll dies hier wieder, wie in Abb. 3.5 sichtbar, für Kooperation und die Beziehungsqualität im Kollegium festgehalten werden.

Daraus geht überraschenderweise hervor, dass kooperatives Handeln unter Lehrern, gemeinsames Unterrichten und gegenseitige Hospitationen im Unterricht sowie Materialaustausch zwischen guten und schlechten Schulen wenig differenzieren. Nichtsdestoweniger sind gerade gegenseitige Unterrichtsbesuche in guten Schulen wesentlich häufiger (33 % Zustimmung) als in Schulen mit schlechtem Klima (13 % Zustimmung).

Die am stärksten differenzierenden Einschätzungen sind dann diejenigen, die die Kollegialität betreffen. Besonders deutlich differenziert schon die Feststellung „Hier ist es üblich, dass Lehrer sofort nach dem Unterricht nach Hause gehen" (41 % in guten Schulen und 74 % Zustimmung in schlechten Schulen). Es folgen Aussagen, die alle die Häufigkeit privaten Treffens und privater Hilfe ansprechen. Die Erweiterung der Kontakte über die beruflichen Aufgaben hinaus ist offensichtlich ein strategischer Indikator für funktionierende Kollegien. Auf diesem Boden gedeiht dann auch der fachliche Kontakt, wobei die fachliche Diskussion von neuer Literatur und neuen Lehrmitteln (89 % zu 54 %) besonders wichtig zu sein scheint. Sie verweist nicht nur auf eine gute emotionale Beziehung, sondern auch auf Offenheit und Lernbereitschaft. Gute soziale Beziehungen beeinträchtigen damit die Ausrichtung auf möglichst gute fachliche Arbeit nicht, sie fördern sie vielmehr.

Prozentwerte Zustimmung (stimmt genau und eher richtig als falsch, N = ca. 170	Gute Schulen	Schlechte Schulen
wenig differenzierend:		
Manchmal legen Kollegen freiwillig ihre Klassen zusammen und unterrichten gemeinsam.	16	9
In den letzten Monaten habe ich mindestens einmal mit einem Kollegen Unterricht durchgeführt.	15	16
An meiner Schule kommt es auch außerhalb der Referendarausbildung vor, dass sich Kollegen gegenseitig im Unterricht besuchen.	33	13
Einige Lehrer vermeiden es, sich im Lehrerzimmer aufzuhalten.	27	40
In den letzten drei Monaten habe ich mehrfach mit Kollegen Unterrichtsentwürfe und Materialien ausgetauscht.	67	55
In den letzten sechs Monaten habe ich in keinem einzigen Fall eine Unterrichtsstunde mit einem Kollegen vorbereitet.	34	43
stark differenzierend:		
Hier ist es üblich, dass die Lehrer sofort nach dem Unterricht nach Hause gehen.	41	74
Lehrer helfen sich hier auch privat aus, wenn sie in Schwierigkeiten sind.	78	53
Im Kollegium herrscht ein gutes soziales Klima.	78	42
An dieser Schule kümmert man sich aktiv um die Einführung neuer Kollegen.	67	27
Viele Lehrer treffen sich auch außerhalb des Unterrichts und in der Freizeit.	87	54
Von Kollegen habe ich in den letzten drei Monaten keinen einzigen Hinweis auf Fachliteratur erhalten.	13	33
Bei Veranstaltungen der Schule außerhalb des Unterrichts beteiligen sich viele Kollegen.	51	16
Die Anschaffung der Lehrbücher wird hier zwischen den Fachkollegen eingehend diskutiert.	89	54

Abb. 3.5 : Kooperation und Integration im Lehrerkollegium in „guten" und „schlechten" Schulen

Besonders problematisch sind die Aufgabe von pädagogischer Verantwortung und das Gefühl der Ohnmacht. Abb. 3.6 macht dies deutlich. Dass gerade das Item „Die meisten Lehrer beschränken sich hier auf den eigenen Unterricht. Die Schule insgesamt kümmert sie wenig" am stärksten zwischen guten und problematischen Schulen differenziert, verweist auch auf die Bedeutung der Handlungsebene „Schule".

stark differenzierende Aussagen:	Gute Schulen	Schlechte Schulen
Man hat hier oft das Gefühl, an der Schule fühlt sich niemand für etwas verantwortlich.	12	46
An unserer Schule geht häufig alles drunter und drüber.	3	33
Die meisten Lehrer haben sich damit abgefunden, dass man an dieser Schule unter die Schüler keine Ordnung bringt.	3	36
Die meisten Lehrer beschränken sich hier auf den eigenen Unterricht. Die Schule insgesamt kümmert sie wenig.	20	60

Abb. 3.6: Verantwortungsverlust auf Schulebene

Deutlicher könnten die Unterschiede zwischen funktionalen und dysfunktionalen Kollegien kaum zutage treten. Jene Aussagen, die einen *kollektiven Verantwortungsverlust* indizieren, differenzieren am stärksten zwischen guten und schlechten Schulen. Offensichtlich wird das Verhältnis von angestrebten Zielen und vorhandenen Ressourcen der Zielerreichung als so diskrepant eingeschätzt, dass Kontrollverlust eintritt und Ohnmachtsgefühle überhand nehmen („Die meisten Lehrer haben sich damit abgefunden, dass man an dieser Schule unter die Schüler keine Ordnung bringt").

3.3.1.3 Die Gestaltung des pädagogischen Auftrages auf Schulebene

Ein Kollegium muss nicht in erster Linie mit sich selber gut zurecht kommen. Ihr Auftrag richtet sich auf Bildung und Erziehung im Umgang mit Schülerinnen und Schülern. *Wie ein Kollegium mit den Schülerinnen und Schülern umgeht*, sollte daher im Mittelpunkt stehen.

Als Akteure der Gestaltung des pädagogischen Lebens vor Ort kommen Lehrer nicht an der Ausrichtung an Zielen vorbei. Ohne Leitbild – und sei dies auch nur implizit –, in welche Richtung sich das Zusammenleben, aber auch jeder Einzelne sich entwickeln soll, ist eine pädagogische Gestaltung undenkbar. Die Ausrichtung am *Wünschenswerten* ist die Grundlage eines wertgeleiteten Umgangs mit Kindern und Jugendlichen.

3.3.1.3.1 Schule als Wertegemeinschaft

Der Wertekontext in einer Schule

Welche Werte die Akteure einer Schule leiten, kommt bei Aussagen zum Vorschein, die sich darauf richten, was den Kollegen „an dieser Schule" wichtig ist. Vorzugsweise richtet sich dies auf die Betonung von Leistung, von Disziplin und Anstand, von Selbstständigkeit und Selbstverantwortlichkeit. Leistungserwartungen gehören zum Kernbestand der schulischen Kultur. Ihre Bedeutung kann jedoch sehr unterschiedlich gesehen und akzentuiert werden. Leistung kann im Zentrum stehen, den Stolz einer Schule ausmachen. Leistungserwartungen können aber auch zur Disziplinierung und zur sozialen Distinktion mehr oder weniger „wertvoller" Schüler genutzt werden. In folgender Aussage können die Schulakteure darauf Bezug nehmen:

Leistungserwartungen:
- An dieser Schule wird viel von den Schülern verlangt.

Dass in der Schule nicht alle Schülerinnen und Schüler gleich gut sind und gleich viel leisten können, ist jedem klar, der Kinder- und Jugendliche gleichen Alters unterrichtet. Gute Leistungen sind nun nicht nur eine Belohnung für die Schüler. Auch Lehrpersonen werden von jenen „belohnt", die etwas gut können. Dies ist für sie eine Spiegelung, dass sie etwas gut beigebracht haben und gute Lehrer sind. Wer etwas nicht oder nur schlecht kann, der ist auch für Lehrpersonen eine potentielle Bedrohung, zumindest eine Enttäuschung. Diese „natürlichen" Emotionen dürfen eine Lehrperson nicht leiten. Sie muss lernen, mit Heterogenität professionell umzugehen. In welch produktiver Weise dies an einer Schule dem Kollegium gelingt, dürfte das pädagogische Klima wesentlich prägen. Der Umgang mit schwächeren Schülern wird damit zum Lackmustest für die pädagogische Haltung von Lehrpersonen. Er ist hier in Reaktionen des Kollegiums schwachen Schülern gegenüber erfasst:

Förderungshaltung auch schwachen Schülern gegenüber: Umgang mit
- Hier wird viel darüber gesprochen, wie man Problemfällen unter den Schülern helfen könnte.   Heterogenität
- An dieser Schule zählen nur die Schulleistungen der besten Schüler.
- Wer nicht mitkommt, wird an dieser Schule links liegengelassen.
- Viele Lehrer hier scheinen zu glauben, bestimmten Schülern könne man wenig beibringen.
- Viele Lehrer hier empfinden die schwächeren Schüler nur als Last.

3.3.1.3.2 Regulationskulturen in Schulen

Leistungserbringung erfolgt in Schulen immer im Umfeld einer unterschiedlich ruhigen und konzentrierten Arbeitsatmosphäre. Sie herzustellen ist heute nicht immer leicht. Das schwierige, in allen Erziehungseinrichtungen virulente Verhältnis von *Freiheitsgewährung* und von *Regulationserfordernis* kristallisiert sich in kollegiumsspezifischen Balancen von Disziplin und Selbstverantwortung.

Die Bedeutung, die *Disziplinfragen* im Kollegium zugeschrieben wird, kommt in folgenden Aussagen zum Ausdruck.

Disziplinforderungen: Regulierungsformen
- Hier achten die Kollegen darauf, dass keine Unordnung im Schulhaus entsteht.
- Auf Fragen der Disziplin wird an dieser Schule sehr wenig Wert gelegt.

Der tägliche Umgang der Lehrerschaft mit der jungen Generation kann vom Ziel geleitet sein, in ihnen zunehmend *Selbstverantwortung* und Eigenständigkeit zu entwickeln. Andere meinen, sie müsse erst mal gehorchen lernen. In diesem Spannungsverhältnis stehen Schulen alltäglich.

Freiheit und Verantwortung

Das kompensatorische Verhältnis von *Selbstverantwortlichkeit und verantwortlichem Freiheitsgebrauch* ist ein wichtiger Subtext, der die Wahrnehmungen der Lehrpersonen, „was an dieser Schule üblich ist", begleitet.

Selbstverantwortlichkeit:
- Die meisten Lehrer hätten es hier am liebsten, wenn ihre Anordnungen von Schülern widerspruchslos ausgeführt würden.
- Viele Kollegen achten auf die Meinungen der Schüler auch dann, wenn diese nicht in jeder Hinsicht ausgegoren sind.

Auf Augenhöhe

Der Vertrauensvorschuss an Selbstverantwortung und die Bereitschaft zu gleichberechtigten, sachlichen Argumentationen bestimmen das pädagogische Regulationsmilieu einer Schule. Es kommt in Wahrnehmungen wie den folgenden zum Ausdruck:

Mündigkeitserwartungen:
- Die Kollegen ermuntern die Schüler häufig, die eigenen Gedanken zu äußern, auch wenn sie falsch sein könnten.
- Die meisten Lehrer hätten es hier am liebsten, wenn ihre Anordnungen von den Schülern widerspruchslos ausgeführt würden.

Beziehungspflege

3.3.1.3.3 Beziehungskulturen in Schulen
Die konkrete Schule ist jener Ort, an dem sich die beiden Gruppen, Lehrpersonen und Schülerschaften erstmals direkt gegenüberstehen. Sie ist damit der kollektive pädagogische Ernstfall. Diese Begegnungen sind von oft widersprüchlichen Erwartungen geprägt, die viele Emotionen hervorrufen können. In pädagogischer Hinsicht ist jeder Schüler einmalig und kann eine individuelle Behandlung und Rücksichtnahme erwarten. Andererseits ist die Schule jener Ort, an dem die Gleichbehandlung aller Schüler institutionell realisiert ist. Wie orientieren sich nun Kollegien im Konflikt zwischen individueller Zuwendung und kritischer, an der Gleichbehandlung ausgerichteter Distanz? Mit welcher *Achtung* und welchem *persönlichen Engagement* begegnet in den Augen einer Lehrerschaft die Schule den Schülerinnen und Schülern? Wie sie dies tut, gehört dabei zum Kern des *pädagogischen Selbstverständnisses des Kollegiums*:

- Viele Lehrer bemühen sich hier, Schüler auch persönlich kennenzulernen.
- Ich habe hier schon häufig erlebt, dass Schüler lächerlich gemacht werden.

Die stützende oder abwehrende Haltung der Lehrpersonen gegenüber Schülerinnen und Schülern kommt häufig ungeschützt in der Art und Weise zum Ausdruck, wie über Schüler im Lehrerzimmer geredet wird. Herrscht an einer Schule ein abschätziger Ton beim Reden über Schülerinnen und Schüler, dann dürfte dies ein wichtiger Indikator für ein belastetes Lehrer-Schüler-Verhältnis sein.

Welche Wertorientierungen, Regulationsformen und Beziehungskulturen charakterisieren nun gute und belastete Schulen am stärksten? Welche Wahrnehmungen der Schule durch das Kollegium sind besonders aufschlussreich? Abb. 3.7 hilft, dieser Frage nahe zu kommen.

Pädagogische Kulturen

Prozentwerte Zustimmung (stimmt genau und eher richtig als falsch, N = ca. 170)	Gute Schulen	Schlechte Schulen
wenig differenzierend:		
An dieser Schule neigen viele Lehrer dazu, von den Schülern alles zu fordern, was sie leisten können.	29	19
Ruhe und Ordnung sind hier den meisten Lehrern sehr wichtig.	44	46
Auf Fragen der Disziplin wird an dieser Schule wenig Wert gelegt.	14	14
An dieser Schule glauben viele, dass ein Lehrer, der viele gute Noten gibt, von den Schülern zuwenig verlangt.	34	48
Viele Kollegen sprechen oft vom hohen Leistungsstandard dieser Schule.	15	4
Niemand unternimmt hier etwas, wenn es in der Schule und im Pausenhof etwas unordentlich aussieht.	17	29
Die meisten Lehrer hier erwarten, dass sie von den Schülern ordentlich gegrüßt werden.	25	11
stark differenzierend:		
Viele Kollegen achten die Meinungen der Schüler auch dann, wenn diese nicht ganz ausgegoren sind.	70	43
Die meisten Lehrer hätten es hier am liebsten, wenn ihre Anordnungen von den Schülern widerspruchslos ausgeführt würden.	17	51
An dieser Schule werden noch häufig Strafarbeiten aufgegeben.	14	37
Es kommt hier sehr selten vor, dass Schüler angeschrien werden.	45	15
Im allgemeinen herrscht hier ein freundlicher Umgangston zwischen Lehrern und Schülern.	80	56
Ich habe hier schon häufig erlebt, dass Schüler lächerlich gemacht werden.	4	23
Die Lehrer gehen an dieser Schule häufig auf Vorschläge der Schüler ein.	67	24
In Lehrergesprächen werden häufig abfällige Bemerkungen über einzelne Schüler gemacht.	10	54
Viele Lehrer hier scheinen zu glauben, bestimmten Schülern könne man wenig beibringen.	21	63

Abb. 3.7: Von Lehrern eingeschätzter Umgang mit den Schülern in „guten" und „schlechten" Schulen

Bei einer Inspektion der am stärksten und am schwächsten differenzierenden Aussagen zum pädagogischen Umgang des Kollegiums mit der Schülerschaft fällt zu unserer großen Überraschung auf, dass Disziplin- und Leistungsansprüche gute und schlechte Schulen am wenigsten unterscheiden. Sie werden überall als wichtig wahrgenommen. Einige Akzente sind aber unübersehbar. In guten Kollegien sind die Lehrerinnen und Lehrer daran orientiert, von den Schülern das bestmögliche „herauszuholen". Sie geizen aber nicht mit guten Noten. In eher „mühsamen" Kollegien gelten viele gute Noten dagegen eher als Zeichen der Schwäche der Lehrpersonen, als Zeichen, nicht viel zu verlangen.

Die Hauptakzente liegen jedoch woanders. In belasteten Schulen werden keine ernsthaften Lerninteressen der Schüler mehr gesehen, beginnt man die Schüler abzuwerten, ihre Beiträge nicht mehr ernst zu nehmen, sie zynisch und sarkastisch zu behandeln und ein Machtspiel zu exerzieren. Der gegenseitige Respekt, Vertrauen und eine tragfähige emotionale Beziehung sind hier beeinträchtigt.

Umgekehrt herrscht in guten Schulen ein freundlicher Umgangston, die Lehrpersonen gehen auf Vorschläge der Schülerinnen und Schüler häufig ein, achten auch deren nicht immer perfekte Meinung und sehen überhaupt nicht, dass sich Kolleginnen und Kollegen disziplinlosem und asozialem Verhalten von Schülern gegenüber nicht verantwortlich fühlen.

Abwertende Einstellung der Lehrerschaft zu den Schülern kommen darin zum Ausdruck, dass häufig abfällige Bemerkungen über einzelne Schüler gemacht werden, dass viele Lehrpersonen zu glauben scheinen, bestimmten Schülern könne man wenig beibringen usw. Auch das „Lächerlichmachen" von Schülern differenziert sehr stark zwischen guten und schlechten Schulen. Es scheint also so zu sein, dass der Umgangston, in dem zwischen Tür und Angel über Schüler gesprochen wird, sehr indikativ für die pädagogische Kultur der Schule ist. Wenn keine *professionelle Sorgehaltung* („caring") besteht, Probleme eher aggressiv-restriktiv beantwortet oder resignativ abgewehrt werden, dann können sehr problematische pädagogische Haltungen in Kollegien entstehen.

Kulturen der Wertschätzung bedürfen zu ihrer Pflege der institutionellen „Gefäße". Sie entstehen erst in längeren und dauerhaften Beziehungen und in Kommunikationskontexten, die die Wahrnehmung der anderen, die Artikulation von deren Perspektive und Anliegen zum Ausdruck kommen lassen. Riten und Routinen, regelmäßige Treffpunkte und Treffzeiten müssen sie stützen.

3.3.1.4 Das Leben in der Schule

Schulleben

Schule ist ein Lebens- und Erfahrungsraum, in dem die Heranwachsenden einen Großteil ihrer Kindheit und Jugendzeit verbringen. Was hier tagtäglich oder bei Feiern und Festen geschieht, kann die Qualität und den Anregungsreichtum des kindlichen und jugendlichen Daseins wesentlich bestimmen. Dies wusste schon die Reformpädagogik und hat der sorgfältigen Gestaltung des schulischen Lebens über den Unterricht hinaus große Aufmerksamkeit geschenkt. Zudem sind Ereignisse und Aktivitäten in einer Schule die sichtbaren Träger des pädagogischen Engagements. Ohne solche „Materialisierungen" blüht der pädagogische Geist nur im Verborgenen und gerät in Gefahr, wirkungslos zu bleiben.

Auf diesem Hintergrund gehört zur Wahrnehmung der Schule in den Augen des Kollegiums die Auskunft über das *Schulleben* im Sinne der außerunterrichtlichen Aktivitäten. Dazu wurden die verschiedensten möglichen Aktivitäten an einer Schule, was Feste, Konzerte und Vorführungen, Tanzveranstaltungen, Diskussionen usw. angeht, gesammelt und dem Kollegium zur Einschätzung vorgelegt. Sie sind in der Abb. 3.8 enthalten und nach ihrem Differenzierungspotential zwischen guten und schlechten Schulen gereiht.

Prozentwerte Zustimmung (stimmt genau und eher richtig als falsch, N = ca. 170)	Gute Schulen	Schlechte Schulen
Lokalpolitische Ereignisse werden im Unterricht oft mit Engagement diskutiert.	32	28
Lehrer und Schüler opfern viele Freistunden, um in eigener Arbeit Klassenräume und Schule bunter und wohnlicher zu gestalten.	20	15
Viele Lehrer geben sich große Mühe, den Unterricht durch Exkursionen, Betriebsbesichtigungen und dergleichen aufzulockern und lebensnah zu gestalten.	56	41
Verschiedene Sportmannschaften der Schule beteiligen sich häufig an Wettkämpfen und Turnieren mit anderen Schülern und Mannschaften.	69	50
Für viele Lehrer dieser Schule sind Klassenfahrten und Schulfeste nur ein notwendiges Übel, das man eben hinter sich zu bringen hat.	9	44
Eine Reihe von Eltern arbeitet hier aktiv an den Belangen und Problemen der Schule mit.	69	25
Theatergruppen von Schülern finden an dieser Schule großes Interesse.	60	23
Viele Schüler halten sich gerne auch dann in der Schule auf, wenn sie gerade unterrichtsfrei haben.	62	13
Alles, was an dieser Schule außerhalb des Unterrichts angeboten wird, findet bei den Schülern wenig Unterstützung und Interesse.	5	31
Die Schule bietet den Schülern eine Menge Möglichkeiten, sich auch außerplanmäßig (in Sport-, Hobby oder Arbeitsgruppen) zu betätigen.	71	17
Tanzveranstaltungen und ähnliches kommen in dieser Schule ziemlich selten vor.	30	80

Abb. 3.8: Schulleben in „guten" und „schlechten" Schulen

Wie die Abbildung 3.8 zeigt, bieten gute Schulen außerunterrichtlich den Schülern sehr viel (71% vs. 17%). Es geht jedoch nicht nur um äußere Betriebsamkeit, sondern auch um Haltungen. So überwiegt in belasteten Schulen eine ausgesprochen *negative Einstellung* zu außerunterrichtlichen Veranstaltungen. Klassenfahrten und Klassenfeste werden als notwendiges Übel betrachtet (44 % zu 9 %). Außerschulische Angebote finden wenig Unterstützung und Interesse (31 % zu 5 %). Die *emotionale Beteiligung* differenziert also besonders stark, nicht so sehr die bloße Häufigkeit eines Ereignisses. Dabei sind interessanterweise solche *musischer Art* indikativer für die Qualität des Schullebens als solche sportlicher oder politischer Natur. Aktive Elternarbeit gehört erwartungsgemäß zu einem stark unterschiedsträchtigen Merkmal guter und belasteter Schulen (69% vs. 25%).

Wenn man Schulen an diesem „Beschreibungsleitfaden" misst, dann entstehen farbige Bilder von liebens- und lebenswerten schulischen Kontexten, aber auch von missmutigen, von langweiligen, von konfliktgeladenen Lebensräumen. Schulprofile auf der Grundlage der obigen Dimensionen können Hinweise auf eine schlechte Stimmung, auf ein gutes oder miserables Klima sein. Diese „Stimmung" ist dann für sich ein wichtiger Teil der Qualität des Lebensraumes Schule.

Lehrer erleben die Schule positiv

Ein reichhaltiges *Schulleben* verweist offensichtlich auf ein hohes Engagement des Kollegiums. Vielfache Begegnungen außerhalb von Unterricht resultieren aus der bzw. bereichern die soziale Integration des Kollegiums und die Kooperationsbereitschaft. Sie vergrößern aber auch die Chancen einer schülerzugewandten pädagogischen Haltung.

3.3.1.5 Die Schule als Hort des rechtsgeschützten Raumes, der Übersichtlichkeit und Ordnung

Sich in der Schule aufgehoben und angenommen zu fühlen setzt fundamental voraus, dass alle das Gefühl haben, in ihren Rechten geschützt zu sein: frei zu sein von Mobbing, frei von Ungerechtigkeit, frei von Angriffen und Übergriffen. Das stellt sich nicht von selbst her. Es muss vielmehr Tag für Tag und Ereignis für Ereignis immer wieder erkämpft werden. Schülerinnen und Schüler dürfen nicht das Gefühl bekommen, im Untergrund unbemerkt gegen andere vorgehen zu können, den andern folgenlos weh tun zu dürfen. Die obigen Gestalten pädagogischer Zuwendung münden im gelingenden Fall in einen Raum der Fürsorglichkeit, des Wohlwollens und der Sicherheit.

Er setzt aber auch voraus, dass in Schulen alle Spuren der Vernachlässigung, des Vandalismus und des unsorgsamen Umgangs mit dem öffentlichen Eigentum und dem Eigentum anderer bekämpft werden. Übersichtlichkeit und Ordnung gewinnen hier eine sozial beruhigende Bedeutung.

Dies alles darf natürlich nicht in kindunangemessenem Perfektionismus zu einem permanenten Nörgeln und Strafen führen, sondern muss in gemeinschaftlich erarbeiteten Regeln festgehalten sein und zur Einübung von Selbstverantwortung durch Verantwortungsübernahme führen. Ohne Konsequenz und gelassenem Bestehen auf der Durchsetzung der für alle angenehmen Rahmung des wuseligen schulischen Geschehens wird die oben beschriebene Schulkultur nicht schulische Realität werden.

3.3.1.6 Die Antworten der Schülerschaft auf die vom Kollegium gestaltete Schule

Ausstrahlung der Stimmung im Kollegium auf die Schülerschaft?

An der Gestaltung der Schule als Handlungseinheit Interessierte würden vermutlich die Selbstbeschreibungen der Kollegien in guten und schlechten Schulen nur als ersten Schritt ansehen. Sie würden rasch die wichtigen Folgefragen stellen:
1. Haben die Kulturen im Lehrerkollegium eine „*Ausstrahlung*" auf die Schülerschaft oder bleiben sie kollegiumsinterne Phänomene, die nur das Wohlbefinden eines Kollegiums tangieren? Wenn dem so wäre und es keine pädagogischen Folgen bei den Schülern gäbe, dann wäre auch ihr Stellenwert ein anderer. Die kollegiale Kultur könnte dann vielleicht nur noch für die psychische Gesundheit und die Arbeitszufriedenheit von Lehrerinnen und Lehrern bedeutsam sein.
2. Neben der Frage der Korrespondenz von Schulkulturen in der Sicht der Kollegien und in der Sicht der Schülerschaft muss Pädagogen vor allem die Frage beschäftigen, ob pädagogische Kulturen in den Schulen auch zu *pädago-*

gischen Wirkungen führen, also für ein gedeihliches Aufwachsen von Kindern und Jugendlichen relevant sind.

Diesen Fragen hat sich die Konstanzer Schulforschung nicht verschlossen. Die Ergebnisse sind an anderer Stelle ausführlich dokumentiert (H. Fend, 1977; Fend, 1982, 1984; Fend, 2001b). Hier seien deshalb lediglich einige Hinweise zu den Ergebnissen gegeben.

Zur ersten Frage:

Positive Schulkulturen in der Sicht der Lehrer spiegeln sich auch in entsprechenden positiven Urteilen der Schülerschaft. Insbesondere die Distanz- und Nähegefühle (Vertrauen) zu den Lehrpersonen sind in guten und schlechten Schulen deutlich unterschiedlich. In guten Schulen empfinden die Jugendlichen mehr Freiräume und Beteiligungsmöglichkeiten. Sie empfinden sich nicht als straforientiert gegängelt und nehmen wahr, dass von ihnen Selbstverantwortung und Vernunft erwartet wird. Die Beziehungen zwischen Schülern und Lehrern werden nicht als anonym erlebt, sondern als persönlich und respektvoll. Auch der Tempodruck wird in guten Schulen als niedriger empfunden als in belasteten. Schüler nehmen wahr, dass sie selbstverantwortlich handeln sollen und in die Mitgestaltung schulischen Lebens einbezogen werden.

Das Kollegium und die Wahrnehmungen der Schüler

Auffallend ist ein zweites Ergebnis. Es kommt zum Vorschein, wenn wir überprüfen, ob sich ein gutes Lehrer-Schülerverhältnis auch in ein gutes Schüler-Schüler-Verhältnis fortpflanzt (Toleranz, Zusammenhalt, Leistungsorientierung und Wettbewerb). Überraschenderweise unterscheidet sich der Umgang der Schüler untereinander in guten und schlechten Schulen – letzterer definiert über die Wahrnehmungen des Kollegiums – nicht. Damit ist eine deutliche Grenze angezeigt. Gute Kollegien wirken nicht bis in die informellen Bereiche der Altersgruppe hinein. Dieses Ergebnis ist gleichermaßen betrüblich und lehrreich. Es desillusioniert insofern, als zutage tritt, dass gute Beziehungen im Lehrer-Schüler-Verhältnis nicht automatisch zu einem Transfer auf die Beziehungen der Schülerschaft untereinander führen. Es verweist damit darauf, dass es eigener und gezielter Anstrengungen bedarf, um zu einem respektvollen und positiven Umgang der Schülerinnen und Schüler untereinander zu erziehen.

Zur zweiten Frage, die nach den pädagogischen *Wirkungen* des *von Lehrpersonen wahrgenommen Kontextes* guter und belasteter Schulen sucht, erhält durch die Analysen der Konstanzer Schulforschung folgende Antwort: Bei mehreren Merkmalsbereichen zeigen sich deutliche Unterschiede im Schülerverhalten zwischen guten und belasteten Schulen.

Die Spuren guter Schulen aus der Sicht der Kollegien im Verhalten und Erleben von Schülern

Am sichtbarsten sind die Unterschiede in der *Respektlosigkeit* gegenüber Lehrern, *Aggressionen* gegenüber Mitschülern, in *Vandalismus* gegen Sachen. Im engeren Sinne undiszipliniertes Verhalten, wie Unruhe im Unterricht, reduzierte *Unterrichtsteilnahme* und *Verstöße gegen Unterrichtsregeln,* ist in guten vs. belasteten Schulen ebenfalls erwartungsgemäß ausgeprägt, aber nicht so extrem wie das soziale Verhalten. In guten Schulen geht es also deutlich „gesitteter", anständiger und vernünftiger zu. Der Respekt, der Schülern entgegengebracht wird, und die Erwartungen an vernünftiges Verhalten sowie sozialer Rücksichtnahme werden auch entsprechend beantwortet.

Schüler fühlen sich in guten Schulen stärker angenommen. Dies kommt in der *empfundenen Akzeptanz durch Lehrpersonen* klar zum Ausdruck. Umgekehrt ist das Gefühl, dass *eigene Anstrengung sinnlos* ist, in guten Schulen weit weniger ausgeprägt als in schlechten Schulen. Diese Differenzen kumulieren im Sachverhalt, dass die *Schulfreude* in guten Schulen deutlich höher ist. Auch die Selbstbilder der Schüler sind in guten Schulen positiver. Von der Schule angenommen zu werden und hier „zu Hause" zu sein, wirkt sich also auch positiv in der Beziehung der Schüler zu sich selber aus.

Die Lern- und Leistungsorientierungen, die *Lernmotivation und die Arbeitshaltungen* (Konzentrationsfähigkeit, Ehrgeiz, Pflichteifer, Leistungsangst) sind überraschenderweise in guten und schlechten Schulen nicht sehr unterschiedlich ausgeprägt. Die in den Konstanzer Studien erfassten Merkmale des Leistungsverhaltens und auch des Selbstbezuges sind von so vielen familiären und persönlichkeitsbedingten Quellen her gespeist, dass eine deutliche Abhängigkeit von Merkmalen der Qualität des schulischen Binnenlebens verwunderlich wäre. Zumindest müsste diese einen *langen Zeitraum* umfassen und „dichte" Erfahrungen zur Folge haben, die vor allem in Ganztagsschulen und Internatsschulen möglich sind.

Es zeigen sich also von den Folgewirkungen her sowohl pädagogische Chancen als auch offensichtliche Grenzen der Auswirkungen der Qualität von Schulen, wenn diese über die Kollegien gemessen wird. Gute Schulen wirken sich nicht gleichsinnig auf alle Prozesse produktiven Aufwachsens positiv aus. Ihre Stärken sind aber unübersehbar. Es ist offensichtlich nicht gleichgültig, wie gut die Führung einer Schule ist, wie kooperativ und integrativ sich das Kollegium organisiert und wie human und verantwortungsbewusst die Lehrerschaft den Schülern begegnet und ein reichhaltiges Schulleben gestaltet. Die hier über das Kollegium als gut oder belastet beschriebenen Schulen, deren Merkmale standardisiert, freiwillig und anonym erhoben wurden, haben sich als von hoher pädagogischer Aussagekraft erwiesen.

3.3.2 „Handlungsstarke" Schulen

Die theoretische Kernidee dazu, wie man die Gestaltung von Lehr- und Erziehungsprozessen in Schulen beschreiben könnte, bestand oben darin, sie als Orte zu verstehen, in denen Akteure verantwortlich handeln und den Schulauftrag angesichts externer und interner Rahmenbedingungen zu erfüllen bestrebt sind. Sie setzen damit den allgemeinen Bildungsauftrag um, sie – so haben wir gesagt – rekontextualisieren ihn auf die Arbeitsbedingungen in der Schule. Diese Perspektive wird in neueren Studien hervorgehoben, wenn aktive und passive Schulen angesichts belastender und begünstigender Rahmenbedingungen identifiziert werden. Damit kommt einmal zum Ausdruck, dass Schulen angesichts von lokalen Umständen handeln, die es ihnen mehr oder weniger leicht machen. Ein altsprachliches Gymnasium in einer Kleinstadt in Baden-Württemberg hat mit anderen Arbeitskontexten zu rechnen als eine Hauptschule in einem sozialen Brennpunkt in Berlin. Beide Schulen können aber angesichts der gegebenen Umstände unterschiedlich aktiv sein und ein unterschiedlich gutes Angebot machen.

In der PISA-Studie 2003 wird dieser handlungstheoretischen und akteurtheoretischen Konzeption der Einzelschule ebenfalls gefolgt. Prenzel und Senkbeil (2004) gehen davon aus, dass Schulen als Akteure angesichts gegebener Umstände handeln. So können sich Schulen ihre Schüler nicht immer aussuchen. Auch die Rahmenbedingungen und Ressourcen sind oft nicht rasch und direkt veränderbar. So müssen Schulen akzeptieren, dass sie es mit einer bestimmten, möglicherweise sozial belasteten Schülerschaft zu tun haben, und aus den Arbeitsbedingungen das Beste machen. Sie müssen sich ihnen, wenn alles gut gehen soll, mit aller Kraft widmen und die bestehenden Handlungsspielräume optimieren, um so zu gut lebbaren und pädagogisch verantwortbaren Schulverhältnissen zu kommen.

Die Bedeutung der Einzelschule bei PISA

Schulforschung in der handlungstheoretischen Wende

Diese fruchtbare handlungstheoretische Wende führte in der PISA-Studie zu einer wichtigen Reformulierung von guten und schlechten Schulen, indem die Rahmenbedingungen und die Umgangsformen mit ihnen in den Mittelpunkt gestellt wurden. Wie ist dies geschehen?

Rahmenbedingungen

In einem ersten Schritt wurden die Schulleiter in ca. 1.400 Schulen nach den *Arbeitsbedingungen* an der Schule gefragt.
Zu den Belastungsfaktoren haben die Autoren die folgenden gezählt:
- mangelnde materielle Ausstattung,
- mangelnde personelle Ressourcen,
- Probleme mit dem Schülerverhalten (Störungen, Arbeitshaltung),
- Probleme des Lehrerverhaltens (Arbeitshaltung der Lehrkräfte),
- mangelnde Kooperation in der Lehrerschaft und
- Konflikte in den Zielsetzungen.

Wie ist die Arbeitssituation? Belastungsfaktoren

Beispiele für diese Belastungsindikatoren in Abb. 3.9 illustrieren die dahinter stehenden Probleme.

Merkmal	Beispielitem
Ausstattung Lehr-/Sachmittel	„Wird die Unterrichtsversorgung Ihrer Schule durch Mängel in der Laborausrüstung und -materialien für die naturwissenschaftlichen Fächer beeinträchtigt?"
Personelle Ressourcen	„Wird die Unterrichtsversorgung Ihrer Schule durch Mängel in der Verfügbarkeit von erfahrenen Lehrkräften beeinträchtigt?"
Schülerverhalten	„Wie sehr wird das Lernen in Ihrer Schule durch fehlenden Respekt der Schülerinnen und Schüler beeinträchtigt?"
Arbeitshaltung Schüler	„Die Schülerinnen und Schüler sind kooperativ und zeigen Respekt."
Lehrerverhalten	„Wie sehr wird das Lernen in Ihrer Schule durch ein schlechtes Lehrer-Schüler-Verhältnis beeinträchtigt?"
Arbeitshaltung Lehrkräfte	„Die Lehrkräfte arbeiten mit großem Engagement."
Gemeinsame Zielorientierungen der Lehrkräfte	„Es gibt häufig Meinungsverschiedenheiten zwischen Mathematiklehrkräften, die sich gegenseitig für *zu anspruchsvoll* oder *zu nachlässig* halten."

Abb. 3.9: Wahrnehmung von Input- und Outputvariablen durch Schulleitungen
(Quelle: PISA-Konsortium Deutschland, 2005, S. 302)

Aktivitäten (Prozessmerkmale) – Nutzung von Handlungsspielräumen

Was kann man tun?

Was Schulen aus den Rahmenbedingungen machen, kann sehr unterschiedlich sein. Wie in Abb. 3.10 beispielhaft zusammengestellt, stehen ihnen viele neue Instrumente zur Verfügung, so ein Monitoring der Schülerleistungen, die pädagogische Nutzung von Evaluationsergebnissen, Verfahren der Selbstevaluation, inhaltliche und fachliche Kooperationen, eine Intensivierung der Elternbeteiligung, Schulprogramm-Entwicklungen, ein Monitoring der Schulprozesse, die Überprüfung der Zeitnutzung und die Planung eines förderliches Lernumfeldes.

Merkmal	Beispielitem
Standardisierte Tests	„Wie häufig werden in Ihrer Schule die Schülerinnen und Schüler durch standardisierte Tests beurteilt?"
Pädagogische Nutzung von Evaluationsergebnissen	„Werden an Ihrer Schule Informationen über die Leistungen der Schülerinnen und Schüler genutzt, um die Entwicklung des Leistungsniveaus der Schule von Jahr zu Jahr zu beobachten?"
Monitoring Schülerergebnisse	„Schülerleistungen und Lernfortschritte werden bei uns systematisch erfasst und dokumentiert."
Selbstevaluative Maßnahmen	„Die Ergebnisse der schulischen Arbeit werden im Rahmen einer Selbstevaluation kontinuierlich von der Schulleitung und dem gesamten Kollegium überprüft."
Inhaltliche und fachliche Kooperation der Lehrkräfte	„Inwieweit kooperieren die Lehrerinnen und Lehrer Ihrer Schule hinsichtlich der gemeinsamen Durchführung von Unterrichtsstunden?"
Elternbeteiligung	„An unserer Schule sind Eltern in Bezug auf das Schulprogramm beteiligt."
Elterninformation	„Wir informieren die Eltern regelmäßig über die Lernfortschritte ihrer Kinder"
Vorhandensein eines schriftlichen Schulprogramms	„An unserer Schule gibt es ein schriftliches Schulprogramm mit inhaltlichen Schwerpunkten und Umsetzungsvorhaben."
Anwesenheit der Schulleitung auf Fachkonferenzen	„Ich besuche alle Fachkonferenzen regelmäßig."
Effiziente Zeitnutzung an der Schule	„Ich lege Wert darauf, dass wir in unserer Schule so viel Unterrichtzeit wie möglich gewinnen."
Förderung eines ordentlichen Lernumfeldes	„Die Lehrerinnen und Lehrer sind über das Fehlen von Schülerinnen und Schülern informiert."

Abb. 3.10 : Prozessmerkmale der Schule aus der Sicht von Schulleitungen
(Quelle: PISA-Konsortium Deutschland, 2005, S. 303)

Schultypologien

Über eine Gruppierungs-Analyse (latent class analysis) wurde in einem zweiten Schritt nach Typologien von Schulen gesucht. In diese Analyse wurden sowohl die Arbeitsbedingungen (Belastungen) als auch die Aktivitäten einbezogen. Die Forscher hatten Glück: Es ergaben sich vier Typen, die einem handlungsorientierten Muster folgten. Sie sind in Tab. 3.1 wiedergegeben. Danach gibt es je nach dem Belastungsgrad deutlich unterscheidbare Schulen. Die einen arbeiten unter sehr günstigen Umständen, andere unter erschwerten. Schulen können darauf unterschiedlich reagieren: sehr aktiv oder eher resignativ hinnehmend. Am seltensten sind unbelastete Schulen, die dennoch sehr aktiv sind. Aktivität ist dort am höchsten, wo auch die Not am größten ist. Die lokale Umwelt und die Schülerschaften beeinflussen offensichtlich sehr stark, wie Kollegien reagieren.

Tab. 3.1: Verteilungen von Schulen in der Typologie von Schulen auf der Grundlage von Schulleiterinformationen
(Quelle: PISA-Konsortium Deutschland, 2005, S. 303 ff.)

	hoch aktiv	passiv
hoch belastet	32%	27%
unbelastet	15%	26%

Welche Merkmale unterscheiden nun besonders klar belastete und unbelastete, aktive und passive Schulen?

Bei einer Analyse der objektiven Daten (s. Abb. 3.11) zum Arbeitsumfeld fällt auf, dass der Belastungsgrad sich vor allem durch eine schwierige Schülerschaft nach *sozioökonomischem Hintergrund* ergibt. Aber auch die Ausstattung ist bei belasteten Schulen schlechter. Sie wird hier nicht kompensiert durch eine hohe Arbeitsmoral der Schülerschaft und Lehrerschaft. Wenn Schulen unter belastenden Umständen aktiv werden, dann haben sie vor allem gemeinsame Zielsetzungen und kooperieren intensiv. Gleichzeitig arbeiten sie intensiv mit den Eltern zusammen und nutzen alle Informationen, die ihnen Klarheit über die Situation an der Schule verschaffen. Die Schulleistungen der Schülerschaft werden dabei möglichst genau beobachtet.

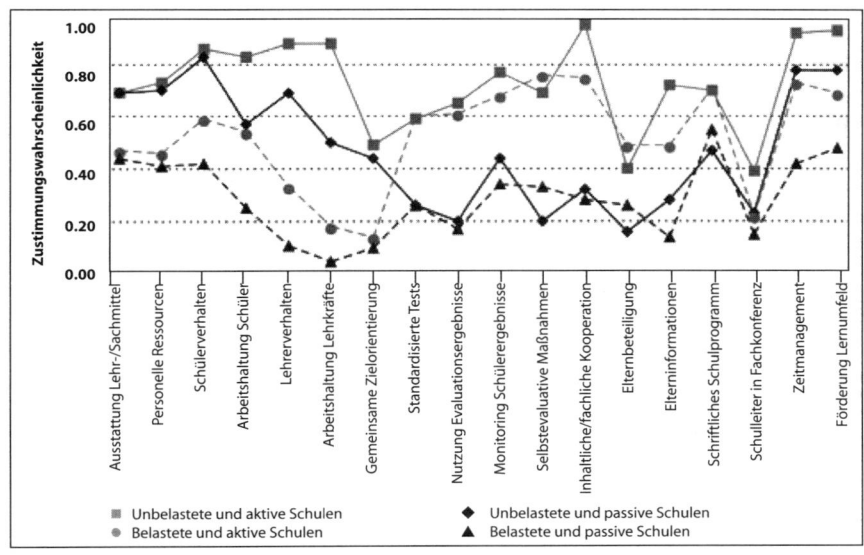

Abb. 3.11: Profile von Schultypen nach Belastung und Aktivität
(Quelle: PISA-Konsortium Deutschland, 2005, S. 304)

Wo finden sich nun aktiv/belastete oder passiv/unbelastete Schulen? Die große Stichprobe erlaubt, danach in verschiedenen Schulformen zu suchen. Einige Ergebnisse fallen dabei erwartungsgemäß aus: Realschulen und Gymnasien sind am wenigsten belastet, tun aber auch am wenigsten (32 bzw. 34% unbelastete und passive Schulen). Besonders belastet und aktiv sind Gesamtschulen (50%), belastet und passiv sind am häufigsten Hauptschulen (33%).

Wo Schule leicht oder schwer fällt

Ähnlich wie bei den Leistungen geht es auch in Bezug auf die Belastungen den südlichen Bundesländern besser als den nördlichen. Die Neuen Bundesländer wiederum sind besonders aktiv.

Referenzrahmen der Schulleitung und der Kollegien

Die obigen Typen ergaben sich, daran muss hier erinnert werden, aus den *Einschätzungen der Schulleiter und Schulleiterinnen,* die sicher ihre Sicht der Dinge haben. So stellt sich konsequent die Frage, ob die Kollegien ihre Schule ähnlich sehen und ob dies auch bei der Schülerschaft der Fall ist.

Bei den Lehrkräften ergibt sich eine unübersehbare Korrespondenz mit den Einschätzungen ihrer Leitung. Aktive Schulen haben ein besonders gutes Lehrer-Schüler-Verhältnis, eine gute Integration und Kooperation im Kollegium und ein gutes System der Nutzung von Informationen über die eigene Schule. Damit tritt deutlich in den Vordergrund, dass Handlungsspielräume unterschiedlich genutzt werden können.

Referenzrahmen der Schüler

Nachdem auf diese Weise ein plastisches Bild von unterschiedlich aktiven Schulen gewonnen werden konnte, interessiert die Folgefrage, ob und wie sich eine engagierte Gestaltung der Schule bei den Schülern niederschlägt. Da auch die Schülerschaft die Möglichkeit erhielt, differenziert die Lehrer ihrer Schule zu evaluieren, entstand eine einmalige Datenbasis, um Antworten auf diese Frage zu finden. Schüler konnten beurteilen, wie unterstützend die Lehrerschaft ist, wie vertrauensvoll sich das Schüler-Lehrer-Verhältnis gestaltet, wie zugehörig sie sich der Schule fühlen, wie positiv ihr Verhältnis zur Schule ist und wie diszipliniert es an der Schule zugeht.

Pädagogische Wirkungen

Das Ergebnismuster (s. Abb. 3.11) ist nun nicht so klar und eindeutig, wie es erhofft werden konnte. So ergeben sich zwischen aktiven und passiven, belasteten oder wenig belasteten Schulen kaum Unterschiede in der Einstellung zur Schule und den Zugehörigkeitsgefühlen.

- Unbelastete und aktive Schulen haben aber beim Schüler-Lehrer-Verhältnis, der Lehrerunterstützung und dem disziplinarischen Klima die besten Werte.
- Unbelastete und passive Schulen haben ein erstaunlich durchschnittliches Profil, sie ragen nirgends heraus, haben aber auch keine Probleme.
- Belastete und passive Schulen wiederum zeigen ein herausragendes charakteristisches Merkmal: Sie haben am meisten Disziplinprobleme. In der Einstellung zur Schule, im Zugehörigkeitsgefühl und in der Wahrnehmung von Unterstützung unterscheiden sie sich nicht von anderen Schulen. Möglicherweise ist die Messung von „Aktivität" über die Lehrerschaft vom Bezugsrahmen dieser Gruppe beeinflusst. Sie sehen die Probleme deutlich – und die Einschätzung von Disziplin durch die Schüler bestätigt dies – und meinen, viel mehr tun zu müssen. Doch die Schülerschaft nimmt deutlich wahr, dass man sich sehr um sie kümmert.
- Die belasteten und aktiven Schulen scheinen aber Erfolge zu haben: die Disziplin wird von der Schülerschaft positiver eingestuft, aber auch das Lehrer-Schüler-Verhältnis.

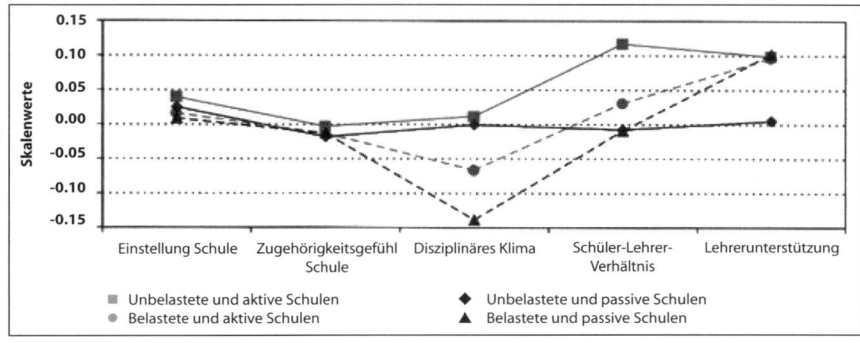

**Abb. 3.12: Schülerwahrnehmungen unterschiedlicher Schultypen
(Quelle: PISA-Konsortium Deutschland, 2005, S. 317)**

In der Summe ergibt sich hier ein gemischtes Bild. Einerseits lassen sich gut begründet Schulen nach dem Schwierigkeitsgrad von Handlungsbedingungen und der Aktivität, wie sie darauf reagieren, beschreiben. Die Perspektive der Schülerschaft weicht davon aber erstaunlich ab.

Damit ist zwar in einem ersten Schritt eine eindrucksvolle Deskription gelungen, aber die pädagogischen *Wirkungen* und auch die *Ursachen* unterschiedlicher Aktivität bleiben noch ungeklärt.

Die Konstanzer Schulstudien haben aber Hoffnung gemacht, dass das Bemühen der Akteure in der Schule sehr wohl wahrgenommen und besonders im sozialen Verhalten auch aufgenommen wird. Die Ergebnisse der PISA-Studie verstärken diese Einschätzung, dass Disziplin im Sinne der Regelakzeptanz, dass Aggressivität, ein vertrauensvoller und respektvoller Umgang miteinander zu den herausragenden Phänomenen gehören, die auf Schulebene zu gestalten sind. Sie untermauern auch die Einschätzung, dass dies eine Gemeinschaftsaufgabe ist, bei der die einzelne Lehrperson den Rückhalt eines Kollegiums braucht.

Das Schlüsselphänomen: Disziplin und respektvoller Umgang

3.3.3 Die Problemlösungskompetenz von Schulen: Studien in Frankfurt und Zürich

Die PISA-Studie hat die Gestaltungsbemühungen der schulischen Akteure anhand der Dimension „aktiv-passiv" gruppiert und damit das Engagement in der Gestaltung der Handlungsspielräume und der Nutzung von (knappen) Ressourcen angesprochen.

Ein ähnliches Anliegen verfolgen die sich an die Arbeiten in Konstanz und Dortmund anlehnenden Forschungsprojekte am Deutschen Institut für Internationale Pädagogische Forschung (PEB: Pädagogischer Entwicklungs Bilanzen) und dem Pädagogischen Institut der Universität Zürich (Forschungsstelle für Schulentwicklung und Schulqualität), die sich mit der *Problemlösungskompetenz* einzelner Schulen beschäftigen. Die Ausrichtung auf Akteure, Instrumente und Ziele der Schulgestaltung tritt damit ebenfalls in den Vordergrund. Die Gestaltungsbemühungen werden aber feiner graduiert, wenn man *Stufen der Problem-*

Sich Problemen gewachsen erweisen

lösungskompetenz beschreibt. Schulen gelten nicht mehr nur als eher aktiv oder passiv, sondern ihr „Fortschritt" hin zu korporativen Akteuren wird stufenförmig entfaltet. Im Modell, das Abb. 3.13 illustriert, sind die Stufen der Problemlösungskompetenz am Kooperationsgrad in einer Schule festgemacht. Die unterste Stufe repräsentiert die Konzentration auf das Geschehen in der eigenen Klasse. Eine höhere Stufe ist erreicht, wenn Lehrpersonen mehrerer Klassen zusammenarbeiten. Auf der höchsten Stufe kommt die Kooperation im Gesamtsystem der Einzelschule hinzu. Hier wird die Schule zur Arbeitseinheit, in der gezielt professionelle Problemlösungen erarbeitet und realisiert werden. Sie können sich auf Personalentwicklung und Unterrichtsentwicklung, auf Selbstevaluation und Feedback-gestütztes Lernen beziehen.

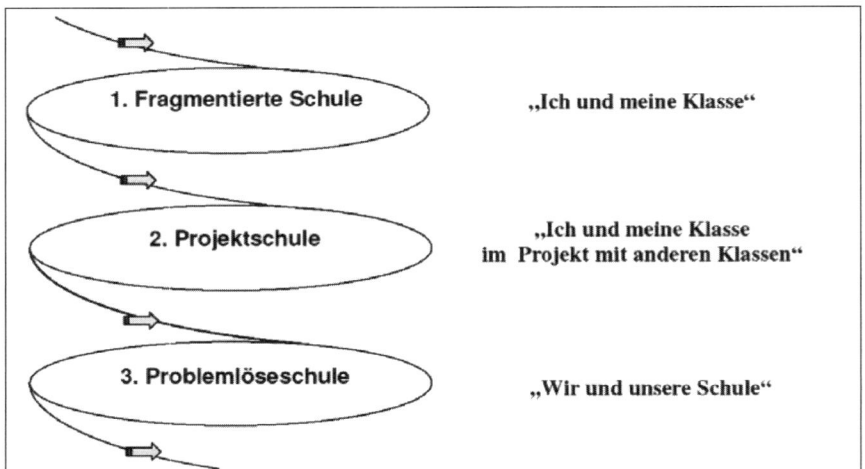

**Abb. 3.13: Niveau der Problemlösefähigkeit von Schulen
(Quelle: Halbheer & Kunz, 2004, S. 77)**

Diese Stufenfolge von Problemlösungskompetenzen der Schulen wurde in einem Projekt am Deutschen Institut für Internationale Pädagogische Forschung verfeinert und operationalisiert. Es werden jetzt vier Stufen unterschieden und auf die Handlungsfelder der Schule hin spezifiziert.

Die Autoren schildern diese Stufen so:

*„**Fragmentierte Schule:** hier handelt es sich um eine negative Definition, einem Anfangspunkt bezüglich Koordination, gemeinsamen Zielen, gegenseitiger Information, Öffnung der Schulzimmer, pädagogischer Innovation und Personalentwicklung.*
Differenzierte Schule: *Minimale Standards formaler Prozesse in der Schul-Organisation, bei gemeinsamen Zielen und dem Schulprogramm sind sichtbar. Personalentwicklung ist limitiert vorhanden und vollzieht sich in individueller, unkoordinierter Form.*

Koordinierte Schule: Es gilt alles oben Erwähnte. Darüber hinaus zeigt sich eine systematische Koordination von Information, Fach- & Sachthemen; Wertschätzung der Teamarbeit ist wichtig und es herrscht Konsens über Leitbild und Schul-Programm.
Interaktive Schule: Koordination und Kooperation vollzieht sich innerhalb eines Faches und in fachübergreifenden Absprachen, Informationsaustausch, Diskussionen über Probleme (z.B. Disziplinarschwierigkeiten an der Schule) und Unterricht. Personalentwicklung geschieht auf Schulebene (gemeinsame Weiterbildung, koordinierte individuelle Weiterbildung in Bezug auf die Schule).
Integrative Schule: Umfassende Koordination von Fach- & Sachthemen, Weiterentwicklung der Teamkooperation und Personalentwicklung, Erfahrungsaustausch über Lehrerfahrungen, Verbesserung der Lehr-Kompetenzen durch gegenseitige Anpassung/Koordination auf der Basis von kollegialen Hospitationen und Kooperation bilden an dieser Schule die Regel und stellen die oben erwähnte „Problemlöseschule" dar" (Halbheer & Kunz, 2004, S. 79 f.).

Damit sind die Stufen, in denen in einer Schule die Lehrpersonen „zusammenwachsen" können, in viele Facetten verfeinert. Kooperation ist somit ein Schlüsselmerkmal. Aber auch eine zielorientierte und faire Führung charakterisiert Schulen unterschiedlicher Problemlösungsfähigkeit. Gezielt ist sie dann, wenn sie auf pädagogischen Leitbildern und Programmen aufbaut und als fair wird sie dann empfunden, wenn sie die Betroffenen zu Wort kommen lässt, sie in Entscheidungen einbindet und nach transparenten Verfahren handelt.

Der große Vorzug des obigen Modells muss darin gesehen werden, dass von einem explizit handlungstheoretischen Modell ausgehend die Empirie der real existierenden Schulen erfasst wird. Die Autoren (Steinert & Klieme, 2003) können dazu auf die verschiedenen Inventare zur Messung der schulischen Kulturen (s. als Ausgangspunkt das Dortmunder Bildungsbarometer und Fend 1977) zurückgreifen. Sie ordnen dann die Selbstbeschreibungen der Schulen nach der jeweiligen Stufe der Problemlösekompetenz. Die erste Stufe, die „Fragmentierte Schule", wird dabei ausgelassen und nur Stufen „positiver Konstellationen" werden operationalisiert. Abb. 3.14 illustriert die positiven Strukturen, aber auch die Gegenbilder, die sich an Zustimmungen zu negativen Äußerungen festmachen, kommen plastisch zum Vorschein.

POSIITVES BILD	NEGATIVBILD
Level 1: DIFFERENZIERUNG	
Wir haben eine gute fachliche Zusammenarbeit. Die Koordination der Unterrichtsarbeit innerhalb der Jahrgangsstufen ist gut organisiert.	
Level 2: KOORDINATION	
Die Ergebnisse aus Arbeitsgruppen werden regelmäßig bekannt gegeben. Beim Entwurf des Stundenplanes werden Gelegenheiten zur Teamarbeit berücksichtigt.	- Im Kollegium gibt es Gruppen, die nur wenig miteinander zu tun haben wollen
Level 3: INTERAKTION	
Wir haben eine fächerübergreifende Zusammenarbeit, die sich an gemeinsamen Themen orientiert. Wir organisieren an unserer Schule Supervisionsgruppen.	- Die Zusammenarbeit im Kollegium orientiert sich fast ausschließlich an Fächern
Level 4: INTEGRATION	
Wir erarbeiten gemeinsame Strategien zur Bewältigung beruflicher Probleme. Die Absprache von Hausaufgaben ist ein selbstverständlicher Teil unserer Arbeit	

Abb. 3.14: Schulbeschreibungen nach Niveau der Problemlösung
(Quelle: Halbheer & Kunz, 2004, S. 116 f.)

Das Besondere der Beschreibung von Schulen, wie sie in Abb. 3.14 erscheint, muss darin gesehen werden, dass die Stufen empirisch mit Hilfe der Rasch-Skalierung getestet und oben nach „Schwierigkeitsgrad" angeordnet sind. Sie repräsentieren damit eine hierarchische Stufenfolge. Nach ihr beantwortet jemand, der einem „hochrangigem" Item zustimmt, auch alle „tiefer" liegenden positiv.

Mit diesen Konzepten und Instrumenten wurden in einem ersten Forschungsschritt Gymnasien in Deutschland und der Schweiz (Kanton Zürich) verglichen. Das Ergebnis ist, wie Abb. 3.15 dokumentiert, eindrucksvoll. Schweizer Gymnasien kooperieren deutlich mehr, ihre Problemlösungsfähigkeit ist entsprechend dramatisch höher.

- Fragmentierte Schulen wurden in der Schweiz nicht gefunden, in Hessen waren es 15%.
- Das Muster einer bereichsspezifischen Zusammenarbeit war das Normalmuster in Hessen (68%), in der Schweiz war dies die unterste Stufe in 13% der Schulen.
- Eine integrierte und interaktive Lehrerkooperation war in der Schweiz das Hauptmuster (63%), in Hessen erreichten nur 3% diese Stufe (s. Steinert et al., 2006, S. 198).

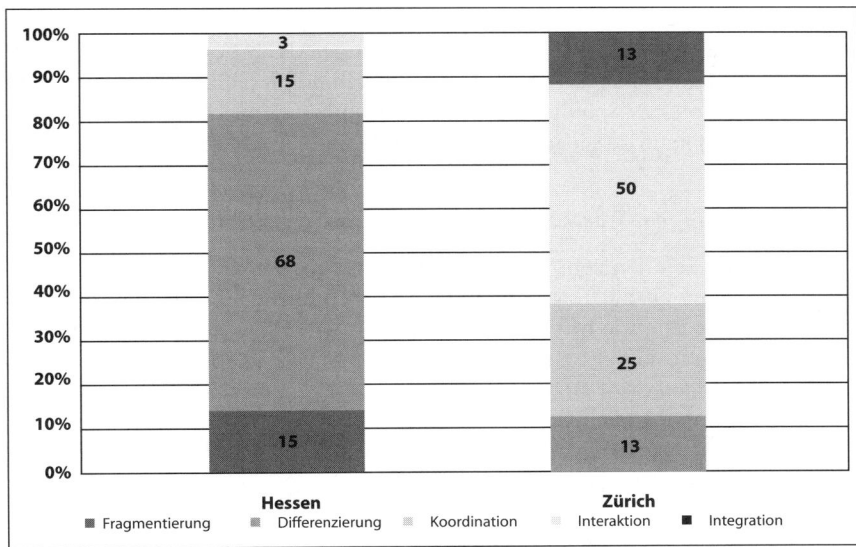

Abb. 3.15: Niveaustufen der Lehrerkooperation in Gymnasien in Hessen und im Kanton Zürich (Quelle: Steinert et al., 2006, S. 197)

So deutliche Unterschiede rufen nach Erklärungen. Warum wird in den Schweizer Gymnasien so viel mehr auf Schulebene getan und warum kooperieren hier Lehrpersonen so ungleich mehr? Die Autoren berufen sich zur Erklärung auf Makrovorgaben im Hessischen und Zürcher Bildungssystem, z.B. auf die unterschiedliche Schulaufsicht (s. auch Fend, 2005b). Diese ist in der Schweiz lokal geregelt, durch Schulaufsichtskommissionen für jede Schule. In Deutschland ist sie von der Schule weit entfernt, meist in nur sporadisch eingreifenden Behörden lokalisiert. Zudem sind die Zürcher Schulen seit 1999 zur Qualitätssicherung auf Schulebene (Feedback-Kultur und Selbstevaluation) verpflichtet, die Schulleitungen sind zur Förderung und Weiterbildung des Lehrpersonals aufgerufen und die Lehrkräfte zur Weiterbildung und Zusammenarbeit im Kollegium verpflichtet.

In der Schweizer Studie wurden über den Vergleich mit Deutschland hinaus detaillierte Fallanalysen der Zürcher Gymnasien durchgeführt. Die Schulen konnten dabei noch differenzierter nach Stufen der Kooperation unterschieden werden. Zu einem Kernelement kristallisierte sich dabei das Konzept der Lehrerrolle, festgemacht am Grad der Öffnung des eigenen Unterrichts für Rückmeldungen über dessen Qualität. Feedback kann in Form von gegenseitigen Unterrichtsbesuchen, in der Befürwortung von Supervision und der Bereitschaft zur Kooperation erreicht werden. Die Bereitschaft dazu hing auch damit zusammen, ob Lehrpersonen sich eine gemeinschaftliche Lösungskompetenz zutrauten und wie positiv sie Verfahren der Qualitätssicherung gegenüber standen.

Offenheit für Peerevaluation als Kernelement

Das lange vorherrschende *Konzept des Lehrers als Einzelkämpfer* erwies sich hier unübersehbar sozialem Wandel ausgesetzt. Dieser soziale Wandel schafft aber auch neue Anforderungen an die Gestaltung der neuen Lehrerrolle. Lehrersein wird dadurch nicht per se einfacher und die Kompetenzen dazu ergeben sich nicht von selbst. Auf diesem Weg zu einer neuen Lehrerrolle ist auch Forschung

Die Lehrerrolle ändert sich bei Kooperation

darüber gefragt, unter welchen Bedingungen welche Form der Kooperation an Schulen hilfreich ist und welche Randbedingungen dafür gegeben sein müssen, aber auch welche Balance von berechtigten Autonomieräumen der Lehrperson mit Ansprüchen einer Schulgemeinschaft sinnvoll ist. Kooperation um der Kooperation willen kann durchaus kontraproduktiv und konfliktfördernd sein.

3.4 Erklärungen: Warum sind Schulen so unterschiedlich?

Dass einzelne Schulen sehr unterschiedlich aussehen können, haben oben sowohl Fallstudien als auch systematische schulvergleichende Erhebungen dokumentiert. Diese Empirie ruft nach Erklärungen. Was führt zu guten, zu aktiven, zu problemlösungsfähigen Schulen? Ohne eine Antwort darauf wird es schwierig, Empfehlungen dazu abzugeben, wie Schulen gestaltet, zu „guten" Schulen „gemacht" werden können.

Der theoretische Ansatz der Rekontextualisierung legt drei Erklärungswege nahe, wenn man die unterschiedliche Gestalt der Schulen vor Ort verstehen möchte.

- Ein erster rekurriert auf die Makroebene, die Schulen Regelungen, Entscheidungsmöglichkeiten und Ressourcen vorgibt.
- Wenn diese Vorgaben in Schulen mit Blick auf die lokalen Verhältnisse umgesetzt werden müssen, dann kann durch eben diese lokalen Umstände eine unterschiedliche Gestalt von Schule entstehen.
- Schließlich sind es Akteure, die diese Aufgabe leisten, so dass als Drittes Merkmale dieser Akteure als Ursachen in Frage kommen.

3.4.1 Vorgaben auf der Makroebene

Zu den wichtigsten Makrofaktoren für die Erklärung, warum Schulen vor Ort gut oder problematisch gestaltet sind, zählen vor allem *Formen der Schulaufsicht* und *Qualitätssicherung*. Der Vergleich von Deutschland und der Schweiz erscheint hier ergiebig zu sein, da sie sich gerade in diese Punkten sehr unterscheiden. Für die Schweiz ist die enge Anbindung einer Schule an die lokale Schulaufsicht (Schulkommissionen bei Gymnasien und Gemeindeaufsicht bei den Volksschulen) charakteristisch, für Deutschland die staatlich organisierte Fachaufsicht. Verfahren der Qualitätssicherung und Evaluation sind in beiden Bildungssystemen im Umbruch begriffen. Es wird sich zeigen, ob Verfahren der externen und internen Evaluation eine Steigerung der Schulqualität bewirken können.

Autonomie als Voraussetzung für handlungsstarke Schulen?

Als Königsweg für die Verbesserung der Schulverhältnisse wurde in den letzten Jahren die Stärkung der einzelnen Schule als Handlungseinheit gesehen. Autonomie zu gewähren wird dabei vielfach als entscheidender Schritt zur Stärkung der Handlungsverantwortung einzelner Schule angesehen. Wenn die einzelnen Schulen möglichst viel Spielraum erhalten, um vor Ort die pädagogischen Aufgaben nach ihrem Sachverstand und unter ihren je eigenen Umständen lösen zu können, dann steigt – so die Hypothese – die Qualität des pädagogischen Lebensraumes „Schule".

Forschungen zur Schulautonomie

Die Forschungslage zur Frage, wie bedeutsam die Schulautonomie für die Qualität einer Schule ist, ist eher dürftig. In den PISA-Studien wurde sie über die

Schulleitungen systematisch erfasst. Das Ergebnis, wie es im Kapitel über die Makrosteuerung festgehalten ist (s. S. 133), ist jedoch sehr ambivalent. In verschiedenen Ländern hat sie für das Leistungsniveau einer Schule eine völlig unterschiedliche Bedeutung. Sie steht sowohl in positiven, als auch in negativen Relationen zu den Leistungen der Schülerschaft einer Schule bzw. eines Schulsystems (Organisation für wirtschaftliche Zusammenarbeit und Entwicklung, 2001; Wößmann, 2002b, S. 178 f.). Am positivsten wirkt sich nach Wößmann die Autonomie in Personalentscheidungen (Zuwahl von Kollegen) aus, während Autonomie in Entscheidungen über das Budget ambivalente Wirkungen zeigt. Positive Wirkungen der Schulautonomie hängen in der Regel von Zusatzbedingungen ab: von einer schulübergreifenden Strategie der Standardbildung und der Leistungsrückmeldung. Es bedarf somit immer eines Gefüges von Regelungen – nicht schlichter Autonomiegewährung – um positive Wirkungen zu stabilisieren und mögliche negative Effekte auszubalancieren. In Zukunft wird sich in Bezug auf die strukturellen Rahmenbedingungen zeigen müssen, wie sich die Kombination von Autonomiegewährung, Standardsicherung und externer Schulevaluation realisieren lässt und wie sie sich in den Schulen auswirkt.

Zu den Makro-Vorgaben zählen aber auch *Ressourcen* der Aufgabenerledigung. Die wichtigste liegt auf der Hand: *Personal mit der nötigen Zeit*. Jede Aktivität erfordert humane Anstrengung und diese muss von Personen in zeitlichen Gefäßen geleistet werden. Es überrascht deshalb nicht, dass hoch aktive Schulen dies immer wieder zurückmelden: Aktiv zu sein, Verantwortung zu übernehmen und etwas selbst gestalten bedeutet, viel Zeit zu investieren. Bei mangelnder personeller Ausstattung stoßen viele Schulen an ihre Grenzen und die Lehrpersonen fühlen sich zurecht überfordert. Mehr Aktivität bedeutet mehr Zeitaufwand und mehr Zeitaufwand ist auf lange Sicht nur tragbar durch die Verteilung auf mehrere Schultern, auf mehr Lehrerinnen und Lehrer, für die diese Aufgaben dann zum Pflichtenheft gezählt werden. Hier kommen als externe Ursachen positiven schulischen Lebens somit die *Unterstützungsleistungen* zum Tragen, die in die Makrosteuerung eingebaut sind oder hier fehlen.

Ressourcen und die Stärkung von Schulen: Zeit!

3.4.2 Unterschiedliche lokale Kontexte: die Macht und Übermacht der Verhältnisse

Schulen handeln in einem sehr divergenten Umfeld lokaler Verhältnisse. Dazu zählt einmal die geographische Lage im Sinne ländlicher oder städtischer Regionen. Wirtschaftliche Merkmale, z.B. die soziale Strukturierung nach wohlhabenden und armen Viertel in Großstädten, führen zu sehr divergenten Ausgangsbedingungen für die Arbeit in Schulen. Der Anteil von Migrantenkindern gehört dabei zu einer Kerngröße der lokalen Besonderheiten.

Geographische, wirtschaftliche, demographische und politische Situationen

Aber auch die *politische Ausrichtung einer Gemeinde* oder eines Stadtteiles wirkt in die Arbeitssituation von Schulen hinein. Sie kann die Schulpolitik bevorzugt behandeln bzw. sie eher als Randphänomen abtun. Politische Instanzen können die Schulen mehr oder weniger in ihrer schwierigen Arbeit unterstützen.

Politisches Umfeld

Die lokale Situation ist jedoch noch weit komplexer. Sie wird mitbestimmt durch die Konkurrenz von Schulen und vom Gesamtspektrum des schulischen Angebotes. Die Makroregeln beeinflussen auch diese Konstellationen. Schulen

Konkurrenz von Schulen

können Sprengel-Schulen sein, also ihre Schülerschaft „zwangsweise" zugewiesen bekommen. Hier beeinflusst dann die Wohnsituation die Zugehörigkeit zu einer Schule. In Deutschland ist dies bei den Grundschulen und teilweise bei den Hauptschulen der Fall. Auch dieser zwangsweisen Zuweisung kann man entkommen: Wenn Kinder fiktiv in den Gegenden angemeldet werden, in welchen Schulen sind, die man für gut hält. Oder man zieht an solche Orte und in solche Stadtteile, in denen die erwünschten Schulen platziert sind. Damit trägt diese Regel – in den USA ist dies weit verbreitet – auch zur Segregation in der Gesellschaft bei.

Außenpolitik der Schule

Wenn Schüler die Schule wählen können, dann bestimmt diese Wahl die Arbeitsbedingungen vor Ort in hohem Maße. Dies wissend müssen Schulen aktiv werden und versuchen, das Angebot so attraktiv zu gestalten, dass jene Schülerschaft kommt, die den Lehrpersonen das Leben „leicht macht". Die Regeln im deutschen Bildungswesen lassen dies nur in Grenzen zu. Schulen können ihr Programm nicht frei zusammenstellen und so den Eltern entgegenkommen. Gleichwohl hat sich das Angebot verschiedener Schwerpunkte in den letzten Jahrzehnten gerade für Gymnasien durch die Erweiterung der Schulprofile vergrößert (neusprachliche, altsprachliche, naturwissenschaftliche, musische, sportliche, wirtschafts- und sozialwissenschaftliche, europäische).

Demographische und geographische Konstellationen

Schon in der Konstanzer Schulforschung wurde den lokalen Ursachen für Schulqualität nachgegangen. Hier einige Ergebnisse zu ihrer Bedeutung für die Arbeit in Gymnasien:[36]

- In der Studie des Jahres 1973 kamen lokale Unterschiede besonders bei der Gegenüberstellung von Stadtgymnasien in Großstädten (Hamburg, Berlin) und Landgymnasien in Baden-Württemberg zutage. Der ländliche Süden hatte es erwartungsgemäß viel leichter, die Schulen konnten unter beschaulicheren Verhältnissen arbeiten.
- Die Schulunterschiede in der Studie aus dem Jahre 1977 waren mit unterschiedlichen Mädchen- bzw. Jungenanteilen verknüpft, ergaben sich also ebenfalls aus einem Merkmal der Klientel der Schule, wenngleich keinem, das auf lokale Umstände schließen lässt.
- Auch in der Studie der Jahre 1978/79 waren es große Unterschiede in den Schülerschaften, die mit Schulunterschieden zusammenhingen.
- Im Jahre 1982 wurden Gymnasien in einem wirtschaftlich und sozial homogenen Landkreis und in einer Großstadt erfasst. Dabei traten wieder Kontextfaktoren (Stadt/Land) ins Blickfeld.

Die Unterschiede in der pädagogischen Qualität zwischen den hier untersuchten Gymnasien waren also teils mit Unterschieden in der Schülerschaft und teils mit lokalen Besonderheiten assoziiert: welche Schüler angezogen wurden, Mädchen oder eher Jungen, welche sozialen Schichten sich einer Schule besonders verwandt fühlten. Die lokale Kultur spielte eine große Rolle: Gymnasien auf dem Lande in Baden-Württemberg waren in den Konstanzer Studien traditioneller in ihren Wertorientierungen als solche in Berlin oder Hamburg. Damit verbunden waren unterschiedliche pädagogische Profile, so sie sich in der Wahrnehmung der Schülerschaften niederschlugen: etwa welche Leistungserwartungen selbst-

---

36 Siehe die Beschreibung der Studien auf S. 163.

verständlich sind, wie respektvoll der Umgang der Lehrerinnen und Lehrer mit den Schülern ist, wie sehr Schülerinnen und Schüler also das Gefühl hatten, als Partner ernst genommen zu werden. Zu Leistung und Respekt kam als drittes die Wahrnehmung der Fürsorge und des Engagements eines Kollegiums hinzu.

Was hier für Gymnasien exemplarisch festgestellt werden konnte, traf in verstärktem Maß bei Hauptschulen zu. Hier war der Stadt-Land-Unterschied ein entscheidender Faktor für unterschiedliche Gestalten von Einzelschulen.

3.4.3 Merkmale der Akteure: Die Macht der Ideen und Werte

Nur nach den Makrovorgaben und den lokalen Kontextbedingungen zu suchen, um die Unterschiedlichkeit von Schulen zu erklären, ist nicht ohne Gefahr. Schulen könnten sich dadurch teils als entlastet, teils fatalistisch als unwirksam empfinden, da es auf sie ja gar nicht mehr ankommt. Dass dies nicht die Position ist, die hier vertreten wird, geht schon aus dem Kernparadigma hervor, nämlich zu untersuchen, wie Kollegien als Akteure mit Handlungsumständen umgehen, wie sie ihre Aufgaben in ihrem Verantwortungsbereich erfüllen. Welches sind also entscheidende Gestaltungsfaktoren in den Kollegien und in der Schulleitung, die zu unterschiedlich „guten" Schulen führen?

In den letzten Jahren haben Privatschulen auch im deutschen Bildungswesen einen verstärkten Zulauf zu verzeichnen. Kann uns dieser Zulauf einen Hinweis geben, worauf es bei den gestaltungsverantwortlichen Akteuren ankommt? Katholische und evangelische Gymnasien werden in der Bevölkerung sehr akzeptiert, auch wenn nicht immer religiöse Motive für ihre Wahl ausschlaggebend sind. *Schule als Wertegemeinschaft*

Der Hintergrund ist der, dass von solchen Schulen stärker als von staatlichen erwartet wird, dass sie ein Ethos vermitteln und eine Bindung an Werte fördern. Sie schaffen nach den Erwartungen der Eltern einen geistigen Orientierungsrahmen, der eine wertbasierte Lebensführung ermöglicht.

An dieser Stelle soll nicht diskutiert werden, ob diese Erwartung berechtigt ist oder nicht. Die große Bedeutung, die Werten in der Führung einer Schule zugeschrieben wird, soll vielmehr als Indikator dafür angesehen werden, dass geistige Grundhaltungen für die Gestalt einer Schule von großen Teilen der Bevölkerung für wichtig gehalten werden. Nicht nur rechtliche Rahmenbedingungen, nicht nur Ressourcen, nicht nur situativ günstige Handlungsbedingungen, sondern auch der Geist einer Schule wird für gestaltungswirksam gehalten. Dies weist uns einen Weg.

Pädagogische Weltbilder als Gestaltungskräfte

Wenn die Realitäten in der Schule nie schlicht gegeben, sondern geschaffen sind, dann liegt es nahe, nach Gestaltungskräften zu suchen, die den *Gestaltungswillen* und die *Gestaltungsrichtung* bestimmen könnten. *Die „Beseelung" des schulischen Geschehens Gestaltungswille Gestaltungskräfte*

Doch welches sind die zentralen geistigen Grundlagen für die „Verlebendigung" der institutionellen Regelungen? Die These, die hier verfolgt wird, lautet: Was Schule kann und soll, muss von den Akteuren immer auch subjektiv konstruiert werden. So können Lehrpersonen eine leistungsmäßig schwache Schulklasse als etwas „konstruieren", was es zu „meiden" gilt, oder sie als besonders förderungs- und hilfsbedürftig interpretieren. Eine große multikulturelle Schule kann als anonymer und bedrohlicher Raum „konstruiert" oder als Chance der Vielfalt gesehen werden. Eine Lehrerschaft kann von der Idee beseelt sein, allen Schülern einen altersangemessenen Entwicklungsraum im Umkreis schulischer Erfahrungen zu ermöglichen, um ihr Wachstum und ihre Lebenskompetenz zu stärken. Aus dieser Grundidee kann sich das Engagement speisen für das Schaffen vieler außerunterrichtlicher Erfahrungen, für Begegnungen der Schüler untereinander, für Begegnungen mit Lehrern und Gästen der Schule (s. von der Groeben, 2005). Aus einem solchen pädagogischen Ethos kann sich auch ein wertschätzender Umgang mit allen Bezugspersonen ergeben, an dem aktiv und verantwortungsvoll gearbeitet wird. Gegenseitige Exklusionen und Ausstoßungen werden vermieden oder bearbeitet, ein inklusiver Geist herrscht vor. Das gesamte Erfahrungsfeld kann getragen sein von einem Ethos der Verantwortung und des Wohlwollens.

Schulen als „Schutzburgen"

Natürlich ist auch das Gegenteil denkbar und oft auch Realität: Schulen können vom Geist des Lehrkörpers her „Schutzburgen" gegen die Schüler sein, welche als Bedrohung empfunden werden. Die Regelungen und persönlichen Beziehungen können auf Abwehr, auf Distanz, auf Sicherung ausgerichtet sein. Die „Selbstrettung" eines überforderten und gestressten Kollegiums kann dabei im Vordergrund stehen.[37]

Im Stich gelassene Schulen

Verallgemeinernd formuliert heißt dies, dass die Bearbeitung der realen Welt davon mitbeeinflusst ist, wie diese Welt in den Köpfen der Akteure präsent ist. Die Rekontextualisierungen erfolgen somit auf dem Hintergrund der imaginierten realen und der gewünschten idealen Welt in den Köpfen der schulischen Akteure. Diese imaginierte schulische Welt kann von allen geteilt sein, also konsensual das Schulleben tragen. Es können aber auch verschiedene Akteurgruppen ganz unterschiedliche imaginierte Welten in ihren Köpfen mit sich tragen, so dass Konflikte und weltanschauliche Kämpfe in Kollegien programmiert sind. Diese imaginierten schulischen Welten können ganz unterschiedlich weit von der „Realität" entfernt sein, ja sogar in einer idealisierten Vergangenheit bestehen. Die Schulkulturforschung spricht deshalb von der Möglichkeit, dass sich „Schulmythen" (Helsper, 2001) entwickeln können. Dass diese Welten dann „imaginär" sind, heißt nicht, dass sie deshalb nicht wirkungsmächtig zu sein vermögen.

Wie die schulischen Rekontextualisierungen des Bildungsauftrages vor Ort erfolgen, hängt also – so die These der Schulkulturforschung (Fend, 1995; Helsper & Böhme, 2004; Specht & Thonhauser, 1996; Ewald Terhart, 1994; Weschke-Meissner, 1990) – von den pädagogischen Imaginationen, von den pädagogischen Wertvorstellungen und den pädagogischen Konzepten der Akteure auf Schulebene ab. Neben den *historischen Zufälligkeiten*, wer gerade Schulleiter ist und welche Lehrpersonen in Kollegien das Sagen haben, könnten diese inter-

---

37 Gewiss, es gibt viele schulische Konstellationen, die zu einer solchen Haltung Veranlassung geben können. Die Arbeitsumstände, große und überfüllte Klassen, der soziale Hintergrund der Schülerschaft und die zeitlichen und personalen Ressourcen mögen eine solche Haltung plausibel erscheinen lassen. Insbesondere wenn die administrativen und bildungspolitischen Vorgaben eine Schule im Stich lassen, kann sogar die Verweigerung des Schulauftrages nachvollziehbar sein. Darüber soll hier nicht gerichtet werden, da es hier vor allem darum geht, die subkulturelle Varianz von Schulen zu zeichnen.

pretativen und wertbezogenen Orientierungen einer Lehrerschaft die zentralen mentalen Generierungskräfte für die Gestaltung des Bildungswesens auf Schulebene sein.

Auf die subjektiven Komponenten als Rekontextualisierungskräfte zu setzen, ist allerdings eine sehr riskante These. Wir haben es dabei mit einem schwer fassbaren und sich leicht verflüchtigenden „Stoff" zu tun. Der „Geist weht wo er will", er kommt und geht wie er will, ist nicht „festzubinden" und festzunageln. Und ausgerechnet er soll die Quelle für unterschiedliche Schulkulturen sein?

Schulethos

Dennoch, schon die Erfahrungen mit der Quäker-Schule (s. S. 150 ff.) haben auf diesen Pfad geführt. Auch der Geist der Reformpädagogik (s. S. 261 f.) spricht dafür, dass Imaginationen der pädagogischen Welt als Gestaltungskräfte wirken. Doch Alltagserfahrung genügt dem Wissenschaftler nicht. Er pocht auf Belege. Können wir solche finden? Sie müssten im Kern im Nachweis bestehen, dass mit unterschiedlichen pädagogischen Idealen und Ideen eine unterschiedliche Gestaltung des schulischen Lebensraumes verbunden ist und diese unterschiedliche Gestaltung in den Erfahrungen und Verhaltensweisen der Schülerinnen und Schüler ihren Niederschlag findet.

Einen ersten wichtigen Hinweis hat die so genannte Rutter-Studie gegeben. Im Jahre 1979 erschien das Buch „Fünfzehntausend Stunden" (Rutter, Maughan, Mortimer, & Ouston, 1979), das deutliche Wirkungen des Schulethos im Sinne des Verantwortungsbewusstseins eines Kollegiums auf die Verhinderung von Devianz, Schulabsentismus und die Stärkung der Leistungsbereitschaft von Schülern nachweisen konnte. Hatte Rutter nur zwölf Schulen untersucht, so haben Nachfolgestudien in England (Mortimer, 1995; Mortimer, Sammons, Stoll, Lewis, & Ecob, 1988) und Amerika (McDill, 1973) bereits große Stichproben von Schulen bearbeitet. Eine zweite Quelle für den Beleg, dass die „Spiritualität" der Lehrerschaft als Gestaltungsfaktor bedeutsam sein könnte, hat sich auch in den Konstanzer Schuluntersuchungen erschlossen (Fend, 1977; 1982; 1984; 2001b). In ihnen wurde versucht, die *Wertorientierungen* und *pädagogischen Weltbilder* der Lehrerschaft als mögliche mentale Generierungskräfte für die Schulkultur zu erfassen (Fend, 1984).

Diese Wertorientierungen und Weltbilder sollten die subjektiven Konstruktionen sein, durch die die objektive Schulrealität gefiltert und transformiert wird.

Wie sich zeigen wird, ist es die Begegnung mit der Realität von Schülerinnen und Schülern, die solche Weltbilder evoziert. Das große „pädagogische Programm" trifft auf Schulebene erstmals auf diese Realität. Wie wird nun diese Erfahrung subjektiv in einem Kollegium verarbeitet und welche Verarbeitungsformen in der Gestalt von Mentalitäten, die gestaltungsrelevant werden, entstehen dabei? Welche Weltsicht aus der Unzahl von Möglichkeiten könnte wichtig sein, um unterschiedliche pädagogische Kulturen in Schulen zu erklären? Hier etwas Entscheidendes zu finden, mag auf den ersten Blick aussichtslos erscheinen.

Ein Glücksfall hat hier geholfen. Zur gleichen Zeit, zu der wir Schuluntersuchungen durchgeführt haben, hat am selben Ort in Konstanz eine Arbeitsgruppe versucht, die pädagogischen Weltbilder von angehenden Lehrpersonen systematisch zu erfassen (B. Cloetta & H.U. Hohner, 1976; Dann, 1978; Müller-Fohrbrodt, Cloetta, & Dann, 1978). Dabei ist sie von den pädagogischen Diskursen ausgegangen, die damals die pädagogische Szene bewegt haben. In der Um-

Historische Diskurse

bruchszeit der späten 60er und frühen 70er Jahre waren dies Diskussionen um die Bedeutung von Autorität und Strafe, um Mündigkeit und Schülerorientierung, um die Bedeutung von Vererbung und Umwelt, um Unterdrückung und Emanzipation. Dies waren und sind bis heute zentrale Themen im Umgang mit der Schülerschaft.

Die Hintergründe historischer Diskurse

Die Konstanzer Forschungsgruppe hat sich nun bemüht, diese Weltbilder zu systematisieren und in die Forschungstraditionen der Psychologie (s. die Forschung zur autoritären Persönlichkeit von Adorno und die zu Führungsstilen von Kurt Lewin in Adorno & al., 1950; Lewin, 1939) und der Soziologie (Mannheim, 1984) einzuordnen. Aber auch Verankerungen in philosophischen und pädagogischen Traditionen legten sich nahe, wie im Rekurs auf Gehlen (1959), Plessner (1983) und Kant (1964) gezeigt werden kann. Aus diesen Quellen ließen sich Typologien von Weltbildern destillieren, die man als institutionszentrierte und als subjektzentrierte wie folgt beschreiben könnte:

Pädagogische Weltbilder

Die autoritäts- und institutionsorientierten pädagogischen Weltbilder betonen Einordnung, Orientierung am Bestehenden und Autorität. Ihr Fundament erhalten sie durch anthropologische Vorstellungen, nach denen der Mensch ein von Natur aus gefährdetes, ja im Grunde böses oder zumindest zum Bösen in hohem Maße fähiges Wesen ist. Diese seine Natur ist unveränderlich, sie kommt in der Geschichte der Menschheit immer wieder in der Form von Kriegen zum Vorschein.

Gehlen

Er bedarf deshalb, um sie zu bändigen, der festen äußeren Ordnung; der Mensch bedarf der klaren Autoritäten und der klaren Hierarchien im Umgang der Menschen, die untereinander auch von Natur aus ungleich sind. Man würde den Menschen maßlos überfordern, wenn man meinte, dass man sich auf seine Vernunft verlassen kann, dass er sich selbstverantwortlich in wichtigen Lebensfragen entscheiden könne, und wenn man meint, dass mit der Durchdringung aller Dinge durch den Verstand ein wesentlicher Fortschritt erzielt würde (s. für die beste Schilderung dieser politisch bedeutsamen Weltbilder Mannheim, 1984). Man darf also das Wesen des Menschen nicht „idealistisch" überhöhen, sein Streben nach Besitz, sein Bedürfnis nach festem Halt, nach festen Regeln und Ordnungen, seinen Wunsch, an etwas voll und ganz zu glauben, sein Freiheitsbedürfnis und seinen Wunsch, zu anderen aufzublicken, nicht übersehen (s. insbesondere Gehlen, 1959).[38]

In der pädagogischen Umsetzung werden feste *Ordnungen und Autorität* unabdingbar und ohne Strafe nicht durchsetzbar. Das Gegebene ist so anzuerkennen, wie es historisch gewachsen ist. Die festen Institutionen dürfen nicht angetastet werden. Auch das Individuum hat sich in seinem Lebenskreis einzurichten. Zu glauben, man könne aus dem Menschen durch die jeweiligen Umstände „alles machen", ist illusorisch. So setzt z.B. im Leistungsbereich die vererbte Intelligenz dem Lernerfolg enge Grenzen.

---

38 Gehlen hatte die anthropologische Unfertigkeit und Nichtfestgelegtheit des Menschen betont und komplementär die Bedeutung starker Institutionen mir folgender Begründung hervorgehoben: „Die allen Institutionen wesenseigene Entlastungsfunktion von der subjektiven Motivation und von dauernden Improvisationen fallweise zu vertretender Entschlüsse ist eine der großartigsten Kultureigenschaften, denn diese Stabilisierung geht ... bis in das Herz unserer geistigen Positionen. Wenn Institutionen im Geschiebe der Zeiten in Verfall geraten, abbröckeln oder bewußt zerstört werden, fällt diese Verhaltenssicherheit dahin, man wird mit Entscheidungszumutungen gerade da überlastet, wo alles selbstverständlich sein sollte" (Gehlen, 1956, S. 48).

Eine idealtypische Schilderung *subjektorientierter Menschenbilder* betont die Chancen, die aus der Natur des Menschen entspringen. Subjekte haben die Kraft zur Eigengestaltung des Lebens, sie allein bringen Sittlichkeit hervor. Diese Menschenbilder trauen dem Schüler Selbständigkeit, Eigenverantwortung und Vernunftorientierung zu.[39]

Plessner

Wenn er nicht instinktmäßig festgelegt ist und sich „außerhalb seiner selbst" stellen kann, dann ist er auch vor die Notwendigkeit gestellt zu wählen und Gründe für seine Wahl zu finden. Damit ist er auf dem Weg der Verantwortung und der Vernunft, nicht allein auf dem Weg der Intelligenz, die auch schon Tieren eigen ist.[40]

Soziale Ordnungen werden, wenn die Fähigkeit des Menschen zur Gestaltung und zum distanzierenden Denken hervorgehoben wird, nicht von vornherein wegen ihrer formalen normstützenden Funktion sakrosankt, sondern es werden auch die möglicherweise unterdrückenden und einschränkenden Momente der bestehenden sowie der überkommenen Verhältnisse gesehen. Humanistische Menschenbilder enthalten somit neben der rationalistischen und aufklärerischen Subjektorientierung auch ein sozialkritisches Weltbild. Als solche sind sie nicht mit einer weltfremden und idealistisch überhöhten Weltsicht zu verwechseln. Sie fußen vielmehr in einer rationalen und kritischen Anthropologie.

Ist Zwang unvermeidlich?

In der pädagogischen Umsetzung wird Zwang nicht für unvermeidlich, schon gar nicht für wünschbar gehalten. Offenheit für Veränderung, Zutrauen in die Möglichkeiten von Kindern, Beziehungsdenken statt Autoritätsdenken sind Kernpunkte des pädagogischen Zugangs zu Kindern und Jugendlichen im Geiste des humanistischen Menschenbildes.

Pädagogische Konstruktionen der Subjekte

Solche pädagogischen Deutungsmuster unterliegen historischem Wandel, ja sie sind Teil der pädagogischen Mentalitätsgeschichte (s. Dubiel, 1985; Fend, 1984; Habermas, 1982). In den 60er und 70er Jahren des 20. Jahrhunderts vollzog sich ein markanter Umbruch von vorwiegend konservativ-institutionsorientierten zu gesellschaftskritisch-kindorientierten Konzepten. Hat die eine Position

---

39 Der philosophische Kronzeuge dafür ist Plessner (1965), der Gegenspieler von Gehlen. Er betont die Chancen, die sich durch die Offenheit des Menschen und der Fähigkeit zur Rationalität ergeben. Plessner stimmt allerdings in mehreren Punkten mit der anthropologischen Analyse von Gehlen überein, kommt dann aber zu anderen Schlußfolgerungen: „Der Mensch kann sich nach Maßgabe seiner Unspezialisiertheit als Körper von allem zurückziehen und ist dadurch verpflichtet und darauf angewiesen, das, was die Natur ihm versagt, durch seinen Geist zu kompensieren. Darin beruht die Sonderstellung des Menschen, die seine Bestimmung nach den Begriffen der Rasse und der Domestikation, Theorien, die so viel Unglück über die Welt gebracht haben, unmöglich macht" (Plessner, 1983, S. 65). In der damit verbundenen anthropologischen Richtung würden sich heute viele Helmut Plessner anschließen, dessen Werke während der Nazizeit verboten wurden, während jene von Gehlen in diesem Zeitraum Karriere machen konnten.

40 Diese anthropologischen Annahmen sind seit der Aufklärung bekanntes Gedankengut. So beginnt schon Kant seine Vorlesung zur Pädagogik mit den Sätzen: „Der Mensch ist das einzige Geschöpf, das erzogen werden muss. Unter Erziehung nämlich verstehen wir die Wartung (Verpflegung, Unterhaltung), Disziplin (Zucht) und Unterweisung nebst Bildung. Disziplin oder Zucht ändert die Tierheit in die Menschheit um. Ein Tier ist schon alles durch seinen Instinkt; eine fremde Vernunft hat bereits alles für dasselbe besorgt. Der Mensch aber braucht seine eigene Vernunft. Er hat keinen Instinkt, und muss sich selbst den Plan seines Verhaltens machen. Weil er aber nicht sogleich im Stande ist, dieses zu tun, sondern roh auf die Welt kommt: so müssen es andere für ihn tun ... Der Mensch kann nur Mensch werden durch Erziehung. Er ist nichts, als was die Erziehung aus ihm macht" (Kant, 1964, S. 697).

die Bedeutung der Institutionen in den Vordergrund gestellt, so die andere die Potentiale der Kinder.

Gewichtungen

Auf welche Seite „schlagen" sich bei den Polaritäten von „Institutionen" und „Personen" die Pädagogen? Betonen sie mehr die Notwendigkeit der autoritativen und institutionellen Absicherung der schulischen Normen, mit latentem Misstrauen gegenüber der jungen Generation, die im Zaume gehalten werden muss, oder richten sie sich vor allem an den Schülern und deren positiven Entwicklungen aus?

Von einem theoretischen Standpunkt aus bedeutet Schule zu geben natürlich, ein kulturelles und institutionelles Programm an die intellektuellen Möglichkeiten und motivationalen Voraussetzungen von Kindern und Jugendlichen anschlussfähig zu machen. Deshalb gehören aus heutiger Sicht beide Perspektiven zusammen. Faktisch dürfte es aber auch heute noch pädagogische Präferenzen für die Betonung der institutionellen Normen oder für die Betonung der Besonderheiten und Potentiale von Kindern und Jugendlichen geben.

Die Akzente einer eher autoritäts- und *institutionsorientierten* pädagogischen Haltung und einer eher *subjektorientierten* und schülerorientierten pädagogischen Position wurden in den Konstanzer Schulforschungen gemessen und in Beziehung zur Schulkultur gesetzt. Dass es möglich ist, solche Haltungen zu messen, erschien anfangs eher als unwahrscheinlich. Doch es gelang, die obigen Positionen zu operationalisieren und so deren Folgen zu überprüfen (s. zur Dokumentation Cloetta, 1975; Dann, Cloetta, Müller-Fohrbrodt, & Helmreich, 1978).[41]

Weltbilder und Schulkultur

Auf dieser Grundlage konnte den Wirkungen dieser pädagogischen Grundhaltungen nachgegangen werden. Hier nicht weiter dokumentierbar, andernorts aber im Detail nachzulesen (H. Fend, 1977; Fend, 1984; Fend, 2001b), haben wir 1973 in 34 Schulen und 1978 in 42 Schulen die pädagogischen Weltbilder der Kollegien gemessen und zu Werten für die einzelnen Schulen hochgerechnet. So konnten stärker institutionsorientierte und stärker subjektorientierte Schulen unterschieden werden.

Die praktische Relevanz von pädagogischen Weltbildern der Lehrerschaft

Das Ergebnismuster des Unternehmens, diese Weltbilder mit der Reaktion der Schülerschaft zu korrelieren, war überraschend. Dem dominanten pädagogischen Weltbild eines Kollegiums korrespondierte auf der Seite der Schüler ein Erleben von Schule, wie es theoretisch zu erwarten war (s. Fend, 2001b, 292).

Einer institutions- und autoritätsorientierten pädagogischen „Weltkonstruktion" entsprach in der Schülerschaft die Wahrnehmung von Ausgrenzung, von sozialer Distanz, von Kontrolle und von Bevormundung. Kindorientierte pädagogische Konzepte des Kollegiums korrespondierten mit dem Gegenteil: mit der Wahrnehmung der Schülerschaft von personaler Zuwendung, von Inklusion und Beteiligung, von Vertrauen und Selbständigkeitserwartungen.

Die dominanten pädagogischen Weltbilder in einer Schule blieben auch für den zweiten Zusammenhang, für jenen zum Erleben von Schule nicht folgenlos. Negative Menschenbilder führten (s. Fend, 2001b, 293) zu einem negativen und eher bedrückten Erleben von Schule, zu mehr Angst, zu mehr Abneigung gegen-

---

41 Siehe für Messungen auch den Abschnitt über „Pädagogische Weltbilder" im Kapitel zur „Mikroebene" S. 294 ff.

über Schule und Lehrern. Allerdings ist es mit mehr Lernaufwand (Hausaufgaben) verbunden.

Wie noch zu zeigen sein wird, konnten diese Ergebnisse auch für die Wahrnehmung konkreter einzelner Lehrer bestätigt werden (s. S. 304).

In der Summe haben wir somit drei Quellen für die Gestaltung der Schulebene gefunden:
- die makrostrukturellen Rahmenbedingungen,
- die Kontextbedingungen, insbesondere die lokale Zusammensetzung der Schülerschaft mit ihrem jeweiligen elterlichen Hintergrund und
- die Mentalität des Kollegiums, ihr Engagement und ihr „Commitment", die aus pädagogischen Grundhaltungen entsprangen.

Die große Bedeutung des *„subjektiven Faktors"* in der Lehrerschaft führt uns in ein Dilemma. Wenn er so bedeutsam ist, dann wäre es wichtig, ihn zu beeinflussen, ihn zu gestalten. Wie ist dies möglich? Haben solche Mentalitäten religiöse oder quasi-religiöse Wurzeln? In einer rational-säkularen Weltsicht müsste man daran glauben, dass sie einübbar sind, dass sie lehr- und lernbar sind. Diese Einschätzung führt in die Suche nach Möglichkeiten, sie durch Ausbildung und Fortbildung zu stützen. Dass die Ausbildung hier eine Chance hat, wird gestützt vom größten Längsschnittprojekt zur Entwicklung von Lehrereinstellungen, das je durchgeführt wurde (Dann, 1978; Müller-Fohrbrodt et al., 1978).

Möglicherweise ist *wissenschaftlich gestütztes Wissen über die Funktionsweise von Kindern und Schülern* und über deren *Entwicklung* und *Entwicklungsbedingungen* hilfreich, um zu Überzeugungen darüber zu kommen, wie Schülerinnen und Schüler am besten gedeihen. Wissen über die Grundbedingungen produktiven Lernens, über die Bedingungen des Schulehaltens, über sozialpsychologische Prozesse in Schulklassen und Kollegien könnte zusätzlich helfen, einen rationalen Zugang zum Umgang mit der Schülerschaft zu entwickeln. Selbstverständlich müsste dieses Wissen getragen sein von konkreten Fallstudien und eigenen Erfahrungen, um einschätzen zu können, wo dieses Wissen in *idealistische Fehlannahmen* mündet und wo die Gefahren des Umschlags in distanzierende und sich abgrenzende pessimistische Erziehungshaltungen liegen. Wir sind hier also auf Wege der Schulgestaltung verwiesen, die in die Köpfe und Herzen der Lehrerschaft führen, die Wohlwollen, Realismus und konkrete Kompetenzen repräsentieren. Ihnen werden wir im Kapitel zur Erklärung des individuellen Lehrerhandelns noch einmal begegnen.

Sind pädagogische Haltungen „Schicksal"?

Lehrerbildung fördert pädagogische Grundhaltungen

3.5 Gestaltungsinstrumente auf Schulebene: Institutionelle Tools und die „Beseelung" von Schule

Der soziale Wirklichkeitsbereich „Einzelschule" wurde hier nicht „beschrieben", nur um staunend vor der Vielfalt des interessanten Lebens zu stehen, das sich hier vor unseren Augen abspielt. Vielmehr ist neben dem Bemühen zu verstehen, warum die Schule so ist wie sie ist, der Wunsch am Werk gewesen, herauszufinden, wie man diesen Wirklichkeitsbereich optimal gestalten könnte. Diese Perspektive soll im Folgenden explizit eingenommen werden. Wir beginnen mit der Frage nach Makrovorgaben, insbesondere der *Autonomie* als Steuerungsinstrument von

Schulqualität und nach der optimalen *Führung*. Es hat sich ja gezeigt, dass eine akteurtheoretische Konzeption der Schule in den Entscheidungsmöglichkeiten und der Leitungsqualität Kernpunkte sieht, so dass eine Konzeption der guten Schule auch eine Theorie der „guten Führung" enthalten muss. Dabei ist ein korrespondierendes Kollegium als kompetente Handlungseinheit zu berücksichtigen.

3.5.1 Schulautonomie als Voraussetzung für optimale Schulgestaltung

<small>Die hohen Erwartungen an die positiven Wirkungen der Schulautonomie</small>

Wie schon im Kapitel zur Makrosteuerung des Bildungswesens ausgeführt, ruhen auf der größeren Selbständigkeit von Schulen zur Zeit Hoffnungen auf eine verbesserte Qualität der Schule. Davon wird erwartet, dass Schulen von bürokratischer Überbürdung befreit werden und pädagogisch angemessener auf die Besonderheiten vor Ort reagieren können. Sie können also den Bildungsauftrag sachangemessener rekontextualisieren.

Selbständigkeit der Schule ist auch ein Hoffnungsträger für die Entwicklung von Schulen zu „Unternehmen", in denen hoch motivierte Mitarbeiter das Beste für ihre Institution und ihre Abnehmer wollen. Wer nur abhängiger Ausführender eines Auftrages ist, wenig selbständig entscheiden kann und in einem Raum ohne Anerkennung „guter Arbeit" lebt, der wird auch nicht so motiviert sein, wie es eine optimale Arbeit erfordert. Angemessenere Arbeitserfüllung und größere Motivation sind die Haupterwartungen an eine größere Selbständigkeit der Schule.

Doch wie selbständig sind Schulen im Rahmen der Gesetzgebung? Wenn die derzeitigen Schulen etwa Bundesligavereine wären, dann müssten sie unter folgenden Bedingungen spielen: Die Trainer und Spieler werden von einer übergeordneten Einrichtung bestimmt. Die Zuschauer werden ihnen nach Wohnort zugeteilt. Alle Vereine hätten in etwa das gleiche Budget. Ob die Vereine gewinnen oder verlieren wäre folgenlos. Abstieg oder Aufstieg kämen nicht vor.

Vom Grad der Selbständigkeit und Wettbewerbsorientierung von Bundesligavereinen oder von anderen wirtschaftlichen Unternehmen sind Schulen meilenweit entfernt.

Folgen der Selbständigkeit von Schulen für die Gestaltung auf der Schulebene

An dieser Stelle geht es um die möglichen Konsequenzen größerer Schulautonomie für das Leben in der einzelnen Schule. Wie verändern sich bei welchen Formen der Autonomie die Leitungsaufgaben und kollegialen Verhältnisse in Schulen?

Die Schule ist ein komplizierter Mechanismus. Autonomie in organisatorischer, curricularer und personeller Hinsicht kann zu unerwarteten Folgewirkungen auf Schulebene führen. Diese müssen nicht zwangsläufig positiv sein, können es aber, wenn sie entsprechend klug in Rahmenregelungen eingebettet sind. Deshalb sollen hier in einem ersten Schritt unbeabsichtigte problematische Nebenwirkungen und die positiven Erwartungen abgewogen werden, die mit größerer Autonomie bei finanziellen, personellen und curricularen Entscheidungen verbunden sein können.

Wenn ein Kollegium bzw. eine Schulleitung dazu befugt wird, über die Verwendung von *finanziellen Mitteln* völlig autonom zu entscheiden, dann stellt sich die Frage, für welche Zwecke diese verwendet werden. Lehrpersonen als rationale Akteure werden möglicherweise versuchen, ihre Situation zu optimieren. Dies muss nicht dazu führen, dass die Mittel für besseren Unterricht und für eine bessere Betreuung der Schüler verwendet werden. Rational wäre auch eine Umwidmung, um die eigene Arbeitssituation zu verbessern, etwa durch Entlastungsstunden, also für den Ersatz von Schulunterricht durch Zusatztätigkeiten. *(Entscheidungen über das Budget)*

Die Autonomie bei *Personalentscheidungen* dürfte wieder eine eigene Logik in Gang setzen. Betrifft diese die *Wahl eines Schulleiters*, dann ist nach den dadurch entstehenden Abhängigkeiten des Schulleiters vom Kollegium (bei der Wahl und Wiederwahl) zu fragen. Er muss dann dem Kollegium permanent „gut wollen", auch wenn dies nicht zum Wohle der Schülerschaft ist. *(Wahl des Schulleiters)*

Das Recht auf *Auswahl und Zuwahl von Kolleginnen und Kollegen* erscheint besonders bedeutsam, um zu einem sichtbaren pädagogischen Profil einer Schule zu kommen. Dieses Recht ist in vielen Ländern realisiert, insbesondere im amerikanischen Bildungswesen, das einen hohen Anteil von Privatschulen hat. Was sich dabei einspielen könnte, kann in vielen Ländern beobachtet werden. Attraktive Schulen, insbesondere was die „Kundschaft" der Schüler und Eltern angeht, sind sehr begehrt. Sie können von einem großen Pool von Bewerbungen die besten Lehrerinnen und Lehrer aussuchen. In eine schwierige Situation geraten jene Schulen, die die „Mühsamen und Beladenen" aufnehmen müssen. Schulen in sozialen Brennpunkten oder Schulen in weniger attraktiven räumlichen Gegenden geraten in große Schwierigkeiten. Die guten Schulen werden dadurch zwar immer besser, allerdings zum Preis von Verelendungsprozessen in anderen Sektoren. *(Auswahl von neuen Kollegen)*

Sehr weitgehend wäre die Autonomie der Schule, wenn ihr die Möglichkeit eingeräumt würde, *die Schüler selber auszuwählen*. Wenn sie dies kann, dann wird sie ihre ganze Kompetenz einsetzen, um eine bestmögliche Arbeitssituation zu schaffen, die leicht beschreibbar ist: eine möglichst intelligente, gut erzogene und vom Engagement der Eltern her „pflegeleichte" Schülerschaft. Dadurch wird die Arbeitssituation eines Kollegiums in hohem Maße erleichtert. *(Auswahl von Schülern)*

Große Entscheidungsspielräume in *curricularen Fragen* bedeuten eine vergrößerte Autonomie der einzelnen Schule, die ebenfalls Chancen und Risiken bergen. Schulische Lehrgänge sind Langzeitunternehmen, an denen viele Lehrpersonen beteiligt sind und die deshalb gut koordiniert sein müssen. Verschiedene Lehrpersonen unterrichten verschiedene Fächer und verschiedene Lehrpersonen unterrichten in unterschiedlichen Etappen eines Lehrganges. Die Stabweitergabe einer Klasse an eine nachfolgende Kollegin oder nachfolgenden Kollegen (vertikale Kooperation) muss gewährleistet sein. Die Bildungsgänge verteilen sich möglicherweise sogar auf verschiedene Schulen, wenn diese gewechselt werden. Wird die Auswahl der Inhalte weitgehend der Schule überlassen, dann fehlt die Kontinuität in den Langzeitlehrgängen. Je klarer dies durch Lehrpläne und durch Lehrwerke vorstrukturiert ist, um so größer ist die Chance, dass Schüler Klassen und Schulen wechseln können. Wird der Spielraum einer Schule sehr groß, die einzelnen Lerninhalte und Studiengänge selbst zu bestimmen, dann sind Wechsel der Schullaufbahn nach oben oder unten oder in andere Regionen eingeschränkt.

Die Mobilität von Bundesland zu Bundesland wird durch große Unterschiede im verpflichtenden Stoff einer Schule zusätzlich erschwert. Somit gilt es zu überlegen, welche Konfiguration von autonomen Entscheidungsmöglichkeiten im curricularen Bereich letztlich für das Wohl aller Schüler optimal ist.

Am Beispiel der curricularen Freiräume wird besonders sichtbar, dass Schulautonomie hinderlich sein kann und zum Wohle aller Regeln auf der Makroebene erforderlich wären. Es ist also durchaus sinnvoll, dass wichtige Regelungen, die überschulisch bedeutsam sind, auch auf überschulischer Ebene entschieden werden. Dies ist zumindest überall dort der Fall, wo der oft unvermeidbare Wechsel von Schulen betroffen ist, wo die Durchlässigkeit der Bildungsgänge tangiert ist und wo es um ein insgesamt gleichbleibend gutes Bildungsangebot geht.

Klare Regelungen zwischen Einzelschule und Makroebene sind hilfreich

Wenn Schulautonomie gewährt wird, die staatliche Verantwortung aber unangetastet bleibt, dann steigt das Risiko, dass Unsicherheiten auf beiden Seiten, jener der Administration und jener der Einzelschule, entstehen, die zu Doppeldeutigkeiten, unklaren Regelungen, ja widersprüchlichen Vorschriften führen. Entscheidet eine Schule autonom, wird sie möglicherweise von der Behörde „zurückgepfiffen", weil die Regelungen nicht explizit vom „Gesetz" abgedeckt sind. Da Schulen hochgradig rechtlich relevante Bereiche sind, in denen Eltern erwarten, gesetzeskonform und gleich behandelt zu werden, müssen viele Rahmenvorgaben überschulisch abgesichert und gleich sein. Lehrer erfahren dies im Kontakt mit Eltern hautnah und haben deshalb die Erwartung, dass Gesetzesvorgaben klar und eindeutig sind. Klare Regelungen sind damit für die einzelne Schule ein Schutz im Umfeld pädagogischer Ungewissheiten.

In der Summe ist abzuwägen, welches die positiven Wirkungen der Gewährung von Autonomie sein können und welches die Risiken sind. Es wäre empirisch zu erforschen, mit welchen Entscheidungsbefugnissen Schulen gut bedient und mit welchen sie überfordert sind, so dass sie – anstatt gut geplant zu unterrichten – in sitzungsintensive Planungen verstrickt sind, also von „lehrenden" Schulen zu „sitzenden" Schulen werden.

3.5.2 Mikropolitik auf der Ebene der Einzelschule

Schulleitung als Instanz der Qualitätssicherung

Mit der Stärkung der Autonomie der Schule und der damit verbundenen Stärkung der Führung einer Schule war immer auch die Erwartung mitgedacht, dass dadurch die *Qualitätssicherung* des schulischen Angebotes vor Ort angemessener und effektiver erfolgen könne. Diese Aufgabe wurde dabei vor allem der Schulleitung zugedacht, die Aufträge der Bildungspolitik in der Schule realisieren sollte. Mitgedacht war dabei auch, dass Schulleitungen die Kompetenz und die Macht haben sollten, diese Qualitätssicherung umzusetzen, um dadurch bei der Lehrerschaft professionelles Handeln zu fördern. Doch die Verhältnisse an Schulen sind nicht so einfach. Schulleiter treffen nicht auf eine tabula rasa von Mitarbeitern, sondern auf komplexe kollegiale Konstellationen, die Führung nicht immer leicht machen.

Neuer Ansatz: Rational choice und Rekontextualisierung

Wie können Kolleginnen und Kollegen zu einem wünschenswerten pädagogischen Handeln gebracht werden? Die Antwort darauf wäre in einem wirtschaftlichen Kontext von theoretischen Modellen inspiriert, die nicht primär auf die Ideale der beteiligten Menschen rekurrieren, sondern auf deren Interessenlagen.

Gemeint ist das wirtschaftswissenschaftliche Modell des „rational choice" (Esser, 1999a, 1999b, 2000). Nach ihm maximieren Handelnde unter den jeweiligen Rahmenbedingungen das Verhältnis von Aufwand und Ertrag, von Kosten und Nutzen. Auch Lehrer würden danach vor Ort im Rahmen rationaler Kalkulationen agieren, um bei der Ausführung ihrer Berufsaufgabe zu einem möglichst günstigen Verhältnis von Präferenzen und Zielen sowie den für die Zielerreichung anfallenden Kosten im Sinne von Arbeitszeit, Risiken der Bestrafung und Chancen der Belohnung zu kommen.

Dabei steht die Lehrerin oder der Lehrer Kolleginnen und Kollegen gegenüber, die dasselbe wollen. Sie konkurrieren damit um erwünschte Güter, etwa um günstige Deputate oder angenehme Klassen. Nicht alle Klassen, Jahrgangsstufen und Fächer erfordern gleich viel Einsatz, nicht alle Stundenpläne sind gleich günstig. Es gibt somit in jedem Schuljahr die Gefahr eines Kampfes um die bestmöglichen Arbeitsbedingungen. Wer darüber verfügen kann, hat ein starkes Machtmittel in der Hand. Dies macht u.a. die starke Position des Schulleiters oder der Schulleiterin aus. Wird die Entscheidungsbefugnis über die erwünschten Güter (Stundendeputate, Ermäßigungen, Beförderungen) in der Schulleitung konzentriert, dann vergrößert sich konsequenterweise die Abhängigkeit der Lehrerschaft. Sie kann, wenn die Führung gut ist, helfen, die Qualität des Unterrichts und des sozialen Klimas an der Schule zu verbessern. Im unglücklichen Fall kann sie aber auch zu einer sachunangemessenen Disziplinierung vermeintlich unbotmäßiger Lehrer eingesetzt werden. Größere Macht bedeutet, ein neues Konzept von „check and balances" zu entwickeln, das sowohl Kollegen schützt als auch zum Wohle der Schule qualitätssichernd wirkt.

Schutzbedürfnisse angesichts der Angreifbarkeit des Lehrens und Erziehens

Die wichtigste „Umwelt" von Lehrpersonen ist allerdings die Schülerschaft, hinter der immer auch Eltern stehen. Von diesen gehen – auch wenn in der Regel eine produktive Kooperation überwiegt – häufig Bedrohungen aus. Im potentiellen Konflikt zwischen Lehrpersonen und Eltern geht es vor allem um Leistungsbeurteilungen ihrer Kinder, um disziplinarisch relevantes Verhalten aber auch um die Lehrqualität und um das faire Verhalten von Lehrerinnen und Lehrern. Lehrpersonen und Lehrkollegien handeln auf dieser Folie immer auch unter dem Gesichtspunkt der „Gefahrenabwehr" und des „Überlebens". Positiver formuliert: Sie versuchen ihre Interessen und die oft widersprüchlichen Anforderungen (Helsper, Krüger, & Wenzel, 1996) im Umfeld dieser Rahmenbedingungen zu optimieren.

Die „Umwelt" Schüler gibt die wichtigsten Handlungsbedingungen vor

Alle diese „Umwelten", Schulleitung, die Kolleginnen und Kollegen, die Schülerschaft und Elternschaft enthalten Aufgaben, Chancen und Risiken. Diese werden durch die Besonderheiten der Lehrerarbeit verstärkt. Lehren, noch mehr Erziehen, ist – wie oben erwähnt – ein sehr fragiles Unternehmen. Lehrpersonen stehen von der Art ihrer Tätigkeit her immer im potentiellen Schussfeld der Kritik. Die weiche „Technologie" des Lehrens und Erziehens, die kein eindeutiges „richtig" oder „falsch" kennt, wirkt auf die Art und Weise zurück, wie Lehrende in einer Schule miteinander umgehen. Sie müssen sich gegenseitig schützen. So erweist es sich immer als schwierig, wenn Lehrpersonen ihren Kolleginnen oder Kollegen „in den Rücken fallen" und sie gegenüber Schülern oder Eltern ungeschützt kritisieren. Durch diese Besonderheiten des Lehrerseins ergeben sich schulspezifische Interessenlagen, die im Rahmen einer Mikropolitik vor Ort ausgehandelt werden.

Auch Lehrpersonen sind schutzbedürftig

Die traditionelle Lösung: Kollegialitäts- und Autonomienormen

Die klassische Lösung im Verhältnis der Lehrpersonen untereinander besteht in zwei Normensystemen: dem der Kollegialität und dem der Autonomie. Um gegen Außenangriffe geschützt zu sein, müssen die Lehrer zusammenhalten. Sie dürfen der Versuchung nicht nachgeben, Koalitionen mit Eltern oder einzelnen Schülern einzugehen. Die Gefährdung, die damit verbunden ist, könnte sie schließlich einmal selber treffen. Die andere Norm bezieht sich darauf, keinem Kollegen „zuzuschauen" oder gar „dreinzureden". Dies würde seine Professionalität in Frage stellen, die im Lehrerberuf so schwer objektiv beurteilbar ist.

Eine andere Bedrohung ist die potentielle kollegiale Kritik. Jedem Lehrer wird über verschiedene Kanäle häufig zugetragen, was andere von ihm halten, wie er wahrgenommen wird, wie gut er ist usw. Mit diesen informellen Gerüchten können Kollegien sehr unterschiedlich umgehen. Solidarische oder unsolidarische Reaktionen können zu sehr kritischen Arbeitssituationen führen und in ein mehr oder weniger offenes Mobbing münden. Die Rückmeldungen von Schüler- und Elternseite zu unqualifizierten Verhalten von Lehrpersonen können aber durchaus berechtigt sein. Auf diesem Hintergrund wird es zu einer heiklen Aufgabe, berechtigte Kritik zu identifizieren und Abhilfe zu schaffen, ohne die berechtigten Schutzbedürfnisse zu verletzen.

Das Kernproblem: Kollegialität und Professionalität

Wenn dies die „kollegiale" Umwelt der Schulleitung ist, die für die Qualitätssicherung verantwortlich sein soll – so wird dies zumindest im Zusammenhang mit der Schulautonomie gewünscht –, dann tritt die Problematik der Leitungsrolle zutage. Es liegt auf der Hand, dass die aus der Struktur der Lehrerarbeit funktionalen Normensysteme der Kollegialität und der Lehrerautonomie Hindernisse für die Professionalisierung und Qualitätsentwicklung eines Kollegiums sein können. Autonomie- und Kollegialitätsnormen können die Entwicklung lernender Schulen erschweren und dazu beitragen, dass der Berufsstand insgesamt leidet, weil unprofessionelles Handeln von Kolleginnen und Kollegen geschützt wird. Sie erschweren auch Offenheit für Kritik und gegenseitige Lernprozesse. Kollegen können sich unter dem Schutzmantel der Solidarität dann problematisch verhalten, ohne dass Korrekturmöglichkeiten im Interesse der Schüler bzw. des Rufes der Profession bestünden.

Dieser Konflikt gewinnt *im Alltag* die Gestalt, dass sich Elternklagen und Lehrerklagen gegenüber stehen. Dem Kollegium und den Eltern gegenüber ist die Schulleitung in der Pflicht, Standards der Lehrqualität zu sichern. Die bisherigen Mittel dazu sind eher bescheiden. Sie bestehen in gelegentlichen Dienstbeurteilungen, wo dies möglich ist in einer sorgfältigen Zuwahl von Lehrpersonen, und in der Nutzung der Privilegienvergabe, etwa bei Deputaten und Klassenzuteilungen. In der Regel kann die Schulleitung Lehrpersonen, die Mühe in ihrem Beruf haben, nur möglichst „schadensneutral" auf Klassen und Unterricht verteilen.

Schule als Ort der Interessenaushandlung

Soviel wird hier offensichtlich: Kollegien sind komplexe soziale Strukturen und Felder der Verhandlung von Interessen, der Selbstbehauptung von Lehrpersonen und der Optimierung von Professionalität. Mit dieser Einschätzung ist eine Analyse der schulischen Verhältnisse verwandt, die im Rahmen *mikropolitischer Analysen* des schulischen Geschehens ebenfalls als einen Ort der Interessenaushandlung sieht (Altrichter & Posch, 1996).

Die auf der Ebene der Einzelschule aushandelbaren Interessen sind zwar zahlreich, aber durchaus rational zu ordnen.

Mikropolitische Konzepte

So lassen sich
- Interessen der Lehrerschaft,
- Interessen des Gemeinwesens,
- Interessen der Eltern und Schülerschaft,
- Interessen des Staates und
- Interessen lokaler Machtkonstellationen unterscheiden.

Die *Interessen der Lehrerschaft gegenüber den Eltern sind ausgerichtet auf*
- Sicherheit, Schutz vor Angriffen,
- Festigung von Ansehen und Respekt und auf
- Mitarbeit bei der zentralen Aufgabe der Schulen, die Kinder ihrem Leistungsvermögen entsprechend zu fördern.

Diese Interessen können vielfach gefährdet werden, etwa durch Angriffe wegen Notengebung, durch Angriffe wegen angeblich schlechtem Unterricht und durch Angriffe wegen angeblich undurchsichtigem Disziplinarverhalten.

Die *Interessen der Elternschaft gegenüber den Lehrern* sind im alltäglichen Leben nicht verborgen. Sie richten sich auf einen förderlichen Umgang der Lehrerschaft gegenüber ihrem Kind, auf dessen optimale Förderung und auf wertschätzende und schützende individuelle Behandlung. Für Eltern sind Informationen, die die Schullaufbahn des Kindes betreffen, die wichtigsten. Jede schlechte Note kann als ein „Angriff" der Schule verstanden werden, als eine potentielle Gefährdung der elterlichen Ziele.

Die *Interessen des Staates* sind auch auf Schulebene vielfach präsent. Die politisch Verantwortlichen müssen ein Interesse daran haben zu demonstrieren, dass die „Schulen gut laufen", dass sie gut ausgestattet sind, ihre Arbeit gut verrichten und vor allem ein hohes Leistungsniveau sichern. Sie müssen die Qualität der Schule vor Ort immer wieder legitimieren und suchen deshalb nach glaubwürdigen Verfahren, um dies zu demonstrieren.

In den Mittelpunkt der Konfliktlösung gerät in einem solchen komplexen Umfeld die *Schulleitung*. Sie hat vielfach die Aufgabe der Balancierung der verschiedenen Interessen, die sie nicht selten vor hohe Anforderungen stellt. Unübersehbar können sich die Beteiligten, anstatt zu kooperieren, gegenseitig abschotten: Kollegien können sich als Trutzburgen gegen die Interessen der Elternschaft empfinden, die Eltern ihrerseits können sich als Hort der Verteidigung ihrer Anliegen verstehen. Auch Schülerschaften können in eine Freund-Feind-Haltung geraten, in der nur mehr die eigenen Interessen zählen. Verständlicherweise besteht eine gute Schule in den Augen vieler vor allem darin, dass es gelingt, eine produktive Zusammenarbeit aufzubauen, in der die einzelnen Gruppen keine voneinander getrennten Welten bilden.

Diese einfache Aufzählung macht sichtbar, dass eine Schule durchaus kein „harmloses" Feld schlichter Begegnung von Menschen mit makellosem pädagogischem Idealismus sein muss. Es wird sich zeigen, dass dieser „Idealismus" zwar hoch bedeutsam ist, aber der institutionellen Verfahren bedarf, die auch die Interessen der Beteiligten im Auge haben und deren legitime Befriedigung berücksichtigen.

In der Summe zeigt sich, dass der berufliche Alltag in Kollegien sowohl von den Vorgaben des Educational Governance bestimmt ist, also auch von den Konfliktpotentialen abhängt, die in Lehrerkollegien aus den „natürlichen" Eigeninteressen an einem guten Arbeitsplatz, der „Natur der Lehraufgaben" und den Spannungen des Lehrens und Erziehens in der Moderne heraus auftauchen. Die Spannungen selber sind unvermeidlich, ihre Bearbeitung kann aber von Schule zu Schule sehr variieren.

3.5.3 Moderne Schulentwicklungskonzepte aus angloamerikanischer Sicht

Reynolds[42] hat als Zwischensumme seiner langjährigen Schulforschungen im englischsprachigen Raum jene Bedingungen in Kollegien herausgearbeitet, die in *keinen* Schulen fehlen dürfen, damit Schulen als korporative Akteure ihr Arbeit gut machen. Dazu rechnet er:

Verantwortungsübernahme

- hohe *Erwartungen* und den Willen, Kindern möglichst viel beizubringen und es ihnen zuzutrauen,
- *Klarheit* in dem was man will und den Schülern beibringen möchte,
- *Kompetenzen* von Schulleitung und von Lehrpersonen, dazu die geeigneten Strategien zu entwickeln und sie einzusetzen.

Annahme der Kontextbedingungen

Gute Schulen tun jedoch sehr *Unterschiedliches*. Das Gemeinsame liegt darin, dass sie auf die *aktive Bearbeitung* von Aufgaben ausgerichtet sind, die sich aus dem Kontext, in dem sie tätig sind, ergeben. Sie wollen also keine *andere* Schülerschaft haben oder in einem anderen Umfeld tätig sein, sondern sie *nehmen die Herausforderungen an,* die sich aus den realen Handlungsbedingungen ergeben. Standhalten statt Flucht scheint ihr Motto zu sein. So agieren *gute Schulen in sozialen Brennpunkten* anders als in wohlhabenden Gebieten. Reynolds berichtet, dass gute Schulen, die unter *erschwerten sozialen Bedingungen* gearbeitet haben, folgende „einfache" Maßnahmen getroffen haben:

- es wurde eine Schuluniform eingeführt,
- Schüler wurden sofort zur Rechenschaft gezogen, wenn sie Fehlverhalten zeigten,
- Schülern wurde verboten, in Pausen außerhalb der Schule auf die Straße und in die Geschäfte zu gehen, in denen sie Unfug treiben konnten.

Schulen als Verantwortungsgemeinschaften

Gute Kollegien ergehen sich somit nicht in Wunschvorstellungen, dass alles viel besser wäre, wenn man nur eine *andere Schülerschaft* hätte oder mehr Mittel zur Verfügung stünden. Es ist zumindest Teil ihrer Ausrichtung, die Schülerschaft anzunehmen und mit ihr so zu arbeiten, dass sie lernen und sich entwickeln können – wie bescheiden dies auch realiter sein mag. Diese Verantwortungsübernahme kann jedoch auch ihre Grenzen haben. Sie können darin gesehen werden, dass sich die verantwortlichen politischen und administrativen Instanzen nicht ihrer Verantwortung, die unabweisbaren Ressourcen bereit zu stellen, entziehen dürfen.

---

42 Referat im Institut für Schulentwicklung in Dortmund im Juni 2004.

In der Zwischenzeit gibt es ein reichhaltiges Wissen über Prozesse auf der Schulebene, die „handlungsstarke", bzw. problemlösungsfähige Kollegien (s. Halbheer & Kunz, 2004) auszeichnen. Dabei wird sichtbar, dass „viele Wege nach Rom führen", bzw. dass es viele „funktional äquivalente" Praktiken der aktiven Problembewältigung gibt. Dennoch schälen sich Handlungsbereiche und Erfolgsbedingungen heraus, etwa

- eine klare, inhaltlich orientierte Führung,
- effiziente administrative Strukturen, die Reibungsverluste verhindern,
- belastbare soziale Beziehungsstrukturen,
- geschulte soziale Konfliktlösungs- und Kommunikationskompetenzen,
- Strukturen und Gefäße gemeinsamen Handelns im Sinne geregelter Verfahren,
- Einbezug der Eltern,
- Einbezug der Schüler,
- vielfältige Beziehungen zum sozialen, ökonomischen und ökologischen Umfeld.

„Handlungsstarke" Schulen

Ein hoher *Reflexionsgrad* einer Schule im Sinne einer professionellen Lerngemeinschaft von Lehrenden erweist sich als Kern von aufgabenorientierten und problembewältigungsstarken Kollegien. Deren zentraler Fokus ist die bestmögliche Förderung der Schüler im fachlichen und überfachlichen Bereich. Sie arbeiten auf der Grundlage einer *dichten Datenstruktur über ihre eigenen Aktivitäten* und Erfolge sowie über die Leistungsentwicklung der Schüler. „Data feedback" gehört hier zum Kerninstrumentarium. In Notsituationen können sie über sich selber reflektieren, also die Metaebene der Selbstreflexion einnehmen. Sie betrachten sich immer als in Entwicklung befindlich und sehen dies als selbstverständlichen Teil ihrer professionellen Arbeit an, wobei sie sich nicht scheuen, Kooperationen mit außerschulischen Beratungs- und Fortbildungseinrichtungen einzugehen. Im Mittelpunkt steht jedoch das gemeinsame Lernen, die Bereitschaft zur Öffnung des Unterrichts und die Fähigkeit, Rückmeldung zu geben und professionell zu verarbeiten. Ihre Aufgabenerfüllung versuchen diese Kollegien dabei auf den jeweiligen Kontext zuzuschneiden, in dem sie arbeiten, versuchen also eine optimale Anschlussfähigkeit zu halten, ohne die Ansprüche an die Zielerreichung zurückzustellen.[43]

Reflexionsgrad und lernende Schule Data feedback

Die wirksamen „Mechanismen" der Schulgestaltung hat Miles nach 40jähriger Arbeit zur Schulentwicklung in einem Referat kurz vor seinem Tode[44] zusammengestellt. Auf Folgendes kommt es nach Miles an:

40 Jahre Erfahrung mit Schulentwicklung

1. Die erfolgreiche *Zusammenarbeit in Gruppen* ist ein Schlüssel zur produktiven Problembewältigung. Aber nicht jede Gruppenarbeit gelingt. Sie ist nur dann dauerhaft befriedigend, wenn es Akteure schaffen, eine wirksame Strategie der Konfliktbewältigung zu lernen. Miles sieht deren Kern darin, eine *Metaposition* einnehmen zu können und ein Metagespräch zu führen.

---

43 Offen ist bei der Darstellung eines solchen sozialen „Mechanismus" allerdings, wie er sich auf den Unterricht auswirkt, ohne den ja keine Leistungsverbesserungen zu erzielen sind. Diese Beziehungen zur Mikroebene kommen in der Schulforschung immer mehr ins Blickfeld, an dieser Stelle seien sie noch zurückgestellt.
44 Grundlage für die folgende Zusammenstellung ist ein Tonbandmitschnitt des Referats

Wenn sich emotionale Blockaden und Konfrontationen entwickeln, sind auf direktem, nur sachbezogenem Wege oft kaum mehr produktive Lösungen möglich. Die Gruppe muss dann in die *Prozessanalyse* gehen können, darüber sprechen, „was hier vorgeht". Dabei darf man in einem zweiten Schritt aber die Inhalte von Konflikten nicht aus dem Blick verlieren. Es geht also in einem ersten Schritt um „Gruppenprozesse", im zweiten wieder um die Inhalte, die verhandelt werden.

Die Mechanismen der Selbstreflexion in Gruppen sind sehr wichtig, um Arbeitszusammenhänge am Leben zu halten. Ihr Ausbau zu tragfähigen kollegialen Strukturen, zu guten affektiven Beziehungskonstellationen trägt eine produktive, problemlösungsfähige Schule.

2. Lernprozesse in Organisationen sind besonders auf eine gute Datenlage, auf Rückmeldungen, also auf *„data feedback"* angewiesen. Sie können nach Miles als Schlüsselprozesse angesehen werden. Ohne sie wäre die Gefahr groß, dass Kollegien in konfrontativen Spekulationen, was „Sache" ist, verharren und sich bekriegen.

3. Die Aushandlung von kommunizierbaren pädagogischen Zielen und Selbstverständnissen ist ein Kernelement in der Entwicklung von Organisationen. Wenn ein Konsens über die Sicht, wie die Schule sein sollte, erarbeitet ist, dann kann daraus eine „Corporate Identity" werden, ein Selbstverständnis, das sich in Symbolen und Riten ausdrückt und so sichtbar und erlebbar wird. Wie die Leitung und die Kollegien über die Schule „reden", wie sie die Schüler loben und preisen, wie sich die Kollegien selber in Reden und Feiern darstellen, all dies wird zum Fundament für die alltägliche Lebensbewältigung.

4. Tragfähige Entwicklungen sind auf auf *Dauer* gestellte Regelungen und Vereinbarungen angewiesen, die die Flüchtigkeit des guten Willens auffangen. Sie setzen auch voraus, dass *„Gefäße"* für Arbeiten geschaffen, also Zeitfenster und personelle Ressourcen vorgesehen werden.

5. *„Empowerment"* und *„capacity building"*, also Strategien, die Akteure zu stärken, stehen nach Miles im Mittelpunkt der Personalpolitik einer guten Schule. In gelingenden pädagogischen Kontexten gehen Lehrpersonen, allen voran solche in leitender Stellung, so miteinander um, dass die positiven Potentiale ihrer Träger aktiviert werden – so bescheiden diese objektiv auch sein mögen.

In einem solchen Klima können dann auch Sachverhalte benannt werden, die nicht sein dürfen, die es zu ändern gilt. Das Wohlwollen wird so nicht zur „Watte", in die die gesamte Wirklichkeitswahrnehmung in wohlmeinender Folgenlosigkeit eingebettet ist. Kritik und Offenlegung von Missständen ist notwendig. Eine *Formulierung* von Kritik, die nur Abwehr hervorruft, mag zwar weiterhin berechtigt sein, ist in der Wirkung aber unproduktiv. Um der Sache zu dienen, muss sie eine annehmbare Gestalt haben, zu der nicht zuletzt die Gegengewichtung mit (überwiegend) positiven Aspekten gehört.

Eine amerikanische und eine europäische Perspektive

Man mag diese Zusammenfassung einer Lebenserfahrung in der Schulentwicklung, insbesondere die Betonung, wie bedeutsam „Personen" sind,[45] nicht

---

45 „There are five key variables that are absolutely critical to evaluation use. They are, in order of importance: people, people, people, people, and people. (zit. von Halcom nach Patton, 1986, S.40).

zu unrecht als typisch „amerikanisch" wahrnehmen. Sie ist in der Tat weniger „europäisch", wenn die *„Stärkung der Akteure"*, also der Lehrpersonen und ihres gemeinschaftlichen Handelns, in den Mittelpunkt gerückt wird. In der kontinentaleuropäischen Sichtweise spielen die *Institutionen*, die Regelung von Interessenkonflikten und die Nutzung der öffentlichen Ressourcen eine größere Rolle. Das in der hier vorliegenden Gestaltungslehre des Bildungswesens im Hintergrund stehende Konzept des „korporativen Akteurs" Schule betont ebenfalls die Bedeutung von Regelungen und Vorgaben. Es zieht aber eben auch den „sozialen Akteur" mit ein, ohne den Regelungen tot bleiben oder nur ein Hindernis sind. Ohne das Engagement von Akteuren und ohne soziale Beziehungspflege ist keine sinnvolle institutionalisierte Menschenbildung denkbar. Dass diese „gemeinschaftlich" erfolgen muss, können wir aus dem amerikanischen Kulturraum mit Gewinn lernen.

Der „pädagogische Geist" des Kollegiums einer Schule wirkt jedoch nur dann nachhaltig, wenn er sich in Verfahren, in Rituale, in Zeitgefäße für regelmäßige Treffen veralltäglichen kann. Der gute Wille allein ist so wenig ausreichend wie in der Erziehung „unconditional love". Wir werden deshalb im Kapitel über Gestaltungsinstrumente die Tools beschreiben, die notwendig sind, damit sich ein guter Geist im Alltag der Schulen bewähren kann.

Ansprüche an gute Schulen

Was Schulen tun müssen bzw. was in Schulen „der Fall sein muss", damit sie als „gute Schule" gelten können, kann auf dem Hintergrund der oben beschriebenen Schulforschung in folgenden Leitlinien resümiert werden:

- Sie müssen sich einer kompetenten und sozial sensitiven Schulleitung erfreuen dürfen, die einen klaren Gestaltungswillen demonstriert.
- Sie müssen mehr oder weniger aufwendig und umfänglich dokumentiert gemeinsame pädagogische Konzeptionen des Wünschenswerten, an dem sie sich messen lassen wollen, entwickelt haben.
- Sie müssen bereit sein, Regelungen zu vereinbaren, zu entscheiden und durchzusetzen.
- Sie öffnen sich Verfahren der Qualitätssicherung und lassen sich an formulierten Standards guten Unterrichts messen.
- Sie müssen Beziehungen pflegen. Sie arbeiten auf Fairness hin, auf Vertrauen und Respekt gegenüber allen Gruppen.
- Sie nehmen Schule als Erfahrungsräume für die Entfaltungsmöglichkeiten von Schülern ernst.
- Sie erlauben, die Schule als „Polis" zu erleben, sie pflegen Ausdrucksmöglichkeiten (Kunst, Sport, Projekte) und lassen Beziehungen unter Schülern nicht einfach „laufen", sondern arbeiten an deren Kultivierung.
- Sie pflegen eine pädagogische Kultur, die auf Fordern und Fördern ausgerichtet ist und die institutionelle und gemeinschaftlichen Anliegen ebenso ernst nimmt wie die Rechte und Probleme der Schülerschaft.
- Sie sind auf gegenseitigem Respekt aufgebaut und zeigen dies in Riten, Symbolen und gegenseitigem Umgang.

Kernbereiche der Schulqualität – erste Forschungsphase

Welche Wege führen zu einer so definierten „guten Schule"? Zielkonzepte dürfen ja nicht für sich stehen bleiben, sie bedürfen der „Kleinarbeitung" in konkrete Abläufe, der Umsetzung in kleine Schritte, der Realisierung durch „Tools", durch konkrete „Erfindungen" zur pädagogischen Gestaltung.

Leitbild und Selbstverpflichtungen

Eine entscheidende Weiterentwicklung des Tools „Leitbilderstellung" ergibt sich z.B. aus der Gefahr, dass Leitbilder rasch in Unverbindlichkeiten führen. Neben der Bewusstmachung von Zielperspektiven gilt es deshalb, den Verpflichtungscharakter von Zielen zu erarbeiten und umzusetzen. In einem Folgeschritt müssten die Leitbilder in *Selbstverpflichtungen* eines Kollegiums umgesetzt werden. Worauf verpflichten wir uns in der Gestaltung von Unterricht, in der Gestaltung der Schule, in den Erwartungen an die Schülerschaft und die Elternschaft? Leitbilder münden damit in Programmarbeit.

Dieser Prozess, in dem Standards erarbeitet werden (s. auch Schratz, 2003), könnte die Grundlage für eine systematische Selbstevaluation einer Schule sein, die sich als Maßnahme der Qualitätssicherung allerorten zu etablieren beginnt. Als Leitfaden der Selbstverpflichtung könnten die Evaluationsstandards dienen, die hier noch exemplarisch beschrieben werden (s. S. ff.).

3.5.4 Die Gestaltung einer Schulkultur: der deutsche Weg der Reformpädagogik und die moderne Schulkulturforschung

Reformpädagogik

Zu Entfaltung von normativen Standards der Schulgestaltung gibt es im deutschsprachigen Raum eine lange Tradition, die ihren Höhepunkt in Konzepten der *Reformpädagogik* hatte. Schulpädagogik als Gestaltungslehre der Schule wurde verständlicherweise lange mit solchen Konzepten der optimalen Gestaltung *schulischen Lebens* vor Ort in eins gesetzt.

Die Reformpädagogik hatte ein umfassendes Programm des Umgangs mit kindlichen oder jugendlichen Schülern entwickelt. Wie man den von Erwachsenen sehr unterschiedlichen kindlichen und jugendlichen Bedürfnissen zur produktiven Entfaltung verhelfen kann, stand dabei im Mittelpunkt. In gewissem Sinne hat die Reformpädagogik „Kinder" und „Jugendliche" als eigenständige Persönlichkeiten erst erfunden. Die Entwicklungspsychologie hatte hier verständlicherweise einen hohen Stellenwert (s. dazu Fend, 2000). Deren pädagogisches Programm kann hier nur in Stichworten angedeutet werden: Selbsttätigkeit, Leben in freier Natur, bewußte Ernährung, Betonung der sittlichen Erziehung, Sport und Körperertüchtigung, erziehender Unterricht, Öffnung der Schule nach außen, Verbindung des Unterrichts mit den Interessen der Schüler, Erziehung zur Verantwortung und zur aktiven Teilnahme am Schulleben, praktische Arbeit, Spiel, künstlerische Tätigkeiten (s. kritisch und programmatisch Dräbing, 1989; Oelkers, 1989; von der Groeben, 2005).

Schulgestaltung wurde hier erstmals zu mehr als einer administrativen Veranstaltung für die Organisation von Unterricht, sie wurde zu einer eigenen Lebensform, zur Gestaltung eines Erfahrungsfeldes, das Wachstum und Entwicklung heranwachsender Menschenkinder befördern sollte. So kamen die Kinder und Jugendlichen mit ihren Bedürfnissen, ihren Stärken und Schwächen ins Blickfeld der Gestaltung eines schulischen Lebensraumes: die Schulgestaltung wurde damit „subjektzentriert". Die Institutionsorientierung, die Macht der Schule und die Durchsetzung ihrer Ansprüche trat dagegen in den Hintergrund[46], das Wohl des Kindes und Jugendlichen wurde zum Richtwert der Gestaltung von Schule als Erfahrungsraum.

Diese pädagogische Haltung lebt in Konzepten fort, die insbesondere von Hentig charismatisch vertritt (Hentig, 1993). Sie ist aber auch Teil einer Schulkulturbewegung, die die berechtigten Leistungsstandards der PISA-Studien ergänzt sehen möchte durch ebenfalls berechtigte *Standards des humanen und gerechten Zusammenlebens* in Schulen sowie durch Standards der produktiven ganzheitlichen Persönlichkeitsentwicklung. von Hentig

In einem Aufruf des Verbundes von reformpädagogisch engagierten Schulen (s. die Umsetzung in Standards bei von der Groeben, 2005) heißt es zum Vorbildcharakter der Schule für demokratisches Zusammenleben entsprechend:

> *„Demokratie und Schule sind wechselseitig aufeinander angewiesen. Die Schule muss selbst ein Vorbild der Gemeinschaft sein, zu der und für die sie erzieht. Sie muss ein Ort sein, an dem Kinder und Jugendliche die Erfahrung machen, dass es auf sie ankommt, dass sie gebraucht werden und „zählen". Sie muss ihnen die Zuversicht mitgeben, dass das gemeinte gute Leben möglich ist, dass es dabei auf jeden Einzelnen ankommt, dass Regeln und Ordnungen hilfreich und notwendig sind. Zu diesem guten Leben gehört, dass die Unterschiedlichkeit und Vielfalt der Menschen als Reichtum angesehen wird, dass Schwächere geschützt werden, dass die gemeinsam festgelegten Regeln und geltenden Werte dem Egoismus der Einzelnen Grenzen setzen. Dazu gehört auch die Erfahrung von gemeinsamen Festen, Feiern und Reisen, von selbst gestalteter freier Zeit und Diensten an der Gemeinschaft, von Orientierung in der Arbeitswelt und der Suche nach dem eigenen Platz in der Gesellschaft. Die Werte, zu der die Schule erzieht, müssen mehr als „Unterrichtsstoff" sein; Selbständigkeit und Verantwortung, Solidarität und Hilfsbereitschaft, Empathie, Zuwendung und Mitleid müssen im Alltag gelebt werden. Die Zukunft der „Bürgergesellschaft" hängt auch davon ab, ob und wie die nachwachsende Generation sich ihre kulturelle Überlieferung und ihre Werte aneignet; dazu gehört auch, andere Kulturen zu verstehen und achten zu lernen" (von der Groeben, 2005, S. 21).* Neue Standards

Die Schule wird so zur „Polis", sie lebt vor und lädt dazu ein, mitzuwirken und zu *erfahren*, wie Zusammenleben gelingen oder belastet werden kann. In von Hentigs Worten: „Die Politik der Bürger, die bewegliche Regelung gemeinsamer Angelegenheiten, ist in unserer Welt so schwierig geworden, dass sie einer besonderen, einer kunstvollen Anlage bedarf. Ich nenne es die Schul*polis*. Nur wenn wir im kleinen, überschaubaren Gemeinwesen dessen Grundgesetze erlebt und verstanden haben – das Gesetz der *res publica*, das des *logon didonai*, das der Demokratie, das der Pflicht zur Gemeinverständlichkeit in öffentlichen Angelegenheiten, also der Aufklärung, das des Vertrauens, der Verläßlichkeit, der Vernünftigkeit unter den Bürgern und nicht zuletzt das der Freundlichkeit und Solidarität unter den Menschen überhaupt, werden wir sie in der großen *polis* wahrnehmen und zuversichtlich verfolgen" (Hentig, 1993, S. 181). Schule als Polis

Die Konsequenzen eines solchen pädagogischen Verständnisses für die Schulgestaltung sind unübersehbar: „Die Schule muss auch darin Vorbild sein, dass sie

---

46 S. die obigen Ausführungen zu institutionszentrierten und subjektzentrierten pädagogischen Haltungen (S. 199 ff.).

Pädagogische
Spiritualität

selbst mit dem gleichen Ernst lernt und an sich arbeitet, wie sie es den Kindern und Jugendlichen vermitteln will. Sie muss eine sich entwickelnde Institution sein und sich zugleich treu bleiben. Ihre Arbeit ist nie „fertig", weil sie auf sich wandelnde Bedingungen und Anforderungen jeweils neu antworten muss. Ihre Qualität bemisst sich daran, was sie tut, um solche Antworten zu finden. Dazu braucht die Schule Freiraum und übernimmt Verantwortung: für Beobachtung, Kritik, Verständigung und Umsetzung der Ergebnisse in Reformarbeit. Sie muss in der Überzeugung arbeiten können, dass eine bessere Pädagogik nicht „von außen" und „von oben" verordnet, sondern jeweils neu mit dem Blick auf die Kinder und Jugendlichen „von innen" und „von unten" entwickelt werden muss" (von der Groeben, 2005, S. 32).

Unübersehbar steht hinter einer solchen Grundhaltung eine pädagogische „Spiritualität", eine Geisteshaltung, ein Ethos, aus dem heraus die Schule gestaltet wird. Die Ziele sind dabei ebenso wichtig wie das pädagogische Weltverständnis. Die Visionen der Reformpädagogik sind jene des mündigen Bürgers, der sich sachkundig und engagiert an der gemeinsamen Sache der Lebensbewältigung beteiligen kann. Den Kindern und Jugendlichen wird dies sowohl zugetraut als auch zugemutet. Sie sind als Menschen zum Guten angelegt, sie sind dazu in der Lage und wollen „gut" sein.

Die Kernidee, die hinter der obigen Konzepten der Schulkultur steht, kann im Rahmen der eher nüchtern-abstrakten Rekontextualisierungstheorie so beschrieben werden: Der *institutionelle* und *kontextuelle* Handlungs*rahmen*, der den *Akteuren* auf *Schulebene* vorgegeben ist, ist „unterdeterminiert", d.h. er enthält Handlungs- und Interpretations*spielräume*, die zur Entwicklung eigener Verfahren und eigener Gestaltungskonzepte *herausfordern*. Verfahren und Gestaltungskonzepte müssen auf Schulebene in *kollegialen Beziehungsstrukturen* realisiert werden, die teils *formelle Verantwortlichkeiten* und Rechte artikulieren, teils *persönliche Wertschätzungs- und emotionale Beziehungskomponenten* enthalten. An der Aufrechterhaltung *effektiver Verfahren* als auch an der Etablierung *professioneller* und *persönlicher* Beziehungen kann in einer Schule *gearbeitet* werden. Sie sind in einer sich als *Vorbild* verstehenden *lernenden Schule* immer wieder neu zu schaffen. All dies kann nur gelingen, wenn es in einem pädagogischen *Geiste* mit pädagogischem *Engagement* umgesetzt wird. Die Voraussetzung dafür ist, dass die Kinder und Jugendlichen mit ihren eigenen Bedürfnissen, Vollkommenheiten und Unvollkommenheiten im pädagogischen Bewusstsein der Lehrerschaft präsent sind.

Schulkulturen und schulische Handlungsgrundlagen

Antinomien und
Schulkulturen

In gewisser Weise stehen sich in den bisher beschriebenen Handlungsrichtungen zwei Positionen gegenüber. Die eine betont eher die nüchternen institutionellen Grundlagen, die andere den pädagogischen Geist einer Schule. Die moderne Schulkulturforschung versucht beide Richtungen aufzunehmen und in einem neuen Konzept der Schulkultur zu bearbeiten (s. vor allem Helsper & Böhme, 2004). Die kühle Nüchternheit in diesen Ansätzen kommt darin zum Ausdruck, dass die symbolischen Ordnungen der Schule immer auf die latenten Probleme des Handelns in Schulen, auf die zugrundeliegenden Antinomien (Helsper et al., 1996) bezogen werden. So fordert die institutionelle Ordnung Regelbefolgung, die pädagogische Option ist auf Mündigkeit und Selbständigkeit ausgerichtet. Die Heterogenität der Schülerschaft lässt eine je individuelle Behandlung von Schülern als sinnvoll erscheinen, die institutionelle Ordnung hingegen zielt auf Gleichbehandlung. Umgang mit jungen Menschen erzeugt unwillkürlich Nähe und Neigung, das Zusammenleben wiederum legt eine kühle Distanz nahe. Die Professionalität der Lehrerschaft zielt auf ein klare Richtigkeit guten Handelns, die Besonderheiten von Erziehung und Unterricht entziehen sich dieser Rationalität. Diese Spannungsverhältnisse werden symbolisch unterschiedlich verarbeitet, sei es durch einen forcierten Rückzug auf die institutionelle Ordnung oder durch die Hingabe an die heranwachsenden Kinder und Jugendlichen. Die Gefahren, die Spannungsverhältnisse implizieren, lassen auch die kollegialen Normen der gegenseitigen Solidarität und der beruflichen Autonomie als funktional erscheinen. An ihnen und nicht jenseits von ihnen muss zumindest gearbeitet werden. Dass auf diesem Hintergrund die gesamte symbolische Ordnung einer Schule als kulturelle Bearbeitung latenter Antinomien verstehbar wird – diese Position und ihre exemplarische Bearbeitung verdanken wir Helsper (s. in Keuffer, 1998, S. 47).

3.5.5 Erfindungen zur Gestaltung von schulischen Erfahrungsräumen – „Tools" der Schulqualitätssicherung

Oben wurde schon festgehalten: Ein guter Geist allein schafft noch keine Wirklichkeiten. Er muss sich materialisieren, er muss umgesetzt werden in sichtbare Handlungen und Gestaltungsprozesse. Er bedarf also der konkreten Instrumente, in denen er sich zeigen kann.

Schulen haben an solchen „Materialisierungen" seit Jahrzehnten gearbeitet und viele konkrete Tools „erfunden", um die Probleme vor Ort zu bewältigen. Sie waren dort besonders aktiv, wo die Not besonders groß war. Lediglich zur Illustration sollen hier einige „Erfindungen" beschrieben werden, die in einem Projekt zu Schulpartnerschaften in Berlin vorgestellt wurden (Tagung der Stiftung Brandenburger Tor am 30.3.2006). Viele dieser Partnerschaften entstanden zwischen Schulen, die es mit besonders schwierigen sozialen Kontexten zu tun hatten. Sie zeigen, wie bedeutsam pädagogische Kreativität ist, mit der Schule gestaltet werden kann.

Gestaltbarkeit bewusst machen

Die gegebene, häufig sehr belastende Lebenswelt in einer Schule hat etwas Unausweichliches, Schicksalhaftes. Erst die Erfahrung von Alternativen eröffnet Chancen zur aktiven Gestaltung. Dazu kann in Schulen etwas getan werden:
- In Theatergruppen können Schülerinnen und Schüler z.B. lernen, dass Verhalten nie zwanghaft gegeben sein muss, sondern gestaltbar ist, dass es immer auch andere Möglichkeiten gibt, sich so oder so zu verhalten.
- Bei der Schulgestaltung durch Bilder, Objekte, graphisch aufbereiteten Geschichten erleben Schüler, dass die eigene Umwelt ästhetisch gestaltbar ist.
- Über Konfliktlotsen, über die Aushandlung von Regelungen mit Schülerinnen und Schülern, über aktive Mitbestimmung kann bewusst gemacht werden,

Schulische „Erfindungen"

dass soziales Zusammenleben immer von auszuhandelnden Ansprüchen, Schutzrechten und Vereinbarungen getragen ist.
- Über demokratisch verhandelte Klassenverträge werden Formen der Demokratie und des gerechten öffentlichen Raumes erfahrbar.

Erfindungen zur Erhöhung der Selbstverantwortung für das eigenständige Lernen von Schülerinnen und Schülern

Bessere Schule heißt nicht immer, nur etwas Besseres anzubieten. Sie muss vielmehr den Weg weisen, dass sich Schüler selber helfen können und Verantwortung für sich selber übernehmen.
- Über Lerntagebücher können Schülerinnen und Schüler ihre Fortschritte und damit ihr Lernen dokumentieren und planen.
- Über das gezielte Üben, wie man Lernziele für sich entwickelt und lernt, diese einzuhalten, werden Schülerinnen und Schüler zu „Unternehmern" ihres eigenen Lebensprojekts, das da heißt: „Lernen und Kompetenzentwicklung".
- Über Patenschaften älterer Schüler für jüngere wird soziale Verantwortung und Hilfsbereitschaft erfahrbar.

Erfindungen zu Lernprozessen in einem Kollegium

Auch Lehrpersonen stehen in ihrem Beruf, wenn sie ihn professionell verstehen, vor immer neuen Anforderungen. Deshalb müssen auch sie ihr Lernen organisieren und immer wieder nach neuen Möglichkeiten pädagogischen Handelns suchen. Was hilft ihnen dabei?
- Lehrpersonen können über gegenseitige Hospitationen erleben, wie sie selber und wie ihre Kolleginnen unterrichten.
- In einer Schule können verschiedene Verfahren (z.B. Rückmeldungen durch die Schüler im Rahmen einer Feedback-Kultur) eingesetzt werden, um die Meinung über die Schule und die einzelnen Lehrer ans Tageslicht zu bringen und damit „bearbeitbar" zu machen.
- In Jahrgangsteams kann ein Erfahrungsaustausch über die sich vergeblich mühenden Schülerinnen und Schüler einer Klasse organisiert werden, der allein ungewiss und auch belastend sein kann.
- Über Schulpartnerschaften werden Einblicke möglich, wie andere das Schulehalten gestalten und wie man die jeweiligen Tools austauschen könnte. Es wäre sogar ein Peer-Review-Verfahren organisierbar, in dem eine befreundete Schule wiedergibt, wie sie die besuchte Schule erlebt hat.
- In der Schulleitung können über Arbeitsteilung eigene Stellen für die Qualitätssicherung, insbesondere für die Selbstevaluation, eingerichtet werden. Sie können auch Lernstandserhebungen mit standardisierten und selbstentwickelten Tests durchführen.

Tools zur Zusammenarbeit mit der Elternschaft

An vielen Schulen ist die Zusammenarbeit mit den Eltern der Schlüssel für eine aussichtsreiche Bearbeitung von pädagogischen Problemen. Doch wie anfangen?

- Die Zusammenarbeit mit den Eltern kann über Schulfeste, über morgendliche Gespräche beim „Abliefern" der Kinder organisiert werden.
- In Konfliktfällen können Verträge mit Eltern vereinbart werden, um die Gemeinsamkeit des pädagogischen Handelns von Schule und Elternhaus zu fördern.
- Tägliche Trainingsstunden in Deutsch und Mathematik sind dort nötig, wo Vereinbarungen bestehen, Lernausfälle gezielt zu bearbeiten.

Hier wird Schulentwicklung konkret, auch wenn sie sich im tagtäglichen Geschehen bescheiden äußert. Diese Zuspitzung auf die Alltagsrealität und ihre Gestaltbarkeit mag jedoch in den Augen der Praktiker im Vergleich zu hehren allgemeinen Zielsetzungen und Strategieüberlegungen wohltuend konkret erscheinen.

3.5.6 Qualitätsbewusstsein und Evaluation

Die bisher beschriebenen Konzepte der Schulentwicklung münden neben der Erfindung von Tools in ein immer differenziertes Bewusstsein darüber, was eigentlich „Qualität" im Bildungswesen, hier auf der Mesoebene, ist. Die letzten Jahrzehnte repräsentieren eine einmalige Entdeckungsgeschichte von Schulqualität, die auch in sehr differenzierte Verfahren der Qualitätssicherung mündet.

Weil dieses Qualitätsbewusstsein heute so ausgefeilt ist, ist es möglich, die Realität daran zu messen, sie zu evaluieren. Selbstevaluation und Fremdevaluation von Schulen sind in einigen Ländern heute sogar im Gesetz festgeschrieben. Sie sollen die herkömmliche Fachaufsicht gegenüber Schulen und Lehrern ersetzen oder zumindest ergänzen.

An welchen Kriterien sollen Schulen gemessen werden? Die Antwort auf diese Frage kommt in den differenzierten Vorgaben für die Evaluation von Schulen, die derzeit entwickelt werden, zum Ausdruck. In der Schweiz sind die Arbeiten um Landwehr (2003) führend. In Deutschland bestehen intensive Bemühungen in fast allen Bundesländern, sogenannte Referenzrahmen zu entwickeln. Die umfangreichen Qualitätskataloge nehmen fast alle Anregungen und Forschungsergebnisse auf, die in den letzten Jahren erarbeitet wurden, also auch solche, wie sie hier berichtet wurden.

Die langen Qualitätslisten erzeugen das Bedürfnis, sie sinnvoll und merkbar zu ordnen. Wie kann man die unzähligen Qualitätskriterien sinnvoll gruppieren? Die Antwort liegt auf der Hand, wenn man davon ausgeht, was auf Schulebene geschieht und wenn man dies *handlungstheoretisch* entfaltet: Hier werden Vorgaben der Makroebene umgesetzt (rekontextualisiert) und zwar angesichts der konkreten Handlungsbedingungen vor Ort. Die Vorgaben der „Makroebene" sind – wie im obigen Kapitel gezeigt – ungeheuer vielfältig. Inhalte werden vorstrukturiert, die Ausstattung mit Personal wird „von oben" entschieden, finanzielle Mittel bereitgestellt und Entscheidungswege bestimmt. Wie im Kapitel zur Makrosteuerung beschrieben, haben sich hier in den letzten Jahren entscheidende Veränderungen vollzogen. Die einen bestehen in einer stärkeren *Kontrolle der Leistungsergebnisse*, die über *Standards* und *Aufgaben* präzisiert und *schulüber-*

greifend getestet werden. Dazu dienen teils standardisierte Abschlussprüfungen, teils klassen- und schulübergreifende Vergleichsarbeiten.

Zu markanten Änderungen zählen auch neue Kompetenzverteilungen zwischen der „Behörde" und den einzelnen Schulen. In bezug auf letztere hat sich ja wie beschrieben viel zugunsten der selbständigen Entscheidungsmöglichkeiten von Schule entwickelt. Abb. 3.16 macht dies für Baden-Württemberg sichtbar. Ähnliche Entwicklungen in Richtung größerer Entscheidungsmöglichkeiten einzelner Schulen lassen sich überall beobachten. Gegengewichtet werden diese neuen Autonomiespielräume durch eine Verstärkung der Evaluation. Die Erwartung der „Behörden" ist klar: Sie wollen evaluieren, wie gut die Schulverantwortlichen mit ihren Vorgaben, was Schulen tun sollen, vor Ort umgehen.

Für Baden-Württemberg heißt dies angesichts der Vorgaben des Ministeriums für Evaluationsfragen z.B.:
- Hat die Schule ein Schulprogramm entwickelt?
- Hat die Schule aus dem Schulprogramm stringent ein Schulcurriculum abgeleitet?
- Wie setzt die Schule die Bildungsstandards um?
- Wie geht die Schule mit den Kontingentstundentafeln um?
- Wie geht die Schule mit den schulübergreifenden Rückmeldungen in der Gestalt von Vergleichsarbeiten um? Nutzt es diese für die interne Qualitätssicherung?

ALTES MODELL DER AUFGABEN AUF SCHULEBENE	NEUES MODELL DER AUFGABEN AUF SCHULEBENE
PERSONALFÜHRUNG	
Lehrkräfte durch Behörde zugewiesen	Partielle Personalrekrutierung durch die Schulleitung
Beförderung als Regelbeförderung	
Schulleiter erstellt nur dienstliche Beurteilung	Personalführung: Zielvereinbarungen - Vergabe von Leistungsstufen - einstufige Beurteilung - Ausschreibung und Besetzung von Beförderungsstellen
Versetzungen durch die Behörde (Herrschaft der Personalreferenten)	
Besetzung von Funktionsstellen durch die Behörde	
PROGRAMMGESTALTUNG	
Lehrpläne voll verpflichtend	Schulcurriculum Profilbildung, durch außerunterrichtliche Veranstaltungen und Öffentlichkeitsarbeit
AKTEURVERANTWORTUNGEN	
Jede Schule mit derselben Organisationsstruktur	Schulen geben sich selber ihre Geschäftsordnung
Lehrkraft als Einzelkämpfer	Teamarbeit
Außerunterrichtliche Tätigkeiten erwünscht aber nicht verpflichtend	Schularbeit der Lehrpersonen verpflichtend Schulentwicklungsarbeit
QUALITÄTSSICHERUNG	
Klassische Dienstaufsicht	Qualitätssicherungsverfahren Evaluation Interne und externe Prozessbegleiter

Abb. 3.16: Alte und neue Modelle der Schulführung

In einem handlungstheoretischen Modell der Schulebene reicht es nicht aus, nur die Vorgaben ins Auge zu fassen. Schulen handeln angesichts sehr unterschiedlicher lokaler Umwelten. Dazu zählen zumindest
- die lokalen Schulangebote vor Ort, wie viele Schulen z.B. in Konkurrenz um gute Schüler stehen,
- die lokale Schülerschaft, die einer Schule zugewiesen ist, etwa durch Sprengel in einem großstädtischen sozialen Brennpunkt,
- die externe Unterstützung der Schule durch Politik, Medien und Elternschaft.

Das in Abb. 3.17 enthaltene Kernmodell der Schule als pädagogischer Handlungseinheit illustriert dieses Handeln der Schule angesichts externer Vorgaben.

Schulen können sich also viele Handlungsparameter nicht aussuchen. Sie können mit ihnen aber sehr unterschiedlich umgehen. Und darin liegt Schulqualität, die es zu evaluieren gilt.

	← Handlungseinheit Schule →	
RAHMEN-VORGABEN - Bildungsprogramm - Rechtliche Vorgaben - Personelle und sachliche Ressourcen	**UMGANG MIT RAHMEN-VORGABEN UND LOKALEN HANDLUNGBEDINGUNGEN** **Umsetzung des Bildungsauftrages** - Schulprogramm u. Schulcurriculum **Gestaltung der Verantwortung und Aufgabenverteilung** - Schulleitung: Führung und Management - Kollegium **Verfahren der Qualitätssicherung** - Umgang mit zentralen Prüfungsaufgaben - Professionalitätssicherung durch Ausbildung - Sicherung der Lehrqualität **Schulgestaltung** - Schulleben **Umgang mit Schülern** Schulkultur	**HANDLUNGSBEDINGUNGEN VOR ORT** - Lokale Bildungsangebote - Schülerschaft - Migrationshintergrund - Wohlstand und kulturelles Kapital
	Unterrichtsqualität Lehrqualität	
	Ertrag Leistungen, Akzeptanz, Umgangsformen, Erziehung	

Abb. 3.17: Handlungstheoretisches Modell der Qualitätskriterien

Evaluationsbereiche

Die Evaluationsbereiche, die dabei Aufmerksamkeit gewinnen, sind in der Regel recht ähnlich. Die Gegenüberstellung von Hessen und Baden-Württemberg macht dies sichtbar (s. Abb. 3.18).

Baden-Württemberg	Hessen
	Voraussetzungen und Bedingungen
Qualitätsmanagement	Ziele und Strategien der Qualitätsentwicklung
Schulführung und -management	Führung und Management
Außenbeziehungen	
Professionalität der Lehrkräfte	Professionalität
Schul- und Klassenklima	Schulkultur
Unterrichtsergebnisse und Unterrichtsprozesse	Lehren und Lernen
	Ergebnisse und Wirkungen

Abb. 3.18: Evaluationsbereiche

Während im Hessischen Referenzrahmen die Rahmenvorgaben und die Wirkungen der Schule explizit einbezogen werden, bleiben diese in Baden-Württemberg implizit. Sie kommen jedoch in den Fragen zur Gestaltung der Schulebene durch die Schulleitung und Lehrerschaft zum Ausdruck.

Welches sind nun die Prozessqualitäten, die genuin in der Verantwortung der Einzelschule stehen und deshalb Gegenstand der Selbstevaluation und externen Evaluation werden können?

Nach dem Schweizer Referenzrahmen sind es die in Abb. 3.19 wiedergegebenen, hier jedoch gekürzt und leicht abgewandelt aufgeführten. Dabei sind Qualitätsmerkmale jeweils zu Qualitätsbereichen gruppiert, in der tatsächlichen Evaluation aber getrennt zu behandeln. Zu allen Punkten sind vierstufige Antwortmöglichkeiten vorgeschlagen, die unterschiedlich bezeichnet werden können (z.B.: vollständig erfüllt/teilweise erfüllt/kaum erfüllt/überhaupt nicht erfüllt). Qualität zeigt sich danach im Umgang mit Rahmenvorgaben, in der Schulführung und Schulorganisation und in Verfahren des Qualitätsmanagements. Die in Abb. 3.19 aufgeführten Standards machen sichtbar, dass je nach der Verfassung eines Bildungswesens viele Handlungsbedingungen auf der *Makroebene* festgelegt sind oder auf der Schulebene als rechtliche Verfahren existieren. Für die Qualität der Einzelschule ist dann vor allem der Umgang mit diesen Regelungen relevant.

UMGANG MIT RAHMENVORGABEN

1. An der Schule gibt es ein Schulleitbild und Qualitätsleitbild, das gemeinsam erarbeitet wurde. Die Schule hat Vorstellungen entwickelt, was sie will und was ihr Qualitätsanspruch ist.
2. Die Schule hat aus den Lehrplanvorgaben ein schulspezifisches Curriculum erarbeitet.
3. Die Führung der Schule achtet auf das vorgeschriebene und vereinbarte curriculare Lehrprogramm und beobachtet dessen Einhaltung.

VERFAHREN: QUALITÄTSMANAGEMENT

4. Die Schule hat ein Qualitätsleitbild in einem partizipativen Verfahren entwickelt.
5. Es sind Verfahren institutionalisiert, die die Informationsbasis für das Qualitätsmanagement schaffen. Feedback zum eigenen Handeln gilt als Teil der Professionskultur.
6. Das Feed-back wird selbstwertbezogen und kollegial akzeptabel behandelt und für die Verbesserung genutzt.
7. Die Verfahren des Feedback sind auf ihre Praktikabilität und Fairness hin geprüft.
8. Das Verhältnis von institutionellen Anforderungen und der Autonomie des eigenen professionellen Handelns ist bewusst und in vereinbarten Regelungen festgehalten.
9. Das kontinuierliche Feedback ist in regelmäßige Verfahren der Selbstevaluation eingebettet.
10. Für die Selbstevaluation bestehen die institutionellen Verfahren und personellen Ressourcen, um sie ohne Überforderung durchzuführen.
11. Die Zufriedenheit des Kollegiums mit der Selbstevaluation ist wichtig und misst sich am Verhältnis von Ertrag und Aufwand.
12. Evaluationsergebnisse werden in Schulentwicklungsmaßnahmen umgesetzt.

**VERANTWORTLICHE AKTEURE:
SCHULFÜHRUNG, SCHULORGANISATION UND KOLLEGIUM**

SCHULFÜHRUNG

1. Die Schulführung ist von Zielorientierung, Mitbestimmung, Transparenz der Information und Kommunikation sowie von Respekt gekennzeichnet.
2. Entscheidungsprozesse sind für alle transparent und klar an definierte Kompetenzen gebunden.
3. Es gibt verschiedene Mitwirkungsverfahren, die eine breite Meinungsbildung ermöglichen.

4. Entscheidungen werden eingehalten, kommuniziert und kontrolliert.
5. Die Schülerschaft ist sachgerecht in Entscheidungen eingebunden.
6. Schulkonferenzen werden effektiv vorbereitet, durchgeführt und nachgearbeitet.

SCHULORGANISATION UND SCHULADMINISTRATION
1. Es bestehen Kommunikations-, Informations- und Kooperationsgefäße.
2. Mit der Öffentlichkeit wird effizient und transparent kommuniziert (Web-Auftritt, Schulbroschüren).
3. Zwischen den Verantwortlichen finden regelmäßig Absprachen statt.
4. Lehrer einer Klasse bilden eine Organisationseinheit, die sich regelmäßig trifft.
5. Für spezifische Arbeitsvorhaben und Anlässe werden Arbeitsgruppen eingerichtet.
6. Die Kriterien der Stundenverteilungen sind transparent und auf Effizienz, Programmgebundenheit und Fairness ausgerichtet.
7. Arbeiten am Dienst an der Schule werden in den Stundendeputaten ausgewiesen.
8. Die Verwaltung der Schule ist ökonomisch und zuverlässig geregelt. Sie ist zudem kundenorientiert und freundlich.

KOLLEGIUM
1. Die Beteiligung der einzelnen Lehrpersonen am schulischen Leben gilt als Teil der Professionalität und der Dienstpflicht.
2. Es besteht ein regelmäßiger Diskurs über die pädagogischen Grundfragen, um einen verbindlichen Konsens herzustellen.
3. Das Gefühl der Zugehörigkeit zur Schule und der Zusammenhalt im Kollegium werden unterstützt (z.B. durch Feste und Feiern).
4. Wohlbefinden in der Schule gilt als positive Voraussetzung für eine sinnvolle Balance von Belastung und Befriedigung.
5. Kollegiale Anliegen werden respektvoll und fair verhandelt. Die Privaträume und auch lehrbezogene Eigenverantwortlichkeiten werden respektiert.
6. Die Kommunikation im Kollegium ist offen, tolerant, verständnisvoll aber auch aufgabenbezogen. Anerkennung und Wertschätzung werden zum Ausdruck gebracht.
7. Es bestehen transparente Regelungen über die Art und Weise, wie im Kollegium kommuniziert wird. Rückmeldungen sind offen und respektvoll.
8. Persönliche Stärken der Lehrer werden zur Geltung gebracht und geschätzt.
9. Die Vertretung der Schule nach außen wird sorgfältig gepflegt. Partnerschaften werden eingegangen, Kontakte gepflegt und sachdienliche Beziehungen genutzt.
10. Die Schule versteht sich als Teil der regionalen und lokalen Kultur.

11. Das schulische Erfahrungsfeld ist auf die entwicklungsadäquaten Bedürfnisse der Schüler ausgerichtet, ihr Wohlbefinden ist wichtig.
12. Schüler werden als wichtiger Teil der schulischen Entscheidungsprozesse geschätzt und einbezogen.
13. Die Regeln des Handelns in der Schule werden ausgehandelt, klar gestellt und auch auf ihre Einhaltung hin überprüft.

UMGANG MIT DER SCHÜLERSCHAFT

1. Es gibt ein gemeinsames pädagogisches Konzept des Umgangs mit der Schülerschaft, das persönlich, wertschätzend, aufrichtig, freundlich und respektvoll ist und dabei konsequent auf komplementäre Haltungen der Schülerschaft achtet.
2. Die Regeln akzeptablen Verhaltens der Schüler in der Schule und in der Schulklasse werden klar dokumentiert und auch durchgehalten.
3. Es gibt ein Schulkonzept gegen Mobbing und Ausgrenzung einzelner Schüler.
4. Prosoziales und gemeinschaftsförderndes Handeln von Schülern wird klar kommuniziert, erwartet und auch wertschätzend beantwortet.
5. Neben den fachbezogenen Leistungserfolgen werden pädagogische und erzieherische Wirkungen regelmäßig erfasst und in die Gestaltung des Schullebens einbezogen.

Abb. 3.19: Referenzrahmen der Qualitätsbeurteilung (nach Landwehr, 2003)

Da zum Kern der Qualität des schulischen Geschehens die *Qualität des Unterrichts* gehört, gilt es, die Mesoebene auch nach den Bemühungen, Verfahren und Ressourcen bereitzustellen, zu beurteilen. Sie sollten geeignet sein, die Qualität des Unterrichts zu verbessern. Indirekt ist dies bei allen obigen Verfahren, Instrumenten und Ressourcen mitgedacht gewesen. Hier sind deshalb nur einige markante schulspezifische Strategien genannt, die geeignet sein könnten, die Qualität des Unterrichts der Lehrpersonen zu befördern und zu sichern. Dabei wird sichtbar, dass hier der Unterschied zwischen der Qualität der Schule und der Qualität der Lehre bei unterschiedlichen Lehrern verwischt wird. Umgekehrt formuliert: Guter Unterricht wird zu einer Verantwortung der Schule erklärt, was durchaus diskussionswürdig ist. Ausführende des Unterrichts sind einzelne Lehrpersonen mit einem gesetzlich abgesicherten autonomen Handlungsspielraum. Wenn nun Unterrichtsqualität auf eine Schule hochgerechnet wird, dann besteht die Gefahr des *Aggregationsfehlers*. Ein solcher Fehler läge z.B. vor, wenn die Unterrichtsqualität von drei sehr unterschiedlichen Lehrpersonen, einer sehr guten, einer mittelmäßigen und einer sehr schlechten summiert würden und dann der Unterricht an dieser Schule mit den drei Lehrern insgesamt das Urteil „durchschnittlich" erhalten und jede einzelne Lehrperson an dieser Schule damit als durchschnittlich bewertet würde. Andererseits wäre die Evaluation einer Schule ohne Blick auf das Lehren und Lernen untragbar verkürzt. Ein Schwerpunkt könnte in diesem Dilemma darin liegen, besonders darauf zu achten, was eine Schule unternimmt, um die Qualität des unterrichtlichen Handelns des Kollegiums zu sichern (s. Abb. 3.20). Die Möglichkeiten der Schulebene könnten auch auf dem gesetzgeberischen Wege gestärkt werden, wenn Lehrpersonen in ihrem Pflichtenheft stehen hätten, dass sie den Unterricht für die Beobachtung durch fachlich ausgewiesene Kollegen zu öffnen haben.

SCHULISCHE REGELUNGEN ZUR SICHERUNG DER UNTERRICHTSQUALITÄT

1. Die fachliche Qualität der schulischen Inhalte wird in Fachkreisen der Schule beobachtet, diskutiert und weiterentwickelt.
2. Curriculare Freiräume werden gezielt wahrgenommen und im Sinne von „Erweiterungen und Anreicherungen" sowie „Vertiefungen und Festigungen" umgesetzt.
3. Die Weiterentwicklung der professionellen Kompetenzen ist ein vereinbartes Ziel der Schule.
4. Die Transparenz der Anforderungen, das Ausmaß an häuslichen Arbeitsleistungen gilt als gemeinsam auszutarierendes Element der Gestaltung von Unterricht.
5. Die Lehrpersonen sind sich der Bedeutung einer Fehlerkultur auch im persönlichen Handeln der Schüler bewusst, regeln Konflikte aber fair, sachgerecht und mit klaren, pädagogisch angemessenen Konsequenzen.
6. Die Schule hat Verfahren entwickelt, um die besonderen Bedürfnisse der Schülerschaft kontinuierlich zu beobachten.
7. Die Schule hat Verfahren entwickelt, um der Heterogenität der Schülerschaft gerecht zu werden.
8. Die Gestaltung von Prüfungen wird an der Schule diskutiert, um einsehbare und faire allgemeine Regelungen zu kommunizieren. Entsprechende Absprachen sind institutionalisiert und Korrekturverfahren akzeptiert.
9. Die Prüfungsbewertung erfolgt zeitgerecht, objektiv und fair. Eine sorgfältige Fehleranalyse ist Teil des Verfahrens.
10. Prüfungsrückmeldungen gehen auf die individuellen Entwicklungsfortbzw. Rückschritte ein und kommunizieren diese entwicklungsförderlich.
11. Prüfungsanforderungen werden rechtzeitig angekündigt und transparent gestaltet.
12. Die Schule dokumentiert und beobachtet die Leistungen der Schülerschaft und reflektiert Entwicklungen in verschiedenen Fächern.
13. Die Schule greift auf schulexterne Leistungsprüfungen zurück, um ihren Erfolg, ihre Stärken und Schwächen zu reflektieren.
14. Die Schule dokumentiert die Erfolge der abgehenden Schüler und sucht nach Rückmeldungen zu Zufriedenheiten und Problemwahrnehmungen der Abnehmer.
15. Die Schule sucht nach systematischen Kenntnissen über den Leistungsstand und die Besonderheiten der Lebenssituation von neu aufgenommenen Schülern.
16. Die Schule dokumentiert die Durchlaufprozesse ihrer Schüler von Schulstufe zu Schulstufe.

Abb. 3.20: Maßnahmen zur Sicherung der Unterrichtsqualität auf Schulebene

Orientierung, in welche Richtung sich Schulen entwickeln sollten

Dieser Katalog von Qualitätsmerkmalen, der repräsentativ für viele ähnliche Bemühungen ist, resümiert die Diskussion um die Qualität der Einzelschule und verweist auf ein sehr differenziertes Qualitätsbewusstsein. Erstmals in der Geschichte der Schulentwicklungen liegen damit genaue Kartographierungen vor, in welche Richtungen sich Schulen entwickeln sollten.

Der hohe Differenzierungsgrad wirft aber auch die Frage auf, was billigerweise zu erwarten ist und was in welcher Weise überprüft werden kann. Dazu enthält das Q2E-Verfahren differenzierte Vorschläge, wie mit den Standards umzugehen ist, wie sie ausgewählt werden können und was mit den Ergebnissen geschehen könnte und sollte (Landwehr, 2003). Der Katalog von Bewertungskriterien bringt aber auch zum Ausdruck, dass die Schule als korporativer Akteur sehr gefordert ist, ja ohne entsprechende Ressourcen überfordert sein kann. Jede Schule wird sich sinnvollerweise auf eine vereinbarte Auswahl von Qualitätskriterien konzentrieren müssen. Für das Gelingen dieses Unternehmens wird es entscheidend sein, dass nicht nur die Evaluatoren mit Ressourcen ausgestattet werden, um die Anforderungen zu perfektionieren. Zeitliche und personelle Ressourcen brauchen vor allem die Schulen, die die Arbeit zu leisten haben.

„Und-Leistungen" und Gestaltungswille

Als Kerneinsicht bleibt dabei, dass Qualität in Schulen bedeutet, alle Details qualitativ gut zu gestalten. Dies bezieht sich auf die Gebäude und die Einrichtungen, auf die Qualität des inhaltlichen Angebotes, auf Merkmale des täglichen Umgangs, auf die Außenpolitik wie auf die Innenpolitik einer Schule. *Die gestaltete Summe der vielen Details lässt eine Schule herausragen.* Beim Kauf von wertvollen Gegenständen ist uns dies selbstverständlich, beim Buchen eines Hotels ebenso wie bei der Planung einer Reise. Qualität ist also eine UND-Leistung, die Summe und nicht das ENTWEDER-ODER einer komplexen Wirklichkeit. Dabei bleibt aber die Frage berechtigt, ob es nicht einzelne wenige Generierungskräfte gibt, die zur Vielfalt dieser UND-Leistungen führen. Es könnte ein genereller *Gestaltungswille* sein, oder eine kulturelle Erwartung, dass eine solche Gestaltung erfolgt, oder eine entsprechende Ausbildung oder entsprechende Ressourcen. Auch bei den Ursachen dürfte die Additivität verschiedener Kräfte bedeutsam sein und kein „oder". Bevor aber Qualität erreichbar ist, braucht es ein Bewusstsein dieser Qualität, braucht es auch Anschauung, was überhaupt erreichbar wäre.

Rationale Qualitätsstandards

Im Rückblick wird deutlich, dass mit dem obigen Referenzrahmen eine rationale Bestimmung von schulischer Qualität entstanden ist, die noch vor wenigen Jahren undenkbar gewesen wäre. Das Bewusstsein von Standards, wie schulische Qualität aussieht, hat sich dadurch geklärt und hochgradig verfeinert. Dabei kommen auch die entscheidenden Gesichtspunkte zu Vorschein, wenn die Qualitätskriterien handlungsrelevant werden sollen. Die obigen Konzepte betonen die Bedeutung von *Akteuren* und ihren *Verantwortungen*. Sie gehen ferner auf *institutionelle Verfahren* ein, die die Schulgestaltung regulieren und leiten. Schließlich sind auch die *Handlungsmodelle*, die nötigen *zeitlichen und materiellen Ressourcen*, die *Kompetenzen, Einstellungen, Ziele* und *„Tools"* im Blickpunkt. Ferner wird immer sichtbar, dass der Geist einer Schule und emotionale Beziehungen, dass also Sinngebungen und kulturelle Prägungen den gesamten Prozess der Schulgestaltung mitregulieren und im gelingenden Falle positiv tragen.

Es ist unübersehbar, dass oben ein Idealbild beschrieben ist, das eine Überrationalisierung und Überforderung bedeuten könnte. Schule ist – so könnte man praxisgesättigt einwenden – nicht streng rational zu perfektionieren. Eine zugespitzte Perfektionierung könnte sogar kontraproduktiv wirken.

Idealbild als zu hohe Messlatte?

Solche Vermutungen führen uns dazu, wieder die Empirie der Schulen als korporativen Akteuren zu beachten und zu fordern, dass am Schreibtisch entwickelte Ideale der Korrektur durch Erfahrung bedürfen. Das spricht jedoch nicht gegen die Bedeutung von Idealen, bringt aber die Perspektive zur Geltung, dass das Ideal immer das Gegengewicht des Möglichen und Praktikablen verlangt. Dabei gilt es, mehrere Konsequenzen von Qualitätsstandards zu beachten.

Ideal und Wirklichkeit

1. Wenn mit Verfahren der Qualitätssicherung und Evaluation auch rechtliche Konsequenzen verbunden sein sollen, wenn dadurch Lehrpersonen z.B. unterschiedlich bezahlt, zu Ausbildungen und institutionellen Verfahren verpflichtet und Schulleitungen zur Rechenschaft gezogen werden sollen, dann gilt es auch die *rechtlichen Voraussetzungen* der Qualitätssicherung und Evaluation sorgfältig zu prüfen. Personen dürfen dann nur dafür verantwortlich gemacht werden, was in ihrer „Macht" und in ihrem Aufgabenbereich liegt. Die erwähnten Aggregationsfehler könnten sich bei rechtlichen Konsequenzen entsprechender Evaluationen ungünstig auswirken.

Verantwortung und Evaluation

2. In den gesetzlichen Regelungen zu den Aufgaben und Pflichten von Lehrpersonen, Schulleitungen und ganzen Kollegien ist nicht nur festgehalten, wozu sie verpflichtet sind, sondern auch, wo ihre je persönlichen Freiheiten der Aufgabenerfüllung liegen. Lehrpersonen sind – grob gesprochen – frei in der konkreten Gestaltung ihrer Unterrichtsaufgaben, was methodisches Vorgehen angeht, solange dies nicht vereinbarten und belegten Standards guten Unterrichts widerspricht.

Persönlichkeitsschutz und Evaluation

Schulleitungen sind amtsgebunden und können an der Erfüllung der Amtspflichten gemessen werden. Ihnen ist aber nicht im Detail vorgeschrieben, wie sie diese Amtspflichten zu erfüllen haben.

Schulen wiederum sind durch die Schulgesetzgebung in definierten Handlungsbereichen autonom und werden an vereinbarten Kriterien gemessen, etwa an der Umsetzung der Bildungsstandards und an der Umsetzung des vereinbarten Schulprogramms. Diese gesetzlich festgelegten Rahmenvorgaben und Handlungsspielräume gilt es zu beachten, wenn sie zum Kriterium der Beurteilung werden sollen.

3. Ein weiterer Sachverhalt spricht dafür, bei der externen Beurteilung von Schulen sich zu mäßigen und Schulen nicht bis ins letzte Detail an einem einheitlichen Maßstab zu messen. In der Schulforschung ist nämlich keineswegs belegt, dass es klare Modalitäten der Schulgestaltung gibt, die insofern empirisch belegbar „bessere" Formen sind, als sie nachweislich bessere Ergebnisse erzielen. Es gehört vielmehr zu den großen Forschungsdesideraten, herauszufinden, was die wirksamen Prozesse sind. Selbst so hoch gehandelte Indikatoren wie das Ausmaß an Kooperation haben sich nicht zweifelsfrei unter allen Umständen als förderlich erwiesen. Nicht nur, dass damit ein hohes Konfliktniveau verbunden sein kann, auch der faktische „Nutzen" für eine bessere Schulkultur ist weiter untersuchungsbedürftig (s. u.a. Steinert et

Toleranz der Vielfalt

al., 2006). Kooperation scheint nur im Zusammenhang mit klaren inhaltlichen Aufgaben und Themen segensreich zu sein. Sie führt sonst schnell zu Pseudokooperationen.

Wenn somit konkrete Ausgestaltungen der Schule von den Wirkungen her nicht eindeutig als besser oder schlechter klassifiziert werden können, ist Vorsicht angebracht, Schulen über einen qualitativen Leisten zu schlagen. Dies bedeutet aber nicht, dass im pädagogischen Prozess in Schulen bewusst um Qualitätsstandards gerungen wird. Dies sollte aber im Lichte der gegenseitigen Respektierung und Toleranz für verschiedene Wege geschehen (Avenarius, 2006).

Grenzen des „Einwirkens" auf Menschen

4. Zu beachten ist schließlich, dass wir es bei der Qualitätssicherung im Bildungswesen nicht mit industriellen Betrieben zu tun haben (Rosenbusch, 2005), in denen über technische, dem „Material" adäquate Verfahren die Qualität eines Produktes gesteigert werden kann. Wir haben es hier vielmehr mit zwischenmenschlichen Wirklichkeiten zu tun, mit Formen des „Einwirkens von Menschen auf Menschen". Dies gilt sowohl für die Interaktionen auf Schulebene als auch für solche im Schüler-Lehrer-Verhältnis. In beiden Fällen dürfen wir nicht auf jede denkbare Weise „einwirken". Wir haben die Freiheit und Selbständigkeit des anderen jeweils zu berücksichtigen und zu achten. Diese moralische Grenze wird aber auch zu einer solchen der Effektivität, wenn die freiwillige Mitwirkung des jeweils anderen mit berücksichtigt werden muss. Schulqualität schließt auch ein, diese Grenzen, die durch die Rechte und Freiheiten von Personen vorgegeben werden, zu respektieren, wenn über die Brücke des Respekts gemeinsam eine hohe Qualität der Schule geschaffen werden soll.

Die Grenzen für eine falsche Zuschreibung von Allverantwortlichkeit als eigenständige Unternehmen sind nur zu klar. Schulen sind keine souveränen Betriebe. Ihnen wird die Leitung zugeteilt, sie können die Mitarbeiterinnen und Mitarbeiter nur begrenzt selber rekrutieren, sie bekommen die Produktionsmittel zugewiesen, ja sogar die „Kunden" oft zugeteilt. Markterfolge sind weitgehend ohne Folgen, wenn sie zu viele Schüler infolge großer Attraktivität rekrutieren, dann müssen sie diese wieder mühsam los werden. Dennoch, die obigen Ausführungen wollten zeigen, dass auch in diesem Rahmen sehr unterschiedlich Qualität gestaltet werden kann.

3.6 Die Bedeutung der Schulebene – ein Rückblick

Die obrigkeitsstaatliche Schule der Vergangenheit

Die Schulentwicklung der letzten Jahrzehnte ist einen langen Weg gegangen. Die alte Obrigkeitsschule als letztes enggeführtes Glied der Staatsverwaltung, in der das Verhalten der Lehrpersonen tabu war, in der von außen nicht hineinregiert werden durfte, in der Aufsicht und Kontrolle ausschließlich über die Verwaltung erfolgte, die Rechtsförmigkeit das einzige Qualitätskriterium der Schulführung war und in der der Schulleiter als unumschränkter Herrscher wirkte, in der Autorität und Disziplin die höchsten Tugenden symbolisierten und Schüler bei Ungehorsam mit einem Strafregister geknebelt wurden, ist vorbei.

Schulen sind heute – so zumindest das Ideal – eher kundenorientierte Dienstleistungsbetriebe, die am Wohl jedes einzelnen Schülers ausgerichtet sind. Sie sind Orte, in denen nach expliziten Qualitätsstandards und Werten gearbeitet wird, auf die sich alle verpflichten. Die Regelungen sind gemeinsame Vereinbarungen im Rahmen von staatlichen Vorgaben, die auf optimale Kommunikation, auf Programme, auf Offenlegung der Unterrichtsqualität ausgerichtet sind. Schulen sind selbstreflexive und lernende Orte und dies sowohl für Schüler als auch für Kollegien. Werte werden kommuniziert, Inhaltsprogramme offen gelegt und Verfahren der Qualitätssicherung eingerichtet. Schulen sind gestaltete Lebensräume, Orte vielfältiger kultureller und sozialer Erfahrungen. Ihre Mitglieder, seien es Lehrpersonen oder Schüler, werden geachtet und einbezogen. Die Türen der Klassenzimmer sind offen, das Jahr beginnt mit einem vereinbarten Programm, das zum Lernen bei allen Akteuren führen soll. Dafür gibt es feste „Gefäße", Orte, Zeiten und Ressourcen. Kollegien sind mehr Teams als Ansammlungen autonomer Einzelkämpfer.

Die kundenorientierte Schule der Zukunft

Diese Typologien repräsentieren keine überall vorfindbare Realitäten, sie sind vielmehr Projektionen, um Entwicklungsprozesse sichtbar zu machen. Es ist unübersehbar, dass sie Risiken und Vorzüge enthalten, die mitbedacht werden müssen. *Rechtssicherheit* und *Verfahrensklarheit, pädagogische Sensibilität und Offenheit* sind nicht leicht zu balancieren. Auf welchen Wegen man zu den „neuen Schulen" kommen kann, sei hier resümiert.

3.6.1 Von den Standards guter Schulen zu den Instrumenten der Schulgestaltung

In den letzten Jahren ist die einzelne Schule als wichtige Ebene der Gestaltung des institutionalisierten Bildungsprozesses und des Erfahrungsraumes für die Persönlichkeitsentwicklung erkannt worden. So entstand gerade im deutschen Sprachraum eine umfassende Literatur zur bestmöglichen Entwicklung von Schulen.[47]

Tools der Schulentwicklung

Der „Werkzeugkasten" der Tools zur Schulentwicklung ist in den letzten Jahren in einem beachtlichen Umfang gewachsen (für eine praktische Einführung s. bs. Seitz & Capaul, 2005). Heute wird er in der Regel so sortiert:

- Eine erste „Kiste" von „Tools" besteht aus Strategien der *Zielklärung, der Zielvereinbarungen*.
- Ein zweite Gruppe konzentriert sich auf *inhaltliche Schwerpunktsetzungen* in einer Schule, etwa im Rahmen eines Schulcurriculum.
- Neben diesen inhaltlichen Konzepten geht es viertens um *Verfahren der kollegialen Erarbeitung von Qualitätsstandards* und ihrer verantwortlichen Umsetzung.
- Schließlich erfordert Qualitätsentwicklung *Instrumente der Diagnose der schulischen Prozesse* und der Instrumente der Qualitätssicherung über die Überprüfung der Wirkungen der eigenen Arbeit (Feed-back-Instrumente).

---

47 Altrichter & Posch, 1996; Altrichter & Schley, 1998; Buchen, Horster, & Rolff, 1994; Dalin, Rolff, & Buchen, 1995; Eikenbusch, 1998; Haenisch, 1995a, 1995b; Holtappels, 1994; H. G. Holtappels, 1995; H. G. e. B. Holtappels, Karl-Oswald, 1995; Rolff, Buhren, Lindau-Bank, & Müller, 1998; Schratz & Steiner-Löffler, 1998; Szaday, Büeler, & Favre, 1996.

- *Techniken der Verhandlung*, von Verfahren der Personalentwicklung, von Instrumenten der gemeinsamen Unterrichtsentwicklung bis hin zu *Verfahren zur Erhöhung der Lernfähigkeit* von Schulen begleiten als heute weit verbreitete Tools den Prozess der Schulentwicklung.

3.6.2 Schulgestaltung als Entwicklungsweg

Gelungene Administration

Die Instrumente der Schulgestaltung können in einer Stufenfolge ihrer Komplexität angeordnet werden. Sie macht sichtbar, dass nicht beim Schwierigsten angefangen werden muss, um funktionsfähige und „good enough schools" zu entwickeln. So ist z.B. folgende Stufenfolge denkbar:

„Die Schule läuft"

1. Immer noch bildet die Notwendigkeit, Unterricht in einer Schule durch die Zuordnung von Zeiten, Räumen und Personen zu organisieren, das Zentrum der Organisationsaufgaben auf Schulleben. Eine Schule „läuft" schließlich, wenn zu festen Zeiten in definierten Räumen Lehrpersonen Schülern gegenüberstehen und das fächergegliederte Inhaltsprogramm in genau geplanten methodischen Schritten umsetzen. Wie reibungslos dies gelingt, gehört immer noch zu einem Kern der Verwaltungsqualität einer Schule. Es wäre falsch, die Größenordnung dieser Aufgabe zu unterschätzen. Sie hat in den letzten Jahren durch die immer stärker auf individuelle Bedürfnisse und Möglichkeiten von Lehrpersonen (Frauen, Familien mit Kindern, „Hausmänner") zugeschnittene Lehrdeputate noch zugenommen.

Fairness und Transparenz

2. Da mit den obigen Kernaufgaben unterschiedliche Interessen verbunden sein können, wird deren Koordination zu einer diffizilen mikropolitischen Aufgabe, die sehr viel Leitungs- und Kommunikationskompetenz erfordert. Ein fairer Interessenausgleich und eine faire Beteiligung der Kollegen sind noch vor dem Bemühen um die Verwirklichung von pädagogischen Idealen unerlässlich.

Schulleben

3. Seit der Reformbewegung am Beginn des 20. Jahrhunderts haben sich pädagogische Konzeptionen immer weiter entwickelt, Kindern und Jugendlichen Ausdrucksmöglichkeiten ihrer Fähigkeiten zu schaffen, die über rein intellektuelle Leistungen hinausgehen. Musik und Sport, Tanz und Theater repräsentieren Erfahrungsfelder, die in der Schulerinnerung häufig nachhaltiger haften bleiben als der Unterricht. Schule als Lebensraum und Erfahrungsfeld ermöglicht noch viel mehr: Sie kann Begegnungen mit bedeutsamen Erwachsenen, seien es Politiker, Zeitzeugen oder Künstler ermöglichen und demokratisches politisches Leben erfahrbar machen. All dies will organisiert sein. Dafür braucht es verantwortliche und engagierte Akteure, die es zusammenzubringen gilt.

Schließlich schafft die Schule die Chance, Begegnungen von Kindern und Jugendlichen untereinander zu arrangieren und ein vielfältiges soziales Leben zu organisieren. Auch dies erfordert eine Unzahl von koordinierenden Tätigkeiten, um altersspezifischen Bedürfnissen und sozialen Lernchancen gerecht zu werden. Ein pädagogisch wertvolles Gemeinschaftsleben, das angesichts des Rückgangs erziehungsstarker Familien und angesichts medialer Überflutungen notwendiger denn je ist, ergibt sich jedoch nicht schon durch das schlichte Zusammensein von Gleichaltrigen und Freunden.

Es bedarf der klugen Gestaltung und der Vorstrukturierung von geregelten Freiräumen. Im Rahmen von Ganztagsschulen sind solche pädagogischen Möglichkeiten naturgemäß leichter zu realisieren als in dicht mit Unterricht bepackten Halbtagsschulen, die selbst in den Pausen kaum Raum für gelassene Interaktionen lassen. *Ganztagsschulen*

Diese Anforderungen an moderne Schulen haben sich im Verlauf des 20. Jahrhunderts entwickelt und sind zu einem Standard modernen Schullebens geworden (s. für eine konzise Fassung von Standards zur Selbstreflexion von der Groeben, 2005). Die Bedeutung von Schule als Lebensraum ist angesichts der modernen Sozialisationsordnungen und den damit gegebenen bzw. fehlenden außerschulischen Lernchancen noch gestiegen. *Tools zur Förderung der Schulkultur*

4. Auf dem Hintergrund der *Reflexion* von Standards einer optimalen Gestaltung der Schulebene kann sich eine *Schulkultur* entfalten, in der das pädagogische *Engagement* einer Schule zum Ausdruck kommt. Sie setzt aber eine Gemeinschaft der Lehrenden voraus, die von gegenseitigem *Vertrauen* und *Respekt* getragen ist. Ohne solche gelungenen Beziehungsverhältnisse, die das eigentliche „Schmieröl" im „Getriebe" einer Schule sind, wird das pädagogische Alltagsgeschäft sehr mühsam. Eine gute Schulführung hat deshalb auch immer die schwierigen Beziehungsaufgaben zwischen allen Beteiligten im Auge: zwischen Leitung und Kollegium, zwischen Kollegen, zwischen Lehrern und Schülern und zwischen den Schülern und den Eltern.

Dabei – so lehrt vor allem der Schulkulturansatz von Helsper (2004) – dürfen keine illusionären und negativ akzentuierten pädagogischen Mythen entstehen, die die realen Konfliktzonen ins Unterbewusste verschieben. Es gilt immer auch, einen Dialog darüber zu führen, was individuelle Ansprüche und gemeinsame Regelungen sind, was Gleichbehandlung und soziale Gerechtigkeit im Umfeld der Schule bedeuten können, wo – um mit Dreeben (1968) zu sprechen – partikulare Behandlungen legitim, und wo universale Standards angebracht sind. Das Rationale einer universalistischen Leistungsorientierung muss bewusst mit der Rationalität der Individualität verbunden werden, Grenzen von Eigeninteressen und berechtigte individuelle Ansprüche gilt es immer wieder zu verhandeln. *Mythen und Gerüchte vs. Rationalität*

5. Die hier beschriebenen modernen Aufgaben der pädagogischen Gestaltung von Schulen, die in den letzten Jahren in den Vordergrund getreten sind, verweisen darauf, dass die verschiedenen Bemühungen einer Schule zu pädagogischen Konzepten zu bündeln sind, die das *Ethos* und das *Programm* einer Schule tragen. Das Instrument der Entwicklung von *Schulprofilen* und *Schulprogrammen* muss in dieser Tradition gesehen werden. Die kooperativ erarbeiteten Schulprogramme werden – wenn sie auf zeitlich festgelegte *Handlungspläne* und *Selbstverpflichtungen* hin präzisiert werden – zu einer wichtigen Grundlage der *Selbstevaluation* und der *Schulentwicklung* *Explizit machen: Ethos und Programm einer Schule*

6. Die Selbstevaluation wird heute ergänzt durch eine gezielte *Außendarstellung*, die die Angebote und Erwartungen in einer Bildungskonzeption sichtbar macht, die den Dienstleistungscharakter von Schulen betont. Dahinter steht auch eine Veränderung des Verständnisses des Staates und des öffentlichen Bereichs. Wir haben einen wichtigen Wandel vom Obrigkeitsstaat zum Bürgerstaat hinter uns, der schon in *Schulbauten* zum Ausdruck kommt. *Außendarstellung und Architektur*

Letztere transportierten in den mächtigen Bauten des späten 19. Jahrhunderts auch Autoritätskonzeptionen. Die offenen, modernen Glasbauten heutiger Schulen bringen ein anderes Verständnis der Öffnung von Schulen nach außen zum Ausdruck. Aber auch methodische Konzepte kristallisieren sich in der Architektur. Man halte sich nur den Wandel von der alten *Gang-Klassenzimmer-Schule* hin zu vielfältigen, *multifunktionalen räumlichen Arrangements* vor Augen.

Pflichten der Nutzer

Den Dienstleistungscharakter der Schulen gilt es aber gegenzugewichten mit den Verantwortungen der Schülerschaft und der Eltern. Das schulische „Produkt" ist sowohl das Ergebnis eines Angebotes als auch das Ergebnis der verantwortlichen Mitwirkung durch die Nutzungsseite

Autonomie: Chancen und Risiken

Im Umfeld erweiterter *Autonomie* von Schulen kommen auf Schulen naturgemäß weitere Handlungschancen und Anforderungen zu. Auch sie wollen genutzt und bewältigt werden. Wenn sie schlicht zu mehr Arbeit in den Schulen führt, dann steigt die Notwendigkeit, diese Aufgaben gemeinsam in einem Kollegium zu bewältigen und klar zu machen, wie Aufgaben und Ressourcen in ein vernünftiges Verhältnis gebracht werden können. Autonomie ohne weitere Ressourcen kann kontraproduktiv werden.

Schulen als lernende Organisation und Orte der Qualitätsentwicklung

7. Eine weitere Komplexitätsstufe der „Schularbeit" ergibt sich dann, wenn die *Schule als Ort der Kompetenzentwicklung von Lehrern* und der *Qualitätskontrolle* des Unterrichts verstanden wird. Wenn Schulleitern vermehrt solche Aufgaben zugeschrieben werden, dann steigen die Anforderungen an *Personalentwicklung* und *Mitarbeiterbeurteilungen*.

Fachschaften als Orte der Qualitätsentwicklung

Da guter und schlechter Unterricht tagtäglich in Schulen gemacht wird, erscheint dieser auch als zentraler Ort, gute Qualität zu beurteilen und zu belohnen und suboptimales Lehrerverhalten zu sanktionieren bzw. zum Guten zu entwickeln. Die *Fachschaften* in Gymnasien, in denen die inhaltlichen und fachdidaktischen Kompetenzen gebündelt sind, werden in dieser Perspektive zu zentralen Orten der kollegialen Weiterentwicklung von Unterrichtsqualität.

Anforderungen an die Evaluation

In der Summe wird die Schule zu einem strategisch bedeutsamen Ort des Lernens von Lehrern, ein Ort der Personalentwicklung und Organisationsentwicklung. Sie wird in Zukunft mit großer Wahrscheinlichkeit zu einem *Kernbereich der Qualitätsentwicklung im Bildungswesen*, die sowohl über interne als auch über externe Verfahren der Evaluation abzustützen und zu begleiten sein wird.

Spätestens an diesem Punkt wird sichtbar, dass eine Schulgemeinschaft nicht allein die Summe der Unterrichtsarbeit von einzelnen Lehrern ist, sondern mehr ist als „die Summe der Teile". Sie wird zum Ort der Qualitätsentwicklung und Qualitätssicherung der Unterrichtsarbeit, aber auch zum Ort der Entwicklung pädagogisch gehaltvoller Lebens- und Erfahrungsräume. Damit erhält die Schule mehr erzieherische Aufgaben, die aber nach Alter der Schüler und nach Schularten unterschiedlich zu gestalten sind.

Als staatliche Dienstleistung, die öffentlich finanziert wird, werden in den nächsten Jahren die Anforderungen steigen, die Qualität zu überprüfen und zu dokumentieren. Damit greift man aber in einen komplexen sozialen Raum ein, und: Diese Aufgaben werden nicht kostenneutral zu realisieren sein.

Die Entwicklungsstufen der obigen Aufgaben tangieren in erster Linie die *neue Rolle von Schulleitungen.* Sie müssen in hohem Maße
- Managementkompetenzen,
- Kompetenzen der Personalführung,
- und Kompetenzen der pädagogischen Entwicklungsarbeit

besitzen – dies auch dann, wenn sie je individuelle Ausgestaltungen dieser komplexen Rolle finden und finden müssen. Viele Rollenmodelle von Schulleitung der Vergangenheit hätten es heute schwer, seien dies die bekannten „Alleinherrscher" und „Patrone", die „Politiker" oder die reinen „Verwalter". Schon näher an die „Moderne" kommen solche Rollenauffassungen, die die Schulleitungen als Managementposten oder als politisches Amt verstehen. Bei ihnen besteht aber die Gefahr, dass die Bindungen an die Lehrtätigkeit und die Arbeitsplatzsituation der „unterrichtenden Lehrpersonen" schwächer werden.

Schulleitungen haben heute viele erweiterte Aufgaben, die eine gezielte Fortbildung erfordern: Sie sollten professionelle Entwicklungen des Kollegiums, Personalentwicklung und Unterrichtsentwicklung ebenso fördern wie ein soziales Klima des Pädagogischen und eine Gemeinschaft der Engagierten und Qualifizierten schaffen.

Diese hohen Ansprüche finden heute an vielen Orten ihren Niederschlag in neuen Ausbildungskonzepten für Schulleiter, z.B. in Handbüchern der Schulentwicklung und der Personalentwicklung (Buchen et al., 1994; Dubs, 1994). Sie sind alle darauf ausgerichtet, die Kompetenzen und personalen Ressourcen zu entwickeln, die für die Rekontextualisierung des Bildungsauftrages auf die Handlungserfordernisse der Schule vor Ort entstehen (s. dazu jüngst Seitz & Capaul, 2005). Dies ist in gewisser Weise die Stunde der Managementspezialisten, wie sie besonders in der Wirtschaft seit langem tätig sind. Deren Konzepte werden jetzt auf Schulen als vermeintlich ähnlichen sozialen Organisationen übertragen – nicht immer nur zum Segen der pädagogischen Besonderheiten im Schulwesen. Ohne ein klares Verständnis dessen, was die Besonderheiten pädagogischer Arbeit sind und ohne die eigene Erfahrung, wie sich die operative Umsetzung von Lehraufgaben „anfühlt", besteht die Gefahr, formale Prozesse des in anderen Bereichen möglichen Managements sachfremd der Schule überzustülpen.

Bei der Gestaltung von Schulen dürfen zudem die *Zielrichtungen* und *pädagogischen Leitideen* nicht aus den Augen verloren gehen. Neben der großen Bedeutung, die einer *stabilen, rechtskonformen* Verfahrenssicherheit, dem *fairen* Interessenausgleich und der *effektiven administrativen Führung* zukommen, gehören dazu *Werte*, die einleitend in Fallstudien in den Vordergrund getreten sind: „community" und „respect", gemeinsame Verantwortung und Achtung von Lehrern gegenüber Schülern und vice versa. Vor allem zählt dazu auch das Streben nach „academic excellence", die aus einem qualitativ hochwertigen Unterricht fließen muss. Doch damit bewegen wir uns auf eine neue Ebene der Schulgestaltung zu, auf die Ebene des Tag für Tag veranstalteten Unterrichts. Wie bedeutsam die Schulebene für die Effektivität des Bildungswesens im Sinne der Förderung

Marginalien:
Führungsstrukturen in Schulen

Besonderheiten von Schulen als Organisationen

eines hohen *Kompetenzniveaus* der Schülerinnen und Schüler ist, muss auch heute noch als weiter klärungsbedürftig angesehen werden. Um den Stellenwert der Einzelschule genauer zu bestimmen, bedarf es wohl einer Zusammenschau von Makrostrukturen, Mikrostrukturen des Unterrichts und vermittelnden Bedingungen auf Schulebene (s. vor allem Creemers, Scheerens & Reynolds, 2000). Der Weg zur Mikroebene bei der optimalen Gestaltung von Bildungsprozessen wird im nächsten Kapitel beschritten.

4 Die Mikroebene der „Menschenbildung" im Bildungswesen – „Lehrarbeit" als Rekontextualisierung des Bildungsprogramms an „lernende Subjekte"

Tagtäglich sind in Deutschland ca. 670.000 Lehrpersonen damit beschäftigt, den Masterplan der schulischen Bildung mit den Lernmöglichkeiten von ca. 17 Millionen heranwachsender Kinder zu synchronisieren. Wenn Lehrpersonen dies ein volles 40-jähriges Berufsleben lang tun, dann investieren sie dafür ca. 32.000 Unterrichtsstunden.

Die Begegnung von zwei Welten: Kultur und lernende Subjekte

Das entscheidende *operative* Geschehen des Lehrens und Lernens spielt sich in diesen vielen Begegnungen zwischen Lehrpersonen und Schülern in der Schulklasse und im Unterricht ab. Sie sind der „Ernstfall", bei dem die Begegnung der Kultur mit lernenden und sich entwickelnden Subjekten gelingen muss. Hier treffen beide „Welten" zusammen: die Kultur in der Gestalt von schulischen Anforderungen und Lernchancen und die sich entfaltende Welt des lernenden Menschen. Doch was heißt es, im Schnittfeld dieser „Welten" tätig zu sein? Es ist „Vermittlungsarbeit" in einem institutionellen Rahmen. Es findet nicht im norm- und rechtsfreien Raum einer Gesellschaft statt, es ist vielmehr eine Auftragsarbeit, eben eine Arbeit im größeren Rahmen von Bildungsinstitutionen.

In der Schule begegnen sich „Kultur" und „Kind"

Was „Institution" dabei bedeutet, ist in dieser Arbeit mehrfach erläutert worden. Darunter wurden Regelsysteme verstanden, die zu normativ geleitetem Zusammenhandeln führen. Wie bei einem Spiel, seien dies Kartenspiele oder Mannschaftsspiele, repräsentieren Institutionen die Regelwerke und ihre personellen sowie materiellen Grundlagen. Lehrerhandeln ist somit regelgeleitetes Handeln, es ist mitbestimmt durch das Dienstrecht, die Berufspflichten, die Lehrpläne, durch Prüfungsordnungen usw. Wie sich aber zeigen wird, reichen diese Regeln nicht aus, das Handeln von Lehrpersonen zu „determinieren". Das Spiel zu spielen verlangt zusätzliches Wissen und Können. Es ist dabei durchaus ein eigenständiger und kreativer Akt. Die Regeln des Fußballs zu kennen und anzuwenden führt noch nicht zu einem guten Spieler. Langjährige Übung und langjähriges Training sind notwendig, um gut „spielen" zu können. Gleichermaßen müssen auch Lehrpersonen ihr Arbeit erlernen und lange üben, um gut zu werden.

Masterplan der Schule
Lehrplan – Inhalte
Lehrgänge
Institutioneller Rahmen, z.B. Prüfungsregelungen

↓ ↑

Rekontextualisierung durch Lehrpersonen

↑ ↓

Situativer und personaler Handlungskontext
Kognitive Lehrvoraussetzungen
Motivationale Lernvoraussetzungen
Soziale Dynamik in Schulklassen

Abb. 4.1 Systematik des Auftrags an die operativen Akteure

Abb. 4.1 illustriert die Grundsituation des Lehrerdaseins. „Hinter" sich hat die Lehrperson den kulturellen Masterplan und den institutionellen Kontext, „vor sich" eine lebendige Schülerschaft. Die Institution mit ihrem Lehrplan, den festen Zeitplänen, Prüfungen und Verfahren verleiht ihm nicht zuletzt Sicherheit in seinem professionellen Handeln. Es wird jedoch jeden Tag auf die Probe gestellt, durch einen unendlichen Strom von Aktionen der Lehrpersonen und Reaktionen von Schülerinnen und Schülern in der Schulklasse. Lehrhandeln verlangt tagtäglich Entscheidungen und feinfühliges Eingehen auf Unvorhergesehenes. Tagtäglich können damit auch viele Fehlentscheidungen getroffen werden. Flexibilität, Lernfähigkeit und Feingefühl, aber auch Festigkeit und Zuverlässigkeit sind dabei erforderlich.

Was es braucht, um Lehrer zu sein

Die Abb. 4.2 verweist auf die Wissensbereiche, die Lehrerpersonen helfen, die Kernaufgaben ihres Auftrages zu bewältigen. Es sind dies Fachwissen im Sinne von Inhaltswissen und Zielwissen darüber, „was" sie lehren sollen. In der Gestalt genauer Aufgabenanalysen müssen sie dies täglich „kleinarbeiten". Die Lehrperson braucht aber auch Methodenwissen und Methodenkompetenz, also Wissen um das „Wie", um die Aufgaben in einen zeitlichen Ablauf des Unterrichtens umsetzen zu können. Diese Kompetenzen sind gespeist von „Subjektwissen", von Wissen über Schüler, über ihre Lernmöglichkeiten, Lernpräferenzen und Lernschwierigkeiten.

Wissen und Können von Lehrpersonen

Die Professionalität des „operativen Akteurs" enthält somit drei große Wissens- und Kompetenzfelder (s. Abb. 4.2):
- Inhaltswissen und kulturelle Fähigkeiten (z.B. Sprachen),
- Subjektwissen im Sinne von Kenntnissen über das „lernende Subjekt" und
- Methodenwissen bzw. methodisches Können.

Lehrpersonen müssen nicht nur über die *Bildungsprogramme* und die zu erreichenden *Ziele* (Zielwissen) Bescheid wissen, sie müssen nicht nur wissen, wie *lernende Kinder und Jugendliche* reagieren, sondern sie müssen auch *Instrumente* kennen, um die Ziele zu realisieren. Unterricht verlangt vor allem Methodenwissen und Methodenkompetenzen, um Lernprozesse bei den anvertrauten Kindern auf den Weg zu bringen (s. Abb. 4.2).

	Wissen	Können
Kultur	Kulturwissen (Content knowledge)	Kulturkompetenzen
Methode	Wissen um Vermittlung (Transmission knowledge)	Methodische Kompetenzen
Subjekt	Subjektwissen (Subject knowledge)	Psychologische Kompetenzen

Abb. 4.2: Wissen und Können von Lehrpersonen

4.1 Die Aufgabenstruktur der Lehrarbeit

Lehren scheint auf den ersten Blick einfach zu sein. Ein zweiter Blick enthüllt aber eine sehr eigenständige und komplexe Struktur. Nicht umsonst hat man sie häufig mit künstlerischen, technischen oder gärtnerischen Tätigkeiten verglichen. Die Ähnlichkeit ist aber sehr oberflächlicher Natur. Es gibt wesentliche Differenzen, die die Besonderheit pädagogischen Handelns zum Vorschein bringen. Theodor Litt (1927) hat dies unübertroffen geschildert, indem er sichtbar gemacht hat, warum Metaphern für die Beschreibung pädagogischen Handelns, etwa jene des Gärtners, des Künstlers oder des Technikers nicht zutreffend sind und den Besonderheiten pädagogischen Handelns nicht gerecht werden.

Erste Annäherung: Besonderheiten des „Einwirkens" auf Menschen

	Merkmale des Objektbereichs des Handelns	Ziele des Handelns – Formgebung und Zwecksetzung
KÜNSTLER	Nur Material für die Zwecksetzung	Gestaltungsrichtung völlig vom Handelnden vorgegeben
GÄRTNER	Organismus als immanente Teleologie – Gestaltungsrichtung vorgegeben	Anpassung an die inneren Entwicklungsgesetze Umwelt ist nur „Nahrung"
TECHNIKER	Gesetze der Natur geben Eingriffsmöglichkeiten vor	Neuarrangement der Gesetze der Natur für definierte Zwecke
PÄDAGOGE	Eigendynamik der Entwicklung Eigenintentionalität des sich entwickelnden psychischen Systems	Gestaltender Wille und Formgebung als Hilfe zur Selbstentwicklung Gestaltung durch Vorgaben von hochwertigen Entwicklungs- und Lernmöglichkeiten

Abb. 4.3: Besonderheiten pädagogischen Handelns nach Litt

Abb. 4.3 macht dies in der Gegenüberstellung von Eigengesetzlichkeiten der „Materie", der gegenüber gehandelt wird, und den „formenden Kräften" der Handelnden, sichtbar. In unserem Falle sind dies die *Eigengesetzlichkeiten* von Kindern und Jugendlichen und die formenden *Absichten* von Pädagogen.

Besonderheit pädagogischen Handelns

Gärtner	- Im Falle des Künstlers ist die „Materie" in Grenzen frei verfügbare „Masse" dafür, dass er seine Imaginationen umsetzen kann. Der Gestaltungswille steht hier im Vordergrund, die Materie ist der Stoff, an dem sich dieser manifestiert.
	- Der Gärtner hingegen muss sich dem „Telos" der Materie anpassen. Sie gibt die Handlungsrichtung vor, die durch Düngung, Licht, Luft und Wasser in ihrer immanenten Entwicklungsrichtung gesteigert oder beeinträchtigt werden kann.
Techniker	- Der Techniker wiederum ist von der Entdeckung der Gesetze in der Natur abhängig. Sie geben ihm dann die Chance, durch ein Ausnützen dieser Gesetze in Verbindung mit Zielen diese neu so zu arrangieren, dass neue Wirkungen erzielt werden können.

Lehrende und Erziehende

In einer ganz anderen Situation sind Lehrende und Erziehende. Sie handeln gegenüber einem Objektbereich, der *kein* klares inneres Telos hat, das die Entwicklung ganz vorgeben würde. Die „Objekte" haben zwar eine *Eigendynamik*, aber noch klarer eine *Eigenverantwortung*. Sie sind der eigentliche Ort der Entwicklung, ihre Dynamiken und Handlungsmöglichkeiten stehen in der im Lauf des Lebens zunehmenden Selbstverantwortung der „Objekte, auf die eingewirkt wird". Von „Objektbereich" zu sprechen trifft damit die Besonderheit des Handlungsbereichs von Pädagogen nicht mehr. Er begegnet vielmehr „Subjekten", also potentiell eigenständig handelnden Personen. Wenn diese Vorgaben des Subjekts so stark sind, ist dann der „gestaltende Wille" – etwa der Masterplan eines Bildungswesens – noch bedeutsam, bzw. wie bedeutsam darf er sein? Welche Verantwortung hat die Lehrerschaft, welche Selbstverantwortung trifft die Schülerschaft? Diese Fragen treffen den Kern der pädagogischen Handlungsaufgaben.

Die ethische Frage

Die Hilfe zur Selbsthilfe als normative Einschränkung des *Einwirkens* von Menschen auf Menschen tritt in einer Anthropologie in den Vordergrund, die die Entfaltung der humanen Möglichkeiten zur *Selbstbestimmung* und *Selbstverantwortung* betont und von hier her das Einwirken auf Menschen normativ begrenzt. Unethisch erscheinen uns heute Zwang, etwa in der Gestalt der Prügelstrafe (s. z.B. Schohaus, 1930; Tesar, 1992), aber auch die psychische Verletzung. Es wäre ein Leichtes, Kinder „zur Räson zu bringen", wenn alle Mittel, auch die der Schmerzzufügung, erlaubt wären. Das Moment der personalen Rechte der Akteure, die Rechte auf Unversehrtheit der Person und die Rechte auf Gehörtwerden und Beteiligung untersagen in unserer Kultur Gewaltverhältnisse und über physische Sanktionen erfolgende „Erziehung".

Die psychologische Frage

Es stellt sich aber auch die psychologische Frage, wie denn auf heranwachsende Menschen überhaupt eingewirkt werden *kann*. Nicht auf jedes „lernende System" kann durch bloße Willensäußerung eingewirkt werden. Dies kommt in der Karikatur zum Ausdruck, in der ein Fisch in Lebensgefahr gebracht wird, um ihn zum Sprechen zu bringen (s. Abb. 4.4).

"So! ... You still won't talk, eh?"

Abb. 4.4: Eine Fehleinschätzung der Lernmöglichkeiten!

Psychologisch erfordert das „Einwirken" auf Menschen die Kenntnis der inneren Prozesse von Lernenden. Erwachsenen muss die innere Welt der Kinder aber nicht verschlossen sein und bleiben. Sie können durchaus erfahrungsgestützte Repräsentationen dieser Welt aufbauen und darüber an die Kinder anschlussfähig werden. „Einwirken" wird dabei aber mehr ein Austausch von Verständnissen und eine Regulierung von Intentionen, wird also mehr ein „Verständigen mit" als ein „Einwirken auf". Dies unterscheidet pädagogisches Handeln fundamental von künstlerischem, gärtnerischem oder technischem.

Was kann der andere lernen?

Diese Komplexität des Erziehens stand auch Sigmund Freud vor Augen, wenn er Erziehen in die drei unmöglichen Künste, neben dem Regieren und dem Heilen, einordnet.[48] Immer geht es dabei um das Einwirken auf Menschen, auf Menschen mit einer komplexen Eigendynamik und einer ethischen Selbstverantwortungsfähigkeit.

4.1.1 Primäre Rekontextualisierung: Die Systematik des Auftrags des operativen Akteurs „Lehrperson"

Lehrersein heißt, tagtäglich auf Menschen im institutionellen Auftrag „einzuwirken", indem kulturelle Problemlösungen und Inhalte Kindern und Jugendlichen nahe gebracht werden und so zu den ihren werden. Diese Adaption von Kultur bzw. des Masterplanes schulischer Bildung an die Besonderheiten lernender Subjekte soll hier *primäre Rekontextualisierung* genannt werden. Das schulische Programm muss durch die Lehrerschaft auf die Besonderheiten „lernender Systeme" abgestimmt werden. Die „lernenden Systeme" können zwar belehrt wer-

Anschlussfähigkeit an psychische Systeme

---

48 Im Geleitwort zum „Tagebuch eines jungen Mädchens" (Kulessa, 1987)

den, ihnen kann aber das Lernen selber nicht abgenommen werden. Lehren und Lernen in Schulen erschöpft sich jedoch nicht in diesem primären Prozess. Lehrpersonen müssen sich an institutionellen Regelvorgaben wie Prüfungen orientieren und ihr Handeln steht in einem komplexen sozialen Erwartungszusammenhang von Elternhaus, Gemeinde und Öffentlichkeit. (s. Abb. 4.4). Die Orientierung an diesen Handlungsbedingungen wird hier *sekundäre Rekontextualisierung* genannt. Wie sich zeigen wird, konzentriert sich die Lehrerbildung häufig auf die primäre Rekontextualisierung und sieht in der kompetenten Erfüllung der damit verbundenen Aufgaben ihr primäres Anliegen. Lehrpersonen können aber durchaus daran scheitern, dass sie die sekundären Rahmenvorgaben nicht genügend ernst nehmen und kompetent umsetzen.

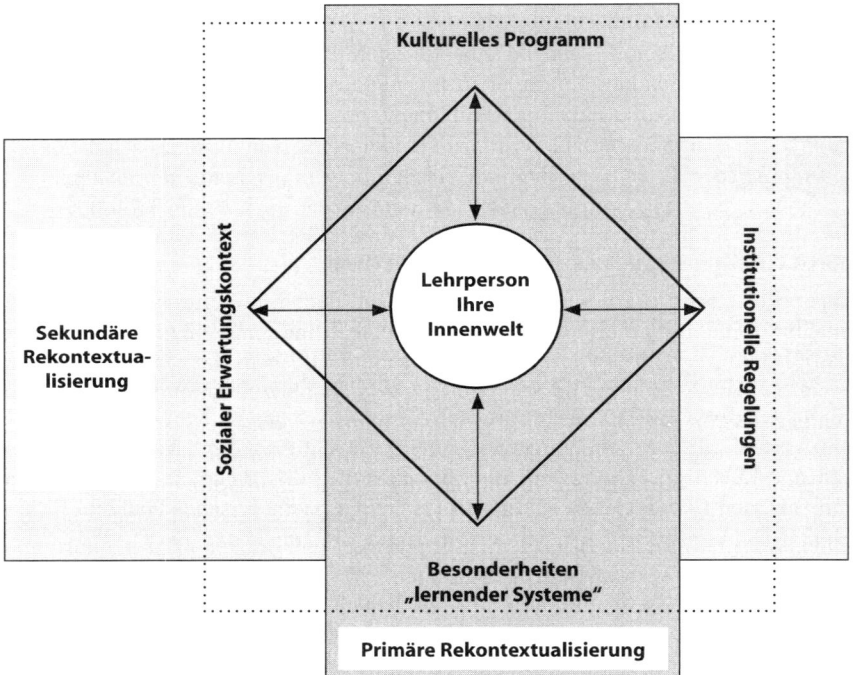

Abb. 4.5: Orientierungspunkte der Lehrerarbeit

Kann Lehren scheitern?

Die Vorgaben der Institution Schule, die kulturellen Inhalte und die unzähligen Regeln des Bildungswesens treffen damit auf eine neue „Wirklichkeit", an der alle diese Vorgaben scheitern können, weil sie nicht realisierbar sind oder gar abgewehrt werden, weil sie der kindlichen Welt nicht gerecht werden und die Bedingungen engagierten Lernens verfehlen.

Für die operative Realisierung der Schulziele stellt sich damit die Aufgabe, Verfahren zu erfinden und zu entwickeln, die die Inhalte (den Stoff) und Bildungsziele an die psychischen Vorgaben der Kinder und Jugendlichen *anschlussfähig* machen und helfen, diese Ziele zu realisieren. Diese Aufgabe ist den operativen Akteuren, den Lehrpersonen, gestellt.

Sie erfordert, wie oben ausgeführt, Inhaltswissen, Subjektwissen und Methodenwissen. Inhaltswissen ist auf der Makroebene in der Gestalt der Lehrpläne bereits ausführlich geschildert worden. Es leitet über das „Fachwissen" die operative Arbeit von Lehrpersonen. Im Folgenden stehen das „Subjektwissen" und das „Methodenwissen" im Vordergrund, um die Besonderheiten der Lehraufgaben plastisch sichtbar zu machen.

4.1.1.1 Die Bedeutung von „Subjektwissen" für Erziehung und Unterricht

Mit dem Masterplan im Rücken treffen Lehrende somit auf eine neue Wirklichkeit: auf die psychischen Eigengesetzlichkeiten der „Adressaten". Die Erfüllung von Lehraufgaben ist auf dieser Ebene von Vorstellungskonzepten abhängig, wie diese „Adressaten" „sind". Wie bedeutsam ein solches Wissen über den Adressaten von Lernen ist, sei an einem fiktiven Beispiel vorgeführt.

Wie sieht die „neue Wirklichkeit der lernenden Subjekte" aus?

Angenommen, es habe sich herausgestellt, dass neue Technologien es überflüssig machen, dass Menschen einfache Geräte mit monotonen Anforderungen bedienen und dass es ausreicht, wenn dies im frühen Alter trainierte Affen tun. Deshalb wird gefordert, Affen auszubilden, um Menschen zu schonen. Aus den Bedienungsanforderungen (dem Masterplan) ergibt sich, dass 50 Signale gelernt und 50 Handgriffe trainiert werden müssen – dies ist also der Lehrplan.

Doch wie lässt sich ein solches Programm umsetzen? Vor welchen Aufgaben stehen die „Lehrer", wenn ihnen plötzlich jeweils zehn Affenkinder für das entsprechende Training zugewiesen werden?

Sie stünden dabei wahrscheinlich vor einer angstbesetzten Entdeckungsnotwendigkeit, wie Affen reagieren, was sie verstehen können und wie man vorgehen muss, damit die erwünschten Lernprozesse eintreten.

Dazu müssten die „Lehrenden" z.B. wissen:
- Wie mache ich mich verständlich?
- Wie kann ich zum Ausdruck bringen, was ich will?
- Wie kann ich die Affenkinder dazu bringen, dass sie lernen wollen?
- Wie können sie sich Reaktionen einprägen?
- Wie viele Reaktionen können sie in welchem Zeitraum lernen und wie lange behalten?
- Reagieren Affenkinder bei bestimmten Methoden mit Unverständnis, mit Aggression oder brechen sie zusammen?
- Wie reagieren sie auf Belohnung und Bestrafung?
- Wann werden Affenkinder für mich gefährlich?
- Welche Bindungen entwickeln die Affenkinder an mich als Lehrer, von denen sie sich nicht mehr befreien können?
- Wie reagieren sie auf Trennung?
- Wie werden die Affenkinder untereinander reagieren?
- Werden sie untereinander aggressiv?
- Wie viele Affenkinder kann ich zusammen unterrichten?
- Wie reagieren sie, wenn ein Affenkind belohnt wird, der andere aber keine Banane bekommt?
- Kann ich die Affenkinder über alle Jahre gleich behandeln?
- Wie verhalten sie sich, wenn sie geschlechtsreif werden?

Die Fragen, wie das „psychische System" von Affenkindern funktioniert, was sie auf welche Weise lernen können, welches Zeichen von Überforderung und von Fehlentwicklungen sind, bedürften einer Antwort, um sie trainieren zu können.

Noch dramatischer wird die Bedeutung des „Subjektwissens" bei der Dressur von Raubtieren. Ohne Kenntnis, wie etwa Löwen reagieren und wie sie zu einem bestimmten Verhalten gebracht werden können, wäre ein Training von Raubtieren unmöglich und lebensgefährlich.

Die Entdeckung der „Menschenkinder"

Wenn „Menschenkinder" unterrichtet werden sollen, dann stellen sich ähnliche Fragen. Ein Blick in die Geschichte der Erfindungen von Unterrichtsformen macht schnell sichtbar, dass die entwickelten Methoden von Annahmen abhängig waren, wie Kinder „sind" und wie sie lernen. Der Blick in die Geschichte belegt gleichzeitig eindrucksvoll, dass unsere Konzepte von Kindern, deren Persönlichkeit, Lernmöglichkeiten und Entwicklungsprozessen kulturelle Konstruktionen sind, die nicht selten voll von Fehlannahmen und Fehleinschätzungen waren. Dies gilt für alle Dimensionen der für die Rekontextualisierung von Bildungsprogrammen in Lehrprozesse relevanten Orientierungspunkte:
- für Modelle, wie Kinder lernen, sich etwas einprägen, Fertigkeiten aufbauen,
- für Konzepte, wie Kinder auf Lob und Tadel, auf Belohnungen und Bestrafung reagieren,
- für das Wissen, wie sich Kinder im sozialen Kontext von Gleichaltrigen bewegen,
- für Wissen um Probleme von Kindern, um Fehlentwicklungen und Hilfsbedürftigkeiten.

Solches Wissen ist in den letzten Jahrhunderten im okzidentalen Kulturkreis systematisch erarbeitet und immer wieder korrigiert worden. Ein kurzer Rückblick macht sichtbar, dass die Geschichte des „Subjektwissens" Teil der Kulturgeschichte, in jüngster Zeit auch Teil der Geschichte wissenschaftlicher Forschung über Kinder ist.

Körperliche Strafen

Wie sehr eine „Behandlung" von lernenden Subjekten von *Vorstellungen über Kinder und Jugendliche* abhängt, zeigt das folgende Beispiel der puritanischen Erziehung. Die Kernvorstellung war die: Das Kind ist ein gefährdetes, mit der Erbsünde behaftetes Wesen, das zum Guten geführt und gerettet werden muss. Diese Vorstellung ist nun sehr folgenreich, wenn man deshalb glaubt, Kinder so erziehen zu müssen:

„Beuge seinen Kopf, solange es jung ist und schlage es auf den Hinterteil solange es ein Kind ist, sonst wird es widerspenstig und dir ungehorsam und deinem Herzen so viel Ungemach bereiten" – so lautet eine Passage im Katechismus des Sir Thomas Bacon aus dem Jahre 1550 (aus Maccoby, 1980, S. 4).

Schläge gehörten mit dieser Begründung bis ins 20. Jahrhundert zum pädagogischen Standardrepertoire von Eltern und Lehrern. Nicht selten mussten Kinder vor den Eltern knien, um mindestens einmal täglich deren Segen zu empfangen. Calvin hat die Todesstrafe für Jugendliche verlangt, die chronisch ungehorsam gegenüber den Eltern sind. Kleine Kinder wurden wie Bündel eingeschnürt und an die Wand gehängt, während die Eltern ihrer Arbeit nachgingen, und die Windeln wurden dabei nicht regelmäßig gewechselt. Säuglingen und kleinen Kindern wurden häufig Alkohol oder Opiate gegeben, um sie ruhig zu halten. Manche Eltern betrachteten das Krabbeln und das Kriechen als tierisch und versuchten, diesen Ausdruck des Tierischen im Menschen zu verhindern. Sobald Kinder stehen konnten, wurden in machen Gegenden eiserne Korsetts oder Korsetts aus Walknochen konstruiert, um möglichst früh eine aufrechte Position zu fördern.

Die Geschichte der Kindheit ist geprägt von Infantizid, sie ist voll von Grausamkeiten Kindern gegenüber. Die puritanisch-fundamentalistischen Kreise waren nach Maccoby besonders rigoros. Sie hielten es für ihre Pflicht, das Böse im Menschen auszurotten.

Die Strafe, Strafen zu müssen

Maccoby berichtet von einer Episode, die das Kernproblem der Erziehung betrifft: jemandem etwas beizubringen bzw. ihn zu erwünschtem Verhalten zu bringen. Das Kind – in diesem Fall ein Junge – konnte dasjenige nicht, was der Vater glaubte, erwarten zu können. Er meinte, im Verhalten des Jungen einen böswilligen Widerstand zu entdecken und schritt zur Bestrafung. Er nahm den Jungen in den Keller, zog ihn nackt aus, band ihn an und schlug ihn. Die Beschreibung durch den Vater macht nun den wichtigen Aspekt deutlich, dass dies aus moralischem Verpflichtungsgefühl geschah und dem Vater selber sehr nahe ging.

Der Vater (um 1830) beschreibt dies so:

„Das Kind war festgebunden, ich selbst, die Frau meines Herzens und die Hausherrin waren voller Kummer und niedergeschlagen. Ich begann, die Rute zu gebrauchen ...Während dieser höchst unerfreulichen, mir sehr widerstrebenden und unangenehmen Arbeit macht ich häufig Pausen, gab mir Befehle und versuchte es mit Überredung, brachte Entschuldigungen zum Schweigen, antwortete auf Einwände ...Ich spürte die ganze Kraft göttlicher Autorität und einen ausdrücklichen Befehl, wie niemals sonst in meinem Leben ...Aber angesichts des alles beherrschenden Einflusses einer derart zornigen Leidenschaft und Hartnäckigkeit, wie sie mein Sohn gezeigt hatte, war es kein Wunder, dass er glaubte, er ‚müsse mich ausbürgern' – schwach und ängstlich wie ich war, und wo er doch wusste, dass es mich fast krank machte, ihn zu peitschen. Zu jener Zeit konnte er weder mit mir noch mit sich selbst Mitleid haben" (deMause, 1977, S. 23).

Eltern strafen hier also im moralischen Auftrag: Ihr Menschenbild, ihr Kindbild, ihre Vorstellungen von der Persönlichkeit, den Äußerungen des Bösen im Kinde führen zu ihren Formen des Umgangs mit dem Kind. In der Renaissance finden wir dann pädagogische Empfehlungen, die den Eltern nahe legen, dass man dem Kind, wenn man es schlägt, dies gegen den eigenen Willen und nur mit eigener Pein tue und dass das Kind den Eltern diese Pein ersparen solle. „Dann forderst du es auf, dir nicht noch einmal solche Mühe und Pein zu bereiten; denn wenn du das tust (so sagst du), dann musst du einen Teil der Pein mit mir tragen, und deshalb sollst du jetzt erleben, welche Pein es für uns beide bedeutet" (nach deMause, 1977, S. 23).

Konzepte, „was Kinder sind" (s. z.B. Aries, 1975; deMause, 1977; Forster & Krebs, 2001; Oehme, 1988), rechtfertigen nicht nur, wie man mit ihnen umgehen und sie erziehen muss. Sie erzeugen noch grundlegender Erwartungshaltungen und Aufmerksamkeiten für kindliches Handeln. Sie liefern die *Kategorien für*

Das problematische Kind

die Aufmerksamkeit. Wie Kinder „gesehen" werden und wie sie deshalb beschrieben werden, kommt z.B. in den Aufzeichnungen über Kinder im berühmten Waisenhaus von August Herrmann Francke (1663-1727) zum Ausdruck. Hier haben wir eine einzigartige historische Quelle dazu, wie Kinder wahrgenommen und kategorisiert wurden, da über die aufgenommenen Kinder Buch geführt wurde. Sie wurden säuberlich nach Eingang, Herkunft, Können und Verhalten sowie Abgang sortiert, also in Latein nach *Nomina, Patria, Parentes, Annus nativitatis, Tempus receptionia, Qualitates accedentium, Fata, Qualitas abeuntium.*

Nicht immer konnten alle Kategorien ausgefüllt werden. So sieht z.B. eine typische Beschreibung aus:

Nr. 269:
„*Parentes*: Pastor
- konte gut lesen und ein wenig schreiben
Fata: lieff am 6ten ohne einige Ursach davon 1704 mit Philippen. Man niemahlen Nachricht gehabt wo er geblieben.
Qualitates abeuntium: hielt sich üßerlich still. u. gehorsam, gab a. anfangs gute Hoffnung von sich. Weil er aber das Betteln gewohnt war, so konte er nicht bleiben. Er hatte viele Erkenntniß aus (d)er Schrifft."

Wenn man Hunderte von Beschreibungen an sich vorbeiziehen lässt, dann fällt nicht nur auf, wie global die Wahrnehmungskategorien waren, sondern auch, welche spezifischen *moralischen* Kategorien die Beobachtungen lenkten. Die folgenden Beispiele illustrieren dies.[49] Aufschlussreich sind die Beschreibungen des „*Eingangsverhaltens*" und des „*Endverhaltens*":

Nr. 263
„- konte lesen, aber gar nichts schreiben, war voller Boßheit" – dann im Abschluss: „war ein greüler Bube sehr halsstarrig trotzig lügenhafftig u. diebisch, es ist seines gleich(en) nicht bey uns gewesen."

Nr. 264
„- konte lesen und etwas schreiben, war ein böser Knabe –
Dann beim Abgang aus der Anstalt: War noch ein sehr böser Bube."
Trotz, Zorn, Eigensinn, Böswilligkeit – dies waren hier dominante Kategorien der Charakterisierung von problematischen Entwicklungen.

Andere Akzente finden wir bei den Mädchenbeschreibungen. Kategorien wie einfältig, fromm, furchtsam und still, aber auch säuisch und unflätig, tückisch und lügenhaft finden sich hier häufig.[50]

---

49 Die Unterlagen verdanke ich Prof. Pia Schmid von der Universität Halle, die sie für ein Seminar zusammengestellt hat.
50 Für eine eindrucksvolle literarische Beschreibung s. die Geschichte vom „Mädchen Meret" im Grünen Heinrich von Gottfried Keller. Dort wird dramatisch geschildert, wie ein „Korrektionsunternehmen" eines Pastors gegenüber einem Mädchen, das sich weigert zu beten, verläuft und (böse) endet. Schöne Beispiele für die Orientierung an der Innensicht von Kindern und die von hier her sich ergebenden Anschlussmöglichkeiten finden sich im berühmten „Krebsbüchlein" von Salzmann.

Die Lebensläufe in diesen Beschreibungen sind unvorstellbar unstetig: Kinder laufen davon, werden nie mehr aufgefunden, sind häufig krank, sterben oder kommen im glücklichen Fall zu den Eltern zurück oder in geistliche Berufe. Der Weg in die Moderne, in der wir eine viel positivere Einschätzung des Kindes gewohnt sind, ist jedoch nicht geradlinig. In den Institutionen, seien es korrektive oder edukative, tauchen immer wieder problematische Bilder auf (s. als Parallele die Anwendung von Strafe bei sogenannten „Kriminellen" Foucault, 1976). So standen in der Mitte des 19. Jahrhunderts nach den Studien von Ruchat (1993) das „stolze" und „lügnerische" Kind, um 1870 das „aufrührerische" und „hinterlistige" Kind, zur Jahrhundertwende der „Raucher" und der sexuell frühreife Jugendliche im Mittelpunkt der Problemdefinition. Darauf baute eine „Bekehrungspädagogik" mit den Schritten Geständnis, Trauer, Reue, Scham, Versprechen und Dankbarkeit auf. Auch in den Anleitungen zu Schülerbeschreibungen in den 50er Jahren des 20. Jahrhunderts ist dieser Typ noch zu finden: Es ist das Kind, das lügt und stiehlt, das einen „verschlagenen Blick" hat, das einem nicht in die Augen schaut (Lang, 1953).

Diese wenigen Hinweise belegen eindrucksvoll, dass unsere heutigen Bilder von Kindern nicht selbstverständlich oder gar „naturgegeben" sind. Erziehungsformen hängen eng mit den Kindbildern zusammen, also mit Konstruktionen, was im anderen, was im Kind vorgeht, welches dessen Natur ist und was alles geschehen könnte, wenn wir nicht so handeln würden wie wir es tun. Dieser Sachverhalt wird uns hier leiten, wenn wir von der „Entdeckung der lernenden Subjekte" sprechen, die die Grundlage dafür bildet, wie das kulturelle Programm in Schulen auf Schülerinnen und Schüler hin rekontextualisiert wird.

Entdeckungen der Besonderheiten von Kindern und Jugendlichen als Teil der Kulturgeschichte des 18. und 19. Jahrhunderts

Moderne kulturelle Konstruktionen von Kindern bauen auf systematischen Beobachtungen und Erklärungen kindlichen Verhaltens auf. Wenngleich eine wissenschaftliche Psychologie des Kindes und Jugendlichen erst zu Beginn des 20. Jahrhunderts deutliche Konturen bekommt, datieren Wissenschaftshistoriker erste systematische Kinderbeobachtungen weiter zurück, meist in die Aufklärung. Hier werden erstmals Väter aufgefordert, Tagebücher über ihre Kinder zu führen, um deren Entwicklung zu erforschen. Zu dieser Bewegung hat Rousseau durch seinen Erziehungsroman „Emil" wesentlich beigetragen, wenngleich gerade dieser Roman kein Ergebnis einer empirischen Beobachtung ist, sondern das spekulative Produkt einer gesellschaftspolitischen Ableitung (s. dazu auch von Hentig, 2003).

1787 hat der Arzt Tiedemann ein erstes Kindertagebuch mit dem Titel, „Beobachtungen über die Entwicklung der seelischen Fähigkeiten bei Kindern", veröffentlicht.

Entscheidende *kulturelle* Anstöße zu Beginn des 19. Jahrhunderts, das Kind neu zu sehen und vor allem seine Fähigkeiten hoch zu bewerten, finden wir im Umkreis der Romantik. Hier wird erstmals seine Schöpferkraft gesehen und bewundert, ja es bekommt eine Aura des Heiligen. Der Weg aus der Kindheit ins Erwachsenenalter wird jetzt erstmals weniger als Fortschritt – wie in der Aufklä-

Kulturelle Anstöße

Wissenschaftliche Anstöße

rung –, sondern als Verlust gesehen. Diese Bewegung wird sich durch das ganze 19. Jahrhundert hindurch fortsetzen und einmünden in die Entdeckung der *Märchen* als Kinderlektüre, in die *Kunstbewegung*, die beginnt, die Ausdrucksmöglichkeiten von Kindern zu pflegen und in die Schule zu integrieren. Sie wird aufgenommen werden durch die reformpädagogische Bewegung der „Erziehung vom Kinde aus" (s. Honig, 1999; Oelkers, 1989).

Darwin hat jedoch den entscheidenden *wissenschaftlichen* Anstoß zu Beobachtungsbüchern über die Entwicklung von Kindern, meistens der eigenen, gegeben. In der Folge wurden die Entwicklungsprozesse von Kindern von verschiedenen Wissenschaftlern detailliert aufgezeichnet und „kartographiert". Das berühmteste Tagebuch ist wohl jenes von Preyer aus dem Jahre 1882, „Die Seele des Kindes". Diesem umfangreichen Werk liegen Beobachtungen an *einem* Kinde zugrunde. Preyer hat dann nicht weniger renommierte Nachfolger gefunden, z.B. Ernst und Gertrud Scupin, Clara und William Stern und nicht zuletzt Piaget. (s. z.B. Piaget, 1936; Preyer, 1905; Scupin & Scupin, 1907; Stern, 1914).

*Die Aufgabe der Umgebung ist es nicht, ein Kind zu formen,
sondern ihm zu erlauben, sich zu offenbaren.*
Maria Montessori

Entdeckungen des Schulkindes im Gefolge der Professionalisierung von Schule und Unterricht im 20. Jahrhundert

Die Entdeckungen von Besonderheiten des *Schul*kindes als eines lernenden Subjekts, im Kontrast zum *Kind als solchem*, hängen eng mit der Entwicklung des Bildungswesens selber zusammen.

Die Entwicklung und Gestaltung des Angebotes

In einer sicher etwas vereinfachenden historischen Verallgemeinerung läßt sich in der Geschichte der Entwicklung von Bildungssystemen für das 19. Jahrhundert ein Schwerpunkt in der *Institutionsbildung* von Lehren und Lernen sehen. Die Schaffung der rechtlichen Rahmenbedingungen, die Erarbeitung von Lehrplänen und Lehrmitteln, die materielle Ausstattung der Schulen, die Ausgestaltung der Lernwege, die Synchronisierung von Bildungsgängen und die Realisierung der Schulpflicht standen im Vordergrund. Faktisch hatten sich bis zum Ende des 19. Jahrhunderts Schulklassen als Unterrichtseinheiten etabliert, der Frontalunterricht hatte sich durchgesetzt und die Grundausrüstung des Schulehaltens im Sinne von Schulgebäuden, Schulmaterialien und Lehrerbesoldung war auf einem einfachen Standard gesichert. Die Klassengrößen waren zwar noch enorm groß, im Kanton Zürich lagen sie z.B. zu Beginn des 20. Jahrhunderts im Durchschnitt bei ca. 60 Schülern.

Die Aufmerksamkeit der Lehrer konzentrierte sich vor allem auf die *Umsetzung kultureller Inhalte in schulisch handhabbare Lernstoffe,* die nach einer einheitlichen Dramaturgie der Herbartschen Formalstufen dargeboten wurden. Der sich im 19. Jahrhundert entwickelnde Klassenunterricht, in dem eine Gruppe altershomogener Kinder gemeinsam unterrichtet und im Stoff einheitlich vorangeschritten wird, löste den auf Memorieren, lautes Lesen und auf je unterschiedliche Lektüre einzelner Schüler ausgerichteten Individualunterricht des 17. und 18. Jahrhunderts ab.

Die Organisation von Unterricht in jahrgangsgegliederten Schulklassen, die sich im Laufe des 19. Jahrhunderts immer stärker durchsetzte, machte die Erfahrung der Lehrerschaft unabweisbar, dass nicht alle Kinder gleich gut „mitkommen" und dass nicht alle Kinder auf Unterricht gleich reagieren. Dies konnte nun nicht (allein) bei der Lehrperson liegen, da sie durch den Frontalunterricht die ganze Klasse ansprach. Viele Kinder kamen „überhaupt nicht mit", sie waren teilweise in normalen Unterricht nicht integrierbar. So entstand das Bedürfnis zur Einrichtung von Hilfsschulen oder Sonderklassen, um diesen Kindern gerecht zu werden oder sie zumindest begründet aus normalem Unterricht auszugliedern.

Jahrgangsklassen erforderten mit zunehmender Differenzierung auch immer stärker, Lehrstoff genau zu portionieren und auf Klassen aufzuteilen. Damit wurde es notwendig, Lernmöglichkeiten von einzelnen Jahrgängen genau zu bestimmen, um die Klassen auch den Leistungsstandards entsprechend an andere Lehrpersonen weitergeben zu können.

Mit der Gliederung des Bildungswesens in Bildungsgänge mit unterschiedlichem Anspruchsniveau stieg die Notwendigkeit, unterschiedliche Begabungen diagnostizieren zu können, um die Zuteilung rational und legitimierbar zu machen.

Notwendigkeit einer Psychologie im pädagogischen Handlungsfeld

Es ist unübersehbar, dass diese Entwicklungen im Bildungswesen ein professionelles Studium der kindlichen Lernmöglichkeiten immer unabweisbarer machten. Die Bedeutung einer *Pädagogischen Psychologie* trat klar zutage.

Das 20. Jahrhundert erscheint im Rückblick als das Jahrhundert der Psychologie, die die Entwicklung der Schulmethodik und der pädagogischen Kompetenz der Lehrer vorangetrieben hat. Dadurch ist die Aufmerksamkeit mehr auf die *Adressaten* des schulischen Lernangebotes als auf den „Lehrstoff", wie dies im 19. Jahrhundert der Fall war, gerichtet worden. Selbstverständlich waren Lehrer, ja Erwachsene insgesamt, schon früher von Bildern geleitet, wie die Seite des „Gegenüber" aussieht, wie also Kinder und Jugendliche, Schülerinnen und Schüler lernen und reagieren. Diese Bilder waren jedoch nicht wissenschaftlich, sondern eher weltanschaulich begründet.

Das 20. Jahrhundert als Jahrhundert des Kindes?

Im 20. Jahrhundert beobachten wir einen Entdeckungsprozess und später dann einen wissenschaftlichen Forschungsprozess zur „Eigenlogik" des kindlichen Handelns beziehungsweise zur „Eigenlogik" des Schülerhandelns. An seiner Schwelle wurde dies emphatisch formuliert, so von R. M. Rilke 1902: „Dieses Jahrhundert wird zu den größten gehören, wenn der Traum, der in seinen ersten Tagen geträumt wurde, in seinen letzten Tagen einmal in Erfüllung geht, der Traum vom Ende der Unterdrückung der Kinder – der Traum vom Frieden unter den Generationen – der Traum von einer Schule, die allen Kindern hilft selbst zu denken, selbst zu arbeiten, selbst zu lernen". Die Träumerin, von der er inspiriert wurde, ist Ellen Key, die in ihrem programmatischen Buch, „Das Jahrhundert des Kindes", sinnigerweise 1900 erschienen, die Perspektiven und Rechte der Kinder artikulierte. Sie spricht vom Recht des Kindes, seine Eltern zu wählen und von den Seelenmorden in den Schulen. Wenngleich ihre emphatische Befürwortung der Eugenik eine ungeheure Fehleinschätzung des Weges zur Besserung des Menschengeschlechtes und eine ethische Verirrung war, so hat ihr Eintreten

Psychologie und die Aufmerksamkeit auf das Innere des Menschen

für die Perspektive der Kinder lange nachgewirkt. Am Kinde und seinem bestmöglichen Werden haben sich Familien und vor allem die Schule auszurichten um Folgendes zu verhindern:

„Seelenmorde"

„Der Schule der Jetztzeit ist etwas gelungen, das nach den Naturgesetzen unmöglich sein soll: die Vernichtung eines einmal vorhanden gewesenen Stoffes. Der Kenntnisdrang, die Selbsttätigkeit und die Beobachtungsgabe, die die Kinder dorthin mitbringen, sind nach Schluß der Schulzeit in der Regel verschwunden, ohne sich in Kenntnisse oder Interessen umgesetzt zu haben" (Key, 1902/1921, S. 229).

Die Rücksicht auf die Individualität des Kindes muss nach ihr an die Stelle der Übermacht der kulturellen Zwänge treten: „Bevor nicht das Phantom der ‚allgemeinen Bildung' aus den Schulplänen und den Elternköpfen vertrieben ist und die Bildung des Individuums die Wirklichkeit wird, die an ihre Stelle tritt, wird man vergebens Reformpläne entwerfen" (Key, 1902/1921, S. 232). Sie entwirft dann eine Schule, die auf freie Wahlmöglichkeiten, auf Selbsttätigkeit der Kinder, auf ihre Interessen ausgerichtet ist. Sie hat keine Angst mehr, Lernen daran auszurichten. „Wenn ich ... meine Erfahrung [beim Erzählen von Märchen F.H.] ... zusammenfassen sollte, so wäre es die, dass jene geistige Speise, die für das Kind die anziehendste ist, auch die für dasselbe nahrhafteste sein wird ..." (Key, 1902/1921, S. 245). Das Kind kommt immer genauer ins Blickfeld: „... das Ziel des ganzen Unterrichts ... sowie in der Schule darf nicht in Examen und Zeugnissen bestehen, die von der Erde ausgetilgt werden müssen; sondern das Ziel wäre: dass die Schüler selbst aus erster Hand ihre Kenntnisse einholen, ihre Eindrücke erhielten, ihre Ansichten bildeten, sich zu ihren geistigen Genüssen durcharbeiteten, anstatt sie wie jetzt ohne alle Mühe durch den ‚interessanten', oft schlaff angehörten und rasch vergessenen Vortrag der Lehrer über fünf Gegenstände an jedem Vormittag zu erlangen" (Key, 1902/1921, S. 255). Die hier schon formulierte Parole *„Erfahrung statt Belehrung"* sollte das ganze 20. Jahrhundert hindurch nicht mehr verstummen.

Ihr emphatisches Resumee lautet dann: „Die Zeit ruft nach ‚Persönlichkeiten', aber sie wird vergebens rufen, bis wir die Kinder als Persönlichkeiten leben und lernen lassen; ihnen gestatten, einen eigenen Willen zu haben, ihre eigenen Gedanken zu denken, sich eigene Erkenntnisse zu erarbeiten, sich eigene Urteile zu bilden; bis wir mit einem Wort aufhören, in den Schulen die Rohstoffe der Persönlichkeiten zu ersticken, denen wir dann vergebens im Leben zu begegnen hoffen" (Key, 1902/1921, S. 257).

Begabung, Entwicklung, geistige Arbeit des Schulkindes: die Analyse kognitiver Verarbeitungen schulischer Lehrangebote

Begabung und Lernen

Die Pädagogische Psychologie hatte sich zu Beginn des 20. Jahrhunderts bereits auf den Weg gemacht. Ihr wissenschaftlicher Weg war nüchterner, wenngleich nicht weniger kindorientiert: Was können Kinder lernen und wie lernen sie am besten? Dies wurden nun zentrale Fragen.

So entstand eine Konzentration auf interindividuelle Begabungsunterschiede, die in der Entwicklung von Intelligenztests durch Binet und Simon einen ersten Höhepunkt erfuhr. Die immer bedeutsamer werdende Selektionsfunktion des

Bildungswesens unterstrich die Notwendigkeit, unterschiedliche Bildungswege entlang unterschiedlicher Begabungen zu organisieren und damit auch zu rechtfertigen.

In Amerika haben die Testpsychologie und die Lernpsychologie die Orientierung am Schüler, an seinen Lernkapazitäten und Lernwegen übernommen. In Deutschland haben Meumann (1862-1915) (1920; 1922a; 1922b) und Lay (1862-1926) (1908) in einer empirisch fundierten Pädagogischen Psychologie bzw. in einer „experimentellen Pädagogik" auszuloten versucht, wie viel Kinder lernen können und mit welchen Methoden dies gesteigert werden kann.

Meumann als Kronzeuge für die neue Phase der Pädagogischen Psychologie

Das Forschungsprogramm von Meumann zielt auf eine bessere Kenntnis der Rezipienten einer in dieser Zeit immer umfangreicher werdenden Beschulung. Eindrucksvoll dokumentiert dies sein dreibändiges Werk (1920; 1922a; 1922b), in dem er eine experimentelle Pädagogik vorstellt, die die psychologischen Prozesse im Schüler wissenschaftlich exakt zu erforschen sucht. Er sieht die Aufgabe pädagogisch-psychologischer Untersuchungen „... im Studium des Zöglings, seiner Entwicklung, seiner Eigenart und seiner Arbeit." (Meumann, 1920,S. 1). Der erste Teil wird heute im Rahmen der Entwicklungspsychologie bearbeitet, der zweite im Rahmen des Studiums interindividueller Unterschiede (Intelligenzforschung, Persönlichkeitsforschung), der dritte im Umfeld von Handlungstheorien. Nach diesen drei Teilen sind auch Meumanns drei Bücher zu seinen Vorlesungen gegliedert. Der erste Band behandelt die Entwicklung des Kindes und Jugendlichen, im zweiten werden die interindividuellen Unterschiede im Bezugsrahmen der Begabungsforschung ausgebreitet. Der dritte Band enthält aus heutiger Sicht am meisten Überraschungen. Hier analysiert Meumann die geistige Arbeit des Schulkindes, unter der er die *aktive* und *zielgerichtete* Erarbeitung neuen Wissens und neuer Fähigkeiten über *Übung* und *Willensregulierung* versteht. Zu den Voraussetzungen zählt Meumann dabei *Aufmerksamkeitsprozesse*, die aber wie jede Art von Arbeit *Ermüdungsgesetzen* folgen.

Nach diesen allgemeinen Kapiteln zur geistigen Arbeit des Schulkindes führt Meumann den Leser in überraschend moderne Forschungsfelder: in die Didaktik der einzelnen Fächer und in die fachspezifische Lernprozesse. Er begründet damit eine fachdidaktisch ausgerichtete Pädagogische Psychologie.

Folgende Themen werden von Meumann in den drei „Vorlesungen" z.B. bearbeitet:
- Was können Kinder, wenn sie zur Schule kommen (Das geistige Inventar der Schulneulinge)?
- Wieviel können Kinder in bestimmten Zeiteinheiten lernen?
- Wo sind Aufmerksamkeitsgrenzen? Was sind die Grenzen der Lernarbeit der Schüler (Ermüdungseffekte)?
- Wie lernt man nach Kenntnis experimenteller Forschung am besten die Rechtschreibung, Fremdsprachen und Mathematik?

Bei allen Studien, etwa den ausführlichen zum Wissen und zum Vorstellungskreis von neu eintretenden Schulkindern und ihren Abstraktionsfähigkeiten, zeigten sich rasch große interindividuelle Unterschiede. Der Weg zur Begabungsforschung war damit vorgezeichnet, ebenso jener zur Intelligenz- und Begabungsmessung.

Als ungewöhnlich innovativ muss bei Meumann der dritte Teil seiner experimentellen Pädagogik noch heute empfunden werden. Hier konzentriert er sich auf die in der Schule ablaufenden Aktivitäten von Kindern und Jugendlichen bei der Auseinandersetzung mit den Lehrinhalten. Dabei wagt er sich weit in das, was wir heute fachdidaktische Forschung nennen, wenn er konkret untersucht, wie Kinder Lesen und Schreiben lernen, wie sie mathematische Begriffe aufbauen usw. Hier nähert er sich dem Konzept der Rekontextualisierung inhaltlicher Lernangebote an das Wissen und die Fähigkeitsstufen. Dass es dabei vor allem auf die Eigentätigkeit des Schülers ankommt, hat er klar formuliert:

„Die ältere Pädagogik betonte vielfach zu einseitig diese mitteilende Seite des Unterrichts. Ihr entspricht seitens des Schülers das Aufnehmen, Auffassen und Lernen, also ein wesentlich empfangendes und in diesem Sinne passives Verhalten. Diese verhängnisvolle Einseitigkeit gab der Arbeit des Schülers einen allzu passiven Charakter und schaltete seine selbständige und produktive („selbsttätige") Mitwirkung fast völlig aus..." (Meumann, 1922a, S. 5).

Auf die Stärkung und Betonung dieser Selbsttätigkeit läuft die Arbeit von Meumann im Endeffekt hinaus. Je aktiver und spontaner jemand am eigenen Lernen beteiligt ist, umso besser ist danach auch das Resultat.

Ein Pädagogik, die sich im schulischen Umkreis nur auf die Inhalte, die Institutionen und methodischen Verfahren konzentriert, die aufnehmende Seite mit ihren Eigengesetzen aber nicht berücksichtigt, erscheint in diesem Lichte ebenso verkürzt wie eine solche, die nur die Psyche des Kindes im Auge hat und die Strukturen der Sache bzw. der Institution ausblendet. Der Mathematiklehrer muss sowohl die Eigenstrukturen der Mathematik im Auge haben, als auch die Feinheiten des Aufbaus mathematischer Begriffe im Verständnis von Kindern und Jugendlichen kennen, um diese methodisch auf ein höheres Verständnisniveau zu führen. Ersteres lernt er in der Regel in seinem Fachstudium, letzteres, wenn er Glück hat, in der fachdidaktischen und praktischen Ausbildung im direkten Kontakt mit Schülerinnen und Schülern.

Handlungsbedingung: Schulklasse

Subjektwissen ist jedoch nicht nur in Bezug auf die kognitiven Lernbedingungen am Werk, wenn das schulische Programm auf die Psyche lernender Kinder hin adaptiert wird. Drei wichtige Erweiterungen können hier nur angedeutet werden:

1. Die Rekontextualisierung erfolgt nicht isolierten einzelnen Schülerinnen und Schülern gegenüber. Sie geschieht vielmehr an Gruppen, an Schulklassen oder an Kursen. Dies verändert die Bedingungen erfolgreicher Lehre. So muss der „Stoff" an eine Klasse adaptiert werden, in der die Leistungen deutlich streuen. Damit wird Rekontextualisierung zur Aufgabe, mit der *Heterogenität der kognitiven Lernvoraussetzungen* umzugehen.

   Aber nicht nur im kognitiven Bereich ergeben sich neue Aufgaben. Schulklassen sind nämlich nicht lediglich die Summe der Einzelindividuen. In ihnen entstehen vielmehr *soziale Beziehungen*, etwa nach Sympathie oder nach Meinungsführerschaft, und es entstehen eigene Welten, in denen oft andere Werte im Mittelpunkt stehen als in der offiziellen Schulkultur. So haben die Konstanzer Schulstudien mehrfach gezeigt, dass in deutschen Schulklassen abweichendes und störendes Verhalten zu größerer sozialer Geltung führt. Nur ca. 6% aller Schüler in der 6. und 9. Stufe lebten nach einer großen Studie mit ca. 11.000 Schülern in Klassen, in denen Devianz eher zu weniger Geltung unter Mitschülern führte, aber ca. 42% waren in Klassenkontexten, in denen Devianz, Aggressionen und Störungen zu größerer sozialer Geltung beitrugen.[51] Lehrpersonen haben es also im deutschen Bildungswesen häufig mit einem belastenden Klassenkontext zu tun. Um mit solchen Konstellationen produktiv umgehen zu können, benötigen Lehrpersonen auch Subjektwissen im Sinne *sozialpsychologischer Kenntnisse*. Die erste große Studie zur Klassenführung stammt aus der österreichischen Schule der Individualpsychologie um Alfred Adler und hier von Oskar Spiel (Spiel, 1947).[52] Empirische Arbeiten zur Bedeutung der Schulklasse als sozialem Handlungskontext (Petillon, 1982; Petillon, 1993; Preuss-Lausitz, 1992; Rost & Czeschlik, 1994; Stöckli, 1997) sind im deutschsprachigen Raum bis heute eher selten geblieben (s. die Arbeiten um die Konstanzer Schulstudien Specht, 1978, 1981, 1982; Specht, 1979).

2. Die Rekontextualisierung des schulischen Bildungsprogramms erfolgt nicht auf neutrale kognitive „Lerncomputer" hin, sondern auf lebendige junge Menschen mit vielen Emotionen und Bedürfnissen. Sie trifft auf eine komplizierte Persönlichkeitsdynamik, die dazu führt, dass Lernen nicht neutral, sondern in einer komplexen psychischen Dynamik stattfindet.

Die Eigendynamik der kindlichen Persönlichkeit

Parallel zur Entdeckungsgeschichte der kognitiven „Funktionsweise" von lernenden Subjekten ließe sich auch eine solche in Bezug auf die emotionalen und motivationalen Seiten von Lernen in institutionellen Kontexten schreiben. Auch die *Persönlichkeit* von Kindern und Jugendlichen weist entsprechende „Eigengesetze" auf, die nicht folgenlos durch pädagogische Einwirkungen missachtet werden können.

Ein frühes Beispiel zum Wissen über die Funktionsweise der Persönlichkeit von Alfred Adler kann dies illustrieren. Er ist davon ausgegangen, dass das Kind in der Familie die grundlegenden Erfahrungen macht, wie es sich in die Gemeinschaft nutzbringend einfädeln kann. Die entscheidenden Erfahrungen macht es mit seiner Mutter, die die Persönlichkeit prägen. Dabei ent-

---

51 Folgende Berechnungen liegen diesen Daten, die im Jahre 1977 erhoben wurden, zugrunde (für eine Beschreibung der Studie s. Fend, 1982; Helmke, 1983): Es wurden Korrelationen zwischen einer Devianzskala und dem Geltungsstatus gebildet, letzterer als Summe der Nennung von Mitschülern auf folgenden Text:
„In jeder Klasse gibt es Schüler, die oft im Mittelpunkt stehen, deren Meinung von den anderen Schülern besonders beachtet wird und die bei den anderen besonders viel gelten. Welche Schüler sind das Deiner Meinung nach in Deiner Klasse (Kerngruppe)?"
Eine Klassenliste aller Schüler wurde vorgegeben, wobei dann höchstens fünf Mitschüler angekreuzt werden sollten.
Die Korrelationen pro Klasse wurden allen Schülern zugespielt, um zu zeigen, wieviele Schüler in einer Klasse mit einem entsprechenden Normkontext leben. Die Korrelationen streuten zwischen -.39 und .80. Eine negative Korrelation bedeutet, dass Devianz zu einer Verringerung des Ansehens führt, eine positive verweist auf eine Erhöhung des Ansehens durch Devianz. Als ansehensmindernd wurde die Korrelation von -.39 bis -.20 definiert, als neutral jene von -.19 bis .19, als erhöhend jene von .20 bis .80. Die entsprechenden Verteilungen sind dann: 5,7% ansehensmindernd, 52,3% neutral, 42% ansehensteigernd.

52 Das Buch „Am Schaltbrett der Erziehung" ist durch eine Wiederauflage heute noch zugänglich und lesenswert.

stehen auch die ersten grundlegenden Fehlentwicklungen. Die eine besteht in der verwöhnenden Erziehung, die dem Kinde alle Hindernisse aus dem Weg räumt, so dass das Kind nie seine Kräfte und seine Selbstverantwortung erfahren kann. Die andere ist die strenge und harte Erziehung, die das Kind lehrt, wie in Feindesland zu leben (Adler, 1966).

Zwischen autoritärer Verweigerung und verzärtelnder Verwöhnung in der Familie beginnen dann die Kinder die Schule zu verarbeiten. Verwöhnte werden zu hilflosen Wesen, die nie gelernt haben, die Kräfte zu erproben, an sich zu glauben und initiativ zu werden. Ihnen wurde jedes Hindernis aus dem Weg geräumt und alle schwierigen Entscheidungen wurden ihnen abgenommen. Gleiches erwarten sie nun vom Lehrer, der an seinem spontanen Hilfeimpuls die Problematik erkennen muss (s. z.B. Dreikurs, 1982). Die Kinder, die in der Familie wie in Feindesland lebten, tun dies auch in der Schule. Sie sehen überall Gefahren, denen sie durch eigene Angriffe zuvorkommen müssen. Dies geschieht auf dem Hintergrund einer Persönlichkeitsdynamik, die Simon, ein bayrischer Schulinspektor und Anhänger Adlers, in folgenden Strebungen gesehen hat:

Jeder will groß und bedeutend sein,
jeder will wichtig sein,
jeder will nützlich sein,
jeder will etwas können,
jeder will das Vertrauen und die Zuwendung von Mitmenschen.

Aus diesen Konzepten darüber, was im Kinde „abläuft", wenn es im Klassenkontext lernen und etwas leisten soll, lassen sich Konzepte einer wünschenswerten pädagogischen Haltung ableiten. Simon hat sie formuliert, in dem er den Weg zum guten Erzieher beschrieben hat, zu dem gehört:

„- die Lebensgeschichte des Kindes sehen und verstehen lernen, ...
- dort helfen, wo es seiner Entwicklung dient, ...
- so viel Freiheit der eigenen Entscheidung lassen, wie es die allgemeine Ordnung verträgt,
- Wohlwollen, Nachsicht, Hingabe" (Simon, 1950, S. 45).

Die „Eigenlogik des Seelischen"

Mit diesen psychologischen Konzepten war eine Sichtweise des „Schülers" eingeleitet, in der Schulerfahrungen erstmals als persönlichkeitsfördernd oder persönlichkeitshemmend einstufbar wurden. Sie treffen nach diesen Persönlichkeitstheorien auf eine Eigengesetzlichkeit des „psychischen Systems", die gegenüber Schulerfahrungen nicht neutral ist. Die einen Erfahrungen sind „toxisch", andere für eine produktive Persönlichkeitsentwicklung förderlich, wie dies beispielsweise Alfred Adler sichtbar machte. Die Entdeckungen der psychischen Funktionssysteme und der „Eigenlogik des Seelischen" durch Freud hat dann in der zweiten Hälfte des 20. Jahrhunderts einen großen Stellenwert erhalten und geholfen, die Bedeutung schulischer Erfahrungen für Entwicklungsprozesse von Kindern und Adoleszenten besser zu verstehen. Besonders bedeutsam geworden sind Theorien der Leistungsmotivation, wann also Erfolgsfreude und Misserfolgsangst aufgebaut werden, Theorien zur Entstehung von Selbstwertgefühlen und Depressionsneigungen, Theorien zum Aufbau von Kompetenzerwartungen und Wirksamkeitsbewusstsein (s. für das repräsentativste Werk Elliot & Dweck, 2005).[53]

Die Vorstellung, dass die „Seele" im Gleichgewicht sein muss, damit sie gut lernen und sich entwickeln kann, setzte sich allmählich durch.

4.1.1.2 *Methoden des Unterrichtens als kulturelle Erfindungen – Erfahrungswissen im System der Schule*

Das Bindeglied zwischen dem Fachwissen, bzw. dem kulturellen Wissen und den Lernprozessen in den Adressaten besteht in Methoden des Unterrichtens, durch die Lernprozesse möglich und gefördert werden. Die Methoden sind dabei selber kulturelle Erfindungen zu instrumentellem Wissen, welche Lernprozesse durch welche Erfahrungsarrangements bestmöglich in Gang gesetzt werden können.

Methoden sind kulturelle Erfindungen

Dass es solches instrumentelles Wissen gibt, ist nicht selbstverständlich. Ein Blick in die Geschichte der Unterrichtsmethodik zeigt, welche Umwege die Erfindungen von Unterricht gegangen sind. Eine Fallstudie zum Erstleseunterricht kann dies illustrieren (s. ausführlicher bei Fend, 2006a. S. 115 ff.).

Im Umkreis der Reformation sollten alle Menschen lesen lernen, um einen persönlichen Zugang zur Bibel zu finden und über das Gesangsbuch am Gemeindeleben teilnehmen zu können. Dieses Programm der Alphabetisierung galt es, an die Lernmöglichkeiten der Kinder zu adaptieren, sie also vor allem das Lesen zu lehren. Dafür mussten Methoden erfunden werden, bei denen wiederum Vorstellungen darüber wichtig wurden, was Kinder lernen können und wie Kinder am besten das Lesen erlernen.

Eine große Studie zu 200 Jahren Alphabetisierung in der Schweiz (Messerli, 1999) bietet uns faszinierende historische Einblicke, wie ein methodisch sinnvolles Vorgehen erst allmählich entwickelt und aufgebaut wurde. Lesen lernen dauerte etwa vier Jahre und die Hälfte der Unterrichtszeit wurde darauf verwendet. Die Praxis des Lesens bestand vor allem im Auswendiglernen von religiösen Texten.

Kinder wurden oft sehr früh „eingeschult", allerdings auch in sehr unterschiedlichem Alter. Vierjährige saßen mit des Lesens unkundigen Sechzehnjährigen beisammen. Die Schulstuben waren in der Regel voll gepfercht, stickig und dunkel, da die „Beleuchtung" mit Kienspan und später mit Petroleum sehr teuer war. Die Kinder kamen der Reihe nach dran, zeigten ihr „Lesematerial": einen Teil aus einem Kalenderblatt, ein politisches Flugblatt, meist aber Teile aus dem Katechismus. Die Regel war nun der Individualunterricht, bzw. der serielle Unterricht. Wenn es geordnet zuging, bekamen die Schüler jeweils der Reihe nach eine Aufgabe, nahmen diese in die Bank mit und mussten versuchen, sie auswendig zu lernen. Am Mittwoch und Samstag wurden sie dann abgehört und gehörig mit Schlägen durchgebleut, wenn sie etwas nicht konnten.

Methodenkenntnis

Systematisch lesen zu lernen war schon ein erster Fortschritt. Der Weg war elementaristisch. Man stellte sich vor, es müsse vom Einfachen zum Schwierigen vorangeschritten werden. Also wurden zuerst Buchstaben gelernt, dann die Sil-

---

[53] Siehe zu den ersten großen Survey-Studien über Leistungsmotivation, Selbstwertgefühl, Begabungsselbstbild, Schulinvolvment im Zentrum für Bildungsforschung der Universität Konstanz (Fend et al., 1976) und deren Fortsetzung in einer Längsschnittstudie (Fend, 1997).

ben als Buchstabenkombinationen. „An der Wand hingen grosse, weisse Tabellen mit schwungvollen, schwarzen Schreibbuchstaben. Daran buchstabierten wir einzeln und im Chor herum a-ab, i-b-ib, e-b-eb, u-b-ub" (Messerli, 1999, S. 260). Konnte man die Silben, dann durften Kombinationen von Wörtern, dann ganze Sätze und schließlich – wenn es gut ging – ganze Texte gelesen werden.

Ein weiterer Fortschritt bestand in der Entwicklung von Fibeln, so genannten Namenbüchlein und der Entwicklung von Silbentafeln. Bei Messerli berichtet ein Schüler:

> *„Mit sechs Jahren, im Frühjahr 1824, trat Heinrich Breitner (geboren 1818) in die Dorfschule von Breite (Kanton Zürich) ein. Sie dauerte jeweils von Martini bis Ostern, täglich vor- und nachmittags je zwei bis drei Stunden. Die Sommerschule war auf zwei Tage, Mittwoch und Samstag, beschränkt. Sein erster „Schulsommer" hatte bloß zum Zweck, ihn ans Stillesitzen in der Schule zu gewöhnen. Die eigentlichen Studien begannen erst mit dem Anfang der Winterschule. Er bekam eine Fibel, ein so genanntes Namenbüchlein. Auf der ersten Seite standen die Buchstaben. Der Schulmeister sagte ihm jeden Tag die Namen der Buchstaben je einer Reihe ein- bis zweimal vor: ‚Nun hatte ich diesen Namen einzulernen. Im Laufe eines Schulhalbtages wurde ich ein- bis zweimal bhört. In der Zwischenzeit hatte ich nichts zu thun, als die Buchstaben anzustarren. Ich hatte tödliche Langeweile, die Stunden und die Tage wollten kein Ende nehmen.'*
> *Es dauerte Monate, bis sämtliche Reihen der Buchstaben durchlitten waren. Noch länger dauerte die Einübung des Buchstabierens"* (Messerli, 1999).

Die Methodik des Lesenlernens, die hier zum Vorschein kommt, ist sehr ineffizient. Kinder brauchen viel zu lange, Leerlauf ist die Regel. Zudem liegen dem Lesenlernen falsche Annahmen zugrunde: Man glaubt, durch Zusammenfügen von Buchstaben, dann von Silben und später von Wörtern zum Lesen zu kommen.

Sinnvolles Lesen ist zu Beginn des 19. Jahrhunderts sogar noch bei Lehrpersonen ein Problem, wie folgender Bericht zeigt:

„...er weinte die hellen Tränen"

> *„Nach einem Schulmeisterkurs (1806/07) auf dem Rietli bei Zürich habe er, so berichtet August Zeller (1774-1846) 13 Schulmeistern ein Lesebuch ausgehändigt und sie aufgefordert, darin ein bestimmtes Lesestück zu lesen: Nachher ließ der die Bücher zumachen und sagte: ‚Schulmeister von Wiedikon, können Sie mir jetzt kurz den Inhalt des Lesestückes angeben?' Dieser weinte die hellen Tränen und bekannte: Daran habe er in seinem Leben noch nie gedacht, dass man wissen müsse, was man lese"* (nach Messerli, 1999, S. 270).

Dass Lehrer ein exzellentes „Kulturwissen" haben, war somit nicht die Regel.

Die großen didaktischen Erfindungen für die Volksschule im 19. Jahrhundert

Die Entwicklung der *Methodik*, wie man Kindern das Lesen beibringen kann, blieb nicht stehen. In der ersten Hälfte des 19. Jahrhunderts haben mehrere didaktische Erfindungen den Erstleseunterricht und den Volksschulunterricht revolutioniert und zu einem sprunghaften Anstieg der schulischen Lernerfolge geführt. Drei solcher Erfindungen seien hier zur Illustration genannt.

Vom Buchstabieren zum Lautieren

1. In der Lesedidaktik kann die Einführung der *Lautiermethode* als ein Durchbruch angesehen werden. Sie bestand darin, dass sorgfältig darauf geachtet wurde, dass der Eigenklang der Laute gelernt wurde und nicht eine Laut-

benennung erfolgte, wie dies in der *Buchstabiermethode* der Fall gewesen war (Phonem „m" und nicht Buchstabe „em").

2. Ein weiterer Fortschritt bestand im Übergang vom seriellen Unterrichten zum Zusammenlernen. Das „Zusammenlernen" wurde durch die Normalschule des Ignaz Felbiger (1724-1788) aus Österreich angeregt. Serieller Unterricht bestand darin, dass Schülern individuelle Aufgaben zum Auswendiglernen aufgegeben wurden, wobei jeweils der Montag und der Mittwoch gefürchtete Abhörtage waren.

    Mit dem „Zusammenlernen" war der systematische Klassenunterricht, der uns bis heute selbstverständlich erscheint, geboren.

    Das Zusammenlernen hatte weitreichende Folgen. Es erforderte *gemeinsame Lehrmittel und Schuleinrichtungen*. Alle Schüler sollten jetzt den *Blick nach vorne* richten, was *normierte Möbel, Tafeln und Lehrmittel* erforderte. Der Lehrer musste um *Aufmerksamkeit* besorgt sein, den *Stoff gliedern* und den gemeinsamen *Lernfortschritt* beachten, der auf dem *überprüften Verständnis* des jeweils Vorangehenden aufbaut. So konnten alle Schülerinnen und Schüler permanent lernen – und sei es nur durch die Beobachtung der Lernbemühungen von Mitschülern. Da die Aufgaben nicht jedem Schüler separat erklärt werden mussten, wurde viel Zeit eingespart. Der Lehrer musste mit dieser Methode jedoch eine neue Didaktik entwickeln, die in einem geleiteten Gespräch mit der Klasse ihren Höhepunkt finden sollte.

3. Ein organisatorischer, didaktisch aber sehr folgenreicher Fortschritt bestand schließlich in der Bildung von *Jahrgangsklassen*. Dadurch wurden Schüler nach altersabhängigen Lernmöglichkeiten homogenisiert. Klassenunterricht konnte dadurch ungleich wirksamer gestaltet werden als dies im alten seriellen Individualunterricht der Fall war. Diese Betonung des altersbezogenen Lernfortschrittes bahnte allmählich die didaktische Aufbereitung von Lesetexten nach deren Kindgemäßheit an und verdrängte so den theologisch-systematischen, eher für Erwachsene geeigneten Katechismus.

Die Geschichte der Methodik und des Professionswissens dokumentiert, oben wurde dies illustriert, unzählige Fehleinschätzungen und Irrtümer, die meist im Diskurs der Lehrerschaft untereinander korrigiert wurden (s. vor allem Petrat, 1979, 1987).[54]

Unterrichtsmethoden enthalten heute das Handlungswissen der operativen Akteure im Bildungswesen. Es wird im Verlauf einer langen Ausbildung erworben und eingeübt.

Die Erfindung des „Zusammenlernens"

---

54 Siehe für die Gymnasialpädagogik z.B. die langgübte Methodik des „Disponierens", die darin bestand, dass rein mechanisch Texte zusammengefasst und nach ihren Äußerlichkeiten wie z.B. der Stelle, an der sie stehen, abgefragt wurden: „Schüler müssen das Register der Bibel aufsagen, müssen wissen, wo dieser oder jener Spruch steht – natürlich genau nach Buch, Kapitel, Zeile – müssen auf die Frage: ‚Horaz, Buch I, Ode 4?' richtig den Vers losleiern, müssen angeben können beim I. Buch der Äneis, wieviel Verse auf die Anrede der Götter, wie viele auf den Sturm kommen, müssen alle ihre Gedichte und Dramen, alle heiligen Geschichten, Briefe der Apostel und dergleichen – disponieren. Das Skelett muss stets klargelegt werden" (Gurlitt, 1906, S. 215).

Die Essenz des Unterrichtens

„Schule halten" bedeutet – dies wird hier sehr anschaulich –, die zu unterrichtenden Inhalte mit den psychischen Strukturen und der Individualität der Schüler zu synchronisieren. Darin hat Simmel sogar den Kern einer Schulpädagogik gesehen. Zu seiner Zeit war es offensichtlich noch sehr wichtig zu betonen, dass Lehren nicht nur bedeutet, objektiv gültige Lehrinhalte zu transportieren, sondern diese an die Individualgestalt der Schüler, also an die subjektiven Seite des Lernenden, anschlussfähig zu machen (Simmel, 1999).

Dieser Rekurs auf das Handlungswissen der operativen Akteure macht deutlich, dass es keine einfache Ableitung des unterrichtlichen Handelns der Lehrer aus den Inhalten des Kulturprogramms gibt. Unterricht und Lernen „zwingen" zu einer Neuformulierung, zu einer Rekontextualisierung der Inhalte und Kulturkompetenzen. In einem permanenten Austausch stellt die Lehrperson kulturelle Lernumwelten zur Verfügung und beobachtet dabei, wie die *Schüler* diese aufgrund der Funktionsweise *ihres* psychischen Systems rekontextualisieren.

Die Grundstruktur dieses Handelns ist dabei klar:

1. Die globalen Zielsetzungen müssen, wenn der Lernprozess sich über lange Zeit erstreckt, in Teilziele aufgegliedert werden, die systematisch aufeinander bezogen sind. Es muss also eine *Aufgabenanalyse* von einer inhaltlichen Makroebene bis hin zu einer aufgabenspezifischen Feinanalyse erfolgen, die sich in konkreten Lernzielen und Aufgaben niederschlägt (Pflege der Aufgabenkultur, Fachwissen).

2. Um das kulturelle Programm an den jeweiligen Wissenstand und das vorhandene Kompetenzniveau der Schülerschaft anschlussfähig zu machen, müssen die individuellen Lernvoraussetzungen tagtäglich erfasst werden. Unterricht muss so gestaltet sein, dass der jeweilige Wissens- und Fertigkeitsstand (das „Vorwissen") sichtbar werden kann. Nur dann können Schüler dort abgeholt werden, wo sie gerade stehen. Da Schülerinnen und Schüler selbst in einer homogenen Jahrgangsklasse sehr unterschiedlich sein können, müssen die Lernangebote an die Heterogenität der Schülerschaft adaptiert werden. Lehren in Schulklassen bedeutet immer, mit Heterogenität umzugehen. Es müssen also *Verfahren der prozessbegleitenden Beobachtung* des Lernfortschrittes entwickelt und *remediale Lernarrangements* konstruiert werden, um Ausfälle auszugleichen. Tagtäglich Lerngelegenheiten zu schaffen, die es dem Lehrer ermöglichen zu sehen, was bei den Schülern „angekommen" ist, also was sie in ihre eigene kognitive Struktur „absorbieren" konnten, treibt den Unterricht schrittweise voran (diagnostische Kompetenzen und Techniken).

3. Es muss eine *Lernumwelt* „designed" werden, die Lernprozesse stimuliert: Vielfältige Aufgaben, die zu eigenständigem Lernen anregen, Vormachen und Demonstrieren von Sachverhalten, Illustrationen und Veranschaulichungen, Frage- und Antwortstrukturen, Übungsmöglichkeiten – all dies setzt Lernen und Kompetenzaufbau in Gang (Aktivierungstools, Scaffolding als „Gerüstbauten" des Lernens, Coaching tools). Lehrpersonen müssen dabei ein Konzept haben, das ihnen sagt, was als Nächstes nötig ist, welche Voraussetzungen dabei erfüllt sein müssen. Wenn sich die Lernprozesse über viele Jahre erstrecken, dann werden Kenntnisse zu den Stufen des Kompetenzerwerbs besonders relevant.

Der Lehrer ist hier in seiner Rekontextualisierung der kulturellen Programme ganz an den Lernmöglichkeiten der Schüler orientiert. Die Förderung dieser „Absorbierungschancen" von Lernangeboten treibt sein professionelles Handeln primär an. Er muss dabei gleichermaßen die Kinder an die kulturellen Programme heranführen wie die kulturellen Programme anschlussfähig machen.

Die pädagogischen Disziplinen, die sich mit Tools zur Bewältigung dieser Aufgaben beschäftigt haben, werden traditionellerweise als Methodik bzw. Didaktik bezeichnet. Sie bilden die Essenz der Lehrkunst.

4.1.1.3 Primäre Rekontextualisierung als ko-konstruktivistische Didaktik: Wissenschaftliche Grundlagen des Lehrens

Der kurze historische Rückblick auf die Erfindung von Methoden des Unterrichts hat sichtbar gemacht, dass diese „im System" durch Versuch und Irrtum und durch erfahrungsbasierte Reflexionen entstanden sind. Erst in den letzten Jahrzehnten werden diese Erfahrungsschätze durch wissenschaftliche Verfahren angereichert, in denen empirisch untersucht wird, welche Methoden wirksamer sind als andere. Die mit qualitativen und quantitativen Methoden arbeitende Unterrichtsforschung sucht nach domainspezifischen und domainübergreifenden Strategien des adaptiven Unterrichts, in dem kulturelle Programme und Lernmöglichkeiten von Kindern verbunden sind. „Domains" sind dabei nicht immer identisch mit Fächern, sondern gliedern diese nach inhaltlich verwandten Lerngebieten. In welchem Ausmaß die primäre Rekontextualisierung eine „Vermählung" von inhaltlichen Programmen und psychischen Strukturen ist, soll am Beispiel des ko-konstruktivistischen Ansatzes der Didaktik illustriert werden, der eine wichtige Tradition von Piaget (1972), Aebli (1987), Reusser (1998) als modernen Kognitivisten fortsetzt. Hier wird von beiden Seiten her gedacht, von den Vorgaben durch die großen inhaltlichen Programme und vor allem von den sich entwickelnden kognitiven Strukturen des Kindes her.

Insbesondere die strukturgenetische Konzeption von Piaget hat wichtige Implikationen für schulisches Lernen. Einmal macht sie deutlich, dass kognitive Entwicklungen von innen kommen, dass sie aus der Selbsttätigkeit der Kinder und Jugendlichen, aus deren aktiven Auseinandersetzung mit der Welt resultieren. Lehrer haben danach vor allem dafür zu sorgen, dass Kinder und Jugendliche aktiv sind, dass sie möglichst engagiert an Aufgaben arbeiten. Sie lernen nicht durch schlichtes Zuschauen, wie andere etwas tun, sondern nur dadurch, dass sie etwas selber tun. Niemand käme auf die Idee, dass es ausreicht, beim Tennisspielen zuzuschauen, um diesen Sport zu erlernen – auch wenn bestimmte unterstützende Modellwirkungen des Beobachtens nicht zu vernachlässigen sind. Angeleitete Eigenaktivität ist hier der Schlüssel zum Lernfortschritt.

Aktivierung als Kern des Lehrens

Insgesamt wird hier sichtbar, dass Entwicklungsfortschritte immer im Schüler selber geschehen müssen. Sie können von außen nicht „eingetrichtert" werden, sie müssen sich durch Eigenaktivität des Kindes und Jugendlichen vollziehen. Der Lehrende kann an dieser Eigenaktivität konstruktiv mitwirken, sie aber nicht ersetzen.

Eigenaktivität

Diese Sichtweise wird durch die Beobachtung verstärkt, dass nicht alle Schüler jeweils auf ihr höchstmögliches kognitives Niveau kommen. Die strukturgenetische Theorie drückt dies in der These aus, dass zwischen der Kompetenz (latent) und der Performanz (manifeste Aktivität) Divergenzen bestehen können. Zudem können soziokulturelle Einschränkungen (constraints) von Lernmöglichkeiten dazu führen, dass das kognitive Leistungsniveau nicht zu jener Blüte kommt, die prinzipiell möglich wäre.

Entwicklungsprogramm und Anregungspotential

Gerade die letztere Erklärung, die im Rahmen des sozialen Konstruktivismus (Edelstein, 1992) sehr bedeutsam geworden ist, verweist auf eine pädagogisch wichtige Verschränkung des endogenen (inneren) Entwicklungsprogramms mit exogenem (äußerem) Anregungspotential. So konnte Edelstein in einer großen Längsschnittstudie in Island zeigen, dass Erfahrungen in der frühen Kindheit, die Kinder depressiv machten, weil ihnen die sichere Bindung an eine Bezugsperson fehlte, dazu führten, dass ihr Leistungspotential mit zunehmendem Alter weniger gut aktiviert wurde (Jacobsen, Edelstein, & Hofmann, 1994). Diese Denkmodelle binden die innere Entwicklung wieder stärker an äußere Anregungsbedingungen und lassen auch die kognitive Entwicklung als interaktiven Prozess zwischen Kindern und der Umwelt erscheinen. Dabei sind Modellvorstellungen von Vygotsky sehr bedeutsam (Vygotzky, 1938), der die aktive Hilfe beim Eintritt in die „nächste Zone der Entwicklung" durch das Vorführen der Leistungsmöglichkeiten dieser Zone betont hat. Anspruchsvolle intellektuelle Niveaus (higher order intellectual skills) werden dadurch lehrbedürftig und lehrbar. Piaget selber hat viele Hinweise gegeben, wie höhere Niveaus jeweils aussehen und wie sie stimuliert werden können.

Heute wird davon ausgegangen, dass die kognitive Entwicklung des Menschen durch ein Zusammenspiel der internen Entwicklungsmöglichkeiten mit den äußeren Entwicklungsanreizen erfolgt. Reusser (1998) beschreibt dies unübertroffen, so dass ein längeres Zitat gerechtfertigt ist:

„Auch wenn zutrifft, dass Lernen in hohem Maße eigentätig und selbstreguliert erfolgt und der Aufbau immer differenzierterer und integrierterer Wissens- und Denkstrukturen in jedem Fall die konstruktive Leistung individueller Subjekte darstellt, d. h., dass von deren kognitiver Strukturdynamik abhängt, welche Anregungen und Materialangebote aus der soziokulturellen Umwelt wie wahrgenommen, genutzt und verarbeitet werden, so wäre es naiv, dies mit einer Fiktion von ‚natürlicher Entwicklung' zu verwechseln. Bereits die frühesten Dinge und Gegebenheiten, mit denen das Kind in Kontakt tritt, sind durch die soziale und gesellschaftlich-kulturelle Umwelt mitgeformt, eine Umwelt, die mehr ist als eine passive Material- und Angebotslieferantin, sondern der die Rolle einer aktiven Entwicklungshelferin zukommt.

Der Mensch erwirbt sein Wissen und sein Weltbild und entwickelt seine Denkstrukturen nicht als außerhalb der Kultur und der Gesellschaft stehender, einsamer ‚Solo-Lerner' (Bruner, 1986), sondern unter dem Einfluss anderer Menschen, d. h. im Rahmen eines sozialen Unterweisungs- und Interaktionsgefüges und einer an Bedeutungen reichen Kultur. Entwicklung ist sowohl internalen als auch externalen Faktoren (Ermöglichungen und Einschränkungen) unterworfen ... Entwicklung als Ontogenese von Wissens- und Denkstrukturen – als Selbstwerdung und Kultursozialisation – findet letztlich dort statt, wo sich die Selbststeuerungs- und Strukturdynamik des Individuums mit den Angeboten und Impulsen seiner umgebenden Kultur verbindet" (Reusser, 1998, S. 154 f.).

In der Summe zeigt sich, was die vier Grundpfeiler einer modernen Lehrarbeit sind.
- Sie beruht auf einer differenzierten Analyse der „Kultur", der zu vermittelnden Inhalte und Fähigkeiten und kennt im Idealfall deren Kernstrukturen und Genese.
- Sie baut auf Subjektwissen aus, das die Prozesse differenziert, die im Subjekt ablaufen, wenn die Begegnung mit kulturellen Inhalten erfolgt. Insbesondere kennt sie die typischen Schwierigkeiten bei diesen Aufbauprozessen.
- Sie kann sich auf ein bewährtes Methodenwissen verlassen, das über die Schwierigkeiten bei kulturellen Aneignungsprozessen hinweghilft.
- Sie stimmt die Hilfe zum Lernen auf die jeweils gezielt angeregte Demonstration dessen, was jemand schon kann, ab. Die permanente Rückmeldung, was jemand verstanden und geübt hat, bildet die Grundlage für weitere Impulse. Über diese Leistungsdiagnosen kann die Lehrperson im Prozess des Lehrens und Lernens beobachten, was im Lernenden geschieht.

Diese Grundpfeiler haben in verschiedenen Modellen unterschiedliche Akzente.
- Im ko-konstruktiven Ansatz geht es um die Dynamik von inneren Aufbauprozessen und didaktischen Stützen (Baer, Fuchs, Füglister, Reusser, & Wyss, 2006),
- im Modell des „dialogischen Lernens" (Ruf & Gallin, 1998) gewinnt die Analyse der Inhalte nach Kernideen und die Prozessdokumentation durch die Lernenden und Lehrenden einen hohen Stellenwert,
- in den Modellen von Carroll (1963) und Bloom (1976) rückt die zeitliche Synchronisierung von interindividueller Varianz in benötigter und gewährter Lernzeit in den Mittelpunkt,
- bei Wagenschein (2002) steht das Erleben von Verstehen und der eigenständige und handlungsorientierte Weg zu Verstehenserlebnissen im Vordergrund.

Alle diese Theoriefamilien holen Lernende dort ab, „wo sie stehen" und führen sie geleitet durch Wissende zu einem neuen Zustand von Verständnis und Kompetenz.

Schüler abholen, wo sie stehen

4.1.1.4 Pädagogik vom Kinde aus: die reformpädagogische Bewegung

Vom Kinde auszugehen war seit der Wende vom 19. zum 20. Jahrhundert eine immer wirkmächtigere Parole der Pädagogik. Sie kann im Rahmen der hier entfalteten Konzeption der primären Rekontextualisierung als Unternehmen interpretiert werden, die Seite der Kinder und Jugendlichen „stark zu machen" und diese gegen die „Übermacht" der Institution und des Lehrstoffes zu verteidigen.

Eindrucksvoll kommt dies in einer Schrift aus dem Jahre 1933 zum Ausdruck, die Schohaus (1933) auf der Grundlage einer Umfrage bei mehr als hundert Lehrern zum Thema „Wodurch werden Sie in Ihrer Tätigkeit als Lehrer am meisten gehemmt?" verfasst hat. Das Ideal der Orientierung am Kind sieht so aus:

Der gute Lehrer denkt vom Kinde her

„Da wo ein Lehrer das einzelne Kind mit Hingabe studiert und aus der Ganzheit seiner Lebenssituation heraus zu verstehen trachtet, da ist lebendiger Geist der neuen Schule.

Da wo ein Lehrer die verborgenen Fähigkeiten auch der schwächsten Schüler mit ernster Liebe und allem Scharfsinn aufzuspüren sucht, – wo er auch dem sogenannten Schuluntüchtigen zum Entdecker seiner Brauchbarkeiten wird und nun alles daran setzt, dem schwachen Kinde zur Entwicklung seiner bescheidenen Anlagen zu helfen, – da weht paedagogischer Genius – da wird Leben gefördert.

Da wo es einem Lehrer wichtiger ist, dass alle Schüler ein fröhliches Selbstvertrauen haben, als dass sehr repräsentable Schriften geschrieben und in Kopfrechnen akrobatische Leistungen erzielt werden, – da ist ein Stück der neuen Schule verwirklicht.

Da wo es einem Lehrer mehr darauf ankommt, dass die Kinder gute Beziehungen zueinander haben als ... zu den Regeln der Grammatik, da lebt die neue Schule.

Da wo ein Lehrer seine Schüler vornehm und ritterlich behandelt, wo er sie als vollwertige Menschen nimmt, wo es ihm selbstverständlich ist, dass man Kinder genau so höflich behandelt wie Erwachsene, – wo er erfüllt ist von tiefer Achtung vor dem wachsenden Leben und vor allem menschlichen Geschick, ... da atmet die neue Schule.

So sehen wir: die „neue Schule" ist die Erziehungsschule ..." (Schohaus, 1933, S. 101 ff.).

Unübersehbar steht Schohaus mit diesem Ideal in der Tradition der Reformpädagogik, die international breit diskutiert und formuliert wurde. Aus der deutschen Diskussion sind die Postulate des „Unterrichts vom Kinde aus" gut bekannt. Deshalb sei zur Illustration und um den Geist dieser Bewegung zu spüren, die Charta der „Progressive Education" aus Amerika angeführt. In ihr kommt unübersehbar zum Ausdruck, dass die bestmögliche Entwicklung des Kindes das stärkere Regulativ in der Erziehung sein sollte als die Übertragung eines kulturellen Programms (s. Abb. 4.6).

> **I FREEDOM TO DEVELOP NATURALLY**
> The conduct of the pupil should be governed by himself according to the social needs of his community, rather than by arbitrary laws. Full opportunity for initiative and self-expression should be provided, together with an environment rich in interesting material that is available for the free use of every pupil.
>
> **II INTEREST, THE MOTIVE OF ALL WORK.**
> Interest should be satisfied and developed through: (1) Direct and indirect contact with the world and its activities, and use of the experience thus gained. (2) Application of knowledge gained, and correlation between different subjects. (3) The consciousness of achievement.
>
> **III THE TEACHER A GUIDE, NOT A TASKMASTER**
> It is essential that teachers should believe in the aims and general principles of Progressive Education and that they should have latitude for the development of initiative and originality.
> Progressive teachers will encourage the use of all the senses, training the pupils in both observation and judgment; and instead of hearing recitations only, will spend most of the time teaching how to use various sources of information, including life activities as well as books; how to reason about the information thus acquired; and how to express forcefully and logically the conclusions reached.
> Ideal teaching conditions demand that classes be small, especially in the elementary school years.
> ...
> (zit. nach Herrmann, 2002, S. 280)

Progressive Education

Abb. 4.6: Auszüge aus: „The Principles of Progressive Education"

Diese Orientierung der Rekontextualisierung des Kulturprogramms – also des Lehrens – an der individuellen, letztlich selbstgesteuerten Entwicklung von Kindern und Jugendlichen ist eine der bedeutendsten pädagogischen Entdeckungen des beginnenden 20. Jahrhunderts gewesen. Individuelle Entwicklung wurde dabei unterschiedlich fachspezifisch bzw. ganzheitlich gesehen. Die obigen Positionen betonen unübersehbar den ganzheitlichen Aspekt der Persönlichkeitsentwicklung.

Kinder oder Maßstäbe der Kultur?

Dass die Kulturvermittlung und die Humanentwicklung keine Gegensätze sein müssen, dass sich Ungeformtes am Geformten entwickeln kann und muss, kommt heute wieder stärker in den Blick. In der oben formulierten ko-konstruktiven bzw. einer konvergenztheoretischen Perspektive wird sichtbar, dass die Subjektivität der Lernenden allein nicht ausreicht, um ein gemeinschaftlich verantwortbares Bildungsprogramm zu konzipieren. Zu flüchtig sind die kindlichen Interessen, zu historisch zufällig die lebensweltlichen Umstände, zu unspezifisch die intellektuellen Möglichkeiten. Erst durch die Erprobung des Individuums in einem Kulturprogramm, wie es die Schule bereit hält oder bereit halten sollte, kann die „seelische Gestaltwerdung" produktiv werden. Als Gegengewicht müssen also die Maßstäbe der Kultur und der in sie eingewobenen sachlichen Strukturen (z.B. Kompetenz in den Fremdsprachen, historisches Wissen, gute Grammatik) zur Geltung kommen.

Konvergenz von Kulturvermittlung und Humanentwicklung

Meine konvergenztheoretische Position

Die Didaktik muss sowohl die Seite der Kultur als auch jene des Lernenden im Auge haben. Schüler ohne Rücksicht auf Lernmöglichkeiten und Interessen an die Kultur heranführen zu wollen ist ebenso problematisch, wie eine ausschließliche Ausrichtung an den lernenden Kindern. Wie eine solche Anpassung an Kinder aussehen könnte, zeigt Abb. 4.7, in der das Überraschungsmoment darin besteht, dass die Leitung des Unterrichts durch Fragen, auf die es richtige Antworten gibt, umgekehrt wird. Die Frage, ob die Kultur in der Gestalt von fachlichen Inhaltsvorgaben für das Lernen in der Schule leitend sein sollte, oder ob wir bei der Begegnung von Vorgaben mit lebendigen und aktiven Kindern in letzteren das leitende Regulativ zu sehen haben, ist in den letzten Jahrzehnten immer wieder gestellt worden. Ich vertrete hier eine konvergenztheoretische Position. Sie besagt, dass der Geist nur in einer gut zubereiteten „Nährlösung" zu sich selbst erwachen kann. Aber ohne die Einstellung, dass sich dabei das entscheidende Geschehen beim lernenden Kind und Jugendlichen abspielt, dass es um *sein* Lernen und *seine* „Vervollkommung" geht, nimmt die Inhaltsseite eine zu starke Position ein und degradiert schulisches Lernen zu traditionellem Durchnehmen von Stoff.[55]

Abb. 4.7: „Anschlussfähigkeiten"

---

55 Lehrerforscher haben schon vor Jahrzehnten gemeint, hier Lehrertypen ausmachen zu können. Bezeichnenderweise sprach z.B. Caselman (1953) für das Gymnasium von Lehrern, die sich primär an den Inhalten der Fächer orientieren *(logotrope Lehrer)* und unterschied diese von denen, die ihre Aufmerksamkeit mehr den Schülern und ihren Lernmöglichkeiten widmen *(paidotrope Lehrer)*. Die ersteren haben die anspruchsvollen kulturellen Inhalte im Blick und wollen die Schülerinnen und Schüler an diese heranführen, sie also an diese *Vorgaben* anschlussfähig machen und sie an ihnen formen. Paidotrope Lehrer legen den Schwerpunkt anders. Bei ihnen steht der sich entwickelnde Mensch im Vordergrund, der zu eigener Aktivität, eigenem Denken und zur „Selbstvervollkommung" ermutigt werden soll. Ähnliches Balancen von Bindung und Freiheit hat auch Spranger zur Grundlage seiner „Grundstile der Erziehung" gemacht (1969).

*4.1.2 Sekundäre Rekontextualisierungen: institutionelle und
gesellschaftliche Überformungen des Lehrens*

Die Rekontextualisierung des kulturellen Programms der Schule an die Lernmöglichkeiten der heranwachsenden Generation beschreibt das *Kerngeschäft* der operativen Akteure. Dabei stehen zu bleiben, würde die Arbeitsplatzstruktur der Lehrerschaft aber nur unzureichend beschreiben. Würde man Lehrer *nur* darauf vorbereiten, würde man ihnen ausschließlich beibringen, gut zu unterrichten und „Stoff" möglichst gut an Lernfähigkeiten von Schülern anzupassen, dann würde man sie großen Gefahren der Enttäuschung, aber auch des Fehlverhaltens aussetzen. Das Umfeld, in dem sie sich bewegen müssen, ist weit komplexer als eine noch so durchdachte einzelne Unterrichtsstunde mit einer Schulklasse.

4.1.2.1 Institutionelle Vorgaben

Lernen in der Schule ist in institutionelle Rahmenregelungen eingebettet, die über die Gestaltung einzelner Unterrichtsstunden hinausweisen. Zu den wichtigsten zählen die Bildungsgangregelungen für Schüler, die festlegen, was jemand in welchem Zeitraum gelernt haben muss, um in eine nächste „Bildungsgangstufe" oder bei einer Lehrganggabelung in höhere oder niedrigere Bildungswege einmünden zu dürfen. Diese Bildungsgänge sind in komplexe Prüfungsregelungen und entsprechende Prüfungen eingebettet, die intern und/oder extern durchgeführt werden können. Die beschriebenen Typologien „aufnehmender" und „abgebender" Laufbahngestaltungen weisen darauf hin.

Das institutionelle „Korsett" inhaltlichen Lernens

Haben die institutionellen Vorgaben zu Bildungsgängen und Selektionsprozessen einen Einfluss auf die primäre Rekontextualisierung des Kulturprogramms in den einzelnen Unterrichtsstunden? Eine zweifache Sekundärtransformation der Kernaufgabe des Lehrens (s. dazu die Beispiele in H. Fend, 1979) soll hier beschrieben werden. Die Adaption des kulturellen Programms erfolgt danach nicht nur unter dem Gesichtspunkt der optimalen Anschlussfähigkeit an den Lernstand des Schülers, sondern in der Perspektive der
- Sicherung von vorgegebenen Standards,
- der Selektion und optimalen Objektivität von Prüfungen.

Standards und Anforderungen sichern zu müssen hat zur Folge, dass die operativen Akteure stärker von inhaltlichen Anforderungen geleitet sind als von der optimalen Passung mit den Lernmöglichkeiten aller Schüler einer Klasse. Damit übernimmt das Inhaltsprogramm die primäre Regie und die Schüler müssen versuchen, sich *ihm* anzupassen. Die Feinabstimmung an dem, was Schülerinnen und Schüler gerade wissen und können, tritt in den Hintergrund.

Orientierung an Standards

Doch wer legt die Standards fest? Von entscheidender Bedeutung ist dabei, ob die Lehrpersonen als Lehrende die Aufgabe der Niveausicherung haben, oder ob diese teilweise oder gänzlich von außen, etwa durch externe Prüfungen oder durch Prüfungen aufnehmender Bildungsgänge übernommen wird. Ist der Lehrer Träger der Anforderungen, dann wird seine Kernaufgabe der optimalen Lernförderung überlagert durch die justiziabel zu machende Sicherung von Standards. Werden die Standards von außen vorgegeben, dann kann sich die Lehrperson stärker auf die Kernaufgabe des Coaching konzentrieren.

Objektivierbarkeit von Leistungsunterschieden

Lehren kann sich in modernen, multifunktionalen Bildungssystemen (Fend, 2006b) offensichtlich nicht allein an einer optimalen Passung zwischen dem Angebot und der jeweiligen Nutzbarkeit durch Schüler orientieren. Die Ergebnisse des Lehrens und Lernens werden zum Anlass, um über Leistungsprüfungen Selektionen zu unterschiedlich hoch bewerteten Bildungsgängen vorzunehmen. Die „Kunden" der Schule, insbesondere die Eltern, kämpfen mit ihren Kindern um diese Zugangsberechtigungen, die auf der Grundlage von Leistungen den einen gewährt, den anderen verwehrt werden. Dadurch entsteht eine neue, hier sekundär genannte Dynamik der Rekontextualisierung des Kulturprogramms. Lehrerinnen und Lehrer müssen sich nun zusätzlich daran orientieren, dass sie *rechtfertigbare* Leistungsunterschiede feststellen, wobei hier der Akzent auf „rechtfertigbar" liegt. Was sollen Lehrer tun, um in diesen Konflikten nicht ständig angegriffen zu werden und schließlich zu resignieren? Sie müssen möglichst objektiv in ihren Leistungsbewertungen sein, sie müssen solche Prüfungsanforderungen stellen, die nachvollziehbar sind. Dies hat weitreichende Folgen, solche für die Auswahl von Inhalten (also von kulturellen Programmen) und die Art ihrer Prüfung. *Gut lehrbare und gut prüfbare sowie objektiv rechtfertigbare Inhalte werden bevorzugt.*

Prüfbarer Stoff wird bevorzugt

Lehrpersonen als operative Akteure sind aufgrund der institutionellen Vorgaben des objektiven Prüfens in einer schwierigen Situation. Sie müssen die vorgegebenen Inhalte so vereinfachen und systematisieren, dass sich ihre Lernbarkeit erhöht.[56] Gleichzeitig stehen sie unter der Anforderung, diese Inhalte zu prüfen. Diese Prüfungen stehen ihrerseits unter einem hohen Rechtfertigungsanspruch, sie müssen im Zweifelsfall rechtlich stichhaltig sein. Alle Aufgaben, die interpretationsbedürftige Lösungen enthalten, geraten dabei unter Druck. Am objektivsten und am wenigsten sind quantifizierbare Ergebnisse, sind „zählbare" Fehler als Grundlage für die Leistungsbeurteilung. Auch dadurch besteht die Gefahr, dass das großartige kulturelle Programm, das die Schule bieten kann, in einer Weise rekontextualisiert wird, die seiner Qualität nicht gerecht wird.

Diese Gefahren hat die Unterrichtsmethodik seit langem gesehen und sich bemüht, ihnen durch neue Lehr- und Lernformen zu begegnen. Alle Methoden, die im Umkreis der Förderung von Selbständigkeit und Eigentätigkeit angesiedelt sind, dienen dem Ziel, einer rein prüfungsorientierten Transformation von kulturellen Inhalten im schulischen Kontext entgegen zu arbeiten.

---

56 Dies provoziert auch die Gefahr der Atomisierung und der Trivialisierung, um die Überprüfbarkeit zu erhöhen oder um mit Hilfe von überprüfbaren Anforderungen die Kontrolle über die Schülerschaft zu gewinnen. H. Mann schildert dazu in „Professor Unrat" unübertroffen Szenen, wie Literatur durchgenommen wurde:„Mit der ‚Jungfrau von Orleans' beschäftigte die Klasse sich seit Ostern, seit dreiviertel Jahren. Den Sitzengebliebenen war sie sogar schon aus dem Vorjahr geläufig. Man hatte sie vor- und rückwärts gelesen, Szenen auswendig gelernt, geschichtliche Erläuterungen geliefert, Poetik an ihr getrieben und Grammatik, ihre Verse in Prosa übertragen und die Prosa zurück in Verse. Für alle, die beim ersten Lesen Schmelz und Schimmer auf diesen Versen gespürt hatten, waren sie längst erblindet... Wer von diesen jungen Leuten später einmal unter der fast schwülen Unschuld jener Hirtin gezittert hätte, wer den Triumph der Schwäche in ihr geliebt hätte, wer um die kindliche Hoheit, die, vom Himmel verlassen, zu einem armen, hilflos verliebten kleinen Mädel wird, je geweint hätte, der wird nun das alles nicht so bald erleben. Zwanzig Jahre vielleicht wird er brauchen, bis Johanna ihm wieder etwas anderes sein kann als eine staubige Pedantin" (Mann, 1989 (1905), S. 15).

Der institutionelle Auftrag der Selektion führt jedoch nicht nur zu einer Transformation des Unterrichts, er hat auch eigenständige Entscheidungsaufträge zur Folge. Lehrer müssen Zeugnisse schreiben, sie müssen Empfehlungen abgeben und sie können an vielen Stellen Berechtigungen erteilen oder verwehren. Zum Fördern durch Unterricht kommt also immer auch das Auslesen durch Prüfungen (Nauck, 1983).

Förderung und Selektion

Lehrpersonen geraten dadurch häufig in ein Dilemma. Sie sollen den „Stoff" möglichst gut an die individuellen Lernmöglichkeiten von Schülern adaptieren und bei diesen auch ein positives Verhältnis zur Schule, das Gefühl der Akzeptanz durch die Lehrpersonen und eine optimale Persönlichkeitsentwicklung befördern. Die sekundäre Transformation der Inhalte in vergleichende Leistungsbewertungen schafft emotional von Lehrpersonen und Schülern häufig schwer zu verkraftende Spannungen, etwa die:

- Die vergleichenden Leistungsbewertung verlangt eine objektive Einschätzung ohne Rücksicht auf die Anstrengung und die jeweilige Lerngeschichte eines Schülers.
- Das Kind will eine positiv-emotionale Beziehung zum Lehrer, gleichzeitig muss es aber etwas tun, was es nicht so gut kann, wofür es dafür dann negativ bewertet wird.
- Leistungserbringung als selbstgelenkter und selbstbestimmter Prozess trifft auf die Zeitbeschränkungen des Lernens in der Schule. Viele Schüler bräuchten einfach mehr Zeit, um etwas zu lernen.

Belastungen durch die Selektion und vergleichende Leistungsbewertung

Diese Spannungen treffen Lehrpersonen und Schüler oft gleichermaßen. Wie werden die impliziten Unsicherheiten und emotionalen Belastungen bewältigt? Mit dem Umgang der Lehrerschaft mit Selektionsentscheidungen hat sich eine Forschungsprojekt beschäftigt (Terhart, 1999) und dabei gefunden, dass die Konstruktion der Leistungsfähigkeit eines Mädchens oder Jungen ein komplexer Vorgang in einem Kollegium und im Kontext von Erwartungshaltungen der Eltern und Mitschüler ist, der nicht allein von den Noten her gestaltet ist. Mit der Aufgabe der Selektion haben dabei Lehrerkollegien und Lehrpersonen leben und die Unschärfe akzeptieren gelernt. Sicherheit in diesem komplexen Beurteilungsprozess gewinnen Lehrerinnen und Lehrer durch die Möglichkeit, die Leistungen immer im Kontext einer Schulklasse beurteilen zu können. Die gleichen Aufgabenstellungen, die immer wieder zu verschiedenen Leistungen bei Schülern einer Klasse führen und dabei eine hohe Konstanz bei guten und schwachen Schülern zeigen, bestätigen Lehrpersonen in ihrem Urteil, dass sie in der relativen Einschätzung eines Schülers richtig liegen. Im Austausch mit Fachkolleginnen wird dann diese individuelle Beurteilung zu einer konsensualen Einschätzung transformiert. Diskrepanzen mit Lehrpersonen, die andere Fächer unterrichten, können aber auch produktiv aufgenommen werden und zum Segen der Kinder Entwicklungspotentiale durch Vertrauensvorschuss schaffen. Kinder nicht frühzeitig auf ein Leistungspotential festzulegen, mit Leistungsbeurteilungen also reflektiert umzugehen, ist ein Kernbereich einer pädagogischen Grundhaltung, die an der bestmöglichen Entwicklung aller Kinder orientiert ist. Das Verdienst des Projektes, das sich mit diesen Selektionsentscheidungen empirisch beschäftigt hat, liegt zweifellos darin, auf diesen gemeinsamen Konstruk-

Umgang mit Leistungsbeurteilungen in einem Kollegium

tionsprozess von Leistungsfähigkeiten einzelner Mädchen und Jungen aufmerksam gemacht zu haben, aber auch gezeigt zu haben, dass dieser Teil professionellen Handelns nicht originär aus dem Lehrprozess erwächst, sondern aus den weitergehenden institutionellen Aufgaben eines Bildungswesens resultiert, dem selektive Aufgaben übertragen sind. Unterschiedliche Regelungen auf Institutionsebene (s. z.B. externe Prüfungen) hätten auch eine andere Logik des Lehrerhandelns und des Prüfens zur Folge.

Entlastungen von Selektionsentscheidungen

Der Druck der Elternschaft, dass die Urteile über die Leistungsfähigkeiten ihrer Kinder ihren eigenen Einschätzungen und Erwartungen entsprechen müssen, ist groß. Je stärker diese Urteile selektionsrelevant sind, umso größer ist dieser Druck, der nicht selten hinter Objektivitäts- und Gültigkeitsforderungen verborgen wird. Wenn Lehrpersonen von Kollegien und der Bildungsverwaltung allein gelassen werden, können sie diesem Druck nur schwer standhalten. Den Wünschen der Eltern nachzugeben ist individuell die einfachste, für ein hohes Niveau des Bildungswesens aber nicht unbedingt die beste Lösung. Zwei Entwicklungen helfen der Lehrperson, Stand zu halten: einmal die *kollegiale Unterstützung* bei einem Gesamturteil, das im Zeugnis zum Ausdruck kommt, zum andern die *Verobjektivierung durch extern geregelte Leistungsprüfungen,* seien dies klassenübergreifende Vergleichsarbeiten oder externe Abschluss- und Aufnahmeprüfungen.

Lernen im Rahmen der institutionellen Regelungen moderner Bildungssysteme bekommt durch Prüfungen einen „Ernstcharakter", der ihm aus seinem inneren Gehalt des jeweils Gelernten heraus nicht unbedingt zukommt. Dies gilt auch für das Geschäft des Lehrens, das unter zusätzliche Ansprüche gerät. Lehrer müssen nun für ein kritisches Publikum sichtbar und rechtfertigbar machen, warum die einen Schüler besser als andere beurteilt werden und Bildungslaufbahnen einschlagen dürfen bzw. von ihnen ausgeschlossen werden.

4.1.2.2 „Multiple audiencies" des Lehrerhandelns: Erwartungen ans Lehrersein im gesellschaftlichen Umfeld

In der primären Rekontextualisierung fühlt sich der Lehrer nur dem „Publikum" der vor ihm sitzenden Schüler verpflichtet und er ist nur an deren Lernen interessiert. Das komplexe schulische Angebot dient der optimalen Entwicklung jedes Kindes. Wenn von einem „idealistischen" Lehrer gesprochen wird, dann ist gelegentlich diese Haltung des „idealen Pädagogen" gemeint. Die sekundäre Rekontextualisierung des schulischen Kulturprogramms nimmt auf den häufig als „realistisch" apostrophierten Erwartungshorizont an Schule Bezug und betont die vielen Ansprüche, die sich mit schulischem Lernen verbinden. Lehrer haben danach nicht nur „isolierte" Schülerschaften vor sich, sie sind vielmehr eingebunden in einen komplexen gesellschaftlichen Erwartungshorizont, der in einigen Punkten hier beschrieben werden soll. Lehrpersonen haben es nämlich mit folgenden Konstellationen zu tun:

Elternerwartungen

1. Ihre methodisierte Lehre richtet sich zwar auf Schüler, doch hinter diesen stehen Eltern. Deren Erwartungen beziehen sich auf den Erfolg im schulischen Allokationsprozess, der über vergleichende Prüfungen organisiert und legitimiert ist.

Wenn Lehrpersonen sich so verhalten, als hätten sie es bei der Optimierung ihrer Aufgabe nur mit Kindern und Jugendlichen zu tun, dann geraten sie früher oder später in große Schwierigkeiten. Hinter jedem Schüler in der Schule steht ein komplexes soziales Stützsystem mit oft hochgespannter Erwartung an den Erfolg dieses Kindes. Es wird bei Einschulungen und Schulfeiern ansatzweise sichtbar, wenn Eltern sich eigens Urlaub nehmen, um dabei sein zu können, und wenn Onkel, Tanten, Großeltern und Paten mitkommen (s. Abb. 4.8).

Abb. 4.8: Gratulation zum Schuleintritt als Beispiel für Erwartungshaltungen der Verwandtschaft

So muss die Lehrperson damit rechnen, dass alle ihre Aktivitäten, natürlich aber ihre Bewertungen und ihre persönlichen Umgangsformen, zum Thema langer Gespräche in der Familie werden.

Eine professionelle Gestaltung des Lehrerseins erfordert deshalb, dass die Lehrtätigkeit möglichst *professionell abgesichert* und rechtfertigbar ist.

2. Wenn aus der Natur der Sache, aus der Struktur des Lehrens und Erziehens, bezweifelt werden kann, dass sich jemand „absolut richtig" verhalten hat, dann ist der Konsens von Kolleginnen und Kollegen, dass das Handeln der Kollegin „durchaus vertretbar" war, von großer Bedeutung. Diese *kollegiale Stütze* wird umso bedeutsamer, je höher die Erwartungen an die Schule sind, dass jedes Kind zu seinem Recht kommt. Die Norm der Kollegialität hat seit je her die verständliche Funktion gehabt, Lehrpersonen in einem Feld zu schützen, in dem von der Sache her gar nicht präzise festgestellt werden kann, ob ein Verhalten „gut oder schlecht" ist (Lortie, 1975). Gemeinsame Klärungen von Konflikten zwischen Eltern, Schülern und Lehrpersonen, bei denen alle ihre Sichtweisen einbringen können, gewinnen dabei eine überragende Bedeutung. *(Kollegiale Erwartungen)*

Lehrende tun gut daran, das Erwartungsfeld des Kollegiums aktiv in ihre Aufgabenerfüllung einzubeziehen. Lehren in „Einsamkeit und Freiheit" der Schulklasse kann sonst zur Falle werden, die die Lehrperson isoliert und schutzlos den Interessen verschiedener Bezugsgruppen aussetzt. Zu den hohen didaktischen Erwartungen an den Lehrberuf gesellen sich damit solche an Kommunikationsfähigkeit und Kooperationsfähigkeit.

Für die Qualitätssicherung der Unterrichtsarbeit und der Erziehungsarbeit einer Schule kann dabei ein Spannungsverhältnis zwischen Kollegialität und Professionalität entstehen. So kann es auch geschehen, dass um der Kollegialität willen Qualitätsdefizite nicht artikuliert werden. *(Spannung zwischen Professionalität und Kollegialität)*

Dies ist für das Ansehen eines Kollegiums eine große Belastung. Sie können ihr nur entgehen, wenn sie die *Kollegialität an die Einhaltung von Qualitätsstandards des Lehrerhandelns binden*. Dazu bedarf es aber ausdrücklicher *Vereinbarungen*, welches diese *Standards* sind. Wenn Schulen intern Qualitätssicherungsinstrumente konzipieren wollen, dann bildet eine Balance von Kollegialität und Professionsstandards das Zentrum. Neben die Vereinbarung von Standards müssen zu vereinbarende *Verfahren* treten, um die Sicherung der Standards zu gewährleisten. Aber auch dabei gilt es, die Balance zwischen *öffentlicher Verantwortung* und der *professionellen, sachbegründeten Autonomie* der Lehrpersonen bei didaktischen Entscheidungen Rechnung zu tragen.

Öffentliche „audiencies"

3. Lehrerhandeln ist öffentlich finanziertes Handeln und damit verständlicherweise dem Anspruch auf qualitativ gute Arbeit ausgesetzt. Wenn Lehrer ihr Kerngeschäft organisieren, dann sind sie also gut beraten, immer im Auge zu behalten, wie dieses Kerngeschäft beurteilt wird und welche Folgen dies haben könnte. Das Handeln der operativen Akteure ist gewisser Weise immer öffentliches Handeln. Es bleibt nicht auf das „Publikum" der Klasse eingegrenzt, sondern wird über Gerüchte, Erzählungen und mehr oder weniger systematische Beobachtungen der ganzen Schule und dem Kollegium bekannt. Neben den Eltern ist ein weiteres Publikum imaginär anwesend: jenes der Gemeinde und der Öffentlichkeit. Schließlich wird es über die interne oder externe Aufsicht noch einmal öffentlich und „evaluiert".

Aufsicht und Kontrolle als Orientierung zur Gestaltung der Lehrerrolle

Auch hier machen historische Beispiele die Besonderheiten der *Bewertung* von Lehrerarbeit in der Moderne sichtbar. Wenn mit dieser Bewertung verbunden ist, ob Lehrer angestellt oder entlassen werden, dann werden sie begreiflicherweise zum Bezugspunkt der Rekontextualisierung des Lehrauftrages und Erziehungsauftrages, also der „richtigen" Adaptierung des Kulturprogramms an die Schüler. Nicht die sachlich beste Umsetzung wird zum Bezugspunkt der Lehrarbeit, sondern die Orientierung an den Erwartungen der Instanzen, die über die Anstellung bestimmen können. Ein historischer und nationaler Vergleich zeigt, dass Aufsicht und Kontrolle über die Lehrpersonen sehr unterschiedlich gestaltet sein können.

Lehrersein als moralisches Vorbild

In mehreren Ländern, in den USA, in Holland und auch in der Schweiz wurden seit dem frühen 19. Jahrhundert Volksschullehrer von den Gemeinden angestellt und beaufsichtigt. Dies führte zu einer besonders engen Observanz des Lehrerverhaltens in der Gemeinde. Der Lehrer sollte danach das *moralische Vorbild* schlechthin sein. Insbesondere in der Zeit von 1850 bis 1930 wurde der Lehrperson nicht primär die Fachaufgabe des bestmöglichen Unterrichts zugewiesen, sondern die „Versittlichungsaufgabe" der jungen Generation schlechthin. Dazu gehörte auch, dass sie selber das Idealbild einer moralischen Persönlichkeit repräsentierten sollte.

Ein Vertrag aus dem amerikanischen Sprachbereich, den Willard Waller berichtet, bringt den Code für das Lehrerhandeln in dieser Zeit in prägnanter Weise zum Ausdruck.

*"I promise to take a vital interest in all phases of Sunday-school work, donating of my time, service, and money without stint for the uplift and benefit of the community.
I promise to abstain from all dancing, immodest dressing, and any other conduct unbecoming a teacher and a lady.
I promise not to go out with any young men except in so far as it may be necessary to stimulate Sunday-school work.
I promise not to fall in love, to become engaged or secretly married.
I promise not to encourage or tolerate the least familiarity on the part of any of my boy pupils.
I promise to sleep at least eight hours a night, to eat carefully, and to take every precaution to keep in the best of health and spirits, in order that I may be better able to render efficient service to my pupils"* (Waller, 1932/1965).

Diese moralischen Erwartungen haben bis in die 50er Jahre des 20. Jahrhunderts auch in deutschsprachigen Ländern das öffentliche Lehrerbild geprägt. Schohaus hat dazu illustratives Material ausgewertet, aus dem ersichtlich wird, dass die Erwartung an Dienstbarkeiten des Lehrers für kulturelle Aufgaben im Dorf und in der Kirche im Vordergrund stand (Schohaus, 1933). Daneben sollte er moralisches Vorbild und ein Beispiel für die Jugend sein. Auch wenn er dieses Beispiel faktisch nicht war, ja es wohl schwer sein konnte, so hat die Erwartung doch die Ansprüche des Lehrers an sich und damit die sekundäre Rekontextualisierung des institutionellen Auftrages geprägt. Der Kontext, auf den hin die Lehraufgaben interpretiert und adaptiert wurden, war somit primär die dörfliche Kultur mit allen ihr eigenen Honoratioren- und Machtstrukturen. Welche Wirkungen dies auf den Lehrer hatte, sieht Schohaus so: „Es erklärt sich aus der ganzen Lebensstellung des Lehrers, dass er in Bezug auf seine Person leicht ein übersteigertes und schiefes Ideal schafft. Es wirkt in dieser Richtung die Suggestion der Öffentlichkeit, derzufolge der Lehrer die Verkörperung aller Moralität sein soll" (Schohaus, 1933).

Die kulturellen Erwartungen an den Lehrerberuf haben sich seither deutlich gewandelt. Sie sind heute rationaler und stärker auf die spezifische Professionalität des Lehrens ausgerichtet. An ihnen müssen sich Lehrpersonen heute messen lassen, so dass es für diese besonders wichtig wird zu wissen, was von ihnen erwartet wird und was die Maßstäbe der Beurteilung sind. Diese Maßstäbe sind heute sehr viel expliziter als früher. Als Beispiel sei auf die Zürcher Laienaufsicht verwiesen, von der jede Lehrperson mindestens zweimal im Jahr besucht und beurteilt wird.

<small>Rationale Kosten-Nutzen-Kalkulationen im Lehrerberuf</small>

Die Maßstäbe an denen Lehrpersonen gemessen werden, sind hier schriftlich festgehalten. Sie kommen darin zum Ausdruck, worauf die Visitatoren nach den gesetzlichen Grundlagen achten sollen. Es sind die folgenden Kriterien:
- Einhalten der Lehrpläne und Stundenpläne,
- Art und Umfang der Hausaufgaben,
- Ordnung und Reinlichkeit,
- Disziplin,
- Qualität der schriftlichen Arbeiten,
- Kontrolle der Vakanzen,
- Zustand der Lehrmittel, des Schulmaterials und des Klassenzimmers.

<small>Unterricht in öffentlicher Verantwortung</small>

Daneben wird von den Visitatoren erwartet, dass sie auch auf die folgenden Aspekte achten:
- auf den Kontakt zwischen Lehrern und Schülern,
- auf das Benehmen der Schüler untereinander und dem Lehrer gegenüber,
- auf die Arbeitshaltung der Schüler,
- auf die Atmosphäre im Klassenzimmer,
- auf den Unterrichtserfolg,
- auf die Selbstständigkeit der Schüler, die Individualisierung und die Mitarbeit der Schüler.

Hier sind nicht zufällig zwei Gruppen von Merkmalen gebildet worden. Die erste besteht aus „Qualitätsmerkmalen" des Schulehaltens, die alle relativ leicht beobachtbar sind. Sie stehen deshalb im Vordergrund, wenn Visitatoren etwas „Handfestes" und „Nachprüfbares" mitteilen wollen. Die Beobachtungskriterien in der zweiten Gruppe entziehen sich einer leichten Beobachtbarkeit. Wird ein Lehrer an ihnen gemessen, dann sind hoch inferente Urteile nötig, d.h. es sind viele Beobachtungen und deren Interpretation erforderlich, um zu einem Urteil zu kommen. Welche Beziehung ein Lehrer zu den Schülern seiner Klasse hat, lässt sich z.B. aus einer punktuellen Inspektion nicht eruieren. Dazu bedarf es der Langzeitbeobachtung, der Konzepte, was eine „gute Beziehung" ist, der Urteile Dritter, der Berücksichtigung der Heterogenität der Schülerschaft usw. Hierbei kann die Lehrperson sowohl unterschätzt als auch überschätzt werden. Wird zudem z.B. die Arbeitshaltung der Schüler in die Beurteilung der Lehrer einbezogen, dann gilt es zu berücksichtigen, wie eine solche Haltung vom Lehrer allein beeinflusst werden kann. Wir wissen heute z.B., dass diese von den Erwartungen und Haltung im Elternhaus wesentlich mitgeprägt werden (Fend, 1997).

Auf Nummer sicher gehen

Wenn Lehrpersonen in der erfolgreichen Gestaltung ihrer Lehrarbeit auf „Nummer sicher" gehen wollen und rational kalkulierend ihre berufliche Welt nach außen kommunizieren, dann tun sie gut daran, die Erfüllung beobachtbarer Qualitätsmerkmale ernst zu nehmen. Können sie den Eindruck erzeugen, dass „ordentlich Arbeit" geleistet wurde, dann sind sie in einer sicheren Position. Da sich Laien als Schulaufsichtsorgane vorzugsweise auf diese leicht beobachtbaren Qualitätsmerkmale beziehen müssen, könnte die Laienbeurteilung ein Grund dafür sein, warum die Kultur „geordneten Schulegebens" in der Schweiz auch in Zeiten großer Verunsicherungen, was „gutes Lehrerhandeln" ist, intakt geblieben ist.

Der zweite Katalog von Qualitätsmerkmalen (Kontakt, Benehmen, Arbeitshaltung, Atmosphäre, Unterrichtserfolg, Selbständigkeit der Schüler) ist dann gewissermaßen ein wünschenswerter Zusatzbereich, der eher über Berichte der Schüler im Elternhaus kommuniziert wird. Dabei kann sich im Verlauf der Jahre die Wahrnehmung aufbauen, dass ein Lehrer „pädagogisch" problematisch ist. Lehrer können sich auf solche Einschätzungen deutlich schlechter einstellen, da sie lange latent bleiben und deshalb auch nicht bearbeitet und verhandelt werden können. Um sich hier zu schützen, ist es für den Lehrer hilfreich, sich im Gemeindeleben zu engagieren, vertrauenswürdige Kontaktpersonen zu haben, auf Rückmeldungen sorgfältig zu achten und ihnen auch selbstkritisch und konstruktiv gegenüberstehen zu können. Am wichtigsten dafür ist jedoch eine

Einbindung ins Kollegium, die sowohl objektive Spiegelungen erlaubt als auch von kollegialer Solidarität getragen ist.

Das operative „Geschäft" des Lehrens steht, so wird sichtbar, im Kontext multipler Erwartungen, die nicht von vornherein in Harmonie untereinander stehen. Würde sich der Lehrer nur auf einen Erwartungshorizont einstellen, etwa auf die bestmögliche Rekontextualisierung des Kulturprogramms an die Lernmöglichkeiten aller Kinder, dann wäre er – obwohl dies das Kerngeschäft beinhaltet – vielen möglichen Anfeindungen und auch Enttäuschungen ausgesetzt. Er muss an die unerwarteten Reaktionen der Schülerschaft denken, an die Eltern, die Kolleginnen und Kollegen, an die Öffentlichkeit und an die Evaluation. Sie alle funktionieren nach anderen „Rationalitäten" und erfordern deshalb auch unterschiedliche Strategien, um erfolgreich zu sein. Die Lehrperson hat die schwierige Aufgabe, die ein amerikanischer Autor als „balancing the demands of multiple masters" (Conley, 2003, S. 153) beschrieben hat.[57] Er braucht, so werden wir es nennen, nicht nur methodische und pädagogische, sondern auch *institutionelle Kompetenz.*

"Multiple masters"

4.1.3 Was gibt der Lehrperson Sicherheit in seiner alltäglichen Unterrichtsarbeit?

Wer sich die hier beschriebene Komplexität der unterrichtlichen Tätigkeit vor Augen führt, der wird sich vielleicht besorgt fragen, ob es Lehrpersonen überhaupt gelingen kann, tagtäglich in mehreren Stunden, dies oft in 25 Lektionen pro Woche, in 40 Wochen des Jahres und über mehrere Schuljahre eine optimale Synchronisierung des kulturellen Bildungsprogramms mit den je individuellen Lernmöglichkeiten, den je individuellen kognitiven und motivationalen Voraussetzungen sowie entwicklungspsychologischen Besonderheiten von Schülerinnen und Schülern zu leisten.

Die überforderten Lehrpersonen

Müssten Lehrkräfte, die Anpassungsleistungen von „Stoff" an „lernende Subjekte" immer wieder bei jedem einzelnen Schüler oder bei jeder Klasse jeweils neu und alleine erbringen und fein abgestimmte Lernangebote machen, dann wären sie damit in der Tat hochgradig überfordert. Nicht nur das „Kleinarbeiten" eines komplexen kulturellen Programms wäre zu aufwendig, sondern auch die Informationsbeschaffung über den aktuellen Wissensstand von Schülerschaften und die genaue Anpassung an je unterschiedliche Lernvoraussetzungen von Schülerinnen und Schülern. Was gibt der Lehrperson in dieser komplexen Situation von Ungewissheit und Überforderung *Sicherheit und Handlungskompetenz?*

Diese berechtigte Frage führt uns zur Suche nach jenen Hilfsmitteln, die alltäglich koordinierten und methodisierten Unterricht erst möglich machen. Dabei erweisen sich überraschenderweise die sekundären Rekontextualisierungen, insbesondere die institutionellen Vorgaben, als hilfreich. Es sind u.a. die Folgenden:

---

57 Wie schwierig dies sein kann, hat der Volksmund in einer Aufgabenbeschreibung karikiert. „Der Lehrer hat die Aufgabe, eine Wandergruppe mit Spitzensportlern und Behinderten bei Nebel durch unwegsames Gelände in nordsüdlicher Richtung zu führen, und zwar so, dass alle bei bester Laune und möglichst gleichzeitig an drei verschiedenen Zielorten ankommen."

Vorgaben als Hilfestellungen

1. Das kulturelle Programm ist durch Lehrpläne in unterschiedliche Feingliederungen differenziert und gibt so vor, was in welchen Kulturbereichen (Fächern) in welchen Jahren mit welchem Anforderungsniveau gelehrt werden soll.
2. Zielbeschreibungen, Bildungsstandards und Kompetenzbeschreibungen regulieren, was Kinder und Jugendliche wissen und können sollten. Prüfungsanforderungen bestimmen die Niveauerwartungen auf konkreter Ebene. An ihnen können sich Lehrpersonen in ihrem Unterricht ausrichten.
3. Bildungsgänge mit Übergängen und Abgängen regulieren die Anforderungsniveaus, die von verschiedenen Schülergruppen erreicht werden sollen.

Lehrmittel: Lehrbücher

4. Die wichtigste Sicherheit in der alltäglichen Arbeit schaffen jedoch die Lehrmittel, insbesondere jene in der Gestalt von Schulbüchern, Aufgabensammlungen, Handreichungen usw. Sie können schlicht „durchgenommen" werden und sichern dann die Inhalte und die Niveaus. Vor allem aber sind in diese Lehrmittel die Erfahrungen mit den Lernmöglichkeiten von Kindern und Jugendlichen eingegangen (wenn die Lehrbücher gut sind). Die Lehrperson muss dann nicht mehr selber mühsam herausfinden, was Kinder überhaupt lernen können und wodurch sie motivierbar sind. Das pädagogisch-psychologische Wissen ist in ihnen als Unterfütterung der Stoffgliederung, enthalten.[58]

Alle diese Hilfsmittel entheben die Lehrperson nicht der Aufgabe, die Feinabstimmung von Angeboten mit Nutzungsmöglichkeiten durch Schüler vorzunehmen und im Prozess zu beobachten, wie sich Lernschwierigkeiten und Lernerfolge einstellen und mit welchen Hilfestellungen Ziele erreicht werden können.

„Grammar of teaching"

Auch dazu haben sich Routinen entwickelt, die es Lehrpersonen erlauben, Unterricht Tag für Tag mit einem realistischen Aufwand zu realisieren. Die *Einfachstruktur* von alltäglicher Lehre geht davon aus, dass fachlich spezialisierten Lehrpersonen eine Klasse zugeteilt wird, in der sie für definierte Zeitperioden unterrichten, in denen sie den Lehrplan für ihr Fach realisieren. Diese Fachinhalte werden über *Jahrespläne*, *Wochenpläne*, *Lektionenpläne* und mit Hilfe von *Lehrwerken* in konkrete *unterrichtliche Sequenzen* – bis hin zu „pfannenfertigen" Lektionen – übersetzt. Ein eingeübtes Methodenrepertoire von *Aufgabenstellungen*, *Arbeitsformen*, *sozialen Arrangements* und *Stundenabläufen* der *Erarbeitung*, *Festigung* und *Prüfung* ermöglicht der Lehrperson, dies in eine die *Aktivierung* der Schüler fördernde Unterrichtsgestaltung zu überführen. Der Klassenunterricht wird in der Regel dann über ein *Frage-Antwort-Verfahren* bzw. einen *fragend-entwickelnden Unterricht* choreographiert. Aufgabenstellungen und gemeinsame Aufgabenlösungen wechseln sich dabei ab.

Die Didacta-Messen als Ausstellungsort methodischer Erfindungen

In den letzten Jahren ist ein großes Handlungsrepertoire entwickelt worden, um die Synchronisierung von Anforderungen und Lernmöglichkeiten anregungsreich, abwechslungsreich und erfolgsgeleitet zu gestalten (offener Unterricht, Projektunterricht, fächerübergreifender Unterricht, unterschiedliche Sozial-

---

58 Angesichts der überragenden Bedeutung von Lehrmitteln als Regulierungsinstrumenten des alltäglichen Unterrichts wäre es ein großes Thema, historisch der Entstehung und Gestaltung von Lehrmitteln nachzugehen und auf die impliziten Annahmen über Kinder zu untersuchen. Siehe dazu die anlaufenden Arbeiten im Pädagogischen Institut der Universität Zürich unter J. Oelkers.

formen, Medieneinsatz). Diese Erfindungen sind auch vom Ziel geleitet, den Lernenden, wo immer möglich, darin zu stärken, dass er selber Verantwortung für seine Lernprozesse übernimmt.

Der Ernstcharakter dieses Unternehmens wird durch *Prüfungen* vertieft, die teils während des Unterrichtens, teils am Ende definierter Unterrichtseinheiten abgehalten werden. Meist denken Lehrpersonen von diesem „Ende her", also von den zu prüfenden Inhalten und den zu erreichenden Lernzielen. Welche Klassenarbeit muss ich am Ende der Unterrichtseinheit nach vier Wochen schreiben? Dies Frage ist häufig der Orientierungspunkt dafür, was wie schnell „durchgenommen" werden muss. Sie ist auch die Grundlage für die Selbstprüfung der Lehrperson, wie weit sie im „Stoff" ist.

Steuerung durch Prüfungen

Diese „grammar of teaching" ermöglicht es Lehrpersonen, ihre Arbeit in überschaubaren Strukturen zu planen und die institutionellen Anforderungen „lebbar" zu machen. Die Qualität der Lehre ist damit auch nicht mehr allein vom pädagogischen Genie des einzelnen Lehrenden abhängig. Sie wird institutionell planbar und gestaltbar.

4.1.4 Sozialgeschichte eines Berufs: historische Akteurkonstruktionen in den Lehrberufen und die Struktur des Lehrerseins heute

Wenn wir in die Geschichte des Lehrerberufs zurückblicken, wird in der Verfremdung durch die Vergangenheit noch einmal sichtbar, wie die primären und sekundären Aufgaben des Lehrerseins kulturell konstruiert werden. Der Blick zurück macht auch sichtbar, dass Lehrersein in der Moderne besondere Aufgaben, aber auch Erfolgs- und Lebensmöglichkeiten enthält. Was es heißt, heute Lehrerin oder Lehrer zu sein, kann dadurch bewusst werden.

Die Konstruktion des Lehrberufs ist – dies ist unmittelbar einleuchtend – ein Teil der historischen Konstruktion des Bildungswesens und damit der Kultur- und Sozialgeschichte insgesamt. Sowohl die Konzepte, was Lehrer lehren sollen, welche Ziele sie erreichen sollten, auf welche Weise sie dies tun sollten, als auch die Konzepte von Autorität, von Selbständigkeit oder Dienstbarkeit, von Ansehen und Entlohnung sind immer parallel zur Entwicklung des institutionellen Akteurs „Bildungswesen" (Fend, 2006a) und seines Verhältnisses zu externen Akteurinteressen zu sehen.

Wege zum vollamtlichen Lehrberuf

Die Institutionalisierung der Lehrarbeit als *vollamtlicher* Beruf, die uns heute selbstverständlich ist, ist erst ein Ergebnis der gesellschaftlichen Modernisierungsprozesse der letzten zweihundert Jahre. Wenn die Sozialgeschichte des Lehrerberufs dargestellt wird, nimmt deshalb die Zeit bis zum Beginn des 19. Jahrhunderts meist nur wenig Raum ein (für einen schönen Überblick s. Enzelberger, 2001). Ab dem beginnenden 19. Jahrhundert lässt sich ein Prozess der Professionalisierung und Differenzierung des Lehrerstandes beobachten (Keiner & Tenorth, 1981).

Das 18. und frühe 19. Jahrhundert sind insofern interessant, als hier die Anfänge eines weltlichen Volksschullehrerstandes beobachtet werden können, die unvorstellbar bescheiden waren. In vielen Karikaturen des 19. Jahrhunderts erscheint der Lehrer als armselige Figur, die auf der Lohnliste der Gemeinden ne-

Das arme Schulmeisterlein

Was braucht es im 18. Jahrhundert, um Lehrer zu werden?

ben dem Bittel, dem Nachtwächter, dem Hornabsäger und dem Mausfanger (zit. nach Schiffler & Winkeler, 1991, S. 124) geführt wird.

Von welchem Professionalisierungsniveau wir ausgehen müssen, wird aus einem Protokoll der Lehrerauswahl in einem pommerschen Dorf aus dem Jahre 1729 sichtbar (Bölling, 1983, S. 53):

„Es hatten sich fünf Bewerber um eine erledigte Schulmeisterstelle eingefunden, mit denen in der Kirche vor der Gemeinde eine Singprobe vorgenommen wurde.

„1. Martin Otto, Schuster, 30 Jahre alt, hat in der Kirche gesungen: a) Christ lag in Todesbanden, b) Jesus meine Zuversicht. Hat viel Melodie zu lernen; seine Stimme könnte besser sein. Gelesen hat er Genesis 10,26; buchstabirt Vers 26-29.

Das Lesen war angehend, im Buchstabiren machte er mehrere Fehler. Dreierlei Handschriften hat er gelesen, mittelmäßig. Drei Fragen aus dem Verstant beantwortet. Drei Zeilen Dictando geschrieben, vier Fehler. Des Rech-nens ist er ganz unerfahren.

2. Jakob Maehl, Weber, hat die 50 hinter sich, hat gesungen a) Zeuch ein zu deinen Toren, b) Wer den lieben Gott läßt walten. Melodie ging in viele andere Lieder, Stimme sollte stärker sein, quiekte mehrmalen, so nicht sein muss. Gelesen Josua 19, 1-7 mit 10 Lesefehlern, buchstabiren Josua 10, 23-26, ohne Fehler. Dreierlei Handschriften gelesen, schwach und mit Stocken, drei Fragen aus dem Verstant, hierin hat er Satisfaktion. Dictando drei Zeilen geschrieben, fünf Fehler. Des Rechnens nicht kundig.

3. Phillip Hopp, Schneider, schon ein alt gebrechlich Männlein von 60 Jahren, hat gesungen: a) Ein Lämmlein geht, b) Mitten wir im Leben. Stimme wie ein blökend Kalb, auch öfter in unrechte Lied verfallen. Gelesen Josua 19, 7-12, gar jämmerlich, buchstabirt gar jämmerlich. Drei Fragen aus dem Verstant, bleibt bei allem festsitzen. Dreierlei Handschriften gelesen, konnte gar keine. Dictando nur drei Wörter geschrieben. Er konnte sie selber nicht lesen, geschweige Rechnen war ihm unbekannt, zählte an den Fingern.

4. Johann Schutt, Kesselflicker, hat 50 Jahre des Lebens auf Erden gewandelt und hat gesungen: a) O Ewigkeit, du Donnerwort, b) Liebster Jesu wir sind hier, mit ziemlichem Applaus. Buchstabirt Genesis 10, 13-18, auch nicht uneben. Dictando 3 Reihen geschrieben, 10 Fehler. Des Rechnens nur im Addiren erfahren.

5. Friedrich Loth, Unteroffizier, so im hochedlen von Grumkowschen Regiment den Feldzug gegen die Schweden gemacht und alldort ein Bein verloren. 34 Jahre seines Lebens alt, hat gesungen a) Allein Gott in der Höh', b) Christ lag in Todesbanden. Starke Stimme, aber ohne Melodie. Dreierlei Handschriften langsam gelesen. Dictando drei Zeilen, 8 Fehler. Rechnen: Addiren und ein bisken Subtrahiren inne.

Es wurde einmütig davon gehalten, daß Jakob Maehl der capabelste, wogegen die anderen, namentlich dem Kesselflicker, nicht zu trauen, sintemalen er viel durch die Lande streiche, dagegen der einbeinige Kriegsknecht die Fuchtel gegen die armen Kindlein zu stark gebrauchen in Verdacht zu nehmen sei, was den mitleidigen Müttern derselben doch sehr ins Herz stechen und wehtun könnte, auch sei zwischen rohen Soldaten und solchen Würmlein ein Unterschied zu setzen. Der Pastor ließ nun votieren und wurde Maehl einstimmig gewählet.

Nach abgelegter Votio wurde solchem der Entschluss nebst erforderlich Erinnerung und Verhalten eröffnet, auch angezeigt, dass er flugs zuziehen sollte. Hierauf wurde bei herzlichem Segenswunsche des Pastors mit dessen und der ganzen Gemeinde Befriedigung auch beiderseitiger Einigkeit solches Protokoll verfasset und unterschrieben" (Bölling, 1983, S. 53).

Die entscheidenden Prüfungskriterien werden hier sichtbar. Es sind vor allem *fachliche Fähigkeiten*, die heute als selbstverständlich vorausgesetzt werden. Daneben spielen *charakterliche* Eigenschaften eine große Rolle. Dass die *Fähigkeit, Kindern gerecht zu werden*, zum Auswahlentscheid geführt hat, ist ein ungewöhnlich frühes Zeichen der Wahrnehmung pädagogischer Haltungen.

Historische Typologien des Lehrberufs

Lehrer zu sein hat in der Geschichte dieses Berufstandes über Jahrhunderte mehr bedeutet als mit fachlicher Kompetenz und in methodischer Selbstverantwortung optimal zu unterrichten.

Parallel zur Führung der Schule in kirchlicher Verantwortung und Aufsicht war der Beruf des Volksschullehrers zu Beginn des 19. Jahrhunderts vor allem eine Hilfsfunktion von Geistlichen und Pastoren. Die Ausrichtung der kulturellen Akteurkonstruktion „Lehrer" hat sich dann in den letzten zweihundert Jahren vor allem durch die *Emanzipation von der geistlichen Schulaufsicht* gewandelt. Diese Emanzipationsbewegung verlief in verschiedenen deutschsprachigen Ländern unterschiedlich rasch. Im Kanton Zürich setzte sie bereits ab 1830 ein. In deutschen Ländern überwand die Lehrerschaft ihren Status als „Mesner-Lehrer" erst mit Beginn des 20. Jahrhunderts. Im Gefolge dieser Emanzipation entstand die Gestalt des *säkularisierten Lehrers als Autorität des Staates*.

Lehrer als Gehilfen des Geistlichen

Von der Mitte des 19. Jahrhunderts bis zum Ende des Ersten Weltkrieges erstreckt sich der Kampf der Lehrerschaft um ökonomische und geistige Selbständigkeit, für den die Ideen der Aufklärung eine wichtige geistige Grundlage gebildet haben. Der „neue" Lehrer sollte im öffentlichen Auftrag, im Interesse des Gemeinwohls zur Volksbildung beitragen. Der Lehrer war damit erstmals ein *von der Öffentlichkeit beauftragter Kulturvermittler*, der auf dem Lande gleichzeitig auch für die entsprechende geistige Entwicklung des Volkes zu sorgen hatte. Der Lehrer tritt hier als Vertreter der staatlichen Autorität auf, der gleichzeitig moralische Instanz und Kulturvermittler im Gemeindeleben ist.

Lehrpersonen als Vertreter der staatlichen Autorität und Kulturvermittler

Seine Vorbildwirkung als sittliche Instanz und sein erzieherischer Auftrag stehen hier früh im Mittelpunkt – und dies durchaus in einer Betonung der Wirkung, die dies auf die Schüler haben sollte. Zerrenner (1780-1851), der von 1823 bis 1834 Leiter des Lehrerseminars in Magdeburg war, sei hier stellvertretend für die Profession mit einigen seiner Regeln für den Unterricht zitiert, die bis heute bedenkenswert sind.

Lehrpersonen als Inbegriff der „Sittlichkeit" des Volkes

„1. Der Lehrer sei seinen Schülern in Allem, was er von ihnen fordert, selbst Vorbild und Beispiel.
2. Der Lehrer erhalte sich seine Lehrerwürde – er suche sich bei seinem Schülern die Achtung zu erwerben und zu erhalten, die der Lehrer haben muss, wenn er sein Amt mit Nutzen und Freudigkeit verwalten soll.
3. Erwirb dir die Liebe deiner Schüler.
4. Der Lehrer suche durch ein gutes Benehmen mit seinen Vorgesetzten und Mitarbeitern, und durch eine zweckmäßige nähere Verbindung mit den Eltern seiner Schüler, sein Ansehn bei den Kindern zu erhöhen und zu befestigen.
5. Dein Unterricht befriedige stets den Trieb zur Thätigkeit auf eine angemessene Weise und sei den Kindern interessant.
...

7. Hüte dich vor Launen und Leidenschaftlichkeit, und beweise Ruhe und Besonnenheit.
8. Sei gerecht, und hüte dich vor aller Parteilichkeit.
9. Suche Vergehungen möglichst zu verhüten.
10. Sorge dafür, dass die Schüler in der Schule keine Unordnung vorfinden.
...
16. Suche es dahin zu bringen, dass deine Schüler ihrer Schule Ehre zu machen streben.
17. Suche deine Schüler durch vernünftige Vorstellungen mit Achtung gegen die Schulordnung zu erfüllen" (Zennetter zit. nach Oelkers in Oser, 2001, S. 55).

Lehrpersonen als Volksbildner und Kulturträger	Die historische Lehrerforschung hat sich früh mit der inhaltlichen Ausgestaltung der Lehrerrolle beschäftigt, die sich gerade in den letzten hundert Jahren deutlich gewandelt hat (s. Lemberg, 1967, S. XV. ff.).
	Der „alte Volksschullehrer" war in hohem Maß in außerschulische Tätigkeiten – insbesondere auf dem Lande – integriert. Er war in gewissem Sinne *„Volksbildner"*, insbesondere durch seine Tätigkeiten als landwirtschaftlicher Berater, als Gemeindeschreiber, als Organist, als Chorleiter, als Jugendbetreuer.
Lehrpersonen im Dienste der Entwicklung von Kindern und Jugendlichen	Ein zweiter Handlungsbereich trieb die Lehrer aus der bloßen Tätigkeit in der Schulstube hinaus: die wissenschaftlichen Forschungsbemühungen als Vorgeschichtler, Heimatkundler, als Mundartforscher sowie die künstlerischen Ambitionen.
	Ein neuer Typus der Lehrerrolle ist in den 20er Jahren des letzten Jahrhunderts für die Entwicklung der deutschen Pädagogik sehr wichtig geworden: der reformpädagogisch inspirierte Lehrer. Erziehung „vom Kinde aus" bedeutete, den jungen Menschen auf seinem Entwicklungsprozess hin zum mündigen und sittlichen Menschen zu begleiten. Die Entwicklungsperspektive verdankte die Pädagogik der aufkommenden Entwicklungspsychologie, die Idee des mündigen Menschen der Philosophie der Aufklärung und deren Rezeption durch die historische Schule der deutschen Geisteswissenschaften. Sie verstand Mündigkeit als Aneignungsprozess der großen kulturellen Traditionen des Abendlandes. In der Verbindung der Rolle als Kulturvermittler und Förderer des jungen Menschen auf dem Wege zur Mündigkeit bei gleichzeitiger Beachtung der inneren Entwicklungsgesetze des Menschen wurde der Lehrer *„Entwicklungshelfer"* (Mäeutiker) für die je eigene Persönlichkeitsentwicklung des heranwachsenden Menschen. Er wurde gewissermaßen zum Medium, das sich selbstlos dem sich entwickelnden Jugendlichen zur Verfügung stellt, auf dass dieser seine bestmögliche Gestalt in der Form von Bildung und Charakter finde (s. Nohl, 1963). Hier nimmt der Lehrer seinen autoritativen Anspruch zurück, er übernimmt die Rolle des Kulturvermittlers, des Entwicklungshelfers, des Entwicklungsinterpreten. Diese Konzeption der Lehrerrolle, wie die Reformpädagogik überhaupt, hat sich erstaunlicherweise in der Grundschule länger gehalten als auf dem Gymnasium. Ursprünglich war sie gerade im Gymnasium als Gegenbild zum autoritären „Staatslehrer" präsent. Das Konzept des Lehrers als *Pädagoge zum Wohle des Kindes und der Jugend* steht auch im Hintergrund der Kritik an den Hemmnissen für das Lehrersein, die wir bei Schohaus (1933) gefunden haben. Sie nähert sich damit dem pädagogischen Paradigma des „Verständigens mit" dem Subjekt des

heranwachsenden Kindes und grenzt sich ab von einem die Eigenintentionalität des Educancen überspringenden Paradigma des „Einwirkens auf".

Im Rahmen dieses Selbstverständnisses der Lehrerschaft beginnt das Bildungswesen, beginnt der Lehrerstand selber Ansprüche an das „gute" Lehrerhandeln zu entwickeln. Die Lehrer machen sich zum *Sprecher für das Wohl der Kinder* und beginnen, die offiziellen Erwartungen und Inhaltsprogramme zu deren Wohl umzugestalten, zu rekontextualisieren.

In den letzten Jahren lässt sich eine neue Entwicklung der Konzeption von „Lehrarbeit" beobachten, die schon Lemberg geahnt hatte[59]: Dabei tritt die Transformation aller schulischen Lernangebote mit dem Ziel der bestmöglichen *ganzheitlichen* Entwicklung des Kindes in den Hintergrund. Die Professionalisierung führt jetzt zu einer Stärkung der *fachlichen und fachdidaktischen Ausbildung*. Die gegenwärtige kulturelle Definition der Lehrerrolle sieht Lehrpersonen *als Spezialisten und Fachkräfte für Lernen*. Damit tritt die Rekontextualisierung des Kulturprogramms an die fachspezifischen Lernfähigkeiten der Kinder und Jugendlichen in den Vordergrund. Die Erziehungsaufgabe, insbesondere jene im Sinne der moralischen Erziehung, wird stärker in der Familie verankert. Die Qualität der Lehrperson bemisst sich daran, wie viel sie in definierten Fächern den Kindern beibringen kann.

Lehrpersonen als Fachkräfte für Lernen

Mit der zunehmenden Rationalisierung der Lebensverhältnisse und der Auflösung der dörflichen Lebenswelten als in sich geschlossenen kulturellen Lebenskreisen spezialisiert sich auch die Lehrerrolle zunehmend zu einer professionellen Tätigkeit. Dabei treten jene Elemente in den Vordergrund, die am ehesten rationalisierbar und methodisierbar sind. Dies sind die *fachlichen* und die *fachdidaktischen* Kompetenzen. Am wenigsten rationalisierbar sind die allgemeinen pädagogischen Aufgaben, die nun im Vergleich zur reformpädagogischen Bewegung eher in den Hintergrund treten. Die Autorität des Lehrers wird durch sein Fachwissen und die Qualität der Weitergabe des Wissens begründet, wobei er insbesondere Qualifikationen in der Beurteilung der verschiedenen Leistungsfähigkeiten von Schülern erwirbt. Dadurch verringert sich die Bedeutung der *charismatischen Lehrerpersönlichkeit*. Dies könnte der sozialgeschichtliche Hintergrund dafür sein, warum die Rede vom *Vorbildcharakter des Lehrers* an Bedeutung verloren hat.

Rationalisierung der Lehrerrolle

Aber auch Verschiebungen im *Erziehungsgewicht der Schule* stehen im Hintergrund. Die Schule hat an Kraft für die Moralerziehung, für die *Versittlichung* im Sinne der alten Charaktererziehung verloren. In den Vordergrund ist die Schulung in *diszipliniertem Leistungsverhalten* und die Schulung in *fachlichen Kompetenzen* getreten. Die Schule wird auf diesem Hintergrund durch die Schülerschaft stärker für deren eigene Lebensplanung, insbesondere für die Berufsplanung, in Dienst genommen.

Dieser Vorgang schafft wiederum seine eigene Problemstruktur. Unterricht ist eingeschränkt auf *Leistungssozialisation,* auf fachlichen Kompetenzerwerb. Alles dreht sich hier um Leistung. Daneben passiert jedoch sehr viel. Sowohl in

Neue Gestalt der Erziehungsaufgaben der Schule?

---

59 Er beobachtete eine Reduktion auf die *Schultätigkeiten* im engeren Sinn: „An die Stelle der Vorgeschichtsforscher, Lokalhistoriker und Naturbeobachter treten jetzt die Schulpsychologen, Heilpädagogen und Fachleute für die Bewältigung der komplizierter gewordenen pädagogischen und sozialpädagogischen Probleme" (Lemberg, 1976, XV f.).

der Schule als auch außerhalb sind viele soziale und mediale Einflüsse wirksam, die ungeleitet nicht von selbst zur Stärkung der Kinder und Jugendlichen beitragen. Vieles kann auch von vielen Familien nicht mehr gebändigt werden. So steigt die Wahrnehmung, in der Schule müssten die Erfahrungsräume erweitert und gezielt pädagogisch gestaltet werden. Auf diesem Wege kommt die erzieherische Aufgabe der Schule wieder zum Tragen. In diesem Erfahrungsraum sollen soziale Kompetenzen und Kompetenzen im Umgang mit sich selbst – also die Tugenden und Fähigkeit für das Bestehen in einer Leistungsgesellschaft – eingeübt werden.

Vom charismatischen Einzelkämpfer zum „Teamplayer"

Parallel erleben wir wieder einen Umbruch in der Akteurkonstruktion „Lehrersein". Er besteht darin, dass durch die zunehmende Differenzierung der schulischen Lernprozesse in Fächer, Jahrgangsstufen und Sondergruppen die Lehrerkollegien größer geworden sind und die Kooperationserfordernisse und Abstimmungserfordernisse einen neuen Stellenwert erhalten haben. Die Lehrerarbeit wandelt sich hier vom Einzelkämpfertum zu einem kooperativen Unternehmen, zur *Teamarbeit*. Sowohl in seiner fachlichen Arbeit als auch bei seiner pädagogischen Wirksamkeit ist er auf Kooperation angewiesen, die auf gemeinsamen und vereinbarten Verhaltenskodices aufbaut. Die immanente Technologieschwäche des Lehrberufs erfordert dies ebenso wie der zunehmende Druck, die Noten und Berechtigungen, die Lehrpersonen geben müssen, zu legitimieren. Auch Regeln schulischen und unterrichtlichen Verhaltens sind in der Gemeinschaft des Kollegiums besser begründbar und häufig nur mehr so durchsetzbar.

Reaktionen auf den Autoritätsverlust

Diese Entwicklung ist auch eine Antwort auf den gesellschaftlichen Rückgang der Autorität der Lehrpersonen. Diese wird weniger als noch vor fünfzig bis hundert Jahren durch eine schulkonvergente außerschulische Kultur gestützt und liegt heute weder in der moralischen Autorität noch in der Amtsrolle. Die Sanktionsmöglichkeiten von Lehrerinnen und Lehrern sind heute weitgehend auf Leistungsbeurteilungen eingeschränkt, die jedoch ihrerseits durch eine sachliche Grundlage gerechtfertigt sein müssen. Sie sind damit auch häufig ohnmächtig, wenn Schülerinnen und Schüler keinen großen Wert mehr auf gute Noten legen oder hier unanfechtbar sind. Nur durch einen Code des erlaubten und erwünschten Verhaltens, den Lehrpersonen eines Schulhauses gemeinsam vertreten, können sie ihren eigenen Schutz und den der guten Kräfte auf Schülerseite sicherstellen. Die Konstruktion von Autorität erfolgt im kulturellen Verständnis von Partnerschaft, von Distanz und Nähe sowie gegenseitigem Respekt, die im Konfliktfalle gestützt ist von einem kollegialen Konzept der Organisation sozialen Lebens in der Schule.

Der Volksschullehrerberuf als Aufstiegsberuf

Die Geschichte des Lehrberufs, seiner Rationalisierung und Institutionalisierung, ist begleitet von einer Geschichte der Standesbildung, der Lehrerorganisationen, der Einkommensentwicklung, der Anstellungsbedingungen und des Berufsprestiges.

Sozialer Wandel des Lehrerseins heute Geschichte des Lehrerstandes

Der Volksschullehrerberuf war seit der Mitte des 19. Jahrhunderts bis in die zweite Hälfte des 20. Jahrhundert ein sozialer Aufstiegskanal für begabte Kinder aus ärmeren Verhältnissen. Der Gymnasiallehrerstand rekrutierte sich dagegen vor allem aus dem Bildungsbürgertum, aus dem Beamtenstand und aus Angestelltenmilieus.

Feminisierung der Lehrberufe

Unübersehbar ist bis weit ins 19. Jahrhundert der Lehrberuf eine reine Männersache (s. bs. Enzelberger, 2001). In der zweiten Hälfte des 19. Jahrhunderts lässt sich, parallel zur Etablierung des Volksschullehrerberufs als eigenem Lehrerstand, eine ansteigende Beteiligung von Frauen beobachten. Sie folgt einer Grundregel: Je jünger die Kinder, umso größer ist die Beteiligung von Frauen. Im Kindergarten sind in der Schweiz ca. 99% Frauen beschäftigt, in der Grundschule ca. 74%, auf Gymnasien ca. 45%. In der Professorenschaft sind Frauen noch stark unterrepräsentiert (Criblez, 2005, S. 20).

> Von einem ausschließlichen Männerberuf zu einem Frauenberuf

Der Frauenanteil an verschiedenen Gruppen des Lehrberufs variiert historisch und gesellschaftlich sehr stark. So lag der Anteil der Frauen am Lehrerinnenberuf zwischen 1900 und 1910 in den USA bei 80%, in der Schweiz bei 36%, in Deutschland aber nur bei 15,5% (s. Enzelberger, 2001, S. 118).

> Frauen sind in verschiedenen Ländern unterschiedlich häufig in Lehrberufen

Van Essen und Rogers (2006, S. 322) berichten für Deutschland im Jahre 1911 einen Frauenanteil unter den Lehrpersonen der Elementarstufe von ca. 21%. In Belgien waren 1896 schon 49% aller Primarlehrer weiblich, in Italien um 1900 66%. Diese Zahlen sind nur erste Hinweise auf das komplexe gesellschaftliche Umfeld, das die Entwicklung des Frauenanteils am Lehrberuf beeinflusst hat. Im ausgezeichneten Forschungsüberblick von van Essen und Rogers wird sichtbar, wie heterogen die Entwicklung weiblicher Lehrberufe in verschiedenen Ländern ist. Im katholischen Bereich haben vor allem Nonnen unterrichtet. Im protestantischen englischsprachigen Bereich hat die Unterscheidung von öffentlichem und privatem Bereich eine große Rolle gespielt. Im privaten Sektor ist die Geschichte der Gouvernanten wichtig.[60] Daneben finden wir den historischen Strang einer laizistischen Bewegung, die die Lehrerinnen im staatlichen Bildungssystem zu verankern sucht.

Dabei ist erklärungsbedürftig, warum und mit welchen Folgen von Lehrerinnen das Zölibat (amtlich oder halbamtlich, in manchen Ländern von der Mitte des 19. Jahrhunderts bis 1950) verlangt wurde, warum sie von Leitungsaufgaben ausgeschlossen wurden und warum ihre Bezahlung niedriger war als die der Männer. Mit der Formel der „mütterlichen Lehrerin" sollten Frauen ihre Eignung zum Beruf bei gleichzeitigem Verzicht auf Ehe und Mutterschaft rechtfertigen (Enzelberger, 2001, S. 296). Um die ganze Schaffenskraft von Frauen im Lehrberuf zu aktivieren, sollten sie ledig bleiben und die unerfüllte Mutterschaft in Kraft für Investition in Schüler umsetzen. Dies war dann das Idealbild der „mütterlichen Lehrerin", aber auch das Zerrbild der freudlosen Existenz, der rigiden Moral- und Lebensvorstellungen (s. das Blaustrumpf-Etikett). So kann man jemandem einen Mühlstein umhängen und dann wegen des krummen Ganges verspotten.

> Lehrerinnen und Zölibat

Erklärungsbedürftig ist auch, warum es große nationale Unterschiede in der Feminisierung des Lehrberufs im 19. Jahrhundert gab. Wer sich dieser Frage widmet, muss rasch vereinfachende Erklärungen aufgeben. Sozioökonomische

---

60 Immer noch lesenswert: Charlotte Bronte (1816-1855), Jane Eyre (1847)

Entwicklungen sind dabei nämlich ebenso wichtig wie kulturelle Stereotype, institutionelle Strukturen des Bildungssektors wie Ausbildung- und Studiendauer, Urbanisierung und Kriege (van Essen & Rogers, 2006, S. 322). Die Expansion der Mädchenschulen im 19. Jahrhundert hat einen eigenen Bedarf an Lehrerinnen geschaffen. Männliche Lehrer wurden insbesondere in katholischen Kreisen als Gefährdung für die heranblühenden Mädchen angesehen.

Das entscheidende Vehikel für die Professionalisierung war eine anspruchsvolle Lehrerbildung, in der explizite Leistungsstandards galten. Nichts entsteht historisch jedoch von selbst, immer sind Akteure und Akteurgruppen am Werk. So auch hier: Lehrerinnen haben sich unterschiedlich organisiert und versucht, Einfluss auf die Entwicklung zu nehmen (Frauengewerkschaften, Frauenbewegung). Sie kämpften um Zulassung zur Lehrerausbildung (s. zu den Vorurteilen Fend, 2006b, S. 25 ff.) und um bessere Arbeitsbedingungen. Dabei kommen auch die Kräfte zum Vorschein, die hier Fortschritte gebracht haben: Kampfesbereitschaft, individuell und organisiert, und institutionelle Regelungen wie Zulassungsregelungen zu Lehrberufen, Verstaatlichung und Dienstrecht.

4.2 Zur Empirie des Handelns von Lehrpersonen

Die Erfüllung des Kerngeschäftes der Lehre

Die Aufgabenstruktur der Lehrerarbeit und deren historische Entstehung zu kennen bedeutet nicht, schon zu wissen, wie Lehrpersonen heute ihre alltäglichen „Rekontextualisierungsaufgaben" tatsächlich gestalten und welche Faktoren diese je individuelle Gestaltung bestimmen.

Ohne Zweifel können Lehrpersonen ihre Aufgaben mehr oder weniger gut erfüllen, bzw. sie auf je eigene Weise gestalten. Mit Blick auf die primären Rekontextualisierungen und die dabei erforderlichen Abstimmungen zwischen dem „Kulturprogramm" und den „lernenden Systemen" spitzt sich die Frage darauf zu, wie gut ihnen dies gelingt bzw. mit welchen Akzenten sie das Kerngeschäft der Lehre bewältigen.

Im Folgenden soll auf diesem Hintergrund untersucht werden, wie die Vielfalt der faktischen Rekontextualisierungen aussieht. In einem ersten Teil steht die Erfüllung der Kernaufgaben im Vordergrund. In einem zweiten Abschnitt wird Lehrarbeit als Berufsrolle an einem spezifischen Arbeitsplatz beschrieben.

4.2.1 Das Kerngeschäft des Unterrichtens

Gibt es eine Monokultur des Unterrichtens?

Die Rekontextualisierung des Kulturprogramms an lernende Subjekte erfolgt über Unterricht. In ihm sind die Erfindungen präsent, die im Bildungswesen entstanden sind, um die institutionellen Aufgaben zu erfüllen. Methoden der schülergerechten Aufarbeitung von Inhalten wurden entwickelt und Verfahren des Unterrichtes eingeübt.

Die wenigen repräsentativen Studien zu Methoden des Unterrichtens verweisen darauf, dass sich eine gewisse Monokultur, Stunden zu halten, eingespielt hat. Zu ihr gehört der klassische *Frontalunterricht* (mehr als 75%), der meist in der Gestalt des *fragend-entwickelnden* Vorgehens abgehalten wird (s. Hage, Bischoff, Dichanz, Eubel, & Schwittmann, 1985). Die historische Entwicklung, die wir als große Erfindung beschrieben haben, hat dazu geführt, dass in der

Regel Lehrpersonen in einem fachlichen Bereich einer Gruppe von Schülern zugeordnet werden. Dabei liegt es nahe, dass diese Lehrperson die ganze Klasse zu einem Lernziel führen muss und will. Dies allein darf noch nicht negativ als „*Frontalunterricht*" etikettiert werden. Anders sieht es aus, wenn man damit ein Unterrichtsverfahren meint, etwa die ausschließliche Gestaltung von Unterricht als Lehrervortrag. Der *fragend-entwickelnde* Unterricht versucht bereits, dies zu vermeiden und die Schüler als Teil eines Lerndialogs einzubeziehen. Beide Verfahren können sehr kunstvoll und wirksam sein, bedürfen heute aber der Anreicherung durch erweiterte Unterrichtsformen.

In den letzten zwanzig Jahren hat sich diese Choreographie des Unterrichtens vielfach entfaltet. Stunden beginnen mit interessanten Aufgabenstellungen und Denkanstößen, die das Interesse wecken und die Aufmerksamkeit steigern sollen. Die Schüler werden dann in Gruppenphasen zur Erarbeitung eigener Lösungsvorschläge ermuntert, um dann mit den in der Geschichte der Kulturentwicklung entstandenen „Hochformen" der Problemlösung konfrontiert zu werden. Nachdem die Einsichten und Erkenntnisse formuliert sind, folgt die Phase der Stabilisierung von Erkenntnissen. Dazu dienen intelligente Anwendungen und Übungen. Diese idealtypische Unterrichtsgestaltung findet sich natürlich in unzähligen, vom jeweiligen Unterrichtsinhalt und der Altersstufe abhängigen Varianten.

Moderne Unterrichtsformen

Was faktisch heute im Unterricht geschieht, wird zur Zeit insbesondere über Videoaufnahmen intensiv studiert. Sie wurden in den letzten Jahren zum wichtigsten Instrument der Bestandsaufnahme, wie unterrichtet wird (s. z.B. Hugener, Pauli, & Reusser, 2006). In internationalen Studien wurde mit ihrer Hilfe nach den kulturellen Skripts gesucht, also nach den nationalen Kulturen des Unterrichtens. Für die deutschsprachigen Länder glaubte man, eben dieses Muster des fragend-entwickelnden Unterrichts identifizieren zu können (s. dazu besonders Helmke, 2003, S. 179 ff.). Vergleichsstudien zwischen Deutschland und der Schweiz haben zudem zum Vorschein gebracht, dass es Lehrpersonen in Deutschland schwerer haben. Sie benötigen viel Zeit, um nur schon die Bedingungen für gezieltes Lehren, also Ruhe und Aufmerksamkeit, herzustellen (Clausen, Reusser, & Klieme, 2003).

Methoden der Unterrichtsforschung

Um den faktischen Unterricht zu „kartographieren" sind in der Vergangenheit über Videostudien hinaus alle Methoden der Sozial- und Unterrichtsforschung eingesetzt worden:
- konkrete Beobachtungen des Unterrichts (niedrig-inferente Verfahren),
- Einschätzungen von Experten auf der Grundlage von Unterrichtsbeobachtungen (high-inferent ratings),
- Befragungen oder Interviews mit Lehrpersonen zu ihrem Unterricht über Tests und Fragebogen,
- Befragungen oder Interviews mit Eltern zum Lehrerverhalten,
- Befragungen oder Interviews zum Lehrerverhalten mit Schülern als Informanten.

Mit diesen Methoden wollte man nicht nur herausfinden, wie faktisch unterrichtet wird, was sich also in Schulklassen, meist hinter verschlossenen Türen, abspielt. Das Interesse war weitergehend, wenn man danach suchte, welches Lehrerverhalten besonders

- *erfolgreich* im Sinne der Leistungen der Schüler ist und welches
- auch der *Persönlichkeitsentwicklung* von Kindern und Jugendlich gut tut, ihre Schulfreude und Lernmotivation stärkt, ihre Selbständigkeit und ihr schulisches Selbstvertrauen fördert.

4.2.2.1 Erscheinungsformen der Synchronisierung von Bildungsprogramm und lernenden Subjekten

Wenn im Folgenden die Wirklichkeit des Unterrichtens beschrieben wird, dann soll dies konsequenterweise in der Perspektive geschehen, die uns oben geleitet hat, wenn wir Unterrichten als Rekontextualisierung beschrieben haben. Wenn es um die Feinabstimmung des kulturellen Programms mit den Lernbedingungen von Kindern und Jugendlichen geht, dann liegt es nahe, in der Beschreibung darauf zu achten, wie gut diese Abstimmung gelingt, wie gut also das Lehrangebot mit den Lernpotentialen und Dynamiken der Persönlichkeit einer Schülerschaft synchronisiert ist.

<aside>Wie kann man die Synchronisierungsqualität erfassen?</aside>

Welche Methode eignet sich dazu? Lehrpersonen könnten nach ihren Planungen des Unterrichts gefragt werden, wie sie dabei den jeweiligen Lernstand der Klasse beobachten und in die Unterrichtsgestaltung einbauen möchten. Unterrichtsbeobachtungen hätten ihre Aufmerksamkeit darauf zu richten, wie Lehrpersonen auf den jeweiligen Wissens- und Fertigkeitsstand der Klasse eingehen.

Eine dritte, hier eingeführte Beobachtungsquelle sind die Schüler selber (s. auch in Doll & Prenzel, 2004). Sie können danach gefragt werden, wie eine Lehrperson auf ihren Lernstand, auf ihre Lernschwierigkeiten und auf ihre Motivationen eingeht (zum Für und Wider von Schülerbefragungen s. Helmke, 2003, S. 159 ff.). Die Extreme sind uns aus Alltagsbeobachtungen bekannt: Schüler können das Gefühl haben, sie selber kommen in der Wahrnehmung der Lehrperson gar nicht vor, diese „spult" den Unterricht ohne Rücksicht auf die vor ihr sitzende Schülerschaft einfach ab. Das andere Extrem ist ebenfalls denkbar: Eine Lehrperson lässt sich nur von dem leiten, was Schüler gerade äußern und produzieren; letztere können Lehrpersonen beliebig manipulieren, das sie merken, dass die Lehrerin oder der Lehrer keine über die spontanen Schülerproduktionen hinausgehenden Maßstäbe an das anlegt, was man schließlich wissen und können soll. Dazwischen spielen sich dann Qualitäten der Synchronisierung des Anspruchsvollen mit dem vorhandenen Wissen in einer Klasse ein.

<aside>Schülerwahrnehmungen einer Klasse als Spiegel, wie die Lehrperson ihren Bildungsauftrag rekontextualisiert</aside>

Schülerwahrnehmungen sind eine ausgezeichnete Quelle, um die Synchronisierungsqualität zu erfassen. Sie sind schließlich die Adressaten des Unterrichts und damit die primären Zeugen dafür, wie auf ihr Lernen eingegangen wird. Natürlich wird dabei nicht das, was ein einzelner Schüler einer Klasse sagt, zur zuverlässigen Information dafür, wie eine Lehrperson vorgeht, wohl aber das Meinungsbild einer ganzen Klasse. Die Summe von Schülerwahrnehmungen einer Schulklasse soll im Folgenden als *Spiegel* der Art und Weise dienen, wie Lehrpersonen den Bildungsauftrag an die Schülerschaft adaptieren. Dabei vergessen wir nicht, dass Lehrpersonen auch nur das „Schulspiel spielen". Sie sind von den Regeln der Programmplanung, den Lehrwerken, den Prüfungsanforderungen und den Berufspflichten geleitet. Diese Regeln determinieren das Handeln der Lehrpersonen aber nicht bis ins detaillierte Vorgehen. In den Freiräumen können sie das Programm unterschiedlich gut mit den „lernenden Systemen", mit deren Lernfähigkeiten und Motivationen der Schüler, synchronisieren.

Diese theoretische Perspektive, nach der Lehrpersonen vor allem Rekontextualisierungsleistungen bzw. Synchronisierungsleistungen auf unterschiedliche Weise vollbringen, wird uns im Folgenden leiten. Unterricht fordert sie in mehreren Bereichen.

Die theoretische Perspektive: Abstimmungsqualitäten guten Unterrichts

1. Bei der Feinabstimmung zwischen den kulturellen Angeboten und den *kognitiven* Lernmöglichkeiten und Lernweisen der Schüler kommt in der Synchronisierungsperspektive der Kern „guten Unterrichts" zum Ausdruck.
2. In der Klasse zu lernen bedeutet immer auch, dass die einen etwas besser verstehen als andere, dass Schüler Angst haben, etwas nicht zu können. Kinder haben aber ein ausgeprägtes Bedürfnis, etwas zu können, gelobt zu werden und dazuzugehören. Diese *Bedürfnisse* sind in Schulklassen immer präsent. Lehrpersonen können sie unterschiedlich gut in ihr Vorgehen einbeziehen.
3. Lehrpersonen greifen, wenn sie unterrichten, in Handlungstendenzen von Kindern und Jugendlichen ein, die sich gegen die Absichten der Lehrpersonen sperren können. Schüler sind „eigenintentionale Systeme". Das ist auch gut so und soll durch eine Erziehung zur Selbständigkeit, zur selbstverantwortlichen „Eigensteuerung" auch gestärkt werden. Dennoch verlangt Unterricht eine Synchronisierung verschiedener Intentionalitäten, auf Schülerseite häufig der Vermeidung solcher, die schlicht „störend" sind. Sie kann im Extremfall so erfolgen, dass Lehrpersonen „mit Gewalt" versuchen, alle Abweichungen von ihren Absichten zu verhindern und – wenn dies nicht gelingt – zu bestrafen. Auch das Gegenteil ist denkbar, wenn Lehrpersonen ängstlich sich nur an den Intentionen der Schülerschaft einer Klasse orientieren und hoffen, dass „nichts Schlimmes" passiert. Wo eine Synchronisierung in der Weise gelingt, dass auf die Konvergenz von Intentionen geachtet wird und zugleich die Entwicklungsrichtung in die einer immer größeren Selbstverantwortung der Schülerschaft geht, liegt „Synchronisierungsqualität" vor.

Um diese Synchronisierungsqualitäten zu erfassen, wurde ein Instrumentarium entwickelt (Fend, 1984, S. 156 ff.; Fend, 2001b, S. 295 ff.), das diese in den Augen der Schülerschaft abbilden sollte. Dazu wurden Schülerinnen und Schülern Beschreibungen vorgelegt, wie ihre Lehrpersonen unterrichten und die Klasse führen. Daran beteiligt waren 3086 Lernende der 6. Schulstufe und 3932 Schüler der 9. Schulstufe und zwar solche aus den Bundesländern Hessen, Nordrhein-Westfalen und Niedersachsen. Die Erhebungen fanden in den Jahren 1978 bis 1979 statt. Die Studie bedürfte deshalb der Ergänzung durch neuere Erhebungen, um den sozialen Wandel in der Unterrichtskultur abzubilden. Sie kann aber als *Paradigma für die prinzipielle Bedeutung einer guten Anschlussfähigkeit* einer Lehrerschaft an die „lernenden Subjekte" dienen.

Synchronisierungsqualität in den Augen der Schülerschaft

Dimensionen der kognitiven Synchronisierung

Unterricht verlangt eine permanente Beobachtung der Lernprozesse von Kindern. Das gilt sowohl dafür, das Vorwissen zu eruieren, die Unterschiede zwi-

Offenheit für das Gegenüber als Kernqualität

schen Kindern im Auge zu haben als auch dafür, im Prozess des Lehrens und Lernens jeweils Schwierigkeiten zu identifizieren und darauf zu reagieren. Gemeinsam sind solchen Handlungsmustern die Offenheit dafür, was im „Gegenüber" bei den Schülerinnen und Schülern geschieht. Um möglichst viel dabei zu erfahren, müssen aber kluge Unterrichtsarrangements erfunden werden und die Schüler müssen in hohem Maße eigenaktiv sein, damit sich zeigen kann, was sie wissen und verstanden haben.

Konkret kann dies in den in Abb. 4.9 enthaltenen Fragen und den entsprechenden Antworten der Schüler gespiegelt werden. Die einzelnen Dimensionen beschreiben die Strategien von Lehrpersonen, ihren Unterricht optimal an das Leistungsniveau, die Lernprozesse und Lernschwierigkeiten zu adaptieren. In den Dimensionen und Einzelaussagen kommt deutlich zum Ausdruck, wie facettenreich die kognitiven Abstimmungsprozesse in einer Klasse sind.

Kognitive Synchronisierungsqualität

Bei einer guten Synchronisierung haben die Schüler das Gefühl
- Lehrpersonen wissen genau, was sie können und wo sie Schwierigkeiten haben,
- die Lehrpersonen setzen klare Ziele, sodass die Schüler genau wissen, was sie zu tun haben,
- Lehrerinnen und Lehrer sind bereit zu erklären und analysieren die Fehler, die Schülerinnen und Schüler machen,
- die ganze Klasse wird in den Unterricht einbezogen,
- alle sind im Blickfeld der Lehrperson und
- diese greifen immer ein, wenn jemand „wegschwimmt" oder „abdriftet".

Unser Lehrer[61]

1. Abstimmung auf die individuellen Leistungsfähigkeiten
(Skalen: Voraussetzungsbezogene Anforderungen/Nicht überfordern)[1]
...

weiß genau, was jeder von uns leisten kann	schätzt viele Schüler in ihrer Leistung falsch ein
merkt sofort, wenn ein Schüler im Unterricht nicht mitkommt	merkt selten, wenn ein Schüler im Unterricht Schwierigkeiten hat
weiß sofort genau, bei welchen Aufgaben wir Schwierigkeiten haben	merkt erst später, bei welchen Aufgaben wir Schwierigkeiten haben

2. Klare Erwartungen und Zielvorgaben
(Skalen: Strukturiertheit der Präsentation/Erklärungsbereitschaft)

sagt uns ausführlich, wie die Hausaufgaben zu machen sind	gibt die Hausaufgaben immer rasch am Schluß der Stunde
geht im Stoff immer genau Schritt für Schritt vor	erklärt häufig alles auf einmal und erwartet, daß wir alles sofort können
drückt sich immer verständlich aus	drückt sich meist unverständlich aus
sagt immer, was in der nächsten Zeit im Unterricht gelernt wird	sagt nie, was als nächstes im Unterricht gelernt wird
erklärt uns immer ganz genau, was wir tun müssen	erklärt uns selten genau, was wir tun müssen
faßt häufig noch einmal den Stoff zusammen, damit wir ihn uns gut merken können	faßt nur sehr selten den Stoff zusammen
wiederholt am Anfang der Stunde häufig noch einmal, was wir in der letzten Stunde durchgenommen haben	wiederholt selten den Stoff der letzten Stunde

3. Erklärungsqualität und remediale Reaktionen bei Lernproblemen
(Skalen: Gezielte Lernhilfen/Hilfen bereitstellen)

wiederholt einen Stoff, wenn wir ihn nicht verstanden haben	geht mit dem Stoff weiter, auch wenn wir ihn nicht verstanden haben

---

61 Den Fragen, die hier auszugsweise berichtet werden, wurde eine Instruktion vorangestellt. Im Folgenden findest Du immer zwei gegensätzliche Aussagen über Deinen Englisch-/Mathematiklehrer. Du sollst Dir jedesmal überlegen, welcher der beiden Sätze Deiner Meinung nach eher richtig ist und dann das Kästchen anstreichen, das Deiner Meinung am ehesten entspricht.
Antwortmöglichkeiten:
Die Zeichen bedeuten
2 Der obere Satz ist genau richtig
1 Der obere Satz ist eher richtig als der untere
0 Meine Meinung liegt zwischen beiden Sätzen
1 Der untere Satz ist eher richtig als der obere
2 Der untere Satz ist genau richtig
Indem immer die positiven bzw. negativen Pole beschrieben wurden, konnten sich Schülerinnen und Schüler gut in einem vorgegebenen Raum von Alternativen orientieren und ihre Lehrpersonen einordnen.

erklärt uns das, was wir nicht verstanden haben, auf andere Art und Weise noch einmal	geht einfach im Stoff weiter, auch wenn wir etwas nicht verstanden haben
sagt uns häufig, warum wir bei einer Prüfungsarbeit einige Aufgaben falsch beantwortet haben	sagt uns selten, warum wir bei einer Prüfungsarbeit eine Aufgabe falsch beantwortet haben
4. Einbezug aller Schüler einer Klasse (Skalen: Beschäftigungsradius/Wegtauchen verhindern)	
nimmt häufig Schüler dran, die sich bisher nicht gemeldet haben um zu prüfen, ob sie alles behalten haben	fragt nur die Schüler, die aufzeigen
nimmt immer dieselben Schüler dran	nimmt abwechselnd immer verschiedene Schüler dran
5. Umgang mit Heterogenität: Individualisierungs- und Förderungsbemühungen (Skalen: Förderungsorientierung/An Erfolgen und nicht an Misserfolgen orientiert)	
läßt uns genügend Zeit bei den Aufgaben	läßt uns zu wenig Zeit bei den Aufgaben
kümmert sich um uns, wenn wir etwas nicht wissen	kümmert sich selten um uns, wenn wir etwas nicht wissen
bemüht sich auch um die schwächeren Schüler	kümmert sich nur um die guten Schüler
geht auf Schüler ein, wenn diese noch einige Fragen haben	geht bei zusätzlichen Fragen selten auf Schüler ein
6. Prozessbeobachtung (Skalen: Monitoring/Überblick)	
merkt sofort, wenn ein Schüler im Unterricht nicht aufpaßt	merkt selten, wenn ein Schüler im Unterricht nicht aufpaßt
kontrolliert immer genau unsere Hausaufgaben	kümmert sich meist nicht um unsere Hausaufgaben
merkt sofort, wenn wir vergessen haben, etwas zu lernen	merkt selten, wenn wir vergessen haben, etwas zu lernen

Abb. 4.9: Synchronisierung des Bildungsprogramms mit kognitiven Lernbedingungen

Modalitäten der motivationalen Synchronisierung

Die Rekontextualisierung des schulischen Inhaltsprogramms an die psychischen Systeme von Schülern beschränkt sich nicht auf die kognitiven Merkmale der lernenden Subjekte. Letztere „funktionieren" nach einer emotionalen und motivationalen „Eigenlogik". Die Motivationsforschung der letzten Jahre hat sich dieser Problematik intensiv gewidmet und dabei Überlagerungen der Motivation von Schülerinnen und Schülern untersucht:[62]

Unterricht mit der Persönlichkeitsdynamik kompatibel machen

Zumindest drei Bedürfnissysteme sind hoch aktiviert, wenn in der Schule gelernt wird. Sie geben vor, was Kindern gut tut und was sie belastet. Es sind dies die Systeme der Kompetenz, des Selbst und der sozialen Bindung.

- Kompetenzbedürfnisse implizieren Gefühle des Könnens und der Sicherheit, aber auch der Machtlosigkeit, in Anforderungssituationen bestehen zu können. Lehrpersonen können dem entgegenkommen, Ermutigungen gezielt aussprechen, Erfolge zurückmelden und loben, Aufgaben nicht gezielt schwer machen usw.

  Kompetenzbedürfnisse – Motivaton

- Das Selbst verlangt nach Möglichkeiten, „sich selbst lieben zu können". Es sucht nach Informationen über Wertschätzung durch andere. Erniedrigungen und konditionale Anerkennung sind Gift. Geringschätzung kann in vielfachen Formen von Lehrpersonen geäußert werden. Ebenso zahllos sind die Möglichkeiten, Verständnis für die Sorgen und Probleme der Kinder zu zeigen und diesen ihren Wert und ihre Bedeutung vor Augen zu führen.

  Das unverletzte Selbst

- Das Bedürfnis nach Zugehörigkeit und Zuwendung durch Lehrpersonen ist im Unterricht allgegenwärtig. Äußerungen von Mißachtung, von „links liegen lassen" sind deshalb Gift für die schulische Motivation. Bindungsbedürfnisse verlangen vor allem Sicherheit, nicht Sanktionen willkürlich ausgesetzt zu sein, sie verlangen also Fairness und Gerechtigkeit. Schülern sehnen sich nach Achtung, nach respektvoller Behandlung.

  Dabei sein

Im Lichte der Rekontextualisierung der Lehraufgabe an diese motivationalen Voraussetzungen des Lehrens müssen die in Abb. 4.10 enthaltenen Operationalisierungen gesehen werden.

---

62 Wenn wir von Schülerinnen und Schüler sprechen, dann müssen wir uns klar sein, dass wir das Funktionieren von „Personen" in einer bestimmten „Entwicklungsphase" und in einem „institutionellen Kontext" vor Augen haben. Entsprechend haben wir zu beachten, dass wir es zu tun haben mit
  - einer Persönlichkeitsdynamik, wie sie z.B. Adler beim Geltungsstreben beschrieben hat,
  - die sich in einem spezifischen Entwicklungsstadium (Kindheit/Jugend) befindet und
  - in einem spezifischen Kontext, dem der Schule (als Schüler), handelt.

Unser Lehrer

1. Vermittlung von Kompetenzgefühlen (Skala: Vertrauensgrad, Motivierungsbemühen/Sicherheit schaffen)	
sagt uns häufig, daß wir es schon schaffen werden	sagt uns häufig, daß wir es nie schaffen werden
sagt uns häufig, daß wir uns verbessert hätten	geht nie darauf ein, wenn wir eine gute Leistung erbracht haben
verhält sich so, daß man immer weiß, woran man ist	verhält sich so, daß man nie weiß, woran man ist
2. Stütze und Schonung des Selbstwertgefühls (Skala: Positive Schülerorientierung/Freundlichkeit, Gerechtigkeit, Geduld)	
hat viel Verständnis für unsere Sorgen und Probleme	hat kein Verständnis für unsere Sorgen und Probleme
ist stets geduldig	ist immer ungeduldig
schimpft häufig mit uns, wenn wir falsche Antworten geben	schimpft nicht mit uns, wenn wir falsche Antworten geben
lobt bei guten Leistungen häufig die ganze Klasse	lobt uns bei guten Leistungen selten
ist immer freundlich zu uns	ist ausgesprochen unfreundlich zu uns
entscheidet in allen Situationen gerecht	behandelt uns häufig ungerecht
schreit häufig mit uns herum	schimpft nie mit uns
macht einzelne Schüler vor der Klasse lächerlich	macht nie jemanden lächerlich
3. Vermittlung von Gefühlen der Zugehörigkeit und Zuneigung	
ist beliebt bei den Schülern	ist unbeliebt bei den Schülern
nörgelt oft an uns herum	nörgelt nie an uns herum
droht uns häufig	droht uns nie

Abb. 4.10: Motivationsqualität der Rekontextualisierung

Synchronisierung von Intentionen: Umgang mit der Eigenintentionalität von Schülerinnen und Schülern

„The clash of will"

Unterrichten ist kein leichtes Geschäft. Es verlangt nicht nur die obigen Qualitäten, sondern es erfordert auch die Synchronisierung der Lehrintentionen mit der Eigenintentionalität der lernenden Subjekte. Die Lehrperson bearbeitet einen sehr komplexen „Stoff": die menschliche „Seele" mit all ihren Bedürfnissen und Eigenwilligkeiten. Dieser „Stoff" hat eine hohe Eigenintentionalität, Schüler können sich „verweigern", Schwierigkeiten machen, nicht das tun, was man erwartet. Auch das Gegenteil ist möglich: kindliche Seelen, die Lehrpersonen zufliegen, lern- und wissbegierig sind, mit hoher Bereitschaft, das zu tun, was die geliebten und verehrten Erwachsenen erwarten.

Die Regulationen der potentiell konfligierenden Intentionen von Lehrpersonen und jenen der Schülerschaft können sehr unterschiedlich aussehen. Welches Leidenspotential auf der Seite der Lehrpersonen damit verbunden sein kann, illustriert für die gymnasiale Ebene Horst Rumpf in seinem realistischen „Tagebuch eines Studienrats" (1966a; Rumpf, 1997):

> *„Man kommt nach den Ferien immer wieder mit den besten Vorsätzen zur Schule: man hat etwas Vernünftiges gelesen, man ist davon überzeugt, wie wichtig der Lehrerberuf ist; die enthusiastischen Festreden („Was gibt es Schöneres als die Jugend fördern und betreuen zu können") scheinen einem beim ersten Gang in die Schule gar nicht mehr so widerlich und verlogen wie sonst. Und sind die jungen Leute, jeder für sich betrachtet, nicht ganz nett?*
> *Dann kommen mit großer Regelmäßigkeit die Schocks der ersten Tage. Etwa: diese unüberhörbaren Demonstrationen in einer Oberprima, wie gleichgültig nicht wenigen der Klasse die Materie ist, um die ich mich mühe – Übergang von Faust I zu Faust II. Dieses aus manchen herauslaufende Geschwätz, dieses kindisch-dumme Gegrinse, dieses Tuscheln mit dem Nachbarn, wenn ich nicht hinschaue, dieser Blick auf das Heft des Nachbarn – all das lässt mich als den erscheinen, der nicht einmal gegen Wände redet, denn die Wände wären doch still. Ich mühe mich, so gut ich kann, den jungen Leuten eine Sache aufzuschließen – sie wollen nicht, sie geben sich wie störrische Esel; und ich darf aus aufsichtsrechtlichen Gründen niemand vor die Tür weisen, wie es beispielsweise Romano Guardini in Vorlesungen in München getan hat – er tat es aus Gründen, die aus der Schulperspektive nichtig zu sein scheinen. Neulich sagte ein Kollege treffend: „Es ist einfach eine ungeheure Zumutung, jungen Leuten etwas beibringen zu sollen, die partout nicht wollen. In welchem Beruf gibt es vergleichbare Strapazen?" Und so bin ich auch an diesem ersten Tag wieder meinen Vorsätzen untreu geworden und habe die Klasse angeschrien" (Rumpf, 1966a, S. 9).*

Hier wird eindrucksvoll sichtbar, wie sich das kulturelle Programm des Bildungswesens und die Eigengesetzlichkeiten und Intentionen der psychischen Systeme gegenüberstehen können. Dennoch soll (und muss) das kulturelle Programm an die Interessen der Schüler anschlussfähig gemacht werden, bzw. die Motivation der Schüler soll an das kulturelle Programm anschlussfähig werden.

> *„Wenn ich diese baumlangen Kerle sehe und ihr kindisches Gekicher bei allen möglichen Anlässen höre – dieses backfischhafte Gegacker, das nach Anlässen sucht, sich zu entladen –, frage ich mich, ob diese „Verkindschung" unserer Gymnasiasten mit ihrem Schüler-Status zusammenhängt. Sind Lehrlinge auch so? Dieser forcierte Unernst geht mir auf die Nerven. Er ist etwas anderes als jugendliche Frische und Bereitschaft zum Lachen. Leben sie in einer künstlichen Situation? Rührt auch aus solchen Erfahrungen die östliche Bemühung, den Oberschülern in den Fabriken den Ernst des Lebens und des wirklichen Arbeitens beizubringen? Oder ist der kindische Zustand des Bewusstseins notwendige Durchgangsstufe? Ist er eine Anfangsphase der Halbbildung? In jedem Fall erfahre ich mich als völlig ohnmächtig dieser Mentalität gegenüber. Kein Studium und keine Ausbildung nimmt so etwas ernst" (Rumpf, 1966a, S. 114).*

In der nüchternen Umsetzung dieser bitteren Erfahrungen müsste man hier annehmen, dass die Hochschulausbildung wohl das kulturelle Programm trainiert, aber nicht lehrt, wie heranwachsende Kinder und Jugendliche heute darauf reagieren, und zwar unter den Rahmenbedingungen der Verschulung und Bürokratisierung ihres Lebens.

Die pädagogische Welt „richtig" interpretieren

Vor allem: Welche Form der Regulation ist auf diesem Hintergrund möglich, welche ist illusorisch? Rumpf berichtet desillusioniert:

„Ein wohlmeinender Kollege tröstet mich in meinem Verdruss darüber, wie leicht Schüler humanes, partnerschaftliches Verhalten ihnen gegenüber missbrauchen, wie sehr sie dadurch in ihrer Arroganz und Bequemlichkeit unterstützt werden: ‚Sie behandeln sie (sc. die Schüler) wie Erwachsene, und es sind doch noch Kinder (sc. von 18 – 20 Jahren!)'. Was kein Außenstehender glaubt, was ich noch vor zwei Jahren nicht für möglich gehalten hätte – immer mehr werde ich dazu gedrängt, diese Meinung zu bestätigen. Die nächsten Folgerungen heißen dann: Befehl statt Gespräch, Furcht statt Vernunft, Angstmachen mit Noten statt Überzeugenwollen durch sachliche Anreize, Schreien statt Reden, Gleichschritt statt Vielfalt, Druck statt Ermutigung – vom Lehrer zum Unteroffizier, die Schule statt einer Stätte geistigen Lebens ein Exerzierplatz – diese fürchterliche Entwicklung sehe ich mit Schrecken kommen; ich sehe, wie übermächtig die Faktoren sind, die einen in diese Unteroffiziershaltung hineindrängen, auch wenn sich alles in mir dagegen sträubt. ‚Die jungen Leute verstehen keine andere Sprache', ‚Sie sind ein Utopist', ‚Sie unterschätzen das Böse, das Träge in der Menschennatur', solche und ähnliche Sätze wohlmeinender Kollegen verfolgen mich" (Tagebuch 40 Schultage, S. 122/123). Ich hatte weder die Kraft noch den Mut noch die sichere Einsicht, entschieden zu kontern" (Rumpf, 1997 S. 75 f.).

Helfen nur Härte und Disziplin?

Zwang und Strafe erscheinen hier als Regulationsform im „conflict of will" unausweichlich. Unterricht wird hier zum Machtspiel. Lehrpersonen haben die Illusion verloren, es gäbe ein spontanes Interesse an dem, was ihnen so wichtig ist zu lehren, und die Schülerschaft entzieht sich den Anforderungen dort, wo diese manipulierbar erscheinen.

Die pädagogische Forschung hat sich seit Jahrzehnten bemüht, dieses Machtspiel aufzulösen und nach Regulationsformen zu suchen, in denen eine Konvergenz von Intentionen entstehen kann.

Seit Tausch und Tausch (1965; 1977) sind schlichte Machtbehauptung, Strafen und Schreien Hinweise auf erzieherische Handlungen, die in der Regel negative Gefühle und Reaktanz hervorrufen, also Gegenintentionen provozieren. Offenheit und Reversibilität in der Argumentation, Austausch von Meinungen und Positionen sind, selbst bei den unzweifelhaft bedeutsamen institutionellen Vorgaben im Raum der Schule, Möglichkeiten, die unterschiedlich gut ausgeschöpft werden können. Dass dabei nicht nur die Pole „laissez faire" und „autoritäre Überwältigung" möglich, ja auch nicht wünschbar sind, haben die Studien von Lewin und seinen Schülern Lippitt & White schon früh demonstriert (Lippitt & White, 1947a, 1947b, 1968). Regulationsqualität heißt hier nicht, keine Grenzen zu setzen, nicht in Regeln einzuüben und alles laufen zu lassen. Sie bedeutet vielmehr Respekt bei Regelungen, Offenheit für Argumente, Klarheit der Erwartungen, klare Konsequenzen bei Fehlverhalten, aber auch Sicherheit vor unkalkulierbaren Maßnahmen. Abb. 4.11 illustriert dies in Wahrnehmungen der Schülerschaft. Die Kerndimensionen ergeben sich unmittelbar aus den Aussagen. Sie beinhalten

- Offenheit für Argumente,
- Wertschätzung von eigenen Meinungen,

- Überwiegen positiver Rückmeldungen,
- Fehlen aggressiver emotionaler Reaktionen,
- Vermeiden von Bloßstellen und Demütigungen,
- Konsequenz bei Regeleinhaltung,
- Strafen werden externalisiert, als dem Strafenden unangenehme aber notwendige Konsequenz von Fehlverhalten kommuniziert.

Was führt auf diesem Hintergrund zu einer konzentrierten Arbeitsatmosphäre in der Schulklasse, die eine Kernbedingung produktiven Lernens ist? Was führt zu „Zeitverschwendung"?[63] Wie die kostbare Lernzeit in der Schulklasse genutzt wird gehört zu den wichtigsten Folgen einer gelungenen Synchronisierung des Lehrangebotes mit den Nutzungsbemühungen auf der Seite der Schülerschaft. Folgende Aussagen sind Indikatoren, dass diese gestört ist:
- Bei uns dauert es zu Beginn der Stunde lange, bis die Schüler ruhig werden und zu arbeiten beginnen.
- Bei uns wird von den Schülern oft Unsinn getrieben.
- Bei uns wird der Unterricht häufig durch Lärm und Unordnung gestört.
- Bei uns fehlt meistens bei irgend jemand etwas, wenn wir anfangen sollen zu arbeiten.
- Es dauert bei uns meist sehr lange, bis alle Schüler zur Arbeit bereit sind.

Unser Lehrer

Regulationsqualität – Reversibilität – emotionale Tönung	
Überblick über die gesamte Klasse (Skalen: Disziplin und Ordnungssinn)	
spricht sofort einen Schüler an, wenn dieser ihn beim Unterricht stört	kümmert sich nicht darum, wenn ihn ein Schüler beim Unterricht zu stören versucht
achtet sehr darauf, daß wir immer aufpassen	achtet kaum darauf, ob wir aufpassen
achtet immer genau auf Ruhe und Ordnung	läßt die Schüler machen, was sie wollen
ermutigt uns, im Unterricht unsere Meinung zu sagen	ist so streng, daß wir uns nicht getrauen, unsere Meinung zu sagen
läßt über alles mit sich reden	bestimmt immer alles selbst
beachtet auch die Meinung der Schüler	bestimmt immer allein, was zu machen ist
verteilt viele Strafen	versucht es mit uns ohne große Strenge
lobt uns häufig, wenn wir uns gut benehmen	lobt uns selten, wenn wir uns gut benehmen

---

63 Skala mit 11 Items, Cronbach Alpha .83, Antwortkategorien: Der Satz „trifft genau zu" (1) bis „ist völlig falsch" (5)

Wenn ich nicht sofort tue, was mein Lehrer sagt, wird er böse[1]	sehr häufig häufig manchmal selten nie
Wenn ich eine andere Meinung habe als mein Lehrer, sagt er mir, ich sei dumm und verstehe das doch nicht	sehr häufig häufig manchmal selten nie
Er macht sich vor der Klasse lustig über mich	sehr häufig häufig manchmal selten nie
Wenn mein Lehrer mich bestraft, erklärt er mir, warum er es tut	sehr häufig häufig manchmal selten nie
Wenn mich mein Lehrer bestraft, merke ich, daß er es nicht gern tut	sehr häufig häufig manchmal selten nie

[1] Items aus dem Lehrerverhaltensinventar und aus den Skalen „Strenge" und „Unterstützung" von Heinrich (1974). Letztere sind nicht bipolar definiert, sondern enthalten Häufigkeitsangaben.

Abb. 4.11: Regulationsqualität – autoritative und respektvolle Führung

Was zu einer lernförderlichen Situation führt, geht aus den Daten klar hervor: es sind dies sowohl die positiven Dimensionen der kognitiven als auch der emotionalen und intentionsorientierten Regulierung. Ein dichtes, fachdidaktisches Monitoring ist von ausschlaggebender Bedeutung. Beziehungsstörungen aber auch straforientierte Regulierung führen eher zu unkonzentrierten Klassen. Im Alltag dürften bei Problementwicklungen negative „Aufschaukelungsprozesse" am Werk sein. Unruhige Klassen provozieren strafendes Verhalten, was wiederum zu neuer Unruhe führt.

4.2.2.2 Pädagogisch-didaktische Kulturen im deutschen Bildungswesen

Wie anschlussfähig Lehrpersonen in den Augen der Schülerschaft sind, sei hier in aller Kürze dargestellt. Etwa die Hälfte aller Schüler berichtet positive Synchronisierungsqualitäten. Kinder der 6. Schulstufe nehmen eine positivere Zuwendung wahr als die Schüler der 9. Schulstufe.

In welchen Schulformen gelingt Unterricht besser?

Anschlussorientierte didaktische und pädagogische Kulturen gelingen offensichtlich nicht von selbst, sie sind nicht selbstverständlich einfach da. Wir finden im Bildungswesen vielmehr eine große Varianz der Synchronisierungsqualitäten.

Wo sind sie besonders häufig und wo eher selten? Wir können auf der Grundlage der beschriebenen Studie danach suchen, welche didaktischen Kulturen in welchen Schulformen überwiegen. Wo richtet sich die ungetrübte Aufmerksamkeit der Lehrerschaft auf die Schüler einer Klasse? Wo haben Schüler eher das Gefühl, dass sie als Lernende bei ihren Lehrpersonen eigentlich nicht „vorkommen"?

Man könnte erwarten, dass in Hauptschulen Lehrpersonen vor allem auf eine gute emotionale Synchronisierung achten, die die Basis für die kognitive Aufmerksamkeit der Lehrpersonen sein könnte. Sie sind wegen ihren Leistungen womöglich am stärksten „schulgeschädigt" und bedürfen deshalb besonders positiver Zuwendung. Gymnasien könnten, weil sie sich vor allem auf hohe Leistungsstandards ausrichten, besonders sensibel für eine bestmögliche Abstimmung des Kulturprogramms mit den Lernmöglichkeiten von Kindern und Jugendlichen sein. Hier könnte also die kognitive Synchronisierung im Vordergrund stehen. Bei Realschulen wäre ein ausgewogenes Verhältnis von sensibler kognitiver und motivationaler Synchronisierung zu erwarten. Als vierte Schulform sind in dieser Studie auch Gesamtschulklassen enthalten. Ihnen ging der Ruf voraus, eher chaotisch zu sein, so dass eine schwache disziplinäre Synchronisierung zu erwarten wäre.

In Tab. 4.1 sind die pädagogischen Kulturen der Lehrpersonen, wie sie sich in den Augen von Schülern verschiedener Schulformen abbilden, dargestellt. Als Beispiel dienen Mathematik-Lehrpersonen, bei denen fachbedingt die Synchronisierungsqualitäten besonders klar zum Ausdruck kommen müssten. Die Klagen über „schlechtes Erklären", über „Unterricht über die Köpfe der Schüler hinweg", sind hier besonders verbreitet.

Welche didaktischen und pädagogischen Kulturen zeigen sich nach Tab. 4.1 in Hauptschulen, Realschulen, Gymnasien und Gesamtschulen?.

Tab. 4.1: Didaktische Kulturen in verschiedenen Schulformen

Mathematik – 9. Schulstufe
z-Werte der Skalen * : $p < 0.05$; **: $p < 0.01$; *** $p < 0.001$

		Hauptschule	Realschule	Gymn.	Gesamtschule
N =		55	25	16	124
Kognitive Synchronisierung					
Prozessbeobachtung	*	-.09	-.15	-.39	.12
Umgang mit Heterogenität	**	-.39	-.24	-.27	.26
Erklärungsqualität	***	.02	-.22	-.47	.09
Einbezug aller Schüler	*	-.23	-.14	-.24	.16
Abstimmung auf Leistungsfähigkeit	***	-.23	-.25	-.20	.18
Klare Erwartungen und Zielvorgaben		-.19	-.35	-.36	.20
Motivationale Synchronisierung					
Lob und Ermutigung	***	-.35	-.29	-.39	.27
Vermittlung von Kompetenzgefühlen	*	-.09	-.21	-.44	.14
Emotionale Sicherheit	***	-.33	-.47	-.32	.29
Stütze und Schonung des Selbstwertgefühls	**	-.35	-.26	-.19	.24
Regulation von Aufmerksamkeit und Disziplin					
Abwertung und negative Sanktionen	**	.43	.10	-.14	-.20
Schlechte Zeitnutzung	*	.33	0.00	-.10	-.14
Überblick über die ganze Klasse		.02	.15	-.03	-.03

Wird in verschiedenen Schulformen unterschiedlich unterrichtet?

Die Ergebnisse sind überraschend.[64] Hauptschüler nehmen keine ausgeprägte Synchronisierung mit ihren Leistungsfähigkeiten und Bedürfnissen wahr. Lehrpersonen reagieren eher streng und strafend und wenig aufmerksam auf einzelne Schüler, die nicht bei der Sache sind. Der hohe Wert bei Zeitverschwendung verweist darauf, dass hier auch das Störungspotential am größten ist, das offensichtlich eher streng und strafend „bekämpft" wird.

Noch überraschender ist, dass Lehrpersonen im Gymnasium am ausgeprägtesten über die Köpfe der Schüler hinweg unterrichten. Die Schülerschaften nehmen hier am wenigsten wahr, dass auf ihren Leistungsstand jeweils eingegangen wird, dass bei Problemen etwas noch einmal erklärt wird und dass mit ihnen positiv verstärkend, lobend und ermutigend umgegangen wird. Hier scheint eine strikte Stofforientierung den Unterricht voranzutreiben. Möglicherweise ist dies auch ein Hinweis für das hohe Lerntempo, das in Gymnasien eingeschlagen wird und das die Schüler mitzieht und nötigt, ihr Mitkommen selber zu organisieren.

Das Profil der Realschulen ähnelt dem in Gymnasien, ohne aber so klar ausgeprägt zu sein (s. zu parallelen Ergebnissen Brunner et al., 2006; Pekrun et al., 2006).

Eine gelungene Synchronisierung findet sich vor allem in Gesamtschulklassen. Sie wurden damals von jungen und idealistischen Lehrern unterrich-

---

64 Dieses Muster der Wahrnehmung von Lehrpersonen durch die Schülerschaft ist in der 6. Klasse noch ausgeprägter. Sie finden sich in Englisch gleichermaßen wie in Mathematik (o. Tab.).

tet und repräsentieren hier gewissermaßen die „Benchmarks" dafür, wie positiv die Kinder die Abstimmung auf ihre Fähigkeiten und Bedürfnisse wahrnehmen können. Besonders emotionale und motivationale Abstimmungen ragen heraus. Zeitverschwendung und Disziplin sind überraschenderweise unauffällig. In der didaktischen Synchronisierung wird am sorgfältigsten auf ihr Lerntempo eingegangen.

4.2.2.3 Ursachen unterschiedlicher Rekontextualisierung

Wenn die Qualität der Synchronisierung von Angebot und Nutzung in den Klassen so unterschiedlich ist, dann stellt sich die Frage, woran das liegt.

Wir sind in diesem Kapitel davon ausgegangen, dass die primäre Rekontextualisierung einerseits vom kulturellen Programm abhängt, das im Fachwissen der Lehrpersonen aufgehoben ist. Zum anderen sollte sie von den Konzepten mitgestaltet sein, die Lehrpersonen vom „Gegenüber", also von den lernenden Subjekten haben. Je mehr Lehrpersonen über die „lernenden Subjekte" wissen, je adäquater diese in ihren pädagogischen Konzepten repräsentiert sind, umso eher sollte die Synchronisierung gelingen. Diese Hypothese interessiert hier deshalb besonders, weil sie einen Weg zeigt, die Synchronisierung zu verbessern, jenen einer praxisnahen und subjektnahen Lehrerausbildung.

Mehrfach wurde oben erwähnt, dass das faktische Lehrhandeln in Schulklassen von methodischen Erfindungen und deren Stütze durch Lehrmittel, Prüfungsaufgaben usw. geleitet ist. Möglicherweise ist für die Nutzung dieser „Tools" entscheidend, in welchem „Geiste" sie eingesetzt werden, von welchen Konzeptionen sie gelenkt sind.

„Ideale" Lehrpersonen

Doch welche Konzepte über Schüler, von Lernen, von Unterricht, von Erziehung könnten die Art und Weise der Rekontextualisierung leiten?

Die theoretische Perspektive, dass Unterricht erfordert, das kulturelle Programm mit den Lernmöglichkeiten von Kindern zu synchronisieren, kann uns hier möglicherweise auf den richtigen Pfad führen. *„Ideale" Lehrpersonen wären danach die, die in ihren Konzepten und Reflexionen die beiden Quellen ihrer Arbeit präsent halten, koordinieren und sie produktiv in ideenreiche didaktische Arrangements umsetzen können.*

Wenn dies der Fall wäre, dann müsste dies bei Lehrpersonen in einer *ko-konstruktiven Haltung* zum Ausdruck kommen, die vor allem das *Lernen* im Auge hat und *Lehren* in seinen Dienst stellt.

Auf ko-konstruktive Grundhaltungen kommt es an

Es ist ein Glücksfall, dass dazu Untersuchungen vorliegen. Fritz Staub und Elsbeth Stern (2002) haben sich dieser Frage gewidmet und einen „einfachen" Fragebogen zu didaktischen Grundhaltungen entwickelt. Die Items zu verschiedenen Aufmerksamkeitsrichtungen im Mathematikunterricht beleuchten diese:

Aufmerksamkeit auf Lehren

- Den meisten Schülern muss man zeigen, wie einfache Textaufgaben zu lösen sind.
- Effektive Lehrerinnen und Lehrer führen die richtige Art und Weise vor, in der eine Textaufgabe zu lösen ist.

- Am besten lernen Schüler Mathematik aus Darstellungen und Erklärungen ihrer Lehrerin oder ihres Lehrers.

Aufmerksamkeit auf Lernen und Eigenaktivität von Schülern
- Auch Schüler, die noch kein solides numerisches Faktenwissen erworben haben, können erfolgreich Probleme lösen.
- Schüler können gewöhnlich selbst herausfinden, wie einfache Textaufgaben zu lösen sind.
- Es hilft Schülern, Mathematik zu begreifen, wenn man sie ihre eigenen Lösungsideen diskutieren lässt.

Steht im lehrzentrierten Ansatz hinter den Konzepten der Lehrpersonen eine assoziationistische Lerntheorie, die auf eine direkte Übertragung von Wissen und Fertigkeiten vertraut, so ist der zweite stärker auf kognitiv-konstruktivistischen Wissenserwerb ausgerichtet.

Renkl und Stern (1994) konnten zeigen, dass diese fachdidaktischen Grundhaltungen nicht in der Brust der Lehrpersonen eingeschlossen bleiben, sondern ihr fachdidaktisches Handeln leiten. Lehrpersonen mit konstruktivistischen Haltungen schufen häufiger Lerngelegenheiten, die auf größeres begriffliches Verständnis ausgerichtet waren. Auf „*Einübung*" legten sie aber gleich viel Wert wie die auf direkte Lehre ausgerichteten Lehrpersonen. Dies ist ein erster wichtiger Hinweis, dass unterschiedliche Lehre und unterschiedliches Handeln in Schulklassen durch die pädagogischen Konzepte von Lehrpersonen beeinflusst ist. Staub und Stern (2002) konnten darüber hinaus auch zeigen, dass konstruktivistische Haltungen von Lehrpersonen zu besseren Leistungen führen. All dies haben sie am Beispiel der mathematischen Textaufgaben durchgespielt.

Zusammenhänge zwischen Lehrervorstellungen zum Lernen und Lehren konnten auch Hartinger, Kleickmann und Hawelka (2006) bestätigen. Sie erweiterten dabei die Konzepte der konstruktivistischen Konzeptionen von Lernen im Mathematikunterricht auf Vorstellungen zum Lehren und Lernen im Sachunterricht, also auch auf naturwissenschaftliche Inhalte in der Grundschule.

Die erfassten Lehrkonzepte sind uns nach Obigem schon vertraut:
- Am besten lernen Schüler aus Darstellungen und Erklärungen" (instruktive Vorstellung).
- Gespräche über Lösungsvorschläge zu Problemen sind nur sinnvoll, wenn sich die Lehrer dort heraushalten (offener Lernbegriff).
- Lehrer sollten den Kindern viel Zeit einräumen, eigene Lösungen für ein Problem zu suchen, auch wenn diese fachlich nicht richtig sind (konstruktivistischer Lernbegriff).

Die Beobachtung von Lehrpersonen mit konstruktivistischer oder traditioneller Didaktik zeigte wiederum, dass sie sich im Unterricht ihren Haltungen gemäß unterschiedlich verhielten. Die Freiräume waren bei ersteren größer, ohne dass sie weniger strukturierend tätig waren. *Freiräume* ermöglichen und *Strukturierung* vermitteln waren also keine Gegensätze.

Diese Haltungen spiegelten sich dann auch darin, wie Schüler diesen Unterricht erlebten. Bei konstruktivistischen Haltungen der Lehrpersonen war das

Selbstbestimmungsempfinden der Schüler größer. Je konstruktivistischer Lehrpersonen dachten, umso mehr interessierten sich die Schüler für das, was gelehrt wurde.

Fachdidaktischen Konzepten der Lehrpersonen kommt hier eine große Bedeutung zu. Es scheint einen großen Unterschied zu machen, ob Lehrpersonen eher in Analogie zum „Nürnberger Trichter" mit größtmöglicher Stoffvermittlung arbeiten oder Lehren als „Anzünden einer Flamme", mit der Hoffnung auf einen Flächenbrand des Lerninteresses, verstehen.

Pädagogische „Weltbilder" und ihre Bedeutung

Wir haben bei der Geistesgeschichte zu Theorien, was Kinder und Jugendliche „sind" und wie sie lernen, gesehen, dass über Jahrhunderte der zu unterrichtende Stoff die zentrale Leitlinie und das Lehrwerk die Quelle für die Lehre war. Eindrucksvoll gilt dies für den Lateinunterricht, der über tausend Jahre nach *einem* Lehrwerk, dem des Donat, gegeben wurde. Erst in der zweiten Hälfte des 19. und dann verstärkt im 20. Jahrhundert verdichten sich die Vorstellungen dazu, was bei Kindern und Jugendlichen geschieht, wenn sie lernen. Damit stellt sich die Frage, ob wir grundlegende pädagogische Haltungen identifizieren können, wenn wir diese Spannung zwischen Stoff, also dem zu Schulwissen geronnenen kulturellen Programm, und den Bedingungen seiner Aneignung durch eigenaktives Lernen als Ausgangspunkt wählen. Damit würden wir wieder den Kern der Rekontextualisierungsleistungen auf konkreter Unterrichtsebene treffen.

Generalisierte pädagogische Konzepte

Als philosophisches und politisches Programm seit der Aufklärung, als pädagogische Reformbewegung von der zweiten Hälfte des 19. Jahrhunderts (Diesterweg, 1990) bis in die 30er Jahre des 20. Jahrhunderts (Nohl, 1963) hinein, kamen pädagogische Konzepte zum Tragen, in denen Kinder bzw. Schüler einen neuen Stellenwert bekamen. Es ging jetzt entscheidend um *sie*, um ihre eigene individuelle Entwicklung. Dem kulturellen Programm wurde eine *dienende Rolle* für die bestmögliche Entfaltung aller Talente und Kräfte im heranwachsenden Menschen zugewiesen. Nohl hat dies prägnant formuliert: „War bis dahin das Kind das willenlose Geschöpf, das sich der älteren Generation und ihren Zwecken anzupassen hatte und dem die objektiven Formen eingeprägt wurden, so wird es jetzt in seinem eigenen spontanen produktiven Leben gesehen, hat seinen Zweck in ihm selber, und der Pädagoge muss seine Aufgabe, ehe er sie im Namen der objektiven Ziele nimmt, im Namen des Kindes verstehen. In dieser eigentümlichen Umdrehung, die man sich in ihrer vollen Bedeutung vor Augen stellen muss, liegt das Geheimnis des pädagogischen Verhaltens und sein eigenstes Ethos" (Nohl, 1963, S. 126 f.). Der dienende Charakter der kulturellen Werte und des pädagogischen Handelns kommt in der berühmten Formulierung des pädagogischen Bezugs zum Tragen: „Die Grundlage der Erziehung ist also das leidenschaftliche Verhältnis eines reifen Menschen zu einem werdenden Menschen, und zwar *um seiner selbst willen*, dass er zu *seinem* Leben und zu *seiner* Form komme" (Nohl, 1963, S. 134, kursiv H.F.).

Der zu sich selbst befreite Mensch

Die Übermacht des pädagogischen Programms, damals „objektive Werte" genannt, tritt hier in den Hintergrund: „Diese Umdrehung hat damals die Welt des Kindes erst entdeckt, und von dieser Grundeinstellung her ergaben sich die wichtigsten pädagogischen Begriffe, wie die Entwicklung der Individualität,

Selbsttätigkeit und Selbstverwaltung, der Selbstwert jedes Moments im Zusammenhang des fortschreitenden Lebens, die Ausbildung des *ganzen* Menschen. In dieser Einstellung auf das subjektive Leben des Zöglings liegt das pädagogische Kriterium: was immer an Ansprüchen aus der objektiven Kultur und den sozialen Bezügen an das Kind herantreten mag, es muss sich eine Umformung gefallen lassen, die aus der Frage hervorgeht: Welchen Sinn bekommt diese Forderung im Zusammenhang des Lebens dieses Kindes für seinen Aufbau und die Steigerung seiner Kräfte, und welche Mittel hat dieses Kind, um sie zu bewältigen; *Insofern* ist also jede Pädagogik Individualpädagogik" (Nohl, 1963, S. 127).

Das Spannungsverhältnis von „Kultur" und „Kind" im Prozess der Rekontextualisierung und seine Balance formuliert Nohl in den 30er Jahren: "Das Verhältnis des Erziehers zum Kind ist immer doppelt bestimmt: von der Liebe zu ihm in seiner *Wirklichkeit* und von der Liebe zu seinem *Ziel*, dem Ideal des Kindes, beides aber nun nicht als Getrenntes, sondern als ein Einheitliches: aus diesem Kinde machen, was aus ihm zu machen ist, das höhere Leben in ihm entfachen und zu zusammenhängender Leistung führen, nicht um der Leistung willen, sondern weil in ihr sich das Leben des Menschen vollendet ... Es soll ihm nichts Fremdes eingebildet werden, sondern die Lebensform, zu der sie führen will, muss die Lösung *seines* Lebens sein. So fordert die pädagogische Liebe Einfühlung in das Kind und seine Anlagen, in die Möglichkeiten seiner Bildsamkeit, immer im Hinblick auf sein vollendetes Leben" (Nohl, 1963, S. 135 f.).

Diskurse im 20. Jahrhundert

Noch in der zweiten Hälfte des 20. Jahrhunderts beobachten wir in pädagogischen Diskursen und in den pädagogischen Konzepten der Lehrpersonen eine Fortsetzung dieser Diskussion und einen wechselnden Kampf um die „richtigen" Konzepte, die zwischen den Polen „Institution" bzw. „Lehrstoff" und „Kind" bzw. „eigenständiges Lernen" schwanken.

Sie haben jetzt die Gestalt von zwei pädagogischen Positionen (s. für eine Strukturanalyse Fend, 1984, S. 80 ff.), die in folgenden Diskursen sichtbar werden:

Institution und Stoff im Mittelpunkt

1. Es gibt jetzt Diskurse, die die *Seite der Kultur und Gesellschaft* als stützende Ordnungsmächte und als primäre Bezugspunkte der „Menschwerdung" „stark machen". Dabei gibt es viele Varianten. Die einen betonen die Institutionen als Ordnungsmacht gegen die anthropologisch gegebenen Gefahren und Unzulänglichkeiten des Menschen (Gehlen, 1959), eine Einschätzung, die angesichts der Katastrophen des 20. Jahrhunderts Argumente für sich hat. Andere wiederum betonen die formende Kraft sachlich-kultureller Strukturen, an die sie Schüler heranführen möchten (Wilhelm, 1968).

Subjektorientierte Diskurse

2. Daneben beobachten wir verschiedene Diskurse, die das heranwachsende Menschenkind „stark machen" wollen. In der Tradition der Aufklärung und der pädagogischen Reformbewegung wird es zum eigentlichen Ort des „pädagogischen Geschehens", das Erwachsene nur bestmöglich gestalten und begleiten können. Haben diese großen pädagogischen Diskurse über Autorität oder Eigenverantwortung, Distanz oder Nähe, Gehorsam oder Selbstentwicklung etwas mit dem alltäglichen pädagogischen Denken in Schulen zu tun? Sind sie gar heimliche Instanzen der Respezifizierung des schulischen Auftrages durch Lehrpersonen? Oder sind sie einfach folgenlos über der schulischen Wirklichkeit schwebende Theorien?

Wir können dieser Frage empirisch nachgehen, wenn es gelingen sollte, die pädagogischen Kernhaltungen zu messen. Wie ist dies aber möglich?

Hier hat geholfen, dass im Umkreis der Konstanzer Bildungsforschung versucht wurde, die pädagogischen Diskurse der 60er und 70er Jahre des 20. Jahrhunderts zu systematisieren und mit Hilfe der Einstellungsforschung zu messen (Dann et al., 1978; Müller-Fohrbrodt, 1978). Sie wurden eingebettet gesehen in allgemeine Menschenbilder (s. S. 199 ff). Betonte das eine Menschenbild (s. kurz in Fend, 1984, S. 120 f.) Autorität, Disziplin, soziale Einordnung, Orientierung am Bestehenden, so war das andere auf Verständnis, Beziehungsfähigkeit, Selbständigkeit und Selbstdenken ausgerichtet. In den Kern der pädagogischen Konzepte führten Kindkonzepte, die das Eigenpotential jedes Menschen für eine produktive Entwicklung betonten oder im Gegensatz dazu im Rahmen eines ordnungszentrierten Menschenbildes auf Kontrolle, Führung, Disziplin, Festigkeit und Strafe setzten. Die Bedeutung der Strafe und die Notwendigkeit von physischem Zwang (Druckorientierung) bildeten so eine Kerndimension, die die beiden pädagogischen Lager trennten. In den in Abb. 4.12 festgehaltenen Aussagen kommen diese unterschiedlichen Positionen zum Ausruck. Es ist dabei unschwer zu erkennen, dass sie jeweils die beiden Pole der Rekontextualisierung akzentuieren: einmal den Stoff und die institutionelle Ordnung und zum andern die Subjektseite der potentiell mündigen und selbstverantwortlichen Kinder und Jugendlichen, die als „Ort des Geschehens", an dem sich das abspielen muss, was Unterricht intendiert, gesehen werden.

Neben der Bedeutung von Druck bzw. von Interesse als Regulativen für Lernen spezifizieren sich diese Positionen noch in die Vorstellung, wie gestaltbar die Begabung von jungen Menschen ist, wie „hinderlich" das Eingehen auf schwache Schüler für den Lernfortschritt einer Klasse sein kann und wie wichtig es wäre, auch die Institution „Schule" auf ihre Verbesserungsbedürftigkeit hin zu reflektieren. Wer eine starke Schule möchte, der stellt diese nicht gerne infrage.

So klären sich die Grundhaltungen: Die einen richten den „Scheinwerfer der pädagogischen Aufmerksamkeit" auf die Institutionsseite: auf die hier lokalisierte pädagogische „Macht", auf die Unwandelbarkeit von Institutionen. Die Subjektseite ist andererseits „stark", wenn die Eigenantriebe zum Lernen, die Lerninteressen, gesehen werden, wenn die Eigenverantwortung für das Lernen ins Blickfeld kommt und wenn auch die schwächeren Schüler in ihren Lernpotentialen geachtet werden. Institutionen sind dann nicht mehr sakrosankt, auch sie haben sich zu entwickeln und zu verbessern.

Stoff- und ordnungsorientierte Konzepte	Subjektorientierte Konzepte
- Man dürfte wohl nicht sehr weit kommen, wenn man die Arbeit in der Schule allein auf den individuellen Interessen der Schüler aufbauen wollte. - Wenn man dem Lehrer die Zensur als Kontrollmittel nimmt, werden die meisten Schüler bald nichts mehr tun. - Bei den meisten Kindern muss man von Zeit zu Zeit einmal hart durchgreifen. - Ganz ohne Zwang wird auch der beste Lehrer nichts erreichen. - Ohne strikte Disziplin ist eine erfolgreiche Arbeit in den meisten Klassen nicht möglich. (Druck- und Ordnungsorientierung)	- Wer Schüler straft, zeigt damit im Grunde nur, dass er nicht in der Lage ist, den Unterricht interessant und fesselnd zu gestalten. - Jede Form körperlicher Strafe ist sinnlos. - Schüler finden die Ordnung ihres Arbeitens und Zusammenlebens bei rechter Anleitung selbst und benötigen daher keine äußerliche Disziplin. (Zug-Orientierung, Selbständigkeit)
- Es ist wichtiger, den vorgeschriebenen Stoff durchzunehmen, als zu warten, bis jeder Schüler alles verstanden hat. - Die ständige Rücksichtnahme auf die schwachen Schüler beeinträchtigt erheblich meinen Unterricht. - Eigentliche Befriedigung kann ein Lehrer nur empfinden, wenn er auch Schüler mit hervorragenden Leistungen unterrichten kann. (Stoff- und Eliteorientierungen)	- Da die guten Schüler eh von selbst lernen, sollte sich der Lehrer mehr um die Schwachen kümmern.
- An den Intelligenzleistungen seiner Schüler kann der Lehrer im Grunde wenig ändern. (Vererbungsdenken)	- Vererbung spielt bei Intelligenz und Begabung nur eine geringe Rolle. (geringes Vererbungsdenken)
- Für die Schule ist es immer noch besser, nicht ganz vollkommene Einrichtungen beizubehalten, als sich den Ungewissheiten nicht erprobter Neuerungen auszusetzen. (Reformskepsis)	- Wenn eine Institution oder Methode als „bewährt" bezeichnet wird, ist sie meistens schon überholt. (Reformoffenheit)

Antwortalternativen: 6-stufige Zustimmungs- bzw. Ablehnungsmöglichkeiten

Abb. 4.12: Pädagogische Konzepte als „Scheinwerfer der Aufmerksamkeit"

Eine weitere Studie aus dem Jahre 1979 (Kischkel, 1979; Kischkel, 1989) hilft, diese polaren Wahrnehmungssets noch eine Stufe genauer zu beschreiben. Hier sind zwei Aussagenmuster eingeführt worden, die die Sensibilität für die Vorgänge bei Schülern und Schülerinnen angesprochen haben. Beim einen ging es um das Verhältnis von Stoff und Subjektseite, beim anderen um die differenzierte Wahrnehmung der möglichen Leiden bei Schülerinnen und Schülern.[65]

65 Die im Folgenden berichteten Messungen beruhen in der Regel auf der Konstruktion von Skalen, d.h. auch wenn nur eines oder wenige Items angeführt werden, stehen im Hintergrund testtheoretisch geprüfte und bewährte Dimensionen (für Originalunterlagen siehe Cloetta, 1975;

Stofforientierte Konzepte	Subjektorientierte Konzepte
- Der Lehrer sollte sich in seiner freien Zeit mehr mit fachwissenschaftlicher als mit pädagogischer Literatur beschäftigen - Die Schule sollte sich wieder mehr auf die Vermittlung des Lehrstoffes konzentrieren und sich weniger mit allgemeinen Erziehungsproblemen beschäftigen. - Im Zweifelsfall muss die Vermittlung fundierten Sachwissens Vorrang vor allgemeinen pädagogischen Bemühungen haben. - Die Schule hat heutzutage ein so umfangreiches Wissen zu vermitteln, dass die erzieherischen Bemühungen dagegen etwas zurücktreten müssen. (Stoff vs. Subjektorientierung)	- Ein Fachlehrer, der in erster Linie Wissen beibringen und nicht erziehen will, ist für den Lehrerberuf nicht geeignet. - Lehrer sollten vor allem Pädagogen und weniger Fachwissenschaftler sein. - Die Schule sollte nicht in erster Linie Wissen vermitteln, sondern vor allem charakterlich gefestigte und autonome Menschen heranbilden. - Für einen guten Lehrer ist pädagogisches Geschick wichtiger als fundiertes Fachwissen. - Der Lehrer muss vor allem danach trachten, die Vorzüge jedes einzelnen Schülers zu erkennen und zu fördern. - Es kann oft sinnvoll sein, für eine Schulstunde den „Stoff" liegenzulassen und mit den Schülern über ihre Probleme zu reden. - Das wichtigste an einem Lehrer ist, dass er verstehen kann, was seine Schüler wirklich bewegt. - Als Lehrer läuft man ständig mit schlechtem Gewissen herum, wie wenig Zeit man doch für die eigentlichen Probleme der Schüler hat. (Stoff vs. Subjektorientierung)
	- Mich bedrückt oft, wie sich einzelne Schüler bemühen und doch nicht vorankommen. - Ich habe manchmal ein schlechtes Gewissen, wenn ich sehe, wie ängstlich viele Schüler auf meine Anforderungen reagieren. - Wenn ein Schüler sich bemüht hat, sollt der Lehrer bei der Note ruhig ein Auge zudrücken. - Mir fällt es oft schwer, dem Schüler die Note zu geben, die er eigentlich verdient, wenn ich daran denke, wie schwer er es zu Hause hat. (Pädagogisches Engagement)

Abb. 4.13: Stofforientierte- und subjektorientierte pädagogische Konzepte

Abb. 4.13 enthält die markantesten Aussagen. In ihnen deutet sich erstmals an, was hinter diesen Typologien von pädagogischen Konzepten stehen könnte: nämlich unterschiedliche Balancen bei der Rekontextualisierungsaufgabe. Stofforientierte Konzepte richten den Blick vor allem auf das „kulturelle Programm",

---

Dann, 1978; Fend, 1984; Müller-Fohrbrodt et al., 1978). Die Antwortskalen waren in der Regel 6-stufig, von mäßiger bis starker Zustimmung bzw. Ablehnung einer Aussage.

subjektorientierte haben die Reaktionen des „lernenden Subjekts" stärker im Auge.[66]

Zur Ursachenfrage: Sind pädagogische Haltungen von Lehrpersonen folgenlos?

Sind diese Polaritäten in der Rekontextualisierung des Bildungsauftrages der Schule durch Lehrpersonen eine Ursache für der beschriebenen Synchronisierungsqualitäten, wie sie von den Schülern in verschiedenen Schulklassen wahrgenommen wurden?

Um diese Frage zu prüfen, ist eine komplexe Datenlage erforderlich. Man muss einmal die kognitiven und motivationalen Synchronisierungsqualitäten, wie sie von den unterrichteten Schulklassen wahrgenommen werden, messen. Um die pädagogischen Theorien der Lehrpersonen zu erfasssen, müssen diese selber befragt werden, wie sie das pädagogische Geschäft in der Schule sehen. In einem dritten Schritt müssen dann diese Daten zusammengeführt werden. Jeder Lehrperson mit einer bestimmten pädagogischen Einstellung wären die Urteile, wie diese Lehrperson von den Schülern gesehen wird, zuzuordnen. Dann könnte man die Beziehungen berechnen. Dabei ist zu beachten, dass es von der Einstellungsforschung her gesehen eher unwahrscheinlich ist, dass sich solche Zusammenhänge zeigen. Schließlich werden nur „private", „innere" Konzepte bei Lehrpersonen gemessen, die sich konsistent in Handlungen umsetzen müssten, damit sie überhaupt wahrgenommen werden. Der Weg von den inneren Haltungen der Lehrpersonen zu ihrem pädagogischen Handeln kann lang sein. Auf ihm mag der gute Wille einer Lehrperson, wenn etwa eine Klasse sehr schwer zu führen ist, schnell verloren gehen.

Schließlich sind die Urteile von Schülerschaften möglicherweise auch nicht zuverlässig genug, um Beziehungen zum „Denken" der Lehrpersonen erwarten zu lassen.

Auch wenn vieles dagegen spricht, dass solche Beziehungen bestehen, können wir dieser Frage nachgehen, da wir entsprechende Daten von 252 Klassen in den Fächern Englisch und Mathematik erhoben haben.[67] Die „positive" Erwartung ist die: Lehrpersonen mit subjektzentrierten pädagogischen Konzepten müssten einen anderen Unterricht machen als solche mit eher ordnungspädagogischen Orientierungen. Sie müssten genauer auf die Lernprobleme der Schülerinnen und Schüler eingehen, sie müssten stärker auf die individuellen Unterschiede achten, häufiger erklären und die Kinder selber Erkenntnisse gewinnen lassen. Ihr motivierendes Verhalten müsste eher unterstützend sein und die Verhaltensregulierung auf Mitsprache und gemeinsamen Regelungen aufbauen.

Die oben erwähnte Datenlage ermöglicht es, diesen Hypothesen nachzugehen und sie bei Englischlehrern oder Mathematiklehrpersonen in der 6. oder der 9.

---

66 Diese unterschiedliche Fokussierung konnten wir auch empirisch testen. So haben wir bei einer Stichprobe von 1100 Lehrpersonen (Erhebung 1977) deren Wahrnehmung von Problemen in ihrer Schule umfassend erhoben. Das Ergebnis war eindeutig. Lehrpersonen mit ordnungsorientierten politischen Konzepten haben vor allem Probleme bei der Vernachlässigung von Grundlagenwissen, zu wenig Wiederholung und Festigung gesehen. Eher subjektorientierte sahen dagegen die Schwerpunkte heutiger Probleme in den geringen Möglichkeiten, auf schwierige Kinder einzugehen, Schwache zu fördern und Schülerinteressen zu berücksichtigen (Fend, 1984, S. 154).

67 Jeweils die Hälfte einer Klasse hat den Unterricht beim Englischlehrer, die anderen jenen beim Mathematiklehrer beurteilt. Deren Urteile wurden dann jeweils auf die Klassenebene aggregiert.

Schulstufe nachzugehen. Sie könnten auch für verschiedene Dimensionen der pädagogischen Grundhaltungen durchgespielt werden. Von den sehr umfangreichen Befunden, soll hier einer exemplarisch berichtet werden. Als Beispiel dienen die Mathematiklehrer der 9. Schulstufe.[68] Von den pädagogischen Konzepten dieser Lehrpersonen wird jenes berücksichtigt,[69] das die Unausweichlichkeit der Ausübung von Zwang und Druck beim Erziehen und Unterrichten betont oder mehr auf die Eigenverantwortung und die Lerninteressen der Schülerinnen und Schüler setzt.

Wird nun die Unterrichtsgestaltung von Lehrpersonen unterschiedlich wahrgenommen, wenn diese von unterschiedlichen pädagogischen Grundhaltungen geleitet sind?

Tabelle 4.2 gibt darauf die Antwort. Je nach den pädagogischen Grundhaltungen sind die Lehrpersonen in vier gleich große Gruppen (Quartile) eingeteilt: von einer stark befürwortenden, zu einer gemäßigten bis zu einer negativen Einstellung institutionellem und pädagogischem Druck gegenüber.

Wie nehmen nun Schüler den Unterricht bei Lehrpersonen wahr, die sich in diesen Überzeugungen deutlich unterscheiden? In Tabelle 4.2 ist zu beachten, dass die Skalen zu „positiven Verstärkungsmustern und Zuwendung" die motivationale Synchronisierung repräsentieren, jene zur „didaktischen Förderorientierung" die kognitiven Synchronisierungsqualitäten und jene zu Struktur und Kontrolle die regulativen. Aus Gründen der Anschaulichkeit sind auch die Einzelskalen alltagsnah benannt.[70]

Bereits ein erster flüchtiger Blick macht den Kern sichtbar: Lehrpersonen mit pädagogischen Konzepten, dass Zwang und Druck notwendig sind, werden als weniger positiv verstärkend und zuwendungsorientiert wahrgenommen. Sehr deutlich unterscheiden sie sich auch in allen Dimensionen der didaktischen Umsetzung einer positiven Förderungsorientierung, sei dies die Erklärungsbereitschaft, das geduldige Wiederholen des Nichtverstandenen, das spezifische Unterstützen bei konkreten Lernproblemen usw. Besonders ausgeprägt unterscheiden sich dabei immer die Extremgruppen. Die Lehrergruppen im Mittelbereich rufen bei Schülern keine so klaren Unterschiede in der Wahrnehmung ihres Verhaltens hervor.

So regelhaft dieses letzte Ergebnismuster ist, so wenig konstant und einheitlich ist jenes in Bezug auf die Wahrnehmung von Struktur und Kontrolle bzw. in Bezug auf Wahrnehmungen, dass kein Chaos besteht, dass der Lehrer „allgegenwärtig" ist, dass er die ganze Klasse im Auge hat und einen reibungslosen Unterrichtsablauf erreicht. Die regulative Aufgaben, Disziplin im Rahmen einer autoritativen Klassenführung zu halten, sind somit unabhängig von den hier gemessenen pädagogischen Konzepten. Sie ist allen Lehrpersonen wichtig.

In der Summe – und dies wird verstärkt durch parallele Ergebnisse bei Englischlehrern – wird unübersehbar, dass die Typologie von pädagogischen Grundhaltungen eine überraschend genaue Entsprechung in den Wahrnehmungen von

Im Bewusstsein der Lehrpersonen präsent sein oder „fehlen"

---

68 Bei den Englischlehrern haben sich völlig analoge Ergebnisse gezeigt.
69 Die im Hintergrund stehenden pädagogischen Konzepte haben sich in den großen Längsschnittstudien der Konstanzer Schulforschung als die bedeutsamsten herausgestellt, so dass wir uns hier mit gutem Grund auf sie konzentrieren können (Dann, Müller-Fohrbrodt, & Cloetta, 1981; Dann et al., 1978)
70 Zur Zuordnung s. S. 285 ff.

Tab. 4.2: Pädagogische Einstellungen der Lehrpersonen und die Wahrnehmung ihres Handelns durch die Schülerschaft

z-transformierte Mittelwerte, Quartile der Gesamtverteilung (3-9/10-11/12-13/14-20) bei Mathematiklehrpersonen der 9. Schulstufe, länger als ein Jahr unterrichtend : +:p< 0.10, *: p < 0.05, **: p < 0.01, ***: p < 0.001

	N =	Wenig Druck 17	Mäßig 19	Stark 32	Sehr starker Druck 20
Kognitive Synchronisierung					
Prozessbeobachtung		-.28	.16	.09	-.05
Umgang mit Heterogenität	**	.65	-.12	-.05	-.39
Erklärungsqualität	+	.30	.08	.06	-.44
Einbezug aller Schüler	*	.02	.00	.31	-.51
Abstimmung auf Leistungsfähigkeit	+	.45	.05	-.12	-.26
Klare Erwartungen und Zielvorgaben	*	.40	-.02	.08	-.47
Motivationale Synchronisierung					
Lob und Ermutigung	*	.66	-.15	-.03	-.37
Vermittlung von Kompetenzgefühlen	*	.42	.04	.01	-.42
Emotionale Sicherheit	**	.67	-.22	-.02	-.35
Stütze und Schonung des Selbstwertgefühls	**	.69	-.08	-.09	-.39
Regulation von Aufmerksamkeit und Disziplin					
Abwertung und negative Sanktionen	**	-.70	.22	.06	29
Schlechte Zeitnutzung		.04	-.06	.18	-.26
Überblick über ganze Klasse	*	-.58	.11	.15	.18

Schülerinnen und Schülern findet. Im Kern besteht sie darin, dass diese bei Lehrpersonen mit ausgeprägt normativen und stofforientierten pädagogischen Haltungen das Gefühl haben, bei ihnen als Personen nicht „vorzukommen".[71] Das Gegenteil ist bei subjektorientierten Lehrpersonen der Fall, also bei solchen, die den Scheinwerfer ihrer Aufmerksamkeit nicht nur auf das kulturelle Programm, sondern noch mehr auf die lernenden Subjekte richten.[72]

Die so denkenden Lehrpersonen wurden von ihren Schülern wahrgenommen

- als unterstützend,
- als wenig an Negativem und am Strafen orientiert,
- als lobend,
- als Sicherheit schaffend,
- als freundlich und geduldig

---

71   An keiner Stelle finden wir etwa Hinweise, dass ein forciertes Betonen von Autorität und Disziplin die Heilung der Erziehungs- und Unterrichtsmisere bedeuten würde (s. dazu z.B. Bueb, 2006). Eine autoritative Haltung ist jedoch sicher hilfreich, um die Voraussetzungen für einen guten Unterricht zu schaffen, insbesondere für eine konzentrierte Aufmerksamkeit.

72   Es sei hier ergänzend erwähnt, dass sich solche Zusammenhänge nicht nur zwischen einzelnen Lehrpersonen und den Schülern ihrer Klasse ergeben haben, sondern ausgeprägt auch auf der Ebene der einzelnen Schule, also bei den pädagogischen Haltungen eines Kollegiums bzw. der Schülerschaft einer Schule (H. Fend, 1977; Fend, 1984, S. 159 ff.; Fend, 2001b)]

- als an Erfolgen orientiert,
- als Hilfe bereit stellend,
- als achtsam gegenüber dem, was man können kann,
- als erklärungsbereit,
- als didaktisch ordnungsstiftend.

In Begriffen der Rekontextualisierungstheorie heißt dies, dass kognitive und motivationale Synchronisierungsleistungen von pädagogischen Konzepten der Lehrpersonen mitgesteuert sind. Die Herstellung von Lernvoraussetzungen wie Ordnung und Disziplin ist davon eher unabhängig.[73]

Wenn man Lehrpersonen nach den Ursachen über ihr Verhalten in Schulklassen fragen würde, insbesondere nach der Art und Weise, wie sie Disziplin halten und auf die Schüler eingehen, dann haben sie möglicherweise eine andere klare Antwort bereit: Sie reagieren vor allem auf die Schulklasse: wie groß sie ist, wie viele problematische Schüler in ihr sitzen, die es schwer machen, zu unterrichten. Damit wird die obige These, dass Lehrpersonen vor allem aus ihren pädagogischen Weltinterpretationen heraus handeln, herausgefordert. Werfen wir dazu einen Blick in die Daten der hier im Hintergrund stehenden Studie. Da wir viele Informationen über die Schulklassen haben, können wir folgende Erwartungen überprüfen:

1. Je höher das intellektuelle Niveau einer Klasse, desto mehr kann man „mit ihr machen", desto leichter dürfte auch Unterricht sein.
2. Je mehr Mädchen in einer Klasse sitzen, um so „führungsleichter" ist eine Klasse, umso weniger restriktiv und regelhart müssen Lehrpersonen sein.
3. Die Zusammensetzung der Klasse nach dem sozialen Hintergrund der Eltern könnte mitbestimmen, wie motiviert eine Schülerschaft ist und wie gut sie mitmacht.
4. Die Größe einer Schulklasse gilt insbesondere bei Lehrpersonen als entscheidender Faktor, wenn man einen didaktisch anspruchsvollen Unterricht machen und über alle Schüler möglichst gut informiert sein möchte.

Es gibt „schwierige" und „angenehme" Klassen

Wenn man faktisches Lehrerhandeln erklären will, dann bietet sich hier die These an: Je günstiger die Lehrbedingungen von der Schülerschaft her sind, umso „besser" ist auch das Lehrerhandeln. Dafür gibt es empirische Hinweise (o. Tab.). An mehreren Stellen zeigt sich die Bedeutung der Klassenzusammensetzung dafür, wie schwer es ist, zu unterrichten. Dies ist leichter in Klassen mit hohem als in solchen mit niedrigerem Leistungsniveau. Mädchen sind leichter zu lenken als Jungen. Auch die Klassengröße erschwert oder erleichtert das pädagogische Eingehen auf *alle* Schülerinnen und Schüler.

Über alle diese Arbeitsvoraussetzungen hinaus sind die pädagogischen Leitbilder von Lehrpersonen, sind die mentalen und affektiven Einstellungen bedeutsam. Dies haben nun mehrere Studien bestätigen können. Sowohl die Wahrnehmungen einer individuellen Förderorientierung als auch jene des Motivierungsbemühens von Lehrpersonen hängen von den pädagogischen Konzepten, vom pädagogischen Eros der jeweils unterrichtenden Lehrpersonen ab. Dadurch

---

73 Siehe ausführlicher (Fend, 1984; Fend, 2001b, S. 302 ff.)

werden zwischen 7,5 und 11,4 Prozent der Varianz der Schülerwahrnehmung von Zuwendung durch die Lehrperson zwischen den Schulklassen erklärt.

Bedeutsam ist dabei vor allem die Fähigkeit und Bereitschaft der Lehrpersonen, bei der Rekontextualisierung des Kulturprogramms den Blick auf das entscheidende Geschehen, auf die Lern- und Bildungsprozesse bei den Kindern und Jugendlichen zu richten. Dass dies kein leichtes Geschäft ist und nicht allein durch guten Willen gelingt, zeigen viele Erfahrungen von enttäuschten idealistischen Lehrpersonen, aber auch die Ergebnisse zur Schwierigkeit, eine lernförderliche Arbeitssituation herzustellen.[74]

Nur vom Schüler auszugehen ist schließlich kein ausreichendes pädagogisches Programm. Es braucht das zielführende und das antreibende Element der „Kultur", der Anforderungen, also der Ziele, auf die hin unterrichtet werden soll. Unsere *konvergenztheoretische Position* wird auch durch diese Forschungsergebnisse bestätigt.

4.2.2.4 Woher kommen die pädagogischen Leitbilder?

Woher kommen die Episteme?

Mit den oben berichteten Ergebnissen wird unübersehbar, dass der „weiche" Faktor der pädagogischen Überzeugungen, der pädagogischen Leitbilder, für die Gestaltung der Alltagspraxis operativer Akteure sehr bedeutsam ist. Wenn dem so ist, dann wird das Wissen darüber wichtig, woher sie kommen und wie sie gestaltet werden können.

Dazu verdanken wir den Studien der Konstanzer Schulforschung um Müller-Fohrbrodt und Dann (1978; 1978) wichtige Hinweise. Eine erste Vermutung ist die, dass sie schlicht aus der Persönlichkeitsstruktur der Lehrpersonen resultieren und deshalb auch wenig beeinflussbar sind.

Bedeutung der Lehrerbildung

Die empirischen Resultate sprechen gegen diese Vermutung. Damit ist der Weg frei, nach den wichtigsten Erfahrungswelten zu suchen, in denen sie ausgebildet werden. Besonders bedeutsam wäre es, wenn nachgewiesen werden könnte, dass sie ein Ergebnis der Lehrerbildung sind.

Mit dem Einsatz eines breiten Persönlichkeitsinventars, Einstellungs- und Umweltmessungen hat die Konstanzer Forschungsgruppe die Veränderung von Einstellungen während der Ausbildung in den ersten Phasen der Schulpraxis untersucht (Dann et al., 1978; Müller-Fohrbrodt, 1978). Tanner hat für Zürich eine Replikation vorgenommen (1993).

Mit über 1500 Lehrstudentinnen und Lehrerstudenten begann die Studie in der Studienmitte des 3. Semesters.[75] Sie wurde nach dem 5. Semester fortgesetzt, bei den beginnenden Junglehrern wieder aufgenommen und nach einem Studienjahr mit noch ca. 800 Junglehrerinnen und Junglehrern abgeschlossen. Eine Nachfolgestudie nach fünf Jahren sollte Einblicke in Langzeitwirkungen geben. Damit ist dies die größte jemals im deutschsprachigen Raum durchgeführte Langzeitstudie über die Entwicklung pädagogischer Grundhaltungen.

Welchen Entwicklungsverlauf zeigen nun die Einstellungsveränderungen? Das Hauptergebnis bestand darin, dass die jungen angehenden Lehrerinnen und Lehrer in der Ausbildung ein optimistisches pädagogisches Leitbild mit einer

---

74 Für weitere Ergebnisse s. Fend 2001b, 292f.
75 Eine kleine Kohorte wurde erstmals in der Oberprima untersucht.

hohen Zuwendungsbereitschaft zu Kindern und Jugendlichen, also eine klare Ausrichtung auf die lernenden Subjekte, aufbauen. Sie erfährt bei Berufseintritt einen empfindlichen Dämpfer, der als „Konstanzer Wanne" berühmt geworden ist (s. Abb. 4.14).

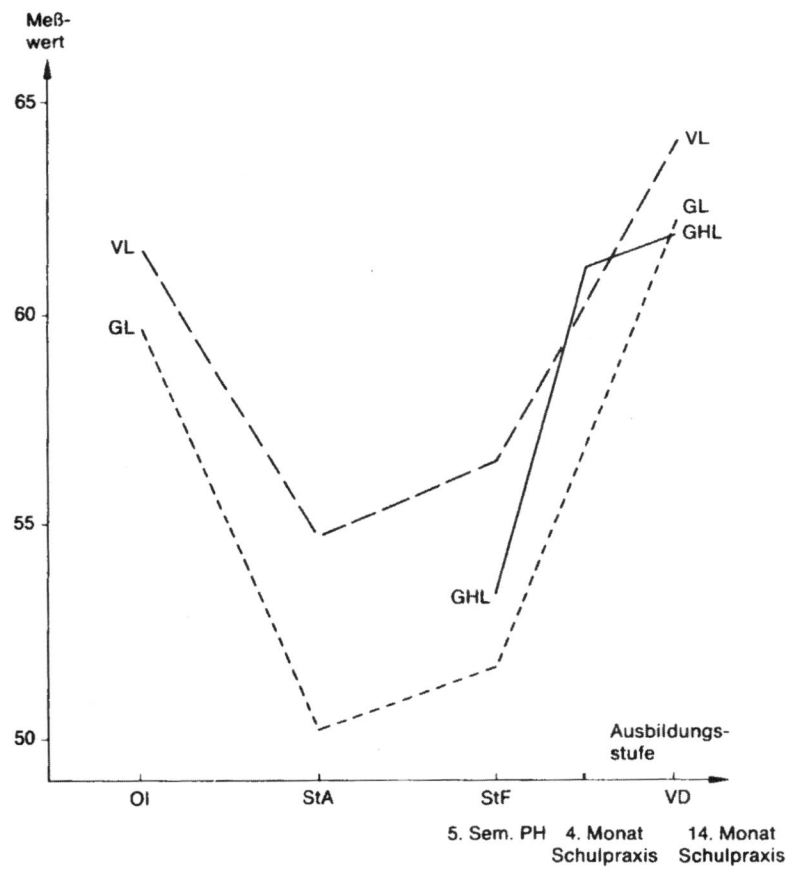

VL — — = Volksschullehrer der Querschnittuntersuchung männlich und weiblich
GL - - - - = Gymnasiallehrer der Querschnittuntersuchung männlich und weiblich
GHL ——— = Grund- und Hauptschullehrer der Längsschnittuntersuchung männlich und weiblich
OI = Oberprimaner
StA = Studenten in Anfangssemestern
StF = Studenten in höheren Semestern
VD = Vorbereitungsdienst

Abb. 4.14: Entwicklung pädagogischer Einstellungen in und nach der Lehrerausbildung (Quelle: Müller-Fohrbrodt et al., 1978, S. 40)

Die *Begegnung mit Kindern und Jugendlichen*, mit den komplexen und anstrengenden *Unterrichtsanforderungen* sowie den praktischen Bedingungen des Unterrichtens führt zu einer Revision der in der Ausbildung erworbenen pädagogischen Haltungen. Die damit verbundene *Verunsicherung* schlägt sich auch darin nieder, dass Lehrpersonen erst im Verlauf der Praxisjahre wieder ein stabiles Kompetenzbewusstsein aufbauen.

Die Studie hat des Weiteren versucht, die Ursachen für den Praxisschock zu finden, indem generalisierte, sozialpsychologisch rekonstruierte Merkmale der *Umwelt der Ausbildung* wie Reglementierung, Freiheitsgrade, Politisierung gemessen wurden. Sie waren für sich wenig aufschlussreich.

Entscheidend war nun der *Übergang* zwischen Ausbildung und Beruf. Hier wurde gemessen, wie intensiv Junglehrerinnen und Junglehrer *Diskrepanzen* zwischen Ausbildung und beruflicher Arbeitssituation wahrnehmen.

> Diskrepanz zwischen Ausbildung und Praxis

In der Tat waren die *Diskrepanzwahrnehmungen* die entscheidenden, die für den Schub in Richtung strengerer und weniger schülerorientierter pädagogischer Einstellungen in den ersten Berufsjahren verantwortlich waren (Dann, 1978, S. 265).

Die Forschungsgruppe konnte auch identifizieren, woduch angehende Lehrerinnen und Lehrer im Verlauf der Ausbildung so geprägt wurden, dass sie mit sehr optimistischen und schülerorientierten Haltungen ihre Praxis begannen. Es war schlicht die Behandlung, die sie selbst in der Lehrerausbildung erfuhren. Wurden sie hier sehr individuell und zuvorkommend behandelt, wurde ihnen viel Freiheit gewährt, dann stabilisierte sich die Einschätzung, man könne so auch den Schülern begegnen.

Dies konnte aber nicht voll in den eigenen Erziehungs- und Schulalltag transportiert werden, wenngleich unübersehbare individuelle Stabilitäten bestanden. Die so behandelten optimistischen Junglehrerinnen und Junglehrer waren aber emotional nicht labiler als konservativere Junglehrer. Sie blieben auch offener dafür, Neues aufzunehmen und zu lernen.

Die „idealistischen" Referendare hatten es aber im schulischen Alltag schwerer. Sie hatten häufiger Konflikte mit älteren Kollegen, insbesondere mit dem Schulleiter, nannten mehr Disziplinschwierigkeiten, mehr Probleme mit der Stoffdarstellung, waren unzufriedener mit ihrem Verhältnis zu den Kollegen und gaben eine größere persönliche Unsicherheit zu. Sie „litten" also mehr und waren entsprechend unzufriedener als weniger schülerorientierte Referendare (Cloetta & Hohner, 1976, S. 26 f.). Sie haben sich selber an hohen Maßstäben gemessen, wie Schule und ihr Unterricht eigentlich sein sollten.

Das Ergebnis ist also klar: Es ist die Ausbildung, die zu einer Veränderung pädagogischer Leitbilder führen kann. In der damaligen Junglehrerschaft wurde insbesondere die Sensibilität für Vorgänge bei Schülerinnen und Schülern, die durch das Konzept der geringen Druckorientierung am klarsten zum Ausdruck kommt, verstärkt. Im Verlauf der Ausbildung – hier jener der Grund- und Hauptschullehrerinnen – wurde die Orientierung an der Subjektseite des Rekontextualisierungsauftrages immer stärker.

Die Wahrnehmung, dass sich eine sanktionsfreie pädagogische Haltung im Kontext des Klassenunterrichtes nur schwer verwirklichen lässt (Dann et al., 1978), war der zentrale Grund für die Veränderung der pädagogischen Leitbilder. Rumpf wird hier also auf breiter Basis bestätigt. Auch eine Nachfolgeuntersuchung (Dann et al., 1981), in der die Entwicklung dieser Einstellung bis fünf Jahre nach Berufseintritt weiter verfolgt wurde, hat ergeben, dass die Überzeugung zur Notwendigkeit von Zwang ein sehr wichtiger Indikator für die Veränderung pädagogischer Grundhaltungen aufgrund weiterer Berufserfahrung ist. In diesem Zeitraum zeigte sich vor allem ein deutlicher Wiederanstieg der beruflichen Selbstsicherheit, aber nicht der schülerzugewandten pädagogischen Haltungen (Dann et al., 1981).

Gestaltungsfolgerungen

Die Grundforderung für die „Gestaltung pädagogischer Haltungen" liegt angesichts der Ergebnisse, die oben berichtet wurden, auf der Hand. *Ausbildung und Praxis sollten so gestaltet sein, dass sie sowohl die Anschlussfähigkeit ans kulturelle Programm als auch an die lernenden Subjekte über die gesamte berufliche Lebensphase lebendig halten.*

<small>Anschlussfähigkeit lebendig halten</small>

Dabei käme es darauf an, Lehrpersonen nicht in Polarisierungen zum einen oder andern Bezugspunkt der Rekontextualisierung zu führen, sondern eine professionelle Synchronisierung zu erreichen.

Vereinseitigungen sind sowohl für Schülerinnen und Schüler als auch für Lehrpersonen gefährlich. Der Rückzug auf Stoff und Noten kann ein Zeichen von Verhärtung und Zynismus, von Erstarrung und Reglementierung sein. Über Jahre gekränkte Lehrpersonen können sich so beruflich handlungsfähig halten, wenn auch zum Nachteil aller.

<small>Stoff- und Notenorientierung als Zeichen der Verhärtung</small>

Einseitige Orientierungen am lernenden Subjekt können ebenso gefährlich sein. Solche Lehrpersonen sind hoch kränkungsgefährdet, die geringe emotionale Distanz macht seelisch verletzungsanfällig und die Leistungsmaßstäbe können verloren gehen. Solche Lehrpersonen können häufiger Aggressionen von Schülern ausgesetzt sein und schneller in einen Burn-out geraten, der dann über Depersonalisierungsprozesse die Schülerorientierung ins Gegenteil umschlagen lässt.

<small>Distanz- und Maßstabverlust bei Subjektorientierungen</small>

Aus diesen Gefährdungen müssen Folgerungen für die Lehrerausbildung gezogen werden, die hier nur angedeutet werden können.

<small>Folgerungen für die Lehrerbildung</small>

Ausgangspunkt muss eine solide Ausbildung sein, die sicherstellt, dass das zu lehrende kulturelle Programm souverän beherrscht wird. Eine weitere Sicherheit schafft die Einführung in die praktische Umsetzung dieser Programme in Lehrbüchern und die entsprechenden Methoden der Präsentation. Die pädagogischen Leitbilder müssen fundamentiert werden durch die Einübung eines breiten Methodenrepertoires, das die Anschlussfähigkeit des lernenden Schülers an die kulturellen Programme erhöht.

<small>Was Lehrpersonen brauchen: Methoden</small>

Lehrpersonen müssen aber auch verstehen, in welchem „größeren Ganzen" sie tätig sind, um individualistische Illusionsbildungen, was man jenseits von Prüfungen und Elternerwartungen tun kann, zu korrigieren. Die Institutionsbilder wären also durch eine fundierte Einführung in die Funktionen, Strukturen, Entstehungsbedingungen und formalen Leistungs- und Selektionsprozesse in modernen Bildungssystemen zur Sicherung universaler Leistungsanforderungen zu fundamentieren. Sie würden aus der Fehleinschätzung herausführen, Schule sei ein freies Spiel spontaner und kreativer Prozesse, fern aller Leistungsbeurteilungen mit lebensgeschichtlichen Folgen.

<small>Wissen um das größere Ganze</small>

Eine solche Einführung muss nicht zur Skepsis erziehen. Sie legt vielmehr den Handlungsrahmen offen, innerhalb dessen den heranwachsenden Generationen eine gerechte und individuelle Selbstentfaltung aller Kräfte möglich gemacht wird. Schule ist schließlich ein großes Geschenk an die heranwachsende Generation, ihre Kräfte können sie nur hier kennen lernen und nur hier werden sie in den kulturellen Gesamtzusammenhang eingeführt.

Pädagogisch-psychologisches Wissen

Mit diesen Kompetenzen und Informationen allein wären Lehrpersonen nicht ausreichend handlungsfähig. Sie müssen auch die Prozesse bei den lernenden Subjekte verstehen lernen – und dies nicht nur bei kognitiven Lernprozessen, sondern auch bei solchen der Persönlichkeitsdynamik (motivationale Synchronisierung).

Training und Einübung

Dekontextualisiertes Wissen über lernende Subjekte ist aber nicht ausreichend. Es muss so aufbereitet werden, dass es individuell bedeutsam werden kann. Es geht also nicht um idealistische Illusionsbildung, sondern um eine realistische Einführung und Einübung in die Art und Weise, wie Schüler lernen, ihre Fehler und Kompetenzen zeigen zu können, Coaching erfahren und so auf klaren, überschaubaren Wegen zu Lernzielen geführt werden können. Die Wege dazu sind andere als die des bloßen Lernens von Lehrbuchwissen, auch wenn solches sehr hoch zu schätzen ist. Es müssen vielmehr *reale Situationen durchgespielt werden*, es müssen in der Gestalt von *Fallanalysen* und der Erprobung des Handelns in Konfliktsituationen, in der Erprobung des Handelns unter Druck *Handlungsalternativen* und *Handlungsprozeduren* geübt werden.

Soziale Spiegelung um lernfähig zu bleiben

Da pädagogische Prozesse immer mit Unsicherheit verbunden sind, die die Gefahr enthalten, dass die Beteiligten in Sackgassen laufen, ist es entscheidend, dass *soziale Spiegelungen* und *Reflexionsfähigkeiten* eingeübt werden. Schon in der Ausbildung sollte es für kommende Lehrpersonen selbstverständlich werden, dass sie in ihrem unterrichtlichen und pädagogischen Handeln beobachtet werden. Anfangs sind dafür Tandems von „critical friends" hilfreich, in der Praxis gilt es, entsprechende Beobachtungsprozesse zu institutionalisieren. So kann Offenheit, so kann eine Gesprächskultur entstehen, die das Spannungsverhältnis von kulturellem Programm und lernendem Subjekt produktiv werden lässt.

Kultur der Reflexion und pädagogische Leitbilder in Schulen

Von großer Bedeutung für ein produktives Lehrerleben könnte dabei sein, wenn es an Schulen eine Kultur der Reflexion und Kritikfähigkeit gäbe, die immer wieder zu gemeinsamen Selbstverständigungsprozessen führen würde. In ihnen könnte zum Ausdruck kommen, was eine Schule möchte und wie sie mit Problemen umgehen will. Solche schulinternen Entwicklungsprozesse können sehr bedeutsam sein, müssen aber mit viel Takt die Schutzbedürftigkeiten und Verletzlichkeiten einzelner Personen in Rechnung stellen. Damit tut sich hier der Horizont auf, dass Prozesse der Qualitätssicherung auf Schulebene in die Qualität des Unterrichtes bei einzelnen Lehrpersonen hineinwirken können.

Professionelle Fachdidaktik

Im Mittelpunkt der Lehrerausbildung hätte aber eine professionelle Schulung darin zu stehen, wie man Schülern etwas „beibringt", also die Schulung von Kompetenzen. Die Hauptanteile sollten einmal fachdidaktische Ausbildungsmodule und pädagogisch-psychologische Schulungen der Aufmerksamkeit für die Lernprozesse auf Seiten der Schülerinnen und Schüler haben. Sie hätten im Rahmen einer professionellen Haltung zu stehen, nach der es klar auf das Lernen der Schülerschaft ankommt, für die die Lehre nur dienenden Charakter hat. Auf diese Konsequenzen für die Ausbildung wird noch im Detail einzugehen sein.

4.2.2 Die Bewältigung der Arbeit des Lehrberufs

Wenn oben das Kerngeschäft des Lehrens beschrieben wurde, dann galt implizit, dass wir es dabei auch schlicht mit „Arbeit" zu tun haben, Arbeit, die anstrengend ist, die eingebettet ist in die ökonomische und soziale Lebensbewältigung. Lehrpersonen sind, sieht man einmal von den speziellen Arbeitsinhalten ab, Arbeitende wie andere Berufstätige auch. Ihre Berufsposition hat sich historisch entwickelt und einen Platz in der Sozialstruktur der Berufe einer Gesellschaft bekommen. Wenn man die Aufgabenstruktur des Lehrerseins analysiert, dann lohnt es sich, den Blick auch auf die soziale und psychische Realität des Handelns von Akteuren im Bildungswesen zu richten. Entsprechend finden wir neben einer *Unterrichtsforschung* seit Jahren auch eine *Lehrerforschung* (s. insbes. Gehrmann, 2003), wie sie u.a. in den „Jahrbüchern zur Lehrerforschung" (1997, 1999, 2002) zum Ausdruck kommt. Beschäftigt sich die Unterrichtsforschung mit den *Arbeitsinhalten*, mit Methoden und Strategien der Unterrichtsgestaltung, so steht in der zweiten Forschungsrichtung die *berufliche Position* von Lehrpersonen, die soziale und psychische Bewältigung des Lehrerseins im Vordergrund.[76]

Lehren als Beruf

Dabei behandelt die Bildungsstatistik vor allem äußere Merkmale des Lehrerstandes: Arbeitszeiten, Einkommen, Rekrutierung, Mangel und Überangebot, soziale Zusammensetzung der Lehrerschaft. Arbeitsplatzanalysen richten ihre Aufmerksamkeit auf die innere Struktur der Lehrerarbeit. Aber auch hier geht der Weg von Außen nach Innen, z.B. von der Analyse der Arbeitszeiten zur Analyse der Bewältigung der spezifischen Anforderungen von Lehrberufen.

Arbeiten Lehrpersonen zu wenig?

Arbeitszeiten von Lehrpersonen

Die Wahrnehmung, dass Lehrpersonen zu wenig arbeiten und zu viele Ferien haben, begleitet die öffentliche Einschätzung ihrer anspruchsvollen Tätigkeit seit Jahrzehnten. Empirische Untersuchungen zur tatsächlichen Arbeitszeit könnten hier klärend wirken. In der Zwischenzeit liegen zu diesem Thema viele Arbeiten vor (s. insbesondere Forneck für die Schweiz 2001). Sie berichten für mehrere Länder (s. für ältere Studien Kischkel, 1984), dass Lehrpersonen nicht nur im Vergleich mit den formellen Stundenanforderungen im öffentlichen Dienst genug arbeiten. Sie übertreffen auch bei der Anrechnung der unterrichtsfreien Zeit die offiziellen Anforderungen. Je höher die Schulstufe, umso länger arbeiten Lehrpersonen im Durchschnitt. Erwartungsgemäß gibt es auch eine große interindividuelle Varianz, die teils durch Fächerkombinationen, teils durch persönlichen Einsatz bedingt ist. Wie viel jemand arbeitet, hängt nicht zuletzt von den gesetzlichen Regelungen ab, die in einem Land die Arbeitszeit regulieren und die

---

76 Siehe für Arbeiten zur Lehrerforschung die folgende Literatur: Beetz-Rahm, Denner, & Riecke-Baulecke, 2002; Buchen, Carle, Döbrich, Hoyer, & Schönwälder, 1997; Carle & Buchen, 1999; Cloetta & Hedinger, 1981a, 1981b; Hirsch, Ganguillet, Trier, & Egli, 1988; Hirsch, Ganguillet, Trier, Egli, & Elmer, 1990; Hopf, 1974; Kaiser, 1982; Keller & Neumann, 1971; Kischkel, 1989; Peifer, 1977; Schefer, 1969; Strittmatter & Freudiger, 1996; Wettstein, 1982; Zeiher, 1973). Berücksichtigt man die internationale Literatur, dann wird das Gebiet schnell uferlos, s. z.B. Biddle, Good, & Goodson, 1997; Hopkins & Harris, 2002; Ingenkamp & Parey, 1970; Olson & Torrance, 1996; Richardson, 2001; Travers, 1973; White Ken & Weight, 2000; Wittrock, 1986.

Komplexität der Lehrarbeit

unterschiedlich flexibel sein können. In der Schweiz können z.B. Lehrkräfte zu sehr unterschiedlichen Prozenten eines Deputats beschäftigt sein.

Lehren als Beruf – wie man ihn bewältigt

Arbeitsplatzstudien zeigen, dass Lehrarbeit in Schulklassen sehr anspruchsvoll ist. Es ist hochgradig mehrkanaliges Verhalten. Permanent muss eine Vielzahl von Informationen verarbeitet werden, viele Prozesse müssen gleichzeitig im Auge behalten werden.[77] Die Lehrtätigkeit verlangt in kurzen Abständen viele Entscheidungen, sie ist permanentes Handeln unter Druck (Wahl, 1991) mit der latenten Gefahr, dass Emotionen „hochkochen" und die Situation außer Kontrolle gerät.

Interaktionsberufe und Burn-out

Neben diesen Arbeitsplatzmerkmalen sind jene zu beachten, die die Lehrersituation insgesamt charakterisieren. Lehrpersonen haben in der Regel zwei Arbeitsplätze und damit auch „offene Arbeitszeiten" (Wesemann, 1985). Sie sind eigentlich „nie fertig", Vorbereitung und Nachbereitung, Korrekturen und Kontakte können beliebig erweitert werden.

Nicht jeder und jede ist deshalb für diesen Beruf optimal geeignet (Krieger, 2000; Martin & Steffgen, 2002; Ulich, 1998, 2000).

Psychische Reaktionen auf Überlastung: Burn-out

Lehrberufe gehören zu den sogenannten *Interaktionsberufen* (Badura, 1990). Die in ihnen angelegten *spezifischen* Belastungen können dazu führen, dass Menschen sich seelisch erschöpft und ausgelaugt fühlen. Die Folge davon kann eine Reaktion sein, die die Arbeitsplatzforschung „Burn-out" nennt.

Doch was ist Burn-out? Über die Art und Weise wie er gemessen wird, kann man einen Eindruck gewinnen. Es geschieht häufig so, dass ein Fragebogen mit folgenden Feststellungen Lehrpersonen vorgelegt und um Zustimmung oder Ablehnung gebeten wird (s. Maslach & Jackson, 1981):

1) Ich fühle mich von meiner Arbeit emotional ausgelaugt.
2) Ich fühle mich am Ende eines Schultages verbraucht.
3) Ich fühle mich müde und matt, wenn ich morgens aufstehe und wieder einen Schultag vor mir habe.
4) Ich kann mich gut in die Gefühle meiner Schülerinnen und Schüler hineinversetzen.
5) Ich habe das Gefühl, dass ich manche Schülerinnen und Schüler so behandle, als ob sie unpersönliche Objekte wären.

---

77 Tut eine Lehrperson dies nicht, dann kann die Disziplin in einer Klasse schnell zusammenbrechen. Dies hat schon Jeremias Gotthelf in seinem Buch „Freuden und Leiden eines Dorfschulmeisters" geschildert. Dort hat der verzweifelte Junglehrer, der keine Aufmerksamkeit herstellen konnte, den Pfarrer um Beobachtung, um Schulbesuche, um „Supervision" würde man heute sagen, gebeten. Nach einigen Tagen glaubte dieser entdeckt zu haben, was dessen Probleme sind. Er würde sich immer nur auf *eine* Sache konzentrieren, etwas erklären, etwas an die Tafel schreiben, mit einer Schülerin reden usw. Derweilen trieben die anderen Unfug, da sie nicht beschäftigt seien und sich auch unbeaufsichtigt glaubten. Er müsse also „omnipräsent" sein. Diese Beobachtung der Mehrkanaligkeit hat 1970 Kounin (1970) zum Kern einer guten Klassenführung gemacht. In Begriffen wie „With-it-ness" hat er diese Allgegenwart beschrieben.

6) Einen ganzen Tag mit Menschen zu arbeiten, ist wirklich eine Belastung für mich.
7) Ich gehe sehr erfolgreich mit den Problemen meiner Schülerinnen und Schüler um.
8) Ich fühle mich ausgebrannt von meiner Arbeit.
9) Ich habe das Gefühl, dass ich das Leben anderer Menschen durch meine Arbeit positiv beeinflusse.
10) Ich bin irgendwie abgestumpfter gegenüber Menschen geworden, seitdem ich in diesem Beruf arbeite.
11) Ich befürchte, dass mich dieser Beruf gefühlsmäßig verhärtet.
12) Ich fühle mich voller Energie.
13) Ich fühle mich frustriert durch meinen Beruf.
14) Ich habe das Gefühl, dass ich in meinem Beruf zu hart arbeite.
15) Bei manchen Schülerinnen und Schülern ist es mir eigentlich ziemlich egal, was mit ihnen passiert.
16) Der direkte Umgang mit Kindern bedeutet für mich zu viel Stress.
17) Es fällt mir leicht, mit meinen Schülerinnen und Schülern eine entspannte Atmosphäre zu schaffen.
18) Ich fühle mich erfüllt und "aufgestellt", wenn ich eng mit den Kindern zusammengearbeitet habe.
19) Ich habe das Gefühl, viele wertvolle Dinge in diesem Beruf erreicht zu haben.
20) Ich habe das Gefühl, bald am Ende meiner Kräfte zu sein.
21) Bei meiner Arbeit gehe ich mit emotionalen Problemen sehr ruhig und gelassen um.
22) Ich habe das Gefühl, dass mir manche Schülerinnen und Schüler die Schuld für ihre Schwierigkeiten zuschieben wollen.

Mit der Messung von Burn-out ist noch nicht geklärt, welche psychischen Prozesse zum Gefühl der Erschöpfung führen.

Badura (1990) sieht den Kern der Belastung in Berufen mit hohem Interaktionsanteil (Krankenhäuser, Schulen, Sozialarbeit) darin, permanent auf Kosten eigener auf Gefühle anderer eingehen und spontane Gefühlsreaktionen kontrollieren oder unterdrücken zu müssen. Diese *Emotionsregulierung* trifft auf einen *permanenten Kommunikations- und Kontaktzwang*, in dem Gelassenheit, Rationalität und Handlungsfähigkeit gezeigt werden sollten (s. Barth, 1992; Burisch, 1994; Buschmann & Gamsjäger, 1999; Friedman, 1991; Kramis-Aebischer, 1996).

Zwangsläufig sind mit solchen Interaktionen *Verletzungen* auf beiden Seiten verbunden. Demütigungen, Kränkungen, Erniedrigungen hinterlassen oft sichtbare Spuren. Lehrpersonen im Burn-out bzw. in einer Gefährdungszone reagieren nicht mehr gelassen, adäquat und klug auf Schüler. Sie werden anfällig für Eskalationsprozesse, sie können, um ein Metapher aus dem Fußball zu nutzen, „den Ball nicht mehr flach halten".

Durch die *Depersonalisierung*, die mit Burn-out einhergehen kann, wird die *Empathie eingeschränkt*. Lehrpersonen nehmen dann ihr Gegenüber nicht mehr in deren eigenen Perspektive war. Schüler erfahren dann von Seiten der überfor-

Randnotizen: Emotionsregulierung und die Kunst, gelassen zu bleiben; Verletzungen; Reduziertes Role-taking

derten und erschöpften Lehrperson Ungeduld, Missachtung und Ungerechtigkeiten.

„Zumachen" als Überlebensstrategie

Weil Burn-out pädagogisch so bedeutsam sein kann, gibt es viele Studien zu gesundheitlichen Belastungen in Lehrberufen (s. Jehle, 1997; Schmacke, 1997; Schönwälder, 1997). In der Zwischenzeit zeigen viele Studien, dass etwa 25 bis 30% der Lehrkräfte Mühe bekunden und kritische Schwellenwerte in der Belastungsverarbeitung aufweisen (s. auch die Potsdamer Studien von Schaarschmidt, 2004). Sie fühlen sich erschöpft und reagieren mit Abwehr, in dem sie möglichst wenig an sich herankommen lassen. Ausgeprägt ist dies dann der Fall, wenn sie bei Schülern wenig Anerkennung finden, ja auf manifeste Ablehnung stoßen. Abschottung von solchen Rückmeldungen ist dann der Copingstil (s. vor allem Combe & Helsper, 1996; Combe et al., 1999), hier vielfach die Überlebensstrategie. Die Belastungen sind dabei vor allem sozialer Art: Umgang mit schwierigen Schülern, Probleme bei der Erfüllung von Erwartungen der wichtigen Bezugspersonen. Disziplin zu halten ist immer noch eine Aufgabe, die Lehrerinnen und Lehrern viel Kraft kostet (s. die wunderbaren Empfehlungen zur Arbeitshygiene bei Schäfer, 1985; Szaday, Kummer, Pool, & Mettauer, 1998) und deshalb bis heute Gegenstand der Forschung ist (Cloer, 1981; Kounin, 1976).

Wann sind Lehrer zufrieden?

Arbeitsplatzanalysen (Siegert, Wehner, & Legler, 2005; Ulich, 1996) belegen das Besondere dieses Berufs, der ein hohes Befriedigungspotential, aber auch eine Unzahl von Fallen für berufliche Fehlentwicklungen und Beziehungsprobleme mit Schülern, Eltern und Kollegen enthält (s. vor allem auch Schaarschmidt, 2004). Je mehr Lehrerinnen und Lehrer sich mit den schulischen Anforderungen identifizieren und mit ihnen „eins" sein können, umso zufriedener und gesünder sind sie in ihrem Arbeitsumfeld (s. zu einer der größten Datengrundlagen aus den Konstanzer Schulforschungen Kischkel, 1984, 1987, 1989, 1990). In der Regel sind in Professionen ca. 75% zufrieden, ältere eher noch als jüngere. Dies ist nach Kischkel auch im Lehrerberuf bei 60 bis 70% der Fall. *Soziale Konflikte beeinträchtigen die Zufriedenheit am stärksten*, insbesondere solche mit der Schulleitung, mit Kolleginnen und Kollegen, aber auch mit Schülern. Fragen der schulischen Inhalte und Ausstattungsfragen sind dagegen vom inneren Wohlbefinden vergleichsweise weiter weg.

Mehrere Studien belegen auch, wie bedeutsam eine emotionale und soziale Stütze außerhalb der Schultätigkeit ist. Lehrpersonen mit großen Konflikten in Ehe und Familie und sozial isolierte Lehrpersonen haben ein höheres Risiko, in einen schulischen Burn-out zu geraten (Hirsch, 1990; Gertrude Hirsch et al., 1990).

Langzeitbelastung und Frühpensionierung

Als zentrale Indikatoren für die *Langzeitbelastung* im Lehrerberuf gelten die Zahlen zu *krankheitsbedingten* Frühpensionierungen. In Deutschland haben von 1993 bis 2001 jährlich durchschnittlich nur 6% der Lehrer die Regelaltersgrenze für die Pensionierung erreicht. Bei anderen Beamten ist dies zu 15% der Fall und bei in der gesetzlichen Rentenversicherung versicherten Erwerbstätigen zu ca. 20%. Gleichzeitig ist zu beachten, dass in Deutschland nur ca. 30% der 55- bis 64-Jährigen noch erwerbstätig sind (Schweiz 72%, Norwegen 67%).

Hinter diesen Zahlen, die ein Rückzugsverhalten indizieren, stehen immer auch institutionelle Regelungen, die ein Ausscheiden aus dem Dienst erleichtern oder erschweren. Als Beispiel dafür können die Entwicklungen in den letzten

Jahrzehnten in Baden-Württemberg dienen (s. Informationen der Gewerkschaft Erziehung und Wissenschaft Baden-Württemberg zur Leitung und Verwaltung des öffentlichen Schul- und Bildungswesens, 2005, S. 1). Nur ca. 8 bis 12% blieben in den 90er Jahren bis zum Zeitpunkt der regulären Pensionierung im Dienst. Ab 2000 stieg dieser Prozentsatz bis 2004 auf 25%. Gleichzeitig sank der Anteil derjenigen, die aus Gesundheitsgründen vorzeitig pensioniert wurden, von 58% auf 25%. Im Hintergrund stehen zumindest auch institutionelle Regelungen, die das vorzeitige Ausscheiden erschwert haben, in dem mit ihm spürbare Abschläge auf die Pension verbunden wurden.

Schon aus ökonomischen Gründen ist die Frage der gesundheitlichen Belastungen im Lehrberuf ein gewichtiges Problem. Bei einer Lehrerzahl von ca. 700.000 scheiden jährlich zwischen 5.000 und 9.000 Lehrkräfte gesundheitsbedingt frühzeitig und mit hohen Kosten für den Staatshaushalt aus dem Beruf aus (Weber, Weltle, & Lederer, 2005).

In Lehrberufen psychisch gesund bleiben: Leiden in Lehrberufen und personale Bedingungen der produktiven Bewältigung von Lehreraufgaben

Zu wissen, warum einzelne Lehrpersonen unter der Last ihres Berufs zusammenbrechen, ist naturgemäß die wichtigste Grundlage für Präventions- und Trainingsprogramme. Was schwächt und was stärkt Lehrpersonen? Zu den stärkenden Faktoren zählen u.a. die Entwicklung eines *professionellen Berufsverständnisses* mit realistischen Erwartungen und die Stärkung der Bereitschaft, eine *Rückmeldung zum eigenen Verhalten zuzulassen*. Dies setzt eine schon in der Ausbildung trainierte Fähigkeit voraus, Unterricht und Erziehung von außen beobachten und diskutieren zu können.

Prävention von Krankheit

Konkrete Trainingsprogramme (Hillert & Schmitz, 2004) können dazu beitragen, die Bewältigung schwieriger beruflicher Situationen zu üben, etwa den Umgang mit problematischem Schülerverhalten und den Umgang mit Bezugspartnern der Schule (s. z.B. http://www.paed.uni-muenchen.de/atus/modelle.htm).

Trainingsprogramme bedürfen aber für ihre dauerhafte Wirksamkeit nicht nur der Orientierung an den Problemen der jeweiligen Lehrerinnen und Lehrer, sondern auch der Ausrichtung an den *Handlungsbedingungen* zur Erfüllung des schulischen Auftrags. Wenn die Arbeitsumstände vor Ort eine *Isolierung der Lehrpersonen in ihren Klassen* fördern, dann sind Krankheitskarrieren aufgrund von Kommunikationspathologien vorprogrammiert. Jahrelange „Grabenkämpfe" mit Schülern, Eltern und Kollegen und daraus resultierende Persönlichkeitsfassaden führen in Depressionen und psychosomatische Krankheiten.

Aber nicht alle Lehrer laufen in solche institutionelle und soziale Fallen. Es sind besonders solche mit „ ... unkonkret-idealistischen Berufszielen, hoher Vorausgabebereitschaft, hoher Resignationstendenz und Schwierigkeiten, die eigenen Anliegen eben notfalls auch offensiv (u.a. nicht um jeden Preis konfliktvermeidend) zu artikulieren" (Hillert, Sosnowsky, & Lehr, 2005, S. 24). So sind gerade gutwillige und idealistische Lehrpersonen häufig gefährdet – nicht nur die „von Natur aus" unsensiblen und kommunikationsarmen. Eine gezielte Suche nach und Konzentration auf die eigenen Stärken kann bei der Bewältigung von Alltagsbelastungen sehr helfen (s. vor allem das in Zürich entwickelte ZRM Storch & Krause, 2002).

Der Großteil der Lehrerschaft bewältigt jedoch die schulischen Anforderungen positiv und bewahrt die Freude am Umgang mit immer wieder neuen und spannenden jungen Generationen. Sie schaffen dies, wenn es ihnen gelingt, eine Balance von Anstrengung und Erfolg, von Zielsetzung und Zielerreichung, von Bindungswünschen und erhaltener Zuwendung zu halten.

Dafür ist jedoch nicht nur eine Psychohygiene des Lehrberufs wichtig. Zu sehen, unter welchen beruflichen Umständen Lehrpersonen arbeiten und im Rahmen welcher Veränderungen der gesellschaftlichen Bedingungen des Aufwachsens sie sich bewähren müssen, gehört zu einer realistischen Analyse, die Lehrbelastungen nicht nur in die unterrichtenden Personen verschiebt. Zu einer umfassenden Lehrerforschung gehört also auch eine Forschung, die die sich *historisch wandelnden Arbeitsbedingungen* analysiert.

Lehrersein heute

Zur Illustration sei auf eine Studie zurückgegriffen, die systematisch versucht hat, historisch sich verändernde Handlungsbedingungen des Lehrerseins zu beschreiben (Fend, 1994; Haenisch, 1992). Die Ausgangsfrage der Erhebung in den 90er Jahren richtete sich darauf, welches die Besonderheiten von Lehren und Erziehen in gegenwärtigen Schulen sind (s. auch Beisenherz & Gerhard-Feil, 1982). Wie sieht Schule heute aus, unter welchen besonderen Spannungen und Belastungen steht sie?

In vielen Interviews und auch in offenen Befragungen hat sich gezeigt, dass bestimmte Urteile über die Schüler heute immer wieder in den Vordergrund treten. So werden wiederholt die *schlechtere Arbeitshaltung* der Schüler, die *geringere Motivation*, die *Unruhe* und *Unkonzentriertheit* sowie die *passive Anspruchshaltung* moniert. Dies wird häufig auf die Reizüberflutung, auf die geringe Aufsicht zu Hause und auf die geringen praktischen Arbeitsanforderungen in der Familie zurückgeführt. Die Einschätzung der Verschlechterung von Leistungsvoraussetzungen und geringerer Motivation geht häufig mit der Wahrnehmung gesteigerter *Aggressivität* und größerem Vandalismus der heutigen Schüler einher. Die Kinder sind danach heute unruhiger, anspruchsvoller; sie erwarten mehr individuelle Zuwendung; in höherem Alter sind sie frecher, maßloser und aggressiver. Versammelte Ruhe, konzentrierte Bereitschaft zur Teilnahme am Unterricht und Ausdauer in der Durchführung auch umfangreicher Arbeiten sind – so eine häufige Klage – heute seltenere Schultugenden.

Autoritätsverlust

Lehrpersonen nehmen parallel wahr, dass die *Autorität des Lehrers* abgenommen hat. Bei problematischeren Schülern haben sie gleichzeitig weniger pädagogische „Macht". Eine fatale Schere von Anforderungen und Ressourcen ihrer Bewältigung tut sich auf. Die Eltern erwarten zwar von der Schule eine *exzellente intellektuelle Förderung ihrer Kinder* und dass *ihre* Kinder schulisch erfolgreich sind. Diese hohen Erwartungen sind aber nicht in allen Elternhäusern von einer entsprechend intensiven Betreuung und Förderung der eigenen Kinder begleitet.

Repräsentative Aussagen

In der repräsentativen Befragung von ca. 3.000 Lehrern sind solche Wahrnehmungen zu Beobachtungen sozialen Wandels in der Schule systematisiert worden. Die Ergebnisse machen sichtbar, dass Lehrer prononciert wahrnehmen, dass die Anforderungen an ihren Beruf in den letzten Jahrzehnten gestiegen sind.

Individualisierung

Dies reicht von der größeren Belastung mit administrativen Tätigkeiten bis hin zu Anforderungen an die persönliche und fachliche Kompetenz. Auch die Ansprüche an die Gestaltung des Unterrichtes sind aufgrund der vielfältigen Angebote an Unterhaltung außerhalb der Schule nach Meinung der Lehrer gestiegen. Gleichzeitig haben sich die Lernvoraussetzungen im Leistungsbereich und im motivationalen Bereich verschlechtert.

Eine Feststellung zu veränderten pädagogischen Verhältnissen an Schulen ragt dabei als besonders charakteristisch heraus: Schülerinnen und Schüler wollen heutzutage individueller behandelt werden. Dies wird von vielen Lehrern so wahrgenommen. Kenner des Individualisierungstrends in der Sozialgeschichte des Aufwachsens (Fend, 1988) werden hier unschwer Beziehungen zu einem veränderten Eltern-Kind-Verhältnis finden können. Das Generationenverhältnis insgesamt scheint einen ausgeprägten sozialen Wandel erfahren zu haben, der neue Risiken aber auch neue Chancen enthält. Einer größeren Individualisierung stehen reduzierte Möglichkeiten der Lehrer gegenüber, Kontrolle auszuüben.

Den größeren Erschwernissen und Anforderungen im Lehrerberuf stehen also weniger Handlungsinstrumente gegenüber. Diese Schere könnte sich gefährlich vergrößern. Eine produktive Bewältigungshaltung kann schnell in eine defensive Belastungswahrnehmung umschlagen. Aufgaben werden dann nicht mehr als Herausforderungen definiert, die man aktiv bewältigen sollte, sondern als Belastungen, die wenn möglich zu vermeiden und zu umgehen sind.

Welt-Person-Quotient

Schon in den 60er Jahren gab es Hinweise, dass Lehrer unter steigenden Anforderungen stehen, auf die sie durch die Ausbildung nicht ausreichend vorbereitet werden. Dies zeigt der in Tab. 4.3 enthaltene Vergleich zwischen 1950 und 1965.

Tab. 4.3: Beurteilung der „Zurüstung durch den Beruf" (nach Hitpass, 1970, S. 36 und 40)

	Für den Beruf gut gerüstet durch die Qualität des Studiums		Für den Beruf gut gerüstet durch die Qualität der zweiten Phase	
	1950 N=110	1965 N=383	1950 N=110	1965 N=383
gut	62	23	32	16
mittel	22	51	53	46
schlecht	16	26	15	38

Die Wahrnehmungen von sozialem Wandel in der Schule sind jedoch nicht in allen Schulformen gleich:

1. Die *Grundschullehrer* nehmen verstärkt gesteigerte Anforderungen durch die individuellen Ansprüche der Schüler und ihrer Eltern wahr. Sie beurteilen aber die heutige Schülergeneration nicht so negativ, und sie sehen die pädagogischen Rahmenbedingungen weitaus positiver, als dies dann Lehrer der höheren Schulstufen tun.
2. Die Belastungswahrnehmungen im Sinne problematischerer Schülerschaften und reduzierter Handlungsmöglichkeiten der Schule sind auf der Sekundarstufe unterschiedlich. Es sind insbesondere Lehrer in *Hauptschulen* und *Sonderschulen*, manchmal auch in *Realschulen* und *Gesamtschulen*, die heute entsprechend große Belastungen empfinden. So stimmen 80% der Haupt-

schullehrer der Feststellung zu, dass sich die Leistungsvoraussetzungen der Schüler heute verschlechtert haben. Über 40% meinen, dass die Schüler heute kaum mehr zur Mitarbeit zu motivieren sind. Mangelnde Mitarbeit nehmen zum Beispiel nur 6% der Grundschullehrer, aber 42% der Hauptschullehrer wahr. Dass die Ansprüche des Lehrplans die Schüler überfordern, meinen 75% der Hauptschullehrer, aber nur 16% der Grundschullehrer. Ähnlich verhält es sich mit dem Rückgang des Elterninteresses. Einen solchen meinen 17% der Grundschullehrer, aber 46% der Hauptschullehrer feststellen zu können.

Das generelle Muster besteht darin, dass in der Grundschule zwar höhere Anforderungen wahrgenommen, ansonsten aber positive Verhältnisse berichtet werden.

Die Sekundarstufe I als Problemphase

Auf der Sekundarstufe I differenziert sich das Bild nach den jeweiligen Schulformen. An Gymnasien werden erwartungsgemäß die günstigsten Bedingungen festgestellt, in Hauptschulen die ungünstigsten.

Auf der Sekundarstufe II geht die differenzierte Wahrnehmung von ungünstigen schülerbezogenen Ausgangsbedingungen des Unterrichtens wieder deutlich zurück. Hier stehen fachliche Probleme im Vordergrund.

Damit kristallisiert sich heraus, dass die Sekundarstufe I, also die mittlere Schulphase nach der Grundschule und vor der Sekundarstufe II, zur Problemphase des Bildungswesens wird. Lediglich die Gymnasien können sich aus der Kristallisation von Problemen in bestimmten Jahrgängen heraushalten, wenngleich auch hier die Jahrgänge 7 bis 10 nicht zu den beliebtesten zählen.[78]

4.3 Wann machen Lehrpersonen ihre Arbeit gut? Qualitätssicherung auf der Ebene der operativen Akteure

Woran wird man gemessen?

Lehrerinnen und Lehrer wollen ihre Arbeit bewältigen und sie gut machen. Dazu müssen sie den oben beschriebenen inneren Kern ihrer Arbeit, die primären Rekontextualisierungen, aber auch die sekundären, kennen.

Qualitätsmerkmale der Kernarbeit von Lehrpersonen haben wir oben theoretisch abgeleitet und sie in Synchronisierungsqualitäten kognitiver, motivationaler und intentionaler Art festgemacht.

Dies allein ist aber nicht ausreichend, um den eigenen und fremden Erwartungen an den Lehrberuf gerecht zu werden. *Für Lehrpersonen ist es deshalb wichtig, die Kriterien, an denen sie gemessen werden, zu kennen*. Im Bildungswesen selber und in Erwartungen von außen haben sich solche Qualitätskriterien entwickelt, die über die Synchronisierungsqualitäten hinausgehen.

---

78 Dass es hier durchaus kulturelle und nationale Unterschiede geben kann, macht eine Vergleichsuntersuchung von deutschen Lehrern mit den Oberstufenlehrpersonen der Stadt Zürich (entspricht etwa den deutschen Haupt- und Realschullehrern) sichtbar (Bräm, 1991). In der Schweiz stimmen die Lehrer mit den Urteilen der deutschen Kollegen überein, dass die Anforderungen heute größer geworden sind, ja diese Anforderungen werden sogar noch intensiver erlebt. Andererseits werden die Möglichkeiten, dieser Belastung produktiv zu begegnen, nicht so negativ wahrgenommen, und auch das Schülerverhalten wird optimistischer und positiver beurteilt. Damit herrscht hier eher ein Geist aktiver und produktiver Problembewältigung als eine Stimmung der Überforderung und Belastung.

Sie werden in mehreren Schritten erarbeitet. In einem ersten wird versucht, das „Wissen im System" zu erfassen, also die Vorstellungen der wichtigsten Akteure im schulischen Bildungsprozess (Eltern, Lehrer, Schüler, Aufsicht). In einem zweiten soll dies ergänzt werden durch Systematisierungen, die auf gezielten Studien zu Standards guten Lehrerseins aufbauen. In einem dritten Schritt werden die Kompetenzbereiche und Wertorientierungen erarbeitet, die im Lehrberuf entwickelt werden müssen und die auf dem Hintergrund der Theorie des Lehrhandelns systematisierbar sind. Auf dieser Folie lassen sich dann Perspektiven zur Ausbildung und Fortbildung entwickeln.

Qualitätskriterien

4.3.1 Kriterien guten Unterrichts und idealer Lehrpersonen – Wissen im System

Unübersehbar stehen die Lehrerinnen und Lehrer in einem komplexen Umfeld von Erwartungen, das ihre oft auf unsicherem Boden stehende Tätigkeit abwechslungsreich, vielfältig, anforderungsreich, aber auch krisenanfällig macht. Wann sie von den Beteiligten als „gelungen" erlebt wird, kann in einem ersten Schritt sichtbar gemacht werden, indem nach den Wahrnehmungen der schulischen Bezugsgruppen gefragt wird. Wie werden Lehrer z.B. von den Schülern erlebt, worin sehen sie den idealen Lehrer?

4.3.1.1 „Gute Lehrpersonen" in der Wahrnehmung von Schülern, Kolleginnen und Eltern

Zu dieser Thematik können wir auf den Glücksfall zurückgreifen, dass in den 30er, den 50er und den 80er Jahren des letzten Jahrhunderts Schülern die Frage nach dem idealen Lehrer vorgelegt wurde, die sie in kleinen Aufsätzen bearbeiten sollten. (Aibauer, 1954; Keilhacker, 1932; Schwager-Dudli et al., 1990).

Der ideale Lehrer früher und heute

In den 30er Jahren setzten Kinder zwar in verschiedenen Altersstufen unterschiedliche Akzente, immer wurde aber der freundliche, humorvolle, gerechte und unparteiische Lehrer, der einen interessanten Unterricht macht, gewünscht. An der Oberstufe trat der kompetente Lehrer, der viel weiß und viel bieten kann, in den Vordergrund. Auf dieser Stufe suchten die Schüler Vorbilder reifen Erwachsenseins. Schüler stimmten auf allen Altersstufen auch überein, dass der Lehrer die Klasse führen muss und er in der Lage sein sollte, Ordnung und Disziplin zu halten. Er darf auf der Oberstufe vor allem kein Zyniker sein. Der ideale Lehrer ist absolut gerecht, nie unbeherrscht und zornig, achtet die Würde jedes Schülers, hält sich aber streng an moralischen Anstand und ist kein Pedant.

Diese Befragungen hat Aibauer (1954) in den 50er Jahren fortgeführt. In dieser Wiederholungsstudie der alten Keilhacker-Fragen kamen immer noch Grundhaltungen zum Vorschein, die schon vor vielen Jahrzehnten als Kernelemente eines guten Lehrers angesehen wurden.

Überraschenderweise sehen dies Schüler heute nicht viel anders (s. Schwager-Dudli et al., 1990): Gute Lehrerinnen oder Lehrer sind z.B.
- objektiv/gerecht/unparteiisch,
- verständnisvoll, menschlich, gefühlvoll, gütig,
- einfühlsam, können zuhören,

- haben gute Nerven, sind stabil, ruhig, geduldig, verlässlich,
- sind motivierend, begeisterungsfähig und
- humorvoll.

Die Sicht aller Beteiligten

Ein zweites „Forschungsgeschenk", um herauszufinden, welche Qualitätskriterien im Bildungswesen an das Lehrerverhalten angelegt werden, ist eine Schweizer Studie, die zusätzlich zu den Idealbildern der Kinder und Jugendlichen jene von Eltern und Kollegen erhoben hat, um durch den Vergleich der Frage näher zu kommen, was gute Lehrpersonen ausmacht (s. z.B. Walthert, Claude, Bigler, & Thomet, 1989).

Sie haben u.a. offen gefragt:
- Wie soll der ideale Lehrer/die ideale Lehrerin sein?
- Was soll er/sie können?

Über 4.600 Beschreibungen von 750 Eltern, 900 Schülerinnen und Schülern und von 150 Lehrkräften selber kamen so zusammen und konnten auf inhaltliche Übereinstimmungen wesentlicher Merkmale gesichtet werden. Auf dieser Grundlage konnte das Wissen im Bildungswesen zum „guten Lehrersein" plastisch herausgearbeitet werden. Es bietet einige Überraschungen:

So stehen bei *Eltern* Merkmale von Lehrern und Lehrerinnen im Vordergrund – hier in *an*steigender Reihenfolge der Nennungen beschrieben –, die man in der Systematik der Lehrkompetenzen traditionell als *Persönlichkeitsmerkmale* bezeichnet hat:
- natürliche Autorität (100 mal),
- fröhlich/heiter/entspannt/lustig,
- großzügig/tolerant,
- Vorbild,
- Menschen, die ein Herz für Kinder haben,
- reife Persönlichkeit, die ihre eigenen Stärken und Schwächen kennt,
- humorvoll,
- einfallsreich/improvisieren können,
- begeisterungsfähig/motivierend,
- didakt./pädagog. Fähigkeiten,
- gute Nerven/belastbar/ausgeglichen,
- einfühlsam/eingehen auf andere/zuhören können,
- verständnisvoll/menschlich/gefühlsvoll/gütig,
- objektiv/gerecht/unparteiisch/neutral[79]

Die *Lehrpersonen* setzen bei der Beschreibung des idealen Lehrers andere Schwerpunkte. Bei ihnen treten Merkmale der Berufstüchtigkeit in den Vordergrund wie

---

79 Dass in Bezug auf Lehrer häufig unerfüllbar hohe Anforderungen an den Durchschnittsmenschen gestellt werden, hat schon Diesterweg gesehen und karikiert: „Mit Recht wünscht man ihm (dem Lehrer) die Gesundheit und Kraft eines Germanen, den Scharfsinn eines Lessing, das Gemüt eines Hebel, die Begeisterung eines Pestalozzi, die Wahrheit eines Tillich, die Beredsamkeit eines Salzmann, die Kenntnis eines Leibniz, die Weisheit eines Sokrates und die Liebe Jesu Christi" (Diesterweg: Wegweiser für deutsche Lehrer).

- kulturbewusst,
- handwerklich geschickt,
- nicht rechthaberisch/stur,
- Realist,
- einfach/natürlich,
- gesund, physisch und psychisch,
- anpassungsfähig,
- zuverlässig/pflichtbewusst/gewissenhaft,
- kompetent,
- didakt./päd. Fähigkeiten,
- gute Nerven/stabil/ausgeglichen/geduldig/belastbar.

An zweiter Stelle tauchen alle jene Persönlichkeitsmerkmale auf, die auch Eltern wichtig sind:
- nicht schikanierend,
- Vertrauen erweckend,
- teamfähig,
- geradlinig,
- großzügig,
- beziehungsfähig,
- sich selber kennen und zu sich stehen können,
- verständnisvoll/menschlich,
- einfühlsam, auf andere eingehen/zuhören können,
- Herz für Kinder.

Der strategische Test, was gute Lehrerinnen und Lehrer sind, könnte in den Wahrnehmungen jener Personen liegen, die mit ihnen täglich über Stunden zu tun haben. Wie sehen Schülerinnen und Schüler ideale Lehrpersonen?
Wieder ragen hier Persönlichkeitsmerkmale heraus:
- humorvoll,
- gute Nerven/belastbar/ausgeglichen/geduldig,
- sportlich/dynamisch,
- natürliche Autorität,
- fröhlich/heiter/entspannt/lustig.

Ganz oben rangieren aber auch Merkmale guten Unterrichts:
- didaktische/pädagogische Fähigkeiten,
- gerecht/objektiv/unparteiisch,
- einfallsreich/ideenreich,
- sich ausdrücken können.

An der dritten Stelle finden wir Beziehungsqualitäten:
- verständnisvoll/menschlich,
- einfühlsam/auf andere eingehen/zuhören können,
- lieb/liebevoll,
- Freund,
- höflich/freundlich/umgänglich/aufmerksam/hilfsbereit.

Oberflächenbilder und Tiefenstrukturen

Es ist unübersehbar, dass wir mit diesen Wahrnehmungen idealer Lehrer nur Oberflächenbilder bekommen können[80]. Wie sie zustande kommen und was ihnen zugrunde liegt, ist damit noch nicht geklärt. Dass Eltern, Kollegen und Schüler unterschiedliche Interessen haben und aus dieser Perspektive Idealbilder konstruieren, ist unübersehbar. Eltern wollen, dass ihre Kinder im Vergleich zu anderen nicht zurückgesetzt werden, dass sie „anständig" behandelt und positiv zum Lernen motiviert werden. Sie sind daran interessiert, dass ihre Kinder nicht durch harsche oder gar demütigende Behandlung „verletzt" werden, dass sie vielmehr gestärkt aus der Schule kommen. Die „Garantie" dafür sehen sie in Pädagoginnen und Pädagogen als Persönlichkeiten und Vorbildern.

Lehrer wiederum sehen Kolleginnen und Kollegen vor allem in ihrer Berufsarbeit, die sie mehr oder weniger gut machen können. So betonen sie die Grundfertigkeiten des Lehrens, aber auch die Werthaltungen einer verantwortlichen Erfüllung der Rolle des Lehrerseins.

Persönlichkeitstheoretische Ansätze

Schülerinnen und Schüler lieben einen humorvollen, verständigen, interessanten und Sicherheit im Lernen schaffenden Unterricht, der sie persönlich nicht ausgrenzt, in dem sie das Gefühl haben, im Bewusstsein der Lehrerin oder des Lehrers positiv präsent zu sein. Didaktisch guter Unterricht tritt dabei als *Selbstverständlichkeit* eher in den Hintergrund und eine positiv-entspannte *Atmosphäre* in der Schulklasse in den Vordergrund.

Viele Merkmale von „guten Lehrpersonen", die oben beschrieben wurden, erinnern an die Persönlichkeitsforschung, die z.B. emotional stabile von eher neurotischen, extravertierte von introvertierten Personen unterscheidet. Die Urteile zum „guten Lehrer" legen nahe, dass im Lehrberuf ein Persönlichkeitstyp bevorzugt wird, der nach den heute im Vordergrund stehenden Dimensionen des „Five-Factor-Models" (Ostendorf & Angleitner, 1992) eher emotional stabil, gesellig, kreativ, gewissenhaft und zuverlässig sowie kulturell offen ist.

Suchen sich entsprechende Persönlichkeiten intuitiv den Lehrberuf? Unterscheiden sie sich also von anderen Abiturientinnen?

Dazu wissen wir lediglich durch die große Konstanzer Studie Bescheid. Müller-Fohrbrodt (1973) ist dieser Frage nachgegangen, ob sich Lehrpersonen in ihrer Persönlichkeitsstruktur von anderen akademischen Gruppen unterscheiden. Wichtig für den Abbau von Vorurteilen war das Ergebnis, dass es keine solchen Unterschiede gab. Lehrerinnen und Lehrer waren in dieser Studie *nicht weniger intelligent* als andere akademische Laufbahnen wählenden Abiturienten und sie unterschieden sich nicht in Persönlichkeitsmerkmalen. Größere Unterschiede gab es zwischen den Geschlechtern. Lehrerinnen waren emotional weniger stabil und ängstlicher, weniger direktiv und dominant sowie weniger politisch interessiert als ihre männlichen Kollegen.

Solche Studien haben konsequenterweise zu Überlegungen geführt, wie man durch Tests oder durch Interviews eine Vorauswahl jener Personen treffen könnte, die für den Lehrberuf geeignet sind. In sich gekehrte, wenig neugierige junge Menschen, eher sozial scheue und ungeschickte Frauen und Männer, an

---

80 Für die Sicht auf „gute Lehrer" im Rückblick Ehemaliger s. Sauter (1989). Dabei kommt zum Vorschein, dass auch im Rückblick die soziale Kompetenz des Lehrers, also die Fähigkeit der Beziehungsregulation mit Schülern, im Vordergrund steht. Didaktische Kompetenz rangiert an zweiter Stelle, erst dann gefolgt von der Fachkompetenz. Dabei spielt aber auch die Schulstufe, auf der Lehrer unterrichten, eine große Rolle.

exakter, voraussehbarer Arbeit interessierte, wenig selbstreflexive oder auch zu skrupelhafte Personen, leicht verletzbare und unsichere Persönlichkeiten scheinen für den vielschichtigen und *Ich-nahen Interaktionsberuf* des Lehrens nicht optimal geeignet zu sein. Eine solche Vorauswahl könnte, diese Erwartung steht im Hintergrund, viele Probleme vermeiden, die am Lehrberuf leidende Menschen zeigen.

Dies ist deshalb konsequent, weil nach der Persönlichkeitstheorie die grundlegenden Merkmalsausprägungen nur begrenzt beeinflussbar sind. Für die Lehrerinnenbildung ist dies unbefriedigend, da die gestaltbaren Aspekte guten Lehrerseins in den Hintergrund treten. Sie muss davon ausgehen, dass es möglich ist, professionelles Handeln in der Schulklasse zu lernen und einzuüben. Von der Plastizität menschlicher Anlagen her ist dies durchaus eine vernünftige Annahme, wenngleich es wichtig ist, jungen Menschen die Erfahrung frühzeitig zu ermöglichen, wie es ihnen bei Lehrtätigkeiten geht. Praktika können dafür sehr hilfreich sein.

4.3.1.2 Lehrerarbeit als von ethischen Standards geleitete Arbeit

Dass berufliches Handeln im Unterricht gestaltbar und deshalb auch individuell zu verantworten ist, betonen jene Ansätze, die die *moralischen Qualitäten* des Lehrers beschreiben, die das *Lehrerethos* betonen (Brezinka, o.J.; Oelkers & Oser, 1998; Oser, Althof, & Garz, 1986; Oser, Dick, & Patry, 1992). Angesichts des großen Ermessensspielraums und der geringen Technisier- und Kontrollierbarkeit bedarf es eines Berufsethos, das etwa so beschreibbar ist: „ ... überzeugt vom Wert der Kulturgüter, die er vermitteln soll; wahrnehmungsfähig für ständig wechselnde soziale Situationen; mit teilnehmender Rücksicht auf die innere Verfassung der Schüler; mit ermutigendem Wohlwollen für sie und mit Verantwortungsgefühl gegenüber den Eltern und dem Gemeinwesen (Brezinka, o.J., S. 16)." Lehrpersonen müssen vor allem positive Einstellungen haben: solche zu den Schülern und seinem Wohl, zum Gemeinwesen, zum vermittelnden Inhalt und zur Tätigkeit des Lehrens selber.

Ethik des Lehrberufs

Hier wird das normativ gewendet, was als primäre und sekundäre Rekontextualisierung beschrieben wurde. Kulturgüter und Schüler müssen in verantwortlicher Weise gegenseitig anschlussfähig gemacht werden.

Dass die verantwortungsvolle Arbeit des Lehrers nicht ohne ethische Standards auskommt, liegt auf der Hand. Welche besonderen ethischen Standards für den Lehrerberuf gelten könnten, ist Gegenstand vieler Diskurse in der Geschichte der pädagogischen Profession gewesen. Einen wichtigen Vorschlag, der konkreter als die allgemeinen Orientierungspunkte von Brezinka ist, hat Hartmut von Hentig dazu vorgestellt, als er den „Hippokratischen Eid" für den Lehrerberuf vorgestellt hat. Er lautet:

„Als Lehrer und Erzieher verpflichte ich mich
- *die Eigenheit eines jeden Kindes zu achten und gegen jedermann zu verteidigen;*
- *für seine körperliche und seelische Unversehrtheit einzustehen;*
- *auf seine Regungen zu achten, ihm zuzuhören, es ernst zu nehmen;*

323

- *zu allem, was ich seiner Person antue, seine Zustimmung zu suchen, wie ich es bei einem Erwachsenen täte;*
- *das Gesetz seiner Entwicklung, soweit es erkennbar ist, zum Guten auszulegen und dem Kind zu ermöglichen, dieses Gesetz anzunehmen;*
- *seine Anlagen herauszufordern und zu fördern;*
- *seine Schwächen zu schützen, ihm bei der Überwindung von Angst und Schuld, Bosheit und Lüge, Zweifel und Misstrauen, Wehleidigkeit und Selbstsucht beizustehen, wo es das braucht;*
- *seinen Willen nicht zu brechen, auch nicht, wo er unsinnig erscheint, ihm vielmehr dabei zu helfen, seinen Willen in die Herrschaft seiner Vernunft zu nehmen;*
- *es also den mündigen Verstandesgebrauch zu lehren und die Kunst der Verständigung und des Verstehens;*
- *es bereit zu machen, Verantwortung in der Gemeinschaft zu übernehmen;*
- *es auf die Welt einzulassen, wie sie ist, ohne es der Welt zu unterwerfen, wie sie ist;*
- *es erfahren zu lassen, was und wie das gemeinte gute Leben ist;*
- *ihm eine Vision von der besseren Welt zu geben und Zuversicht, dass sie erreichbar ist;*
- *es Wahrhaftigkeit zu lehren, nicht die Wahrheit, denn ‚die ist bei Gott allein'.*

Damit verpflichte ich mich,
- *so gut ich kann, selber vorzuleben, wie man mit den Schwierigkeiten, den Anfechtungen und Chancen unserer Welt und mit den eigenen immer begrenzten Gaben, mit der eigenen immer gegebenen Schuld zurechtkommt;*
- *nach meinen Kräften dafür zu sorgen, daß die kommende Generation eine Welt vorfindet, in der es sich zu leben lohnt und in der die ererbten Lasten und Schwierigkeiten nicht deren Ideen, Hoffnungen und Kräfte erdrücken;*
- *meine Überzeugungen und Taten öffentlich zu begründen, mich der Kritik – insbesondere der Betroffenen und Sachkundigen – auszusetzen, meine Urteile gewissenhaft zu prüfen;*
- *mich dann jedoch allen Personen und Verhältnissen zu widersetzen;*
- *dem Druck der öffentlichen Meinung, dem Verbandsinteresse, dem Beamtenstatus, der Dienstvorschrift, wenn sie meine hier bekundeten Vorsätze behindern.*

Ich bekräftige diese Verpflichtung durch die Bereitschaft, mich jederzeit an den in ihr enthaltenen Maßstäben messen zu lassen"

(Hentig, Hartmut von: Der neue Eid. In: DIE ZEIT, 19.9.1991).

Auf ein verwandtes Ethos hin hat im 20. Jahrhundert die pädagogische Reformbewegung gearbeitet, wenn sie die Orientierung an den kindlichen Entwicklungsmöglichkeiten in den Vordergrund gestellt und diese auf dem kulturellen Hintergrund des Ethos der Aufklärung, der Vernunft und Verantwortung gespiegelt hat.

4.3.1.3 Standards der Beurteilung von Lehrkräften

Das Wissen in der Praxis um guten Unterricht

Die meisten Lehrpersonen werden den obigen Grundsätzen und Voraussetzungen guten Lehrerseins zustimmen können. Wer sich jedoch im Lehrberuf bewähren muss, der wird gerne konkret wissen wollen, nach welchen Kriterien ihr Handeln im Unterricht und in der Schule beurteilt wird. Erst dann können sie sich auch darauf einstellen.

Dazu gibt es glücklicherweise hoch differenzierte Forschungen, aber auch einfache Reflexionen im Bildungssystem selber. Auch Schülerinnen und Schüler sind in der Lage, Standards zu formulieren und Urteile zu fällen, wie das herzige Dokument in Abb. 4.15 bestätigt.

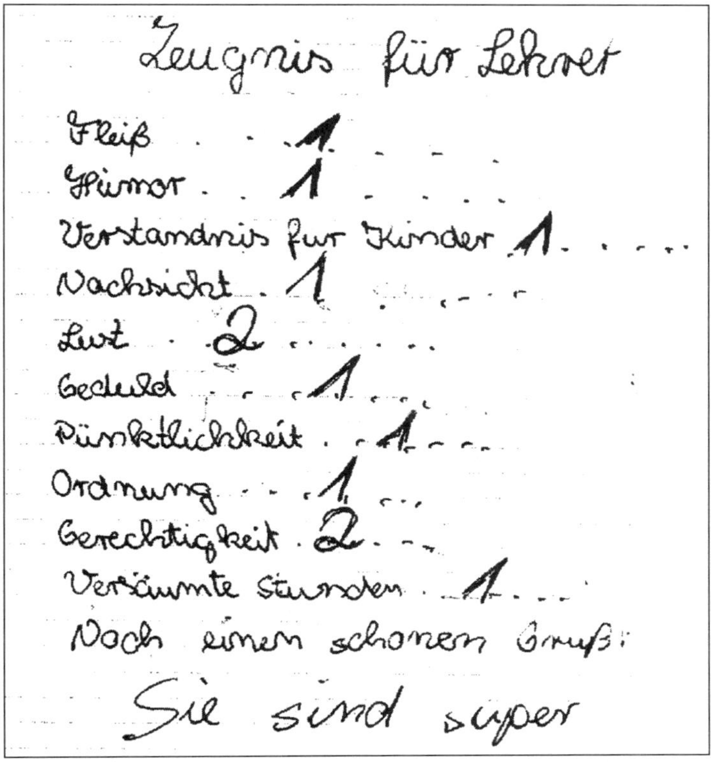

> Zeugnis für Lehrer
> Fleiß . . 1
> Humor . . 1
> Verständnis für Kinder . 1 . . .
> Nachsicht . 1 . . .
> Lust . 2 . . .
> Geduld . . 1 . . .
> Pünktlichkeit . 1 . . .
> Ordnung . . 1 . . .
> Gerechtigkeit . 2 . . .
> Versäumte Stunden . 1 . . .
> Noch einen schönen Gruß:
> Sie sind super

Abb. 4.15: Zeugnis für Lehrer

Qualitätsstandards kommen letztlich am konkretesten und für Junglehrerinnen und Junglehrer am präzisesten in Beurteilungsmustern von Lektionen zum Vorschein. Ein solcher Kriterienkatalog zur Beurteilung von Unterrichtsstunden bei Zürcher Lehrern soll hier für viele stehen (s. Abb. 4.16). Er bildet eindrucksvoll die komplexen Interaktionen zwischen der Präsentation des kulturellen Programms und den Rückmeldungen der Schüler mit dem Ziel einer optimalen Synchronisierung ab.

1. Stoffbeherrschung	Sachliche Richtigkeit, Allgemeine Stoffbeherrschung, Querbezüge
2. Sprachbeherrschung	Korrektheit, Flüssigkeit, Wortschatz, Ausdrucksvermögen, Genauigkeit der Formulierung, Klarheit und Verständlichkeit für die Schüler
3. Didaktische Präsentation	Anknüpfung, Angemessenheit von Methode und Schwierigkeitsgrad, Strukturierung, Anschaulichkeit, Rhythmus, Lebhaftigkeit, Begeisterung
4. Unterrichtsmittel	Zweckmässigkeit im Einsatz, Handhabung, Gestaltung (Tafel, Projektion, Arbeitsblätter etc.)
5. Konsolidierung	Wiederholung, Anwendung, Korrektur von Fehlern, Kontrollfragen, Überwachen von Notizen
6. Unterrichtsgespräch	Aufnehmen von Schülerbeiträgen, gute Erklärungen bei Schwierigkeiten, Aktivierung, Einbezug der Stillen, Vermeidung enger Fragen, Ermöglichen einer Diskussion zwischen Schülern, geeignete Reaktion auf Störungen
7. Umgang	Echtheit, ruhige Bestimmtheit, Selbstvertrauen, menschliche Zuneigung, Wärme, Humor, Wertschätzung, Einfühlungsvermögen

Abb. 4.16: Kriterien für die Beurteilung von Lektionen
Aus Studienkommission für bildungspsychologische Fragen In Zürich

Lange bevor sich die Wissenschaft mit den inneren Vorgängen in Schulen beschäftigt hat, finden wir ein ausgearbeitetes „Wissen im System", was qualitativ gutes Lehrhandeln und gute Klassenführung ist. Ich habe über viele Jahre Beobachtungsbögen der Schulaufsicht aus mehreren Ländern (Deutschland, Schweiz, Österreich) gesammelt, um eventuell kulturelle Unterschiede zu entdecken. Dies ist nicht gelungen, die Übereinstimmung in den Grunddimensionen und zentralen Qualitätskriterien ist überraschend hoch. Es scheint so einen Konsens im Sinne des normativen Wissens im System zu geben, was guter Unterricht ist.

4.3.1.4 Standards des guten Lehrerseins auf der Grundlage empirischer Studien

Gibt es eine wissenschaftliche Unterstützung, was guter Unterricht ist?

Intuitiv sind die obigen Qualitätsmerkmale von Unterricht sehr plausibel. Man würde deshalb erwarten, dass sie eine breite Unterstützung durch die empirische Unterrichtsforschung erfahren. Zu einer solchen Unterstützung würde vor allem beitragen, wenn sich zeigen ließe, dass mit dem oben definierten „guten Unterricht" klare positive *Wirkungen* im Leistungsniveau von Schülern verbunden sind.

Vom Aufwand empirischer Forschung

Dies nachzuweisen ist nun ein aufwendigeres Unternehmen, als es auf den ersten Blick scheinen mag. Am zielführendsten scheint es zu sein, Unterricht einfach zu *beobachten* und dann zu schauen, wie die Leistungen der Schülerschaft im jeweiligen Unterricht aussehen. Dies ist bisher im deutschen Sprachraum wegen dem damit verbundenen Aufwand und der Schwierigkeiten, Zugang zu bekommen und die ungeheuren Datenmengen zu verarbeiten, relativ selten unternommen worden. Lediglich die großen Studien im Umkreis der Münchner Schulleistungsforschung um Treiber, Helmke und Weinert versuchten, über Beobachtung und Beurteilung des Lehrhandelns und der Messung der Leistungserfolge empirische Relationen herzustellen.[81]

Danach stellen die Autoren fest, dass es identifizierbare „erfolgreiche" Lehrer gibt. Solche die den *Unterricht klar strukturieren*, eine *effiziente Klassenführung* praktizieren, die *Klasse aktivieren* können und die *Schüler individuell unterstützen*, sind erfolgreicher als andere. Sie sind zudem nicht „methodenmonoman", sondern variieren Unterrichtsformen situationsspezifisch (Weinert & Helmke, 1996). Ein gutes *sozio-emotionales Klima* ist nicht so eindeutig ein klarer auszeichnender Faktor guter Lehrerinnen und Lehrer.

Merkmale erfolgreicher Lehrpersonen

Diese Studien werden durch die zur Zeit laufenden bzw. schon teilweise ausgewerteten Videostudien von Unterricht in mehreren Ländern, die im Anschluss an die großen Leistungsstudien wie TIMSS, PISA und DESI durchgeführt wurden und werden, noch einmal ein höheres Niveau der Analyse guten Unterrichtes ermöglichen (Staub, 2005). Was guter Unterricht ist, wird auf dieser Grundlage nicht nur empirisch immer differenzierter untersucht, sondern auch anschaulich demonstriert. Das Bild, das sich in den letzten Jahrzehnten didaktischer Forschung ergeben hat, zeigt die Dimensionen guter Lehrer immer präziser und unmissverständlicher auf. Helmke (2003) hat dies bisher unübertroffen resümiert, wenn er folgende Aspekte hervorhebt:

Was ist guter Unterricht?

- gute Lehre ist begrifflich-inhaltlich klar und präzise,
- sie setzt auf Methodenvielfalt und nicht auf Methodenmonismus,
- sie adaptiert Inhalte an die individuellen Lernmöglichkeiten und versucht Überforderung und Unterforderung zu vermeiden,
- sie kann eine Vielfalt von Motivierungsstrategien einsetzen, intrinsische, aber auch extrinsische,
- sie ist effizient in der Klassenführung, nimmt die Regulierungsaufgabe effektiv und flexibel wahr,
- sie zeigt hohe diagnostische Kompetenz, kann Lernprobleme einzelner Schüler und den Leistungsstand einer Schulklasse zuverlässig beurteilen.

Damit konvergieren die Kriterien guten Unterrichts, wie sie Brophy resümiert und Helmke in den Vordergrund gestellt hat (2003, S. 57). Sie beziehen sich einmal auf die *Inhalte*, wenn die Kriterien
- Orientierung am Lehrplan,
- innerer Zusammenhang der Inhalte und
- gut durchdachter Unterrichtsplan

betont werden.

Die *Unterrichtsform* wird akzentuiert durch die Kriterien
- Übung und Anwendung,
- Anleitung der Eigentätigkeit der Schüler,
- Gestaltung kooperativen Lernens,
- Lehren von Lernstrategien.

---

81 S. z.B. Helmke & Weinert, 1989; Treiber, 1980a, 1980b; Treiber & Weinert, 1982; Treiber & Weinert, 1985; Weinert, 1998; Weinert & Helmke, 1996

Schließlich wird guter Unterricht *motivational* gesteuert durch den
- Aufbau einer Lern- und Aufgabenorientierung,
- durch eine Leistungsbeurteilung, die Erfolge sichtbar macht, und durch den
- Aufbau von Leistungserwartungen.

Die Ähnlichkeit der Qualitätskriterien guten Unterrichts dokumentieren die viel beachteten und benutzten zehn Merkmale guten Unterrichts von Hilbert Meyer (2004). Es sind die folgenden:

1. Klare Strukturierung des Lehr-Lernprozesses: Damit ist die inhaltliche Klarheit und die inhaltliche Durchschaubarkeit gegliederten und stufenweisen Unterrichts angesprochen.
2. Intensive Nutzung der Lernzeit: Dieses Zeitkriterium wird in seinen verschiedenen Ausgestaltungen immer wieder erwähnt. Ein niedriger Störpegel vergrößert die aktive Lernzeit.
3. Stimmigkeit der Ziel-, Inhalts- und Methodenentscheidungen: Begreiflicherweise ist dieses Qualitätskriterium schwerer zu fassen. Es zielt auf die Passung von Zielen und Methoden, die zum Gefühl führen, dass eine Stunde gelungen ist.
4. Methodenvielfalt: Die Forderung nach themenadäquatem Methodenwechsel, von Präsentationsformen, von Eigenaktivität, von Gruppenarbeit durchzieht alle Qualitätskataloge.
5. Intelligentes Üben: Lange vernachlässigt wurde der Aspekt der Übung, hier aber nicht als stumpfsinnige Wiederholung konzipiert, sondern als Einübung von Prozeduren in unterschiedlichen situativen Kontexten und als intelligente Sequenzierung von Übungsphasen.
6. Individuelles Fördern: Dieses Qualitätskriterium zielt darauf ab, dass Unterricht immer an die interindividuellen Leistungsunterschiede adaptiert werden muss.
7. Förderliches Lernklima: In einer Klasse mit hoher Aggression oder hoher Lernunlust, gelegentlich auch provoziert durch abwertendes Lehrerverhalten, senkt die Unterrichtsqualität. Höflichkeit, Respekt und Aufgabenorientierung steigern sie.
8. Sinnstiftende Unterrichtsgespräche: Sie verbinden Inhalte miteinander und erlauben es, dass Schüler ihre Interessen äußern können. Lernen gewinnt dadurch an persönlicher Bedeutung, die Motivation steigt und damit auch die Unterrichtsqualität.
9. Schüler-Feedback: Lehrpersonen können, wenn sie eine Rückmeldung über Probleme und Qualität des Unterrichts durch Schüler ermöglichen, ihren Unterricht auf der Basis eines reflektierten Diskurses über Qualitätsmerkmale verbessern.
10. Klare Leistungserwartungen und -kontrollen: Nicht diffuser Leistungsdruck, sondern klare Erwartungshaltungen, die transparent und vereinbart sind, steigern die Qualität des Unterrichts. Dabei können verschiedene Formen, wie man Lernfortschritte dokumentiert, zum Einsatz kommen (Lernentwicklungsberichte, Verbalbeurteilungen, Bewertungsgespräche, Portfolios).

4.3.1.5 Was müssen Lehrpersonen können? Von den Standards und Kriterien zu den Kompetenzen

In den letzten Jahren finden sich viele Bemühungen, genauer zu beschreiben, was Lehrpersonen alles können müssen, woraufhin sie dann die Lehrerausbildung führen soll.

Fritz Oser hat solche Fähigkeitsprofile ausgearbeitet (hier zit. nach Helmke, 2003, S. 31 f.). Er fordert folgende Fähigkeiten als Grundlage für hohe Lehrqualitäten (hier anders als bei Oser geordnet):

Fähigkeiten der Unterrichtsgestaltung

Gestaltung und Methoden des Unterrichts: Fähigkeiten der Lehrkraft, einen abwechslungsreichen und methodisch reichhaltigen Unterricht zu geben.
Medien: Kompetenzen der Lehrkraft, Medien im Unterricht sinnvoll einzusetzen.
Leistungsmessung: Fähigkeiten, die es einer Lehrkraft ermöglichen, die Leistungen der Schülerinnen und Schüler vielseitig, gerecht und effizient zu überprüfen und zu beurteilen.
Lernstrategien vermitteln und Lernprozesse begleiten: Kompetenzen, die die Schülerinnen und Schüler befähigen, selbstständig und effizient zu lernen.

Fähigkeiten der Klassenführung

Lehrer-Schüler-Beziehungen: Fähigkeiten, die nötig sind, um mit den Kindern eine positive Beziehung aufzubauen und im Klassenzimmer ein menschliches und angstfreies Klima zu schaffen, was eine Voraussetzung für erfolgreiches Lernen ist.
Schülerunterstützendes Handeln und Diagnose: Um bei kritischen Entwicklungen und auftretenden Problemen eingreifen und richtig handeln zu können, muss die Lehrkraft das Geschehen im Klassenzimmer einerseits und die einzelnen Schülerinnen und Schüler andererseits stets sorgfältig und aufmerksam im Auge haben.
Bewältigung von Disziplinproblemen und Schülerrisiken: Fähigkeiten, die nötig sind, wenn in der Schulklasse Konflikte und Schwierigkeiten auftauchen.
Aufbau und Förderung von sozialem Verhalten: Kompetenzen, mit deren Hilfe die Lehrkraft das soziale Verhalten ihrer Schülerinnen und Schüler fördert und aus der heterogenen Klasse eine Gemeinschaft von Menschen macht, die sich gegenseitig akzeptieren und unterstützen.

Fähigkeiten der Integration in die Schule

Zusammenarbeit in der Schule: Fähigkeiten, mit Kolleginnen und Kollegen, mit der Schulaufsicht, mit der Schulleitung und mit den Eltern zusammenzuarbeiten, mit all denjenigen Personen also, die ebenfalls an der Gestaltung der Schule beteiligt sind, eine Kooperation aufzubauen.
Schule und Öffentlichkeit: Fähigkeiten der Lehrkraft, Kontakte mit der Öffentlichkeit herzustellen und die Schule nach aussen zu vertreten.

Fähigkeiten der Selbst-Stabilisierung

Selbstorganisationskompetenz der Lehrkraft: Das Wissen, die Fähigkeiten und die persönlichen Ressourcen, die eine Lehrkraft benötigt, um den Schulalltag ohne unnötigen Kräfteverschleiss erfolgreich bewältigen zu können.

Rückkehr zum Anfang: von der Aufgabenstruktur der Lehrarbeit zu Wissen und Kompetenzen der Aufgabenbewältigung

Mit diesem Katalog von Lehrerkompetenzen ist der bisherige Differenzierungsgrad, in dem gutes Lehrersein bislang in der Literatur zur praktischen Pädagogik beschrieben wurde, deutlich überschritten. Man könnte ihn eine Stufe weiter systematisieren, wenn man von den *Aufgaben* ausgeht, die mit Lehren, Unterrichten und Erziehen verbunden sind. Wir haben sie im Rahmen der Rekontextualisierungstheorie zu Beginn dieses Kapitels beschrieben.[82] Im Folgenden soll versucht werden, diese Aufgaben in Wissen und Kompetenzen zu übersetzen, die nach der Nähe zu ihrem inneren Kern, in dem sie zur Lehrarbeit stehen, geordnet sind.

Vier Aufgabenkreise stehen im Vordergrund:

Kompetenzen von Lehrpersonen

1. Fachliche Kompetenzen des Umgangs mit dem schulischen Kulturprogramm (fachliche Kompetenzen).
   Sie werden gespeist von den Fachwissenschaften, der künstlerischen und technischen Tradition in einer Kultur.
2. Didaktische und fachdidaktische Kompetenzen ihrer Umsetzung in Unterricht (didaktische Kompetenzen).
   Auch dieser Kompetenzbereich hat einen umfangreichen Hintergrund an Lehrplänen, Lehrmittelentwicklungen, Theorien des fachlichen Lernens usw.
3. Psychologische Kompetenzen des Umgangs mit den inneren Entwicklungen (psychologische Kompetenzen), Fördermöglichkeiten und Problemen von Schülerinnen und Schülern.
   Im Hintergrund stehen hier Forschungen der pädagogischen Psychologie zur Messung, Diagnose und Heterogenität von Leistungsfähigkeiten.
4. Soziale Kompetenzen des Umgangs mit den sozialen Erwartungskonstellationen von Behörden, Kollegien, Eltern und Schülern (Beziehungskompetenzen und soziale Regulationskompetenzen)
5. Wissen um die gesellschaftliche Einbettung des Bildungswesens, um dessen historische Entwicklung und gegenwärtige Lage unterfüttern den sozialen Kompetenzbereich (Institutionskompetenz).
6. Psychologische Kompetenzen des Umgangs mit sich selber (Kompetenzen des Selbstmanagement, Emotionsmanagement).
   Die Psychologie der Arbeit bildet die Grundlage, um diese Kompetenzen der Bewältigung des Lehrberufs zu üben.

Der Erwerb dieser Kompetenzen ist nur in einem elaborierten Ausbildungsprozess möglich. Vom Wissen zur Handlungsfähigkeit ist aber ein langer Weg, der

---

82 Für die derzeit beste Diskussion der professionellen Handlungskompetenz siehe Baumert und Kunter (2006).

sich nicht von selbst ergibt, sondern organisiert werden muss (s. dazu auch Egger, 1983, S. 72 ff.).

An dieser Stelle drängt sich auf, den Bogen zu den Kernaufgaben des Lehrberufs zurückzuschlagen und die obigen Kompetenzen in jene der primären und sekundären Rekontextualisierung einzubetten.

Abb. 4.17 enthält diesen Brückenschlag, in dem die inneren Strukturen der Lehrarbeit mit den Wissens- und Kompetenzbereichen seiner Bewältigung verbunden sind.

- Inhaltswissen, Methodenwissen und diagnostisches Wissen werden der primären Rekontextualisierung zugerechnet.
- Institutionelle, soziale und personale Kompetenzen ummanteln die Erfüllung primärer Aufgaben und werden hier zum Aufgabenbereich der sekundären Rekontextualisierung gezählt.

Die jeweiligen Kompetenzen können im einzelnen resümierend wie folgt beschrieben werden.

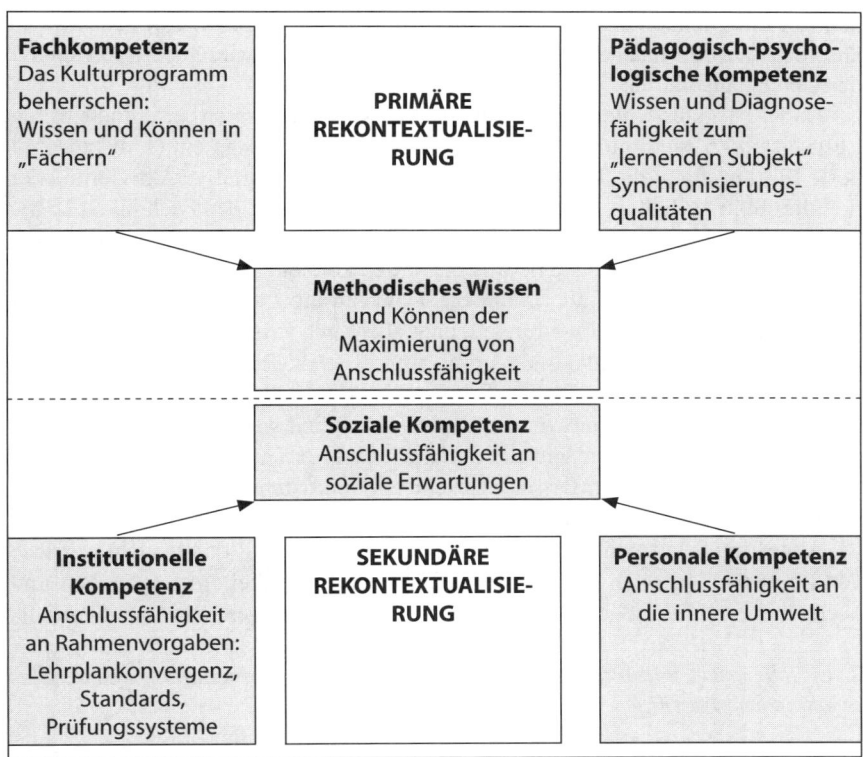

Abb. 4.17: Primäre und sekundäre Kompetenzstrukturen im Lehrberuf

1. Fachkompetenzen

Lehrarbeit ist Kulturarbeit, ist Arbeit an symbolischen Gehalten, die zum Zwecke der bestmöglichen Vermittlung aufbereitet werden. Im Zentrum der Aufgaben des Lehrerseins heute steht deshalb nach wie vor die Kompetenz der Lehrperson, guten Unterricht in den von ihr vertretenen Fächern zu halten. Was ist aber ein fachlich guter Unterricht heute? Er besteht weiterhin in einer guten inhaltlichen Strukturierung, indem die Begriffe klar sind, die Beziehungen deutlich und die Sachverhalte durchschaubar. Die Sicherheit im Aufbau und die Durchschaubarkeit der Anforderungen stehen überall im Vordergrund. Sie kommt in der Kompetenz der *Aufgabenanalyse*, also in der Zerlegung komplexer Anforderungen in kleine, nachvollziehbare Schrittfolgen am klarsten zum Vorschein. Eine hohe Fachkompetenz ist dabei vor allem verstehensorientiert, sie ist getragen von einem Verständnis der Grundprobleme einer Disziplin.

2. Fachdidaktische Kompetenzen

Da die Hauptaufgabe des Unterrichtens darin besteht, die fachlichen Inhalte mit den Lernmöglichkeiten von Schülerinnen und Schülern zu synchronisieren, sie anschlussfähig zu machen, ist die kognitive Rekontextualisierung ein Kernpunkt der Unterrichtsqualität.

Dabei ist guter Unterricht methodisch abwechslungsreich, er enthält wenig Leerlauf und bezieht möglichst alle Schüler möglichst lange ein (s. als zur Zeit beste Einführung in die Thematik Helmke, 2003). Die kognitive Aktivierung der Schüler hoch zu halten, ist deshalb eine Kernkompetenz der Fachdidaktik. Sie kennt die inneren Schwierigkeiten des jeweiligen kulturellen Programms und kennt Brücken, mit denen sie bewältigt werden können.

Guter Unterricht enthält zudem die Konzentration auf das Wesentliche, er vermeidet unnötige Abschweifungen, baut aber auch Erholungsphasen ein.

Eine optimale Rekontextualisierung nimmt Rücksicht auf die unterschiedlichen Lerngeschwindigkeiten der Schüler, sie entwickelt Zusatzaufgaben, Möglichkeiten des Wiederholens für die Langsameren und weiterführende Aufgaben für die Schnelleren. Sie macht die Schüler zu Akteuren ihrer eigenen Lernentwicklung, macht sie zum Ort des Geschehens und steht ihnen durch optimale Aktivierung ihres kognitiven Potentials bei (s. Klippert, 2004).

Abgestimmt auf den vorangegangenen Unterricht und damit nicht nur lose verknüpft werden dann die entsprechenden Prüfungsarbeiten geschrieben und nach einem möglichst genauen und den Schülern bekannten Schlüssel beurteilt.

2. Erzieherische und psychologische Kompetenzen – motivationale und regulative Synchronisierung

Im obigen Hippokratischen Eid des Lehrers spielen die Rechte des Kindes auf bestmögliche und zu seinem Wohle geschehende Förderung eine zentrale Rolle. Dies ist ohne Wissen dazu, was Kinder sind und sein können, ein Stochern im Nebel abgehobener Ideale. Wissen um die Funktionsweise von Kindern und Jugendlichen, um ihre Motivation, ihre Selbstbilder, ihre emotionalen Reaktionen muss deshalb die kognitiv orientierten methodischen Rekontextualisierungen und die Erziehungsbemühungen der Lehrpersonen begleiten. Zu den fachlichdidaktischen Kompetenzen muss sich also heute eine Schulung der Lehrer gesellen, die die Funktionsweise der „psychischen Systeme" der Schüler genauer in den Blick nimmt und die Lehre an deren motivationalen Orientierungen im Raum der Schule (Schmid et al., 2006) anschlussfähig macht (s. die motivationale Synchronisierungsqualität S. 288). Damit sind sowohl die entwicklungspsychologischen Besonderheiten der jeweiligen Schülerschaft gemeint als auch die persönlichkeitstheoretisch beschreibbaren interindividuellen Unterschiede. Für die Erfüllung von Erziehungsaufgaben gilt es, die Aufmerksamkeit gegenüber pathologischen Risiken im Zusammenhang mit dem Lernen zu schulen.

Ein Hauptaugenmerk der Lehrer muss auf die Begabungs- und Leistungseinschätzung gerichtet sein. Hier differenzieren zu können und hier auch genügend vorsichtig zu sein, ist besonders wichtig, aber auch schwierig und übungsbedürftig. Daneben konzentrieren sich pädagogisch-psychologische Lehrerkompetenzen auf die Einschätzung der Individualität des Schülers, der Lernstile und der jeweiligen Persönlichkeitsmerkmale. Mehr denn je mag sich in den kommenden Jahren die Notwendigkeit ergeben, dass Lehrer Entwicklungspathologien im Auge haben und auf externalisierendes und internalisierendes Problemverhalten eingehen können (s. z.B. in Fend, 2001a).

Schließlich müsste die Qualifikation hinzukommen, dass Lehrer die Lebenssituation von Schülern ganzheitlich beurteilen lernen und aus dieser ganzheitlichen Beurteilung heraus die spezifischen altersbezogenen Entwicklungsprobleme einschätzen können, um so einen Blick dafür zu bekommen, welche Schüler auf gutem Wege zum Erwachsenenalter sind, welche im „Lot" sind und welche mit Schwierigkeiten zu kämpfen haben (s. die Aufmerksamkeitskriterien in Fend, 2001a, S. 463 ff.).

Damit wäre aber die Aufmerksamkeit für das „Gegenüber" der Schüler noch nicht abgerundet. Die Lehrperson hat ja nie nur einzelne Schüler vor sich, sondern diese Schüler sind in komplizierte soziale Beziehungen untereinander eingebunden. Beim Lehrer käme damit die wichtige Kompetenz hinzu, die soziale Dynamik in der Schulklasse zu erkennen und sie auch mitgestalten zu können (s. vor allem Specht, 1978, 1981, 1982; Specht, 1979; Spiel, 1947). Insgesamt sind hier vor allem pädagogisch-psychologische und auch sozialpsychologische Rekontextualisierungen angesprochen.

Ein guter Unterricht hat immer auch soziale Komponenten, er erfolgt in einer gesitteten und freundlichen Atmosphäre, in der der Umgangston von gegenseitiger Achtung bestimmt ist, in dem die Standards der Aufmerksamkeit konsequent eingeübt werden und in dem auch Humor zur Geltung kommt.

Klassenführung und „Disziplin" halten stehen im Rahmen eines größeren sozialen Beziehungsgeflechtes, können aber einen massiven „clash of will" beinhalten. Dass Schüler tun, was von ihnen erwartet wird, gehört nicht mehr unter allen Umständen zu den Selbstverständlichkeiten, die Lehrpersonen unterstellen können. Die Synchronisierung von Absichten zu lernen, konsequente Regelbefolgung zu praktizieren, um die Voraussetzungen für konzentriertes Lernen zu schaffen, gehört zu einer anspruchsvollen Kernkompetenz.

3. Institutionskompetenz: Politische, mikropolitische und soziale Kompetenzen

In sekundären Rekontextualisierungen beziehen Lehrpersonen ihr Handeln auf die institutionellen und außerschulischen Rahmenbedingungen. Dies fordert von ihnen politisches Verständnis, Verhandlungsgeschick und Geschick in der Gesprächsführung. Der Rückgang autoritativer Strukturen, die dem Lehrer klare Rollenerwartungen zugeschrieben haben, hat komplementär zur Folge, dass die Lehrpersonen heute die je individuellen Situationen der Beteiligten genauer einschätzen können müssen und Strategien verfügbar haben, die oft konflikthaltigen Situationen zu analysieren. Sie müssen zu den Behörden, zu Kollegen, zu Eltern und zur Öffentlichkeit positive Beziehungen aufbauen können, sich selbst in der Öffentlichkeit darstellen können, kompetent in der Kenntnis von Rechtsverhältnissen sein, aber auch die realen Lebenskonstellationen der verschiedenen Bezugsgruppen einzuschätzen vermögen. Damit wird vom Lehrer heute ein hohes Maß an Sozialkompetenz und politischer Kompetenz verlangt. Die Lehrperson muss in der Lage sein, ihr Handeln im Umfeld des „größeren Ganzen" des institutionellen Auftrages zu sehen und so auch erkennen, wo ihre Verantwortung für das Gemeinwesen liegt und wie sie wahrgenommen werden kann.

4. Emotionskompetenz: Mit dem Beruf eins und souverän werden – Rekontextualisierung auf die innere Umwelt des Lehrers

Über alle oben genannten Kompetenzen hinaus tritt heute eine Fähigkeit hinzu, die für die Bewältigung der Aufgabe des Lehrens von entscheidender Bedeutung ist. Der Lehrer muss heute ein reflektierteres Verhältnis zu sich selbst entwickeln. Da er sehr viel mehr Kritik ausgesetzt ist und sehr divergenten Ansprüchen genügen muss, sollte er in der Lage sein, diese Kritik und diese Ansprüche zu verarbeiten, und sich selber immer wieder kritisch prüfen können. Der Lehrer braucht heute demnach ein viel höheres Maß an selbstreflexivem Wissen und einen besseren Zugang zur eigenen Person, als dies früher der Fall war. Erst wenn ihm dies gelingt, hat er auch entsprechende Voraussetzungen, als Person intakt zu bleiben, keine falschen Fassaden aufbauen zu müssen und damit psychohygienisch gesund zu bleiben. Die Erwartungen an Lehrer und die positiven Eigenschaftszuschreibungen zum idealen Lehrer, die von allen Bezugsgruppen heute vorgenommen werden, gehen in zentralen Punkten in die Richtung, dass neben Fachkompetenz und Gerechtigkeit die souveräne Haltung des Lehrers, seine Persönlichkeit besonders wichtig ist. Der Lehrer sollte nach diesen Studien humorvoll sein, adäquat reagieren können, nicht überzogen, aber auch nicht zögernd, um so das Bild einer in sich ruhenden Persönlichkeit zu präsentieren, die weiß, was sie will, die ein positives Verhältnis zu sich selber hat und sich mit ihrem Beruf in Übereinstimmung empfindet.

Dies setzt vor allem ein intensives Training in der Fähigkeit voraus, mit den im Lehr-Lernverhältnis auftauchenden Emotionen angemessen umzugehen. Lehren ist hochgradig enttäuschungsanfällig, und die permanenten Interaktionen mit Schülern erfordern ein Training der Emotionsregulierung, die vor allem Angstgefühle und Ärger im Zaume hält. Dies muss gezielt gelernt werden, um jene Souveränität einzuüben, die Schüler dann als „Humor", als „Gelassenheit", aber auch als „Anteilnahme" und „Interesse" wahrnehmen.

Das Idealbild besteht somit in der mündigen und souveränen Lehrperson, die selbständig handelt und entscheidet, die sich selber in Frage stellen und korrigieren kann, die sich aber gleichzeitig auf der Grundlage einer unprätentiösen Selbstsicherheit und Orientierungssicherheit positiv dem *öffentlichen Auftrag seiner Tätigkeit* verpflichtet weiß.

Diese Eigenschaften werden heute in vielen sozialpsychologischen Untersuchungen differenziert untersucht. Dort sind sie systematisch in die Überlegung einbezogen, dass im sozialen Bereich erfolgreich Handelnde (z.B. politisch Agierende) in der Lage sind, zwischen sachlicher Objektorientierung und selbstreflexiver Orientierung zu wechseln. Sie schaffen es, immer wieder das eigene Verhalten im Spiegel der andern kritisch zu überprüfen und damit korrekturfähig zu bleiben. Sie lernen dadurch kritische Selbstaufmerksamkeit und sie lernen, Konflikte auch antizipatorisch zu vermeiden. Diese Lernfähigkeit zu bewahren und sich nicht von Rückmeldungen abzuschotten bzw. auf solche Rückmeldungen blockierend zu reagieren, scheint heute eine zentrale Voraussetzung für die produktive Bewältigung der Lehrerrolle zu sein. Der Lehrer ist sonst in der Gefahr, kritikundurchlässige Scheinwelten und Fassaden vor sich und anderen aufzubauen.

Als Teil der generellen kulturellen Entwicklung zu immer ausgeprägterer Individualisierung, die zu einer großen Bedeutung selbstgestalteter Identitäten geführt hat, hat auch die Identitätsbildung in der Akteurkonstruktion des Lehrerseins an Bedeutung gewonnen (Larcher Klee, 2005). Die operativen Akteure konstruieren ihre „Amtsaufgaben" auf diesem Hintergrund selbständig in einer Art und Weise, die mit ihren Konzepten von sich selber kompatibel sind. In Krisenphasen, insbesondere beim Berufseinstieg, wird die Frage akut, wie man mit dem Lehrberuf „eins" sein kann. Hier gilt es nämlich, die schwierige Aufgabe des Lehrerseins mit den subjektiven Konzepten von sich selbst zu synchronisieren (Larcher Klee, 2005), wenn jemand z.B., der sich für besonders sensibel hält, „gezwungen" ist, in einer Klasse klare Worte zu finden und sich durchzusetzen. Wenn sich jemand so auf die Seite der eigenen Identität schlägt, dass der institutionelle Auftrag hinter diesem „Was passt zu mir, womit kann ich einverstanden sein?" zurückgestellt wird, kann es schwierig werden. Dies kann der Fall sein, wenn die Kernaufgaben des Amtes, etwa Disziplin zu fordern oder Leistungsansprüche zu wahren, im Vergleich zum Bedürfnis, „mit sich selbst identisch zu sein", in den Hintergrund treten (s. zum Problem der Verwöhnung Rüedi, 1995). Wie auf diese modernen Probleme der berufsbiographischen Einmündung in Lehrberufe in der Ausbildung und in Modellen der Berufseinführung reagiert werden kann, gilt es in Zukunft auszuloten.

4.3.2 Ausbildung und Fortbildung als Schlüssel für die Qualitätsentwicklung im Bildungswesen

4.3.2.1 Ziele der Lehrerbildung: Fachausbildung und Persönlichkeitsbildung

Wenn klar ist, welche Kompetenzen für eine erfolgreiche Bewältigung des Lehrerseins hilfreich und nötig sind, dann ist auch eine Perspektive eröffnet, auf welche Ziele hin sich die Lehrerbildung zubewegen sollte.

Lernen kognitiver Synchronisierung

Im Kern geht es vor allem darum, die Vermittlung von „Kultur und Kind" zu lernen. Mit *Blick auf die Kultur* bedeutet dies, dass geübt werden muss, komplexe Inhalte und Fähigkeiten zu analysieren und über die Aufgabenanalyse so in Teilschritte zu „zerlegen", dass sich optimal graduierte Schwierigkeitsgrade ergeben.

Aus der *Perspektive der lernenden Kinder* enthält sie die Aufforderung, optimale Anschlussfähigkeiten zu lernen und die *Heterogenität bzw. Individualität der Leistungsfähigkeiten* zu berücksichtigen. Dies bedeutet vor allem zu lernen, den jeweiligen Lernstand in einer Klasse rasch und zuverlässig zu *diagnostizieren*.

In der theoretischen Perspektive des *Ko-Konstruktivismus* bedeutet bestmögliche Anschlussfähigkeit, dass auf einem optimalen Niveau der erworbenen Fähigkeiten und Erkenntnisse aufgebaut und in die „nächsten Zone der Entwicklung" (Vygotzky, 1938) geführt wird. Dieses anspruchsvolle Ziel erfordert, das Vorwissen zu erkennen und den nächsten Schritt des Kompetenzerwerbs im Auge zu haben.

Adaptives Lehren richtet sich an ähnlichen Zielen aus. Die Adaptivität an die kindliche Lebens- und Erfahrungswelt ist dort gewährleistet, wo das kulturelle Programm im Lebenskontext *situiert* wird und zur Überführung der alltäglichen Lebenswelten in ein elaboriertes Verständnis führt. Dies erfordert von den Lehrpersonen wiederum, sich in die Vorstellungs- und Erlebniswelt von Kindern und Jugendlichen einfinden zu können.[83]

Lernen motivationaler Synchronisierung

Die Anschlussfähigkeit darf sich aber nicht allein auf kognitive Koppelungen von Wissen beziehen. Sie ist im Bereich der Motivation ebenso bedeutsam und anzustreben. So darf Lehren Kinder emotional nicht verletzen, ihr Selbstbild nicht beschädigen und ihre Interessen nicht ignorieren. Diese heikle Aufgabe ist ohne Wissen über Selbstwertdynamiken und Persönlichkeitsdynamiken im Umkreis der Leistungsmotivation nicht zu leisten (s. vorbildlich aber aufwendig Elliot & Dweck, 2005).

Lernen disziplinärer Synchronisierung

Neben diesen „inneren Qualitätsmerkmalen" als ko-konstruktivem, adaptivem und situiertem Lernen spielen äußere, unterstützende eine große Rolle. Sie bestehen vor allem in einer optimalen Gestaltung der sozialen Aspekte der Lehr-Lernkonstellationen. Der wichtigste Teil liegt auf der Hand. Er besteht darin, *optimale Aufmerksamkeit* zu schaffen, also optimale Konzentration für Lehr-Lerninteraktionen. Nicht minder bedeutsam ist es, dass die Beziehungskonstellationen zwischen Lehrpersonen und Kindern bzw. Jugendlichen optimal sind. Freundlichkeit, gegenseitige Akzeptanz und Zuneigung verweisen darauf. Lehrer werden aber auch in zunehmendem Maße zu *Entwicklungsbegleitern* der Schüler; die Perspektive der Mithilfe bei der optimalen Entwicklung jedes Schülers wird zur zweiten wichtigen Sichtweise, die vor allem pädagogisch-psychologische Kompetenzen erfordert.

Werte-Sicherheit

Schließlich ist auch unübersehbar, dass heute das Bedürfnis nach weltanschaulicher Orientierung und nach *Zielsicherheit* eine große Bedeutung gewinnt. Diese Zielorientierung wird allerdings nicht mehr nur als individuelles und per-

---

[83] Diese große Bedeutung fachlicher und fachdidaktischer Kompetenzen bestätigt auch eine Studie zu Themenpräferenzen in der Lehrerfortbildung (Reckmann, 1992).

sönliches Problem des einzelnen Lehrers angesehen, sondern in die gemeinsame pädagogische Konzeptarbeit der Lehrpersonen an einer Schule eingebettet.

Auch die sekundäre Rekontextualisierung muss stimmen. Sie besteht in der Fähigkeit, die institutionellen Belange zu erkennen und die Erwartungen der Bezugsgruppen von Lehrpersonen, Eltern und Öffentlichkeit zu balancieren und schließlich auch mit den eigenen inneren Ansprüchen an den Schutz vor Verletzungen der eigenen Person als Handelnde im Lehrberuf zu versöhnen.[84]

Lernen sekundärer Synchronisierung

An dieser Stelle ergibt sich die Möglichkeit, neue Leitbilder gelungenen Lehrerseins heute auf den Begriff zu bringen (s. vor allem Schweizerischer Lehrerverband, 1998). Nach dem gezeichneten Bild sind auch heute noch Lehrpersonen in erster Linie *Fachleute für Lernen*.[85]

Leitbilder für den Lehrberuf

Wir finden aber insofern eine neue Lehrergeneration, als diese heute in stärkerem Maße den Anspruch erhebt, selbst als Person intakt zu bleiben und sich selbst als Person in die Lehrtätigkeit einzubringen. Die Trainingsprogramme im

Neue LehrerInnengenerationen heute: Offenheit für soziale Spiegelungen

84 Siehe zur Beschreibung des idealen Lehrers in Konzepten der Balance Scarbath (1987). Distanz und Nähe, Autorität und Verständnis, Gerechtigkeit und Nachsicht, diese gegensätzlichen Ansprüche materialisieren sich alle in einer gelungenen Schüler-Lehrer-Beziehung (Reinert, 1987).

85 S. parallel zum Schweizer Unternehmen die Gemeinsame Erklärung der KMK im Beschluss der Kultusministerkonferenz vom 5.10.2000 (s. Internetseite der KMK).
Hier Ausschnitte aus dem Text:
Lehrerinnen und Lehrer sind Fachleute für das Lernen,
ihre Kernaufgabe ist die gezielte und nach wissenschaftlichen Erkenntnissen gestaltete Planung, Organisation und Reflexion von Lehr- und Lernprozessen sowie ihre individuelle Bewertung und systemische Evaluation.
Sie vermitteln grundlegende Kenntnisse und Fertigkeiten in Methoden, die es dem Einzelnen ermöglichen, selbständig den Prozess des lebenslangen Lernens zu meistern ...
Für die berufliche Arbeit sind umfassende fachwissenschaftliche wie auch pädagogisch-didaktische und soziologisch-psychologische Kompetenzen sowie kommunikative und soziale Fähigkeiten erforderlich. Schülerinnen und Schüler müssen spüren, dass ihre Lehrerinnen und Lehrer "ein Herz" für sie haben, sich für ihre individuellen Lebensbedingungen und Lernmöglichkeiten interessieren und sie entsprechend fördern und motivieren, sie fordern, aber nicht überfordern. Verantwortung, Bereitschaft und glaubwürdiges Handeln aller Lehrerinnen und Lehrer auch für ein gutes Schulklima und ein partnerschaftliches Schulleben sind dafür förderliche Voraussetzungen.
...
Lehrerinnen und Lehrer sind sich bewusst, dass die Erziehungsaufgabe in der Schule eng mit dem Unterricht und dem Schulleben verknüpft ist. Erziehung ist die bewusste und absichtsvolle Einflussnahme auf die Persönlichkeitsentwicklung junger Menschen.
...
Lehrerinnen und Lehrer üben ihre Beurteilungsaufgabe im Unterricht und bei der Vergabe von Berechtigungen für Ausbildungs- und Berufswege kompetent, gerecht und verantwortungsbewusst aus. Dafür sind hohe pädagogisch-psychologische und diagnostische Kompetenzen von Lehrkräften erforderlich sowie die motivierende Kommunikation untereinander und die hilfreiche Beratung der Schülerinnen und Schüler und ihrer Eltern.
...
Lehrerinnen und Lehrer entwickeln ihre Kompetenzen ständig weiter.
und nutzen geeignete Fort- und Weiterbildungsangebote, um die neuen Entwicklungen und wissenschaftlichen Erkenntnisse in ihrer beruflichen Tätigkeit zu berücksichtigen und zu nutzen.
...
Lehrerinnen und Lehrer beteiligen sich an der Schulentwicklung und der Gestaltung einer lernförderlichen Schulkultur und eines motivierenden Schulklimas ....
Lehrerinnen und Lehrer unterstützen die interne und externe Evaluation der Lehr- und Lernprozesse, der Gestaltung des Schulprogramms und des Schullebens ....

Umkreis von Dreikurs (1982), Tausch (1981), Miller (1989) Rogers (1994; 1959; 1984) und Gordon (Gordon, 1977), die aufkommende Vorliebe für Supervision (Storch & Krause, 2002), die größere soziale Orientierung der heutigen Junglehrerinnen und Junglehrer und die größere Bereitschaft, sich im Spiegel eines kritischen Freundes beurteilt zu sehen, weisen darauf hin, dass eine produktive Bewältigung der Lehrerrolle heute schon ein sehr frühes Training in der Fähigkeit impliziert, sich selbst sozial zu spiegeln, sowie sich sozial unterstützen und kritisieren zu lassen.

Gestärkte Selbstreflexivität

Moderne Lehrerinnen und Lehrer müssen heute in weit größerem Maße *selbstreflexiv*, *selbstkorrekturfähig* und vor allem *verständigungsfähig* sein. Sie erhoffen sich deshalb in den selbstbezogenen Trainingsprogrammen eine
- Verbesserung der Selbstbeobachtung,
- die Verbesserung des Zugangs zu den eigenen Gefühlen,
- die Verbesserung der Fähigkeit, Ich-Botschaften zu geben und damit Rückmeldungen zu erhalten,
- die Verbesserung der unmittelbaren emotionalen Reaktionen,
- die Verbesserung der Ursacheninterpretationen,
- die Verbesserung der Fremdbeobachtung, was im anderen vor sich geht
- und die Integration des Lehrerseins in ein Selbstbild und Lebenskonzept.

In den ausbildungsdidaktischen Präferenzen kommt dies auch zum Ausdruck. Ältere Lehrer neigen in den Erwartungen an Lehrfortbildungsangebote sehr viel stärker dazu, von sich abzusehen, sich Angeboten einzuordnen, rezeptiv zu lernen und sich fachlich zu konzentrieren. Jüngere Lehrpersonen dagegen wollen selber aktiv sein, wollen in sozialen Zusammenhängen lernen, wollen sich selber einbringen und sich beteiligen. Wenn dies so ist, dann könnte durch frühe *Tandembildungen* (zwei Lehrerstudenten gehen gemeinsam in Schulpraktika) und durch frühe *Gruppenbildungsprozesse* in der Lehrerausbildung die selbstverständliche Haltung eingeübt werden, dass Lehrpersonen selbstreflexiv, kritisch, sozial eingebunden und damit psychohygienisch gesund bleiben (s. zu obigem Reckmann, 1992).

Selbstselektion

Gleichzeitig wäre auch zu untersuchen, wie potentielle Lehrerinnen und Lehrer sich selber prüfen können, ob sie von ihren sozialen Kompetenzen her für diesen sozial so anspruchsvollen Beruf geeignet sind.

Fachausbildung und Persönlichkeitsbildung

Diese Standards einer guten Ausbildung laufen darauf hinaus, einmal eine gute fachliche, fachdidaktische und methodische Ausbildung zu forcieren. Ebenso bedeutsam wird angesichts der Realitäten von Schule heute eine Persönlichkeitsbildung von Lehrpersonen, die ihnen Sicherheit in einem anspruchsvollen Beruf vermittelt. Sie müsste deshalb früh in die Lehrerausbildung integriert werden und verlangt dort, dass die gesamte Lebensorganisation im Umkreis des Studiums und die Art des Umgangs des Lehrkörpers mit den Studenten gestaltet wird. In der Lehrerfortbildung kann dies bedeuten, dass die Entstehung von sozialen Zirkeln und von informellen Netzwerken in Zukunft noch wichtiger als in der Vergangenheit werden könnte. Eine bleibende Bedeutung hat dabei die musisch-sportliche Ausbildung des Lehrers. Derjenige hat es in der Schule leichter, der in mindestens einem Bereich vor Schülern leicht sichtbare Sonderkompetenzen demonstrieren kann, die ihn oder sie zum bewunderten Vorbild machen.

4.3.2.2 Empirische Ausbildungsforschung und Standards „guten Lehrerseins"

Die *Aufgabenanalyse* der Lehrarbeit, die *Realitäten* des Lehrerseins und die *Idealbilder* guten Unterrichts und guter Bewältigung des Lehrerseins münden zusammen in Konzepte, wie eine „*gute Lehrerwelt*" auf den Weg zu bringen ist. Die Methode der Wahl liegt auf der Hand: durch eine entsprechende Ausbildung und Weiterbildung, also durch das, was man auch als *Personalentwicklung* bezeichnet. Dass dies nicht die einzige Strategie der Qualitätsentwicklung im Bildungswesen ist, wird deutlich werden, wenn wir Aufsicht und Kontrolle als Strategien der Qualitätssicherung auf der Mikroebene des Bildungswesens beschreiben.

<small>Ausbildung als Weg zur Erfüllung von Standards</small>

Welche Ausbildung ist nun die beste? Was soll sie bieten und wie soll sie organisiert sein?[86]

Diese Frage darf nicht nur theoretisch-spekulativ beantwortet werden. Sie bedarf der detaillierten empirischen Erforschung, wie wirksam welche Formen der Ausbildung sind. Solche Wirksamkeitsstudien sind jedoch noch sehr selten, wären aber durchaus auch im größeren internationalen Rahmen möglich. Sie sind zur Zeit auf breiter Front, unter anderem in der OECD, unterwegs.

<small>Empirische Ausbildungsforschung</small>

Ein bemerkenswerter Anlauf dazu ist in der Schweiz unternommen worden. Die Studie, „Wirksamkeit der Lehrerbildungssysteme", setzte an den *Zielen* und *Angeboten* der Ausbildungsakteure an und befragte die Auszubildenden, wie die Ziele der Ausbildung wahrgenommen, übernommen und ins eigene Handeln als Lehrpersonen integriert wurden (Oser, 2001).

Was wird in Lehrerbildungsinstitutionen gelesen und gelernt, welche „Philosophie des Lehrens und Erziehens" wird weitergegeben, wie wird theoretisches Wissen hier in praktisches Können umgeformt, welcher Code „guten Lehrerseins" wird vermittelt?[87] Dies zu wissen gehört zum Kernbereich empirischer Lehrerforschung. In der Schweizer Studie wurde intensiv ermittelt, welche Verarbeitungstiefe die angebotenen Inhalte in der Lehrerausbildung erfahren. Verarbeitungstiefe wurde dabei so definiert: Haben die Auszubildenden jemals *davon gehört*, sie nur *theoretisch vermittelt* bekommen oder in Verbindung mit praktischem Handeln *geübt*?

<small>Drei Stufen der Verarbeitungstiefe</small>

In Bezug auf die folgenden Kompetenzen wurde diese ermittelt:[88]
Fachliche, fachdidaktische Arbeit und methodische Arbeit:
- Phasen des Unterrichts gestalten,
- Exemplarische Inhalte für den Unterricht festlegen,
- Transfer systematisch einbauen und so das Gelernte sichern,
- Vergessen vermeiden und Behalten systematisch unterstützen lernen,
- Gruppenresultate verarbeiten lernen,
- Projektunterricht praktizieren,
- Kenntnis der Erfolgskriterien vermitteln lernen,
- Unterrichtsmedien zur Anschauung einsetzen,
- Leistungsschwierigkeiten diagnostizieren,

---

86 Siehe die neuesten Standardarbeiten aus dem amerikanischen Raum: Cochran-Smith & Fries, 2005; Darling-Hammond & Bransford, 2005.
87 Siehe für neuere Studien: Schubarth & Pohlenz, 2006.
88 Hier in Abweichung von den Autoren neu geordnet.

- Hausaufgaben erteilen und überprüfen,
- Selber Übungsmaterial herstellen und einsetzen.

Pädagogische und motivationale Arbeit
- Positive Erwartungen praktizieren,
- Gelernte Hilflosigkeit bei Schülern vermeiden
- Entwicklungsrisiken feststellen und entsprechend reagieren,
- Disziplinprobleme regeln,
- vielfältiges prosoziales Verhalten fördern lernen,
- Ausländerkinder sinnvoll in unserer Kultur beheimatet sein lassen.

Mitarbeit am schulischen und sozialen Umfeld
- Schulleitbild formulieren und im Alltag umsetzen,
- positiven Wettbewerb fördern,
- Anliegen der Schule in der Öffentlichkeit und gegenüber vorgesetzten Stellen vertreten,
- Selbst- und Fremdevaluation öffentlich machen,
- Vorteile und Nachteile von Schulbüchern herausarbeiten.

Arbeit an der eigenen Person
- Schutz vor Überlastung wirkungsvoll realisieren,
- Persönliche Fortbildung planen und gestalten.

In diesem Katalog von konkreten Aufgaben wird sichtbar, wie komplex primäre und sekundäre Rekontextualisierungen im Lehrberuf sind. Einige sind neu, andere alt. Es überrascht nicht, dass Neuerungen eher in der Theorie vorkommen und Kernaufgaben des Alltagsgeschäfts auch stärker geübt werden. Ausbildung heißt vor allem zu lernen und zu üben
- Unterricht zu gestalten,
- Disziplin zu halten,
- Unterrichtsmaterialien herzustellen bzw. zu verwenden,
- Lernprobleme zu diagnostizieren.

Obwohl in der von Oser und Oelkers untersuchten Lehrerbildung im Kern positive Wahrnehmungen überwogen, haben sich Besonderheiten und Probleme gezeigt, etwa die
- dass die Ausbildung, was die Ziele angeht, von 3/4 der Befragten als diffus empfunden wird,
- dass insbesondere die berufsspezifischen, auf pädagogisches Handeln gerichteten Fächer wie Pädagogik, Psychologie und Didaktik als von geringen Anforderungen geprägt wahrgenommen werden,
- dass die beobachtbaren Standards der beruflichen Kompetenzen als schwach ausgebildet wahrgenommen werden.

Die pädagogische Ausbildung erschien danach eher als diffus, relativ anspruchslos und wenig wissenschaftsorientiert. Die soziale Kultur der Lehrerausbildung wurde hingegen sehr positiv wahrgenommen. Die Ausbildner kümmerten sich sehr um die potentiellen Lehrpersonen, sie scheinen in einer Kultur der Zuwendung und des Engagements der Lehrenden gelernt zu haben.

Die unbefriedigende Situation im theoretischen Teil der pädagogischen Ausbildung, die Wahrnehmung von Orientierungslosigkeit und fehlendem Zusammenhang durchzieht auch die deutsche Diskussion zur Lehrerbildung (Terhart, 2000).

Defizite in Deutschland

Die geringe Verarbeitungstiefe bei pädagogisch-psychologischen Themen und der geringe inhaltliche Kanonisierungsgrad sind alarmierend. Zwei Entwicklungen könnten hier helfen:

1. Eine stärkere systematische Anbindung an den entsprechenden psychologischen und soziologischen Forschungsstand. Entwicklungspsychologie, differentielle Psychologie der kognitiven Strukturen und der Persönlichkeit könnten hier ebenso strukturierend und systematisierend einspringen wie die ausgedehnte Grundlagenforschung zu spezifischen Lernproblemen in sprachlichen oder mathematisch-naturwissenschaftlichen Themenfeldern.

Fallanalytisches Einüben als Kern einer kompetenzorientierten Ausbildung

2. Der Übergang von der Theorie in Handlungskompetenzen ergibt sich nicht von selbst. Er muss systematisch geplant und geübt werden. Aus guten Theorien folgt nicht von selbst gutes Handeln. Kompetenztraining ist immer auf *problembasiertes, fallanalytisches Üben* angewiesen. Handeln erlernt man nur über Handeln (s. schon Binneberg, 1979). Ohne Eigenaktivität, ohne aktives Üben kann keine Kompetenz aufgebaut werden. Daraus einen Gegensatz von Theorie und Praxis abzuleiten, wäre falsch. Das neue Videomaterial, das im Umkreis der großen internationalen Leistungsstudien entstanden ist, könnte hier eine neue Grundlage schaffen (Hugener et al., 2006; Staub, 2005).

Wie die Inhalte der Lehrerbildung im Anschluss an die berufswissenschaftlichen Forschungsfelder systematisch gegliedert werden sollen, ist inzwischen Konsens. Überall finden wir die Themenbereiche

Ausbildungsinhalte

- der fachlichen Ausbildung in den einzelnen Fächern,
- der didaktischen, der fachdidaktischen und methodischen Ausbildung,
- der pädagogisch-psychologischen Ausbildung, die die Lernprozesse auf der Schülerseite diagnostizieren und gestalten hilft,
- der historischen und philosophischen pädagogischen Ausbildung, die die Ideengeschichte der Pädagogik in die allgemeine Kulturgeschichte einbindet (s. Fend, 2006 a) und
- der institutionell-soziologischen Ausbildung, die die kulturellen und gesellschaftlichen Verflechtungen von pädagogischen Handlungsfeldern in historischer und systematischer Perspektive (s. Fend, 2006 b) sichtbar macht.

Neben der Frage nach der Methodik der Lehrerbildung, die heute einen klaren Blick auf die Vielfalt der Lern- und Trainingsmethoden hat, ist vor allem die Frage der Organisation zu klären. Dabei steht insbesondere zur Debatte, in welchen Sequenzen jeweils Theoriearbeit, Praxisarbeit und Reflexionsarbeit organisiert werden sollen.

Kompetenzstufen und Organisationsformen

Unmittelbar einleuchtend sind dabei Abläufe mit unterschiedlichen Schwerpunkten:

- Erste Praxiserfahrungen können als Test dienen, um die grundsätzliche Eignung für den Lehrberuf zu prüfen.
- Praxiserfahrungen in einem zweiten Schritt können die Grundlage sein, um eine Systematisierung der Aufgabenstrukturen der Lehrarbeit zu erreichen.
- In parallelen Schritten stünde eine solide fachliche Ausbildung im Vordergrund.
- Gegen Ende einer fachlichen Ausbildung müsste eine Reintegration der fachlichen Aufgaben der Lehre mit fachdidaktischen, pädagogisch-psychologischen, historisch-philosophischen und soziologischen Themenstellungen erfolgen.
- Auf dieser Grundlage wäre eine neue Stufe der Systematisierung der praktischen Aufgaben des Lehrberufes und seiner berufswissenschaftlichen Hintergründe sinnvoll.
- Als Folge müsste dann eine fachlich und fachdidaktisch basierte, selbstreflexive und sozialkompetente Konsolidierung und Professionalisierung eingeübt werden, die konsequenterweise den Keim zum lebenslangen Lernen im Lehrberuf enthalten müsste.

Ein solche Perspektive des Kompetenzaufbaus könnte in unterschiedlichen Organisationsformen realisiert werden.

4.3.2.3 Berufsbiographien und die Psychohygiene des Lehrberufs

Einbettung des Lehrerseins in den Lebenslauf

Vierzig Jahre lehren bedeutet, bei einer Pflichtwochenstundenzahl von 25 Stunden insgesamt etwa 40.000 Unterrichtsstunden vorzubereiten, durchzuführen und nachzuarbeiten. In dieser Langzeitperspektive tritt klar vor Augen, dass die Ausbildung eine kurze Zeit ist, die ein langes Lehrerleben vorbereiten soll. Die längere Phase der Lehrerbiographie will aber auch sinnvoll gestaltet sein. Es wundert damit nicht, dass es in den letzten Jahren mehrere Ansätze gegeben hat, das Lehrersein in biographischer Perspektive zu analysieren (für qualitative Studien s. Homfeldt, Schulz, & Barkholz, 1983; Münch, 1983).

Eine historische Perspektive ist dafür ein guter Beginn. So wäre zu fragen, wie Lehrerbiographien früher aussahen und wie sie sich heute darstellen (Herrmann, 2002). Wie arrangieren sich Lehrpersonen mit den „multiple masters", wie gewinnen sie Sicherheit, wie und wann beginnen sie sich mit der Lebensaufgabe, „Lehrer oder Lehrerin zu sein" zu identifizieren?

Krisenjahre?

Da der Lehrberuf häufig eine Lebenskarriere ist, kommen Fragen (s. Kunze & Stelmaszyk, 2004; Lipowsky, 2003; E. Terhart, 1994) zu Krisenzeiten, Sättigungs- und Überdrussphasen ins Spiel (Czerwenka, 1991; Hirsch, 1990; Hirsch, Ganguillet, & Trier, 1990; Hirsch et al., 1988; Gertrude Hirsch et al., 1990). Es zeigt sich häufig ein Wechselspiel von pädagogischen Ansprüchen, Realitätserfahrungen und Enttäuschungen, neuen Anläufen, Rückzug in den Unterricht oder Flucht aus dem Unterricht, Suche nach neuen Arbeitsschwerpunkten oder gar Ausstieg. Ältere Lehrpersonen scheinen sich arrangiert zu haben. Sie sind zufriedener und haben ein positiveres berufliches Selbstbild als jüngere (Kischkel, 1984, 1987, 1989, 1990). In den Augen ehemaliger Schülerinnen und Schüler sieht es anderes aus. Von ihnen werden sie als innerlich weniger beteiligt, weniger optimistisch, weniger herzlich, weniger einfühlsam und vertrauensvoll beschrieben (Schmidt, 1991). Sie haben offensichtlich mehr Übereinstimmung mit sich selbst erreicht, dies aber auch durch Distanz zu den Schülern erkauft. Vorbildhafte Lehrpersonen werden in diesen Wahrnehmungen als aktiv, engagiert, gelassen, in sich ruhend und effizient beschrieben.

Mit den berufsbiographischen Veränderungen hängen Fragen der Arbeitsbelastung von Lehrkräften (Forneck, 2001), der psychischen und physischen Gesundheit von Lehrerinnen und Lehrern (Grunder & Bieri, 1995; Rudow, 2000) zusammen und natürlich Fragen des „Burn-out", der ebenfalls lebensgeschichtlich variiert.

Ein Leben lang gerne Lehrperson sein?

Wie man sich in der Schule wohl fühlen (Miller, 1989) und auch in mittleren Berufsjahren mit sich identisch sein kann, ist auf diesem Hintergrund eine wichtige Frage (Ammann, 2004). Untersuchungen zeigen, dass das private Glück oder Unglück von Lehrerinnen und Lehrern die schulische Zufriedenheit nicht unberührt lässt. So ist eine gute soziale Bindung außerhalb der Schule, sind befriedigende soziale Netzwerke die wichtigsten Schutzschilder gegen innerschulischen Burn-out (Hirsch, 1990; Ulich, 1996).

Lehrerinnen und Lehrer sind aber einem berufsbiographischen Schicksal nicht hilflos ausgeliefert. Es lässt sich gezielt an größerer beruflicher Übereinstimmung mit sich selber arbeiten, etwa durch die Erhaltung einer positiven Haltung gegenüber Kindern, einer systematischen Reflexion der Handlungsbedingungen, insbesondere der veränderten Schülerschaften, durch Reflexion der Ansprüche an die eigene Arbeit, durch Achtsamkeit gegenüber sich selber, durch den bewussten Umgang mit eigenen Stärken und Schwächen, durch die Klärung der persönlichen Standpunkte, durch freundschaftliche oder professionelle Supervision, durch die Pflege von Kooperation und durch eine bewusste Gestaltung einer befriedigenden Work-Life-Balance (Storch & Krause, 2002).

Gestaltung der Lehrerbiographien

Die gezielte Arbeit an der eigenen Kompetenz, die Arbeit an der Bewährung in einem schwierigen und anspruchsvollen Interaktionsberuf endet also nicht mit der ersten Phase der Ausbildung. Sie wird zu einer Lebensaufgabe.

4.3.3 Qualitätssicherung durch Aufsicht und Evaluation der Lehrpersonen

Im Bildungssystem zu lehren ist keine Privatsache. Als operative Akteure sind Lehrpersonen dicht eingebunden in die Makro- und Meso-Regulierung im Bildungswesen. Dies gilt nicht nur für den inhaltlichen „Masterplan", sondern auch für die Verantwortung in der Erfüllung ihrer institutionell definierten Aufgaben.

Aus der Sicht der für die strategische Führung des Bildungswesens Verantwortlichen ist es undenkbar, dass die mit öffentlichen Mitteln finanzierten Schulen und Lehrpersonen unkontrolliert ihrer Aufgabenerfüllung überlassen werden. Eine funktionierende Selektion der Lehrpersonen und eine qualitativ hochwertige Ausbildung sind wichtig, um sicherzustellen, dass man gut geeignete Lehrkräfte erhält.

Selektion und Dauerbeobachtung

Die Erfüllung der Zugangsbedingungen zum Lehrerberuf allein ist jedoch unzureichend. Für die *dauerhafte* Qualitätssicherung braucht es eine kontinuierliche Beobachtung. Deshalb sind als Minimum rechtliche Regelungen erforderlich, die im *Dienstrecht* die regelkonformen Verhaltensweisen festlegen und in der *Fachaufsicht* die Qualität der Lehre überprüfen.

Komplexität pädagogischen Handelns

Wie kann eine so komplexe Arbeit wie die des Lehrers in einer hohen Qualität sowohl in fachlicher, psychologischer und ethischer Hinsicht gesichert werden? Die Ausgangsbasis dafür ist im Folgenden nicht die Vorstellung, dies müsste durch permanentes „Kommandieren-Kontrollieren-Korrigieren" gesichert werden, sondern durch die Schaffung eines *gemeinschaftlichen Verantwortungszusammenhanges,* in dem alle Beteiligten ihre gegenseitigen Verpflichtungen anerkennen und wahrnehmen.

4.3.3.1 Qualitätssicherung durch Aufsicht

Lehrpersonen als operative Akteure sind die Auftragsnehmer, deren Arbeit beobachtet und bewertet wird. Die rechtlichen Rahmenbedingungen definieren dabei einen Spielraum der Selbstverantwortung, der zu professionellem und engagiertem Handeln führen soll.

Aufsicht und Verantwortung

„Aufsicht" kann nun sehr unterschiedlich gestaltet sein. Eine internationale Sichtweise zeigt die große Varianz darin, wie dicht oder sporadisch die Außenkontrolle des Lehrerhandelns sein kann. Damit wird die Frage wichtig, was eine „gute Aufsicht" ist. Welche sichert am besten Qualität im Bildungswesen? In den letzten Jahren haben sich die Instrumente der Aufsicht und Evaluation zunehmend differenziert, so dass die Frage ihrer Wirksamkeit immer bedeutsamer geworden ist.

Staatliche Schulaufsicht

Schulaufsicht in staatlicher Verantwortung ist in Deutschland die „Normalform" der Kontrolle des Personals. Ihr Grundprinzip besteht in Unterrichtsbesuchen durch Fachexperten aus den Behörden bzw. durch Fachbeauftragte, die eine Stunde anschauen und dann darüber einen Bericht schreiben. Die Lehrperson bereitet sich auf diese Stunde über lange Zeit vor, demonstriert fern von ihrem üblichen Unterricht das, was sie glaubt, dass es das Beste in den Augen der Beurteilenden sein könnte, und geht dann mehr oder weniger befriedigt oder frustriert zum schulischen Alltag über. Diese Besuche erfolgen meist „anlassbezogen", d.h. vor Einstellungsentscheidungen, bei anstehenden Beförderungen, bei Bewerbungen oder bei massiven Beschwerden der Eltern.

„Laienaufsicht"

In anderen Ländern, z.B. in der Schweiz und in den Niederlanden, dominiert für die Volksschule die lokale, gemeindebasierte Aufsicht über gewählte Personen aus der Gemeinde, die keine schulischen Experten sein müssen. Hier werden die Lehrer mindestens zweimal im Jahr besucht und in einem Bericht beurteilt. Diese Berichte begleiten die Lehrerlaufbahn und beeinflussen auf diesem Wege die Chancen für weitere Anstellungen oder Beförderungen.

Aufsicht und das Verhalten von Lehrpersonen

Unter beiden Typen der „Aufsicht", der *staatlich-fachlichen* und der *öffentlich-laienbasierten,* entwickeln Lehrpersonen Anpassungsstrategien, um sie „lebbar" zu machen. Die durch Aufsicht initiierte *Logik des Lehrerhandelns,* die in sie *eingebaute Rationalität* sollte so beschaffen sein, dass sie zu bestmöglicher Qualität des Unterrichts und des Umgangs mit Kindern beiträgt. Dies wäre dann der Fall, wenn das Handeln von Lehrpersonen im Eigeninteresse gleichzeitig dazu führen würde, zum Wohl des Kindes zu handeln.

„Logik" der Fachaufsicht

Bei *Fachaufsicht* wird erwartet, dass sie das Bewusstsein der Professionalität der Lehrpersonen stärkt und zu einem anspruchsvollen Standard führt, wann man in der „Fachwelt" als guter Lehrer gelten darf. Andererseits ist unübersehbar, dass die mit dem vorhandenen Personal praktizierbare staatliche Aufsicht viel zu selten aktiv sein kann, um die Kluft zwischen einmaligen Besuchen und alltäglichem Unterricht zu überbrücken. Die oft schwer vorhersehbaren Beurteilungskriterien bei einmaligen Besuchen machen zudem die Qualitätsfeststellung oft zum Glücksspiel. Schließlich ist auch unübersehbar, dass sich die Lehrerschaft durch die rein interne Organisation von Aufsicht zu einem Bollwerk gegen jede Kritik von „außen" zusammenschließen kann.

Auch die Laienaufsicht hat Vorteile und Nachteile. Positiv fällt ins Gewicht, dass die Aufsicht durch gewählte Vertreter der Öffentlichkeit klar sichtbar macht, welches die Verantwortungsebene der operativen Akteure ist: Sie haben sich der Öffentlichkeit gegenüber zu legitimieren, in deren Auftrag sie ihre Arbeit bestmöglich machen sollen. Die gemeindenahe Beurteilung bzw. die Beurteilung durch Schulkommissionen, die – wie in der Schweiz üblich – jedem Gymnasium beigegeben sind, ermöglichen zudem eine relativ hohe Dichte der Besuche, die die Distanz zwischen dem unterrichtlichen Alltagsgeschehen und dem lange vorbereiteten Unterricht für Besuche geringer macht. Sie ist damit prozessualer als eine sporadische Fachaufsicht.

„Logik" der Laienaufsicht

Die Nachteile liegen auf der Hand. Lehrpersonen können in hohem Maße von lokalen politischen Konstellationen, von Gerüchtebildung, von lokalen Intrigen und politischen Präferenzen abhängig werden. Die fachliche „Objektivität" der Qualitätsbeurteilung kann darunter leiden. Zudem werden Laien vor allem Oberflächenmerkmale des guten Unterrichtes sehen (s.o.). Sie werden sich auf die Merkmale eines „ordentlichen Betriebes" (Planmäßigkeit, Ordnung, Sauberkeit, Disziplin usw.) konzentrieren. Kluge und kompetente Lehrer können solchen Erwartungen problemlos entsprechen und sich dann „nach den Besuchen" auf professionellere Qualitäten von „Schulegeben" konzentrieren. Dennoch ist die Beurteilung durch Laien immer eine potentielle Kränkung des Professionsbewusstseins. Sie kann von ihnen nur akzeptiert werden, wenn Lehrpersonen auch den öffentlichen Charakter ihrer Arbeit als Verantwortung gegenüber dem Gemeinwesen akzeptieren.

Zudem sind Laien häufig keine Laien mehr. In den letzten Jahrzehnten hat sich die Zusammensetzung der Laienbehörden gewandelt. In ihr sitzen führungserfahrene Personen aus Wirtschaft und Staat (nach der Mitarbeiterbeurteilung in Zürich ca. 50%), die durchaus in der Lage sind, professionsübergreifend Handeln von Lehrpersonen zu beurteilen.[89]

Wer ist ein Laie?

4.3.3.2 Qualitätssicherung durch Anreize

Das Ungenügen an den beiden Idealtypen von Fachaufsicht und Laienaufsicht hat in den letzten Jahren neue Formen der Evaluation der Lehrertätigkeit entstehen lassen. Sie orientieren sich häufig an Modellen der Mitarbeiterführung in Unternehmen, in denen hochwertige Arbeit immer auch mit einem finanziellen Anreiz verbunden ist. Die Wirtschaft arbeitet mehr mit Anreizen als mit bürokra-

Mitarbeiterführung und Anreize

---

89 Eine noch laufende Studie der ETH Zürich unter der Verantwortung von Prof. Wehner belegt das große Engagement der Laienaufsicht. Sie besteht zum großen Teil aus Personen mit Führungserfahrung außerhalb des Bildungswesens und aus politisch und sozial hoch engagierten Frauen und Männern.

tisch-rechtlicher Kontrolle. Sie unterstellt auch weniger, dass optimales Handeln aus Idealismus oder moralischer Überzeugung resultiert.

Wie wirksam sind nun finanzielle Anreize für die Optimierung des Lehrerhandelns in Schulen? Die Versuche, die dazu unternommen wurden, führen nach Dubs in der Summe zu einer eher skeptischen Einschätzung. Finanzielle Anreize *allein* scheinen für die Veränderung des Handelns von Lehrpersonen eher zwiespältige Wirkungen zu haben, wie Dubs überzeugend resümiert.

„Finanzielle Anreize können zur Verbesserung des Unterrichtserfolgs von Lehrkräften beitragen, sind aber für sich allein im Hinblick auf Verhaltensänderungen bei Lehrkräften wenig wirksam. Werden sie mit einer systematischen Förderung verbunden, so verbessert sich in vielen – aber nicht in allen Fällen – die Wirkung. Wenig wirksam sind aber Systeme, in denen die Leistungslöhne aufgrund von herkömmlichen Unterrichtsbeurteilungen mit Beurteilungsbogen festgelegt werden. Die Wahrscheinlichkeit stärker ausgeprägter Wirkungen auf die Schule steigt, wenn der Leistungslohn fähigkeits- und kompetenzorientiert gestaltet wird, stärker auf die Leistungen für die gesamte Schule ausgerichtet ist, der Förderung beruflicher Fähigkeiten und nicht nur der Festlegung eines Beurteilungsergebnisses dient, sowie Einflüsse auf die Lehrplanentwicklung hat (Dubs, 2001, S. 95)."

Nebenwirkungen Die Nebenwirkungen individueller Beurteilung mit Lohnvorteilen sind auch unübersehbar: Eifersucht unter den Lehrkräften, Misstrauen im Lehrkörper, Verlust an Kollegialität, geringe Bereitschaft zu Teamarbeit und Verlust an gemeinsamem Denken und Handeln. Doch wie bei vielen Maßnahmen kommt es auch hier auf die konkrete Ausgestaltung und die Konvergenz mit anderen Maßnahmen an. Die mit allen Aufsichts- und Evaluationsformen verbundene Hoffnung ist natürlich die, dass sie zu einem hohen Standard der operativen Lehrarbeit beitragen: zu mehr Motivation und Anstrengung und zu einer höheren Kompetenz. Finanzielle Anreize sind zweifellos wichtig, müssen aber in einen größeren Rahmen der Gestaltung des schulischen Arbeitsplatzes gestellt werden.

4.3.3.3 Qualitätssicherung durch umfassende Lehrer-Evaluation

Je konsequenzenreicher die Beurteilung der professionellen Lehrtätigkeit wird, umso klarer tritt auch die Forderung auf, dass sie nur gerechtfertigt ist, wenn ihr eine nach
- akzeptierten Kriterien erfolgende Qualitätsfeststellung zugrunde liegt und ein
- faires Verfahren zum jeweiligen Urteil führt.

Die Wirksamkeit selber dürfte davon abhängig sein,
- wie gut die Rückmeldungen von den Betroffenen akzeptiert und
- in Verfahren der weiteren Kompetenzentwicklung überführt werden.

Damit wird die Evaluation selber zum Gegenstand der Evaluation. Sie muss rechtsförmig, sachgerecht und in den Folgen auf Verbesserung und Entwicklung ausgerichtet sein. Dies ist leichter gesagt als getan. An mehreren Orten finden sich Verfahren, dies zu überprüfen. Als Beispiel soll hier ein Versuch aus dem Kanton Zürich dienen.

In ihm sind im Jahre 2003 alle Lehrpersonen einer umfassenden Beurteilung (EvaMAB-Projekt[90]) unterzogen worden. Im Mittelpunkt standen zu Beginn die Diskussion und die Festlegung von Kriterien, an welchen Standards das gute Lehrerhandeln festgemacht werden soll. In Abb. 4.8 kommen solche Qualitätsmerkmale zum Vorschein. In diesem Katalog (hier leicht verändert wiedergegeben) kommen die Qualitätsbereiche zum Vorschein, die bisher in verschiedenen Varianten immer wieder aufgetaucht sind.

BEURTEILUNGSKRITERIEN

A. Unterrichtsgestaltung

Zielorientiertes Unterrichten
Hält sich an Lehrplan und vorgegebene Lehrmittel. Ist fachlich auf dem aktuellen Stand. Knüpft im Unterricht an die Lernvoraussetzungen und den Wissensstand der einzelnen Schüler/innen an. Gibt klare, verständliche Ziele vor, überprüft deren Erreichung (u.a. durch sorgfältiges und aufbauendes Korrigieren schriftlicher Arbeiten) und baut die folgenden Lernschritte darauf auf. Kann die Lektion anpassen, wenn die Klasse von den eigenen Erwartungen abweicht.

Geeignete Lehr- und Lernformen
Erklärt anschaulich und nachvollziehbar. Variiert die Unterrichtsformen ideenreich, um alle Lernkanäle und Lerntypen anzusprechen. Nutzt Unterrichtsmittel zweckmäßig (Wandtafel, Videos, Experimente, Werkstatt, Internet usw.). In der Klasse wird erkundet, angewendet, geübt, wiederholt, vertieft.

Förderung eigenverantwortlichen Lernens
Schafft Freiräume, in denen die Schüler/innen selbsttätig und eigenverantwortlich lernen, handeln und urteilen können (u.a. auch bei Hausaufgaben). Weckt die Freude am Lernen, ermutigt zu planvoller Arbeitsorganisation, zu präzisen Aussagen und zu guter Präsentation. Leitet die Schüler/innen an, ihre Lernfortschritte, abgestimmt auf ihre Möglichkeiten, zunehmend selber zu planen und zu verfolgen sowie sich selber realistisch einzuschätzen.

B. Klassenführung

Grundhaltung
Ist glaubwürdig durch das Bestreben, Beispiel zu sein. Stellt hohe, aber realistische Ansprüche. Findet leicht Zugang, hört aufmerksam zu und gibt offen Feedback. Ist optimistisch, kritikfähig und verlässlich („gerecht").

---

90 Dieses Projekt wurde im Kanton Zürich durchgeführt und diente der Evaluation der Mitarbeiterbeurteilung, der alle Zürcher Volksschullehrer unterzogen wurden (s. Wehner et al. 2005).

Gemeinschaftsförderung
Schafft ein Klima von Respekt, Rücksichtnahme und Zusammengehörigkeit. Wählt bewusst auch Unterrichtsformen, die Kinder unterschiedlicher Herkunft und Leistungsfähigkeit zusammenbringen, und fördert Knaben und Mädchen gleichermassen. Greift bei groben Verstössen ein (u.a. auch in der Pause).

Beziehung zu den einzelnen Schüler/innen
Nimmt alle Schüler/innen ernst. Motiviert sie, sich hohe Leistungs- und Verhaltensziele zu setzen und diese zu erreichen. Ermutigt sie, verstärkt gute Ansätze, freut sich an Fortschritten und lässt auch im Tadel Wohlwollen erkennen. Zeigt Anteilnahme bei persönlichen Problemen und bietet Hilfe an.

C. Engagement für Lehrerteam und Schule

Zusammenarbeit im Lehrerteam, mit Spezialisten und Eltern
Tauscht Ideen, Erfahrungen und Material im Lehrerteam aus. Unterstützt Kolleginnen und Kollegen, die Hilfe benötigen. Informiert sich gründlich bei Spezialisten, zieht sie bei Bedarf bei und arbeitet insbesondere bei der Integration und Förderung besonderer Schülergruppen (Immigrantenkinder, Kinder mit Behinderungen, Hochbegabte usw.) mit ihnen zusammen. Gewährt den Eltern Einblick ins Schulgeschehen. Setzt sich mit ihren Fragen, Anregungen und Kritik ernsthaft auseinander. Schafft Gefässe und Angebote für den Elternkontakt.

Mitwirkung im Schulhaus, in der Schulgemeinde und im Schulwesen
Beteiligt sich an der Verantwortung für den Schulbetrieb (Haus- und Schulämter, schulische Anlässe, schulinterne Weiterbildung). Verhält sich kostenbewusst. Wirkt bei Projekten der Schulgemeinde konstruktiv mit. Beteiligt sich an schulnahen Aktivitäten in der Gemeinde und in der Region. Engagiert sich in Behörden, Kommissionen und amtlichen Lehrerorganisationen. Stellt sich in der Lehrerausbildung und in der Lehrerweiterbildung zur Verfügung.

D. Lernbereitschaft und Umgang mit der eigenen Kompetenz

Umgang mit Veränderungen und persönliche Weiterbildung
Interessiert sich für pädagogische und gesellschaftliche Entwicklungen. Reflektiert den eigenen Unterricht (allein; mit Kolleginnen und Kollegen). Beteiligt sich an Erprobungen, kann Bewährtes in Frage stellen und es gegebenenfalls durch Neues ersetzen. Macht besondere Begabungen, Fertigkeiten und Erfahrungen im Unterricht, in Kursen oder für Projekte nutzbar. Bildet sich regelmäßig weiter und setzt die gewonnenen Erkenntnisse im Schulalltag um.

Abb. 4.18: Mitarbeiterbeurteilung für Lehrkräfte an Zürcher Volksschulen

Die obigen Beurteilungskriterien öffnen einen Horizont mit sehr hohen, ja beinahe zu hohen Ansprüchen. Zudem sind Merkmale angesprochen, die die Langzeitperspektive des Lehrerhandelns betreffen und in kurzen Bewertungsphasen nur schwer zuverlässig eingeschätzt werden können. Vereinfachungen tun not.

Die Datengrundlagen für die Lehrevaluation

Beurteilungs*kriterien* sind in einem ersten Schritt unverzichtbar, sie konstituieren den Beurteilungs*prozess* aber nur teilweise. Es bedarf in einem zweiten Schritt einer überprüfbaren Datengrundlage und fairer Verfahren. Erstere wurde durch mehrfache *Unterrichtsbeobachtungen*, durch *Dossiers* der Lehrenden und durch *Erkundungsgespräche* bzw. *Rückmeldegespräche* mit der örtlichen Schulaufsicht geschaffen. Das Verfahren seinerseits variierte vielfach, baute im Kern aber auf der bestehenden Gemeindeaufsicht als beurteilenden Akteuren auf.

Ein wichtiger erster Effekt dieser Evaluation lag darin, dass das *Qualitätsbewusstsein* auf beiden Seiten, auf jener der Lehrpersonen und der Evaluationsinstanzen gestärkt wurde. Indem die Beurteilungskriterien kommuniziert und diskutiert wurden, offenbarte sich für viele erstmals sichtbar, woran „Qualität" festgemacht und wie sie „gemessen" werden kann.

Qualitätsdiskussion

Qualitätsentwicklung innerhalb der Lehrerschaft einer Schule setzt voraus, dass Lehrhandeln beobachtet, beurteilt und bei Schwierigkeiten korrigiert und weiterentwickelt wird. Ohne solide Datenbasis ist sie nicht möglich und auch nicht zu rechtfertigen. Doch wer soll diese Datenbasis schaffen? Dies könnte durch Kolleginnen und Kollegen, durch Schulleitungen, durch die Schulaufsicht oder durch externe Instanzen geschehen. Eine Lehrerschaft, die Wert auf ihre Eigenständigkeit und Professionalität legt, würde dies intern organisieren, wie dies eigentliche „Professionen" tun. Die Glaubwürdigkeit bzw. die „Autorität" von Evaluatoren erweist sich hier als Kernproblem. Das Messinstrument – so die allgemeine Formel – darf nicht gröber sein als der zu messende Bereich. So akzeptieren Professionelle in der Regel nur „Peers", wenn es um die Evaluation ihrer sachlichen Arbeit geht, also Wissenschaftler andere Wissenschaftler, Ärzte andere Ärzte usw. Bei Lehrpersonen müssten es als Autoritäten akzeptierte Personen sein, die Erfahrungen mit Lehre haben.

Welche Datenbasis für eine Evaluation von Lehrpersonen?

Welche Akteure sollen die Evaluation von Lehrpersonen durchführen? Im Kanton Zürich haben dies verständlicherweise nicht die Kolleginnen und Kollegen einer Schule ihren Kolleginnen gegenüber gemacht, sondern Gremien der lokalen Schulaufsicht – gelegentlich in Zusammenarbeit mit professionellen Evaluatoren. Als zweite wichtige Akteurgruppe kämen Schulleitungen in Frage, eventuell in Zusammenarbeit mit ausgewiesenen Fachvertretern.

Professionsverbände

Die Lehrerverbände könnten, um die Qualitätskontrolle intern zu halten, darauf bestehen, dass die Qualitätsfeststellung innerhalb der eigenen Profession zu geschehen habe. Sie müssen dabei gleichzeitig die Kollegenschaft vor Kritik schützen und die Orientierung an Qualitätsstandards glaubhaft vermitteln. Letzteres geht nicht immer ohne konsequenzenhaltige Kritik gegenüber unprofessionellem Verhalten in den eigenen Reihen.

Wie kann also berufspolitisch eine Qualitätssicherung in eigener Regie realisiert werden? Mehrere Strategien erscheinen überlegenswert. Die eine besteht darin, eine *Einigung über professionelle Mindeststandards* einzuführen und sie

Qualitätssicherung in eigener Regie

als überprüfbar und verpflichtend zu erklären (s. Leitbild). Diese Einigung ist umso wichtiger, je stärker der Profession an der Sicherung ihrer Eigenständigkeit liegt.[91] Vor Ort müsste dies in Zusammenarbeit von Schulleitungen, Personalvertretungen und Fachbeurteilungen geschehen. *Die Leitbilder einer Schule könnten so Standards enthalten, zu deren Einhaltung sich ein Kollegium verpflichtet.* Damit könnte auch sichtbar gemacht werden, dass Kolleginnen und Kollegen nur dann Anspruch auf die (notwendige) Solidarität haben, wenn sie sich diesen Ansprüchen in ihrem beruflichen Handeln stellen. Dies würde natürlich auch implizieren, dass sorgfältig und mit entsprechendem Takt auch Rückmeldungen von Schülern und Eltern in die Überprüfung, ob die verpflichtenden Standards eingehalten wurden, einbezogen werden.

Schulleitungen für alles verantwortlich?

Wer soll dieses Verfahren führen und kontrollieren? Alle diese Aufgaben Schulleitungen zu übertragen, würde der Komplexität der fachspezifischen Standards, der Legitimationsbedürftigkeit des Verfahrens und der schulkulturellen Voraussetzungen für eine produktive Amtsführung vor Ort wahrscheinlich nicht gerecht werden. Die Schulleitung bedarf der externen Instanzen und schulinternen Stützen, um vor Ort pädagogisch und administrativ produktiv wirken zu können. Insbesondere die Fachschaften wären hier einzubeziehen, um die Sachgerechtigkeit, insbesondere bei fachdidaktischen Qualitätskriterien, sicherzustellen.

Erprobungen notwendig

Die Qualitätssicherung über die Profession der Lehrenden selber muss also in einem größeren Umfeld der Regulation von Verantwortung gesehen werden. Sie wird bei der Schweizer Dreiecksbeziehung von lokaler Schulaufsicht (Schulpflegen als Laienbehörden oder Schulkommissionen), neu etablierter Schulleitung und Kollegium anders aussehen als im deutschen Bildungswesen, in dem die Hierarchie der staatlichen Behörden noch einmal auf der Schulebene abgebildet und fortgesetzt wird.

Wir stehen hier vor einer offenen Fortentwicklung des Bildungswesens, in der das Prinzip der Kollegialität mit jenem der Qualitätssicherung in ein neues Verhältnis gesetzt werden wird. Wie dies am besten geschehen könnte, bedarf nicht nur der Phantasie, was wie geschehen sollte, sondern auch der empirischen Erprobung.

---

91 Parteipolitisch fokussierte Organisationsformen sind dafür natürlich weniger ideal als Vertretungen der Lehrprofession insgesamt.

Ein indischer Fürst ließ alle Blindgeborenen seines Landes zusammenführen und ließ ihnen zeigen, wie ein Elefant aussieht.

Da standen nun die Blindgeborenen von Savatthi um den Elefanten herum und betasteten ihn, ein jeder, wo er gerade stand.

Dann begab sich der König zu den Blindgeborenen und fragte sie: „Wie ist denn ein Elefant?"

Und da sagten nun die einen:

Der Elefant ist wie ein Tragkessel – so sprachen die, die den Kopf betastet hatten.

Der Elefant ist wie eine Schaufel – so sagten die, die das Ohr des Elefanten betastet hatten.

Der Elefant ist wie eine Pflugschar – so sagten die, die seinen Zahn betastet hatten;

wie eine Stange am Pfluge ist der Elefant – so sagten die, die seinen Rüssel betastet hatten;

wie ein Pfeiler ist der Elefant – sie hatten sein Bein betastet;

wie eine Keule ist der Elefant – sie hatten seinen Schwanz in die Hand genommen;

wie ein Besen ist der Elefant – so sprachen die, welche das Schwanzende befühlt hatten.

Und sie gerieten miteinander in Streit, und jeder meinte recht zu haben, denn er traute der eigenen Erfahrung.

4.4 Rückblick und Vorblick: Lehrerhandeln im „größeren Ganzen" – Die Grammatik des Bildungswesens und die „Logik des Lehrerhandelns"

Die Gestaltung des schulischen Lernangebots ist ein hoch komplexes und kostspieliges Unternehmen, durch das mindestens 15.000 Stunden Lehre für alle Schüler eines Gemeinwesens organisiert und arrangiert werden. Unzählige Verantwortlichkeiten und Entscheidungsprozesse müssen dabei koordiniert werden. Umfangreiche Entwicklungsarbeiten, von Lehrplänen bis zu Lehrbüchern und Unterrichtskonzepten, sind dabei erforderlich. Tausende von Stunden professioneller Durchführung von Lehr- und Lernprozessen resultieren aus diesem auf den ersten Blick undurchschaubaren und hoch komplexen Wirklichkeitsbereich unseres sozialen und kulturellen Lebens. Ihn durchschaubar zu machen, die Gestaltungsmöglichkeiten zu ordnen und empirisch begründete Hinweise für wirksame oder unwirksame Maßnahmen zu finden, ist ein nicht minder aufwendiges Unternehmen. Ihm galt der hier vorgestellte Versuch zur Gestaltungslehre schulischer Lernangebote.

Eine erste Hilfe zur Ordnung der Gestaltungsmöglichkeiten haben wir darin gefunden, das Bildungswesen auf mehreren Ebenen darzustellen. Entscheidungen und Entwicklungen auf der Makro-, der Meso- und der Mikroebene greifen jedoch ineinander. Auf allen Ebenen müssen wir davon ausgehen, dass wir es im Alltagsgeschehen mit regelgeleitetem, sinnstrukturiertem und wissensbasiertem Handeln zu tun haben. Ohne Kenntnis der Regeln, der Sinngebungen und

Mehrebenenansatz

der jeweiligen Kompetenzen der Handelnden, insbesondere jener der „operativen Akteure", bleibt das Bildungswesen unverstanden und verführt zu partiellen Urteilen, wie sie oben in der Parabel vom Elefanten und den Blinden zum Ausdruck kommen.

Handeln als Regelanwendung

Das Handeln im Bildungswesen hat eine zentrale Zielrichtung, die das schulische Alltagsgeschehen „im Innersten zusammenhält". Es geht um „Menschengestaltung", um die Veranstaltung von Bildungs- und Lernprozessen. Dieses Verständnis des Bildungswesens ist in früheren Büchern in einer Theorie des „institutionellen Akteurs der Menschenbildung" grundgelegt (s. Fend, 2006b) und mit einer historischen Dimension angereichert worden (s. Fend, 2006a).

Das Regelwerk

In dieser Arbeit wurde entfaltet, wie das moderne Regelspiel des Bildungswesens heute funktioniert und wie es gestaltet werden kann. Nach welcher institutionell vorgegebenen „Logik" die Akteure in ihm handeln, sollte dabei sichtbar werden.

An der Oberfläche fallen uns nur die Variationen der „Regelanwendung" auf, nicht die Regeln selber. Letztere werden erst in einer komparatistischen Perspektive, beim Vergleich verschiedener Bildungssysteme und damit beim Vergleich verschiedener Regelsysteme, sichtbar. Die historische Perspektive kann die Unterschiedlichkeit der Regelsysteme durch den Rückgang auf ihre historischen Verwandlungen beleuchten.

Bildungsgänge und Abschlüsse

Zur Veranschaulichung, dass das Handeln der Akteure im Bildungswesen Regeln folgt, ist die Metapher des „Schulspiels" hilfreich. Wie bei einem Kartenspiel folgt das Handeln in Schulen einem Regelwerk, welches dann letztlich bestimmt, wer wann gewinnt und wer verliert. Besonders anschaulich hat dies Dreeben (1980) in der Nachfolge von Parsons (1959) für das alltägliche Handeln in Schulklassen geschildert: Lehrer stellen an alle Kinder einer Klasse die gleichen Anforderungen und Aufgaben, die jeder für sich möglichst gut lösen soll. Das Kind wird dann objektiv bewertet, allerdings nur spezifisch nach seinen Leistungen. Die Kinder spielen hier in der komplementären Weise mit: Sie strengen sich an, für sich allein die Aufgaben bestmöglich zu bearbeiten und zu lösen. Dieses Regelspiel folgt den bekannten Normen der *Universalität*, der *Leistungsorientierung*, der *Spezifizität* und *Unabhängigkeit*. In der Kernstruktur des Bildungswesens, in der altershomogenen Schulklasse, kann dieses Spiel besonders gut veranstaltet werden.

Regelsysteme als Grammatik

Die historischen Analysen haben sichtbar gemacht, dass dieses Schulspiel in der Moderne in noch umfassendere Regelsysteme eingebettet wurde, die anspruchsvolle Bildungsprogramme und Langzeitstudiengänge ermöglichen. Heute soll über Unterricht in mehr als 15.000 Unterrichtsstunden ein „sinnvolles Endergebnis" zustande kommen, etwas das, was als Abitur bezeichnet wird. Die Regeln ermöglichen koordiniertes Handeln auf mehreren Verantwortungsebenen. Wer einmal Rechtsvorschriften zum Bildungswesen in die Hand genommen hat, dem wird deren Komplexität eindrucksvoll vor Augen geführt.

Um zum Ausdruck zu bringen, dass diese Regelwerke die Alltagsstruktur des Handelns von Akteuren im Bildungswesen bestimmen, ist die Metapher der „Grammatik von Bildungssystemen" hilfreich. Ähnlich wie eine Grammatik das alltägliche Sprechen reguliert, es als „richtig" oder „falsch", als „regelkonform" oder „regelverletzend" erscheinen lässt, kann man auch das Handeln im Regelkontext des Bildungswesens als von einer solchen „Grammatik" reguliert verstehen.

Wenn dem so ist, dann könnte es sich bei der Grammatik des Bildungswesens eines Landes um eine besondere Regelkonfiguration handeln, die in anderen Ländern – ähnlich wie bei einer Fremdsprache – anders aussieht. Aus dieser Sicht stellt sich dann die Aufgabe zu erkennen, nach welcher Grammatik wir Schule gestalten und Unterricht halten. Besonders wichtig ist dabei zu sehen, durch welche Grammatik das Lehrerhandeln, das alltägliche Geschehen in Schulen und Schulklassen, reguliert wird.

4.4.1 Die universale Grammatik moderner Bildungssysteme

Das Konzept der „grammar of schooling" hat in der Erziehungswissenschaft schon eine zehnjährige Tradition. Tyack und Cuban haben es eingeführt, um zu erklären, warum so viele Schulreformen im 20. Jahrhundert auf Dauer unwirksam geblieben sind (Tyack & Cuban, 1995; Tyack & Tobin, 1994). Worin besteht die "grammar of schooling"? Tyack & Cuban verstehen darunter „... the regular structures and rules that organize the work of instruction" (Tyack & Tobin, 1994, S. 454). Ihr Kernelement ist die Einteilung der Schüler in *Jahrgangsklassen*, denen in geschlossenen *Räumen* jeweils *Lehrpersonen* zugeordnet sind. Diese sind beauftragt, Lehrstoff in der Gestalt von *Schulfächern*, die mit den Jahrgangsstufen immer *spezialisierter* werden, an die Schüler zu vermitteln. Über ein *Punktesystem* (in Amerika Carnegie-Punkte genannt) werden die Leistungen der Schüler beurteilt und zwar im Rahmen des Regelsystems, das Dreeben geschildert hat. Mit der Kumulation von Punkten gelangen sie in unterschiedliche Laufbahnstufen und erwerben *Berechtigungen* für weiterführende Bildungswege. Dieses simple Zuordnungsmuster von Klassen zu Lehrern und Fächern, Noten und Berechtigungen hat das ganze 20. Jahrhundert überstanden und alle Reformen wie z.B. jene von *jahrgangsübergreifenden* Klassen bzw. von *individualisiertem* Unterricht, von *fächerübergreifendem* Unterricht (s. z.B. den Dalton Plan, die Progressive Education und auch moderne Unterrichtsformen der 60er Jahre) „überlebt".

Die Einfachstruktur von Schule

Die *Einfachstruktur* der Grammatik einer „richtigen Schule" (mit Ausnahme des Punktesystems), von Klassen und ihnen zugeordneten Lehrern, die Tyack und Cuban für Amerika sehen, charakterisiert auch unser Bildungswesen. Man könnte sie noch differenzieren, indem man z.B. auf die überall zu findenden *Zeitpläne* und *Stundenpläne*, auf die gemeinsamen *Lehrbücher*, die den inhaltlichen Takt vorgeben, auf die Steuerung durch *Prüfungen* nach definierten Unterrichtsabschnitten, auf den lehrergesteuerten Unterricht im *Frage-Antwort-Format* verweist. Diese „grammar of schooling" ist so universell beobachtbar, dass sie so etwas wie eine *Kerngrammatik* repräsentiert.

Kerngrammatik

4.4.2 Grammatiken von Bildungssystemen in verschiedenen Ländern

Vergleicht man die Rahmenbedingungen des Unterrichts in verschiedenen europäischen Ländern, dann wird schnell sichtbar, dass es bedeutsame Varianten der oben geschilderten Kerngrammatik gibt, die unterschiedlich erfolgreich sind

Ländergrammatik

353

und die beim alleinigen Blick auf die eigene Kultur und Gesellschaft verborgen bleiben. Dieser Vermutung bin ich sowohl in der historischen als auch der gesellschaftsvergleichenden Analyse der Funktionsweise unserer modernen Bildungssysteme nachgegangen. Dabei interessierte mich in erster Linie, was bedeutsame Unterschiede in der regulierenden *Ländergrammatik* sein könnten.[92] Da sich das zentrale Geschehen im schulischen Bildungsprozess auf der Ebene der alltäglichen Interaktionen von Lehrpersonen und Schülern abspielt, interessiert hier vor allem, welcher „Logik" des Handelns Lehrer und Schüler bei den Lehr-Lernprozessen folgen, wenn sie im Rahmen einer länderspezifischen Grammatik des Bildungswesens agieren.

Regeln einer solchen Grammatik sollen hier resümierend beschrieben werden: solche der Prüfungssysteme, der Inhaltssteuerung und der Qualitätssicherung. Ihre Folgen für die jeweilige „Logik" und „Rationalität" des Lehrerhandelns stehen dabei im Mittelpunkt.[93] „Rationalität" bedeutet dabei, dass die Regelsysteme vorgeben, wie man „gewinnt", wie man als Lehrperson im Bildungswesen erfolgreich sein kann.

4.4.2.1 Grammatik der Inhaltssteuerung

Die Regeln der Programmsteuerung über Lehrpläne und Lehrbücher führen zu einer spezifischen Rationalität des Lehrerhandelns. Dieses „Regelcluster" in der Grammatik eines Bildungswesens steht hier deshalb als erstes Beispiel für die Verbindung mehrerer Ebenen der Bildungssystemgestaltung.

Wie sieht die Inhaltssteuerung in deutschsprachigen Bildungssystemen aus und woran orientieren sich deshalb Lehrpersonen?

Die Grundstruktur der Programmplanung verläuft in deutschsprachigen Bildungssystemen über *Bildungsgänge*. Nach einer relativ kurzen Schulphase von vier bis sechs Jahren und einer Einteilung der Schüler nach Jahrgangsklassen[94] werden die Schülerinnen und Schüler nach Leistungsfähigkeit homogenisiert und in verschiedene Schulzweige aufgeteilt. *Leistungsmäßige* Homogenisierung und *inhaltliche* Differenzierung des schulischen Inhaltsprogramms schreiten mit steigenden Schuljahren immer stärker voran. Die inhaltlichen Anforderungen sind dabei alters- und schulformbezogen differenziert, und geben Jahr für Jahr vor, was erreicht werden soll.

Regeln zu Schnittstellen und ihre Folgen

Welcher Grammatik folgen Lehrer in einem solchen System? Kernelement ist die inhaltliche Steuerung durch Lehrpläne, bzw. noch stärker durch Lehrbücher, die Jahr für Jahr vorgeben, wo Schüler abzugeben und abzuholen sind. Die Grammatik besteht hier in der *Optimierung der Schnittstellen* bei der „Überga-

---

92 Siehe für vorzügliche Vergleiche erfolgreicher Länder im Rahmen der PISA-Studien vor allem die Arbeit: Vertiefender Vergleich der Schulsysteme ausgewählter PISA-Staaten (Arbeitsgruppe Internationale Vergleichsstudie, 2003).
93 Dabei handelt sich vor allem um Hypothesen, die einer empirischen Überprüfung bedürften.
94 Wer Mehrklassenunterricht (mehrere Jahrgänge in einer Klasse) erteilt hat, der empfindet die Differenzierung in Jahrgangsklassen von den Anforderungen an den Umgang mit Heterogenität gesehen, sicher als komfortabel. Gleichwohl sind die großen Differenzen in kognitiven Fähigkeiten bei Kindern gleichen Alters unübersehbar. Bei Schulbeginn variiert das Leistungsvermögen, gemessen mit Intelligenztests, um die fünf Jahre (Largo, 1987).

be" von Schülerschaften zwischen Klassenstufen (vertikale Anschlussfähigkeit) bzw. Schulformen (horizontale Anschlussfähigkeit).

Die Lehrperson, die sich in diesem größeren „Ganzen" der inhaltlichen Lehrplanung zurechtfinden möchte, muss sich vor allem zwei Fragen zur Selbstprüfung stellen:
1. Habe ich alles wie vorgeschrieben durchgenommen? Die Lehrmittel und Lehrbücher ermöglichen ihm, dies zu überprüfen.
2. Habe ich die Prüfungen wie vorgegeben rechtzeitig geplant, sie nach nachvollziehbaren Regelungen in Bezug auf Inhalte und Prüfungsstandards vorbereitet, durchgeführt und objektiv bewertet? Hat eine Lehrperson die im Hintergrund dieser Fragen stehenden Regeln befolgt, dann ist sie bereits auf der „sicheren" Seite.

Welches sind die Folgen einer solchen Programmsteuerung?

Positiv soll herausgestrichen werden, dass die hier etablierte Inhaltsplanung stärker als in anderen Ländern die Pflicht sichtbar werden lässt, einen Kanon der wichtigen kulturellen Programme nicht dem Zufall individueller Lehrerentscheidungen zu überlassen, sondern zu einem wichtigen Teil der Schulgestaltung auf übergeordneter Ebene zu machen. Die Orientierung an dieser Inhaltsplanung und seiner Erfüllung als Voraussetzung für Berechtigungen (s. z.B. das Abitur) vergrößert auch die Chance, dass an allen Stellen eines Landes ein vergleichbares Angebot entsteht.

4.4.2.2 *Grammatiken von Prüfungssystemen*

Bereits bei der Makrosteuerung durch Prüfungssysteme hatte sich gezeigt (s. S. 95 ff.), dass diese zu den wichtigsten Regelsystemen im Bildungswesen gehören, die das Handeln von Lehrpersonen leiten.

Subregelwerk: Leistungsbeurteilung

Die Grundregeln, die am Werk sind, wenn Lehrkräfte in deutschsprachigen Bildungssystemen den Erfolg ihres Unterrichtes und das von Schülern erreichte Leistungsniveau feststellen wollen, zeigen sich im „selbstverständlichen" Alltag in der Gestalt der *klasseninternen vergleichenden Leistungsbeurteilungen*. Durch das gleiche curriculare Angebot und durch die „Konstanthaltung" der Unterrichtsbedingungen für alle Schüler entsteht die Möglichkeit, die Selbstverantwortung der Schüler sichtbar und das Leistungsergebnis zum Ausgangspunkt langfristig bedeutsamer Beurteilungen zu machen.

Die klasseninternen Beurteilungen haben aber auch eine *Langzeitperspektive*, wenn sie zusätzlichen Regeln folgen. Die Grammatik, die hier deutschsprachige Schulsysteme charakterisiert, kommt in spezifischen Regelungen für die *Berechtigungen* zum Ausdruck, in weiterführende Bildungswege einzutreten. Ein Vergleich verschiedener Bildungssysteme macht sichtbar, dass diese Übergänge unterschiedlich reguliert sein können. So können, wie bereits im Detail beschrieben (s. S. 96), *terminale* und *elektive* Regelsysteme unterschieden werden. Im ersten vermitteln Schulen Berechtigungen zum Besuch weiterführender Bildungswege: z.B. von der Grundschule ins Gymnasium oder vom Gymnasium zur Hochschule gehen zu können. Im zweiten wird der jeweilige Zugang dazu über Aufnahmeprüfungen geregelt.

Prüfungsregelungen

Handlungslogik in terminalen Systemen

Idealtypisch hat ein terminales Regelsystem in Verbindung mit einer internen, klassenbezogenen Beurteilung eine *charakteristische Rationalität des Lehrerhandelns* zur Folge. Die Bewährung im Lehrberuf unter solchen Spielregeln liegt auf der Hand. Lehrpersonen müssen sich im Unterricht an die Lehrplanvorgaben halten, die Lehrwerke transparent durchnehmen und die Prüfungen genau darauf abstimmen, also nichts verlangen, was nicht durchgenommen wurde. Die Beurteilungen müssen dann „zählbar" an der Erfüllung der vorher definierten Anforderungen ausgerichtet sein. Wenn diese Regeln der „objektivierbaren" Leistungsergebnisse streng eingehalten werden, dann haben sie auch gewichtige Folgen für die Didaktik. Es treten dann leicht lehrbare und zweifelsfrei prüfbare Inhalte und Anforderungen in den Mittelpunkt des täglichen Unterrichts.

Wer diesen Grundregeln eines terminalen Prüfungsreglements folgt, hat eine gute Basis geschaffen, um sich im Beruf des Lehrens zu bewähren und sicher zu fühlen. Die Lehrperson wird nämlich bei einer klasseninternen Prüfungsorganisation, die zu terminalen Berechtigungen führt, anders gefordert und wahrgenommen, als wenn die Zulassung zu weiterführenden Bildungswegen nicht in ihrer Entscheidung steht. Durch den Weg zu Berechtigungen über klasseninterne Prüfungen wird sie zum persönlichen Träger von Leistungsanforderungen. Wenn sie hohe Anforderungen stellt, werden sie ihr als Person zugeschrieben, häufig sogar negativ angekreidet. Das gibt ihr zwar „Macht", die Schüler über Leistungsbeurteilungen zu disziplinieren. Sie macht das Lehrer-Schüler-Verhältnis aber auch zu einem potentiellen Kampfverhältnis, da von der Beurteilung durch eine Lehrperson das Lebensschicksal eines Schülers abhängen kann. Sie ist gleichzeitig „lehrende" und „richtende" Instanz.

Auch das Schüler-Schüler-Verhältnis wird davon berührt. Für Schüler ist es im Rahmen dieser Spielregeln „sinnvoll", darauf zu achten, dass das Leistungsniveau in der Klasse nicht zu hoch wird. Es würde nämlich, so die rationale Implikation, die Erfolge der Schwächeren beeinträchtigen. Gute Schüler verhalten sich tendenziell „asozial", da sie das Leistungsniveau einer Klasse nach oben treiben. Sie werden entsprechend häufig durch die Sanktionierung als „Streber" mit Liebesentzug bei Gleichaltrigen bestraft. Sie werden weniger „geachtet" als „geächtet".

Handlungslogik bei elektiven Systemen

Das elektive, aufnehmende Regelsystem in den USA könnte der Grund für die häufige Beobachtung sein, dass Lehrpersonen in Amerika eher als Freund wahrgenommen werden. Die Aufnahmeprüfungen für die Colleges und die externen Tests haben hier eine viel größere Bedeutung als in Deutschland. Gute Leistungen von Schülern sind dann ein Markenzeichen für die Qualität einer Schule.

Verhalten unter externen Prüfungen

Die Leistungsbeurteilungen durch Lehrpersonen verlieren den „Richter"-Charakter, wenn externe Aufnahmeprüfungen für den weiteren Lebensweg entscheidend sind. Die Lehrkraft ist eher Coach, der hilft, den extern gesetzten Anforderungen entsprechen zu können. Der Stolz einer Lehrperson oder einer Schule liegt dann darin, möglichst viele Schüler so weit gebracht zu haben, dass sie hohen externen Ansprüchen genügen. Gleichzeitig geraten Lehrer auch unter Druck, wenn ihnen dies nicht gelingt.

In Bildungssystemen mit rein elektiven Prüfungsregelungen ist allerdings auch zu beobachten, dass die Schule an Bedeutung verliert und die Lehrpersonen weniger wichtig werden. Zweitschulen (s. Japan, Korea, Taiwan, Schweiz) als „paukende Ergänzungsschulen" bekommen einen hohen Stellenwert. Wird es gleichzeitig möglich, die Schulen frei zu wählen, dann kristallisieren sich Eliteschulen heraus, die von den Ressourcen her die Lernbedingungen optimieren können. Daneben leiden eher schwache Schulen vor sich hin.

Diese Regeln abgebender (terminaler) und aufnehmender (elektiver) Prüfungssysteme und der daraus resultierenden Logik charakterisieren in der beschriebenen Form *idealtypische* Verhältnisse. In vielen Ländern und Schulformen finden sich Mischformen. Externe Prüfungen können die terminale Berechtigungsstruktur ergänzen – etwa in der Gestalt zentraler Abiturprüfungen – und so zu einer Teilentlastung bei der Legitimation von Anforderungen führen. Eine zweite Mischform mit Anrechnungsschlüsseln ermöglicht, dass für Berechtigungen sowohl die intern in den Schulklassen erbrachten Leistungen zählen (z. B. als Anrechnungsnoten), als auch Aufnahmeprüfungen durchgeführt werden. Dies folgt einer einsehbaren Logik: Wenn nur externe Prüfungen zählen würden, dann verlören die alltäglichen Lernanstrengungen und Lehranstrengungen an Bedeutung. Ist allein der Lehrer für das schulische Weiterkommen verantwortlich, zählen nur sein Leistungsbeurteilungen, dann wird er einem schweren Legitimationsdruck ausgesetzt.

Wünschenswert: Mischsysteme

4.4.2.3 Die Symbiose von Inhaltssteuerung und Prüfungssystemen

Die inhaltliche Programmplanung ist im Bildungswesen jeweils eingebettet in Prüfungssysteme, die sich gegenseitig beeinflussen. Die erste Beobachtung dazu ist die, *dass terminale Prüfungssysteme eine hochgradige Standardisierung und Detailregelung von inhaltlichen Strukturen sinnvoll machen.*

Inhalte und Ziele sind in der Regel bei terminalen Bildungsgängen vorgegeben, häufig durch externe Prüfungen ergänzt und durch Standards abgesichert. Die Gleichheit der Anforderungen, die bei externen Prüfungen durch die Gleichheit der Prüfungsaufgaben gewährleistet ist, wird in einem sukzessiven und terminalen Berechtigungssystem durch die gleichen Inhaltsvorgaben, die über Wochen und Jahre verteilt werden, so unterfüttert, dass eine *Äquivalenz* von Leistungen und Berechtigungen entsteht. Sonst würde man ja in der einen Schule mit geringerer Anstrengung dieselben „benefits" erhalten wie in einer anderen mit sehr großen Bemühungen. Dies ist in diesem schulischen Verteilersystem nicht legitimierbar, wenngleich es faktisch häufig vorkommt.

Gleiche Inhaltsvorgaben

Die Anforderungen müssen zwar ihre „Richtigkeit" haben, im Einzelfall sind sie aber für die Schülerschaft unantastbar. Die Lehrerschaft hat dadurch die Berechtigung, Schüler an diesen Anforderungen zu messen. Das Angebot ist ebenso „gegeben" wie die Beurteilungsautorität der Lehrpersonen. Der Beamtenstatus der Lehrpersonen wird häufig über die Bedeutung solcher hoheitlicher Akte gerechtfertigt.

Prüfungen als „hoheitliche" Tätigkeit

Historisch lässt sich diese Standardsicherung am besten am Beispiel der Entwicklung des deutschen Gymnasiums im 18. und 19. Jahrhundert ablesen. Über die Einführung von Prüfungen in der Gestalt des Abiturs wurde eine Vergleichbarkeit des gymnasialen Niveaus sichergestellt. Dieses Instrument erwies sich angesichts einer großen Divergenz im Leistungsniveau der Gymnasien als sehr

Prüfungsregeln und die Kanonisierung von Inhalten

wirksam. Durch gleiche Lehrpläne, Lehrbücher und Prüfungen haben Gymnasien das Recht erhalten, den „terminalen Abschluss" Abitur zu vergeben. Mit ihm konnte man ohne Aufnahmeprüfungen – die in englischsprachigen Ländern üblich waren – in die Hochschule eintreten.

Die inhaltliche Programmregulierung kann aber auch ganz anders gestaltet sein. In vielen Ländern werden die Inhalte stärker durch externe Aufnahmeprüfungen abgesichert. Dies ist z.B. in ostasiatischen Konfigurationen der Fall, aber auch in angloamerikanischen. Der „Stoff", das Inhaltsprogramm, muss hier weniger präzise und umfassend vorgegeben werden. Die Lehrpläne sind kurz, die Lehrbücher weitgehend frei. Es kommt für die Schüler vor allem auf die Optimierung der Vorbereitung für externe Prüfungen an. So treten eher zu erwerbendes Wissen und zu erwerbende Fähigkeiten in den Vordergrund und weniger *kanonartig* formulierte Inhaltsprogramme, die ein sinnvolles Ganzes ergeben sollen. Dies erklärt auch, warum die Frage des Bildungskanons im angloamerikanischen Raum so schwach bearbeitet ist, von Experten aber immer wieder eingefordert wird (Kliebard, 1999).

Inhalte als Kanon oder als „patchwork"

Im angloamerikanischen Raum ist die Wahlfreiheit viel größer, schulisches Lernen ist eher „patchwork" als ein stringenter Bildungsgang. In den deutschsprachigen Konfigurationen müssen die Inhalte, ihre Abfolge und Abstimmung ernster genommen werden. Negativ kann zu Buche schlagen, wenn dies zu einem atemlosen, von Stunde zu Stunde hetzenden Abarbeiten von einzelnen, fest verschnürten Inhaltspaketen führt, und eine solide, auf Wiederholungen angewiesene Festigung von Grundkompetenzen in den Hintergrund treten lässt.

Habe ich alles durchgenommen?

Im „terminalen System" wird dem Lehrer auch eine Regel vorgegeben, wann er sicher sein kann, seine Sache richtig gemacht zu haben. Dies ist dann der Fall, wenn er alles „durchgenommen" hat, wenn alle Prüfungen im Anschluss an Unterrichtseinheiten ordnungsgemäß durchgeführt wurden. Komplementär dazu optimiert der Schüler hier das Bemühen, immer von Stunde zu Stunde und von Prüfung zu Prüfung die Inhalte zu verarbeiten und möglichst perfekt wiederzugeben und so kumulativ über eine Unzahl einzelner Noten Abschlussberechtigungen zu erwerben.

Die „Macht" von Lehrpersonen

Im Rahmen dieser Regeln kann die Lehrperson als Beamtin bzw. Beamter den Aufstieg im Bildungswesen verweigern oder gewähren. Damit haben Lehrpersonen eine starke Stellung, sind aber gleichzeitig einem hohen Legitimationsdruck ausgesetzt. Sie werden aber von Seiten der Schüler und insbesondere von Seiten der Eltern im Detail beobachtet, ob sie sich im Rahmen der Vorschriften bewegen. Auch tun sie gut daran, bei Ermessensspielräumen sich mit starken Eltern, Schülern oder Kollegen zu arrangieren. Indem sie eher gute Noten geben, können sie sich das Leben leichter machen, so lange diese nicht durch externe Beobachtungen als korrekturbedürftig erscheinen. Geben sie eher strenge Noten, dann wird ihnen dies im Rahmen dieser Spielregeln schnell als persönliche Schikane ausgelegt.

Habe ich objektiv geurteilt?

Die Rationalität des Lehrerhandelns in einem solchen System legt nahe, die Leistungsbeurteilungen möglichst *unantastbar*, den Unterricht im Sinne der Lehrplanerfüllung *durchschaubar* zu machen und in Problemfällen *flexibel* in der Leistungsbeurteilung zu sein.

Ein solches Bildungswesen ist vor allem *verfahrensorientiert,* mit einer hochgradigen *Verrechtlichung* aller Vorgänge. Um die Akteure gegen Ansprüche und Rekurse durch die Nutzer abzusichern, ist das Unterrichtsgeschehen feinmaschig reguliert (wie z.B. Hausaufgaben zu geben sind, wie Prüfungen zu gestalten sind, wie zu benoten ist, wie Jahreszeugnisse zustande kommen).

PISA und der Paradigmenwechsel

Schlechte Schulleistungen von Schülern werden in einem solchen Regelkontext und bei einer solchen Standardisierung der Anforderungen ausschließlich zu einem Problem der unterschiedlich guten Nutzung des Angebots.

4.4.2.4 Die Grammatik der Qualitätssicherung im Schnittfeld von Aufsicht, Verantwortung und beruflicher Autonomie

So umfangreiche und teure Einrichtungen wie das Bildungswesen kommen nicht ohne Verfahren der Qualitätssicherung aus. Sie bestehen aus Instrumenten, wie Qualität beobachtet und beurteilt werden kann und welche Schlussfolgerungen daraus gezogen werden. Die Grammatik von Bildungssystemen enthält entsprechend Regelungen, wer was wissen muss und darf. Wir kennen sie in der Gestalt von schulaufsichtlichen Verfahren, von Evaluationen bzw. informellen Rückmeldeprozessen durch Eltern, Kollegen und Schüler. So bedeutsam die Informationsflüsse sind, so wichtig ist gleichzeitig jenes Regelsystem, das festlegt, an wen die Informationen gehen müssen und wer die Verantwortung für Korrekturen zu übernehmen hat.

Auffallend für Deutschland ist die geschlossene interne Steuerung des Bildungswesens durch den Staat und seine Vertreter. Sie regulieren die Makrostrukturen und sie stellen intern Qualität und Erfolg fest. Die Öffentlichkeit ist daran nur indirekt über die Wahl der regierenden Parteien und Anhörungs- bzw. durch begrenzte Mitwirkungsrechte von Eltern, Lehrerverbänden und Schülerorganisationen beteiligt.

Geschlossene Regelkreise

Wir finden also relativ geschlossene Regelkreise von Politik, Administration, Fachaufsicht und Durchführung von Unterricht durch Lehrende, die höchstens von einer öffentlichen Debatte in den Medien „gestört" werden können. Die Fachaufsicht ist aus dem Lehrerstand hervorgegangen und kontrolliert die Kollegen, die eigentlich „Peers" sind. Nur in Extremfällen ist ein Einschreiten der Behörden gegen einzelne Lehrer (z.B. bei Sexualdelikten) möglich.

Lehrer können sich also weitgehend autonom, geschützt, unabhängig fühlen. Ansprüche und Kritik der Schüler und der Eltern können sie über Jahre von sich schieben, ohne ihre Praxis des Unterrichts ändern zu müssen.

Lehrpersonen sind als Beamte nur ihrem Dienstherrn gegenüber verantwortlich. Wenn sie diese Verantwortung gesetzeskonform erfüllen, sind sie beinahe unangreifbar. Die Qualität der Umsetzung ihrer Pflichten wird weitgehend ausgespart bzw. nur sehr sporadisch beurteilt. Formelle Korrekturwege gibt es kaum, die informellen über eine kritische Schüler- und Elternschaft können dagegen sehr klar, wenngleich häufig folgenlos sein. Das Autonomie-Kollegialitätsparadigma auf Schulebene verstärkt die Abschottung von Qualitätskontrolle.

Qualitätsfeststellungen sind in Deutschland in intern gehaltene Informationsflüsse eingebunden, die eine Einheit zwischen jenen repräsentieren, die für etwas verantwortlich sind und die Ergebnisse dieser Verantwortlichkeit bewerten. Die Schulaufsicht beobachtet (sehr spärlich), wie gut alles läuft und sie dokumentiert gleichzeitig nach außen, dass alles gut läuft. Regelbesuche erfolgen oft nur alle vier Jahre, meist gibt es nur eine anlassbezogene Dienstaufsicht (und Dienstbeurteilung), also Besuche durch Fachaufsichtsbeamte bei Problemen und Beförderungen. Die Ergebnisse bleiben zudem intern, in gewissem Sinne handeln Verantwortliche für den Unterricht und die Evaluatoren dieses Unterrichts in Tateinheit.

Neue Formen der Evaluation

Was ist für die Weiterentwicklung des deutschen Bildungswesens zu tun? Unzureichend wäre ein Verfahren, das die Qualitätssicherung in Bezug auf den Unterricht auf neue Verantwortlichkeiten der Schulleitung allein ablädt. Wenn die beamtenrechtlichen Bestimmungen bestehen bleiben, die kollegialen Normen sich nicht ändern und Schulleitungen nur auf Klagen von Eltern reagieren können und sollen, dann gelangt deren „Qualitätskontrolle" rasch an ihre Grenzen. Auch Schulleitungen brauchen neue Instrumente der Qualitätsfeststellung und der Qualitätssicherung.

Mehrere dieser neuen Instrumente sind in der Diskussion. Dazu zählen Evaluationsverfahren sowohl interner als auch externer Art, die die Informationsbasis über die Lehrqualität in einer Schule verbessern. Sachgerechte und faire Informationen zu gewinnen ist der erste wichtige Schritt. Ein zweiter bestünde darin, das Autonomie-Kollegialitätsparadigma zu durchbrechen, indem die wichtige kollegiale Solidarität an die Offenheit für die Qualitätsfeststellung der Lehrarbeit gebunden wird, wobei Qualität in kollegialen Vereinbarungen ausgehandelt und festgelegt werden müsste. Diese Selbstverpflichtungen wären die sanfteste Form der Offenlegung und die beste Grundlage für die Selbstevaluation einer Schule.

Das Prinzip wird hier somit klar: Es geht um eine stärkere Offenlegung der Lehrqualität und um eine Verbesserung der Rückmeldesysteme für die Qualität des Lehrens an einer Schule. Eine völlige Abschottung von Informationen darüber, wie gut etwas in der Klasse, in Schulen und im Bildungswesen insgesamt läuft, dürfte in Zukunft nicht mehr möglich sein.

4.4.2.5 Pädagogische Gegenprogramme?

Der pädagogische Kern der Schule

Wenn oben untersucht wurde, wie die Grammatiken des Bildungssystems das Handeln von Lehrpersonen leiten, dann steht unübersehbar ein „Wirkungsweg" von oben nach unten im Mittelpunkt. Gibt und sollte es nicht ebenso einen Weg von unten nach oben geben? Er könnte darin bestehen, dass von der Mikrostruktur des Unterrichtens her die Bedingungen aufgezeigt werden, wann schulisches Lernen optimal geschehen kann und wann sich Kinder und Jugendliche im Raum der Schule optimal entwickeln.

Diese Konstellationen haben wir hier im Detail geschildert. Es geht im Unterricht um die gegenseitige Befruchtung eines kulturellen Angebotes mit der „Entfaltung des Geistes", es geht um die Synchronisierung von Angeboten mit Bedingungen der optimalen Entwicklung von Kindern und Jugendlichen. Was Kindern gut tut, woran sie wachsen, was sie interessiert, wie sie immer Neues lernen, welche Begeisterung sie dabei entwickeln, dies ist die pädagogische Perspektive, die bei der direkten Begegnung von Lehrpersonen mit Schülern aufkommen kann und aufkommen sollte.

Sie setzen sich auf der Mesoebene fort, wenn Schulen kind- und jugendgerechte Lebensräume mit der Zielrichtung gestalten, den vollen Lebensreichtum dieser Altersphasen zur Geltung kommen zu lassen.

Bei dieser Gegenüberstellung wird das Spannungsverhältnis von institutioneller Regulierung und pädagogischer Zuwendung unübersehbar und die Redeweise von der „administrativen Verstörung" der Schule nochmals verständlich (Rumpf, 1966b). Dass dies unüberbrückbare Gegensätze bleiben müssen, haben wir in dieser Arbeit verneint. Die geschilderte Grammatik hat durchaus qualitätssichernde Implikationen. Sie zeigt aber auch die Freiräume auf, unter denen „administrative Qualitätssicherung" besser mit pädagogischen Konzepten vereinbar ist. Dazu zählen überraschenderweise Maßnahmen, die die Standardsicherung partiell nach außen verlagern und auch die Evaluation partiell aus einer Außenperspektive konzipieren. *Makrosteuerung und Pädagogik*

In der Summe wird sichtbar, dass wir es bei Bildungssystemen mit je spezifischen Regelsystemen, mit je unterschiedlichen Grammatiken zu tun haben, die das Unterrichtsgeschehen mit regulieren. Die Grammatiken der skandinavischen Länder unterscheiden sich von jenen Ostasiens, von jenen der englischsprachigen Länder, von jenen in Holland oder der Schweiz. Der begrüßenswerte Aufschwung der international vergleichenden und der historischen Forschung verspricht neue Einsichten in die Regulierungswirkungen verschiedener Grammatiken, insbesondere mit Blick auf die Effektivität und das Leistungsniveau des Bildungswesens.

Von Grammatiken der Bildungssysteme zu reden bedeutet aber auch, dass man bei Veränderungen von Bildungssystemen beachten sollte, eine jeweils sinnvolle Grammatik, also ein Regel*system* zu konstruieren, das zudem an historisch entstandene anschlussfähig sein sollte. Wenn man von einer Grammatik spricht, dann liegt es auch nahe, bei Änderungen an die Gesamtstruktur von Regeln, zumindest an isolierbare Teilstrukturen, zu denken. Reformmaßnahmen sollten immer als Konfigurationen mehrerer Bemühungen gedacht und realisiert werden. Die Diskussion wird sich deshalb in den kommenden Jahren darauf ausrichten müssen, neue Konfigurationen der Qualitätssicherung zu erfinden, zu überprüfen und einzuführen (vgl. für die amerikanischen Erfahrungen Bellmann, 2006). *Reformen und Konfigurationen von Regeln*

In diesem Resümee stand die Frage im Vordergrund, wie sich die Grammatiken eines Bildungswesens auf die „Logik" des Unterrichtshandelns bzw. das „rational-choice"-Verhalten auf die Nutzenoptimierung von Lehrpersonen auswirkt. Letztlich gilt es aber einen Schritt weiter zu denken. Die Steuerung des Bildungswesens muss sich an den bestmöglichen Lehr-Lernbedingungen und Entwicklungsbedingungen in den Schulklassen bewähren. Dies bedeutet auch, die Perspektiven der Kinder und Jugendlichen einzubeziehen. Wie rekontextualisieren die Schüler die Grammatik der Schule? Nach Beantwortung dieser Frage könnte sich ergeben, dass die gesamte Regulierung des schulischen Angebots noch einmal überdacht werden muss. In jedem Falle sind wir aber herausgefordert, die Wirkungs- und Nutzungsanalyse der schulischen Erfahrungen aufzu- *Grammatiken und „rational choice"* nehmen und damit den Kreislauf einer Theorie der Schule zu vollenden. An ihren Früchten sollt ihr sie erkennen. Das schulische Regelspiel sollte im Idealfalle dazu führen, dass Lehrpersonen zu einer Logik des Handelns „verführt" werden, die sowohl ihre Arbeit produktiv und lebenswert macht, als auch dazu beiträgt, dass sich Kinder und Jugendliche optimal in fachlicher Hinsicht und als Personen entwickeln können.

5 Ausblick: Entwicklungslinien im 21. Jahrhundert

Wie wird sich das Bildungswesens im 21. Jahrhundert entwickeln? Spekulationen dazu sollen im Bewusstsein vieler Unwägbarkeiten diese Arbeit abrunden. Eingegrenzt wird die Uferlosigkeit von möglichen Entwicklungsprozessen durch Beobachtungen, was sich in den letzten Jahren angebahnt hat und auf Fortsetzung drängen wird.

<small>Leitideen</small>

Wenn es so etwas wie ein „Leitbild" für das Bildungswesens insgesamt geben könnte, dann wäre es in den Kontext der okzidentalen Kulturgeschichte einzubetten, die drei große Gestaltungsprinzipien des menschlichen Zusammenlebens hervorgebracht hat. Die überragende Leitidee ist jene der Personalität, der Gleichwertigkeit aller Menschen, dessen Entstehungsgeschichte vom christlichen Menschenbild (Fend, 2006) als Ebenbild Gottes bis zur Erklärung der Menschenrechte im Umfeld der Aufklärung reicht. Sie begründet das Recht jedes Kindes auf Wertschätzung, auf „respect", wie es im englischsprachigen Kontext heißt.

Das zweite Gestaltungsprinzip ist jenes der Freiheit und der Gestaltungsmöglichkeit der eigenen Lebensgeschichte aufgrund eigener Anstrengung, das im Bildungswesen in der Gestalt des Leistungsprinzips im Laufe des 19. Jahrhunderts vom Bürgertum und später von der Arbeiterschaft gegen geburtsgebundene Privilegien durchgesetzt wurde. Gebändigt durch ein hohes Sockelniveau von Qualifikationen, durch eine Vielfalt der Erfolgswege und den Abbau von sozialen Benachteiligungen wird es ein Gestaltungsprinzip schulischen Lebens bleiben. Im englischsprachigen Bereich findet sich auch dafür ein markanter Begriff, jener von „excellence". Er ist verbunden mit der positiven Bewertung der anstrengungsintensiven Entwicklung des eigenen Potentials.

Schließlich werden „respect" und „excellence" erst dann befriedigend lebbar, wenn sie in ein drittes Gestaltungsprinzip eingebettet werden, in das der Solidarität von und in Gemeinschaften und Gesellschaften. Historisch entsprang es – wie es Max Weber genannt hat – der Brüderlichkeitsethik des Christentums und fand seine markante Fortsetzung in den sozialen Bewegungen des 19. Jahrhunderts. Im Bildungswesen kann es in vielfachen Gestalten wirksam sein. Es enthält vor allem die Aufgabe der Förderung bei Lern- und Entwicklungsproblemen und der sozialen Gestaltung gemeinschaftlichen Zusammenlebens. Es kann aber auch darüber hinaus wirken und die Grundhaltung der Hilfe für die Mühsamen und Beladenen in dieser Welt anstoßen. Auch dazu gibt es ein englischsprachiges Pendant, wenn von „community" als Leitidee des Schullebens und der sozialen

Orientierung gesprochen wird. Es hat heute nicht mehr allein die Gestalt des sozialen Ausgleichs, sondern noch stärker jene der gemeinschaftlichen Sicherung der Lebensgrundlagen.

Für das Bildungswesen ist schließlich ein viertes Gestaltungsprinzip von großer Bedeutung: jenes der *kulturellen Gestaltung* unseres Zusammenlebens, jenes der Bedeutungssysteme, in die es einführen kann. Wissenschaftliche Rationalität und kulturelle Bedeutungsstrukturen charakterisieren dabei die Lebensformen in der Moderne. Wie sie sich im Bildungswesen entfalten können, wird im Folgenden bei der Projektion von Wandel im Bildungswesen resümiert.

5.1   Entwicklungen auf Systemebene

Makroebene

Wir werden in den nächsten Jahrzehnten nicht nur Wandel, sondern auch Kontinuität erleben. Das Bildungswesen wird auch in Zukunft jener Ort sein, an dem sich die Identität einer Kultur, die Selbstvergewisserung über die eigene *Herkunft* ereignen kann. *In der eigenen Kultur alphabetisiert zu werden* bedeutet gleichzeitig, andere Kulturen erkennen und wertschätzen zu lernen.

Selbstverständlich darf Enkulturation nicht schlicht als Affirmation missverstanden werden – dies schon gar nicht angesichts der Geschichte des 20. Jahrhunderts. Sie darf auch kein Argument dafür werden, die für die Lebensbewältigung in der Moderne wichtigen *Qualifikationen* auszuschließen. Dies gilt auch in der anderen Richtung, so dass die Balance zwischen qualifikatorischen Lebensvorbereitungen und identitätsstiftenden kulturellen Erfahrungen zu erhalten ist.

An den Prozess des Qualifikationserwerbs werden in modernen Bildungssystemen soziale Verteilungsprozesse angebunden. Sie rechtfertigen sich durch universale distributive Gleichheitsnormen. Diese Basis wird in absehbarer Zeit wichtig bleiben, aber auch als kritische Folie dafür dienen, an der faktischen Chancengerechtigkeit zu arbeiten und die Verteilungsprozesse zu *entschärfen*. Letzteres ist dann der Fall, wenn auf *allen* Bildungsniveaus menschenwürdige Lebensläufe und geglückte Formen der Lebensbewältigung möglich sind. Die Studien zu den Zusammenhängen zwischen ethnischer Herkunft und Bildungsniveau haben gezeigt, dass dabei erheblicher Handlungsbedarf besteht, so dass hier eine der Hauptaufgaben im 21. Jahrhundert vor uns steht.

Im Verbund mit diesen gesellschaftspolitischen Aufgaben wird sich auch das Bildungswesen als Instrument der generationalen Menschengestaltung ändern müssen. Die Entwicklungsrichtung, die hier schon seit längerer Zeit – parallel zu anderen sozialen Welten – sichtbar ist, verweist auf einen Abschied vom alten Obrigkeitsstaat und seiner Variante eines Verordnungsstaates. Diese Entwicklung wird auch eines der Hauptinstrumente des Staates, das Bildungswesen, nicht unberührt lassen. Sie verweist auf ein Bildungswesen als „Service public", das dem einzelnen Bürger dient, dabei aber die Interessen der Gemeinschaft der Bürger im Auge hat. Dieses gemeinsame Interesse kann viel bedeuten: die Sicherung eines möglichst hohen Niveaus an gleichwertigen Bildungsverhältnissen im ganzen Lande, die Sicherung eines möglichst hohen Kompetenzprofils der Schülerschaft, die Gestaltung distributiver Gerechtigkeit auf der Folie universalistischer Leistungskriterien und die Förderung einer kulturellen und sozialen Identität mit globaler Perspektive.

Die rechtliche Steuerungsebene wird sich dabei weiter verändern. Die Verwaltung verliert ihren Beigeschmack als pädagogikfeindlicher Rahmung und wird als „Educational Governance" zum Teil der Sicherung einer hohen Qualität des schulischen Angebotes. Diese kann z.B. darin liegen, dass es über die Verwaltungsprozesse gelingt, die Bevölkerung unabhängig von ihrem Wohnort und ihrer sozialen Lage ein qualitativ hochwertiges Bildungsangebot zu machen.

Ein Kernpunkt der Entwicklung wird auf diesem Hintergrund sein, dass sich das Bildungswesen stärker als in der Vergangenheit einer *Qualitätssicherung* auf allen Ebenen, auf der administrativ-bildungspolitischen, auf der Schulebene und auf der Unterrichtsebene öffnet. Dazu wird auch eine stärkere Absicherung des Kompetenzniveaus durch schulübergreifende *Standards* gehören. Die Erfahrungen mit diesen Prozessen haben aber gezeigt, dass hier auch mehr Probleme geschaffen als gelöst werden können. Deshalb wird gerade bei der Qualitätssicherung sehr viel Erprobung und Erfahrungssammlung notwendig werden.

Bei der Qualitätsdiskussion auf der Makroebene steht der „Masterplan" der Bildung zur Diskussion, wobei eine *Gesamtkonzeption der Kulturvermittlung*, ein Konzept von Bildung im Auge zu behalten ist. Ein zusammenhangloses schulisches Warenangebot an unkoordinierten Inhalten, wie dies in verschiedenen Ländern beobachtet werden kann, ist keine wünschenswerte Entwicklungslinie. Die Thematik eines Kanon wird deshalb weiterhin aktuell sein.

Ebenso wichtig erscheint es, eine bestmögliche Organisation von *Bildungsgängen* im Auge zu behalten. Dabei gilt es ebenso, unglückliche Unterbrechungen zu vermeiden wie eine kluge Durchlässigkeit zwischen verschiedenen Bildungsgängen nicht nur rechtlich sondern auch faktisch (durch inhaltliche Abstimmungen) zu ermöglichen. Das Prinzip von „kein Abschluss ohne Anschluss" würde die Langzeitorganisation der bildungs- und qualifikationsorientierten Lebensläufe produktiv gestalten. Als Kernorganisation wäre es denkbar, eine frühere Lebensphase als bisher üblich zum Beginn des institutionalisierten Lernens zu machen, etwa ab dem vierten Lebensjahr, und dann vom vierten bis zum zehnten (bzw. bis zum zwölften) Lebensjahr (also sechs bzw. acht Jahre) eine für alle Schüler gemeinsame Lebens- und Lernphase vorzusehen, in der die individuelle Förderung im Vordergrund zu stehen hätte. Auf dieser Gemeinschaftsschule aufbauend wären unterschiedlich differenzierte Bildungswege denkbar, solche zweigliedriger oder mehrgliedriger Art. Besondere Aufmerksamkeit wäre in einem solchen Rahmen auf die sprachliche *Frühförderung* von Migrantenkindern und anderen belasteten Gruppen der Bevölkerung zu richten.

5.2   *Entwicklung von Einzelschulen*

Die Stärkung der Handlungseinheit Schule, ihre zunehmende Autonomisierung in Richtung unternehmerischer Schule wird sich in Zukunft konsolidieren müssen. Ein Kernpunkt wird dabei die Klärung der neuen Stellung von *Schulleitungen* sein. Die Zukunft liegt aber nicht darin, schulfremde Managementpositionen einzurichten, die zu einer problematischen Trennung von Management und Pädagogik führen würden. Es wird aber wichtig werden, die Schulleitungsfunktionen neu zu durchdenken, die Zeitressourcen sachgerecht zu konzipieren und

Entwicklungen auf der Mesoebene

Arbeitsteilungen zu installieren, da Schule zu einem zentralen Ort der Qualitätssicherung werden wird.

Eine unspezifische und diffuse Autonomie jenseits von klaren Kompetenzregelungen und rechtlichen Strukturen ist nicht hilfreich. Erweiterte Kompetenzen der Schulleitung müssten zudem in einem Gleichgewicht zur Eigenverantwortung der Kolleginnen und Kolleginnen und der Absicherung ihrer berechtigten Interessen stehen. Ein schlichtes Patriarchat und ein uneingeschränkter Herrschaftsanspruch sind ebenso überholt wie eine diffuse Regierung über ungeklärte informelle Beziehungen.

Der neue pädagogische Entwicklungsbereich, jener der *Schulentwicklung*, wird auch in Zukunft bedeutsam bleiben, ja sogar an Gewicht gewinnen. Schulentwicklung darf sich dabei nicht allein auf die Schule als Lebensraum konzentrieren, sie muss vielmehr die Relationen zum Umfeld einbeziehen. Die große Offenheit, die sich hier entwickelt hat, gilt es weiter zu pflegen

Eine Kernfrage zur Bedeutung der Schule für die *Qualitätssicherung* der Lehre wird die sein, wie das Verhältnis von unabweisbar notwendiger solidarischer Unterstützung einzelner Lehrpersonen durch ein Kollegium und Verfahren der gemeinschaftlichen Qualitätssicherung von Unterricht vor Ort gestaltet wird. Falsch verstandene Kollegialität bei „schlechtem Unterricht" ist der eine negative Pol, schonungslose Öffnung der unterrichtlichen Aufgabenerfüllung für menschenmissachtende Kritik der andere. Die Lehrarbeit in der Schule wird als öffentliche Aufgabe definiert sein müssen, die gegen eine Qualitätssicherung nicht immun sein darf. Auf Schulebene wird sich deshalb eine neue Feedback-Kultur entwickeln, die auf einer erweiterten Informationsbasis (schulübergreifende Tests und Aufgaben, Schüler- und Elternrückmeldungen) eine rationalere Qualitätssicherung erlaubt, die jedoch im sensiblen zwischenmenschlichen Umgang in Schulen humanverträglich gestaltet sein muss.

Eine weitere Entwicklung auf der Ebene der einzelnen Schule gilt es genau zu beobachten. Es wäre denkbar, dass die Schulen immer häufiger frei gewählt werden können, weshalb die anschauliche Präsentation von Schulqualität sehr wichtig werden wird. Schulen werden so immer häufiger professionelle Selbstdarstellung pflegen müssen. Eine mögliche Konsequenz dieser Entwicklung könnte die sein, dass Schulen immer unterschiedlicher werden. Auch wenn dies bei einer positiven Varianz „nach oben" kein Problem ist, könnten sich im Laufe der Zeit Ghettoisierungen von Problemschulen einspielen. Die Gleichwertigkeit eines guten Angebotes vor Ort, eines der Qualitätsmerkmale des deutschen Bildungswesens, wäre dabei in Gefahr.

Es ist nicht zu übersehen, dass die neuen Aufgaben von Schulen als korporativen Akteuren mehr Zeit und Mittel erfordern. Höhere Erwartungen, die nicht gestützt sind durch entsprechende personelle, zeitliche und materielle Ressourcen, münden früher oder später in Frustrationen.

5.3 *Unterrichtsentwicklung*

Entwicklungsrichtungen auf der Mikroebene

Die Vorstellung, dass schulische Bildungs- und Lernprozesse ko-konstruktive Unternehmungen sind, gehört heute, und wird es auf absehbare Zeit auch bleiben, zum Kernbestand der Gestaltung des Unterrichts. Effektiver Unterricht spielt sich in einem geordneten und störungsarmen Umfeld ab, das getragen ist von einer motivationalen Grundstimmung der Akzeptanz und des Wohlwollens und das die inhaltlichen Lernprozesse auf die Aktivierung der Schülerinnen und Schüler ausrichtet.

Der Aufbau von Wissen und Können bei Schülerinnen und Schülern geschieht nicht von selbst und im anregungs- und kulturfreien Raum. Die Entwicklung des Menschen bleibt angewiesen auf die Abarbeitung am Geformten und Gestalteten, das die Kultur bereit hält. Für die Einübung in anspruchsvolles Denken gilt dies gleichermaßen wie für das Erlernen eines Instruments und die Entwicklung sportlicher Fähigkeiten.

Wenn betont wird, wie bedeutsam ein kulturelles Angebot ist, heißt dies nicht, dass übersehen wird, wo der zentrale Ort des Geschehens liegt: bei der aktiven Aneignung dieser Kultur durch Kinder und Jugendliche. Doch auch dies erfordert die strukturierte Begleitung durch bereits „Geübte" und „Wissende". Eine solche Komplementarität zwischen strukturiertem Kulturangebot und aktiver Aneignung verhindert Einseitigkeiten einer reinen Kultur- oder Kindorientierung. Eine solchermaßen kulturell geleitete Reformpädagogik bedarf aber auch der Freiräume und Mittel der unterrichtlichen Umsetzung. Karg eingerichtete Schulen und Klassen, überarbeitete Lehrpersonen mit dreißig und mehr Schülern in einem Raum sind keine idealen Voraussetzungen, um eine optimale Synchronisierung des kulturellen Programms mit den je individuellen Lernmöglichkeiten der Schülerinnen und Schüler zu erreichen.

Wie das Verhältnis zwischen den Anforderungen der Gesellschaft, hier vertreten durch das *kulturelle Programm* des Bildungswesens, und den individuellen Erwartungen und Rechten, hier vertreten durch die *Lebensziele und Lernvoraussetzungen der Schülerschaft*, zu gestalten ist, wird die kommende Diskussion weiterhin bewegen.

Das Interesse der Öffentlichkeit muss in einer bestmöglichen Qualitätssicherung liegen. Sie wird deshalb, vertreten durch Bildungspolitik und Bildungsverwaltung, auf *Standardsicherung*, auf Verfahren der Qualitätskontrolle und Qualitätsentwicklung, auf Evaluation und öffentliche Rechenschaftslegung setzen. Um in Metaphern zu sprechen, wird hier eine klare „Ampelregelung" des Lernverkehrs befürwortet, ein „vorgegebenes Menü" formuliert und in die Erwartung einer bruchlosen Umsetzung eingebunden.

Die Anwälte der Schülerschaft, insbesondere wenn sie direkt mit ihr zu tun haben, sehen deutlicher die individuelle Vielfalt der Lernmöglichkeiten und der Lerninteressen, sie sehen die Grenzen und die Chancen. Diese sind bei einem Standardisierungsüberschwang eher ein Störfaktor, melden sich aber in Formeln wie „Umgang mit Heterogenität" zu Wort. Wer mit Schülerinnen und Schülern konkret zu tun hat, der sieht nicht nur die Grenzen des Erreichbaren deutlicher, er wird auch empfänglicher für die Bedingungen, unter denen optimal gelernt wird. Pädagogen und Psychologen sehen sie dort, wo die Eigeninitiative, die Selbstregulierung des Lernens, die Beschäftigung mit eigenen Projekten, die einen berühren, angesprochen sind. Sie sehen sie in den Chancen, aus Lernen und Leisten Befriedigung zu schöpfen, sich über Lernprojekte als handlungsstark, autonom und sozial eingebunden zu erleben. Im Idealfall sollte jeder seinem eigenen Lernplan folgen können, eigene Schwerpunkte aus dem Curriculum herauslösen und sich in außerschulisches intensives Lernen, z.B. in den Fremdsprachen, einlassen können. Um auch hier Metaphern zu bemühen: Jeder sollte wie in einem „Kreisverkehr" selber entscheiden können, wann der Weg zu neuen Lernzielen frei ist, jeder sollte gewissermaßen eine „à la Carte" Kultur verinnerlichen können. Motivational ginge es nicht um die Bewältigung eines Pensums, sondern darum, für bestimmte Inhalte „entflammt" zu werden. Lehrpersonen wären dann nicht Verwalter von Standards oder Gate-keeper für Berechtigungen, sondern Coaches für das Erreichen individueller Lernprojekte.

Es ist unübersehbar, dass diese Positionen, die Formulierungen eines kulturellen Kanons und die der Ausrichtung auf die Möglichkeiten und Interessen von Personen im Bildungswesen auch in Zukunft in einem Spannungsverhältnis stehen werden. Der Zug zur größeren Individualisierung wird weiter auf dem Weg bleiben. Er wird aber wegen der Gefahren von Beliebigkeit und Unverbindlichkeit auf ein Gleis gesetzt werden müssen. Aber auch die berechtigten Erwartungen des Gemeinwesens an notwendige Gemeinsamkeiten und an hohe Bildungsniveaus werden zu je neuen Versuchen führen, hier eine optimale Balance herzustellen.

5.4 *Die Rekontextualisierung des schulischen Angebotes durch ihre Nutzer*

Ein hier noch weitgehend offenes Thema betrifft die Einbettung schulischer Bildungs- und Lernprozesse in ganzheitliche Konzepte der optimalen Entwicklung von Kindern und Jugendlichen. Über neun bis zwölf Lebensjahre verbringen heranwachsende Menschenkinder in unserer Kultur in allgemeinbildenden Schulen, also sensible Jahre für die Entwicklung der Person. In dieser Zeit müssen sie lernen, mit Anforderungen umzugehen, sich selber einzuschätzen, sich selber anzunehmen und sich eigeninitiativ voranzubringen (Fend, 1997). Sie müssen ein Verhältnis zu kulturellen Inhalten gewinnen und vor allem auch lernen, sich sozial produktiv einzubringen. Sie müssen lernen, sich zu beteiligen, sich empathisch und kooperativ entwickeln und Verantwortung für andere übernehmen. Wie die dazu „passende" Schule aussieht, wird auch im 21. Jahrhundert noch diskutiert werden müssen.

Unübersehbar lag der hier entfalteten modernen Schulpädagogik die Frage zugrunde, wie unsere modernen Bildungssysteme funktionieren und wie sie bestmöglich gestaltet werden können. Dass die Zielrichtung auf ein bestmögliches Angebot für die Schülerschaft ausgerichtet war, versteht sich dabei von selbst.

Unübersehbar ist am Ende dieses Bemühens auch, dass die *Rezeption* dieses Angebotes zwar immer im Hintergrund stand, aber dennoch nicht der eigentliche Brennpunkt der Analysen war. Bildung kann eben nicht wie ein technisches Produkt hergestellt werden, sie bedarf vielmehr der verantwortlichen und auch angestrengten Beteiligung der „Subjekte von Bildung", der Kinder und Jugendlichen.

So stellt sich am Schluss diese großen Unternehmens ein neues Thema: das Studium, wie Schülerinnen und Schüler dieses Angebot nutzen und rezipieren. Es gliedert sich einmal in die Frage, wie Kinder und Jugendliche, wie Schülerinnen und Schüler die Lernangebote zur Steigerung ihres *Wissens* und ihrer *Kompetenzen* umsetzen. Ein zweites Thema ist nicht minder anspruchsvoll, wenn studiert wird, wie das Bildungswesen in die *Persönlichkeit* eingreift und hier Spuren hinterläßt, die die Lebensbewältigung prägen, wie also die Schulen die Stärke der jungen Generation fördern, mit dem Leben fertig zu werden.

Die obige Beschreibung des schulischen Lernangebotes macht sichtbar, dass mit ihm einmalige Erfahrungschancen für die Humanentwicklung verbunden sind. Es sind zumindest die Folgenden:

1. Die Schule bietet einen einmaligen kulturellen Erfahrungsraum.
   In ihm besteht die Chance, über den Masterplan der Bildung in der eigenen Kultur heimisch zu werden und die eigene Existenz im Licht der Deutungen der abendländischen Traditionen zu verstehen. Die Integration anderer Weltdeutungen, etwa solcher der Weltreligionen bietet die Chance, Toleranz aufzubauen.
   Dieser kulturelle Erfahrungsraum bietet auch die Chance, die außerschulischen Medienangebote einzuordnen und in ihrer Bedeutung zu filtern.

   Schule als Erfahrungsraum für die Humanentwicklung

2. Die Schule ist der Mittelpunkt für ein Training von Kompetenzen und Qualifikationen, die zu einem selbständigen beruflichen Erwerbsleben führen.
   Schülerinnen und Schüler können über viele Übungsjahre allgemeine kulturelle Kompetenzen und spezifische fachliche Wissensstrukturen aufbauen, die in dieser Systematik und Langfristigkeit sonst nirgends auf breiter Basis zu erwerben wären.

3. Schulen sind Orte der Identitätsfindung für heranwachsende Menschen.
   Schulen bieten Schülerinnen und Schülern die Chance, systematisch zu prüfen, welche Fähigkeiten sie in welchen Aufgabenbereichen haben. Sie lernen dabei ihre Stärken und ihre Schwächen kennen und können auf dieser Grundlage Lebenspläne entwickeln. Diese fachspezifischen Selbstbilder werden aber ergänzbar durch die Erfahrung von Kompetenz und Selbstwirksamkeit und durch die Erfahrung von Wertschätzung, die im Anschluss an Leistungen und an die eigene Selbstpräsentation im schulischen Setting möglich werden.

4. Schulen sind Orte zur Erfahrung der Verfügung des Menschen über sich selber.
   Humanentwicklung zielt auf die selbständige und verantwortliche Lebensführung. Sie materialisiert sich insbesondere in der Fähigkeit, gezielt, planvoll und langfristig Leistungen zu erbringen. In unzähligen Detailaufgaben kann dies im Rahmen der Schule geübt werden. Dadurch werden Haltungen der disziplinierten Leistungserbringung aufgebaut und eingeübt.
   Die methodische Lebensführung erstreckt sich jedoch nicht nur auf die kognitiven Leistungen. Sie kann im Rahmen der Schule auch auf die Verfügung über den eigenen Körper ausgeweitet werden, sei dies im Sport oder im Gesundheitsverhalten.

5. Schulen sind Orte der Erweiterung von Ausdrucksmöglichkeiten des Menschen.
   Die Entfaltung aller Kräfte im Menschen impliziert auch jene in ästhetischen Ausdrucksformen, sei dies die Musik, die Malerei oder das Schauspiel. Da-

durch erweitern sich die Existenzerfahrungen, da über sie die eigenen Begrenzungen des je individuellen Lebens überwunden werden und „anderes Leben" erfahrbar wird.

6. Schulen sind Orte der Erfahrung von Gemeinschaft.
   Lernen spielt sich in der Schule im sozialen Raum und in sozialen Beziehungen ab. Damit sind Erfahrungschancen von Zugehörigkeit, von Respekt und sozialer Akzeptanz verbunden.
   Diese sozialen Beziehungen sind eingebettet in soziale Normen und in oft komplexe Beziehungsgeschichten. Sie können sozialen Druck ausüben, dabei aber auch die Chance schaffen, soziales Leben durchschaubar zu machen und an ihm soziale Kompetenzen zu schulen.
   Beim sozialen Leben in schulischen Erfahrungsräumen kann nicht von vornherein von Harmonie und Übereinstimmung ausgegangen werden. Sehr wohl sind dabei aber Erfahrungen von Fairness, Gerechtigkeit und Rechtssicherheit möglich, wenn Konflikte ausgehandelt und gelöst werden.
   Soziales Leben fordert immer auch zur Hilfestellung, zur Solidarität und zum Einsatz für andere auf. Damit können wichtige Erfahrungen der Nützlichkeit und der Sinnhaftigkeit des eigenen Tuns gemacht werden.

7. Schulen sind Orte der Erfahrung von Gesellschaft.
   Schulen sind keine pädagogischen Provinzen, die unberührt von gesellschaftlichen Kontexten existieren können. Sie spiegeln und repräsentieren gesellschaftliche Verhältnisse. Das Maß an Freiheit, das die Gesellschaft erlaubt, ist auch in der Schule präsent, das Maß an Demokratie und Toleranz ebenso. Die Akzeptanz von Unterschiedlichkeit in der Gesellschaft setzt sich fort in der Akzeptanz von Unterschiedlichkeit in der Schule.
   In der Schule kann deshalb gesellschaftliche Erfahrung und gesellschaftliche Teilhabe exemplarisch eingeübt werden. Sich zu beteiligen und zu engagieren, kann hier organisiert werden. Damit ist die komplexe Erfahrung institutioneller Nützlichkeit verbunden, auf die eine Demokratie angewiesen ist.

Hier sind bewusst die *positiven* Erfahrungs- und Entwicklungschancen formuliert, die über das schulischen Lehr- und Erfahrungsangebot gestaltet werden können. Damit schärft sich auch die Wahrnehmung, wo in konkreten schulischen Erfahrungsräumen Defizite vorliegen, wo Schule nicht nur Chancen bietet, sondern für viele Schülerinnen und Schüler beschreibbare Leidensgeschichten schafft. Je heller das Licht des Bestmöglichen strahlt, umso schärfer zeichnen sich auch die Schatten ab.

Die Beschreibung der Erfahrungs- und Entwicklungschancen verweist aber auch darauf, dass die Schule kein vollständiges Curriculum des Aufwachsens ist, so wenig wie dies heute die Familie sein kann. Schule, Familie und Lernen in informellen Räumen müssen zusammenwirken, um zum guten Leben in unseren kulturellen und zivilisatorischen Räumen beizutragen. Dies gilt in besonderem Maß für die Erfahrung von Nützlichkeit (Hentig, 2006), von ernsthaftem, konsequenzenreichen Lernen, von bürgerlichem Gemeinsinn und öffentlichem Engagement. Schon Montessori hatte gemeint, man sollte pubertierende Jugendliche aus der Schule nehmen und ihnen die Erfahrung ernsthaften Lebens und Leistens ermöglichen – indem sie z.B. einen landwirtschaftlichen Betrieb selbständig führen (Montessori, 1966).

Was Schülerinnen und Schüler aus diesen Erfahrungschancen „machen", welches ihr eigener Beitrag in der generationalen Stabweitergabe ist, was sie positiv nutzen und was sie ausschlagen, was sie in welcher Weise in ihre Persönlichkeit und Lebensform integrieren, wogegen sie sich verteidigen und schützen, wo sie schutzlos Verletzungen ausgesetzt sind – all dies gilt es im Rahmen einer Pädagogischen Psychologie der Schülerinnen und Schüler als Personen, als Menschen in der Entwicklung und als Mitglieder der Institution Schule zu analysieren.

Literaturverzeichnis

Adler, A. (1966). *Menschenkenntnis.* Frankfurt (M.): Fischer Taschenbuch.
Adorno, T. W., & al., e. (1950). *The authoritarian personality.* New York: Norton.
Aebli, H. (1987). *Grundlagen des Lehrens.* Stuttgart: Klett-Cotta.
Aibauer, R. B. (1954). *Die Lehrerpersönlichkeit in der Vorstellung des Schülers.* Regensburg: Habbel.
Altrichter, H., & Posch, P. (Eds.). (1996). *Mikropolitik der Schulentwicklung.* Innsbruck: Studienverlag.
Altrichter, H., Radnitzky, E., & Specht, W. (1994). *Innenansichten guter Schulen.* Wien: Bundesministerium für Unterricht und Kunst.
Altrichter, H., & Schley, W. (1998). *Handbuch zur Schulentwicklung.* Innsbruck: Studien-Verlag.
Ammann, T. (2004). *Zur Berufszufriedenheit von Lehrerinnen. Erfahrungsbilanzen in der mittleren Berufsphase.* Bad Heilbrunn: Verlag Julius Klinkhardt.
Arbeitsgruppe Internationale Vergleichsstudie. (2003). *Vertiefender Vergleich der Schulsysteme ausgewählter PISA-Teilnehmerstaaten.* Bonn: Bundesministerium für Bildung und Forschung.
Aries, P. (1975). *Geschichte der Kindheit.* München: Carl Hanser.
Arnold, E., & Maritzen, N. (1998). *Bestandsaufnahme zu Verfahren der Qualitätsevaluation im Schulwesen* (Manuskript): Amtschefkommission der Länder in der Bundesrepublik Deutschland.
Assmann, A. (1993). *Arbeit am nationalen Gedächtnis. Eine kurze Geschichte der deutschen Bildungsidee* (Vol. 14). Frankfurt (M.): Campus-Verlag.
Assmann, A. (2003). *Erinnerungsräume. Formen und Wandlungen des kulturellen Gedächtnisses.* München: C. H. Beck Verlag.
Assmann, A. (2006). *Der lange Schatten der Vergangenheit. Erinnerungskultur und Geschichtspolitik.* München: C. H. Beck Verlag.
Avenarius, H. (2006). Schulische Eigenverantwortung und Qualitätssicherung. Wie die Schulautonomie durch externe Evaluation ausgehöhlt wird. *SchulVerwaltung.* Manuskript.
Badura, B. (1990). Interaktionsstress. Zum Problem der Gefühlsregulierung in der modernen Gesellschaft. *Zeitschrift für Soziologie, 15*(5), 317-328.
Baer, M., Fuchs, M., Füglister, P., Reusser, K., & Wyss, H. (Eds.). (2006). *Didaktik auf psychologischer Grundlage. Von Hans Aeblis kognitionspsychologischer Didaktik zur modernen Lehr- und Lernforschung.* Bern: h.e.p..
Bähr, K., Fries, A. V., Ghisla, G., Rosenmund, M., & Seliner-Müller, G. (1999). *Lehrplanarbeit - Strukturen, Erwartungen, Perspektiven. Umsetzungsbericht.* Chur: Rüegger.
Ballauff, T. (1965). *Schule der Zukunft.* Bochum: Kamp.
Ballauff, T. (1982). *Funktionen der Schule. Historische-systematische Analysen zur Scolarisation* (Vol. 22). Frankfurt am Main: Deutsches Institut für Internationale Pädagogische Forschung - Forschungsstelle für Bildungsgeschichte.
Barth, A.-R. (1992). *Burnout bei Lehrern : Theoretische Aspekte und Ergebnisse einer Untersuchung.* Göttingen: Hogrefe.
Baumert, J. (2001). *PISA 2000 Basiskompetenzen von Schülerinnen und Schülern im internationalen Vergleich.* Opladen: Leske + Budrich.
Baumert, J. (2002). Deutschland im internationalen Bildungsvergleich. In N. Killius & J. Kluge & L. Reisch (Eds.), *Zukunft der Bildung* (pp. 100-150). Frankfurt (M.): edition suhrkamp.
Baumert, J., Artelt, C., Klieme, E., Neubrand, M., Prenzel, M., Schiefele, U., Schneider, W., Tillmann, K. J., & Weiß, M. (2002). *PISA 2000 - Die Länder der Bundesrepublik Deutschland im Vergleich.* Opladen: Leske + Budrich.
Baumert, J., Artelt, C., Klieme, E., Neubrand, M., Prenzel, M., Schiefele, U., Schneider, W., Tillmann, K. J., & Weiß, M. (2003). *PISA 2000 - Ein differenzierter Blick auf die Länder der Bundesrepublik Deutschland.* Opladen: Leske + Budrich.
Baumert, J., Bos, W., & Lehmann, T. (Eds.). (2000a). *Dritte internationale Mathematik- und Naturwissenschaftsstudie. Mathematische und naturwissenschaftliche Bildung am Ende der Schullaufbahn* (Vol. Band I Mathematische und naturwissenschaftliche Grundbildung am Ende der Pflichtschulzeit). Opladen: Leske + Budrich.
Baumert, J., Bos, W., & Lehmann, R. (Eds.). (2000b). *Dritte internationale Mathematik- und Naturwissenschaftsstudie. Mathematische und naturwissenschaftliche Bildung am Ende der Schullauf-*

bahn (Vol. Band II Mathematische und physikalische Kompetenzen am Ende der gymnasialen Oberstufe). Opladen: Leske + Budrich.

Baumert, J., Bos, W., & Watermann, R. (1998). *TIMSS III. Schülerleistungen in Mathematik und den Naturwissenschaften am Ende der Sekundarstufe II im internationalen Vergleich. Zusammenfassung deskriptiver Ergebnisse* (Vol. Studien und Berichte). Berlin: Max-Planck-Institut für Bildungsforschung.

Baumert, J., Carstensen, C. H., & Siegle, T. (2004). Wirtschaftliche, soziale und kulturelle Lebensverhältnisse und regionale Disparitäten des Kompetenzerwerbs. In PISA-Konsortium Deutschland (Ed.), *PISA 2003. Der Bildungsstand der Jugendlichen in Deutschland - Ergebnisse des zweiten internationalen Vergleichs* (pp. 323-366). Münster: Waxmann.

Baumert, J., & Kunter, M. (2006). Stichwort: Professionelle Kompetenz von Lehrkräften. *Zeitschrift für Erziehungswissenschaft, 9*(4), 469-520.

Baumert, J., & Lehmann, R. (1997). *TIMSS - Mathematisch-naturwissenschaftlicher Unterricht im internationalen Vergleich. Deskriptive Ergebnisse*. Opladen: Leske + Buderich.

Becker, G. (Ed.). (1990). *Was sollen Kinder in der Schule lernen? Erziehung heute für die Welt von morgen. Eine Dokumentation der bildungspolitischen Foren der Hessischen SPD am 3. und 17. Februar 1990*.

Beisenherz, H., & Gerhard-Feil, C. (1982). Die Probleme der Lehrer: Rückzug der Person des Lehrers als Kritik der Schule. In H. Beisenerz & C. Gerhard-Feil, u. a. (Eds.), *Schule in der Kritik der Betroffenen*. München: Juventa.

Bellmann, J. (2006). Bildungsforschung und Bildungspolitik im Zeitalter ‚Neuer Steuerung'. *Zeitschrift für Pädagogik, 52*(4), 487-504.

Bernstein, B. (1996). *Pedagogy, symbolic control, and identity. Theory, research, critique*. London: Taylor & Francis.

Biddle, B. J., Good, T. L., & Goodson, I. F. (Eds.). (1997). *International handbook of teachers and teaching* (Vol. 3). Dordrecht: Kluwer.

Bildungskommission der Heinrich-Böll-Stiftung. (2003). *Von Schlüsselkompetenzen zum Curriculum*. Berlin: Heinrich-Böll-Stiftung.

Bildungskommission, N. (1995). *Zukunft der Bildung - Schule der Zukunft. Denkschrift der Kommission „Zukunft der Bildung - Schule der Zukunft" beim Ministerpräsidenten des Landes Nordrhein-Westfalen*. Neuwied: Luchterhand.

Binneberg, K. (1979). Pädagogische Fallstudien. Ein Plädoyer für das Verfahren der Kasuistik in der Pädagogik. *Zeitschrift für Pädagogik, 25*(3), 397-402.

Blitz, G. (1977). Zum Problem der Inhaltsauswahl im Deutschunterricht. *Der Deutschunterricht, 2*, 131-156.

Bloom, B. S. (1976). *Human characteristics and school learning*. New York: McGraw-Hill.

Bölling, R. (1983). *Sozialgeschichte der deutschen Lehrer. Ein Überblick von 1800 bis zur Gegenwart*. Göttingen: Vandenhoeck & Ruprecht.

Bourdieu, P. (1983). Ökonomisches Kapital, kulturelles Kapital und soziales Kapital. In R. Kreckel (Ed.), *Soziale Ungleichheiten* (Vol. Soziale Welt, Sonderband 2, pp. 183-198). Göttingen.

Bräm, D. M. (1991). *Lehrersein heute*. Universität Zürich: Forschungsbericht Pädagogisches Institut.

Brezinka, W. (o.J.). *Das Berufsethos des Lehrers: ein vernachlässigtes Problem der Bildungspolitik*. Unpublished manuscript.

Brügelmann, H. (2005). *Schule verstehen und gestalten. Perspektiven der Forschung auf Probleme von Erziehung und Unterricht*. Lengwil: Libelle.

Bruner, J. (1986). *Actual minds, possible worlds*. Cambridge, Massachusetts: Harvard University Press.

Brunner, M., Kunter, M., Krauss, S., Klusmann, U., Baumert, J., Blum, W., Neubrand, M., Dubberke, T., Jordan, A., Löwen, K., & Tsai, Y.-M. (2006). Die professionelle Kompetenz von Mathematiklehrkräften: Konzeptualisierung, Erfassung und Bedeutung für den Unterricht. Eine Zwischenbilanz des COACTIV-Projekts. In M. Prenzel & L. Aollolio-Näcke (Eds.), *Untersuchungen zur Bildungsqualität von Schule. Abschlussbericht des DFG-Schwerpunktprogramms* (pp. 54-82). Münster: Waxmann.

Buchen, H., Horster, L., & Rolff, H.-G. (Eds.). (1994). *Schulleitung und Schulentwicklung: Erfahrungen, Konzepte, Strategien*. Berlin: Raabe.

Buchmann, M., & Eisner, M. (1997). Selbstbilder und Beziehungsideal im 20. Jahrhundert: Individualisierungsprozesse im Spiegel von Bekanntschafts- und Heiratsinseraten. In K. S. Rehberg

(Ed.), *Differenz und Integration: Die Zukunft moderner Gesellschaften (Verhandlungen des 28. Kogresses der Deutschen Gesellschaft für Soziologie, 7.-11.10.1996 in Dresden).*
Bueb, B. (2006). *Lob der Disziplin. Eine Streitschrift*. Berlin: List Verlag.
Bulmahn, E., Wolff, K., & Klieme, E. (2003). *Zur Entwicklung nationaler Bildungsstandards. Eine Expertise*. Frankfurt a. M.: Deutsches Institut für Internationale Pädagogische Forschung.
Bund-Länder-Kommission für Bildungsplanung und Forschungsförderung. (1983). *Lehrplanentwicklung und Schulpraxis*. Bonn: Köllen Verlag.
Bund-Länder-Kommission für Bildungsplanung und Forschungsförderung (Ed.). (1989). *Wie öffnet sich die Schule neuen Entwicklungen und Aufgaben? OECD/CERI-Seminar Bremerhaven 1989*. Bonn: Köllen Verlag.
Bund-Länder-Kommission für Bildungsplanung und Forschungsförderung (Ed.). (1996). *Lernen in einer dynamischen und offenen Gesellschaft - die Rolle der Schule. OECD/CERI-Seminar 1995 Dresden*. Bonn: Köllen Verlag.
Bundesamt für Statistik, C. (Ed.). (2002). *Für das Leben gerüstet? Die Grundkompetenzen der Jugendlichen - Nationaler Bericht der Erhebung PISA 2000*. Neuchatel: Bundesamt für Statistik.
Burisch, M. (1994). *Das Burnout-Syndrom. Theorie der inneren Erschöpfung*. Heidelberg: Springer.
Burke, P. (1996). *Die Geschicke des Hofmann*. Berlin: Verlag Klaus Wagenbach.
Buschmann, I., & Gamsjäger, E. (1999). Determinanten des Lehrer-Burnout. *Psychologie in Erziehung und Unterricht, 46*, 281-292.
Carroll, J. B. (1963). A model of school learning. *Teachers College Record, 64*, 723-733.
Carroll, J. B. (1975). *The teaching of French as a foreign language in eight countries*. Stockholm: Almquist & Wiksell.
Casale, R. (2004). Erziehung vor der Moralerziehung. Konversation gegen Kommunikation. In D. Horster & J. Oelkers (Eds.), *Pädagogik und Ethik*. Opladen: Verlag für Sozialwissenschaften.
Caselmann, C. (1953). *Wesensformen des Lehrers*. Stuttgart: Klett.
Center for Educational Research and Innovation. (1993). *Education at a glance. OECD indicators*. Paris: Organisation for Economic Co-Operation and Development.
Center for Educational Research and Innovation. (1995). *Decision-making in 14 OECD education systems. Indicators of education systems*. Paris: Organization for Economic Co-Operation and Development.
Center for Educational Research and Innovation. (2001). *Education at a glance*. Paris: OECD.
Clausen, M., Reusser, K., & Klieme, E. (2003). Unterrichtsqualität auf der Basis hoch-inferenter Unterrichtsbeurteilungen: Ein instruktionspsychologischer Vergleich zwischen Deutschland und der deutschsprachigen Schweiz. *Unterrichtswissenschaft, 31*(2), 122-141.
Cloer, E. (1981). *Disziplinkonflikte in Erziehung und Schule*. Bad Heilbronn: Klinkhart.
Cloetta, B. (1975). *Einstellungsänderung durch die Hochschule. Konservatismus - Machiavellismus - Demokratisierung. Eine empirische Untersuchung über angehende Lehrer*. Stuttgart: Klett.
Cloetta, B., & Hohner, H. U. (1976). *Die Kurzfassung des Konstanzer Fragebogens für Schul- und Erziehungseinstellungen (KSE). Erprobung bei Lehrern an konventionellen Schulen und Gesamtschulen*. Konstanz: Universität Konstanz.
Cochran-Smith, M., & Fries, M. K. (2005). Sticks, stones, and ideology: the discourse of reform in teacher education. *Educational Researcher, 30*, 3-15.
Combe, A., & Helsper, W. (Eds.). (1996). *Pädagogische Professionalität. Untersuchungen zum Typus pädagogischen Handelns*. Frankfurt a. M.: Suhrkamp Verlag.
Combe, A., Helsper, W., & Stelmyszk, B. (Eds.). (1999). *Forum Qualitative Schulforschung 1*. Weinheim: Deutscher Studien-Verlag.
Comber, L. C., & Keeves, J. P. (1973). *Science education in nineteen countries*. Stockholm: Almsell & Wiksell.
Conley, D. T. (2003). *Who governs our schools? Changing roles and responsibilities*. New York: Teachers College, Columbia University.
Creemers, B., Scheerens, J., & Reynolds, A. J. (2000). Theory development in school effectiveness research. In C. Teddlie & A. J. Reynolds (Eds.), *The International Handbook of School Effectiveness Research* (pp. 283-298). London: Falmer Press.
Criblez, L. (2005). Lehrer, Lehrerin: Ein Beruf im historischen Wandel. In M. Sigrist & T. Wehner & A. Legler (Eds.), *Schule als Arbeitsplatz. Mitarbeiterbeurteilung zwischen Absicht, Leistungsfähigkeit und Akzeptanz* (pp. 15-38). Zürich: Verl. Pestalozzianum.
Czerwenka, K. (1991). Lehrer- Werden, Lehrer- Sein und Lehrer- Bleiben. Probleme der Lehrerbiografie. *Die Deutsche Schule, 83*, 392-407.

Dahrendorf, R., & et al. (1995). *Report on the creation of wealth and social cohesion in a free society*. Wallington: The Commission on Wealth Creation & Social Cohesion.

Dalin, P., Rolff, H.-G., & Buchen, H. (1995). *Institutioneller Schulentwicklungsprozeß* (2. überarb. Aufl. ed.). Bönen: Verlag für Schule und Weiterbildung.

Dann, H.-D., Müller-Fohrbrodt, G., & Cloetta, B. (1981). Sozialisation junger Lehrer im Beruf: „Praxisschock" drei Jahre später. *Zeitschrift für Entwicklungspsychologie und Pädagogische Psychologie, 13*, 251-262.

Dann, H. D., Cloetta, B., Müller-Fohrbrodt, G., & Helmreich, R. (1978). *Umweltbedingungen innovativer Kompetenz. Eine Längsschnittuntersuchung zur Sozialisation von Lehrern in Ausbildung und Beruf*. Stuttgart: Klett-Cotta.

Darling-Hammond, L., & Bransford, J. (Eds.). (2005). *Preparing teachers for a changing world. What teachers should learn and be able to do*. San Francisco.

Delphi-Befragung 1996/1998. (1998). *Potentiale und Dimensionen der Wissensgesellschaft - Auswirkungen auf Bildungsprozesse und Bildungsstruktukren. Integrierter Abschlußbericht, vorgelegt von Prognos AG und Infratest Burke*. München/Basel.

deMause, L. (1977). *Hört ihr die Kinder weinen? Eine psychogenetische Geschichte der Kindheit*. Frankfurt (M.): Suhrkamp.

Der Bundesminister für Bildung und Wissenschaft. (1984). *Bericht der Bundesregierung zur Sicherung der Zukunftschancen der Jugend in Ausbildung und Beruf*. Bad Honeff: K.H.Bock Verlag.

Diesterweg, F. A. (1990). *Volksbildung als allgemeine Menschenbildung. Ausgewählte bildungspolitische, sozialpolitische und pädagogische Schriften und Reden in 2 Bänden*. Berlin: Volk und Wissen.

Dolch, J. (1982). *Lehrplan des Abendlandes* (Nachdr. der 3. Aufl. Ratingen 1971 ed.). Darmstadt: Wissenschaftliche Buchgemeinschaft.

Doll, J., & Prenzel, M. (Eds.). (2004). *Bildungsqualität von Schule: Lehrerprofessionalisierung, Unterrichtsentwicklung und Schülerförderung als Strategien der Qualitätsverbesserung*. Münster: Waxmann.

Dräbing, R. (1989). *Der Traum vom „Jahrhundert des Kindes". Geistige Grundlagen, soziale Implikationen und reformpädagogische Relevanz der Erziehungslehre Ellen Keys*. Aachen: Dissertation.

Dreeben, R. (1968). *On what is learned in school*. Massachusetts: Addison-Wesley Publishing Company.

Dreeben, R. (1980). *Was wir in der Schule lernen*. Frankfurt (M.): Suhrkamp.

Dreikurs, R. (1982). *Lehrer und Schüler lösen Disziplinprobleme*. Weinheim: Beltz.

Dubiel, H. (1985). *Was ist Neokonservatismus?* Frankfurt (M.): Suhrkamp.

Dubs, R. (1994). *Die Führung einer Schule. Leadership und Management*. Zürich: Verlag des Schweizerischen Kaufmännischen Vereins.

Dubs, R. (2001). *Lehrkräftebeurteilung und Leistungslöhne. Provisorischer Vorabdruck eines Studientextes der Universität Kaiserslautern. Weiterbildungseminar*. St. Gallen: Hochschule St. Gallen.

Ebenrett, H. J., Hansen, D., & Puzicha, K. J. (2003). Verlust von Humankapital in Regionen mit hoher Arbeitslosigkeit. *Politik und Zeitgeschichte* (06-07).

Edelstein, W. (1992). *Strukturgenese. Interne und externe Bedingungen der Entwicklung. Ein Beitrag zur Verbindung von sozialisations- und entwicklungstheoretischer Fragestellung in einer Längsschnittuntersuchung* (Beiträge aus dem Forschungsbereich Entwicklung und Sozialisation 40). Berlin: Max-Planck-Institut für Bildungsforschung.

Educational Evaluation and Policy Analysis. (1999). Class size: Issues and new findings. *Educational Evaluation and Policy Analysis, 21*(Special Issue).

Egger, E. (1992). *Das Schulwesen in der Schweiz*. Genf: Schweizerische Dokumentationsstelle für Bildungsfragen.

Egger, E. (Ed.). (1983). *Die Ausbildung der Lehrer für die Sekundarstufe 1. Prospektive Ueberlegungen zur Verbesserung und Koordination der Lehrerbildung in der Schweiz (Schweizerische Konferenz der kantonalen Erziehungsdirektoren Ausschuss „Lehrerbildung" der Pädagogischen Kommission und der Mittelschulkommission Arbeitsgruppe „Sekundarstufe 1"*. Bern: Haupt.

Eikenbusch, G. (1998). *Praxishandbuch Schulentwicklung*. Berlin: Cornelsen Scriptor.

Elliot, A. J., & Dweck, C. (Eds.). (2005). *Handbook of competence and motivation*. New York: The Guilford Press.

Elschenbroich, D. (2002). *Das Weltwissen von Siebenjährigen*. München: Goldmann.

Enzelberger, S. (2001). *Sozialgeschichte des Lehrerberufs*. Weinheim: Juventa Verlag.

Esser, H. (1999a). *Soziologie. Allgemeine Grundlagen*. Frankfurt (M.): Campus Verlag.
Esser, H. (1999b). *Soziologie. Spezielle Grundlagen. Band 1: Situationslogik und Handeln*. Frankfurt am Main: Campus Verlag.
Esser, H. (2000). *Soziologie. Spezielle Grundlagen. Band 5: Institutionen*. Frankfurt am Main: Campus Verlag.
Fend, H. (1977). *Schulklima: Soziale Einflussprozesse in der Schule. Soziologie der Schule II,1*. Weinheim: Beltz Verlag.
Fend, H. (1977). *Schulklima: Soziale Einflussprozesse in der Schule (Soziologie der Schule III, 1)*. Weinheim: Beltz Verlag.
Fend, H. (1979). *Sozialisation durch Literatur (Soziologie der Schule IV)*. Weinheim: Beltz.
Fend, H. (1980). Die kompetenztheoretische Perspektive in der Sozialforschung. In J. Domnick (Ed.), *Aspekte grundlagenorientierter Bildungsforschung* (Bereich 23 ed.).
Fend, H. (1982). *Gesamtschule im Vergleich*. Weinheim: Beltz.
Fend, H. (1984). *Die Pädagogik des Neokonservatismus*. Frankfurt (M.): Suhrkamp.
Fend, H. (1986). „Gute Schulen - schlechte Schulen". Die einzelne Schule als pädagogische Handlungseinheit. *Die Deutsche Schule, 78*(3), 275-293.
Fend, H. (1988). *Sozialgeschichte des Aufwachsens*. Frankfurt (M.): Suhrkamp Verlag.
Fend, H. (1989). Bildungsfelder und Lebenskonzepte Jugendlicher. In Z. f. S. u. Schulentwicklung. (Ed.), *Wie öffnet sich die Schule neuen Entwicklungen und Aufgaben?* (Vol. 23, pp. 42-65). Wien: Österreichischer Bundesverlag.
Fend, H. (1994). *Sozialer Wandel, Lehrerleitbilder und Lehreraus- und -fortbildung*. Soest: Landesinstitut für Schule und Weiterbildung.
Fend, H. (1995). Schulkultur und Schulqualität. In O. Achs & K. H. Gruber & P. Kral & E. Tesar (Eds.), *Schulqualität. Facetten und Felder einer Entwicklung* (pp. 36-49). Wien: ÖBV Pädagogischer Verlag.
Fend, H. (1996). Schulkultur und Schulqualität. In A. Leschinsky (Ed.), *Die Institutionalisierung von Lehren und Lernen. Beiträge zu einer Theorie der Schule. Festgabe für Peter Martin Roeder* (pp. 85-94). Weinheim: Beltz Verlag.
Fend, H. (1997). *Der Umgang mit Schule in der Adoleszenz. Aufbau und Verlust von Motivation und Selbstachtung. Entwicklungspsychologie der Adoleszenz in der Moderne, Band 4*. Huber: Bern.
Fend, H. (2000). *Entwicklungspsychologie des Jugendalters. Ein Lehrbuch für pädagogische und psychologische Berufe*. Opladen: Leske + Budrich.
Fend, H. (2001a). *Entwicklungspsychologie des Jugendalters. Ein Lehrbuch für pädagogische und psychologische Berufe* (2. ed.). Opladen: Leske + Budrich.
Fend, H. (2001b). *Qualität im Bildungswesen. Schulforschung zu Systembedingungen, Schulprofilen und Lehrerleistung* (2. Aufl. ed.). Weinheim: Juventa Verlag.
Fend, H. (2001c). Qualität und Qualitätssicherung im Bildungswesen. *Zeitschrift für Pädagogik, 41. Beiheft*, 55-72.
Fend, H. (2005a). *Bildung als Ressource der Lebensbewältigung. Ergebnisse der LifE-Studie* (Reihenpublikation). Mannheim.
Fend, H. (2005b). Systemsteuerung im Bildungswesen - Anschlussfähigkeiten an die Schulwirklichkeit. In K. Maag Merki & A. Sandmeier & P. Schuler & H. Fend (Eds.), *Schule wohin? Schulentwicklungs- und Qualitätsmanagement im 21. Jahrhundert* (pp. 15-28). Zürich: Schriftenreihe zu „Bildungssystem und Humanentwicklung": Berichte aus dem Forschungsbereich Schulqualität & Schulentwicklung.
Fend, H. (2006a). *Geschichte des Bildungswesens. Der Sonderweg im europäischen Kulturraum*. Wiesbaden: VS Verlag für Sozialwissenschaften.
Fend, H. (2006b). *Neue Theorie der Schule. Eine Einführung in das Verstehen von Bildungssystemen*. Wiesbaden: VS Verlag für Sozialwissenschaften.
Fend, H., Knörzer, W., Nagl, W., Specht, W., & Väth-Szusdziara, R. (1976). *Sozialisationseffekte der Schule*. Weinheim: Beltz Verlag.
Fend, H., & Schneider, G. (1984). Schwierige Schüler, schwierige Klassen. *Zeitschrift für Soziologie der Erziehung und Sozialisation, 4*(1), 123-142.
Fend, H., & Schröer, S. (1987). Das individuelle Profil guter Schulen - Fallstudien Wolfsburg und Hannover-Linden. In U. Steffens & T. Bargel (Eds.), *Fallstudien zur Schulqualität (Beiträge aus dem Arbeitskreis „Qualität von Schule", Heft 2)* (pp. 49-86). e.V.: Wiesbaden-Konstanz.
Fend, H., & Specht, W. (1976). Zum Bluff gezwungen? *Aspekte*(6), 36-39.
Flechsig, K.-H., & Haller, H.-D. (1973). *Entscheidungsprozesse in der Curriculumentwicklung* (Vol. 24). Stuttgart: Ernst Klett Verlag.

Flitner, W. (1954). *Vom Kanon der literarischen Bildung. Grund- und Zeitfragen der Erziehung und Bildung.* Stuttgart: Klett.
Flitner, W. (1959). *Hochschulreife und Gymnasium.* Heidelberg: Quelle und Meyer.
Flitner, W. (1961). *Die gymnasiale Oberstufe.* Heidelberg: Quelle & Meyer.
Flitner, W. (1965). *Die grundlegende Geistesbildung.* Heidelberg: Quelle & Meyer.
Flitner, W. (1990). *Die Geschichte der abendländischen Lebensformen (Wilhelm Flitner Gesammelte Schriften, Bd. 7).* Paderborn: Schöningh.
Fölling-Albers, M. (2005). Chancengleichheit in der Schule - (k)ein Thema? *Zeitschrift für Soziologie der Erziehung und Sozialisation, 25*(2), 198-213.
Forneck, H.-J. (2001). *Die individualisierte Profession. Belastungen im Lehrerberuf.* Bern: hep.
Forster, J., & Krebs, U. (Eds.). (2001). *Kindheit zwischen Pharao und Internet.* Bad Heilbrunn: Klinkhardt.
Foucault, M. (1976). *Überwachen und Strafen.* Frankfurt (M.): Suhrkamp.
Frey, K. (1975). *Curriculum-Handbuch.* München: Piper.
Friederich, G. (1978). *Die Volksschule in Württemberg im 19. Jahrhundert.* Weinheim: Beltz Verlag.
Friedman, I. A. (1991). High- and low- burnout schools: School culture aspects of teacher burnout. *Educational Research, 84,* 325-333.
Fuhrmann, H. (1993). *„Die Furie des Verschwindens" Literaturunterricht und Literaturtradition.* Würzburg: Königshausen und Neumann.
Fuhrmann, M. (2001). *Latein und Europa. Geschichte des gelehrten Unterrichts in Deutschland von Karl dem Grossen bis Wilhelm II.* Köln: DuMont Buchverlag.
Garlichs, A. (1972). *Präferenzen unterschiedlicher gesellschaftlicher Gruppen für Lernziele der Elementarerziehung. Eine Befragung im Rahmen des LOT-Projektes.* Konstanz: Universität.
Gehlen, A. (1956). *Urmensch und Spätkultur.* Bonn: Athäneum Verlag.
Gehlen, A. (1959). *Der Mensch. Seine Natur und seine Stellung in der Welt.* Bonn: Athenäum Verlag.
Gehrmann, A. (2003). *Der professionelle Lehrer. Muster der Begründung - Empirische Rekonstruktion.* Opladen: Leske + Budrich.
Gonon, P. (2006). Von der Seelen- zur Griffel-Führung. Pestalozzis gouvernementale Pädagogik. In R. Casale & D. Tröhler & J. Oelkers (Eds.), *Methoden und Kontexte. Historiographische Probleme der Bildungsforschung* (pp. 319-345). Göttingen: Wallstein Verlag.
Gordon, T. (1977). *Lehrer-Schüler-Konferenz.* Hamburg: Hoffmann und Campe.
Grob, U., & Maag Merki, K. (2001). *Überfachliche Kompetenzen. Theoretische Grundlegung und empirische Erprobung eines Indikatorensystems* (Vol. [31]). Bern: Lang.
Grunder, H.-U., & Bieri, T. (1995). *Zufrieden in der Schule? - Zufrieden mit der Schule? : Berufszufriedenheit und Kündigungsgründe von Lehrkräften.* Bern: Paul Haupt.
Gurlitt, L. (1906). Pädagogik. In J. E. F. von Grotthuss (Ed.), *Türmer Jahrbuch* (pp. 211-221). Stuttgart: Greiner und Pfeiffer.
Habermas, J. (1981). *Theorie des kommunikativen Handelns.* Frankfurt (M.): Suhrkamp.
Habermas, J. (1982). Die Kulturkritik der Neokonservativen in den USA und in der Bundesrepublik. Ueber eine Bewegung der Intellektuellen in zwei politischen Kulturen. *Neue Gesellschaft, 29*(11), 1024-1033.
Haenisch, H. (1992). *Lehrerarbeit und Lehrerfortbildung. Eine empirische Untersuchung zu Fortbildungseinstellungen, -aktivitäten und -präferenzen sowie zu den Bedingungen des Zugangs zu und der Information über Lehrerfortbildung* (Lehrerfortbildung in Nordrhein-Westfalen). Soest: Soester Verlagskontor.
Haenisch, H. (1994). *Bedingungen für eine erfolgreiche Umsetzung curricularer Innovationen in der Schule* (27). Soest: Landesinstitut für Schule und Weiterbildung.
Haenisch, H. (1995a). *Neue Rollen, Partnerschaften und Verantwortlichkeiten in der Schule* (34). Soest: Landesinstitut für Schule und Weiterbildung.
Haenisch, H. (1995b). *Notwendige Bedingungen für Schulentwicklungsprozesse und die Profilbildung von Schulen* (36). Soest: Landesinstitut für Schule und Weiterbildung.
Hage, K., Bischoff, H., Dichanz, H., Eubel, K.-D., & Schwittmann, D. (1985). *Das Methoden-Repertoire von Lehrern. Untersuchungen zum Unterrichtsalltag in der Sekundarstufe I.* Opladen: Leske + Budrich.
Halbheer, U., & Kunz, A. (2004). *Profile von Zürcher Mittelschulen aufgrund „Pädagogischer EntwicklungsBilanzen (PEB)". Quantitative Analyse von Wahrnehmungen der Lehrpersonen.* Lizenziatsarbeit, Philosophische Fakultät der Universität Zürich, Zürich.

Haller, H.-D. (1973). *Prozess-Analyse der Lehrplanentwicklung in der Bundesrepublik Deutschland.*, Universität, Konstanz.

Harring, B. (1972). *Präferenzen unterschiedlicher gesellschaftlicher Gruppen über Lernziele des Französischunterrichts.* Konstanz.

Hartinger, A., Kleickmann, T., & Hawelka, B. (2006). Der Einfluss von Lehrervorstellungen zum Lernen und Lehren auf die Gestaltung des Unterrichts und auf motivationale Schülervariablen. *Zeitschrift für Erziehungswissenschaft, 9* (2006), 110-126.

Häußermann, H., & Siebel, W. (2004). *Stadtsoziologie: Eine Einführung.* Frankfurt (M.): Campus.

Heidenheimer, A. J. (1997). *Disparate ladders. Why school and University Policies differ in Germany, Japan, and Switzerland.* New Brunswick, NJ: Transaction Publishers.

Heinrich, H. C. (1974). Skalen zur Erfassung von Formen der Bekräftigung in der Erziehung durch Lehrer. *Zeitschrift für experimentelle und angewandte Psychologie, 21*, 530-545.

Helmke, A. (1983). *Schulische Leistungsangst: Erscheinungsformen und Entstehungsbedingungen.* Königstein im Taunus: Lang.

Helmke, A. (2003). *Unterrichtsqualität erfassen, bewerten, verbessern.* Seelze-Velber: Kallmeyer.

Helmke, A., & Tuyet, V. T. A. (1999). Do Asian and Western students learn in a different way? An empirical study on motivation, study time, and learning strategies of German and Vietnamese university students. *Asia Pacific Journal of Education, 19*, 30-44.

Helmke, A., & Weinert, F. E. (1989). *Das SCHOLASTIK-Projekt (Schulorganisierte Lernangebote und Sozialisation von Talenten, Interessen und Kompetenzen).* München: Max-Planck-Institut für Psychologische Forschung.

Helsper, W. (2001). *Schulkultur und Schulmythos. Gymnasien zwischen elitärer Bildung und höherer Volksschule im Transformationsprozess. Rekonstruktion zur Schulkultur I* (Vol. 13). Opladen: Leske + Budrich.

Helsper, W., & Böhme, J. (Eds.). (2004). *Handbuch der Schulforschung.* Wiesbaden: VS Verlag für Sozialwissenschaften.

Helsper, W., Krüger, H.-H., & Wenzel, H. (Eds.). (1996). *Schule und Gesellschaft im Umbruch. Bd. 1: Theoretische und internationale Perspektiven.* Weinheim.

Hentig, H. v. (1980). *Die Krise des Abiturs und eine Alternative.* Stuttgart: Ernst Klett Verlag.

Hentig, H. v. (1993). *Die Schule neu denken.* München: Carl Hanser Verlag.

Hentig, H. v. (2003). *Rousseau oder Die wohlgeordnete Freiheit.* München: C. H. Beck Verlag.

Hentig, H. v. (2006). *Bewährung. Von der nützlichen Erfahrung, nützlich zu sein.* München: Hanser.

Herrlitz, H.-G. (1964). *Der Lektüre-Kanon des Deutschunterrichts im Gymnasium.* Heidelberg: Quelle & Meyer.

Herrmann, U. (2002). *Wie lernen Lehrer ihren Beruf?. Empirische Befunde und praktische Vorschläge.* Weinheim: Beltz Verlag.

Hillert, A., & Schmitz, E. (Eds.). (2004). *Psychosomatische Erkrankungen bei Lehrerinnen und Lehrern. Ursachen, Konzepte, Prävention, therapeutische Ansätze.* Stuttgart: Schattauer-Verlag.

Hillert, A., Sosnowsky, N., & Lehr, D. (2005). Idealisten kommen in den Himmel, Realisten bleiben AGIL. *Lehren und Lernen, 31*, 17-27.

Hirsch, G. (1990). *Biographie und Identität des Lehrers. Eine typologische Studie über den Zusammenhang von Berufserfahrung und beruflichem Selbstverständnis.* Weinheim: Juventa.

Hirsch, G., Ganguillet, G., Trier, U. P., & Egli, H. (1988). *Einstellungen, Engagement und Belastung des Lehrers. Ein lebensgeschichtlicher Ansatz eine Untersuchung über Lehrer an der Oberstufe der Volksschule im Kanton Zürich. Kurzfassung des Schlussberichts an den Schweizerischen Nationalfonds und an die Erziehungsdirektion des Kantons Zürich.* Zürich: Erziehungsdirektion des Kantons Zürich. Pädagogische Abteilung.

Hirsch, G., Ganguillet, G., Trier, U. P., Egli, H., & Elmer, H.-R. (1990). *Wege und Erfahrungen im Lehrerberuf. Eine lebensgeschichtliche Untersuchung über Einstellungen, Engagement und Belastung bei Zürcher Oberstufenlehrern* (Vol. 7). Bern: Haupt.

Hitpass, J. (1970). *Das Studien- und Berufsschicksal von Volksschullehrern.* Bielefeld: Bertelsmann Universitätsverlag.

Holtappels, H. G. (1994). *Ganztagsschule und Schulöffnung. Perspektiven für die Schulentwicklung.* Weinheim: Juventa.

Holtappels, H. G. (Ed.). (1995). *Entwicklung von Schulkultur. Ansätze und Wege schulischer Erneuerung.* Neuwied: Luchterhand.

Homfeldt, H. G., Schulz, W., & Barkholz, U. (1983). *Student sein - Lehrer werden? Selbsterfarung in Studium und Beruf.* München: Kösel-Verlag.

Honig, M. S. (1999). *Entwurf einer Theorie der Kindheit.* Frankfurt am Main: Suhrkamp Verlag.

Hopkins, D., & Harris, A. (Eds.). (2002). *Creating the conditions for teaching and learning. A handbook of staff development activities*. London: David Fulton Publishers.

Hopmann, S. (1988a). *Lehrplanhandeln als Verwaltungshandeln* (IPN 114). Kiel: IPN, Institut für die Pädagogik der Naturwissenschaften.

Hopmann, S. (Ed.). (1988b). *Zugänge zur Geschichte staatlicher Lehrplanarbeit* (Vol. IPN 117). Kiel: IPN, Institut für die Pädagogik der Naturwissenschaften.

Hopmann, S., & Haft, H. (1990). Lehrplangeschichte. Themen, Methoden und Probleme vergleichender Forschung. *Bildung und Erziehung, 43,* 361-378.

Horlacher, R. (2002). *Bildungstheorie vor der Bildungstheorie. Die Shaftesbury-Rezeption in Deutschland und der Schweiz im 18. Jahrhundert.*, Zürich.

Horlacher, R. (2006). „Bildung": Nationalisierung eines internationalen Konzeptes. In R. Casale & D. Tröhler & J. Oelkers (Eds.), *Methoden und Kontexte. Historiographische Probleme der Bildungsforschung* (pp. 199-213). Göttingen: Wallstein Verlag.

Hugener, I., Pauli, C., & Reusser, K. (2006). *Videoanalysen.* Frankfurt (M.): GFPF.

Huntington, S. P. (1998). *The clash of civilizations and the remaking of world order*. New York: Simon & Schuster.

Husén, T. (Ed.). (1967). *International study of achievement in mathematics: A comparison of twelve countries. Volumes I and II*. Stockholm: Almsell & Wiksell.

Informationen der Gewerkschaft Erziehung und Wissenschaft Baden-Württemberg zur Leitung und Verwaltung des öffentlichen Schul- und Bildungswesens. (2005). Die Schulleitung.,(4).

Ingenkamp, K., & Parey, E. (Eds.). (1970). *Handbuch der Unterrichtsforschung* (Vol. 6). Weinheim: Beltz.

Jackson, A. W. (1991). *Handbook of curriculum research*. New York: Macmillan.

Jacobsen, T., Edelstein, W., & Hofmann, V. (1994). A longitudinal study of the relation between representations of attachment in childhood and cognitive functioning in childhood and adolescence. *Child Development, 30*(1), 112-124.

Jehle, P. (1997). Vorzeitige Pensionierungen von Lehrerinnen und Lehrern. In S. Buchen & U. Carle & P. Döbrich & H.-D. Hoyer & H.-G. Schönwälder (Eds.), *Jahrbuch der Lehrerforschung* (Vol. 1, pp. 247). Weinheim: Juventa Verlag.

Kant, I. (1964). *Schriften zur Anthropologie, Geschichtsphilosophie und Pädagogik. (Werke in sechs Bänden, Band 6)*. Darmstadt: Wissenschaftliche Buchgemeinschaft.

Kegan, R. (1994). *In over our heads. The mental demands of modern life*. Cambridge, Mass.: Harvard University Press.

Keilhacker, M. (1932). *Der ideale Lehrer nach Auffassung der Schüler*. Freiburg/Br.: Herder.

Keiner, E., & Tenorth, H. E. (1981). Schulmänner - Volkslehrer - Unterrichtsbeamte. Ergebnisse und Probleme neuerer Studien zur Sozialgeschichte des Lehrers in Deutschland. *Archiv für Sozialgeschichte*(6), 198-222.

Keuffer, J. (Ed.). (1998). *Schulkultur als Gestaltungsaufgabe. Partizipation – Management – Lebensweltgestaltung*. Weinheim: Beltz Verlag.

Key, E. (1902/1921). *Das Jahrhundert des Kindes*. Berlin: S. Fischer.

Kirchgässner, G. (1991). *Homo oeconomicus. Das ökonomische Modell individuellen Verhaltens und seine Anwendungen in den Wirtschafts- und Sozialwissenschaften*. Tübingen: Mohr (Siebeck).

Kischkel, K.-H. (1979). *Gesamtschule und dreigliedriges Schulsystem in Nordrhein-Westfalen - Einstellungen, Zufriedenheit und Probleme der Lehrer* (Vol. 9). Paderborn: Ferdinand Schöningh.

Kischkel, K. H. (1984). *Zur Arbeitssituation von Lehrern*. Frankfurt (M.): Peter Lang.

Kischkel, K. H. (1987). Der Einfluss situativer und Einstellungsfaktoren auf die Arbeitsplatzperzeption und die Arbeits- und Berufszufriedenheit von Lehrern. In H.-G. Schönwälder (Ed.), *Lehrerarbeit* (pp. 135-167). Freiburg im Breisgau: Dreisam-Verlag.

Kischkel, K. H. (1989). Berufsbezogene Einstellungen von Schulleitern/schulischen Funktionsträgern und Lehrern ohne Leitungs- und Verwaltungsaufgaben. In H. S. Rosenbusch & J. Wissinger (Eds.), *Schulleiter zwischen Administration und Innovation. (Schulleiter Handbuch, Bd. 50)* (pp. 63-71). Braunschweig: SL Verlag.

Kischkel, K. H. (1990). Subjective and environmental determinants of West German teachers disposable working time. In M. Ben-Peretz & R. Bromme (Eds.), *The nature of time in schools*. New York: Teachers College Press.

Klafki, W. (1995). „Schlüsselprobleme" als thematische Dimension einer zukunftsbezogenen „Allgemeinbildung" - Zwölf Thesen. In W. Münzinger & W. Klafki (Eds.), *Schlüsselprobleme im Unterricht. 3. Beiheft von „Die Deutsche Schule"* (pp. 9-14).

Kliebard, H. M. (1999). *Schooled To Work: Vocationalism and the American Curriculum, 1876-1946*. New York: Teachers College Press.

Klippert, H. (2004). *Eigenverantwortliches Arbeiten und Lernen. Bausteine für den Fachunterricht*. Weinheim: Beltz.

Kloss, H. (1964). *Formen der Schulverwaltung in der Schweiz*. Zürich: Polygraphischer Verlag AG.

Köhler, H. (2004). Landesprofil der Schulentwicklung. In O. Köller & R. Watermann & U. Trautwein (Eds.), *Wege zur Hochschulreife in Baden-Württemberg. TOSCA - Eine Untersuchung an allgemein bildenden und beruflichen Gymnasien* (pp. 29-68). Opladen: Leske + Budrich.

Kommission „Zukunftsperspektiven" (Ed.). (1983). *Zukunftsperspektiven gesellschaftlicher Entwicklungen. (Bericht im Auftrag der Landesregierung Baden-Württemberg)*. Raidwangen: Studiodruck.

Konsortium Bildungsberichterstattung. (2006). *Bildung in Deutschland. Ein indikatorengestützter Bericht mit einer Analyse zu Bildung und Migration*. Bielefeld: W. Bertelsmann Verlag.

Kost, F. (1985). *Volksschule und Disziplin. Die Disziplinierung des inner- und ausserschulischen Lebens durch die Volksschule, am Beispiel der Zürcher Schulgeschichte zwischen 1830 und 1930*. Zürich: Limmat Verlag Genossenschaft.

Kotthoff, H.-G. (2003). *Bessere Schulen durch Evaluation? Internationale Erfahrungen*. Münster: Waxmann.

Kounin, J. (1970). *Discipline and group management in classroom*. New York: Prentice Hall.

Kounin, J. S. (1976). *Techniken der Klassenführung*. Bern: Huber.

Kramis-Aebischer, K. (1996). *Stress, Belastungen und Belastungsverarbeitung im Lehrberuf*. Bern: Haupt.

Krieger, R. (2000). Erziehungsvorstellungen und Berufswahlmotive im Wandel: Generationsvergleiche bei Lehramt-Studierenden. In G. Krampen & H. Zayer (Eds.), *Psychologiedidaktik und Evaluation II: Neue Medien, Psychologiedidaktik und Evaluation in der psychologischen Haupt- und Nebenfachausbildung*. Bonn: Deutscher Psychologen Verlag.

Kulessa, H. (Ed.). (1987). *Tagebuch eines halbwüchsigen Mädchens. Mit einem Vorwort von Alice Miller und einem Nachwort von Hanne Kulessa*. Frankfurt (M.): Suhrkamp.

Kunze, K., & Stelmaszyk, B. (2004). Biographien und Berufskarrieren von Lehrerinnen und Lehrern. In W. Helsper (Ed.), *Handbuch der Schulforschung* (pp. 795-812). Wiesbaden: VS Verlag für Sozialwissenschaften.

Künzli, R., Bähr, K., Fries, A. V., Ghisla, G., Rosenmund, M., & Seliner-Müller, G. (1999). *Lehrplanarbeit. Über den Nutzen von Lehrplänen für die Schule und ihre Entwicklung*. Chur: Verlag Rüegger.

Künzli, R., & Hopmann, S. (Eds.). (1998). *Lehrpläne: Wie sie entwickelt werden und was von ihnen erwartet wird. Forschungsstand, Zugänge und Ergebnisse aus der Schweiz und der Bundesrepublik Deutschland*. Chur: Rüegger.

Kuper, H. (2001). Organisationen im Erziehungssystem. *Zeitschrift für Erziehungswissenschaft, 4*(1), 83-106.

Kuratle, R. (1998). *Lehrplanarbeit*. Lizentiatsarbeit, Universität, Zürich.

Landesinstitut für Schule und Weiterbildung (Ed.). (1989). *Jugend und Erziehung am Ende der Achtziger Jahre. Soester Symposium 1988*. Soest: Soester Verlagskontor.

Landwehr, N. (2003). *Basisinstrument zur Schulqualität. Systematische Darstellung wichtiger Qualitätsansprüche an Schule und Unterricht*. Bern: h.e.p.

Landwehr, N., & Steiner, P. (2003). *Q2E - Qualität durch Evaluation und Entwicklung*. Bern: h.e.p.

Lang, L. (1953). *Neue Wege zur Schülerkenntnis* (3 ed.). Wien: Oesterr. Bundesverlag.

Larcher Klee, S. (2005). *Einstieg in den Lehrberuf. Untersuchungen zur Identitätsentwicklung von Lehrerinnen und Lehrern im ersten Berufsjahr*. Bern: Haupt Verlag.

Larcher, S., & Oelkers, J. (2003). *Die besten Ausbildungssysteme. Thematischer Bericht der Erhebung PISA 2000*. Neuchatel: BFS/EDK, Neuchatel und Bildungsmonitoring Schweiz.

Largo, R. (1987). Variabilität von Wachstum und Entwicklung. In J. Handloser (Ed.), *Die junge Generation gestern, heute, morgen* (pp. 21-30). Zürich: Verlag für Fachvereine Zürich.

Lay, W. A. (1908). *Experimentelle Pädagogik*. Leipzig: Teubner.

Lazarsfeld, P. (1931). Die Ergebnisse und die Aussichten der Untersuchungen über Jugend und Beruf. In C. Bühler (Ed.), *Jugend und Beruf* (pp. 1-80). Jena: Gustaf-Fischer.

Lemberg, E. (1967). Einführung. In E. H. Kratzsch & W. Vathke & H. Bertlein (Eds.), *Studien zur Soziologie des Volksschullehrers. Berufssituation Weiterbildung. Gesellschaftliche Verflechtung. Wissenschaftliche Betätigung* (pp. 13-17). Weinheim: Beltz.

Lemberg, E. (1976). Genealogie der Erziehungsstile. In B. Gerner (Ed.), *Erziehungsstile und Lehrerverhalten in der neueren deutschen Forschung* (pp. 208-222). Darmstadt: Wissenschaftliche Buchgemeinschaft.

Lewin, K. L., R., White, R.K. (1939). Patterns of aggressive behavior in experimentally created ‚social climates'. *Journal of Social Psychology* (10), 271-299.

Lewis, E. G., & Massad, C. E. (1975). *The teaching of English as a foreign language in ten countries.* Stockholm: Almquist & Wiksell.

Lightfoot, S. L. (1985). *The good high school.* New York: Basic Books.

Lipowsky, F. (2003). *Wege von der Hochschule in den Beruf. Eine empirische Studie zum beruflichen Erfolg von Lehramtsabsolventen in der Berufseinstiegsphase.* Bad Heilbrunn: Verlag Julius Klinkhardt.

Lippitt, R., & White, R. K. (1947a). Eine experimentelle Untersuchung über Führungsstil und Gruppenverhalten. In C. F. H. H. Graumann (Ed.), *Pädagogische Psychologie, Grundlagentexte, Bd. 1: Entwicklung und Sozialisation* (pp. 324-347). Frankfurt: Fischer Taschenbuch.

Lippitt, R., & White, R. K. (1947b). An experimental study of leadership and group life. In T. M. Newcomb & E. L. Hartley (Eds.), *Readings in advances in experimental social psychology* (pp. 315-330). New York: Hilt, Rinehart and Winston.

Lippitt, R., & White, R. K. (1968). Leader behavior and member reaction in three „social climates". In D. Cartwright & A. Zander (Eds.), *Group dynamics* (3rd ed., pp. 318-335). New York: Harper & Row.

Litt, T. (1927). *Führung oder Wachsenlassen. Eine Erörterung des pädagogischen Grundproblems.* Leipzig: Teubner.

Lortie, D. C. (1975). *Schoolteacher.* Chicago: University of Chicago Press.

Luhmann, N. (2002). *Das Erziehungssystem der Gesellschaft.* Frankfurt (M.): Suhrkamp Verlag.

Luksch, H. (1986). *Lehrerbildung und Schulaufsicht. Die Entwicklung des deutschen und des schweizerischen Elementarschulwesens und der Prozeß der Bildungsexpansion.* Frankfurt am Main: Lang.

Luksch, H. (1988). Restriktionen der Elementarschulreform in der Schweiz. *schweizer schule, 75*(9), 11-14.

Lustenberger, W. (1996). *Pädagogische Rekrutenprüfungen. Ein Beitrag zur Schweizer Schulgeschichte.* Chur: Verlag Rüegger.

Maccoby, E. E. (1980). *Social development. Psychological growth and the parent-child-relationship.* New York: Hacourt Brace.

Mann, H. (1989 (1905)). *Professor Unrat. Das Ende eines Tyrannen.* Frankfurt (M.): Fischer Taschenbuch Verlag.

Mannheim, K. (1984). *Konservatismus. Ein Beitrag zur Soziologie des Wissens.* Frankfurt (M.): Suhrkamp.

Martin, R., & Steffgen, G. (2002). Zum Einfluss der Berufswahlmotive auf die Berufszufriedenheit von Grundschullehrern. *Psychologie in Erziehung und Unterricht, 49,* 221-249.

Maslach, C., & Jackson, S. E. (1981). The measurement of experienced burnout. *Journal of Occupational Behavior, 2,* 99-113.

McDill, E. L., & Rigsby, L. C. (1973). *Structure and process in secondary schools. The academic impact of educational climates.* Baltimore: The John Hopkins University Press.

Menck, P. (1987). Lehrplanentwicklung nach Robinsohn. *Zeitschrift für Pädagogik, 333*(3), 362-380.

Messerli, A. (1999). *Lesen und Schreiben 1700 bis 1900.* Habilitationsschrift, Universität Zürich, Zürich.

Meumann, E. (1920). *Vorlesungen zur Einführung in die experimentelle Pädagogik und ihre psychologischen Grundlagen. Zweiter Band* (Zweite, umgearbeitete und vermehrte Auflage von 1913 ed.). Leipzig: Verlag von Wilhelm Engelmann.

Meumann, E. (1922a). *Vorlesungen zur Einführung in die experimentelle Pädagogik und ihre psychologischen Grundlagen. Dritter Band* (zweite, umgearbeitete und vermehrte Auflage ed.). Leipzig: Verlag von Wilhelm Engelmann.

Meumann, E. (1922b). *Vorlesungen zur Einführung in die experimentelle Pädagogik und ihre psychologischen Grundlagen. Erster Band* (zweite, umgearbeitete und vermehrte Auflage ed.). Leipzig: Verlag von Wilhelm Engelmann.

Meyer, H. (2004). *Was ist guter Unterricht?* Berlin: Cornelsen Verlag Scriptor.

Miller, R. L. (1989). *Sich in der Schule wohlfühlen. Wege für Lehrerinnen und Lehrer zu Entlastung im Schulalltag.* Weinheim: Beltz.

Mintzberg, H. (1991). *The strategy process. Concepts, contexts, cases* (2nd. ed ed.). Englewood Cliffs, NJ: Prentice-Hall.

Montessori, M. (1966). *Von der Kindheit zur Jugend*. Freiburg: Herder.

Mortimer, P. (1995). The positive effects of schooling. In M. Rutter (Ed.), *Psychosocial disturbances of young people* (pp. 333-366). New York: Cambridge University Press.

Mortimer, P., Sammons, P., Stoll, L., Lewis, D., & Ecob, P. (1988). *School matters: The junior years*. Somerset, England: Open Books Publishing, LTD.

Müller, W. (2002). Lehrplantheorie und Lehrplanentwickung. In H. J. Apel & W. Sacher (Eds.), *Studienbuch Schulpädagogik* (pp. 86-130). Bad Heilbrunn: Verlag Julius Klinkhardt.

Müller-Fohrbrodt, G. (1973). *Wie sind Lehrer wirklich?* Stuttgart: Klett.

Müller-Fohrbrodt, G., Cloetta, B., & Dann, H. D. (1978). *Der Praxisschock bei jungen Lehrern*. Stuttgart: Klett.

Münch, R. (2002). Die „Zweite Moderne": Realität oder Fiktion? *Kölner Zeitschrift für Soziologie und Sozialpsychologie, 54* (September), 417-443.

Münch, W. (1983). *Die Institution Schule, der Lehrer und sein beufliches Handelns.*, Johann-Wolfgang-Goethe-Universität Frankfurt, Frankfurt (M.).

Nauck, J. (1983). *Fördern statt Auslesen? Pädagogisches Handen in selektiven Systemen*. Bad Heilbrunn: Verlag Julius Klinkhardt.

Nohl, H. (1963). *Die pädagogische Bewegung in Deutschland und ihre Theorie*. Frankfurt (M.): Verlag G. Schulte-Bulmke.

Oehme, J. (1988). *Das Kind im 18. Jahrhundert. Beiträge zur Sozialgeschichte des Kindes*. Lübeck: Hansisches Verlagskontor H. Scheffler.

Oelkers, J. (1989). *Reformpädagogik. Eine kritische Dogmengeschichte*. Weinheim: Juventa.

Oelkers, J. (1990). *Die grosse Aspiration. Zur Herausbildung der Erziehungswissenschaft im 19. Jahrhundert*. Darmstadt: Wissenschaftliche Buchgemeinschaft.

Oelkers, J. (1999). *Demokratie und Bildung: Ueber die Zukunfts eines Problems*. Unpublished manuscript, Zürich.

Oelkers, J. R., & Oser, F. (1998). *Die Wirksamkeit der Lehrerbildung in der Schweiz*. Weinheim: Beltz.

Olson, D. R., & Torrance, N. (Eds.). (1996). *The handbook of education and human development. New models of learning, teaching and schooling*. Cambridge, Mass.: Blackwell.

Organisation für wirtschaftliche Zusammenarbeit und Entwicklung. (2001). *Lernen für das Leben. Erste Ergebnisse der internationalen Schulleistungsstudie PISA 2000*. Paris: OECD.

Oser, F. (2001). *Die Wirksamkeit der Lehrerbildungssysteme von der Allrounderbildung zur Ausbildung professioneller Standards Nationales Forschungsprogramm 33, Wirksamkeit unserer Bildungssysteme*. Chur: Rüegger.

Oser, F., Althof, W., & Garz, D. (1986). *Moralische Zugänge zum Menschen. Zugänge zum moralischen Menschen Beitr*ge zur Entstehung moralischer Identität*. München: Kindt.

Oser, F. K., Dick, A., & Patry, J.-L. (1992). *Effective and responsible teaching. The new synthesis*. San Francisco, Calif.: Jossey-Bass.

Ostendorf, F., & Angleitner, A. (1992). On the generality and comprehensiveness of the Five-Factor model of personality. Evidence for five robust factors in questionaire data. In G. V. Caprara & G. L. van Heck (Eds.), *Modern personality psychology. Critical reviews and new directions* (pp. 73-109). Harvester: Wheatsheaf.

Parsons, T. (1959). The school class as a social system: Some of its functions in the American society. *Harvard Educational Review, 29*(4), 297-318.

Patton, M. Q. (1986). *Utilization-focused evaluation. Second edition*. Newbury Park: Sage Publications.

Pekrun, R., vom Hofe, R., Blum, W., Götz, T., Wartha, S., & Jullien, S. (2006). Projekt zur Analyse der Leistungsentwicklung in Mathematik (PALMA). Entwicklungsverläufe, Schülervoraussetzungen und Kontextbedingungen bei Schülerinnnen und Schülern der Sekundarstufe I. In M. Prenzel & L. Aollolio-Näcke (Eds.), *Untersuchungen zur Bildungsqualität von Schule. Abschlussbericht des DFG-Schwerpunktprogramms* (pp. 21-53). Münster: Waxmann.

Petillon, H. (1982). Die Diagnose sozialer Beziehungen in der Schule. In K. Ingenkamp & R. Hurn & R. S. Jäger (Eds.), *Tests und Trends 198* (pp. 13-41). Weinheim: Beltz.

Petillon, H. (1993). *Das Sozialleben des Schulanfängers*. Weinheim: Psychologie-Verlags-Union.

Petrat, G. (1979). *Schulunterricht. Seine Sozialgeschichte in Deutschland 1750-1850*. München: Ehrenwirt.

Petrat, G. (1987). *Schulerziehung: Ihre Sozialgeschichte in Deutschland bis 1945.* München: Ehrenwirth.
Piaget, J. (1936). *La naissance de l'intélligence chez l'enfant.* Neuchatel: Delachaux et Nestlé.
Piaget, J. (1972). *Theorien und Methoden der modernen Erziehung.* Frankfurt am Main: Fischer Taschenbuch Verlag.
PISA-Konsortium Deutschland. (2004). *PISA 2003. Der Bildungsstand der Jugendlichen in Deutschland - Ergebnisse des zweiten internationalen Vergleichs.* Münster: Waxmann.
PISA-Konsortium Deutschland. (2005). *PISA 2003. Der zweite Vergleich der Länder in Deutschland - Was wissen und können Jugendliche?* Münster: Waxmann.
Plessner, H. (1965). *Die Stufen des Organischen und der Mensch. Einleitung in die philosophische Anthropologie* (2. erw. Aufl. ed.). Berlin: de Gruyter.
Plessner, H. (1983). *Conditio humana* (Vol. 8). Pfullingen: Neske.
Plotke, H. (1994). Bildung und Schule in den kantonalen Verfassungen. In H. Plotke & P. Richli & B. Mascello & P. Saladin & M. Aubert (Eds.), *Strukturen des schweizerischen Bildungswesens* (pp. 85-118). Basel: Helbing und Lichtenhahn Verlag AG.
Plotke, H. (1994). *Strukturen des schweizerischen Bildungswesens.* Basel: Helbing und Lichtenhahn Verlag AG.
Prenzel, M., Senkbeil, M., & Drechsel, B. (2004). Kompetenzunterschiede zwischen Schulen. In PISA-Konsortium Deutschland (Ed.), *PISA 2003. Der Bildungsstand der Jugendlichen in Deutschland - Ergebnisse des zweiten internationalen Vergleichs* (pp. 292-354). Münster: Waxmann.
Preuss-Lausitz, U. (1992). Mädchen an den Rand gedrängt? Soziale Beziehungen in Grundschulklassen. *Zeitschrift für Sozialisationsforschung und Erziehungssoziologie, 12*(1), 66-79.
Preyer, W. (1905). *Die Seele des Kindes.* Leipzig: Th. Griebens Verlag.
Reckmann, H. (1992). *Fortbildungsorientierungen von Lehrerinnen und Lehrern* (Lehrerfortbildung in Nordrhein-Westfalen). Soest: Soester Verlagskontor.
Reinert, G. B. (1987). Der Schüler-Traum von einer „guten" Schule und der Wunsch nach einem „guten" - weil schülergerechten - Lehrer. In G. B. Reinert (Ed.), *Theorie und Wirklichkeit* (pp. 32-42). Frankfurt a. M.: Lang.
Renkl, A., & Stern, E. (1994). Die Bedeutung von kognitiven Eingangsvoraussetzungen und schulischen Lerngelegenheiten für das Lösen von einfachen und komplexen Textaufgaben. *Zeitschrift für Pädagogische Psychologie, 8*(27-39).
Reusser, K. (1998). Denkstrukturen und Wissenserwerb in der Ontogenese. In F. Klix & H. Spada (Eds.), *Enzyklopädie der Psychologie* (Vol. 6, pp. 115-166). Göttingen: Hogrefe Verlag für Psychologie.
Richardson, V. (Ed.). (2001). *Handbook of research on teaching.* Washington (D.C.): American Educational Research Association.
Robinsohn, S. B. (1975). *Bildunsreform als Revision des Curriculum* (5. Aufl. ed.). Neuwied: Luchterhand.
Robinsohn, S. B. (Ed.). (1972). *Curriculumentwicklung in der Diskussion.* Stuttgart: Ernst Klett Verlag.
Robinsohn, S. B., & Thomas, H. (1968). *Differenzierung im Sekundarschulwesen.* Stuttgart: Klett.
Robitaille, D. F., & Garden, R. A. (1989). *The IEA Study of Mathematics II: Contexts and outcomes of school mathematics.* Oxford: Pergamon.
Roeder, P. M. (2001). Vergleichende ethnographische Studien zu Bildungssystemen: USA, Japan, Deutschland. *Zeitschrift für Pädagogik, 47*(2), 201-215.
Roeder, P. M. (2003). TIMSS und PISA - Chancen eines neuen Anfangs in Bildungspolitik, -planung, -verwaltung und Unterricht. *Zeitschrift für Pädagogik, 49*(2), 180-197.
Rogers, C., Galloway, D., Armstrong, D., & Jackson, C. (1994). Changes in motivational style over the transfer from primary to secondary school: Subject and dispositional effects. *Educational and Child Psychology, 11*(2), 26-38.
Rogers, C. R. (1959). A theory of therapy, personality and interpersonal relationships, as developed in the client-centered framework. In S. Koch (Ed.), *Psychology: A study of science, Vol II: General systematic formulations, learning and special processes.* New York: McGraw-Hill.
Rogers, C. R. (1984). Die Grundlagen des personenzentrierten Ansatzes. In Ag Personenzentrierte Gesprächsführung (Ed.), *Persönlichkeitsenwicklung durch Begegnung* (pp. 10-26).
Rolff, H.-G., Buhren, C. G., Lindau-Bank, D., & Müller, S. (1998). *Manual Schulentwicklung. Handlungskonzept zur pädagogischen Schulentwicklungsberatung (SchuB).* Weinheim: Beltz Verlag.

Rosenbusch, H. S. (2005). *Organisationspädagogik der Schule. Grundlagen pädagogischen Führungshandelns* (Vol. 2). Neuwied: Luchterhand.
Rost, D. H., & Czeschlik, T. (1994). Beliebt und intelligent? Abgelehnt und dumm? Eine soziometrische Studie an 6500 Grundschulkindern. *Zeitschrift für Sozialpsychologie, 25*(2), 170-176.
Ruchat, M. (1993). *L'oiseau et le cachot: Naissance de l'éducation correctionnelle en Suisse romande 1800 - 1913*. Genève: Edition Zoé.
Rudow, B. (2000). *Der Arbeits- und Gesundheitsschutz im Lehrberuf. Gefährungsbeurteilung von Lehrerinnen und Lehrern*. Ludwigsburg: Süddeutscher Pädagogischer Verlag.
Rüedi, J. (1995). *Einführung in die individualpsychologische Pädagogik. Alfred Adlers Konzept in der konkreten Erziehungspraxis*. Bern: Haupt Verlag.
Ruf, U., & Gallin, P. (1998). *Dialogisches Lernen in Sprache und Mathematik. Band I: Austausch unter Ungleichen*. Seelze-Velber: Kallmeyer.
Rumpf, H. (1966a). *40 Schultage. Tagebuch eines Studienrats*. Braunschweig: Westermann.
Rumpf, H. (1966b). *Die administrative Verstörung der Schule*. Essen: Neue deutsche Verlagsanstalt.
Rumpf, H. (1997). „40 Schultage - Tagebuch eines Studienrats". Dreißig Jahre danach. In E. Liebau & W. Mack & C. T. Scheilke (Eds.), *Das Gymnasium* (pp. 69-80). Weinheim: Juventa Verlag.
Rutter, M., Maughan, B., Mortimer, P., & Ouston, J. (1979). *Fünfzehntausend Stunden. Schulen und ihre Wirkungen auf Kinder*. Weinheim: Beltz.
Rychen, D. S., & Salganik, L. H. (Eds.). (2001). *Defining and selecting key competencies*. Seattle: Hogrefe & Huber Publishers.
Rychen, D. S., & Salganik, L. H. (Eds.). (2003). *Key competencies for a successful life and a well-functioning society*. Bern: Hogrefe & Huber Publishers.
Sauter, F. C. (1989). Der gute Lehrer aus der Sicht ehemaliger Schüler. In S. Bäuerle (Ed.), *Der gute Lehrer* (pp. 201-224). Stuttgart: J.B. Metzlersche Verlagsbuchhandlung.
Scarbath, H. (1987). Mein Traum vom idealen Lehrer. In G. B. Reinert (Ed.), *Theorie und Wirklichkeit* (pp. 62-68). Frankfurt (M.): Lang.
Schaarschmidt, U. (Ed.). (2004). *Halbtagsjober? Psychische Gesundheit im Lehrerberuf - Analyse eines veränderungsbedürftigen Zustandes*. Weinheim: Beltz.
Schäfer, K. (1985). *So schaffen Sie den Schulalltag*. Münster: Aschendorff.
Scheuerl, H. (1962). *Probleme der Hochschulreife*. Heidelberg: Quelle und Meyer.
Schiffler, H., & Winkeler, R. (1991). *Bilderwelten der Erziehung. Die Schule im Bild des 19. Jahrhunderts*. Weinheim: Juventa.
Schmacke, N. (1997). Pensionierungen von LehrerInnen aus Krankheitsgründen. Wege zur Ursachenforschung und Prävention. In S. Buchen & U. Carle & P. Döbrich & H.-D. Hoyer & H.-G. Schönwälder (Eds.), *Jahrbuch der Lehrerforschung* (pp. 277-284). Weinheim: Juventa Verlag.
Schmid, S., Fries, S., Hofer, M., Dietz, F., Reinders, H., & Clausen, M. (2006). Die Theorie der motivationalen Handlungskonflikte. Empirische Untersuchungen und praktische Konsequenzen. In M. Prenzel & L. Aollolio-Näcke (Eds.), *Untersuchungen zur Bildungsqualität von Schule. Abschlussbericht des DFG-Schwerpunktprogramms* (pp. 398-413). Münster: Waxmann.
Schmidt, H. J. (1991). Wie sie waren. Lehramtsstudentinnen und -studenten erinnern sich an ihre Lehrkräfte. *Empirische Pädagogik, 5*(4), 349-375.
Schohaus, W. (1930). *Schatten über der Schule*. Zürich: Schweizer-Spiegel-Verlag.
Schohaus, W. (1933). *Der Lehrer von heute und sein schwerer Beruf*. Zürich: Schweizer-Spiegel-Verlag.
Schönwälder, H.-G. (1997). Dimensionen der Belastung im Lehrerberuf - Versuch einer Orientierung. In S. Buchen & U. Carle & P. Döbrich & H.-D. Hoyer & H.-G. Schönwälder (Eds.), *Jahrbuch der Lehrerforschung* (Vol. 1, pp. 179-202). Weinheim: Juventa Verlag.
Schratz, M. (2003). *Qualität sichern. Schulprogramme entwickeln*. Seelze: Kallmeyer.
Schratz, M., & Steiner-Löffler, U. (1998). *Die Lernende Schule. Arbeitsbuch pädagogische Schulentwicklung*. Weinheim: Beltz Verlag.
Schubarth, W., & Pohlenz, P. (Eds.). (2006). *Qualitätsentwicklung und Evaluation in der Lehrerbildung. Die zweite Phase: Das Referendariat*. Potsdam: Universitätsverlag Potsdam.
Schultze, W. (1974). *Die Leistungen im naturwissenschaftlichen Unterricht in der Bundesrepublik im interntionalen Vergleich* (Mitteilungen und Nachrichten). Frankfurt (M.): Deutsches Institut für Internationale Pädagogische Forschung.
Schultze, W. (1975). *Die Leistungen im Englischunterricht in der Bundesrepublik im internationalen Vergleich* (Mitteilungen und Nachrichten). Frankfurt (M.): Deutsches Institut für Internationale Pädagogische Forschung.

Schultze, W., & Riemenschneider, L. (1967). *Eine vergleichende Studie über die Ergebnisse des Mathematikunterrichtes in zwölf Ländern* (Mitteilungen und Nachrichten 46/47). Frankfurt (M.): Deutsches Institut für Internationale Pädagogische Forschung.

Schümer, G. (1998). Mathmatikunterricht in Japan - Ein Überblick über den Unterricht in öffentlichen Grund- und Mittelschulen und privaten Ergänzungsanstalten. *Unterrichtswissenschaft, 26*(3), 195-228.

Schwager-Dudli, T., Schwager-Dudli, B., Corti, N., Marti, B., Meyer, A., & Defuns, U. (1990). *Das Lehrerideal aus Schülersicht. Eine Replikation der Keilhacker-Studie von 1932*. Zürich: Universität, Pädagogisches Institut.

Schweizerische Konferenz der Kantonalen Erziehungsdirektoren (Ed.). (1990). *Bildung in der Schweiz von morgen*. Einsiedeln: Marcel Kürzi.

Schweizerischer Lehrerverband. (1998). *Standesregeln für Lehrerinnen und Lehrer. Vernehmlassungsfassung 1998*. Paper presented at the LCH Fachtagung, Bern.

Scupin, E., & Scupin, G. (1907). *Bubis erste Kindheit. Ein Tagebuch über die geistige Entwicklung eines Knaben während den ersten drei Lebensjahren*. Leipzig: Grieben.

Seitz, H., & Capaul, R. (2005). *Schulführung und Schulentwicklung*. Bern: Haupt Verlag.

Siegert, M. T., Wehner, T., & Legler, A. (Eds.). (2005). *Schule als Arbeitsplatz. Mitarbeiterbeurteilung zwischen Absicht, Leistungsfähigkeit und Akzeptanz*. Zürich: verlag pestalozzianum.

Simmel, G. (1999). *Schulpädagogik*. Konstanz: Universitätsverlag Konstanz.

Simon, A. (1950). *Verstehen und Helfen. Die Aufgabe der Schule*. München: Oldenbourg (Lizenz: Tropia Vlg.).

Skilbeck, M. (1990). *Curriculumreform. Eine Übersicht über neuere Entwicklungen. Ein OECD/CERI-Bericht*. Frankfurt a. M.: Peter Lang.

Son, S.-N. (2003). Leistungsforderungen und Leistungsbewertung im Vergleich zwischen der Bundesrepublik Deutschland und Südkorea. *Zeitschrift für internationale Bildungsforschung und Enwicklungspädagogik, 26*(1), 17-22.

Specht, W. (1978). *Altersgruppe: informelle soziale Einflussprozesse in der Schule*. Konstanz.

Specht, W. (1981). *Der Klassengeist. Seine Bedeutung und seine Entstehung. (Forschungsbericht „Entwicklung im Jugendalter". Arbeitsbericht 3)*. Konstanz: Universität.

Specht, W. (1982). *Die Schulklasse als soziales Beziehungsfeld altershomogener Gruppen. Forschungsbericht des Projektes Entwicklung im Jugendalter*. Konstanz: Universität Konstanz.

Specht, W. (1994). Die vier Fallstudien im Kontext der Debatte um die Qualität von Schulen. In H. Altrichter & E. Radnitzky & W. Specht (Eds.), *Innenansichten guter Schulen* (pp. 18-42). Wien: Bundesministerium für Unterricht und Kunst.

Specht, W., & Fend, H. (1979). Der „Klassengeist" als Sozialisationsfaktor. *Unterrichtswissenschaft*, 128-142.

Specht, W., & Fend, H. (1987). *Erziehungsumwelten. Bericht aus dem Projekt „Entwicklung im Jugendalter"*. Konstanz: Universität Konstanz.

Specht, W., & Thonhauser, J. (Eds.). (1996). *Schulqualität. Entwicklungen, Befunde, Perspektiven* (Vol. 14). Innsbruck: Studien Verlag.

Spiel, O. (1947). *Am Schaltbrett der Erziehung*. Bern: Hans Huber.

Spranger, E. (1969). Grundstile der Erziehung. In G. Bräuer & A. Flitner (Eds.), *Eduard Spranger, Gesammelte Schriften* (Vol. Bd. 1, pp. 1-28). Heidelberg: Quelle & Meyer.

Stammen, T., & Weber, W. E. J. (Eds.). (2004). *Wissenssicherung, Wissensordnung und Wissensverarbeitung. Das europäische Modell der Enyklopedien* (Vol. 18). Berlin: Adademie Verlag.

Ständige Konferenz der Kultusminister der Länder in der Bundesrepublik Deutschland. (2004). *Bildungsbericht für Deutschland. Erste Befunde*. Opladen: Leske + Budrich.

Staub, F. C. (2005). Videos im Fachspezifisch-Pädagogischen Coaching. *Journal für LehrerInnenbildung, 5*(2), 26-30.

Staub, F. C., & Stern, E. (2002). The nature of teachers' pedagogical content beliefs matters for students' achievement gains: Quasi-experimental evidence from elementary mathematics. *The Journal of Educational Psychology, 94*(2), 344-355.

Steffens, U., & Bargel, T. (1993). *Erkundungen zur Qualität von Schule*. Neuwied: Luchterhand.

Steinert, B., & Klieme, E. (2003). *Levels of teacher cooperation as levels of school development: A crtierion-referenced approach to school evaluation*. Paper presented at the European Conference on Educational Research, Hamburg.

Steinert, B., Klieme, E., Maag Merki, K., Döbrich, P., Halbheer, U., & Kunz, A. (2006). Lehrerkooperation in der Schule: Konzeption, Erfassung, Ergebnisse. *Zeitschrift für Pädagogik, 52*(2), 185-204.

Stern, E. (1993). What makes certain arithmetic word problems involving the comparison of sets so hard for children? *Journal of Educational Psychology, 85*, 7-23.

Stern, E. (2001). Intelligenz, Wissen, Transfer und der Umgang mit Zeichensystemen. In E. Stern & J. Guthke (Eds.), *Perspektiven der Intelligenzforschung* (pp. 163-204). Lengerich: Pabst Publisher.

Stern, W. (1914). *Psychologie der frühen Kindheit bis zum sechsten Lebensjahr (mit Benützung ungedruckter Tagebücher von Clara Stern)*. Leipzig: Barth.

Stevenson, H. W., Chen, C., & Lee, S. (1993). Motivation and achievement of gifted children in East Asia and the United States. *Journal for the Education of the Gifted, 16*(3), 223-250.

Stöckli, G. (1997). *Die Eltern, die Gleichaltrigen und das andere Geschlecht*. Weinheim: Juventa.

Stockmann, R. (2006). *Evaluation und Qualitätsentwicklung*. Münster: Waxmann.

Storch, M., & Krause, F. (2002). *Selbstmanagement - ressourcenorientiert. Grundlagen und Trainingsmanual für die Arbeit mit dem Zürcher Ressourcen Modell*. Bern: Huber.

Szaday, C., Büeler, X., & Favre, B. (1996). *Schulqualitäts- und Schulentwicklungsforschung: Trends, Synthese und Zukunftsperspektiven*. Bern: Programmleitung NFP 33 und Schweizerische Koordinationsstelle für Bildungsforschung.

Szaday, C., Kummer, A., Pool, S., & Mettauer, B. (1998). *Disziplinschwierigkeiten gehen uns alle an! Ein Handweiser zum Umgang mit Disziplinschwierigkeiten in der Schule*. Zürich: LCH - Dachverband Schweizer Lehrerinnen und Lehrer.

Tanner, H. (1993). *Einstellungsänderungen während der Lehrerausbildung und Berufseinführung Literaturübersicht und Längsschnittuntersuchung über die berufliche Sozialisation von Schweizer Primarlehrern*. Weinheim: Deutscher Studien-Verlag.

Tausch, R., & Tausch, A.-M. (1977). *Erziehungspsychologie. Begegnungen von Person zu Person* (8., gänzlich neugestaltete, Auflage ed.). Göttingen: Hogrefe.

Tausch, R., & Tausch, A.-M. (1981). *Erziehungspsychologie*. Göttingen: Hogrefe.

Tausch, R. T., A.-M. (1965). *Erziehungspsychologie. Pädagogische Vorgänge in Erziehung und Unterricht*. Göttingen: Hogrefe.

Tenorth, H. E. (1988). *Geschichte der Erziehung*. Weinheim: Juventa Verlag.

Tenorth, H. E. (2003). Bildungsziele, Bildungsstandards und Kompetenzmodelle - Kritik und Begründungsversuche. *Recht der Jugend und des Bildungswesens, 51*(2), 156-164.

Tenorth, H. E. (Ed.). (1986). *Allgemeine Bildung*. Weinheim: Juventa Verlag.

Terhart, E. (1994). *Berufsbiografien von Lehrern und Lehrerinnen*. Frankfurt (M.)

Terhart, E. (1994). Schulkultur. Hintergründe, Formen und Implikationen eines schulpädagogischen Trends. *Zeitschrift für Pädagogik, 40*(5), 685-702.

Terhart, E. (1999). *Selektionsentscheidungen als Problembereich professionellen Handelns. Abschlussbericht an die DFG*. Bochum: Institut für Pädagogik, Ruhr-Universität.

Terhart, E. (Ed.). (2000). *Perspektiven der Lehrerbildung in Deutschland. Abschlussbericht der von der Kultusministerkonferenz eingesetzten Kommission*. Weinheim: Beltz Verlag.

Tesar, E. (Ed.). (1992). *Hände auf die Bank. Erinnerungen an den Schulalltag*. Wien: Böhlau Verlag.

The Carnegie Forum on Education. (1986). *A nation prepared: Teachers for the twenty-first century*. Hyattsville, MD: Carnegie Forum on Education and the Economy.

The Holmes Group (Ed.). (1990a). *Teachers: A report of the Holmes group*. East Lansing: The Holmes Group.

The Holmes Group (Ed.). (1990b). *Tomorrows schools: Principles for the design of professional development schools*. East Lansing: The Holmes Group.

Travers, R. M. W. (Ed.). (1973). *Second handbook of research on teaching. A projekt of The American Educational Research Association*. Chicago, Ill.: MacNally.

Treiber, B. (1980a). *Qualifizierung und Chancenausgleich in Schulklassen. Teil I: Theorien, Methoden, Ergebnisse*. Frankfurt (M.): Verlag Peter Lang.

Treiber, B. (1980b). *Qualifizierung und Chancenausgleich in Schulklassen. Teil II: Empirische Studien*. Frankfurt am Main: Peter Lang Verlag.

Treiber, B., & Weinert, F.-E. (Eds.). (1982). *Lehr-Lern-Forschung*. München: Urbahn & Schwarzenberg.

Treiber, B., & Weinert, F. E. (1985). *Gute Schulleistungen für alle?* Münster: Aschendorff.

Tröhler, D. (1998). „Bildung" - ein schulpädagogischer Begriff? *infos und akzente. Zeitschrift des Pestalozzianums, 5*(1), 10-17.

Tröhler, D. (2005). Geschichte und Sprache der Pädagogik. *Zeitschrift für Pädagogik, 51*(1), 61-84.

Tyack, D. B. (1974). *The one best system. A history of American urban education*. Cambridge: Harvard University Press.
Tyack, D. B., & Cuban, L. (1995). *Tinkering toward utopia*. Cambridge: Harvard University Press.
Tyack, D. B., & Tobin, W. (1994). The „grammar" of schooling: Why has it been so hard to change? *American Educational Research Journal, 31*(3), 453-479.
Ulich, K. (1996). *Beruf: Lehrer-in: Arbeitsbelastungen, Beziehungskonflikte, Zufriedenheit*. Weinheim: Beltz.
Ulich, K. (1998). Berufswahlmotive angehender LehrerInnen. Eine Studie über Unterschiede nach Geschlecht und Lehramt. *Die Deutsche Schule, 90*, 64-78.
Ulich, K. (2000). Traumberuf Lehrer/in?. Berufsmotive und die (Un)Sicherheit der Berufsentscheidung. *Die Deutsche Schule, 92*, 41-53.
UNESCO. (1996). *Learning: The treasure within. Report to UNESCO of the International Commission on Education for the Twenty-first-Century*. Paris: UNESCO.
van Ackeren, I. (2002). Von FIMS und FISS bis TIMSS und PISA. *Die Deutsche Schule, 94*(2), 157-175.
van Essen, M., & Rogers, R. (2006). Zur Geschichte der Lehrerinnen: Historiographische Herausforderungen und internationale Perspektiven. *Zeitschrift für Pädagogik, 52*(3), 319-337.
von der Groeben, A. (2005). Unsere Standards. Ein Diskussionsentwurf, vorgelegt von „Blick über den Zaun" - Bündnis reformpädagogisch engagierter Schulen. *Neue Sammlung. Vierteljahresschrift für Erziehung und Gesellschaft, 45*, 253-297.
Vygotzky, L. S. (1938). *Mind and society: The development of higher psychological processes*. Cambridge, Mass.: Harvard University Press.
Wagenschein, M. (2002). *Erinnerungen für morgen : eine pädagogische Autobiographie / Martin Wagenschein. Mit einer Einf. von Horst Rumpf*. Weinheim: Verlag Julius Beltz.
Wahl, D. (1991). *Handeln unter Druck*. Weinheim: Deutscher Studien Verlag.
Waibel, R. (2003). *Markt oder Staat im Bildungswesen?* Berlin: WiKu-Verlag.
Walker, D. A. (1976). *The IEA six subject study: A empircal study of education in twenty-one countries*. Stockholm: Almquist & Wiksell.
Waller, W. (1932/1965). *The sociology of teaching*. New York: Wiley.
Walthert, K., Claude, C., Bigler, M., & Thomet, U. (1989). *Die Lehrerin, der Lehrer in den Augen von 750 Eltern*.Unpublished manuscript, Bern.
Weber, A., Weltle, D., & Lederer, P. (2005). Frühinvalidität im Lehrerberuf: Sozial- und arbeitsmedizinische Aspekte. *Lehren und Lernen, 31*(August/September), 8-16.
Weber, M. (1920). *Gesammelte Aufsätze zur Religionssoziologie*. Tübingen: J.C.B. Mohr (Paul Siebeck).
Weber, M. (1947). *Wirtschaft und Gesellschaft* (3. ed.). Tübingen: Verlag von J.C.B. Mohr (Paul Siebeck).
Wehner, T., Legler, A., M., S., H., F., Maag Merki, K., Hollenweger, J., & Sieber, P. (2003). *Wissenschaftliche Evaluation der Mitarbeiterbeurteilung für Lehrkräfte der Zürcher Volksschule (EvaMAB). Bericht im Auftrag der Bildungsdirektion des Kantons Zürich*. Zürich: ETH, Institut für Arbeitspsychologie.
Weick, K. E. (1976). Educational organizations as loosely coupled systems. *Administrative Science Quarterly, 21*, 1-19.
Weinert, F. E. (2001). Concept of competence: A conceptual clarification. In D. S. Rychen & L. H. Salganik (Eds.), *Defining and selecting key competencies* (pp. 45-66). Seattle: Hogrefe & Huber Publishers.
Weinert, F. E. (Ed.). (1998). *Entwicklung Im Kindesalter*. Weinheim: Beltz - Psychologische Verlangsunion.
Weinert, F. E., & Helmke, A. (1996). Der gute Lehrer: Person, Funktion oder Fiktion? In A. Leschinsky (Ed.), *Die Institutionalisierung von Lehren und Lernen* (pp. 223-233). Weinheim: Beltz.
Weiß, M. (2001). *Bildungsökonomie in den 90er Jahren*. Frankfurt (M.): Deutsches Institut für Internationale Pädagogische Forschung.
Weiß, M. (Ed.). (2006). *Evidenzbasierte Bildungspolitik: Beiträge der Bildungsökonomie*. Berlin: Duncker & Humbolt.
Weniger, E. (1965). *Didaktik als Bildungslehre. Teil 1: Theorie der Bildungsinhalte und des Lehrplans*. Weinheim: Beltz.
Weschke-Meissner, M. (1990). Der stille Beitrag der Mädchen zur Schulkultur. *Deutsche Schule, 82* (1.Beiheft), 89-96.
Wesemann, M. (1985). *Strukturen des Lehrerarbeitsplatzes*. Gesamthochschule Essen.

White Ken, W., & Weight, B. H. (2000). *The online teaching guide. A handbook of attitudes, strategies, and techniques for the virtual classroom.* Boston: Allyn and Bacon.

Wiater, W. (2002). Bildung als Aufgabe der Schule. In H. J. Apel & W. Sacher (Eds.), *Studienbuch Schulpädagogik* (pp. 289-306). Bad Heilbrunn: Verlag Julius Klinkhardt.

Wilhelm, T. (1968). *Theorie der Schule. Gymnasium und Hauptschule im Zeitalter der Wissenschaften.* Stuttgart: Metzler.

Wittrock, M. C. (Ed.). (1986). *Handbook of research on teaching. A project of the American Educational Research Association.* New York, NY: Macmillan.

Wößmann, L. (2002a). *How central exams affect educational achievement: International evidence from TIMSS and TIMSS-Repeat.* Paper presented at the Takind Account of Accountability: Assessing Politics and Policy, John F. Kennedy School of Government, Harvard University.

Wößmann, L. (2002b). *Schooling and the quality of human capital.* Berlin: Springer.

Zentrum für Forschung und Innovation im Bildungswesen. (1997). *Bildung auf einen Blick. OECD-Indikatoren.* Paris: OECD.

Zentrum für Forschung und Innovation im Bildungswesen. (1998). *Bildung auf einen Blick. OECD-Indikatoren.* Paris: OECD.

Abbildungsverzeichnis

Abb. 1.1:	Gestaltungsinstrumente und faktische Verhältnisse im Bildungswesen (Beispiele)	17
Abb. 1.2:	Mehrebenentheoretisch erweitertes Angebot-Nutzungs-Modell	22
Abb. 1.3:	Angebotsqualität oder Nutzungsqualität?	23
Abb. 1.4:	Rekontextualisierung und Handlungsebenen	36
Abb. 2.1:	Kanon von Inhalten und Formen der Weltzuwendung	53
Abb. 2.2:	Ordnungen des Wissens	58
Abb. 2.3:	Lernziele und Bildungsstandards	70
Abb. 2.4:	Orientierungen der Lehrplanarchitektur	78
Abb. 2.5:	Vom intendierten zum praktizierten zum gelernten Curriculum	82
Abb. 2.6:	Stundentafeln des humanistischen Gymnasiums im 19. Jahrhundert	90
Abb. 2.7:	Typologie der Makrosteuerung durch Prüfungsregelungen	96
Abb. 2.8:	OECD-Modell der Beschreibung von Bildungssystemen	117
Abb. 2.9:	Neue Architektur der Rechenschaftspflicht	122
Abb. 2.10:	Prozessevaluation und Ergebnisevaluation	123
Abb. 2.11:	Evaluation zwischen Kontrolle und Entwicklung	124
Abb. 2.12:	Jährliche Ausgaben für Bildungseinrichtungen pro Schüler und Studierenden vom Primar- bis zum Tertiärbereich 2002 (in US-Dollar, kaufkraftbereinigt)	129
Abb. 2.13:	Die Architektur des alten und neuen Bildungswesens	142
Abb. 2.14:	Typologie von Reformmaßnahmen	143
Abb. 3.1:	Klassisches Modell der Schulgestaltung	145
Abb. 3.2:	Handlungsumfelder von Schulen als Verantwortungseinheiten	146
Abb. 3.3:	St. Gallner Schulmodell	157
Abb. 3.4:	Wahrnehmungen der Schulleitung in „guten" und „schlechten" Schulen	169
Abb. 3.5:	Kooperation und Integration im Lehrerkollegium in „guten" und „schlechten" Schulen	173
Abb. 3.6:	Verantwortungsverlust auf Schulebene	174
Abb. 3.7:	Von Lehrern eingeschätzter Umgang mit den Schülern in „guten" und „schlechten" Schulen	177
Abb. 3.8:	Schulleben in „guten" und „schlechten" Schulen	179
Abb. 3.9:	Wahrnehmung von Input- und Outputvariablen durch Schulleitungen	183
Abb. 3.10:	Prozessmerkmale der Schule aus der Sicht von Schulleitungen	184
Abb. 3.11:	Profile von Schultypen nach Belastung und Aktivität	185
Abb. 3.12:	Schülerwahrnehmungen unterschiedlicher Schultypen	187
Abb. 3.13:	Niveau der Problemlösefähigkeit von Schulen	188
Abb. 3.14:	Schulbeschreibungen nach Niveau der Problemlösung	190

Abb. 3.15:	Niveaustufen der Lehrerkooperation in Gymnasien in Hessen und im Kanton Zürich	191
Abb. 3.16:	Alte und neue Modelle der Schulführung	219
Abb. 3.17:	Handlungstheoretisches Modell der Qualitätskriterien	220
Abb. 3.18:	Evaluationsbereiche	221
Abb. 3.19:	Referenzrahmen der Qualitätsbeurteilung	222ff.
Abb. 3.20:	Maßnahmen zur Sicherung der Unterrichtsqualität auf Schulebene	225
Abb. 4.1:	Systematik des Auftrags an die operativen Akteure	236
Abb. 4.2:	Wissen und Können von Lehrpersonen	237
Abb. 4.3:	Besonderheiten pädagogischen Handelns nach Litt	237
Abb. 4.4:	Eine Fehleinschätzung der Lernmöglichkeiten!	239
Abb. 4.5:	Orientierungspunkte der Lehrerarbeit	240
Abb. 4.6:	Auszüge aus: „The Principles of Progressive Education"	261
Abb. 4.7:	„Anschlussfähigkeiten"	262
Abb. 4.8:	Gratulation zum Schuleintritt als Beispiel für Erwartungshaltungen der Verwandtschaft	267
Abb. 4.9:	Synchronisierung des Bildungsprogramms mit kognitiven Lernbedingungen	286
Abb. 4.10:	Motivationsqualität der Rekontextualisierung	288
Abb. 4.11:	Regulationsqualität – autoritative aber respektvolle Führung	292
Abb. 4.12:	Pädagogische Konzepte als „Scheinwerfer der Aufmerksamkeit"	300
Abb. 4.13:	Stofforientierte- und subjektorientierte pädagogische Konzepte	301
Abb. 4.14:	Entwicklung pädagogischer Einstellungen in und nach der Lehrerausbildung	307
Abb. 4.15:	Zeugnis für Lehrer	325
Abb. 4.16:	Kriterien für die Beurteilung von Lektionen	326
Abb. 4.17:	Primäre und sekundäre Kompetenzstrukturen im Lehrberuf	331
Abb. 4.18:	Mitarbeiterbeurteilung für Lehrkräfte an Zürcher Volksschulen	348

Tabellenverzeichnis

Tab. 2.1: Schulische Faktoren und ihr Einfluss auf die Lesekompetenz in verschiedenen Ländern. Zuwachs an Kompetenzpunkten (gerundet) bei der Veränderung der Prädiktoren um eine Standardabweichung   133

Tab. 3.1: Verteilungen von Schulen in der Typologie von Schulen auf der Grundlage von Schulleiterinformationen   185

Tab. 4.1: Didaktische Kulturen in verschiedenen Schulformen   294

Tab. 4.2: Pädagogische Einstellungen von Lehrpersonen und die Wahrnehmung ihres Handelns durch die Schülerschaft   304

Tab. 4.3: Beurteilung der „Zurüstung durch den Beruf"   317

Personenregister

Adler, A. 251f., 287, 372
Adorno, T.W. 198, 372
Aebli, H. 257, 372
Aibauer, R.B. 319, 372
Althof, W. 323, 382
Altrichter, H. 154, 206, 229, 372, 385
Ammann, T. 343, 372
Angleitner, A. 322, 382
Aries, P. 243, 372
Armstrong, D. 383
Arnold, E. 115, 372
Artelt, C. 372
Assmann, A. 41, 45, 372
Avenarius, H. 228, 372
Badura, B. 312f., 372
Baer, M. 259, 372
Bähr, K. 83, 87, 372, 380
Ballauff, T. 47, 56, 372
Bargel, T. 154, 376, 385
Barkholz, U. 342, 379
Barth, A.-R. 313, 372, 386
Baumert, J. 27, 53, 69, 94, 98f., 118, 120, 132, 140f., 330, 372f.
Becker, G. 373
Beisenherz, H. 316, 373
Bellmann, J. 361, 373
Bernstein, B. 31, 373
Biddle, B.J. 311, 373
Bieri, T. 343, 377
Bigler, M. 320, 387
Binneberg, K. 341, 373
Bischoff, H. 280, 377
Blitz, G. 82, 373
Bloom, B.S. 259, 373
Blum, W. 373, 382
Böhme, J. 148, 154, 163, 196, 214, 378
Bölling, R. 274, 373
Bos, W. 69, 372f.
Bourdieu, P. 30, 373
Bräm, D.M. 318, 373
Bransford, J. 339, 375
Brezinka, W. 323, 373
Brügelmann, H. 12, 373
Bruner, J. 258, 373
Brunner, M. 294, 373
Buchen, H. 226, 229, 233, 311, 373, 375, 379, 384
Buchmann, M. 61, 373
Bueb, B. 304, 374
Büeler, X. 229, 386
Buhren, C.G. 229, 384
Bulmahn, E. 69, 374
Burisch, M. 313, 374
Burke, P. 44, 374
Buschmann, I. 313, 374
Capaul, R. 57, 229, 233, 385

Carroll, J.B. 91, 120, 259, 374
Carstensen, C.H. 141, 373
Casale, R. 44, 374, 377, 379
Caselmann, C. 374
Chen, C. 136, 386
Claude, C. 320, 387
Clausen, M. 281, 374, 384
Cloer, E. 314, 374
Cloetta, B. 197, 200, 300, 303, 308, 311, 374f., 382
Cochran-Smith, M. 339, 374
Combe, A. 154, 314, 374
Comber, L.C. 120, 374
Conley, D.T. 271, 374
Corti, N. 385
Creemers, B. 234, 374
Criblez, L. 279, 374
Cuban, L. 353, 387
Czerwenka, K. 342, 375
Czeschlik, T. 251, 384
Dahrendorf, R. 56, 375
Dalin, P. 229, 375
Dann, H.D. 197, 200f., 299, 301, 303, 306, 308f., 351, 375, 382
Darling-Hammond, L. 339, 375
Defuns, U. 385
deMause, L. 243, 375
Dichanz, H. 280, 377
Dick, A. 323, 382
Diesterweg, F.A. 297, 320, 375
Dietz, F. 384
Döbrich, P. 311, 379, 384, 386
Dolch, J. 40ff., 375
Doll, J. 282, 375
Dräbing, R. 212, 375
Drechsel, B. 383
Dreeben, R. 28, 35, 231, 352f., 375
Dreikurs, R. 252, 338, 375
Dubberke, T. 373
Dubiel, H. 199, 375
Dubs, R. 158, 233, 346, 375
Dweck, C. 253, 336, 375
Ebenrett, H.J. 141, 375
Ecob, P. 197, 382
Edelstein, W. 258, 375, 378
Egger, E. 104, 331, 375
Egli, H. 311, 378
Eikenbusch, G. 229, 375
Eisner, M. 61, 373
Elliot, A.J. 253, 336, 375
Elmer, H.-R. 311, 378
Elschenbroich, D. 75f., 376
Enzelberger, S. 273, 279, 376
Esser, H. 28, 127, 205, 376
Eubel, K.-D. 280, 377
Favre, B. 229, 386

Fend, H. 11, 14, 17f., 26, 33f., 41, 50, 52, 55, 60, 68, 82, 93, 99, 116, 118, 120, 146, 148, 152ff., 162ff., 165f., 169, 181, 189, 191, 196f., 199f., 212, 251, 253, 263f., 270, 273, 280, 283, 298f., 301f., 304ff., 316f., 333, 341, 352, 363, 368, 376, 385
Flechsig, K.-H. 57, 81, 377
Flitner, W. 48ff., 377, 385
Fölling-Albers, M. 106, 377
Forneck, H.-J. 311, 343, 377
Forster, J. 243, 377
Foucault, M. 30, 245, 377
Frey, K. 54, 377
Friederich, G. 91, 95, 377
Friedman, I.A. 313, 377
Fries, A.V. 79, 335, 367, 369, 375, 379
Fuchs, M. 259, 372
Füglister, P. 259, 372
Fuhrmann, H. 50, 377
Fuhrmann, M. 40, 90f., 377
Gallin, P. 259, 384
Galloway, D. 383
Gamsjäger, E. 313, 374
Ganguillet, G. 311, 342, 378
Garden, R.A. 120, 383
Garlichs, A. 57, 81, 377
Garz, D. 323, 382
Gehlen, A. 198f., 298, 377
Gehrmann, A. 311, 377
Gerhard-Feil, C. 316, 373
Ghisla, G. 83, 372, 380
Gonon, P. 30, 377
Good, T.L. 311, 373
Goodson, I.F. 311, 373
Gordon, T. 338, 377
Götz, T. 382
Grob, U. 60, 377
Grunder, H.-U. 343, 377
Gurlitt, L. 255, 377
Habermas, J. 68, 199, 377
Haenisch, H. 83, 229, 316, 377
Haft, H. 89, 379
Hage, K. 280, 377
Halbheer, U. 188ff., 209, 378, 386
Haller, H.-D. 57, 81, 377f.
Hansen, D. 141, 375
Harring, B. 57, 81, 378
Harris, A. 311, 379
Hartinger, A. 378
Häußermann, H. 146, 378
Hawelka, B. 296, 378
Heidenheimer, A.J. 103, 378
Heinrich, H.C. 292, 378
Helmke, A. 136, 251, 281f., 327, 329, 332
Helmreich, R. 200, 375
Helsper, W. 24, 148, 154, 163, 196, 205, 214f., 231, 314, 374, 378, 380
Hentig, H.v. 45, 86, 213, 245, 323f., 370, 378
Herrlitz, H.-G. 50, 378
Herrmann, U. 244, 261, 342, 378

Hillert, A. 315, 378
Hirsch, G. 311, 314, 342f., 378
Hitpass, J. 317, 378, 391
Hofer, M. 384
Hofmann, V. 258, 374, 379
Hohner, H.U. 197, 308, 374
Hollenweger, J. 387
Holtappels, H.G. 229, 378
Homfeldt, H.G. 342, 379
Honig, M.S. 246, 379
Hopkins, D. 311, 379, 381
Hopmann, S. 81, 83, 85, 89, 379f.
Horlacher, R. 43, 46, 379
Horster, L. 229, 373f.
Hugener, I. 281, 341, 379
Huntington, S.P. 52, 379
Husén, T. 120, 379
Ingenkamp, K. 311, 379, 382
Jackson, A.W. 54, 312, 379
Jackson, C. 383
Jackson, S.E. 312, 381
Jacobsen, T. 258, 379
Jehle, P. 314, 379
Jordan, A. 373
Jullien, S. 382
Kant, I. 44, 46, 49, 51, 154, 198f., 379
Keeves, J.P. 120, 374
Kegan, R. 64, 379
Keilhacker, M. 319, 379, 385
Keiner, E. 273, 379
Keuffer, J. 28, 215, 379
Key, E. 247f., 379, 384
Kirchgässner, G. 111, 379
Kischkel, K.H. 300, 311, 314, 342, 379
Klafki, W. 45, 87, 380
Kleickmann, T. 296, 378
Kliebard, H.M. 358, 380
Klieme, E. 69, 189, 281, 372, 374, 385f.
Klippert, H. 332, 380
Kloss, H. 104, 380
Klusmann, U. 373
Knörzer, W. 152, 376
Köhler, H. 92, 380
Kost, F. 30, 380
Kotthoff, H.-G. 127, 380
Kounin, J. 312, 314, 380
Kramis-Aebischer, K. 313, 380
Krause, F. 315, 338, 343, 386
Krauss, S. 373
Krebs, U. 243, 377
Krieger, R. 312, 380
Krüger, H.-H. 205, 378
Kulessa, H. 239, 380
Kummer, A. 314, 386
Kunter, M. 330, 373
Kunz, 188ff., 209
Kunz, A. 378, 386
Kunze, K. 342, 380
Künzli, R. 81, 83, 85, 380

Kuper, H. 27, 380
Kuratle, R. 31, 380
Landwehr, N. 217, 224, 226, 380
Lang, L. 245, 377ff., 383ff.,
Larcher, S. 132, 380
Larcher-Klee, S. 335, 380
Largo, R. 354, 380
Lay, W.A. 249, 380
Lazarsfeld, P. 118, 380
Lederer, P. 315, 387
Lee, S. 136, 386
Legler, A. 314, 374, 385, 387
Lehmann, R. 69, 120, 372f.
Lehr, D. 315, 378
Lemberg, E. 276f., 381
Lewin, K.L. 198, 290, 381
Lewis, D. 91, 120, 197, 382
Lewis, E.G. 381
Lightfoot, S.L. 148, 154, 381
Lindau-Bank, D. 229, 384
Lipowsky, F. 342, 381
Lippitt, R. 290, 381
Litt, T. 237, 381, 390
Lortie, D.C. 267, 381
Löwen, K. 373
Luhmann, N. 29, 115, 381
Luksch, H. 104, 381
Lustenberger, W. 124, 381
MaagMerki, K. 60, 376f., 386f.,
Maccoby, E.E. 242f., 381
Mann, H. 264, 381
Mannheim, K. 198, 376, 381
Maritzen, N. 115, 372
Marti, B. 385
Martin, R. 274, 312, 381
Maslach, C. 312, 381
Massad, C.E. 91, 120, 381
Maughan, B. 197, 384
McDill, E.L. 197, 381
Menck, P. 81, 381
Messerli, A. 253f., 381
Mettauer, B. 314, 386
Meumann, E. 75, 249f., 381
Meyer, H. 328, 382
Miller, R.L. 338, 343, 380, 382
Mintzberg, H. 29, 39, 382
Montessori, M. 246, 370f., 382
Mortimer, P. 197, 382, 384
Müller, S. 229, 384
Müller, W. 41, 382
Müller-Fohrbrodt, G. 197, 200f., 299, 301, 303, 306f., 322, 372, 375, 382
Münch, R. 57, 382
Münch, W. 342, 382
Nagl, W. 152, 376
Nauck, J. 265, 382
Neubrand, M. 372f.
Nohl, H. 276, 297f., 382
Oehme, J. 243, 382

Oelkers, J. 46, 115, 132, 212, 246, 272, 276, 323, 340, 374, 377, 379f., 382
Olson, D.R. 311, 382
Oser, F. 276, 323, 329, 339f., 382
Ostendorf, F. 322, 382
Ouston, J. 197, 384
Parey, E. 311, 379
Parsons, T. 352, 382
Patry, J.-L. 323, 382
Patton, M.Q. 210, 382
Pauli, C. 281, 379
Pekrun, R. 294, 382
Petillon, H. 251, 382
Petrat, G. 255, 383
Piaget, J. 246, 257f., 383
Plessner, H. 198f., 383
Plotke, H. 104, 383
Pohlenz, P. 339, 384
Pool, S. 314, 386
Posch, P. 206, 229, 372
Prenzel, M. 183, 282, 372f., 375, 382ff.
Preuss-Lausitz, U. 251, 383
Preyer, W. 246, 383
Puzicha, K.J. 141, 375
Radnitzky, E. 154, 372, 385
Reckmann, H. 336, 338, 383
Reinders, H. 384
Reinert, G.B. 337, 383f.,
Renkl, A. 296, 383
Reusser, K. 257ff., 281, 372, 374, 379, 383
Reynolds, A.J.208, 234, 374
Richardson, V. 311, 383
Riemenschneider, L. 120, 385
Rigsby, L.C. 381
Robinsohn, S.B. 54, 81, 381, 383
Robitaille, D.F.120, 383
Roeder, P.M. 120, 136, 154, 376, 383
Rogers, C.R. 338, 383
Rogers, R. 279, 387
Rolff, H.-G. 229, 373, 375, 384
Rosenbusch, H.S. 228, 379, 384
Rosenmund, M. 83, 372, 380
Rost, D.H. 251, 384
Ruchat, M. 245, 384
Rudow, B. 343, 384
Rüedi, J. 335, 384
Ruf, U. 259, 384
Rumpf, H. 289f., 308, 361, 384, 387
Rutter, M. 197, 382, 384
Rychen, D.S. 62, 64, 86, 384, 387
Salganik, L.H. 62, 64, 86, 384, 387
Sammons, P. 197, 382
Sauter, F.C. 322, 384
Scarbath, H. 337, 384
Schaarschmidt, U. 314, 384
Schäfer, K. 314, 384
Scheerens, J. 234, 374
Scheuerl, H. 49f., 384
Schiefele, U. 372

Schiffler, H. 274, 385
Schley, W. 229, 372
Schmacke, N. 314, 384
Schmid, S. 333, 384
Schmidt, H.J. 51, 343, 384
Schmitz, E. 315, 378
Schneider, G. 34, 376
Schneider, W. 372
Schohaus, W. 238, 259f., 269, 276, 384
Schönwälder, H.-G. 311, 314, 379, 384
Schratz, M. 212, 229, 384
Schröer, S. 154, 376
Schubarth, W. 339, 384
Schultze, W. 120, 384f.
Schulz, W. 342, 379
Schümer, G. 136, 385
Schwager-Dudli, B. 319, 385
Schwager-Dudli, T. 385
Schwittmann, D. 280, 377
Scupin, E. 246, 385
Scupin, G. 246, 385
Seitz, H. 157, 229, 233, 385
Seliner-Müller, G. 83, 372, 380
Senkbeil, M. 183, 383
Siebel, W. 146, 378
Sieber, P. 387
Siegert, M.T. 314, 385
Siegle, T. 141, 373
Simmel, G. 256, 385
Simon, A. 252, 379, 385
Skilbeck, M. 55, 81, 87, 385
Son, S.-N. 136, 385
Sosnowsky, N. 315, 378
Specht, W. 34, 148, 152, 154, 162, 196, 251, 333, 372, 376, 385
Spiel, O. 251, 333, 342, 385
Spranger, E. 262, 385
Stammen, T. 43, 385
Staub, F.C. 295f., 327, 341, 385
Steffens, U. 154, 376, 385
Steffgen, G. 312, 381
Steiner, P. 380
Steiner-Löffler, U. 229, 384
Steinert, B. 189ff., 227, 385f.
Stelmaszyk, B. 154, 342, 374, 380
Stern, E. 75, 295f., 283, 385f.
Stern, W. 246, 386
Stevenson, H.W. 136, 386
Stöckli, G. 251, 386
Stockmann, R. 122, 386
Stoll, L. 197, 382
Storch, M. 315, 338, 343, 386
Szaday, C. 229, 314, 386
Tanner, H. 306, 386
Tausch, A.-M. 290, 338, 386
Tausch, R. 386
Tenorth, H.E. 43, 45f., 53, 273, 379, 386
Terhart, E. 196, 265, 341f., 386
Tesar, E. 238, 376, 386
Thomas, H. 54, 242, 383

Thomet, U. 320, 387
Thonhauser, J. 196, 385
Tillmann, K.J. 372
Tobin, W. 353, 387
Torrance, N. 311, 382
Travers, R.M.W. 311, 386
Treiber, B. 327, 386
Trier, U.P. 311, 342, 378
Tröhler, D. 46, 377, 379, 387
Tsai, Y.-M. 373
Tuyet, V.T.A. 136, 378
Tyack, D.B. 353, 387
Ulich, K. 312, 314, 343, 387
van Ackeren, I. 120, 387
van Essen, M. 279f., 387
Väth-Szusdziara, R. 152, 375
vom Hofe, R. 382
von der Groeben, A. 196, 212ff., 231, 387
Vygotzky, L.S. 258, 336, 387
Wagenschein, M. 259, 387
Wahl, D. 312, 387
Waibel, R. 111, 387
Walker, D.A. 91, 120, 387
Waller, W. 268f., 387
Walthert, K. 320, 387
Wartha, S. 382
Watermann, R. 69, 373, 380
Weber, A. 315, 387
Weber, M. 54, 95, 102, 139, 160, 363, 387
Weber, W.E.J. 43, 385
Wehner, T. 123, 314, 345, 347, 374, 385, 387
Weick, K.E. 27, 387
Weight, B.H. 311, 387
Weinert, F.E. 62, 327, 378, 386f.
Weiß, M. 114, 130, 372, 387
Weltle, D. 315, 387
Weniger, E. 48, 387
Wenzel, H. 205, 378
Weschke-Meissner, M. 196, 388
Wesemann, M. 312, 388
White, R.K. 290, 381, 388
WhiteKen, W. 311
Wiater, W. 45, 388
Wilhelm, T. 298, 388
Winkeler, R. 274, 384
Wittrock, M.C. 311, 388
Wolff, K. 69, 374
Wößmann, L. 98, 129f., 193, 388
Wyss, H. 259, 372

Lehrbücher Erziehungswissenschaft

Helmut Fend
Neue Theorie der Schule
Einführung in das Verstehen
von Bildungssystemen
2005. 205 S. Br. EUR 19,90
ISBN 978-3-531-14717-8

Bildungssysteme als ein Ganzes zu begreifen ist eine wichtige Voraussetzung, um im Handlungsfeld Bildung, Erziehung und Pädagogik zu arbeiten.

Die Einführung in die Theorie der Schule bereitet die sozialwissenschaftlichen Grundlagen auf, um Bildungssysteme, deren Funktionsweisen und Zusammenhänge zu verstehen. Im Rückgriff auf die Beschreibung des Bildungswesens als gesellschaftliche Realität in Funktion und Struktur wird die erweiterte Schultheorie umfassend und nachvollziehbar dargestellt. Die neue Schultheorie betont das Wechselspiel von institutionellen Regelungen und Handlungen von Akteuren im Aufgabenbereich der „Menschengestaltung".

Durch die empirische Beschreibung bietet Helmut Fend Studierenden der Erziehungswissenschaft ein handlungsbezogenes Verstehen der Prozesse und gibt Anregungen zur zukünftigen Gestaltung institutionalisierten Lehrens und Lernens.

Helmut Fend
Geschichte moderner Bildungssysteme
Eine Einführung
2006. 264 S. Br. EUR 22,90
ISBN 978-3-531-14733-8

Die Einführung in die Geschichte des okzidentalen Bildungswesens macht in Grundzügen die Bewegungen und ‚Sattelzeiten' sichtbar, die zum ‚Wunderwerk' eines modernen Bildungssystems beigetragen haben.

Geleitet von der These Max Webers vom abendländischen Sonderweg werden die großen Linien der Entstehung des Bildungswesens als institutionellem Akteur der ‚Menschengestaltung' aufgezeigt. Dabei erkennt man eine faszinierende Geschichte von Wirkungskräften zwischen weltlichen und religiösen Ideen der Vervollkommnung des Menschen über Bildungs- und Lernprozesse.

Frühes Christentum und Antike, Mittelalter und Renaissance, Reformation und Aufklärung, Industrialisierung und Moderne entfalten ihre je eigenen Schubkräfte für den Ausbau von Institutionen und für Erfindungen des Unterrichtens. Einmal mehr wird deutlich, dass die Geschichte der Bildungssysteme ein bedeutender Teil der Kultur- und Sozialgeschichte des Abendlandes ist.

Erhältlich im Buchhandel oder beim Verlag.
Änderungen vorbehalten. Stand: Juli 2007.

www.vs-verlag.de

VS VERLAG FÜR SOZIALWISSENSCHAFTEN

Abraham-Lincoln-Straße 46
65189 Wiesbaden
Tel. 0611.7878-722
Fax 0611.7878-400